中华人民共和国地方志丛书

# 白银市
# 平川区志

## 1996-2005

白银市平川区地方志编纂委员会办公室 编

方志出版社

2009年5月6日，甘肃省副省长石军（左二）在平川区调研

2009年6月11日，中共甘肃省委常委、政法委书记、公安厅厅长罗笑虎（左一）在平川区调研

2011年2月23日，中共甘肃省委副书记鹿心社（前左三）在平川区调研

2011年9月23日，甘肃省副省长虞海燕（二排中）在靖煤集团调研

2011年10月31日，中共甘肃省委常委、宣传部部长连辑（前排中）在平川区调研

2011年 11月29日，中央纪委督导检查组第五组组长、山西省委常委、省纪委书记李兆前（前左二）带领中央纪委督导检查组在平川区检查《廉政准则》贯彻落实情况

2005年6月17日，中共白银市委书记周多明（前右二）、市长袁占亭（前右三）在中共平川区委书记卜发生（前左一）、区长马勤（前左三）陪同下调研平川区项目建设工作

2006年4月18日,中共白银市委书记张景辉（前中）在平川区调研

2011年4月20日，中共白银市委书记肖庆平（前左二）在平川区调研

2011年3月17日，中共白银市委副书记、市长吴仰东（中）在平川区调研

2011年9月30日，中共白银市委书记张智全（前右二），市委副书记、市长汪海洲（前右三）在平川经济开发区调研

1998年，中共平川区委书记魏兴毅（中）、区长宋秉武（右二）在共和中学调研

2002年，中共平川区委书记万治贵（中）参加区人代会

2003年，中共平川区委副书记、区长杨万勤（左二）在平川中学调研

2009年4月14日，中共平川区委书记陈其银（前中）、区长高云翔（前右）在西格拉滩调研

2011年9月20号，中共平川区委书记贾汝昌（中）、区人大常委会主任杜世润（右）在水泉镇调研

2010年10月8日，中共平川区委副书记、区长高云翔（前右）检查防汛工作

区四大班子领导合影（左起：区政协主席郝进义、区人大常委会主任杜世润、区委书记贾汝昌、区长高云翔）

平川区会展中心

平川区人民广场

平川区人民广场一角

平川中区经济开发区

靖煤公司俱乐部、文体中心

平川汽车站

中恒购物广场

区委、区政府办公楼

中区统办楼

盘旋路雕塑——能源之母

恒山休闲公园

恒山休闲公园一角

商品一条街

平川尚文坊文化休闲一条街

靖煤公司住宅小区

龙兴源小区

靖煤公司德政小区

兴佳城小区

平川宾馆

平川宾馆贵宾楼

如意阳光大酒店夜景

春茂商务酒店

百源商贸大酒店

靖远煤业集团公司

陇上精品——『晶虹煤』

具有靖煤集团公司自主知识产权的急倾斜长壁综放开采技术居世界领先水平

一辆辆满载着靖煤人血汗的滚滚乌金运往祖国大江南北

靖煤集团2×300千瓦瓦斯发电站

西北地区最大的火力发电厂——国电靖远发电公司

国电靖远发电公司科技楼

王家山捡财塘风力发电站

平川区陶瓷产业

2009年5月25日，“我们一路同行”大型演唱会在平川区人民广场举行

2009年9月28日，平川区举行庆祝新中国成立60周年文艺晚会

2010年3月16日，平川区棚户区改造项目一三三队片区开工建设

2010年6月19日，2010中央电视台曲苑杂坛走进平川大型综艺晚会在平川区人民广场举行

2010年9月27日，平川区举行迎国庆暨庆祝建区二十五周年综艺晚会

2010年9月27日，平川区举行建区二十五周年庆祝大会

2010年9月30日，平川城区大水头沙河综合治理工程开工

2011年7月5日，平川区与安宁区缔结为友好县区

打拉池清真寺

接云观

黄湾北武当山

水泉野麻岩画

平川境内明代长城迹址

水泉黄湾元屯石林

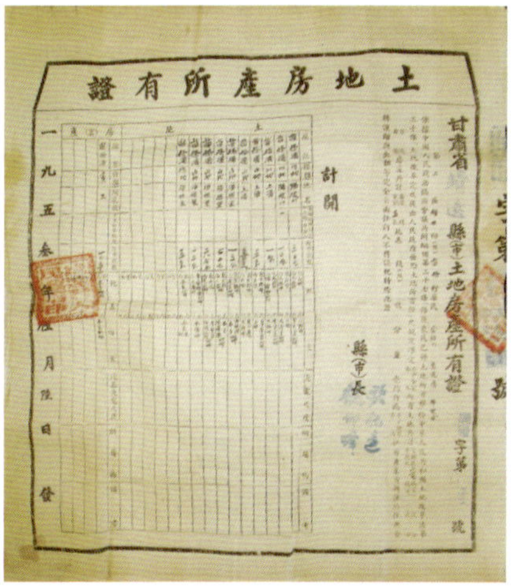

土地房產所有證

1953年土地房产所有证

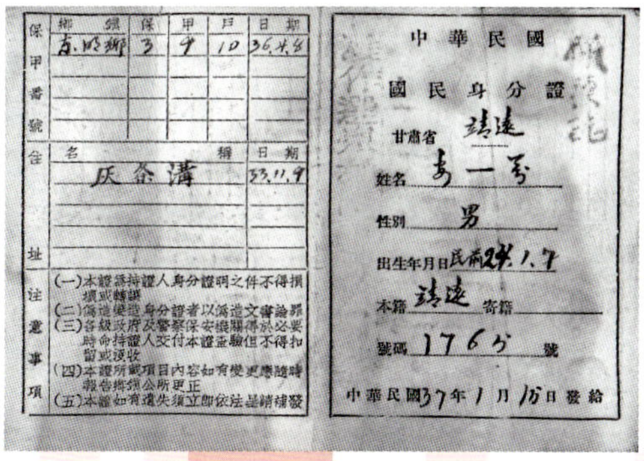

中華民國

國民身分證

甘肅省 靖遠

姓名

性別 男

出生年月日 民前

本籍 靖遠 寄籍

號碼 176 號

中華民國37年1月15日發給

| 保甲番號 | 鄉鎮 | 保 | 甲 | 戶 | 日期 |
| --- | --- | --- | --- | --- | --- |
| | 東○鄉 | 3 | 9 | 10 | 36.4.8 |

| 住址 | 名稱 | 日期 |
| --- | --- | --- |
| | | 33.11.9 |

注意事項

(一)本證爲持證人身分證明之件不得損壞或轉讓

(二)偽造變造身分證者以偽造文書論罪

(三)各級政府及警察保安機關得於必要時命持證人交付本證查驗但不得扣留或沒收

(四)本證所載項目內容如有變更應隨時報告鄉鎮公所更正

(五)本證如有遺失須立即依法呈請補發

民国37年国民身份证

张书仁烙画《五百罗汉图》局部

集节水、绿化、休闲为一体的矿区水库

新农村建设中的蓄水库

沁川湖

引黄灌溉渠道及泵站

各种农作物

胡麻

种子加工

养鸡

养牛

西瓜

温室大棚

间作套种

造林绿化

退耕还林

农田风貌

农田建设

甘肃煤炭工业学校

白银市第九中学（矿一中）

平川区第二中学

平川中学

中恒职业学校

平川区第一小学

平川区第三小学

平川区第二小学

平川区第四小学

平川区人民医院

靖煤公司总医院

白银市平川区精神病院

平川区社会福利院

首届“忠恒杯”全民健身职工长跑比赛

群众文化活动

2009年5月16日，白银市第一届青少年田径运动会在平川区举行

拔河比赛

篮球比赛

田径比赛

社火表演

元宵灯会晚会

平川广播电视发射塔

群众广场健身

刘（寨柯）白（银）高速公路银三角段

响泉口收费站

长征东路过街天桥

黄河渡口

农村道路建设

宽阔的平川经济开发区道路

2009年8月19日，首届中国西部（白银·平川）陶瓷峰会暨平川陶瓷文化节开幕

2011年8月19日，甘肃省副省长虞海燕宣布第二届中国西部（白银·平川）陶瓷峰会暨平川陶瓷文化节开幕

2011年8月19日，中国陶瓷工业协会理事长何天雄宣布授予平川区中国陶瓷产业转移基地的决定

2011年8月19日，甘肃省人大常委会副主任周多明（右）、甘肃省政协副主席李永军（左）向平川区授牌“中国陶瓷产业转移基地”

位于屈吴山的中国革命领袖红军纪念馆

月河湾农家乐

2010年8月30日，白银市首届乡村旅游节在平川区月河湾举行

2010年9月20日，中国革命领袖红军纪念馆落成典礼在屈吴山举行

2012年6月27日，《平川区志（1996—2005）》评审会议举行

《平川区志（1996—2005）》评审会议合影

**前排左起** 吴　丽　张美泉　高云翔　贺红梅　钱　旭　贯汝昌　王　平　秦俊山　王连忠　杨忠诚

**中排左起** 王亚琴　冉彩霞　王树吉　张廷虎　李志信　陈启刚　闫晋平　陈　谦　悳国伟　张晓霞　张克诚　关　勇　段建军

**后排左起** 谢万林　张　健　陈永红　杜树泽　蒋安平　常聚新　姚学礼　李翔凌　黄兆文　关兴益　高映宾　朱广文　寇宗安　刘仲文

2013年5月28日，《平川区志（1996—2005）》终审会议举行

《平川区志（1996—2005）》终审会议合影

**前排左起** 王连忠 秦俊山 王 平 张国荣 李得秾 汪海洲 吕林邦 雒 鹏 高云翔 张 侃

**后排左起** 王彩红 王 艳 冉彩霞 石宝明 关 勇 王华魁 张美泉 吴有忠 朱广文 陈启刚 王树吉 王亚琴

**顾问**

万治贵　卜发生　陈其银　贾汝昌

## 白银市平川区地方志编纂委员会
## 第六、七、八届主任、副主任、委员

**主　任**

杨万勤　马　勤　高云翔

**副主任**（按姓氏笔画排列）

马　勤　马　锐　王小平　王家传　王连忠　甘孝礼　冯德虎

纪秀兰（女）　张　福　张志明　张　侃　何朝霞（女）

宋昌其　宋玉奎　郝进义　胡建伟　秦俊山　崔巧玲（女）

黄天佈　韩宝成　蒙占元　蔡红梅（女）

**委　员**（按姓氏笔画排列）

马建军　王连忠　王秉祥　白天星　刘　龙　刘再明　关　勇

肖生宝　张柏龄　张　清　张　林　张学亮　张克诚　张照中

张世科　张临忠　张　健　李得湖　李　桐　李　莉（女）

李家庆　李翔凌　李守刚　杨　德　武永宝　秦　钊　高怀义

柴友兰　殷树荣（女）　梁育福　常聚新　黄天军　滕维虎

总编审　秦俊山

## 白银市平川区地方志编纂委员会办公室

主　　任　白天星（1990.02—2002.12）

　　　　　关　勇（2012.05—　　　）

副主任　惪国伟（1998.10—2002.01）

　　　　　关　勇（2005.07—2012.05）

　　　　　杨万科（2012.09—　　　）

工作人员　柴华栋　朱广文　刘仲文

## 《白银市平川区志（1996—2005）》编辑室

主　　编　关　勇

副主编　李翔凌

编　　辑（按姓氏笔画排列）

　　　　　朱广文　关兴益　刘仲文　刘再明　李　江

　　　　　张明清　陈永红　柴华栋　惪国伟　黄兆文

# 序　言

中共白银市平川区委书记
白银市平川区人民政府区长

时值全区人民喜迎中国共产党第十八次党员代表大会胜利召开之际，第二部全面反映平川区历史和现状的大型资料性文献——《平川区志（1996—2005）》在历经长达7年的编纂之后终于付梓问世了。这是我区精神文明建设和文化建设中取得的又一项重大丰硕成果，是我区史志工作者的又一项重大研究成果，可喜可贺。

地方志书具有存史、资政、育人的功能，是了解一地自然风貌衍化、经济发展、政治嬗变、社会革新及民情风俗传承的重要文献资料。首轮《平川区志》编纂完成后，为了弘扬中华民族的优良传统，传承平川的历史文脉，依据省地方史志办公室和市地方志办公室的安排，中共平川区委、平川区人民政府决定编修二轮区志，专门成立区地方志编纂委员会。编写完成编纂方案和篇目，动员全区各部门、各单位和驻区各单位广泛搜集历史文献和档案资料，为区志的编纂奠定了坚实基础。区地方志编纂委员会加强对修志工作的领导，重视区志编纂质量，加快区志编纂进度，全体编纂人员夜以继日，笔耕不辍，反复考据，数易其稿，终于完成了70多万字的二轮区志。应该说，《平川区志（1996—2005）》是各级领导干部了解区情、科学决策的历史借鉴，是社会各界人士研究地方历史，开展爱国主义、革命传统教育的参考材料和乡土教材。

平川区是白银市市辖区之一，地处甘肃中部、黄河上游，成立于1985年8月，总面积2106平方千米，2011年底，辖4乡3镇4个街道办事处，总人口21.4万人，其中城镇人口11.4万人。境内历史文化深厚，文物古迹众多，旅游资源丰富。有靖远煤业集团有限责任公司、国电靖远发电有限公司、靖远第二发电有限公司等驻地大中型企业，年产原煤1200多万吨，发电量130多亿千瓦时。传承千年的瓷窑制陶文化曾鼎盛一时，陶土储量达40亿吨以上，有陶瓷企业15家，年产墙地砖2000多万平方米，畅销西北五省区，被中国陶瓷工业协会授予“中国陶瓷产业转移示范基地”称号。菊粉、大枣、生物酶等特色农产品享誉国内外。1996—2005年，平川人民在区委、区政府的正确领导下，坚持以经济建设为中心，以加快发展为目标，进一步解放思想，实事实是，开拓创新，与时俱进，抢抓机遇，明确目标，真抓实干，全区经济和社会各项事业保持了持续、快速、健康发展的良好势头，全区的改革开放和社会发展取得了明显成就。这一时期成为平川区历史上发展最好、最快的阶段之一。如实记载好这段历史，客观总结好取得的经验，对于落实科学发展观，推进平川区全面、协调、可持续发展具有重要的历史意义和现实意义。

2012年，中共平川区委、平川区人民政府坚持“基础先行、项目带动、工业主导、城乡统筹、好中求快”的区域发展战略，以中心城区、平川经济开发区、水泉工业集中区和煤炭、电力、陶瓷为主的“一城两区三产业”为着力点，以建设兰白核心经济区中的工业示范区、全省能源新能源基地、全省煤炭化工基地、中国陶瓷产业转移示范基地和西部陶都为定位，为实现转型跨越发展注入了新的活力。我们衷心希望全区人民，特别是广大党员、干部要重视读志、用志，以志为鉴，扬长避短，精诚团结，锐意进取，为全面建设小康社会、构建和谐新平川做出新的更大贡献。我们相信，经过全区人民的共同努力，平川一定能在未来的发展史上续写出更加辉煌壮丽的新篇章。

2012年11月8日

# 凡 例

一、本志以马列主义、毛泽东思想、邓小平理论、“三个代表”重要思想和科学发展观为指导,坚持辩证唯物主义和历史唯物主义观点,坚持实事求是原则,力求做到思想性、科学性、资料性的统一。

二、本志上限为1996年,下限至2005年12月31日。为保持事物发展的连续性,对前志补缺,个别事物超出这一时限要求。政治、经济、社会事业部分表上限1985起,下限至2005年12月31日。大事记、人物篇中本地任职人物、彩页及政治部分相关内容延至2011年12月31日。

三、本志结构为编、章、节、目四个层次。全志设自然地理、行政建置、政治、经济、社会事业、人民生活、人物七编。卷首设概述、大事记,卷末设附录。

四、本志体裁,述、记、志、传、图、表、录诸体并用。

五、本志采用公元纪年,确需采用历史纪年时,括注公元纪年。地名采用现名,确需用历史地名,括注现名。

六、本志所用计量单位,原则上使用国务院1984年2月27日发布的中华人民共和国法定计量单位。

七、本志所用数据,以区统计局发布的统计资料为主,个别数据采用部门统计资料。

八、本志人物编采用传记、简介、表录三种体裁。立传人物以卒年先后为序排列。简介人物以生年先后为序排列。表录人物除部分以任职时间、获得学历学位时间先后为序排列外,大部分以生年先后为序排列。

九、本志文字一般采用现代语体文、记叙体。

# 目　录

## 第二编 行政建置



## 第三编 政 治

## 第四编 经 济

## 第五编　社会事业

## 第六编　人民生活

## 第七编　人　物



## 附　录

# 概　述

平川区是1985年随白银市恢复地级市建制而成立的市辖区，位于白银市中部偏北，地处北纬36°10′~37°00′、东经104°18′~105°26′之间，南北大部分与靖远县接壤，东北与宁夏回族自治区海原县毗邻，东南与会宁县为界，西北与景泰县隔河相望。东西长91.5千米，南北宽75千米。境内最高点为屈吴山南沟大顶，海拔2858米；最低处为水泉镇野麻滩村，海拔1347米；平均海拔1504米。整个地形由东南向西北倾斜，呈一狭长阶梯状多台阶地形。平川区位于甘肃省兰州市、宁夏回族自治区银川市两大省会城市之间，距兰州中川机场150千米，国道109线、省道308线及白（银）宝（积山）铁路，王家山、红会煤矿铁路专用运输线在境内纵横交错。丹（东）拉（萨）高速公路刘寨柯至白银段穿境而过，在境内设有响泉、新墩、王家山三个出入口，其中响泉出入口与中区经济开发区相接。此外，黄河流经区境32千米，水路交通极为便捷。全区土地面积2106.1平方千米，折合21.06万公顷，其中耕地1.72万公顷，草原面积8.79万公顷，宜林面积4.77万公顷，水面0.09万公顷，荒地、沙河面积5.69万公顷。年平均气温8.2℃，属温带大陆性季风气候，四季分明，气候温和，光热资源丰富，气温日差较大，降水少，干旱多风。截止2005年年底，辖宝积、黄峤、种田、复兴4乡，共和、王家山、水泉3镇，宝积路、红会路、电力路、兴平路4个街道办事处，26个居民委员会、58个村民委员会，293个村民小组，居住着汉族、回族、满族、蒙古族等13个族别的群众，总人口19.63万人，人口密度为92.60人/平方千米。

1996—2005年，平川区经济社会得到快速发展，成为白银市重要的对外开放窗口，也成为甘肃省乃至西北地区重要的煤电能源基地和陶瓷产业基地。

平川区境内蕴藏着丰富的煤炭、陶土、沙金、铜、铁、锰、石英石、沸石、烧胀黏土、花岗岩、石灰石等多种矿产资源。煤炭总储量11.37亿吨。以黏土、长石、石英石为主的陶瓷原料资源丰富，种类齐全，质地优良，黏土储量超过12亿吨。区内陶瓷生产不仅有悠久的历史，而且涌现出一大批有陶瓷生产知识和操作实践经验的专业技术人员。1985年以来，新乐雅、华顺、陇烨等十多家大型陶瓷企业成效显著，主要产品有水晶哑光地砖和内外墙砖、日用精品陶瓷、中高档卫生洁具瓷、仿古瓷、精美艺术瓷等，陶瓷工业成为促进全区经济发展的支柱产业，产品畅销全国各地，平川区因之成为西北陶瓷重镇。此外，花岗岩储量24亿立方米；石灰石保有储量290万吨，远景储量500万吨以上。区境有黄河流过，地下水较为充裕，矿泉水、地热水均量大质优，有得天独厚的水资源优势。

平川因企设区,境内有设计年产600万吨优质煤炭的靖远煤业集团有限责任公司。全区年产原煤1000万吨,所产陇货精品“晶虹”煤远销日本、马来西亚等国家。境内有设计年发电200万千瓦的西北最大的发电企业国电靖远发电有限公司、靖远第二发电有限公司,随着靖电三期和国电靖远发电有限公司扩建项目的实施,以及正在建设的靖远煤业有限责任公司瓦斯发电厂,年发电量超过100亿千瓦时。捡财塘风力发电厂的建成投产,是区境利用风能的成功尝试,具有广阔的发展前景。煤电连动,使平川区成为甘肃省重要的能源工业基地。

区境内煤炭资源不仅储量丰富,而且有悠久的开采历史,是甘肃境内有文字记载最早开采煤炭的地方。自民国29年(1940年)成立宝积山煤矿股份有限公司到1959年7月成立靖远矿务局,煤炭开采逐步走上健康有序的发展轨道。2001年8月,靖远煤业有限责任公司成立。公司由中国信达资产管理公司、中国华融资产管理公司和靖远矿务局三方股东组成,是甘肃省人民政府授权经营的大型企业。2005年底,靖远煤业有限责任公司煤炭年产量835.3万吨,销售量806万吨,工业产值达15亿元,实现利税2.06亿元。列甘肃省工业60强的第17位,全国煤炭工业百强的第53位。

区境内有西北最大的火力发电厂。国电靖远发电有限公司是中国国电集团公司控股的股份制发电企业,前身为隶属甘肃省电力工业局的靖远电厂。1995年5月,靖远电厂整体改制为甘肃靖远第一发电有限责任公司。2004年5月改称国电靖远发电有限公司。2003年,进入甘肃工业60强,创建成为甘肃省十佳环保企业,先后获首批“全国精神文明先进单位”、首批“全国文明单位”,并被中国国电集团公司连续两年授予“国电一级奖状”。靖远第二发电有限责任公司是国家开发投资公司、美国第一中华电力合作有限公司、甘肃电力建设投资开发公司和甘肃省电力公司共同投资建设的一家中外合资企业。公司以“日新”文化引领和支撑企业发展,引入国际先进的管理理念,推进前沿的管理方法,创造出内涵丰富、特色鲜明的“靖远管理模式”。

区境是传统的农牧区,野麻滩、井儿川发现的岩画群,种田乡发现的古代铁铧、石磨等,均表明早在古代,境内农牧业即得到普遍开发。全区有可耕地面积3.27万公顷,耕地1.72万公顷,宜林地4.77万公顷,宜牧地8.79万公顷。人均耕地0.227公顷,高于全省人均耕地0.16公顷的水平。粮食作物有小麦、水稻、大麦、豌豆、洋芋等,经济作物有油料、蚕豆,土特产品有二毛裘皮、黑瓜子、西瓜、大枣、甘草等,均质地优良,为土特农副产品深加工提供了充足的原料。特奥特番茄制品、立信粮油、枣旺饮料、核心动力保健品及临冬淀粉厂、东顺淀粉厂等一批粮食精细加工企业相继在平川建成投产。区内特色农业和养殖业发展迅速,以西甜瓜、玉米制种、大枣为主的特色产业已形成规模化经营的格局,以兴盛、枣盛养殖基地为支撑的肉牛、奶牛养殖业蓬勃发展，以白银雄征酒业公司、神台酒业公司为龙头的粮食酿造深加工企业不断发展壮大。近年来，区境逐步落实惠农政策，持续调整农村经济结构，农业综合生产能力不断提高，农村税费改革和乡镇机构改革进展顺利。2005 年，在取消农业特产税和牧业税的基础上，全面取消农业税，共计 183 万元。兑现粮食直补资金 68 万元，发放退耕还林粮款补助 1150 万元，增加农村义务教育经费 30 万元，农民负担得到根本减轻。广大农民兴农热情进一步高涨。

平川区有深厚的历史文化底蕴，野麻滩、井儿川古岩画的发现，表明早在公元前 3000 年前的齐家文化时期，勤劳、勇敢的先民就在这片富饶的土地上繁衍生息。石沟螺旋墓葬，表明马家窑文化在区境也盛极一时。区境古称边关争战之地，鹯阴县和唐会州是甘肃较早设置的县级与州级行政单位。宋明之际，尤处于民族冲突的最前哨，杀伐决战，演绎出一幕幕威武雄壮的战争话剧。宋怀戎堡与通怀堡即为宋夏交锋的边防重镇。而明代边墙与墩台烽燧更是保障大明王朝内陆安全的重要屏障。因此，区境有极其丰富的旅游资源。境内有建于北魏时期的红山古寺，有鹯阴城、会州城、凉州城等古城群落，有建于唐代的北武当山真武祖师庙及镌刻于乾隆年间的福寿山石刻，有清太子太保王进宝将军墓及祖墓，有雄威壮观的青砂砚边墙、石碑子边墙、花儿泉边墙及卞家台墩台、十里墩墩台等军事设施，令人在生发思古之幽情的同时，倍加激起强烈的民族自豪感。

平川区更有着光荣的革命传统，是彪炳史册的革命老区。早在 1929 年，中共陕西省委即派人在区境秘密开展活动，并于 1932 年在打拉池成立“陕甘工农游击队第四支队”，与其后发生的水泉起义一道震惊了国民党在甘肃的统治阶层，这是甘肃省由共产党领导的第一次武装斗争，也是以刘志丹、习仲勋、谢子长为代表的共产党人创建陕北红军的重要组成部分。1936 年 10 月，彭德怀率领西方野战军西征到达打拉池，开展了一系列军事活动，这是中革军委准备会宁会师及其后军事行动的重大战略举措，为平川人民留下了丰厚的精神遗产。区境水泉是陇右地下党重要负责人万良才的故乡，陡水支部成立于 1939 年 7 月，并开展了一系列革命活动，为迎接区境解放作出了重要贡献。

建区以来，中共平川区委、平川区人民政府贯彻落实发展第一要务，着力优化发展环境。中区经济开发区，西与国道 109 线衔接，南与省道 308 线相连，北与刘（寨柯）白（银）高速公路直通，面积 283.6 公顷，地势平坦，水网、电网、路网及通信网络均已建成，是理想的投资热土和产业转移集聚地。中共平川区委、平川区人民政府积极落实改革开放的各项政策，在营造良好的投资软环境方面措施得力，成效显著，制订出台《关于进一步加快非公有制经济发展的意见》，在土地、税收、收费等诸多方面提供优惠政策，同时实行一站式服务，逐步完善发展详细规划及招商引资优惠政策，吸引众多商家和投资者相继落户中区经济开发区，固定资产投资累计达4.1亿元,其中政府投资1.05亿元,吸引社会及民间投资3.05亿元。至2005年,有22项工商业项目落户中区,其中投资500万元以上的工商业项目9个,已产生明显的经济效益。同时配套建设中学、小学、幼儿园,逐步形成功能完备的开发创业平台。

20世纪末,受国内实行宏观调控政策的影响,加上改革的深化及区内外经济环境的改变,区内经济社会发展中多年积累的一些深层次的结构性矛盾逐渐凸显,经济社会发展开始面临一系列挑战。煤炭、电力、陶瓷三大支柱产业发展速度趋缓,区属企业和乡镇企业一度陷入困境,尤其是随着关井压产政策的强劲落实,全区共关闭矿井280处,减压产量352万吨,导致区级财政税收锐减,商贸流通业萎缩,农民人均纯收入下降,城镇下岗职工人数不断增加。面对重重困难,中共平川区委、平川区人民政府从实际出发,在制订"十五"计划的过程中,作出一系列重大决策,确定以西部大开发政策统揽经济工作全局,解放思想,更新观念,坚持"以城市经济带动农村经济,以城市工作带动农村工作"的基本区策,实施"以城带镇、以镇连片、梯级发展、整体赶超"的发展战略,区域经济以市场为导向,以区内资源及驻平大中型企业为依托,以建立现代企业制度为契机,调整经济结构,加大技术改造力度,发挥比较优势,发展特色产业,逐步打破工业生产依靠煤炭产业的单一格局,区内经济开始恢复性增长。

"十五"时期,为适应社会主义市场经济体制改革的发展趋势,区第五次党代会围绕全面建设小康社会的总体思路和目标,提出新的符合平川实际的发展思路,开始全面实施"工业强区、民营富区、科教兴区、开放活区"四大区策。全区上下抢抓发展机遇,积极培育新的经济增长点,通过新建项目和技术改造项目的实施,协调解决重点行业和骨干企业生产经营中的实际问题,区域内大中型企业效益开始恢复性增长。煤炭、电力、陶瓷三大支柱产业的优势得到显现,地方工业发展速度明显加快。以改造提升煤炭、陶瓷等传统产业为重点,区级工业企业技术改造完成投资3600万元,煤炭企业安全生产水平和资源利用率明显提高,陶瓷产业进一步发展壮大,非公有制企业相继开工投产,企业改制为区属企业注入了新的活力,资源型城市经济转型的接续替代产业起步良好。

平川建区,适值改革开放之后,乡镇企业的发展得风气之先,以小煤窑盛极一时。其后随着关井压产政策的落实,社会资产投资逐渐向工业及饮食服务等行业转移,非公有制经济积健为雄,成为促进经济社会发展的生力军。2005年,全区开展"非公有制经济服务年"活动,以启动民间资本为重点,以招商引资为突破,非公有制经济得到快速发展。全区非公有制企业达到4190户,从业人员8425人,注册资金28813万元。

建设和谐社会是历届区委、区政府的着力点所在。随着经济实力的不断增强,社会保障工作明显加强,城乡人民生活得到日益改善。温饱问题初步得到解决。科教兴区的区策得到进一步贯彻落实。开通政府公众信息网和科技信息网网站,完成政府信息网二期工程,建成水泉镇农村信息网络。积极开展风力发电、煤化工等重大项目的前期工作,科技对项目的支撑作用得到有效发挥,平川区被命名为全国科技进步县区。全区小学质检双科及格率农村学校达到78.2%,城区学校达到91.5%。2005年,全区高考录取人数达到1417人,其中本科录取714人,本科上线率达到20.4%。教育基础设施进一步得到完善,信息教育和远程教育取得新的进展,先后为80所中小学配备297.4万元的远程教学器材,实施中欧甘肃基础教育项目,建立覆盖全区教育系统的信息网络。同时,新闻采播质量明显提高,为全区经济社会发展营造了良好的舆论氛围。已在城区周围12个自然村完成有线联网,山区28个自然村完成无线覆盖。医疗卫生条件明显改善,区人民医院门诊大楼建成投入使用,传染科改造完成,医院的综合竞争实力逐步提高。区精神病院完成迁建,并升格为白银市精神卫生中心。群众文化生活日益丰富多彩,节日文化、社区文化、老年文化、广场文化等各类城乡文化活动有声有色,已经形成书画热、演唱热、出书热,城市文化品位得到进一步提升,社会主义精神文明建设取得显著成果。

提高可持续发展能力是近年全区上下共同努力奋斗的目标。坚持人口、资源、环境相协调,在落实农村部分计划生育家庭奖励扶助政策的基础上,率先创新扶助举措,促进群众生育观念的转变,年度人口自然增长率控制在5.70‰以下。保护和节约资源,采取强硬措施坚决打击非法采矿,矿产资源得到有效保护。

积极推进民主法制建设,依法行政水平进一步提高。人民政府自觉接受人大的法律监督和政协的民主监督,定期向人大和政协报告工作、通报情况,主动听取人大代表、政协委员的意见、建议。认真贯彻执行行政许可法,坚持依法行政,全面推行政务公开,执法行为进一步规范。坚持处理好改革发展稳定的关系,实行政府领导信访值周制度,高度重视民间纠纷排查调处,严厉打击各类刑事犯罪活动,社会治安形势总体平稳。深入开展纠风专项治理,重点整治人民群众反映强烈的热点问题。深化干部人事制度改革,事业单位改革试点工作进展顺利。全区认真开展保持共产党员先进性学习教育活动,广大党员干部的宗旨意识、服务意识不断增强。

时至2005年,平川区成立已经20年。20年,弹指一挥间。但平川区经济社会的发展取得了显著的成就。从建区之初曾经有过的该不该设区的争论,到如今发展成为兰白经济带上的一颗耀眼的明珠,平川人民发扬“人一之,我十之,人十之,我百之”的甘肃精神,与时俱进,锐意进取,使古老的平川大地焕发了无限生机。如今,随着强力推动资源枯竭型城市的转型,平川区发挥资源优势,加快城市转型,培育特色产业,打造西部陶都已成为平川在白银市率先发展的战略思路。随着兰(州)白(银)都市经济圈建设开始对接推动,平川再一次赢得新的发展机遇。我们有理由相信,平川的明天一定会更加美好!

# 大 事 记

## 1996 年

4 月 21 日　王家山煤矿三号井滑移支架工作面发生顶板冒落事故，死亡 4 人。

5 月 15 日　甘肃省首台 300 兆瓦 1:1 全仿真机落户靖远电厂。

6 月 6 日　凌晨 5 时 15 分，甘肃省第一台 30 万千瓦机组锅炉在靖远电厂一次点火成功。

8 日下午，国家能源部部长史大祯在西北电管局局长刘宏、甘肃省副省长郭琨等陪同下视察靖远电厂，听取靖远电厂 5 号炉点火后的情况汇报。

7 月　靖远矿务局第一中学学生王洁华在 1996 年全国高考中获甘肃省外语类学科第一名。

9 月 25 日　靖远矿务局决定提高井下采掘一线工人待遇，实行井下采掘工人岗位补贴，标准为每人每天 8 元，从 1996 年 9 月 1 日起执行。

12 月 15 日　共和乡被命名为“甘肃省明星乡镇”，共和乡西和村被命名为“甘肃省模范村民委员会”。

是年　全区完成国内生产总值 85975 万元，其中第一产业 6724 万元，第二产业 67760 万元，第三产业 11491 万元，人均国内生产总值 5484 元。

## 1997 年

1 月 14 日　全国总工会副主席滕一龙率团在甘肃省委副书记杨振杰陪同下，到靖远矿务局走访慰问困难职工。

4 月 21 日　经甘肃省民政厅批复，水泉乡分设为水泉、陡城两个乡，共和乡分设为共和、黄峤两个乡。

7 月 30 日　凌晨 3 时许，水泉尖山突降百年不遇的特大暴雨，炸雷震耳欲聋。陡城乡、水泉乡及王家山镇 14 个村、5000 农户、2.6 万人口受灾，暴雨造成直接经济损失 6100 万元以上。

12 月 7 日至 9 日　中国共产党平川区第四次代表大会召开。在四届一次会议上，选举魏兴毅为中共平川区委书记。

23 日至 26 日　中国人民政治协商会议平川区第四届委员会第一次会议召开。会议选举雷永忠为政协平川区第四届委员会主席。

24日至27日　平川区第四届人民代表大会第一次会议召开。会议选举赵瑞霖为平川区人大常委会主任,宋秉武为平川区人民政府区长。

是年　全区完成国内生产总值93014万元,其中第一产业6247万元,第二产业73624万元,第三产业13143万元,人均国内生产总值5315元。

## 1998年

3月5日　长征西路开工建设。

是月　白银市首批居民最低生活保障金在平川区发放,计246户、614人。

4月10日　白银格威卫生陶瓷厂新开发生产的格威牌304系列卫生陶瓷通过省级新产品投产鉴定,成为甘肃省首批中高档卫生瓷。

是月　靖远矿务局开通大水头煤矿铁路专用线。

是月　《平川区志》通过白银市地方志编纂委员会组织的终审。

5月2日　平川区王家山镇于大川村通电,全区实现村村通电。

4日　平川区开通公交线路,首批公交车正式运营。

30日　长征东路铁道口下立交桥开通。

8月　平川区完成白银市首次公开选拔副科级领导干部工作。公开选拔干部21名。

是月　平川区通过“省级卫生城市”验收。

10月20日　下午,靖远电厂一期工程正式通过竣工验收。

11月　文化南路开通。

是年　经过100多天的紧张施工,省道308线红会至唐家台段24.8千米的路基工程于12月初贯通,是为甘肃省第一条收费公路。

是年　全区计划生育工作两降两升,人口出生率为12.52‰,计划外多孩出生率为0.09‰;计划生育率80.77‰,节育率95.29‰。

是年　中区经济开发区开发取得阶段性成果。共开通主干道7条10.44千米,新打机井2眼,铺设地下输水管道900米,架设供电线路3.4千米,平田整地100公顷,建成日光温室48座。

是年　全区完成国内生产总值114486万元,其中第一产业6590万元,第二产业85020万元,第三产业22876万元,人均国内生产总值6457元。

## 1999年

6月7日　甘肃省宗教局批准平川区共和乡小水村妙觉寺为佛教活动寺庙。

8月10日　平川区第二轮土地承包通过白银市检查组验收。在第二轮土地承包中，全区承包土地16620.2公顷，合同签证率达100%。

是月　平川中区经济开发区被甘肃省人民政府命名为“甘肃省乡镇企业示范区”。

10月18日　中区草坪足球场通过检查验收。草坪按国际标准场地设计，草种为黑麦草、早熟禾、高羊毛三个品种。

是月　平川区全面实现广播电视村村通。

11月15日　王家山镇于大川电灌工程建成上水。

是月　由甘肃省慈善总会资助、在复兴乡实施的慈善雨水积蓄工程全面竣工，当地百姓自发捐款竖立“甘肃省慈善总会雨水积蓄工程纪念碑”。

是年　投资750万元的靖远县高湾乡至平川区共和乡的县乡公路竣工，通过省、市有关部门组织的验收。

是年　平川区国税年收入首次突破两亿元。

是年　全区完成国内生产总值124686万元，其中第一产业6426万元，第二产业89139万元，第三产业29121万元，人均国内生产总值6856元。

## 2000年

2月15日　靖远电厂实行企业改制，取消内部干部行政级别。

28日至3月2日　平川区第四届人民代表大会第三次会议召开。会议补选万治贵为平川区人民政府区长。

3月21日　县级领导班子和领导成员“三讲”教育动员大会召开。

28日　区实验中学筹建领导小组成立，筹建工作全面启动。

是月　《平川区王家山镇小城镇规划》通过省、市专家评审。

4月1日至2日　省委“三讲”教育第二批检查组在平川区指导“三讲”教育工作。

12日　21时，沙尘暴袭击区境。

24日　省委副书记陆浩在平川区调研“三讲”教育工作。

是月　平川区组织干部群众收看《揭批邪教“法轮功”和现代迷信》教育片。

6月20日　下午，共和乡中和村、老庄村、兄弟村发生冰雹灾害，农作物受灾面积282.73公顷，造成直接经济损失280余万元。

23日　2时10分，特大暴雨袭击陡城乡贾庄、枣园两村，持续时间长达1个多小时。

28日　区长、区关井压产领导小组组长万治贵主持召开全区关井压产工作会议。此次关井压产,全区共关闭矿井280处,减压产量352万吨。

7月1日　即日起，平川区在全省率先实现将农村中小学教师工资集中到区财政统一发放。

6日　中国初级卫生保健基金会捐赠共和乡价值50万元的药品和医疗器械。

是月　2000年普通高校招生统考,全区报考人数1578人,高考专科以上上线人数436人。

8月　城区实现生猪定点屠宰。

9月4日　平川区幼儿园被评为甘肃省一类幼儿园。

是月　靖远矿务局第二小学学生马莎莎的书法作品在全国"春蕾杯"青少年书画大赛中获金奖。

是月　长征东路和兴平南路临街建筑改造工程启动。

10月　区畜牧局引种乌克兰饲草之王"鲁梅克斯K-1"获得成功。

是月　平川区与山东省淄博市淄川区结为友好区。

11月13日　平川区质量技术监督局直属白银市质量技术监督局。

12月28日　《平川区志》首发仪式在区政府礼堂举行。

是月　平川区人民政府出台《生态防护林建设工程实施方案》。

是年　全区共完成退耕还林还草面积600公顷，其中荒山造林333.33公顷，退耕还林266.67公顷。

是年　张有发、李伯荣、阎生高、常德、丁良荣、丁有刚获甘肃省捐资助学先进个人奖。

是年　区境大旱,全区完成旱地粮食播种面积7773.33公顷,仅出苗4666.67公顷,全区农作物因旱受灾面积6200公顷。

是年　全区完成国内生产总值139246万元，其中第一产业6269万元，第二产业98943万元,第三产业34034万元,人均国内生产总值7478元。

## 2001年

2月　平川区检察院被评为全国检察机关"人民满意的检察院",受到最高人民检察院的命名和表彰。

3月5日　甘肃煤炭工业学校被教育部确认为国家级重点中等职业学校。

是月　水泉乡下村被评为全省文明村。

4月8日中午至10日上午　区境遭受沙尘暴袭击和严重冻灾，造成农业生产直接损失1104万元。

6月23日　12时30分左右，种田乡五星村、北庄村、百丰村遭受特大暴雨袭击。冰雹袭击百丰村长达15分钟，冰雹最大直径达3厘米，地面厚度约15厘米。

7月　国家广电光缆工程平川段50千米光缆铺设全面完成。

是月　由北京恒基伟业电子产品有限公司捐资建设的黄峤乡峤山恒基伟业希望小学新校舍落成。

是月　全区共有1555人参加高考，专科以上上线631人，上线率为40.6%。

8月16日　靖远煤业有限责任公司挂牌成立，甘肃省副省长韩修国为公司成立揭牌。

28日　18时，黄峤乡马饮水村、双铺村、神木头村、峤山村、焦口村遭受特大暴洪袭击。19时40分，共和乡小水村、老庄村遭受冰雹袭击，冰雹持续时间长达40分钟，最大直径2厘米，厚度12厘米。造成直接经济损失71.42万元。

是月　刘(寨柯)白(银)高速公路建设协调小组成立。

11月　区私营企业广源特种养殖公司造林绿化基地投资30万元，从吉林省引进双阳梅花鹿33只，填补了白银特种养殖业的空白。

是年　全区完成国内生产总值14.47亿元，其中第一产业0.67亿元，第二产业10.2亿元，第三产业3.6亿元，人均国内生产总值7713元。

## 2002年

1月16日至19日　20名平川区党代表参加中国共产党白银市第五次代表大会。

是月　平川区开始实行城镇职工基本医疗保险。

3月24日至28日　平川区第四届人民代表大会第五次会议召开。会议选举杨万勤为平川区人民政府区长。

是月　万治贵任中共平川区委书记。

4月4日　区装饰陶瓷厂发生一号车间整体坍塌安全事故，造成6人死亡、10人受伤。

5日　国家民政部党组成员、副部长姜力在平川区检查灾情并督察城市居民最低生活保障工作。

25日　14时40分，黄峤乡马饮水村、玉湾村、双铺村境内遭受暴雨及冰雹袭击，持续时间长达20分钟，造成直接经济损失48.4万元。

是月　泰瑞利率领世行考察团到平川区考察农村供水与环境卫生项目。

5月　平川区被甘肃省人民政府授予“甘肃省先进文化县(区)”称号。

6月27日　白银市人民政府与四川新乐雅陶瓷有限公司举行白银市墙地砖厂产权转让

签字仪式。

7月16日　国家工商总局副局长韩新民检查指导平川区工商分局工作并看望一线工作人员。

8月10日　白银新乐雅陶瓷有限公司试生产成功。日产优质地砖5000平方米。

12日　武警平川消防中队被授予“甘肃省维护社会稳定模范集体”。

是月　平川小学更名为平川区第一小学,平川区第二小学正式招生。

9月　区第一个乡村自来水工程打拉池供水工程开工修建,总投资243.90万元。

是月　经省民政厅批准,撤销陡城乡,成立陡城镇。

是月　靖远煤业公司大水头煤矿获全国“十佳煤矿”称号。

10月15日　中华医学管理学会推荐靖远煤业有限公司总医院为全国“明明白白看病百姓放心医院”。

20日　15时20分,一公交车在魏家地附近因严重超载致使右前轮胎破裂,翻于坡底,造成19人受伤。

是月　平川城区广电网改造完成。

12月18日至22日　区第五次党代会在靖电一公司礼堂举行。卜发生当选为中共平川区委书记。

22日　21时,兰州金城旅游服务集团公司小南沟煤矿发生瓦斯爆炸事故,11名矿工遇难。

31日　经省民政厅批准,撤销红会路街道办事处,成立红会镇。

是年　靖远煤业有限公司“晶虹”产品被评为“全国质量稳定合格产品”,“晶虹”商标被评为为甘肃省第三届著名商标。

是年　全区完成国内生产总值16.7亿元,其中第一产业0.7亿元,第二产业11.8亿元,第三产业4.2亿元,人均国内生产总值8698元。

## 2003年

3月31日　中共平川区委召开干部下基层推进小康建设工作动员大会。

4月23日　中共平川区委、平川区人民政府召开会议,传达中央、省、市关于加强非典型肺炎防治会议精神。

5月6日　甘肃矿用电器厂被甘肃容和矿用设备有限责任公司整体收购,400多名国家职工身份实现转换。

6月19日　省委副书记、省长陆浩调研平川区企业改制情况。

8月21日　预备役退伍军人应急征召演练在甘肃煤炭工业学校进行。

11月　白银新乐雅陶瓷有限公司投资1380万元建设的第三条陶瓷生产线投产。平川区一跃成为西北陶瓷生产大区。

12月1日　甘肃省军区司令员赵建中到区人民武装部检查指导工作。

是年　全区取消农业特产税。

是年　全区完成国内生产总值20.01亿元，其中第一产业0.74亿元，第二产业14.36亿元,第三产业4.91亿元,人均国内生产总值10368元。

## 2004年

2月　平川区投资3505.35万元实行农网改造。

14日　平川区农民白仲金和张玉祥两人各自制造的“动力三角翼飞机”和“固定翼轻型飞机”试飞成功。

3月12日　平川区被科技部评为“科技先进区”。

5月3日至4日　区境遭受强霜冻灾害,农作物受害面积11260公顷。

6月3日　区政府片集中供热工程开工建设。

7日　靖远煤业公司红会四矿发生严重透水事故,34名矿工被困井下。事故发生后,省长陆浩连夜赶赴现场指挥抢险,经过全力抢救,34名被困矿工全部脱险。

7月　平川区被甘肃省列为2004年至2005年“青年农民科技培训工程”项目区。

是月　甘肃煤田地质局133队职工张书仁创作的宣纸烙画《清明上河图》被上海吉尼斯总部确认为世界“最长的纸烙画”。

是月　平川区成立防治“高致病性禽流感”工作指挥部、防治禽流感工作领导小组。制订《平川区高致病性禽流感防治应急预案》,区、乡、村实现三级防疫体系联动,严格实行疫情日报告和零报告制度。

8月17日　7时40分,国道109线1538千米+500米处,宁夏回族自治区一大货车与平川区一载客面包车相向对撞,造成2人死亡,5人受伤。

9月23日　平川区纪念邓小平同志诞辰100周年暨庆祝建国五十五周年文体活动开幕。

27日　经省民政厅批准,撤销水泉乡和陡城镇,合并成立水泉镇。

10月24日　13时,平川区采源丰煤矿发生冒顶事故,4人遇难。

25日　平川区召开第五次村委会换届选举工作会议。

11月11日　国道109线丹(东)拉(萨)公路刘寨柯至白银段高速公路新田黄河大桥主桥

合龙。该桥位于平川区和靖远县交界处,为刘白高速公路全线控制工程,全桥长 860 米,桥面宽 24.5 米,桥梁设计标准为双向四车道,双线分离式结构。

是月　区农技中心承担的砂田西瓜优质高产生产技术及配套措施与示范项目通过省内专家鉴定,确认达到国内同类技术领先水平。

是月　平川区被中国科学技术协会命名为“全国科普示范城区”。

12 月 14 日　浙江卡森希望小学竣工仪式在王家山镇大营水小学举行。

26 日至 28 日　平川区第五届人民代表大会第三次会议召开。会议补选马勤为平川区人民政府区长。

12 月　靖远煤业有限责任公司与西安科技大学、中国矿业大学北京区合作完成的“急倾斜厚煤层长壁综放开采技术研究”被国家安全生产监督管理局、国家煤矿安全监察局评为全国“第二届安全生产科技成果一等奖”。

是年　全区完成国内生产总值 23.1 亿元,其中第一产业 0.9 亿元,第二产业 16.9 亿元,第三产业 5.3 亿元,人均国内生产总值 11846 元。

## 2005 年

1 月 7 日　平川区召开首届大中专毕业生就业推介会。有 14 家用人单位参加,设置职位 100 个。

25 日　民政部党组成员、纪检组长张印忠在平川区慰问五保老人和城乡困难群众。

28 日　平川区保持共产党员先进性教育活动动员大会在靖电一公司礼堂举行,平川区四大班子领导及 1000 多名党员参加动员大会。

是月　经省民政厅批准,由原宝积路街道办事处分设成立兴平路街道办事处。

3 月 9 日　全国“人民满意的公务员”魏公河先进事迹报告会在区政府礼堂二楼会议室举行。

15 日　白银华顺陶瓷有限责任公司举行开工奠基仪式。

16 日　西路大桥加宽改造工程举行开工奠基仪式。

18 日　沁川湖工程举行开工仪式。

27 日　甘肃省煤矿安全监察局局长张家渔在平川检查煤矿安全生产工作,并召开座谈会。

5 月 22 日　2 时 25 分 54.3 秒,平川区水泉镇北纬 36°57′、东经 104°34′发生一次里氏 2.9 级地震;2 时 28 分 17.1 秒,北纬 36°58′、东经 104°36′又发生一次里氏 3.5 级地震。

31 日　15 点 30 分,省道 308 线大水头桥附近发生一起交通事故,伤 6 人,其中重伤 2 人。

是月 《白银市平川区财政志》印制发行。

6月2日 平川区人民广场落成典礼仪式暨文艺晚会举行。

11日 中国初级卫生保健基金会、中国农工民主党中央社会服务部、中国农工民主党甘肃省委员会向定点帮扶乡镇宝积乡卫生院捐赠价值25万元的医疗品，并开展义诊活动。

29日 18时至19时，复兴乡遭受特大暴雨袭击，持续时间长达1小时。

30日 13时，共和镇、宝积乡境内遭受特大暴雨袭击，持续时间长达1小时30分。上述连续两次灾情造成直接经济损失1231.8万元。

是月中下旬 平川区组织各乡镇、街道党委书记，部分乡镇长、街道办主任，部分村党支部书记共40人赴长江三角洲江苏、浙江、上海等经济发达地区，学习考察基层党建、“三农”问题、小城镇建设等方面工作。

7月5日 农村二女结扎户结扎奖励扶助资金首发仪式在平川区人民广场举行。

14日 8时，平川区宏达煤矿井下发生顶板事故，死亡1人。

是月 在第十三届兰州贸易洽谈会上，平川区签约招商引资项目5个，签约资金1.05亿元。

8月1日 为庆祝白银市恢复建市、平川区建区20周年暨“八一”建军节，甘肃省民族歌舞团在平川区慰问演出。

5日 平川区召开创建省级卫生城市动员大会。

23日 平川区首次举行涉法上访案件听证会。

是月 全区农村教育实行“一费制”。

是月 平川区投资110万元的残疾人综合服务中心建成。种田乡司法所被国家司法部和全国残联授予“残疾人维权示范岗”称号。

9月19日 平川区第一届农民、职工运动会开幕式在区人民广场举行。43支代表队1700余人参加开幕式。

是月 平川区严格执行“两免一补”政策，共为9156名贫困家庭学生提供免费教科书，为500名初中生补助生活费。同时，440名学生凭区人民政府颁发的二女结扎户光荣证，免交除书本费外的各项收费。

10月29日 省人大常委会原副主任李文辉和省政协原常委、省诗词学会会长、中华诗词学会顾问袁第锐，带领省诗词学会18位诗词名家在平川检查指导工作并进行采风活动。

是月 甘肃省“蓝天行动”送光明医疗队在平川区开展白内障复明手术。通过筛选，共为64名白内障患者实施复明手术。

是月 平川区人民政府为2005年度落实绝育手术的275名“二女结扎户”每月落实30元奖励金并办理养老储蓄，同时为241个“农村独生子女领证户”每年落实120元的独生子女父母奖励费并办理养老储蓄。

11月3日　平川区举行首期项目推介会。

14日　甘肃省军区司令员陈知庶在区人武部检查指导征兵心理测试工作，征兵工作首次进行心理测试。

是月　水泉镇小黄湾村自行设计建造的一座长13米、宽12米、高6.2米的石拱桥竣工。

12月9日　农村党员电教设备赠配发放仪式举行，为全区未配备电教设备的50个村党支部配发党员电教设备50台(套)。

16日　刘(寨柯)白(银)高速公路开通，途经区境水泉、宝积、王家山三个乡镇，区境设新墩、响泉和王家山三个出入口。

是年　投资70余万元建成平川科技信息网、区政府门户网站，开通新华网平川分站。

是年　平川中恒职业技术学校开工建设。该校系公办民助性质的普通职业中学，由平川区政府和甘肃忠恒房地产开发有限公司共同创建，占地面积8.13公顷。

是年　全区完成国内生产总值25.4亿元，其中第一产业0.94亿元，第二产业18.33亿元，第三产业6.13亿元，人均国内生产总值13032元。

## 2006年

1月1日　平川中恒购物广场开业。

是月　平川区启动实施城乡医疗救助制度。

2月26日　区五届人大四次会议召开。会议审议和批准区国民经济和社会发展第十一个五年规划纲要。

3月5日　18时许，王家山镇金源煤矿井下向东掘进约120米处发生一起一氧化碳中毒事故，5人遇难。

22日　区委、区政府发出通知，对连续任职10年以上后离任的村(社区)干部发放生活补助。发放时间从2006年7月1日起开始执行，145名干部首批享受生活补助。

是日　团中央知心姐姐杂志社心理健康教育报告团在平川区第二中学作《关注孩子心灵成长》主题报告。

4月6日至15日　平川区22名镇、街道社区干部参加在深圳经理进修学院举办的社区干部培训班。

10日　14时至4月11日6时左右，全区遭受强沙尘暴及霜冻天气，7个乡镇遭受不同程度的沙尘暴、霜冻灾害，累计吹毁地膜面积126.67公顷，吹毁塑料大棚70座，194.67公顷胡麻、5.33公顷果树及枣树、杏树遭受严重霜冻。

10日至11日 省政协副主席杨镇刚带领部分省政协常委、委员视察平川区贯彻《宗教事务条例》情况。

25日 在云南省呈贡市举行的全国残疾人自行车锦标赛暨全国第七届残运会自行车比赛中，种田乡五星村吴庄社李惠以2分1秒1的成绩夺得女子Lac4级1公里场地赛预赛冠军。27日，在女子Lac4级5公里个人计时赛中，李惠以11分43秒66的成绩夺得金牌。

是月 王家山镇大营水小学出现流行性腮腺炎疫情，报告累计发病21例。

是月 平川区人民政府出台《平川区村(社区)干部生活补助发放办法》。

5月17日 区青少年校外活动中心举行奠基仪式。

是日 甘肃省军区政委刘巨魁在区人武部检查指导工作，并参观靖远第二发电有限公司。

是月 平川区出台《科级干部请销假制度》《平川区县以下党政领导干部离任交接办法》(试行)。

是月 区精神文明建设城乡共建活动正式启动。

6月2日 国家民政部救灾司司长王振耀率领民政部、财政部工作组在平川区调研干旱灾情，研究相关对策。

11日 全区信访工作暨干部下基层集中开展矛盾纠纷排查调处活动部署会议召开。

13日 下午，平川区召开创建国家卫生城市动员大会，成立创卫工作领导小组，

23日 平川区人民政府与兰州商学院经贸学院、平川区中恒房地产开发公司与兰州商学院经贸学院合作签字及兰州商学院在平川职业技术学校建立"大学生实习基地"揭牌仪式举行。

27日 总投资2600万元的白银海纳川生物制品有限公司在中区经济开发区奠基开工。

29日 中国煤矿文工团在靖远煤业集团公司演出。

7月10日 平川区风能资源评估资料汇报会在靖远煤业集团公司召开。

12日 19时30分始，平川区宝积乡、水泉镇、王家山镇18个村遭受60年不遇的特大暴雨袭击，暴雨持续一个半小时，冰雹最大直径约2~3厘米。全区受灾群众17320人;农作物受灾面积876.67公顷，绝收面积520公顷;洪水冲毁乡村道路30千米、防护堤坝3200米、耕地146.67公顷、渠道17694米，毁坏涵洞、桥梁3处，淹死家畜856头(只)。直接经济损失约2500万元。

19日 在白银市举办的全国乡企贸洽会首日项目签约活动中，平川区累计有11个重点项目签约，总投资56900万元。

是月 中国革命领袖红军纪念馆在屈吴山中华儿女红一军学校前开工建设。

8月30日　黄峤乡举行民营企业捐资助学活动。民营企业家万生东捐资10万元资助乡村教育事业及贫困大学生。

是月　平川区第三小学成立。

是月　甘肃省煤炭工业技工学校通过国家重点技工学校评估验收。

9月　平川区出台《平川区行政事业单位租赁、出让房屋资产使用权管理办法》。

19日　省委书记、省长陆浩在省政协副主席、省发改委主任邵克文，省委秘书长孙效东及相关部门负责人的陪同下在平川区调研。

30日　平川区纪念中国工农红军一、四方面军打拉池会师70周年大会在共和镇打拉池举行。

同日　全区首届农民书画展在红山寺开展。

31日　12时16分，靖远煤业公司魏家地煤矿西一采区1109综放顶煤工作面发生瓦斯特大爆炸事故，造成29人遇难，19人受伤。

10月　总投资1200万元的区会展中心开工奠基。

是月　沁川湖建成蓄水。

11月2日　扶贫搬迁工程"意秀源"小学捐资签字仪式暨开工典礼在水泉镇易地扶贫搬迁工程施工现场举行。兰州三元敦煌医学科技有限公司总经理、兰州敦煌传统医学研究所所长王芝意及夫人楚文秀为易地扶贫搬迁工程"意秀源"小学、卫生所捐资60万元。2007年11月8日上午，水泉镇丰源村意秀源学校落成。省委原副书记、省关心下一代工作委员会主任李虎林，市委书记、市人大常委会主任张景辉为学校揭牌。省人大常委会原副主任李文辉向学校赠送贺联。

13日至15日　中国共产党白银市平川区第六次代表大会在区政府礼堂举行。会议听取和审议了中国共产党白银市平川区第五届委员会的工作报告和中国共产党白银市平川区纪律检查委员会的工作报告，并作出相应的决议；选举中国共产党白银市平川区第六届委员会和中国共产党白银市平川区纪律检查委员会；选举平川区出席中国共产党白银市第六次代表大会的代表。

18日　中共平川区六届一次会议选举卜发生为中共平川区委书记，马勤、胡建伟为副书记。选举宋玉奎为区纪委书记。

是月　平川区印发《白银市平川区党务公开实施方案》。

12月1日　平川区启动实施城市低保对象医疗保险改革。

13日　市委书记、市人大常委会主任张景辉，市委副书记、市长袁占亭一行在平川区调研采煤塌陷区居民搬迁有关事宜。

23日至24日　副省长石军考察中区工业园区、靖远电厂。

12月　平川区启动实施城市廉租房制度。

是年　平川区有147户零就业家庭办理再就业优惠证。

是年　全区完成国内生产总值266711万元,其中第一产业11730万元,第二产业192893万元,第三产业62088万元,人均生产总值13727元。

## 2007年

1月3日至7日　政协白银市平川区第六届委员会第一次会议召开。郝进义当选为区政协主席。

5日至8日　区六届人大一次会议召开。会议选出平川区出席市七届人民代表大会的代表44名。杜世润当选为区人大常委会主任。

24日　平川区召开执行案件特困人员救助大会。首批对2名执行案件中的特困当事人给予4.2万元的救助。平川区因此成为在全省率先建立特困群体执行救助基金的地区。

是月　平川区启动实施农村居民最低生活保障改革，恢复实施职工住房公积金管理制度,建立特困群体执行救助基金

是月　区私营企业协会成立。

3月　区农村数字微波电视正式开通,可传输36套中央、省内外电视节目和4套广播节目。

5月7日　中央电视台《新闻联播》以“甘肃黄河沿岸发现远古岩画”对水泉镇野麻滩黄河岩画进行了报道。报道说“甘肃白银市最近在黄河沿岸发现了20多幅绘有人体、动物、器物图像的岩画,呈现了当时人类农耕、狩猎等生活状态。”野麻滩黄河岩画由刘再明于1987年春发现。

15日　平川区召开新型农村合作医疗制度动员启动大会。

是月　白银华盛天润农业开发有限公司投资2000万元的千头奶牛养殖小区在宝积乡贺家川村奠基开工。

是月　首次对全区城乡110名高中及高中以上文化程度的残疾学生和残疾人家庭的学生进行资助,每人发放200元的教育救助金。

6月26日　平川区中区经济开发区管理委员会更名为甘肃白银平川经济开发区管理委员会。

7月13日　17点30分左右,区境突降特大暴雨,持续约一个半小时,伴有冰雹,直径约2~3厘米。造成宝积乡、水泉镇、宝积路街道办16个村、3个社区居委会受灾,受灾人口2760

户 14426 多人。洪水冲毁耕地 333.67 公顷，受灾农作物面积 617.33 公顷，绝收 80.33 公顷。冲毁道路 21.4 千米、防护坝 4480 米、渠道 20000 米、桥梁 1 座、防护林 2 万株，损坏房屋 216 间。造成直接经济损失 2140 余万元，其中农作物损失 1000 余万元。

8 月 9 日　全市援助单亲特困母亲启动仪式在区人民广场举行。

10 日　黄峤乡、共和镇、宝积乡、水泉镇、王家山镇遭受特大暴雨袭击，造成直接经济损失 1684.8 万元。

28 日　白银市农村二女节育户奖励扶助金发放仪式在平川区举行。

是月　X333 线黄峤至稍沟岘段四级公路改建工程竣工，区境实现乡乡通油路。

是月　水泉镇陡城村水稻大面积发生穗茎瘟病，发病面积约 66.67 公顷，占总面积的 50%以上，水稻估产损失约 70 万千克。

是月　在水泉镇境内发现元屯石林。

9 月 26 日　平川区隆重集会，欢迎参加中央电视台“全国道德模范评选颁奖晚会”，并获得提名奖，受到胡锦涛、李长春等党和国家领导人接见的全国道德模范先进个人、区公安分局民警王叶莉载誉归来。

是月　总投资 1047 万元的水泉镇农村饮水安全供水工程开工建设。

是月　区数字电视正式开通。

是月　全区农村全面实施最低生活保障制度。

10 月　平川区出台《城镇居民基本医疗保险实施办法》。

11 月 5 日　总投资 4.36 亿元的国投白银捡财塘风电场在王家山镇井儿川村奠基开工。

8 日至 12 日　平川区组团参加在深圳召开的第四届中国国际果蔬展览交易会。

18 日上午　靖远煤业集团有限公司揭牌成立。

20 日　平川区农村党员干部现代远程教育工作全面启动。

22 日　平川城区的 178 户困难家庭每户均领到政府提供的廉租住房租赁补贴 1288 元。

是月　平川区全面启动全民健康知识培训工程。

是月　在区境内发现多处明长城遗址和墩台烽燧。

12 月　宝积路街道成立全区首家非公有制经济人士联谊会。

是年　全区地方财政收入首次突破亿元，增速位居全市首位。

是年　全区完成国内生产总值 363451 万元，其中第一产业 12967 万元，第二产业 282770 万元，第三产业 67714 万元，人均生产总值 18658 元。

# 2008 年

1月15日　山东淄博陶瓷产业考察团在平川区考察。

23日　市慈善总会在宝积路街道办举行关爱特困家庭物资发放仪式。

是月　平川区乡、镇、村新型农村合作医疗覆盖率达100%，参合农民93310人，共为参合农民兑付补偿经费228万元。

是月　平川大桥加宽扩建工程正式通车。

是月　靖远煤业集团有限责任公司14所中小学移交平川区政府管理。

2月25日下午　省、市红十字会在种田乡开展“红十字博爱送万家”活动，为100名困难农民发放救灾物资。

3月11日　即日起，区委决定在全区开展“讲党性、重品行、树正气、作表率、促发展”主题教育活动。

13日　平川区被甘肃省人口和计划生育领导小组命名为“计划生育优质服务区”。

18号　平川区举行“共享蓝天”关爱农村留守儿童行动助学捐赠活动启动仪式。

20日　区人民法院正式开庭审理备受社会关注的西北首例“串子纠纷”案。

25日　举行首次全国污染源普查入户调查发放仪式。

27日　7时40分，红会大坝口发生一起重大交通事故，3人死亡，2人重伤。

是月　总投资1655.3万元、生产规模达万头的白银黄河饲料有限公司无公害猪生产基地开工建设。

是月　750千伏旱坪川变电站开工建设，该变电站为西北电网750千伏系统中甘、青、宁联网的变电站之一，其建设内容包括兰州—旱坪川、旱坪川—宁夏、旱坪川—青海等750千伏线路。

是月　宝积路街道率先建成街道电子政务大厅。

4月24日　种田乡种田中心小学和拉排小学发现疑似流行性腮腺炎，共发现50例病例。

是月　在屈吴山建成MMDS数字微波系统，可传输43套中央及地方广播电视节目，覆盖宝积乡、水泉镇75%以上的农户，黄峤乡、共和镇85%以上的农户及复兴乡、种田乡50%以上的农户。

是月　平川区全面启动村干部国土资源法律知识宣传教育培训工作。

5月2日　21时10分至3日凌晨4时50分区内受到大风沙尘暴侵袭。

12日　14时28分，在四川省汶川县发生里氏8.0级特大地震。区境各乡镇震感明显，但未造成人员伤亡和财产损失。

14日　平川区组织开展向5·12地震灾区献爱心集中募捐活动,募捐金额236万元。

14日至16日　平川区组团参加深圳文化博览会。

22日　由区文联倡议发起,平川区在人民广场举行“平川汶川心连心”大型赈灾义演活动。

是月　宝积路街道办事处周家地社区被商务部确定为“全国社区商业示范社区”。

是月　白银市长征书画艺术研究院成立。

是月　平川区举行义工活动启动仪式,近600名社会各界爱心人加入义工行列。是为全市首支义工队伍。

是月　中国邮政储蓄银行白银市平川支行挂牌成立。

是月　平川党建网开通。

6月30日　区委召开平川区庆祝建党87周年暨“讲党性、重品行、树正气、做表率、促发展”主题教育活动总结大会。

7月8日　在屈吴山举行中国革命领袖红军纪念馆封顶典礼。省、市、区有关部门及各界群众3000人参加活动。

18日　区委、区政府下发《关于印发<白银市平川区开展“区委书记大接访”活动实施方案>的通知》。

是日　平川区特困群众危房改造“集中建设点”工程在宝积乡广源沟村启动。

8月1日　全省地税统一征管软件在平川区上线成功。

5日　旱坪川电灌工程五泵站续建工程竣工通水。

6日　甘肃电投靖远煤矸石电厂筹建处成立。

20日　区委发出《关于纪念改革开放30周年活动的通知》。

8月　中区片集中供热工程开工建设。

9月　靖煤公司第一中学更名为白银市第九中学。

10月10日　甘肃容和矿用设备集团有限公司举行更名揭牌仪式暨新产品推介会。

16日至17日　全市等级医院评审工作组对平川区人民医院创建二级甲等医院工作进行评审验收。

17日　平川区人民法院审判综合楼落成。

19日　1时20分,平川区郭城青煤矿东翼二级斜井半巷维修架材时发生一起冒顶事故,造成两名工人死亡。14时30分,平川区屈吴煤矿发生一起冒顶事故,造成两名工人死亡。

20日　亚行白银市城市发展项目平川道路改扩建工程开工。

26日　区委、区政府印发《关于全面贯彻十七届三中全会精神扎实推进农村改革发展的实施意见》和《白银市平川区2008—2012年农民增收实施方案》。

12月10 忠恒商贸有限公司举行签约仪式，加盟商务部“万村千乡市场工程”。

23日 《平川史话》举行首发式。该书为改版后的全省第一本县区史话。

是年 全区完成国内生产总值463904万元，其中第一产业15264万元，第二产业375209万元，第三产业73431万元，人均生产总值23802元。

## 2009年

1月15日 平川区特困职工救助金发放及“爱心医院”启动仪式在区总工会举行。

2月13日 白银供电公司在宝积乡广源沟村举行“送农户家电，促用电增长”活动。

15日 中国人寿财产保险股份有限公司平川支公司成立。

23日 区委、区政府下发《关于促进农业稳定发展农民持续增收的实施意见》。

3月3日 全区领导干部大会在区会展中心召开，宣布市委关于平川区党政主要领导调整的决定：陈其银任中共白银市平川区区委委员、常委、书记；高云翔任中共白银市平川区区委委员、常委、副书记，提名为平川区区长候选人。

12日 全区全面加强机关效能建设动员大会召开。

是日 区委下发《中共白银市平川区委关于加强基层党组织规范化建设的意见》。

13日 15时左右，区丰源顺煤业公司煤矿发生一起一氧化碳气体中毒事故，7人死亡。

19日 平川区书画展开幕。

24日至26日 区六届人大三次会议召开。会议选举高云翔为白银市平川区人民政府区长。

4月9日 白银市生东慈善教育基金会在平川区举行优秀教师、优秀学生奖励资金及困难家庭学生资助金发放仪式。

14日 国泰陶瓷建材城、平川城区生活垃圾处理场、政府片集中供热三期工程建设奠基开工。

15日 副省长咸辉在平川区调研乡镇卫生院建设、农村医疗卫生救助、新农合、济困病床制度、医德医风建设、基础设施建设等情况。

16日 王家山镇井儿川村发现岩画群及原始人穴居用火痕迹。

20日 平川区家电下乡启动仪式在中恒购物广场举行。

27日 种复农村饮水安全供水工程在种田乡百丰村开工建设。

5月4日晚 庆祝“五四”青年节暨平川区首届青年歌手大奖赛在区会展中心举行。

6日 副省长石军在平川区调研。

8日 平川区妇幼保健站综合办公楼落成。

14日 区委、区政府召开紧急工作会议,安排部署甲型H1V1流感防控工作。

15日 区委书记陈其银,区长高云翔结合学习实践科学发展观活动的开展,在区会展中心分别就赴内蒙古、江苏学习考察情况作报告。

16日至18日 白银市第一届青少年"体彩杯"田径运动会在平川中学举行,来自全市三县两区24所中学的近300名运动员参加比赛,共有10人(次)7次打破白银市记录。

25日 白银市深入学习实践科学发展观暨《纪录白银》开播2周年"走进平川"大型演唱会在平川区人民广场举行。

27日 区委书记陈其银主持召开第6次区委常委会议。研究讨论并原则通过《首届中国西部(平川)陶瓷峰会暨平川陶瓷文化节总体活动方案(草案)》等。

6月3日 靖远煤业集团有限公司在大水头矿举行"百万职工拒绝毒品零计划行动"宣传活动。

11日 省委常委、政法委书记、省公安厅厅长罗笑虎在平川区调研。

是日 区委召开全区"百村党建整推"行动暨村(社区)班子集中整顿活动动员大会。

12日 在第十五届中国兰州投资贸易洽谈会上,平川区有6个项目签约,签约资金1.74亿元。

19日 中国农业发展银行白银市平川支行挂牌开业。

是日晚 "白银市青年志愿者弘扬长征精神禁毒宣传行"文艺演出在平川区人民广场举行。

23日 区政府与兰州商学院全面合作协议签字仪式在平川区会展中心举行。

29日 区政府召开依法打击非法盗采国有矿产资源专项行动工作会议。

30日 区委、区政府召开首届中国西部(平川)陶瓷峰会暨平川陶瓷文化节前期筹备工作会议。

7月1日 唐红公路下立交桥铁路道口开通。

10日 省政协副主席张世珍在平川经济开发区调研。

11日 中铁第五勘察设计研究院专家黄孝民、范多俊一行在平川区实地考察包兰铁路复线惠农至兰州段平川火车站选址工作。

18日 全国人大常委会副委员长陈昌智在平川区调研保障性住房建设情况。

27日 中国陶瓷工业协会秘书长黄芯红,中国陶瓷工业协会副理事长、高级顾问、陶瓷装备专委会主任陈帆带领考察团,在平川区考察陶土资源及陶瓷产业发展现状。

8月8日 总投资约2000万元的白银海佳潜水电机制造有限公司奠基开工。

13日 武警甘肃总队政委傅永照在平川区调研武警平川中队建设情况。

15日　商务部检查组检查验收白银特奥特番茄制品有限公司出口的番茄酱质量可追溯体系项目。

19日至20日　由中国陶瓷工业协会、白银市人民政府主办，白银市平川区人民政府承办的首届中国西部（白银·平川）陶瓷峰会暨平川陶瓷文化节召开。参会嘉宾有中共甘肃省委、省人大、省政府、省政协领导，各大陶瓷产区专家学者、企业家，媒体记者、协会商会、友好县区代表、参展客商等1300多人，参加开幕式的各级领导，特邀嘉宾、演职人员和观众达6万多人。共签约招商引资项目9项，签约项目资金总额达12.1亿元。

是日　平川陶瓷研究院成立。

是日晚　中国陶瓷行业名牌产品和企业信用等级颁证暨平川陶瓷文化节文艺晚会在区会展中心举行。

24日　“丁玉平慈善教育奖励救助基金”发放仪式举行。

是月　在由团中央、国家广电总局、教育部、文化部主办的第六届“星星火炬”中国青少年艺术英才全国总决赛中，区第二小学选送的节目《西部尕妞妞》获金奖。

10月11日　平川区召开大环境绿化工作动员大会。全区大环境绿化的指导思想是“以规划为龙头，建设为重点，管理为基础，创建国家级卫生城市为目标，打造生态平川；提升城市管理水平，提升城市品位，营造宜居宜业环境”。

12日　区长高云翔主持召开区政府第16次常务会议，讨论《平川区政府机构改革方案》事宜。

22日　全市组织工作亮点展评活动观摩团在平川区实地观摩基层组织建设、行政效能建设等工作。

是日　中国陶瓷工业协会秘书长黄芯红、广东新中源陶瓷有限公司副总经理黄杰在平川区考察陶瓷产业发展情况。

26日　全省工商系统非公企业党建工作现场会在平川区召开。

29日　商务部“万村千乡”市场工程中恒配送中心举行开业庆典仪式。

是日　平川区第四小学动工建设。2010年8月竣工并开始招生。

12月1日　省军区副司令员乔正敏在平川区检查指导征兵工作。

4日　省委学习实践活动第一巡回检查组在平川区检查指导工作。

是日　省交通厅联合督察组在平川区检查农村公路建设项目和公路养护工作。

15日　全区第二批深入学习实践科学发展观活动整改落实后续工作推进会召开。

18日　区六届人大常委会召开第21次会议，任命刘晓非为平川区人民政府副区长。

19日　西北勘测设计研究院专家组在平川区考察太阳能电站选址工作。

29日　区委书记陈其银主持召开专题会议，讨论研究《平川区棚户区改造实施初步方案》和《平川区棚户区改造项目拆迁安置方案》。

30日　中共白银市委通知:张福任中共平川区委副书记,张拉新任中共平川区委委员、常委,王万龙任中共平川区委委员、常委,肖生宝任中共平川区委常委;胡建伟不再担任中共平川区委副书记、常委、委员职务,张文玲不再担任中共平川区委常委、委员职务。

31日　区委六届六次全委(扩大)会暨经济工作会议和棚户区改造动员大会召开。

是年　全区完成国内生产总值479261万元,其中第一产业18379万元,第二产业377585万元,第三产业83297万元,人均生产总值24478元。

## 2010年

1月11日至13日　政协白银市平川区第六届委员会第四次会议召开。王连忠、贺刚当选为政协白银市平川区第六届委员会副主席。

12日至14日　白银市平川区第六届人民代表大会第四次会议召开。张忠祥、纪秀兰当选为白银市平川区第六届人民代表大会常务委员会副主任,张拉新当选为平川区人民政府副区长。

27日　市慈善总会和区慈善会联合在区会展中心举行春节送温暖慰问大会，资助困难群众337户。

2月2日　平川区召开棚户区改造项目推介暨招商会议。

5日　平川区召开专题会议,安排部署问题乳粉专项清查工作。

26日　甘肃矿用防暴电气工程技术研究中心在甘肃容和矿用设备集团有限公司揭牌成立。

3月8日　省政协副主席邵克文在平川区调研经济社会发展工作。

16日　全区棚户区改造甘肃煤田地质局133队片奠基开工。

17日　全区深入学习实践科学发展观活动总结大会召开。

同日　区政府对城区初中、小学和矿区部分学校的校名命名做出调整。城区初中按照数字序号更名,白银市平川区第二中学原校名不变,靖远煤业有限责任公司第三中学更名为白银市平川区第三中学,靖远煤业有限责任公司第四中学更名为白银市平川区第四中学;城区小学按照企业特色和地域特征命名，靖远电厂职工子弟学校更名为白银市平川区电厂学校,靖远煤业有限责任公司第一小学更名为白银市平川区靖煤小学,靖远煤业有限责任公司第二小学更名为白银市平川区长征小学,平川区第三小学与靖远煤业有限责任公司第三小学合并后命名为白银市平川区向阳小学，白银市平川区第一小学更名为白银市平川区育才小学,白银市平川区第二小学更名为白银市平川区乐雅小学,白银市平川区第四小学更名为白银市平川区兴平小学；靖远煤业有限责任公司第二中学更名为白银市平川区红会学校，靖远矿务局四矿职工子弟学校更名为白银平川区四矿学校，靖远矿务局魏家地煤矿职工子弟学校更名为白银市平川区魏家地学校，靖远矿务局宝积山煤矿职工子弟学校更名为白银市平川区宝积山学校，靖远矿务局大水头煤矿职工子弟学校更名为白银市平川区大水头学校，靖远煤业有限责任公司王家山煤矿职工子弟学校更名为白银市平川区王矿中学，靖远煤业有限责任公司王家山煤矿职工子弟第一小学更白银市平川区王矿小学，靖远煤业有限责任公司王家山煤矿职工子弟第二小学更名为白银市平川区王家山小学。

18日　由黑龙江省七台河市市委书记杜吉明、市长曲志深带领的七台河市党政考察团在平川区考察经济转型工作。

4月1日　全区召开绿化工作暨“环境优化年”“作风建设提升年”活动动员大会。

14日　白银市慈善总会生东教育基金优秀教师（学生）奖金暨家庭困难学生资助金发放大会在平川区会展中心召开。共发放奖金、资助金26.8万元，为黄峤乡牛摒村、玉湾村修建小学捐资100万元。

19日　区委、区政府举行向青海玉树地震灾区捐款仪式，累计捐款5.86万元。

5月5日　平川区举行“甘肃省先进工作者”李云祥、苗辅贵载誉归来暨庆“五一”劳动模范座谈会。

10日　区委召开在全区基层党组织和党员中开展创先争优活动动员大会，安排部署开展创先争优活动。

18日　省军区司令员陈知庶少将带领省军区工作组调研平川区人武部正规化建设、基层基础建设和2010年重点工作开展情况。

19日　副省长张晓兰率领省“五五”普法检查验收第三检查组，检查指导平川区“五五”普法、经济园区建设等工作。

21日　国家高技术产业化发展示范工程——白银赛诺生物有限公司年产5000吨中性纤维素酶项目开工奠基。

22日　区委副书记、区长高云翔带领区民营企业家考察组，赴山东淄博、济南及天津市等地考察学习工业发展、陶瓷产业发展及区域经济发展等。

27日　平川区召开市容市貌卫生建筑市场百日集中整治活动动员大会。

28日　16时30分至29日2时，复兴乡、种田乡、黄峤乡和共和镇遭遇暴雨及冰雹袭击，并引发洪涝灾害，致使3乡1镇、17个村、74个社、3263户、15605人不同程度受灾，共造成农作物受灾面积1888.3公顷，农作物成灾面积1596.3公顷，绝收面积349公顷，冲走羊只31只，造成直接经济损失3841.6万元，其中农业经济损失2931.6万元，水电路等基础设施损失

910万元。

6月2日　区政协主席郝进义带领区政协考察组,参观考察兰州市安宁经济技术开发区城中村改造工程、新城现代管理中心、酒类企业生产线。

4日　14时22分,复兴乡突降暴雨,并夹杂豌豆大小的冰雹,降雨集中在甘涝、上汉、李沟、汉口、西川5村,局部最大降雨量达30毫米,持续时间62分钟,22个村民小组的974户4512人受灾,造成直接经济损失259.7万元。

9日　区委书记陈其银主持召开第8次区委常委会议,专题学习中共白银市委(扩大)会议关于落实《国务院办公厅关于进一步支持甘肃经济社会发展的若干意见》(国办发29号)及《市委1办关于认真学习贯彻《白银日报》八篇评论员文章的通知》的精神。

20日　《曲苑杂坛》走进平川大型综艺晚会在平川区人民广场上演,近10万人现场观看演出。

23日　北京空海科技有限公司总裁潘博在平川区考察洽谈高频无极灯项目、三维技术人才培训项目。

28日　全区金融系统支持妇女小额担保贷款工作促进会在人行平川支行召开。

7月2日　省发改委专家组考察评估平川区易地扶贫搬迁试点工程项目。

5日　丹麦绫致基金会执行董事陶克尔·凡泽尔、绫致集团北京代表处首席代表许颖在平川区考察扶贫合作项目。

6日　在第十六届中国兰州投资贸易洽谈会白银市专场签约会上,平川区签约项目12个,签约资金13.28亿元。

9日　平川区举行贯彻落实国务院办公厅《关于进一步支持甘肃经济社会发展的若干意见》辅导报告会。省委讲师团团长白坚作专题辅导报告。

16日　由白银宏宇燃气有限公司一期投资7000万元新建的平川区天然气工程开工。

是月　平川区首个老年服务站在电力路街道向阳社区启动运行。

是月　平川城区生活垃圾处理工程正式建成并投入使用,日收运处理生活垃圾110余吨,项目总投资1168万元,占地面积9.89公顷,总库容56.3万立方米,设计使用寿命10年。

8月2日　中科院原常务副院长孙鸿烈带领中科院院士专家组,在平川区调研黄河黑山峡段水电开发工作。

6日　平川区举行向甘南舟曲灾区捐款仪式,仪式现场捐款1.15万元。

7日　天津大学在复兴乡开展捐资助学活动,捐资5万元,资助复兴乡23名贫苦大学生。天津大学常务副书记杨贤金、副书记汪暰、材料科学与工程学院院长崔振铎、教授李冰出席捐资助学仪式。

8 日至 9 日　平川区城乡部分地区受强暴雨袭击，城区 15 户居民房屋进水，城乡部分基础设施受损，造成直接经济损失 830 万元。

11 日　宝积乡黑水村曾家庄塌陷区移民搬迁点开工建设，规划安置塌陷区农户 218 户。

16 日　由中铁五院集团公司项目总工程师范多俊带队的专家组实地调研平川区包兰二线惠农至兰州段设立平川火车站选址工作。

20 日　平川区“丁玉平慈善教育奖励救助基金”发放大会在区会展中心举行。为平川籍考入大学的学生每人发放奖励金 2000~3000 元，共发放奖励金 100 万元。

30 日　白银市首届乡村旅游节在水泉镇月河湾开幕。

9 月 3 日　12 点 40 分，种田乡突遭冰雹侵袭，时间长达 30 分钟，灾害涉及 5 个村 28 个社 1448 户 6346 人，冰雹最严重的为拉排村、小川村和五星村，冰雹直径 1.5 厘米，地面积冰厚 20 厘米，此次降雨过程短、强度大，为 1952 年以来所不遇。2141.67 公顷农作物不同程度受灾，冲毁乡村道路 27 千米、农田 300 公顷、渠道 300 米，倒塌房屋 5 间，受损房屋 420 间，造成直接经济损失 1539.71 万元，其中农作物损失 1305.93 万元，其他损失 233.78 万元。

9 日　在“2010 世界创新与投资促进平台”发布会暨国际园区合作论坛会上，平川经济开发区以独特的资源环境优势和强劲的发展势头，获“中国最具投资潜力经济园区”称号。

20 日　位于屈吴山的中国革命领袖红军纪念馆举行落成典礼仪式。将帅亲属朱新华、周秉钧、刘军鹰、袁士杰、袁方、林晓霖，原省轻工业厅厅长吴敏，中国书协副主席吴善璋，北京书协副主席龙开胜、彭利民，中央歌剧院毛泽东特型演员韩忠等出席。

26 日　全区拟提拔科级领导干部廉洁从政党纪政纪法规知识考试在平川区第二中学进行，全区 910 名干部参加考试。

27 日　平川区成立 25 周年庆祝大会在平川会展中心礼堂隆重举行。白银市领导张廷魁、杨成堂、付兰英、吴查及在平川工作过的副县级以上领导、平川籍在外工作的副县级以上领导、驻平川企业单位领导、区离退休领导、省市劳模、区副县级以上在家领导出席大会。

10 月 19 日　平川广电局正式转播白银人民调频广播。

20 日　平川区“手机短信党课”系统开通。

23 日　1 时许，刘白高速公路平川响泉路段发生 1 起交通事故，一辆货车侧翻后导致事发现场共 21 辆车发生连环相撞事故，事故现场长达 1 千米。事故造成 5 人轻伤，1 人重伤，1 人死亡，21 辆车受损，银川至兰州方向交通中断近 3 小时。

27 日　区非公有制经济组织党工委转设平川工商分局揭牌仪式在平川工商分局举行。

是月　平川区城乡汽车换乘站启动运行。该站位于国道 109 线和平川城区西出口交会处，占地面积 8000 平方米，其中建筑面积 2997 平方米、停车场 7200 平方米，总投资 690 万元。

11月8日　中共白银市委通知:胡朝生任中共平川区委委员、常委、中共平川区纪律检查委员会书记,张拉新不再担任中共平川区委常委、委员职务,宋玉奎不再担任中共平川区纪律检查委员会书记职务,张拉新、顾克伟不再担任平川区人民政府副区长职务。

是月　平川区与宁夏回族自治区海原县缔结为友好县区。

12月2日　区委召开六届八次全委(扩大)会议。会议通过《中共白银市平川区委关于制定全区国民经济和社会发展第十二个五年规划的建议》。

3日　区六届人大常委会召开第29次会议。会议决定任命宋玉奎为平川区人民政府副区长。

9日　区六届人大常委会召开第30次会议。会议决定任命于玫、展天宝为平川区人民政府副区长,决定任命陶丽莉为区人民法院代院长、魏正武为区人民检察院代检察长。

15日　平川区与上海万德风力发电股份有限公司签署建设整机设备生产基地意向协议。

24日　区政府举行区地震应急与救援志愿队成立暨揭牌授旗仪式。

是年　平川区政府通过国家三类城市语言文字预验收。

是年　全区完成国内生产总值564577万元,其中第一产业18200万元,第二产业459495万元,第三产业86882万元,人均生产总值28229元。

## 2011年

1月5日　全市县(区)委权力公开透明运行试点工作动员会在平川区召开。平川区被定为全省开展县区委权力公开透明运行工作的三个试点县区之一。

17日　全区推进工业跨越发展暨“地方工业提速年”活动动员大会召开。

24日　平川区获“全国计划生育优质服务先进单位”称号。

2月12日　3名10多岁的男孩在平川经济开发区一结冰的水坑内滑冰时掉入水中,2人溺水身亡。

23日　省委副书记鹿心社在平川区调研。

28日上午　靖远煤业集团公司公安机构正式移交白银市人民政府管理，市公安局长征公安分局揭牌成立,靖远矿务局公安处85名公安干警转为地方人民警察。

3月1日　区2011年首场“春风行动”“就业援助月”活动启动仪式暨现场招聘会开幕。

5日　区委权力公开透明运行工作新闻发布会召开。

18日　平川区召开中国工农红军西征胜利研讨会，特邀省党史专家研讨红军西征打拉池历史及全区红色文化发展。

21日　平川区党委新闻发言人制度建立。

29日　省政协副主席张世珍在平川区调研经济开发区工作。

30日　平川区开播区委权力公开透明运行“阳光清风行”电视专栏。

4月6日　甘肃煤炭工业学校成为首批“国家中职教育改革发展示范学校”。

12日　平川区召开金融工作暨银企对接会议，8家金融机构与26家企业签约意向贷款协议，签约金额6.2亿元。

14日　省政协副主席李永军带领省政协调研组，在平川区专题调研发挥大型骨干企业辐射带动作用、加快下游产品和配套产品开发、形成产业集群情况。

是日　国投白银风电有限公司投资建设白银捡财塘风电场二期工程。该项目位于平川区王家山镇，总投资46808万元，总装机容量49.5兆瓦，该电站利用捡财塘一期项目已建成的110千伏线路打捆送至110千伏下堡变。

17日下午　中国关心下一代工作委员会公益文化中心“激发孩子持久的学习动力”课题组成员、天津师范大学刘雅君教授在红会学校举办“激发孩子持久的学习动力”专题讲座。

5月7日　区委公开选拔科级领导干部笔试考试举行。

17日　白银市平川区人民法院开庭审理甘肃省首例危险驾驶案并当庭作出一审判决，被告崔某某因涉嫌危险驾驶罪被判处拘役2个月，并处罚金1万元。

24日　中国人民银行兰州中心支行党委书记、行长杨明基带领调研组在平川区调研经济发展建设情况。

26日　城区至王家山城乡公交线正式开通。试运营期间投入4台车，运行时间为每40分钟发一班次。城区早晨6点一班，针对王家山矿职工上下班，城区末班车下午5点20分发车，王家山6点35分到6点45分各发一趟，每人票价6元，比私人运营车辆便宜2元钱。

是日　区政府开展小煤窑非法开采集中整治行动，取缔关闭小煤窑7家。

26日至27日　省政府教育工作督导团在平川区督察“两基”迎国检准备情况及义务教育检测工作进展情况。

28日　种田乡、复兴乡突降大暴雨，暴雨持续将近3个小时，降雨量约为60毫米，种田乡小川、种田、拉排、百丰、五星5个行政村27个村民小组的1013户、4570人严重受灾。共造成成灾农作物面积348公顷，毁坏耕地面积46.67公顷，冲毁乡村道路28千米、人饮工程管道13千米、机井1眼、水窖2眼、护坡1处。洪水浸泡农户住房7间，商铺12间，冲走羊40只。造成直接经济损失380万元。

6月2日　张明国、车亚彬获“甘肃省工艺美术大师”称号。

7日　兰州理工大学党委书记王智平在平川区调研。

16日　平川恒山休闲公园开园。

是日　甘肃博能新能源科技有限公司年产3000万付锂电池建设项目开工奠基仪式举行。该项目由深圳赢合科技股份有限公司投资,占地面积10公顷,总投资1.5亿元。

是日　甘肃启明星节能科技有限公司年产300万个高频无极灯建设项目在平川经济开发区奠基开工。该项目由北京空海科技有限公司投资,占地面积6.67公顷,总投资1.3亿元。

28日　平川区庆祝中国共产党成立90周年大会在区会展中心举行。

30日　全区乡镇党委换届工作动员会在区会展中心召开。

7月5日　平川区与兰州市安宁区缔结为友好县区。

6日　在第十七届兰洽会上,平川区共签约项目11项,签约资金13.23亿元。

15日　区"权力公开透明运行网""惠农通"及"廉政短信平台"开通。

16日　省政协副主席李永军带领全省工业强省战略第一督察组在平川区督察工业强省计划实施情况。

24日至25日　省政府"两基"工作迎"国检"第三督导组在平川区检查指导迎"两基"国检、省督导评估及义务教育检测工作情况。

29日至30日　由财政部中央投资农村沼气项目考评组组长韩双全带领的考评组,考评平川区2007—2011年农村沼气民生工程建设项目。

8月10日　国投白银捡财塘风电场项目二期工程在平川区王家山镇开工建设。该项目总投资4.68亿元,装机规模49.5兆瓦。

15日　区委书记陈其银,区人大主任杜世润,区委副书记、区长高云翔调研大水头沙河治理工程,现场协调解决有关问题。

18日至19日　中国陶瓷工业协会马赛克专业委员会会长黄芯红、华南理工大学教授陈帆、蒙娜丽莎集团董事长萧华等参观考察区经济开发区建设、陶瓷产业发展情况。

19日　由中国陶瓷工业协会和白银市人民政府主办,平川区人民政府承办的第二届中国西部(白银·平川)陶瓷峰会暨平川陶瓷文化节在平川区举行。省人大常委会副主任周多明、副省长虞海燕、省政协副主席李永军,中国陶瓷工业协会理事长何天雄,白银市领导肖庆平、宁金辉、吴仰东、张廷魁,全国各陶瓷产区专家学者、党政代表、企业家、协会商会、友好县区代表、媒体记者及平川区四大班子领导出席开幕式。峰会以"承接转移、合作共赢"为主题,举行了中国陶瓷工业协会授予平川区"中国陶瓷产业转移示范基地"的授牌仪式,颁发了平川陶瓷产业发展突出贡献奖。在项目专场签约仪式上,签约招商引资项目9项,签约资金12.1亿元。

20日　第二届中国西部(白银·平川)陶瓷峰会暨平川陶瓷文化节专家论坛在区会展中心举行。与会专家学者、企业家围绕"合作共赢、科学发展"的主题,就中国陶瓷产业发展趋势、陶瓷产业与区域经济发展、当前经济形式对产业发展的影响、西北陶瓷市场客观分析等内容进行了交流探讨。

是日　中国陶瓷工业协会理事长扩大会议在区会展中心召开。

是日　第二届中国西部(白银·平川)陶瓷峰会暨平川陶瓷文化节新闻发布会在区会展中心举行。中国陶瓷工业协会马赛克专业委员会会长黄芯红,区委书记陈其银,区委副书记、区长高云翔出席新闻发布会并回答了与会记者的提问。

9月16日　中共平川区委召开全区领导干部大会，宣布市委关于平川区党政主要领导调整配备的决定。中共白银市委决定,陈其银不再担任平川区委书记、常委、委员职务;贾汝昌任中共平川区委委员、常委、书记。

10月10日　参加甘宁两省(区)三市五县(区)第三十五届鼠疫联防工作会议的代表,到种田乡区鼠防监测点检查指导工作。

19日至21日　政协白银市平川区第七届委员会第一次会议在区会展中心举行。郝进义当选为政协白银市平川区第七届委员会主席,张学梅、贺刚、崔巧玲、张侃当选为政协白银市平川区第七届委员会副主席。

20日至22日　白银市平川区第七届人民代表大会第一次会议在区会展中心举行。杜世润当选为白银市平川区第七届人民代表大会常务委员会主任,张福、纪秀兰、王连忠、李家庆当选为白银市平川区第七届人民代表大会常务委员会副主任;高云翔当选为白银市平川区人民政府区长,秦俊山、李常峰、于玫、展天宝、吴丽、薛丞忠当选为白银市平川区人民政府副区长;陶丽莉当选为白银市平川区人民法院院长,魏正武当选为区人民检察院检察长;于萍、王元等47名代表当选为平川区出席白银市第八届人民代表大会代表。

31日　省委常委、宣传部部长连辑在平川区调研。

11月20日　区委副书记、区长高云翔到平顺等煤矿企业督察煤矿停产整顿工作。

24日　以省安监局副局长张宝文为组长的省安委会第九督察组，在平川区督导检查安全生产和开展安全生产大检查工作情况。

29日　在省委常委、省纪委书记蒋文兰的陪同下,以山西省委常委、纪委书记李兆前为组长的中纪委第五督导检查组在平川区检查指导工作。

12月14日　国务院安委会第二督察组在平川区检查安全生产工作。

27日　2时46分,靖远县东升乡和平川区王家山镇交界(北纬36.8°,东经104.9°)发生里氏3.0级地震,震源深度10千米。震区震感明显。

是年　全区完成国内生产总值651163万元,其中第一产业20751万元,第二产业524656万元,第三产业105756万元,人均生产总值33774元。

# 第一编　自然　地理

## 第一章　地质　地貌

### 第一节　地　质

**地质总体特征**　平川区在大地构造上位于祁连山东端，秦祁褶皱强烈，断层极为发育，区境内出露地层比较齐全，从震旦系和前寒武系的结晶岩到新生代的疏松积岩地层都有分布。按西北地区地层区划图，本区地层属河西走廊—六盘山分区，以第四系分布最广，第三系及白垩系次之。地质构造主要为向西北方向收敛、向东南方向撒开的帚状旋转构造体系，曾经历多次构造运动，其中以加里东运动最为强烈，表现为强烈的沉降和局部的升起。在地质构造上，本区处于祁吕—贺兰山字构造前弧的内侧。后来，贺兰褶带南端经轻微改造，而归并入陇西系旋卷构造的主要组成部分——六盘山褶带(形成于白垩纪后期)之中。陇西系在本区有黄家洼—屈吴山旋回褶带，属六盘山旋回褶带，亦称主旋层，褶带内侧为断陷盆地。该褶带使前震旦纪、古、中、新生代地层和岩体全部卷入。新生代第四纪时期以来，构造运动比较强烈，地层分带性明显，发育完整，成因类型也比较复杂。第四纪沉积物的发育属于陆相沉积，包括河流冲积相、塬梁地区风成黄土、山前洪积相及断(拗)陷带内的冲洪积相等四种地质构造和地貌条件下的沉积物。

**地质局部特征**　境内地质构造以新生代第四纪覆盖面积最大。已探明的地层主要有寒武系、奥陶系、志留系、泥盆系、石炭系、二迭系、三迭系、侏罗系、白垩系、第三系和第四系。黄家洼山及屈吴山前有寒武系的加里东中期花冈闪长岩，奥淘系灰岩、大理石，侏罗系的砾岩出露。上古生界石炭，二迭和中生界晚期三迭地层为一套海陆互相和陆相的砂岩、砾岩、变质石岩、薄层灰岩、碳酸质页岩和煤线，见于屈吴山北坡、大水头、宝积山、磁窑、王家山及水泉一带，这一时期为主要聚煤时期。其中，石炭系出露在各基岩山地的两侧，由碎屑岩、碳酸盐岩夹煤层组成，是构成靖远煤矿的主要地层之一。志留系地层以石英长石砂岩、板岩等多出露于水泉尖山及砂流水西南一带。上古生界泥盆系地层以陆相紫红色粗碎屑岩、火生岩等出露于砂流水以北一带。侏罗系分布水泉尖山东南部及宝积山、龙凤山一带，由碎屑岩夹炭质页岩，泥灰岩及灰绿色、紫红色泥岩、页岩、砂岩、砾岩含煤层构成。白垩系分布在宝积山、龙凤山外围，多出现在中新生代盆地边缘,由紫红色、灰绿色泥岩、页岩、砂岩夹泥灰岩和下部的砾岩组成。新生代第三系的紫红色砾岩、砂砾岩在屈吴山南麓坡脚时有出露。第四纪上更新纪黄土遍布全区,南部种田、复兴分布着上更新纪的风成黄土,构成黄土塬、梁、峁及平缓坡地,岩性为浅黄、灰黄色黏土,结构疏松,多孔隙,具湿陷性、垂直节理发育,土层深厚。其余多为冲积洪积亚黏土及细砂组成,具有交错层理。

## 第二节　地　貌

**基岩中低山地**　本区地处黄土高原,属陇中山地与黄土丘陵区。其总的特征为具有山间洼地的黄土丘陵与侵蚀中山、低中山交错分布。山地突起被黄土丘陵包围,丘陵中沟壑发育。地貌特征以基岩山地和川坪地为主,除个别基岩山地外,地面被黄土覆盖。屹立于东南的屈吴山,东北的黄家洼山,碑南泉山、溯水山、尖山,甲盔山南端一带和西北部的大浪山、布政使梁一带,受地壳上升运动的影响,由褶皱断陷隆起形成,山体地质构造多为南北到东北走向。沟谷多呈 V 字形,山脊多为波形齿状。屈吴山,由奥陶系中性、中酸性火山岩、碎屑岩组成,表面为第四纪黄土所覆盖,植被为灌木林、亚高山草甸和草甸草原。山前洪积扇完整,间有泉水出露。黄家洼山,岩性坚硬,山形陡峻,山前洪积扇宽缓,南坡前沿断层有泉水出露。水泉尖山,南部为一条西北东南向大断层,山前洪积扇宽缓,基岩中低山地海拔 2200 米以上的山梁沟脑,有土层覆盖,植被发育较好,有天然次生林和灌木林片状或散状分布,按其地形系统分为两部分,是发育良好的干旱山地地貌。东南部秦岭山系褶皱的西延部分屈吴山地,山体基本上由第四纪风成黄土覆盖,境内海拔 1600 米至 2858 米,土层肥厚,气候温凉,地表多为木本、草本植物覆盖,阴坡半阴坡且有以白桦、山杨、柳、刺柏、丁香、虎榛子、蔷薇、绣线菊、卫茅、瑞香、栒子等为主的乔灌木天然林分布,在林荫中人工栽植的云杉、油松、华北落叶松、华山松生长良好,是发展针叶林较为优越的地区。北部祁连山系褶皱断陷东延隆起形成的甲盔山东南端和尖山、溯水山、碑南泉等山地,山体由变质岩、花岗岩、闪长岩组成,绝大部分山体由第三系砂岩、泥岩组成,还有少部分山体岩石裸露,气候温凉的阴坡半阴坡山地有丁香、栒子、蔷薇、沙地柏、沙冬青等杂灌木分布。

**黄土沟壑丘陵地形**　主要分布于黄家洼、屈吴山及南麓的种田、复兴和王家山大营水、万庙一带,为黄土梁峁地形,基底为第三系砂岩、泥岩组成,第四系风成黄土大量沉积,形成几十米至一百多米厚的黄土层,因地质外力作用(长期风吹水蚀,人为破坏等),黄土层被切割成梁峁沟壑,自然植被稀少,水土流失严重,但深厚的黄土层和温凉的气候仍然是多种林木赖以生长的优越条件,人工栽培的山地果园(杏、苹果等)和杨、榆及柠条生长良好。

**山间盆地平川**　也称断陷坳陷山前山间盆地、山前倾斜碎石平川和山间起伏平川。主要分布在旱坪川、西格拉滩、罗家川、小水、毛卜拉、砂流水、荒凉滩等地带，土壤多为黄土亚沙土，气候较温和，地下水资源丰富，为机井分布区，是区境主要农作物和经济作物分布区，发展林业有优越条件。

**河谷平原**　主要是黄河切割的台阶地，为黄河两岸一二级河谷、沟谷冲积阶地形成的河漫滩和三级阶地及沟谷阶地。底层是由河流运载泥沙沉积形成的冲积层，阶面较平坦完整，自然坡度在5度以下，海拔1347米至1370米，土层深厚肥沃，气候温和，水资源丰富，灌溉方便，是本区粮食经济作物的主产区之一。

# 第二章　地形　山脉

## 第一节　地　形

**地形总体特征**　平川区地形的总特征是东南高、西北低，由东南向西北倾斜。东西长91.5千米，南北宽75千米，由西北向东南呈一狭长地带，为阶梯状多台阶地形。境内最高峰屈吴山南沟大顶，海拔2858米。最低处水泉乡野麻村红麻湾，海拔1347米，高低差1511米。西部旱坪川与东部西格拉滩为盆地式缓坡平川。由西向东甲盔山、水泉尖山、喀拉山、碑南泉山、黄家洼山、屈吴山构成区境山脉的骨架，虽少林木葱郁之景，仍不失峻拔奇险之象。水泉尖山以北、屈吴山以东为浅山丘陵区，群峰竞起，梁岭交错，沟壑纵横，历史上为屯兵、耕牧、戍守之地。

**地形局部特征**　水泉镇（包括王家山）由于喀拉山、尖山、墩墩洼山横贯全境，形成中间高、南北低的地形特点。自水泉峡口以北，源于闇门岘的砂流水沟自西南向东汇来，区境内流程13千米；源于边墙子的宽沙沟经下家台由北向南汇来，境内流程12千米；源于枸条岘、大厂沟的大营沙河自东向西汇来，境内流程16千米。三条砂河汇集水泉乡80%水系，经老水泉、常庄、黄湾西注于黄河。野麻村南北红山峻峙，奇峰突兀，旧称韦精山。北山之水南流，南山之水北流并注于黄河。旱坪川北高南低，尖山、喀拉山南脉发源之水，分别经玉碗泉沟、井沟、牙沟水沟等南注于黄河。宝积乡由于碑南泉山与北掌山耸峙北方，形成北高南低的地形特点。区政府以东以北，有红山，到龙山拔地而起，形成周家地峡谷，其地形与水泉镇相似。源于碑南泉山沟的白水沟由西经罗家川汇集入峡，境内流程13千米；源于虎狼洞、东吊沟的黑水沟经宝积山矿、黑水由北向南汇集入峡，境内流程13千米；源于磁窑以北的魏家地砂河经小川、魏家地先南后西汇集入峡，境内流程15千米。到龙山、红山岭以南，北高南低，水流分别汇聚于烟洞沟、贺家川沙沟等流入靖远县境，尔后西注黄河。共和镇、黄峤乡由于屈吴山、黄家洼山、龙凤山分别雄踞于境内北、东、西三面,三山峙立,形成西格拉滩盆地与打拉池峡口。牛娤沙河发源于峤山,由东向西流入打拉池峡,主干砂沟境内流程 60 千米。三山之水或南、或北、或西皆流注于沙沟。西格拉滩北高南低,古称打绳川。共和乡东部小水至红沟为沙河川地,古称罗哺川。毛卜拉至毛河洛群山逶迤,浑圆秀美,其中峡谷为交通要道。种田乡由于将军山在西北拔地而起,形成西北高、东南低的地形特点。石路沟沙河源于将军山,流经北庄、五星东南入海原境,境内流程 20 千米。拉排河源于百丰,境内流程 16 千米,东南入海原境。复兴乡南高北低,沟壑纵横。汉岔沟源于北山,东南流经上汉至复兴;上川口沟源于杨山台,经上川北流至复兴乡。二沟会聚于复兴北部复流入海原界,境内流程 15 千米。

## 第二节 山 脉

**屈吴山** 旧志记载:六盘山回顾西北,迤逦而来,界靖、海、会三县,突起为屈吴山。西北距区政府 35 千米,主峰南沟大顶,海拔 2858 米。相传屈、吴二姓所居,故名。山势雄伟,岩壑间多清泉流水,水质甘甜,草深林密。屈吴山东南支在种田境内,称将军山,海拔 2508 米;一称墩墩梁,海拔 2337 米。

**黄家洼山** 与屈吴山隔西格拉滩对峙者为黄家洼山,即古柔狼山地,亦称蒯团山。西距区政府 31 千米,主峰海拔 2665 米。明代明墙连绵不绝,在青砂岘有古关城。

**龙凤山** 西距区政府 12 千米,海拔 2023 米。旧志记载:龙凤山,寺观颇多,山产野梅,产石可制碑。今野梅犹生,道观兴盛。

**北掌山** 西南距区政府 19 千米,磁窑煤矿以东,主峰海拔 2479 米(东西走向)。旧志记载:产磁料、煤铁,附近大小石沟产金,有石窑、白垩,垩烧瓷器,石作皑碾。北掌山东西绵延 30 千米,挺立宝积乡以北,南接大青山(南北走向),中为南掌山。西接花布乱石、阳洼山(阳洼山即宝积山)。

**红山** 区政府以东 6 千米为红山,主峰海拔 1729 米,为区政府东方屏障。

**刀楞山** 区政府以北为刀楞山,主峰海拔 1773 米,为区政府北方屏障。

**碑南泉山** 碑南泉山北距区政府 12 千米,主峰海拔 2316 米。碑南古泉尚存,山坡有灌木丛生。现存长城遗迹为石墙,具考古价值。

**喀拉山** 俗称二层山,以其山形分两层命名。雄踞旱坪川以北,主峰溮水山,海拔 2195 米。磨石沟昔产磨刀石。

**水泉尖山** 西偏北距区政府 20 千米。旧志记载:山石荦,童山无林,山下即水泉通衢。俗谓区境文昌之山。主峰海拔 2442 米。有明代长城及墩台烽燧。

**黄草洼山**　位于腰水、砂流水以北，山势险峻，奇峰突起，一抹红山，气势雄浑。西与甲盔山相连，下有三角古城。旧志记载：孤峰高峻，人迹罕至，岩壑多泉。今古泉尚存。

**无孤山**　即陡城村以东、以北诸山，亦称麦田无孤山。鲜卑乞伏氏曾建都于麦田古城。

**韦精山**　黄湾下村西北诸山，山势险峻，俗呼毛毛山。毛毛山以西，俗呼大山，即韦精山，亦曰围墩山。青峰突兀，颇有开发旅游价值。近年，发现元屯石林。

**大浪山**　野麻滩以西诸山，隔河与韦精山对峙。野麻村以下 7 千米有布政司顶，即大浪山主峰。

# 第三章　土壤　植被

## 第一节　土　壤

**概况**　本区土壤据 1958 年和 1983 年普查结果，共 8 个土类、18 个亚类、24 个土属、37 个土种，其基础为黄土母质。而各类土壤都有其特定的成土过程和演变方式。

**灌淤土**　是人为长期引洪冲积而成的次生土壤，也是本区沿河灌区古老的耕作土壤，是在长期灌溉、耕作、施肥和耕培作物条件下形成的。灌淤层厚度大于 300 厘米的划为灌淤土，灌淤层不足 300 厘米的划为耕灌灰钙土。由于平整、施肥、灌溉等人为的生产活动，使土层加厚。灌溉使土壤中可溶性盐分和碳酸钙、石膏以及上层粘粒随水下移，冲洗表层盐分。同时因黄河水含泥沙量大，通过灌水，土壤获得大量的水分和泥沙，灌淤层不断加厚。初灌时泥沙与耕层土壤相混合，长期灌溉，就会形成深厚的灌溉淤积层，成为灌淤土。且因长期施肥，以及作物收获后根茎、落叶残留土中，使土壤有机质增加，对于土壤腐殖质的形成和营养元素的表层富积起着重要作用。因此，灌淤土是区境最肥沃的土壤，大部分分布于水泉镇沿河一带。

**潮土**　是受潮化作用直接发育形成的在河流沉积物或冲积物上的土壤，所处地形部位较低，是受地下水的主导因素影响而形成的一类土壤。潮土区地下水位较高，一般 1 米至 2 米，地下水位随着年际升降变化和所处地势的低凹，使土壤中氧化、还原作用交替进行。在低水位时，地下水位以上土层进行氧化作用；高水位时，土壤水分饱和而产生还原作用。氧化还原的交替进行，在土壤剖面中形成锈纹锈斑，使钙积层不大明显。一般水位出现在 1 米以内，有返潮现象。另外，潮土在灌溉含泥沙量大的河水与施用大量农家肥及客土改良条件下，使土层增厚，地下肥力影响减退，逐渐向灌淤土方向发展演变，而不合理的灌溉或河道的变迁，也会使灌淤土成为潮化土类。潮土主要分布在河滩地和一二级阶地上，是本区海拔最低的土壤，目前多数已成为稻田，大部分分布于水泉镇。

**灰钙土** 是本区面积最大的地带性土壤,主要分布在中山底部、低山丘陵及山前洪积、冲积平原等地。母质多为黄土及次生黄土,生长植物有针茅、骆驼蓬等。由于干旱,土壤淋溶作用弱,仅使土壤中易溶性盐分淋溶,而其他钙镁等盐类少部分淋溶,大部分仍残留在土中,与植物残体分解所产生的碳酸结合,形成重碳酸钙,向下移动并沉淀,在土层内部形成以假菌丝体、粉末白斑等状态为主的碳酸淀积层——钙积层。由于地形、气候的不同,又分为灰钙土和淡灰钙土、盐化灰钙土三个亚类。各乡镇均有分布。

**栗钙土** 是在半干旱气候条件下,在风积、坡积、残积物上发育起来的土壤。多生成于海拔2200~2600米的山地,年平均气温4℃~6℃,植被为干旱草原类型,成土过程中有明显的钙积化和腐殖质累积过程。表现为有机质含量2%左右,通层呈强石灰反应。栗钙土分布于水泉、共和、黄峤、种田及屈吴山。淡栗钙土分布于宝积、共和、黄峤、种田及屈吴山。

**灰褐土** 属干旱地区的森林土壤,是在半阴凉半湿润森林植被条件下发育起来的土壤。海拔2400~2860米,主要植被有白桦、白杨、油松等。有机质积累过程主要依靠林冠凋落物在土壤表层的覆盖和枯死的低等植物经微生物分解后归还土壤,从而使有机质在土壤中大量积累,形成较厚的腐殖质层,厚度达1米以上,含量9%~12%,呈灰褐色,故称灰褐土。主要分布在屈吴山阴坡,为淋漓灰褐土,剖面表层有3厘米左右枯枝落叶层,10~15厘米生草层,腐殖质厚30~50厘米,通层无石灰反应。

**风沙土** 是在干旱多风条件下,由淡灰钙土沙化退化而成的土壤。主要成土因素是由于干旱多风,风积作用将流沙在一定的地形部位上堆积起来,从而形成风沙土,仅有少量植物生长。主要分布于宝积乡。

**红土** 是指在新生代第三纪红土层上直接发育起来的土壤,或经洪水搬运在沉淀的次生红土母质上发育起来的土壤。由于坡脚沟底洪水强度侵蚀,将第四纪风积物冲走,第三纪红土裸露而风化形成土壤,石灰含量多,土壤呈微碱性或碱性,有机质极为缺乏。仅宝积乡有少量分布。

**石质土** 属初育幼年性土壤。由于土壤严重侵蚀(水蚀、风蚀),使表层土壤流失而形成,土层微薄,大部分岩石外露,为石质剥蚀山地,属AR型土。主要分布于水泉镇、宝积乡。

## 第二节 植 被

**概况** 古代,区境内林草丰茂,雨水充沛,远在西周时期,大部分地方被森林覆盖。元明两代,耕牧大兴,植被遭到严重破坏。成化年间(1465—1487年),修筑边墙防御鞑靼,并将墙外林木焚毁以通视野。及至民国,植被覆盖率每况愈下,生态日益恶化。中华人民共和国成立后,虽经多年植树造林，但因气候干旱，效果欠佳。本区在植被类型上处于草原带向沙漠草原过渡带，林木种类多为华北区系，天然分布种80多种，内有乔木12种，灌木60多种，藤木8种。由于各地自然条件不同，导致草场资源在地域上的分异现象较大。总体上自然植被以禾本科、菊科、藜科、蓼科、莎草科等植物为主，植被的水平地带性分布不十分明显，随着地形地貌的变化引起的垂直地带性分布则有明显的界线，从高到低由草甸草原向森林、干旱草原、荒漠过渡。可分为山地草甸草原、山地森林灌木丛、干旱草原、农田荒漠化草原、农田草原化荒漠及绿洲荒漠植被等类型。

**森林草原化植被带** 主要分布于屈吴山、黄家洼山，海拔2200米以上的中低山地。这一区域气候温凉微润，自然植被覆盖度好。屈吴山主要以白桦、山杨、刺柏为建种群的次生林和以蔷薇科的美丽悬钩子、疏刺悬钩子、珍珠梅、甘肃山楂、栒子、绣线菊，木樨科的丁香，豆科的锦鸡儿，桦木科的虎榛子等几十种植物组成森林草原化草甸植物群落结构。生长土壤主要为灰褐土、栗钙土。

**黄土丘陵干旱草原带** 主要分布于海拔1900~2200米屈吴山南麓的种田、复兴山地。这一区域除有小片旱生灌木外，均为山地草类覆盖，植被稀疏，覆盖度低，以禾本科的短花茅、狗尾草、醉马草、扁穗冰草，菊科的紫菀草、冷蒿、小黄菊，唇形科的地椒，蒺藜科的白刺，芸香科的骆驼蓬，藜科的碱蓬、盐爪爪，蔷薇科的萎陵菜等草本植物组成干旱植物群落。生长土壤主要为灰钙土。

**浅山丘陵半荒漠化草原植被带** 为草原向荒漠的过渡带，分布于海拔1450~1900米的丘陵、川地之间。夏季气候干旱炎热，冬季寒冷多风，除人工零星小片种植的杨、柳、榆、槐、柠条、杏、苹果等林地外，自然植被以抗旱耐碱的白刺、锦鸡儿、盐爪爪、刺旋花、紫菀、栒子等小灌木和蓼子朴、甘青蒿、小珍珠蒿、黄花蒿、茵陈蒿、牛尾蒿、砂兰刺头、刺儿菜、披针叶黄花、苜蓿、刺蓬、红沙葱、多根葱、木紫菀、合头草、补血草和藜类等草木植被组成的半荒漠化草原植物群落。主要生长土壤为淡灰土、石质土。

**河谷川地灌区人工植被带** 主要分布在海拔1350~1450米之间的河谷灌溉区。植被有杨、柳为主的乔木类用材林、防护林和以梨、苹果、大枣、杏、桃组成的经济林园以及伴生有西伯利亚蓼、冰草、骆驼蓬、苍耳、刺蓬、碱蓬、车前子等草本植物组成的人工植物群落。主要生长土壤有灌淤土、潮土和耕灌淡灰钙土。

# 第四章 气 候

## 第一节 温 度

**概况** 本区属典型温带大陆性干旱气候,由于势力强盛的蒙古高压和辽阔的阿流申低压区的存在,在冬季受极地大陆性气团的控制,寒冷而干燥;春季高、低压减弱,河套气旋的频繁活动带来大风天气。夏季海洋气团深入,区境受夏季风影响,降水较为集中,气候温暖湿润。东南季风的强弱盛衰,对区境降水多少影响极大,是造成年、季降水相对变率大的主要因素。气候特点是:光能丰富,温度沿等高线分布,地形分布差异明显。春温回升较快,降水量少且受地形影响,灾害性天气较多。区境气温随海拔升高而逐渐降低,6—8月平均垂直递减率为0.7±0.1/100米,多年平均气温为6.1℃~8.6℃,最高气温出现在7月,平均21.3℃;最低气温在1月,平均-8.1℃;极端最高气温达39.2℃,极端最低气温-23.2℃;无霜期平均为171天,最长达210天;初霜日为10月中上旬,平均终日为4月中旬。全区温度平均≥0℃的持续期在233—260天之间,林木生长活跃期≥0℃的持续期151—173天,积温2621~3211℃。按当地气候常规和谷类作物的生长特征,气温稳定在7.1℃时是田间耕作开始期和耕作停止期。初日一般在3月上旬,终日一般在10月下旬或11月上旬。气温在7.1℃时是作物生长旺盛期,初日一般在4月下旬或5月上旬,终日一般在9月中旬。

**气候区** 本区海拔最大相对高差1511米,因此形成四个不同的气候区。中高山低温区海拔2100~2858米,气温2℃~5℃,包括屈吴山、黄家洼、碑南泉、小红沟、大红沟的中高山区。东南部浅山丘陵区海拔1900~2100米,气温3℃~6℃,包括种田、复兴两乡。低山丘陵、盆地、川塬区海拔1500~1900米,气温7℃~8℃,包括共和乡,黄峤乡,宝积乡东南部,水泉镇东北、西北部。中部盆地、平川、河谷海拔1357~1500米,气温9℃~11℃,包括共和乡小部分,水泉镇、宝积乡各一部分。

### 1996—2004年平川区气象情况统计表

表1-1

| 项 目 | 1996 | 1997 | 1998 | 1999 | 2000 | 2001 | 2002 | 2003 | 2004 |
|---|---|---|---|---|---|---|---|---|---|
| 年平均风速(米/秒) | 1.3 | 1.2 | 1.1 | 1.2 | | | | | |
| 年平均气温(℃) | 9.0 | 9.8 | 10.4 | 10.1 | 10.5 | 10.8 | 10.8 | 10.6 | 10.1 |
| 年极端最高气温(℃) | 34 | 37.5 | 36.0 | 37.5 | 39.2 | 36.7 | 37.5 | 35.0 | 35.7 |
| 年极端最低气温(℃) | -16 | -15.2 | -19.5 | -18.2 | -9.0 | -14.6 | -18 | -15.4 | -19.7 |

续表 1-1

| 项 目 | 1996 | 1997 | 1998 | 1999 | 2000 | 2001 | 2002 | 2003 | 2004 |
|---|---|---|---|---|---|---|---|---|---|
| 月最大降水量(毫米) | 57.4 | 64.2 | 77.4 | 53.9 | 57.3 | 44.7 | 62.7 | 70.9 | 43.4 |
| 日最大降水量(毫米) | 26.6 | 22.0 | 21.8 | 53.9 | 16.3 | 76.6 | 20.2 | 23.7 | 27.0 |
| 最长连续无降水日数(天) | 81 | 59 | 80 | 127 | 46 | 73 | 43 | 68 | 81 |
| 最长连续降水天数(天) | 5 | 4 | 3 | 5 | 2 | 3 | 4 | 3 | 3 |
| 年降水总量(毫米) | 241.1 | 190.2 | 279.2 | 276.6 | 125.9 | 183 | 191.5 | 226.8 | 134.2 |
| 年总蒸发量(毫米) | 1617.9 | 1798.0 | 1671.7 | 1743.4 | 1936.8 | 1956 | 1924.2 | 1853.2 | 1842.3 |
| 年无霜期(天) | 148 | 167 | 175 | 222 | 250 | 180 | 164 | 127 | 136 |
| 年总日照时数(小时) | 2664.1 | 3057.6 | 2713.6 | 2861.2 | 3128.4 | 2899 | 2379.8 | 2538.8 | |

**平川区不同区域年月平均气温**

表 1-2 单位:℃

| 月测点 | 宝积 | 水泉 | 共和 | 屈吴山 | 种田 |
|---|---|---|---|---|---|
| 年平均 | 10.6 | 10.2 | 9.8 | 8.4 | 8.5 |
| 7 月 | 21.8 | 21.2 | 21.2 | 17.6 | 18.8 |
| 1 月 | -8.6 | -9.6 | -9.6 | -11.4 | -11.1 |

## 第二节 日照 蒸发 降水

**日照时数** 区境全年总日照时数为 2691 小时,日照百分率为 61%。一年各月日照最多的是 6 月,长达 270 小时,平均每天日照 8.9 小时;最少的是 11 月,196 小时,平均每天日照 6.5 小时。在作物生育期间的 3—9 月,共计日照 1667 小时,平均每天日照 8.2 小时。春小麦生长期内总日照时数为 881.3 小时,占全年总日照的 70%,平均每天日照 8.2 小时。秋作物生长期内日照 1200 小时,占全年总日照的 44.6%,平均每天日照 7.9 小时。日照基本能满足夏秋作物的需要。

**太阳辐射量** 区境全年太阳辐射量为 147.3 千卡/平方厘米,其中生理辐射量为 72.24 千卡/平方厘米,占年总辐射量的 49%。早春大于 0℃、至晚秋大于 10℃(3 月 24 日—11 月 18 日)期间总辐射量为 110.99 千卡/平方厘米,占总辐射量的 75.32%;生理辐射量为 54.59 千卡/平方厘米,占总生理辐射量的 75.29%。

**积温** 全区积温根据海拔高度不同而差别较大。海拔在 1350~1500 米之间的西北部沿黄灌区,≥0℃的积温为 3760℃~4085℃,≥10℃的积温为 2920℃~3410℃; 海拔 1500~1900 米的中北部浅山丘陵区,≥0℃的积温为 3128℃~3600℃,≥10℃的积温为 2345℃~2900℃; 海拔 1900~

2800米的东南部中低山干旱地区，≥0℃的积温1700℃~3100℃，≥10℃的积温1500℃~2340℃。

**平川区高中山地积温表**

表1–3

| 海拔高度（米） | 保证率80%值 | | ≥10℃ | |
|---|---|---|---|---|
| | 积温（℃） | 持续日数（天） | 积温（℃） | 持续日数（天） |
| 1400 | 3665 | 254 | 3010 | 169 |
| 1500 | 3349 | 248 | 2820 | 145 |
| 1900 | 2875 | 239 | 2035 | 124 |
| 2100 | 2559 | 233 | 1645 | 110 |
| 2300 | 2243 | 227 | 1255 | 96 |
| 2500 | 1927 | 221 | 862 | 82 |

**蒸发量**　区境降水少，湿度小，而蒸发量大，年均蒸发量1882.7毫米，日均5.3毫米，为年降水量的8.2倍。蒸发量6月最大，为308.8毫米；12月最小，为62.8毫米。

**降水量**　平川区气候干旱，降雨量四季分配不均，平均年降雨量226.8毫米，最多年份达385.8毫米，最少年份104.1毫米，而蒸发量高达1700毫米，相当于降水量的6.8倍。雨季夏季占总降雨量的50%~61%，秋季占21%~26%，春季占15%~21%，冬季占1%~5%，明显反映出冬干春旱的特点。降水地理空间分布表现为由西北向东南递增的局势，东南部的中低山地达270~305毫米之间，形成区境相对多雨区。东南部浅山丘陵区降雨量在260~280毫米之间，中部旱川、河谷区在195~250毫米之间。

## 第三节　四季特征

**概况**　春暖迟，夏热短，秋凉早，冬寒长，是为区境四季的典型气候特征。

**春季特征**　自3月上、中旬始，止于5月上旬或5月中旬，历时60—95天，日平均气温为0℃~16℃，季平均气温为8℃。解冻一般在3月下旬到4月中旬，春季作物的耕种从海拔较低的旱坪川向周围陆续展开。此季常有北方寒潮的侵袭，气温回升较快但不稳定，雨量偏少而不均，风沙频繁，尤其是干旱，严重影响农业生产。

**夏季特征**　自5月上旬或5月中旬始，止于8月下旬或9月上旬，历时95—120天，平均气温15℃以上。降雨多集中在此季，但近年来夏季持续干旱，旱地基本绝收。

**秋季特征**　自8月下旬或9月上旬始，11月下旬止，历时60—70天，日平均气温0℃~

15.0℃,季平均气温 11℃~13℃。降雨大多集中在此季,气候凉爽,但易出现初秋旱晒。

**冬季特征**　自 11 月下旬始,次年 3 月上、中旬止,历时 120—135 天,平均气温-4℃,隆冬时绝对最低气温达-23.2℃。此季漫长而干燥、严寒,常伴有凛冽的西北风。

## 第四节　风雨雪霜

**风**　区境风能资源较为丰富,每年春季及秋季是大风天气出现的高峰期,主要以西北风为主,并有强烈的沙尘暴伴随。受地形的影响,全区风速差异较大,年平均风速最大的王家山等部分区域达到 7.3 米/秒,红会、共和、黄峤、水泉等地年平均风速在 4.5~5.4 米/秒之间,年平均风速最小的旱坪川等地为 2.3 米/秒。月平均风速最大出现在 4 月和 11 月份,极大风速达到 24 米/秒;月平均风速最小出现在 7 月份,平均风速 1.3 米/秒。风速的日变化比较明显,一般呈单峰型分布。从上午 5 时开始风速逐渐增大,中午 11 时至 14 时风速达一天内的最大值,日落后地面开始逐渐冷却,大气趋于稳定,风速开始减小,入夜后风速基本保持稳定,因此夜间和凌晨风速最小,最小值一般出现在 21 时至次日凌晨 3 时。

**雨雪**　区境降水量多年平均值在 226.8~262.8 毫米,最多年份达 385.8 毫米,最少年份 104.1 毫米,年际变化幅度较大。境内降水量主要受地理位置的影响,由于地形的变化,全区各地的降雨量亦有差异,种田、黄峤等一些海拔较高的地区降水量相对较高,处于背风坡的旱坪川、城区等地最低。主要降水集中在 7—9 月,占全年降水量的 60.8%;各季降水以夏季最多,达 50%以上,秋季为 25%,冬季为1%~30%。

**平川区不同区域年平均降雨量**

表 1-4　单位:毫米

| 降雨量测点 | 宝积 | 水泉 | 共和 | 屈吴山 | 种田 |
|---|---|---|---|---|---|
| 年平均 | 226.8 | 232.8 | 248.6 | 262.8 | 252.3 |

**霜**　区境年均有霜期为 194 天,无霜期平均为 171 天,最长达 210 天;霜冻平均初日为 10 月中上旬,平均终日为 4 月中上旬。霜冻是区境严重的自然灾害之一,多为平流霜冻和辐射霜冻同时发生的混合霜冻,这种霜冻降温剧烈,持续时间长,并且一般出现在 5 月和 9 月,特别是玉米、糜子、谷子、豆类等喜温作物更易遭受冻害。在生长季内,除 7—8 月外,其他各月均有落霜的可能性。

# 第五章　自然灾害

## 第一节　旱　灾

**概况**　区境主要自然灾害之一,对农业生产威胁最大,几乎每年不同程度均有发生,且年蒸发量为降水量7倍,干旱指数多达8左右。据历史资料记载,自明正统二年(1437年)置靖虏卫至1949年的512年中,共发生大旱57次,其中以1929年灾情最为严重。如果把相连2年大旱作为在一周期中的出现几率,则共出现24次,平均22年一次,恰是太阳黑子出现周期性11年的2倍。从干旱出现的季节和时段来分断,可分为春旱、春末夏初旱和伏秋旱三种。对农业影响最大的是春末夏初旱和伏秋旱,群众有"十年九旱"和"春旱不算旱,夏旱减一半,秋旱连根烂"的说法,近年更演变为"十年十旱"的极端灾害。以1979年9月至1981年5月为例,区境持续干旱21个月,导致旱地绝收。2000年连续四季大旱,全区完成旱地粮食播种面积7773.33公顷,能出苗的仅为4666.67公顷,因旱受灾面积6200公顷,4个乡镇、28个村、206个社、2400户、1.47万人受灾。

**春旱**　指春季发生的干旱。春天风多风大,蒸发量大,春雨稀少,春季降雨量占全年降雨量的15%~20%,常常影响春播。

**春末夏初旱**　主要指5月中旬至7月上旬的干旱。此种旱情出现率很高,仅1955—1980年26年间就有16年,达61.5%。旱情强度大,气温高,蒸发剧烈,只有≥10毫米的降雨对旱情才有缓解作用。而这16年间平均仅有2次,68%的年份在2次以下。干旱持续时间长,≥10毫米降水间隔日数平均44天,连旱30天以上的出现几率达72%。1962年区境降水仅9.4毫米,连续干旱长达61天。春末夏初旱的发生规律为:大旱后次年不旱和多雨几率为80%,仍旱或大旱几率为20%;旱年后次年又旱几率为56%,重旱几率22%,不旱几率为0;不旱年后次年又旱几率为50%,重旱或多雨几率各为25%;多雨年后次年又旱几率为61%,不旱几率为22%。

**伏旱**　指伏期发生的干旱。1954—1980年27年中发生伏旱14年,出现几率为51.8%,其中重旱和旱年各7年,干旱日期长,伏期连旱日数(≥10毫米降水过程间隔日数)平均为20天,最长40天,最短11天,其中旱日数少于20天的出现几率50%,≥25天和≥30天的连旱日数出现几率分别为30%和20%。1954—1980年区境重旱7年,干旱7年。

**主要旱灾**　区境内旱灾以夏旱和秋旱为多,且影响最大。1950—2005年的56年间,共发生大旱11次19年,平均3年一次,分别为1953年、1955年、1962年、1971—1973年、1981—1982年、1987年、1991—1992年、1994—1995年、1998—2000年、2003年、2004—2005年。

1995—2004年,多雨年份几乎未有。2005年又为特大旱年份。具体情况为:1953年,春夏连旱,夏田枯萎,秋田未播,粮食减产,出现逃荒卖身现象。1962年,春夏连旱,旱塬山区溪水断流,泉水干涸,粮食产量锐减,出现人口外流及非正常死亡。1971—1973年,重灾区粮食绝收,国家供应口粮,亦有三餐不继、浮肿人亡情况。1981—1982年大旱为区境内建国后旱灾之最,1981年春、夏、秋三季连旱,1982年,种田、复兴一带年降雨量仅为136.9毫米,最好的地亩产粮仅10千克,基本绝收。1987年秋季大旱,部分村民吃粮食靠返销,花钱靠救济,人口开始外流乞食。1991—1992年,出现跨年伏、秋、冬、春、夏初干旱,11个月总降水量168毫米,比历年同期偏少56%,人畜饮水严重困难。1994—1995年,春、夏、秋、冬四季连旱,降雨量仅67毫米,比历年偏少82毫米,遭受60年一遇之大旱。降水量总体偏少5~9成,旱作农业区干土层厚度达15~25厘米,50厘米深层土壤相对湿度在40%以下,土壤严重缺墒,旱地夏粮绝收,机井及泉水水位下降,水地作物受旱严重,粮食减产。伏旱30年未遇,10月旱象再次抬头,降水偏少5~8成,群众缺粮断水。1998—1999年,自1998年8月下旬200余天未降雨雪,冬天气温偏高,翻年后墒情极差。旱情涉及复兴、种田、黄峤、王家山及宝积,共和的部分村社共6个乡镇27个村,占全区54个村之半数。1133.33公顷夏粮无法播种,5乡1镇、18村、1.8万人、1.2万头大牲畜饮水困难。2000年,自1999年10月持续260天,干土层厚度15~22厘米,干旱地区夏粮绝收,王家山、种田、复兴有6个村社连续两年不能下种,群众生活困难。2003年春,墒情极差,自5月份起干旱50多天,种田、复兴、黄峤、共和、宝积、王家山等乡镇20个村、1.5万人、8850头大牲畜饮水困难。2004—2005年,四季连旱,春墒情极差,5月份后干旱50多天,2800公顷旱地作物减产,甚至枯死。1.4万人、1.2万头大牲畜、2.2万只家禽缺水,只得远距离调运,水费高达每立方米20~30元。

## 第二节 风霜灾

**大风** 区境大风,年日数4.9—15.9天,最高年可达17—39天,一般在春季出现,夏天多雷雨大风。大风常使作物倒伏,株枝折断,花朵果实脱落,禾苗被风沙淹没。大风一般在3—5月出现,以4月最多,大多吹偏北风,年平均风速2.5~3米/秒,最大风速达18~20米/秒。1965年8月20日大风,甚至将洋芋吹出地皮。近年,由于生态环境恶化,大风引起的沙尘暴已使人谈风色变。1982年5月20日起,区境猛刮8级大风,最大风速22米/秒,持续7天,人称罕有。1993年5月5日,40年一遇的特大沙尘暴袭击区境,最高风速达40米/秒,风力为12级。同时,平川区贮藏有大量可待开发的风能,2007年10月,王家山捡财塘风力发电场开工建设,区境开发利用风能开端良好。

**霜冻** 区境霜冻每年平均出现10天,4月中旬霜冻出现次数最多,且强度最大,4月下旬至5月上旬,霜冻危害最重,出现频率也较大。农作物遭受霜冻危害,轻则组织损伤,重则死亡,特别是玉米、糜子、谷子、豆类等喜温作物更易遭受冻害。出现在区境的霜冻多为平流霜冻和辐射霜冻同时发生的混合霜冻,这种霜冻降温剧烈,持续时间长,一般出现在5月和9月。

## 第三节 冰雹及暴雨灾害

**冰雹** 对农业生产的危害仅次于干旱,多发生在4—10月,6—9月降雹最多。其形成主要由于空气强烈对流,气温发生剧烈变化所致。本区70%的年份有不同程度的冰雹灾害。1987年5月20日下午,共和乡西和村遭受多年罕见的雹灾袭击。冰雹直径达2厘米,最大厚度约10厘米,持续时间近30分钟。1988年7月15日,共和乡突遇罕见的冰雹和洪水袭击。晚8时,如注的暴雨夹着大如鸡蛋,小如大豆的冰雹倾泻而下,纵横三四十千米,个别地方雹积盈尺,持续时间约48分钟。冲走羊900只,大家畜49头,冲毁两家村办砖厂。据1988年统计,全区受雹灾面积达3023.33公顷,占农作物播种面积的18.7%,重灾地区造成粮食大幅度减产甚至绝收。1996年7月15日,水泉乡、王家山镇遭受特大冰雹、雷电袭击。6个村、26个社、1986户农民遭受重大损失,75公顷左右的农作物受损,20多处渠道被毁,雷电击毁农用变压器、机井电机各一台,击死农民2人,重伤2人,轻伤16人,造成直接经济损失261.23万元。2001年6月23日,种田乡百丰村遭受特大冰雹持续袭击15分钟,厚度达15厘米,冰雹最大直径3厘米,毁坏道路57千米、农田66.67公顷,133.33公顷农作物绝收,造成直接经济损失260万元。据记载,川谷地带降雹时间短,直径不超过1厘米,而山塬区冰雹直径大,持续时间较长。区境冰雹路径多呈西北或东南走向,主要路线是从靖远双龙乡、兴隆乡入境,经水泉—宝积—共和—种田—复兴出境。

**暴雨** 暴雨虽然也是造成灾害的原因之一,但区境由于降水少,且大范围暴雨较少,一般每年水灾面积在333公顷左右。1995年8月31日,区境突降暴雨,引起山洪暴发,冲毁农田20多公顷,多处水利设施被毁,造成直接经济损失205万元。1996年8月8日,共和乡遭遇20年未遇的特大山洪袭击,时间长达16小时,11个村、51个社、2670户、1.3万人受灾,冲毁农作物459.67公顷,毁坏道路17700米、渠道4600米、桥梁5座、涵洞7个、房屋32间、小加工厂2个、私营小卖部3个、汽车1辆,因灾死亡3人,造成直接经济损失6100万元。1997年7月30日,水泉乡一带突降百年不遇的特大暴雨,陡城乡、水泉乡、王家山镇14个村、5000农户、2.6万人受灾,造成直接经济损失6100万元。1998年5月10日,共和、宝积两乡遭受暴雨洪水袭击,农作物受灾面积329.67公顷,成灾面积289.67公顷,绝收面积177.73公顷,冲毁农田133.33公顷、人畜饮水工程管道600米、房屋22间，冲走大牲畜3头、羊394只，因灾死亡1人，造成直接经济损失472.36万元。2005年6月29日，复兴乡遭受20年不遇暴雨水灾，冲走大小牲畜45头（只），损失存粮0.6万千克，毁坏水窖120眼，造成直接经济损失180万元。

## 第四节　地震灾害

**地震带**　区境位于祁连山断裂带和西海固断裂带的交汇处，由于山字形贺兰山褶皱带及陇西系帚状构造复合体系的影响，现代活动性断层较多，属地震多发地带。

**主要地震**　见于记载的主要地震有：东汉顺帝建康元年（144年）发生七级地震，烈度九，毁坏房屋，压毙民庶。北宋政和七年（1117年），地震经旬，死伤甚重。元至正十二年（1352年）以后，共发生地震20余次。尤以民国9年（1920年）"海原大地震"为害最烈。地震发生于十一月七日晚七时许，为8.5级强烈地震。据《民国九年十二月甘肃地震报告》记载："晚七时大震，突见大风黑雾，并见红光，大震时，约历六分，地如船播，人不能立，震动之方向似自西北方来，往东南方去，有声如雷。"区境东南部靠近震中海原，灾情极为严重。今黄峤乡峤山、水家坪、姚家沟、老庄沟、旧家沟、井儿沟一带震后仅存活神木头李金源一人。今共和镇毛卜拉村以黄茅沟受灾最重，40余家庄院均被夷为平地。造成人口死亡惨重的原因为：地震本身能量高，高烈度地区面积大，加之震区群众居住条件差，多为土坯箍窑和崖窑，不具备防震条件。况且地震发生在冬夜，人口多半入睡，毫无防备。其后灾民无衣无食无住，加之疫病横行，死于冻馁及疾病者亦不在少数。海原大地震的构造形变带经过区境，即由海原胡家套子—乱堆子—芦子沟—菜园—甘盐沟—边沟—李家沟—邵家水（过黄河）到达景泰兴泉堡，全长185千米，主要显示为地堑式下陷，地震陡坎及次一级的裂缝和鼓包。其后，1954年7月31日地震，门窗作响，行人头昏。1967年10月16日5时42分59秒打拉池发生4.8级地震，震中烈度6度。1982年4月14日下午2时31分，种田、复兴发生5.7级地震，房屋裂缝24间。

# 第六章　生　物

## 第一节　植　物

**农作物**　本区农作物大致可分为四类：粮食作物类，瓜、蔬菜作物类，经济作物类，饲料绿肥作物类，共25科、304种。其中粮食作物有小麦、玉米、洋芋、糜子、谷子、高粱、水稻、大麦、青稞、荞麦、大豆、蚕豆、扁豆、豌豆、鹰咀豆、绿豆、燕麦等5科、195个品种。瓜、蔬菜作物有西瓜、籽瓜、甜瓜、白菜、萝卜、芹菜、胡萝卜、番茄、茄子、辣椒、黄瓜、菠菜、韭菜、葱、西葫芦等11科、80个品种。经济作物有油菜、胡麻、葵花、甜菜等7科、21种。饲料绿肥作物有箭舌豌豆、香豆子、毛苕子、紫花苜蓿、草木樨、红豆草等2科、8个品种。种植业历来以粮食为主,其次为经济作物,两项合计播种面积占全区播种面积的95.24%。粮食作物中以小麦为主,占粮播面积的50.79%。

**中药材** 可利用的野生药材有黄芪、甘草、防风、秦艽、麻黄、柴胡、苍耳、地骨皮、枸杞、车前子、茵陈、杏仁、白茅根、蒲公英、连翘、大黄、百合、茺蔚子、芦根、紫花地丁、透谷草、紫苏等27科、80多个品种。野生植物经济资源比较丰富,但利用率较低。

**树种** 有经济林和用材林两种。全区天然森林和常用造林树种有松科、柏科、桦木科、杨柳科、榆科、桑科、毛茛科、杜仲科、蔷薇科、小蘖科、卫茅科、苦木科、无患子科、虎儿草科、豆科、柽柳科、木樨科、禾本科等54科、99个属、257个种及亚种。其中天然分布60个种,人工栽培197个种。经济林果树种主要有苹果、梨、桃、杏、葡萄、核桃、香水梨、沙枣等10科、19个属、99个种及亚种,其中原有41个种,引进栽培58个种。主要树种资源天然分布种有刺柏、沙地柏、白桦、高山桦、虎榛子、山杨、高山柳、黄花柳、红心柳、小红柳、旱榆、黑榆、大叶铁线莲、芹叶铁线莲、甘青铁线莲、小叶铁线莲、短尾铁线莲、山毛桃、珍珠梅、甘肃山楂、水栒子、毛灰栒子、高山绣线菊、美丽悬钩子、疏刺悬钩子、山杏、毛樱桃、臭樱桃、黄刺玫、峨嵋蔷薇、扁刺蔷薇、秦岭小蘖、甘肃小蘖、毛叶小蘖、矮卫茅、栓翅卫茅、盐爪爪、细枝盐爪爪、松叶猪毛菜、黑柴、长刺茶藨子、腺毛茶藨子、冠毛锦鸡儿、沙冬青、柳、枇杷柴、黄花枇杷柴、暴马丁香、红果枸杞、黑果枸杞、小叶忍冬、红花忍冬、裸果木、胡颓子、酸刺、黄瑞香、白刺、小口枣、酸枣、软软子、香水梨、水梨、冬果梨、哈思梨、小冬果、红冬果、牛奶头、面梨子、吊蛋子、糖梨、沙梨、麦梨、长把梨、酥木梨、黄金棒、面蛋子、平头梨、玉皇李、绵苹果、红果子、红檎、海棠果、楸子、白楸子、山定子、山杏、面杏、接杏、巴旦杏、胭脂红、山桃、桃、伏桃、马奶头、无核白、核桃、当地椒等。人工栽培种有华山松、油松、华北落叶松、粗枝云杉、青松、麦吊杉、冷杉、雪松、圆柏、方枝柏、翠柏、凤尾柏、侧柏、千头柏、沙金柏、箭杆杨、新疆杨、小叶杨、河北杨、二白杨、加杨、毛白杨、大官杨、旱柳、龙爪柳、杞柳、垂柳、榆、白榆、核桃、新疆薄皮核桃、桑、蒙桑、无花果、橡皮树、牡丹、芍药、杜仲、桃、伏桃、水蜜桃、大久保、五月鲜、紫胭、贴梗海棠、李、杏、榆叶梅、碧桃、红叶李、桃梅、冬果梨、哈思梨、雪梨、香水梨、苹果梨、新疆梨、莱阳梨、元帅、香蕉、国光、富士、红果子、红檎、海棠果、楸子、白楸子、梧桐等。

**牧草** 区境草场面积13.46公顷,占总土地面积的70.32%,高于全省(35.34%)和全市(61.76%)水平。其中可利用草场面积8.79公顷,占草场总面积的65.33%。有山地草甸化草原类、正草场类、荒漠化草原草场类、荒漠草场等四大类。境内草场面积大,分布广,因而牧草种类较多。据不完全调查,全区野生牧草资源有42科138属215种,其中以禾本科、菊科为最多。常见的牧草有大针茅、本氏针茅、短花针茅、隐子草、野决明、扁穗冰草、冷蒿、茵陈蒿、小黄菊、棉蓬、铁蒿、骆驼蓬、臭蒿、猪毛菜、红砂、黑紫花苜蓿、白蒿、紫菀台草、毕氏蒿草、珠茅蓼、萎陵菜、白草、刺蓬、蒲公英、沙芦草、小糖草、坡碱草等30多种。毒草有醉马草、狼毒、黄花棘豆、猫儿眼、地锦草等。人工栽培牧草主要品种有草木樨、沙打旺、红豆草、紫花苜蓿、箭舌豌豆等。境内草场面积虽大,但受土壤及气候条件限制,产草量低,牧草品种单调,优良牧草少、毒害草多,草场利用率较低。

## 第二节 动 物

**家畜家禽** 本区动物家畜家禽品种主要有马、驴、骡、牛、牦牛、滩羊、猪、兔等。家禽主要品种有鸡、鸭、鹅等。

**水产动物** 有人工池养鱼和黄河鱼。人工池养鱼品种有青鱼、草鱼、鲢鱼、鲤鱼等。黄河鱼品种有鲤鱼、鲇鱼、鲫鱼、鲨嘴鱼等。

**野生动物** 主要有石羊、黄羊、狼、豺、狐狸、水獭、猪獾、刺猬、野兔、鼠类及鸟类。主要分布于黄家洼山、屈吴山、尖山周围。由于生态环境的恶化和人为的滥杀滥捕,野生动物种类及数量急剧减少,有些已濒临灭绝。近年,随着退耕还林政策的实施,野生动物呈现繁衍增长之势。野生脊椎动物主要有鲤鱼、鲇鱼、北方铜鱼、泥鳅、花背蟾蜍、中国林蛙、卵斑麻蜥、草原沙蜥、乌梢蛇、白条锦蛇、蝮蛇、高原蝮蛇、菜花蛇、苍鹭、草鹭、夜鹭、中白鹭、黄斑苇鸦、豆雁、灰雁、大天鹅、鸢、草原鹞、大鵟、白肩雕、金雕、秃鹫、游隼、红脚隼、石鸡、斑翅山鹑、灰鹤、白鹤、金眶鹤、普通燕鸥、红嘴鸥、岩鸽、灰斑鸠、山斑鸠、大杜鹃、长耳鸮、短耳鸮、赤角鸮、小鸮、楼燕、戴胜、棕腹啄木鸟、大斑啄木鸟、角百灵、凤头百灵、云雀、喜鹊、家燕、岩燕、山脊鸽、白脊鸽、黄脊鸽、粉红胸鹨、树鹨、红腹锦鸡等。野生虫豸类主要有蜜蜂、萤、蜻蜓、蚯蚓、蚕、野蚕、蝼蛄、蚱蜢、蜘蛛、果赢螟蛉、蝇、蜱、蚜、蚊、蝎、螟、鱋等。

# 第七章 资 源

## 第一节 土地资源

**概况** 全区总土地面积2106平方千米。其中耕地1.72万公顷,占总土地面积的8.2%,人均耕地2267平方米,高于全省人均耕地1600平方米的水平。草原面积8.79万公顷,占总土地面积的41.8%。宜林面积4.77万公顷,占总土地面积的22.6%。水面866.67公顷,占总土地面积的 0.4%。荒地、沙河面积 5.69 万公顷,占总土地面积的 27%。

**耕地** 耕地中,山地 0.96 万公顷,川地 0.79 万公顷。其中,水地为 0.42 万公顷,占耕地面积的 25.42%;三田面积为 0.63 万公顷,占耕地面积的 35.94%。三田中,沙地 0.45 万公顷,梯田 0.1 万公顷,沟坝地 0.08 万公顷。宜林地 4.77 万万,占总土地面积的 22.63%;宜牧地 8.79 万公顷,占总土地面积的 41.75%;宜农荒地 0.53 万公顷,占总土地面积的 2.53%。全区旱田 1.72 万公顷,15 度以上坡地 0.54 万公顷,占 31.34%;25 度以上坡地 0.17 万公顷,占 9.65%。

## 第二节 水资源

**概况** 平川境内河道分两个流域, 即黄河流域和清水河流域。其中黄河流域面积为 1828.6 平方千米,占 87%;清水河流域面积为 277.5 平方千米,占 13%。黄河流域境内最大的河流为杨梢沙河,从东至西流经境内黄峤双铺和共和小水村、红沟村。境内长 66 千米,主要支流有打拉池沟和红沟,流域面积 230 平方千米。清水河流域有河流刘家井沟、碱泉口沟,从西至东流经境内种田乡、复兴乡。一级河流有杨梢沙河、上沙河、水泉沙河、牙沟、张水沟、大化子沟、空心沟、月河 7 条,总长 156 千米,流域总面积大约 1196 平方千米。二级河流有七里沙河、马寨河、打拉池沟、红沟、井儿沟、吊沟、下沙河、大红岘沟、四沟门、腰岘沟 10 条,总长 170 千米,流域总面积约 540 平方千米。三级河流有刘家井沟、碱泉口沟、大岘沟、狼儿沟 4 条,总长 63 千米,流域面积约 90 平方千米。四级河流有杨家洼沟 1 条,长 19 千米,流域面积 62.3 平方千米。全区河流总长 408 千米,河网密度 1.12 千米/平方千米。平川区水资源主要分黄河水系、自流泉及地下水水系两大部分,共划分 10 个汇水单元,淡、微碱水年补(排)总量 1449.9 万立方米,其中淡水资源量 1168.06 万立方米/年,微碱水资源量 281.84 万立方米/年,开采系数以 0.820 计,则可开采量为 1188.84 万立方米/年。碱水资源量 19.93 万立方米/年,利用价值不高。境内现有水资源总量为 327.645 亿立方米,其中地表水 327.5 亿立方米,地下水 1449.9 万立方米,入境黄河水全年径流量 327.5 亿立方米。年均引提黄河水 1971.37 万立方米,净潜水量为 1379.96 万立方米(渠系利用系数 0.7),利用量是总量的 0.006%。浅层地下水资源量为 1449.9 万立方米,可开采量为 1188.84 万立方米/年。据共和井灌区 1983 年测算,用于灌溉的地下水量为 1137.38 万立方米,开采率为 95.67%。全区每亩耕地(统计面积)占有水量 55 立方米,人均占有水量 106 立方米。因此,区境地下水开采要有计划,并且要适当加以限制。

**地表水** 黄河从水泉月河入境至野麻滩流出,全长约 32 千米,积水面积 7.88 平方千米,年平均流量 1043.25 立方米/秒。多年平均径流量 327.5 亿立方米,最大瞬时流量 6100 立方米/秒,发生于 1964 年 7 月 23 日;最小瞬时流量为 300 立方米/秒。黄河水质系重碳酸盐钙组,属适度硬水，pH 值为 8.1，生活饮用、灌溉农田均可。

**地下水**　根据地形地貌、地质构造、含水层性质及埋藏分布，平川区浅层地下水可分为四种类型：中低山基岩裂隙水分布于水泉尖山、黄家洼山、屈吴山等地，地下水蕴藏于基岩风化裂隙和半风化的构造裂隙中，多以下降泉溢出；屈吴山单泉流量 0.01~0.3 升/秒，矿化度 0.25~0.4 克，其余山地的地下水相对较少，单泉流量小于 0.2 升/秒。黄土丘陵低山丘陵沟谷潜水来自基岩裂隙水（地下径流，泉水回归）及丘陵区内的雨洪入渗量，以潜流形式贮存运移于沟谷第四系砂卵砾石含水层中，屈吴山北坡矿化度 0.4~0.5 克/升，东南侧五星川一带矿化度 0.9~6.9 克/升。山间盆地平塬区潜水—承压水主要来自山间盆地平塬区，山间盆地平塬区是区境地下水的富集地带，亦为开发利用地下水的主要场所，主要有荒凉滩盆地、水泉盆地、旱坪川盆地、西格拉滩盆地、大水头盆地等区域，潜水含水层厚度一般为 150~200 米，地下水位埋深有沿地下水流向变小的特点；单井出水量为 200~400 立方米/日，单位涌水量 1~16 升/秒米，矿化度 0.7~1.5 克/升。河谷平原潜水主要来自黄河河谷沙砾含水层，黄河河谷砂沙含水层富水性强，特别是沙漫滩及Ⅰ级阶地冲积层中的潜水具有水量丰富、水质良好的特点，含水层厚 7~12 米，大井出水量达 2600 立方米/日，矿化度 0.3~1.2 克/升，水位埋深度小于 2~10 米；Ⅱ级阶地潜水亦较丰富，水质复杂，矿化度 3~6 克/升；Ⅲ级阶地基本不含水。

## 第三节　矿物资源

**能源矿产**　区内主要有石炭纪和侏罗纪两个含煤地层，宝积山、红会、王家山矿区均属侏罗纪煤田，煤的变质程度基本相同，煤质牌号以不粘煤为主、弱粘煤次之，深部有少量的气煤和 1 号肥气煤。磁窑、井儿川矿区为石炭纪煤田，煤的变质程度较高，煤质牌号以高硫、气肥煤为主。井儿川矿区有部分不粘煤、弱粘煤、气煤 3 号。区境煤炭资源在全省占第二位，为全区主要优势矿产。共划分为宝积山（魏家地、大水头）、红会、王家山、磁窑、井儿川 5 个煤田区。国营统配煤矿在宝积山（魏家地、大水头）、红会、王家山三个煤田开采，煤炭总储量 10.8 亿吨。其中宝积山含煤面积约 22 平方千米，红会矿区含煤面积约 18 平方千米，王家山矿区含煤面积约 10 平方千米。磁窑矿区煤炭储量在 1961 年定为 897.5 万吨，井儿川矿区煤炭储量在 1962 年定为 2607.5 万吨。以上资源中，共划拨地方煤炭资源 8493.2 万吨。平川区成立时，王家山煤田一、二号井划归靖远县，资源 1765.9 万吨；定西地区、矿区服务公司、部队及其他单位等共办小煤矿 38 个，占用资源 3312.3 万吨，区属小煤矿占用资源 3415 万吨。但由于历史上长期开采及小煤窑自身不合理开采，造成煤层燃烧，资源破坏，矿产损失严重。

**金属矿产**　已探明铁矿点三处，即白水铁矿点、小松沟铁矿点、黄家洼山铁矿点。铜矿资源一处,即银铜梁矿点。金矿在水泉、共和、黄峤、王家山等分布较广。锰矿一处,即水泉高家坝锰矿点。金属矿点以沙金开采历史最为悠久,水泉镇绣沙坪、金厂沟、黄峤乡黄家洼山等地,晚清、民国时期采金成风,但条件简陋,全凭体力劳动,备尝艰辛。

**建筑材料** 有红胶土、沙石(包括砾石)、料石和片石,主要分布在水泉、宝积、共和等乡镇境内。

**陶土资源** 根据甘肃煤田地质局一三三队调查,区内陶土资源量为27.1亿吨,其中黏土岩类11.6亿吨,石英沙岩14.1亿吨,石英岩0.8亿吨,花岗岩—钾长石0.6亿吨。区内有优质陶瓷用黄土1.0亿吨,分布在井儿川、王家山、瓷窑、阴黄水等地;有紫沙土约15亿吨,分布在石牌子沟以东至靖远电厂灰坝、向东至刀楞山以北、小川子村一带。

**平川区陶土资源储量表**

表1-5 单位:万吨

| 资源名称 | 类别 | 咸水区 | 井儿川区 | 王家山区 | 石牌子区 | 宝积山区 | 刀楞山区 | 瓷窑区 | 红四矿区 | 阴黄水区 | 种田区 | 合计 | 总计 |
|---|---|---|---|---|---|---|---|---|---|---|---|---|---|
| 黏土岩 | 333 | 21596 | 3050 | 809 | 4707 | 786 | 2321 | 22210 | — | 260 | — | 55739 | 115486 |
| | 334 | 29438 | 2496 | 1001 | 3048 | 494 | 1719 | 21323 | — | 228 | — | 59747 | — |
| 石英砂岩 | 333 | 16367 | — | — | 15571 | 1555 | — | 43531 | — | — | — | 77024 | 155042 |
| | 334 | 23672 | — | — | 13347 | 978 | — | 40021 | — | — | — | 78018 | — |
| 花岗岩 | 333 | — | — | — | — | — | — | — | 2968 | — | 169 | 3137 | 6374 |
| | 334 | — | — | — | — | — | — | — | 3056 | — | 181 | 3237 | — |
| 合计 | 333 | 37963 | 3050 | 809 | 20278 | 2341 | 2321 | 65741 | 2968 | 260 | 169 | 135900 | 不含黄土、紫砂土 |
| | 334 | 53110 | 2496 | 1001 | 16395 | 1472 | 1719 | 61344 | 3056 | 228 | 181 | 141002 | |
| 总计 | — | 91073 | 5546 | 1810 | 36673 | 3813 | 4040 | 1278085 | 6024 | 6024 | 350 | 276902 | |
| 黄土 | — | — | — | 857 | 1078 | — | — | — | 1310 | — | 7140 | 10385 | 10385 |
| 紫砂土 | — | — | — | — | — | — | — | — | — | — | — | 150000 | — |

# 第二编　行政建置

1985年5月14日，国务院批准恢复白银市，将靖远县的宝积镇和宝积、水泉、共和、种田、复兴5个乡划出设立平川区。1993年7月乡镇机构调整时，撤销宝积镇建制，从水泉乡析置王家山镇，成立宝积路、电力路和红会路街道办事处。1996年，平川区辖水泉、宝积、共和、种田、复兴5乡，王家山镇1镇，电力路街道办事处、宝积路街道办事处、红会路街道办事处3个街道办事处。1997年4月，共和乡分设为共和与黄峤两个乡。水泉乡析置，设立陡城乡。全区辖水泉、陡城、宝积、共和、黄峤、种田、复兴7乡，王家山1镇，电力路街道办事处、宝积路街道办事处、红会路街道办事处3个街道办事处。2002年9月，撤销陡城乡，成立陡城镇，红会路街道办事处撤办建镇，命名为红会镇。2004年9月，合并水泉乡和陡城镇，设立水泉镇。2005年2月乡镇机构改革时，撤销红会镇，恢复红会路，在共和乡的基础上组建共和镇，宝积路析置设立兴平路。全区形成宝积乡、黄峤乡、种田乡、复兴乡4个乡，共和镇、王家山镇、水泉镇3个镇，宝积路、红会路、电力路、兴平路4个街道的建制格局。1996年，平川区共52个村民委员会、34个居民委员会。其中水泉乡有牙沟水、陡城、中村、玉碗泉、下村、小黄湾、野麻、水泉、砂流水、贾庄、枣园、双岔、杨岭13个村民委员会；宝积乡有魏家地、黑水、鸾沟、大湾、尖山、贺家川、响泉7个村民委员会；共和乡有峤山、焦口、神木头、双铺、马饮水、牛掰、西合、兄弟、中和、常崖、老庄、小水、毛卜拉、红沟、毛河洛15个村民委员会；种田乡有五星、北庄、百丰、种田、拉排、小川6个村民委员会；复兴乡有西川、上汉、山李、汉口、甘涝、川口、李沟7个村民委员会。王家山镇有大营水、井尔川、万庙、于大川4个村民委员会，第一、第二、第三、第四、第五、第六6个居民委员会。电力路街道办事处有第一、第二、第三、第四、第五、第六6个居民委员会；宝积路街道办事处有第一至第十七17个居民委员会；红会路街道办事处有第一、第二、第三、第四、第五5个居民委员会。1997年4月，牙沟水、陡城、杨岭、贾庄、枣园、双岔、玉碗泉7个村民委员会划归陡城乡，峤山、焦口、神木头、双铺、马饮水、牛掰6个村民委员会划归黄峤乡。1998年，增加水泉乡下堡1个村民委员会，黄峤乡增加玉湾1个村民委员会，宝积路街道办事处增加第十八、第十九2个居民委员会，全区有54个村民委员会、36个居民委员会。1999年，宝积乡增加周家地、墩墩滩2个村民委员会，全区村民委员会增加到56个。2000年，宝积乡增加小川1个村民委员会，全区村民委员会增加到57个。2001年，全区居民委员会减少到23个，王家山镇减少4个居民委员会，红会路街道办事处、电力路街道办事处各减少1

个,宝积路街道办事处减少7个,宝积路街道办事处所辖居民委员会更名为黄土岘第一、黄土岘第二、周家地第一、周家地第二、陶瓷厂、铁路、建工巷、育才、宝积山、魏家地、大水头、兴平。2002年9月,宝积路街道办事处居民委员会更名为黄土岘、化工、魏家地、宝积山、周家地、新建、大水头、华尖子、陶瓷、铁路、育才、兴平,红会路街道办事处居民委员会更名为红兴、红光、红卫、红川,电力路街道办事处居民委员会更名为靖电、旱坪川、向阳、水沟沿、中心街,陡城镇增加旱坪川1个村民委员会,全区村民委员会增加到58个。2003年,王家山镇居民委员会更名为庙台、公园,陡城镇增加兴源、五级2个居民委员会,全区居民委员会增加到25个,红会镇增加西合1个村民委员会,全区村民委员会增加到59个。2005年,全区共辖4乡3镇4个街道办事处,26个居民委员会,58个村民委员会,293个村民小组。

## 2005年平川区行政区划表

表2-1

| 乡 | 镇 | 街道办 | 居民委员会 | 村民委员会 | 村民小组(个) | 总人口 | 面积(平方千米) | 海拔高度(米) |
|---|---|---|---|---|---|---|---|---|
| 4 | 3 | 4 | 26 | 58 | 293 | 196332 | 2106.1 | 1540 |
| 乡镇 | | 村(居)民委员会 | | | | | | |
| 名称 | 驻地 | 个数 | 名称 | | | | | |
| 共和镇 | 打拉池 | 10 | 村委会:兄弟、中和、西和、常崖、老庄、小水、红沟、毛卜拉、毛河洛<br>居委会:打拉池 | | 42 | 19364 | 291.3 | 1760 |
| 王家山镇 | 王家山 | 6 | 村委会:大营水、于大川、井儿川、万庙<br>居委会:庙台、公园 | | 25 | 16376 | 235 | 1820 |
| 水泉镇 | 旱坪川 | 17 | 村委会:贾庄、陡城、杨岭、牙沟水、枣园、双岔、玉碗泉、旱坪川、中村、下村、小黄湾、水泉、野麻、砂流水、下堡<br>居委会:兴源、五级 | | 94 | 32005 | 660.3 | 1480 |
| 宝积乡 | 盘旋路 | 10 | 村委会:大湾、窎沟、贺家川、周家地、墩墩滩、响泉、尖山、小川、魏家地、黑水 | | 27 | 32909 | 335.3 | 1540 |
| 黄峤乡 | 双铺 | 7 | 村委会:峤山、焦口、神木头、双铺、马饮水、牛埍、玉湾 | | 32 | 12516 | 306.8 | |
| 种田乡 | 种田 | 6 | 村委会:五星、北庄、百丰、种田、拉排、小川 | | 33 | 8190 | 171.3 | 1980 |
| 复兴乡 | 汉岔口 | 7 | 村委会:西川、上汉、山李、汉口、甘涝、川口、李沟 | | 36 | 7617 | 106.1 | 1940 |
| 宝积路 | 宝积 | 8 | 居委会:黄土岘、化工、魏家地、宝积山、周家地、大水头、华尖子、铁路 | | | 17920 | | |
| 红会路 | 红会 | 4 | 居委会:红兴、红光、红卫、红川 | | | 19938 | | |
| 电力路 | 电力路 | 5 | 居委会:靖电、旱坪川、向阳、水沟沿、中心街 | | | 12942 | | |
| 兴平路 | 兴平南路 | 4 | 居委会:新建、陶瓷、育才、兴平 | | | 16555 | | |

# 第一章 乡

## 第一节 复兴乡

**概况** 复兴乡位于平川区东南部,北纬36°18′~36°27′,东经105°15′~105°26′,东北与宁夏回族自治区海原县的树台乡、关庄乡接壤,西南与会宁县刘寨、草滩乡毗邻,北与种田乡相接。总面积为106.1平方千米,其中农业用地2853.33公顷,宜林地2467.67公顷,牧业用地2746.67公顷,其他用地2533.33公顷。平均海拔2092米,最高2263米,最低1921米,属二阴干旱丘陵地带,昼夜温差大,年无霜期186天,年日照总时数为2614.4小时。乡政府所在地汉口社海拔高度1940米,平均气温7.9℃,全年降水量200毫米左右,蒸发量1467毫米左右。境内常年缺水,资源贫乏,山大沟深,水土流失严重。全乡无一亩水浇地,为雨养农业区。有耕地面积2853.33公顷,每年粮播面积2200公顷,其中夏田1333.33公顷,秋田866.67公顷,油料田333.33公顷。主要夏粮有春小麦、夏杂(豌豆、扁豆),秋粮有洋芋、荞麦、莜麦、谷子、糜子。经济作物有胡麻、芸芥、豌豆、扁豆、荞麦、莜麦及洋芋,质优量多,为区境小杂粮基地之一。2005年辖西川、上汉、汉口、山李、川口、李沟、甘涝7个行政村,36个村民小组,1658户、8069人。乡政府职工52名,副科级以上干部12名。

**农业农村经济** 复兴乡坚持"以农业为重点,以压夏扩秋为策略,以杂粮特产为优点"的农业发展之路,以富民强乡、增加农民收入为目标,改善农业生产条件,加强农业基础地位。通过项目带动,引进资金,强化基础设施建设,积极鼓励和支持非公有制经济发展,大力培育地方特色产业,农民收入得到明显增加。2005年,全乡工农业增加值达到500万元,乡镇企业总产值达到2090万元,其中乡镇企业增加值完成660万元,粮食生产总产量达到260万千克,农民人均纯收入达到1193元,全乡大口径财政收入完成87.5万元,全乡固定资产投资完成593万元。全乡个体工商户累计达到155户。复兴乡大面积实施退耕还林工程,基本解决生态保护与群众吃粮问题。全乡退耕还林面积累计完成1824.87公顷,荒山造林面积累计完成1266.67公顷。全乡人均退耕还林达到2133平方米,人均粮食收入320千克,补助款64元。通过实施退耕还林工程,小区域生态得到改善。在粮播面积上压夏扩秋,以2003年为例,共完成农作物播种面积2720公顷,其中粮播2200公顷,夏粮种植面积由原来的1200公顷降至866.67公顷,秋粮由原来的1000公顷增至1333.33公顷。投资15万元完成李沟村人饮工程管道延伸5千米。解决1400人(含中学)、360头大家畜的饮水问题;投资15万元建成山李沟小流域治理第一期工程;投资56万元,完成西川村整村推进建设项目,机修梯田66.67公顷;投资12万元,在川口村机修梯田33.33公顷。投资6万元完成部分村社及林间道路30千米,投资4万元对西川村乡村道路5千米进行维护。完成上汉村整村推进项目69万元,完成汉口村整村推进项目65万元。同时,全乡7个村36个社全部完成农网改造工程。电价由原来每千瓦时1~1.5元降为0.47元,人均年减负17元左右。此外,以小杂粮深加工为主的“复兴牌”荞麦面、旱地小麦面粉、洋芋粉条已走向市场。

**社会事业** 全乡计划生育率达到81.83%,人口自然增长率为5.5‰,出生率为9.5‰,出生人口性别比为106.9%。2005年,全乡生产总值达到3120万元,年均增长12%;乡财政收入达到173.8万元,年均增长16.1%。1995年后,共安排救灾款410.3万元,救助贫困家庭5620户(次)10192人(次),救灾面粉9590袋,对16名优抚对象10年按时发放优抚资金28万元,对9名五保户10年按时发放补助金5.4万元。2005年,落实“两免一补”政策,切实减轻农民负担,困难群众基本生活得到保障。全乡人均纯收入达到1050元,比1996年增加490元。教育工作以改善办学条件为重点,全乡投资46.1万元,新建教室四栋532平方米,维修危房280平方米。全乡适龄儿童入学率达到98.9%,初中入学率达到95.2%。

**川口村** 位于复兴乡南部,距乡政府10千米,海拔1921~2263米。全村有7个社380户1800人,耕地面积660公顷。本村村社道路不畅,严重制约经济发展。经济收入主要为退耕还林补助和传统农业种植,人均纯收入仅为1050元。人畜饮水以“121”集水集流工程、人饮工程为主。有村学2所,在校学生310人。群众受教育程度:小学以上文化程度50%,初中以上文化程度40%,高中以上文化程度10%。

**甘涝村** 位于复兴乡东北部,距乡政府5千米,海拔1921~2263米。全村有6个社190户905人,耕地面积386.67公顷,本村山大沟深,交通不便,群众居住分散,经济发展缓慢。人均纯收入仅为1050元。有村学1所,在校学生115人。群众受教育程度:小学以上文化程度49%,初中以上文化程度40%,高中以上文化程度11%。

**西川村** 位于复兴乡西北部,距乡政府12千米,海拔1921~2263米。全村有5个社212户1085人,耕地面积406.67公顷。有村学1所,在校学生107人。群众受教育程度:小学以上文化程度50%,初中以上文化程度41%,高中以上文化程度9%。

**上汉村** 位于复兴乡西部,距乡政府5千米,海拔1921~2263米。全村有4个社172户820人,耕地面积293.33公顷。山高沟深,群众分散居住梁峁之间,遇到降雨天气,交通经常受阻。有村学1所,在校学生144人。群众受教育程度:小学以上文化程度51%,初中以上文化程度40%,高中以上文化程度9%。

**汉口村** 位于复兴乡西南部,即乡政府所在地,海拔1921~2263米。有5个社276户1332人,耕地面积404.87公顷。有村学2所,在校学生303人。群众受教育程度:小学以上文化程度

52%,初中以上文化程度38%,高中以上文化程度10%。

**山李村** 位于复兴乡西南部,距乡政府8千米,海拔1921~2263米。全村有5个社240户1139人,耕地面积413.67公顷。有村学1所,在校学生156人。群众受教育程度:小学以上文化程度51%,初中以上文化程度38%,高中以上文化程度11%。

**李沟村** 位于复兴乡东南部,距乡政府12千米,与宁夏回族自治区海原县接壤。有4个社210户992人,耕地面积288.13公顷。全村共完成退耕还林面积317.2公顷、荒山造林面积266.67公顷。虽与海原县关庄乡宋堡村村民杂居,但村民生活条件远不如海原县村民。人畜饮水以"121"集水集流工程、母亲水窖工程为主。有村学1所,在校学生130人。群众受教育程度:小学以上文化程度50%,初中以上文化程度38%,高中以上文化程度12%。

## 第二节 种田乡

**概况** 种田乡位于平川区东南部,乡政府驻地种田村距区政府65千米。总面积171.3平方千米,其中耕地2760公顷,宜牧地4666.67公顷,宜林地5066公顷,其他用地4866.67公顷。有井泉23眼。全乡辖6个村、33个社,共有1804户8703人。

**社会事业** 种田乡重视文教卫生工作,建区后共争取和整合各类资金255.1万元,新建校舍3690.96平方米。1990年,将北庄小学移址扩建,吴庄小学由窑洞改建为瓦房,种田中心小学由土房变为砖房,并砖砌校墙、水泥铺道。1994年,重建种田职业教育学校,乡财政一次性投入16万元,争取上级政府和主管部门拨款17万元,拆除危房4栋,教室全部建成砖石混凝土结构平板房。1993年,争取专项资金13万元,乡积累支付8万元,医院自筹10万元,总计集资31万元,建成占地560多平方米走廊式住院部和平楼式门诊部及中西医药房、放射、B超、手术室、化验、妇检等室,能基本解决山区群众看病难的问题。1994年,种田卫生院列为种田、复兴两乡中心卫生院。各村由卫生院指定专职医务人员定期防治儿童传染病,使婴幼儿成活、健康率多年来均高于97%。1992年,区广电局拨款2万元,乡政府投资4万元,建成种田第一座电视卫星地面站。1990年,重建乡文化站,文化站投资10余万元在中心街道修建剧场一座,各村建起文化活动室。争取资金240万元在种田、百丰、北庄、五星、小川等村建成手机通讯转播塔三座,发射塔两座,在全乡三村五个社安装固定电话180多部,全乡六村均实现电视村村通工程。

**基础设施建设** 种田乡干旱少雨,1992年,乡政府筹措23.6万元,用于原有5眼深井的更新配套,因原深井长轴易坏难修,1994年,陆续用最新深井泵替换4套机组,从而保证吴庄、麻滩、东滩、墩底、新庄四社队140多公顷水地的正常灌溉。1991年,种田、复兴两乡协作,争取省、市资金140多万元,仅用6个月时间,采取以工代赈办法,种田、复兴两乡人饮工程全程11千米使用2寸钢管,完成自压式流水工程的挖沟、焊管、建池、预埋等任务,一次试通成功。其后,又筹措资金87.1万元,完成种复人饮工程小川段延伸工程,新打机井3眼,增加补灌面积15公顷左右。并对全乡带病运转的9眼机井进行清洗和维修,配齐机电设备和管道,衬砌水渠4千米。种田乡重视经济、社会协调发展。1985年,建成五星村砖厂。1988年,借贷投资27万元建成红会小煤窑。1990年,集资34万元建成宝积福利小煤矿。乡办小煤矿上缴政府纯利润21万元,并解决部分闲散劳动力的就业问题。1990年,对1972年建设的种田金铜矿进行技术改造,将人力搬运改为柴油机车拉运。1992年,创纯收入近100万元。1993年,创收突破百万元,并相继扩建两个新矿井。1995年底,由于矿石枯竭停产。1992年、1993年两年,投入18.3万元,架通11个村社的高低压农电线路23千米,实现村村通电。

**农业农村经济** 种田集市,历史悠久。明代属旱塬屯田区,因为气候阴湿,土地肥沃,雨水及时,粮油产量稳定,受到官府重视。至清乾隆年间(1736—1795年),逐渐发展成为以粮油为主的综合集贸市场。1920年大地震,种田集市亦遭毁灭。1932年春,地方乡绅共同组织募捐财物,唱戏立集,种田集市重新恢复,以后集市活动从未间断。农历每月三六九日,周围两省、三县(区),八个乡镇的农民云集到此,参与各种集贸交易和文化娱乐活动,每集交易数额十余万元。为解决行路难问题,种田乡累计修通乡村道路、村村道路、村社道路达67.2千米,并对道路进行拓宽、夯实和铺沙维护。先后维修和新建崖曲桥、五星桥和墩底三座桥梁。争取扶贫资金253万元完成拉排、小川、种田三村的整村推进项目,兴修梯田88公顷左右,发展舍饲养牛70户140头,舍饲养羊110户300多只,引进优质马铃薯品种陇薯3号30多万千克。共完成退耕还林1411.14公顷,荒山造林1645.8公顷。筹措资金45万元,建成528平方米的计划生育综合服务楼一座。争取项目资金350万元,完成全乡6个村33个社农网改造工程。筹措资金30余万元,在六个村建起村办公地点,建筑面积达751平方米,并配齐办公设施。根据春季干旱少雨、秋季雨水较多的情况,全乡调整种植结构,发展特色产业,压夏扩秋。马铃薯种植由1995年的240公顷增至1600公顷,人均0.2公顷。先后建起东顺、宏达临东、维创等三座淀粉厂,总投资达1030万元,年生产能力达5000吨左右,年产值达1500多万元,年可消化马铃薯4万多吨。2002年后,每年全乡外出务工人员达1700多人(次),仅年劳务输出收入达400万元左右。2005年,全乡国民生产总值达到5617万元,个体私营企业总产值完成1330万元,全乡各类固定资产投资总额达550万元,农民人均纯收入达到1495元。

**百丰村** 位于乡政府西部,全村辖百丰、石沟、上寨、下寨、常崖五个村民小组,共有330户1661人。全村有耕地500公顷,退耕还林面积240公顷。人均纯收入为1200元。

**北庄村** 西靠屈吴山,地势偏高,自然条件较差,全村现辖北庄、屈庄、黑水、野崖、花道、连圈六个村民小组,共有 303 户 1453 人,大牲畜 310 头,羊 1250 只。共有耕地 493.33 公顷,其中水浇地 2 公顷。人均纯收入为 1200 元。

**拉排村** 位于乡政府西部,由拉排、常圈、马圈、东圈、上岘五个村民小组组成,有住户 237 户 1151 人,耕地 286.67 公顷。人均纯收入为 950 元。

**五星村** 位于乡政府西部,由崖曲、吴庄、新庄、安湾、刘井、麻滩六个村民小组组成,共有 406 户 1984 人。全村有耕地 593.33 公顷,其中水浇地 59.03 公顷,川地 4.37 公顷,山地 493.27 公顷,退耕还林面积 278.13 公顷。人均纯收入为 1300 元。

**小川村** 位于乡政府西部,距乡政府驻地 4 千米,辖上小川、中小川、下小川、墩底四个村民小组,全村总户数 153 户 750 人,其中贫困人口 92 户 450 人,占全村人口的 60%。全村有耕地面积 280 公顷,其中退耕还林面积 134.67 公顷,水浇地面积 10 公顷,产业主要以农业为主,马铃薯为主要经济作物。人均纯收入为 1000 元。2003 年,建成砖混结构的村办公场所一座,建筑面积 129 平方米。2004 年,在整村推进项目中建成学校一所,校园面积 4200 平方米,教室、教师宿舍建筑面积 450 平方米。

**种田村** 为乡政府驻地村,双界路贯穿全村。辖中街、东街、新南、井滩、上湾、下南、小岔七个社,共有 369 户 1768 人。有耕地 506.67 公顷,退耕还林面积 314 公顷,人均占有耕地 2867 平方米。人均纯收入为 1500 元。

## 第三节 宝积乡

**概况** 宝积乡位于区政府所在地,因“宝藏积聚”的宝积山而得名。西北部与水泉镇、王家山镇相连,南部与靖远县接壤,东部与红会街道办和共和镇毗邻。东西长 23 千米,南北宽 21 千米,总面积 335.36 平方千米。介于北纬 36°39′~36°50′、东经 104°45′~105°01′之间。全乡平均海拔 1540 米,年总降水量 190 毫米左右,主要分布在七八月份。年平均气温 9.8℃,属半干旱气候,日照 3057 小时,昼夜温差较大。全乡地势总体上北高南低,向西南倾斜。境内地貌复杂多样,山地、丘陵、盆地、平川等多种地形分布齐全,属干旱草原向荒漠化草原过渡地带。宝积乡位居要津,刘白高速、白宝铁路、省道 308 线穿境而过,国道 109 线傍侧而过,交通便捷。境内有靖煤公司、国电靖远发电公司等大中型企业,具有得天独厚的区位优势。辖 10 个行政村,27 个村民小组,2459 户,12397 人。总土地面积 335 平方千米,总耕地面积 1357.2 公顷,其中旱地 530.67 公顷,水地 826.5 公顷,共有机井 61 眼。

**基础设施建设** 宝积乡已初步建成四大产业基地:即响泉、窎沟 133.33 公顷优质大枣基地,窎沟、大湾 146.67 公顷标准化西甜瓜、蔬菜生产基地,墩墩滩村 33.33 公顷优质棉花生产基地,贺家川村400头奶牛养殖基地。建成新农村示范点一处——广沿沟新村,已建成标准化住宅93套,实现水、电、路三通。采用股份合作制的方式,总投资800万元,建成周家地农贸市场一座,建筑总面积15742平方米。投资221万元,维修配套机井62眼,新打机井10眼;完成泉水截引工程3处;完成响泉村村道路铺油5.2千米,硬化贺家川村道路2千米。

**社会事业** 投资40万元,建成周家地、响泉村戏楼。投资85万元,完成尖山、吊沟等8个行政村的自来水入户工程,全乡1600户、8000人用上自来水。投资70万元,建成黑水、周家地、墩墩滩、贺家川、小川村级活动场所5处。投资30万元,建成黑水村小学1所。争取危房改造资金35万元,维修吊沟、魏家地、小川3所小学,新建教室7栋。投资88万元,完成周家地、大湾整村推进项目。并将响泉村建成市级生态小康示范村。投资60万元建成贺家川村养牛示范区。此外,投资16万元建成乡司法所与技生服务中心各1所。引进投资1900万元的兰炭企业落户,投资近400万元的一期生产线建成并正式投产。全乡共有个体私营户78户,从业人员400余人。宝积乡坚持以人为本,大力推行素质教育,全乡初中、小学适龄少年、儿童入学率平均为99%和100%。民政优抚工作,发放救济面粉3416袋,救济款40万元,优抚资金5.5万元,以确保采煤塌陷区和干旱区群众的正常生活。

**魏家地村** 位于乡域东部,属干旱山区村。境内有煤炭、花岗岩矿和优质矿泉水资源。全村有2个村民小组,301户1390人。有耕地总面积97.33公顷,仅有水地29.33公顷,且不能保灌。农村剩余劳动力就地转输靖煤公司魏家地矿。人均纯收入2673元。

**尖山村** 位于乡域东北部,是典型的干旱山区村。全村辖3个村民小组,157户715人。耕地总面积80公顷,人均耕地1533平方米。仅有水地6.67公顷,且不能保灌。农村剩余劳动力多,以劳务输出为主。境内有煤炭、花岗岩矿和优质矿泉水。人均纯收入2658元。

**贺家川村** 位于乡域中部,地处城乡结合地带,辖3个村民小组,有208户1066人。有耕地面积111.53公顷。共有机井6眼。拥有红沙浪地热资源和矿泉水资源,开发前景广阔。已建成白银华盛天润农业有限公司养牛示范小区和养生园养殖小区。境内有133地质队和甘肃雪松化工等企业。已成立农民奶牛养殖协会,奶牛存栏达400余头。人均纯收入3244元。

**周家地村** 位于乡域中部,辖2个村民小组,152户758人。耕地总面积80公顷。境内有靖煤公司等多家大型企业单位,是典型的城中村。人均纯收入3218元。

**响泉村** 位于乡域中部,西南为靖煤公司水电处及靖远电厂,刘白高速公路在村西留有出口。辖4个村民小组,447户2283人。总耕地为265.87公顷,有机井11眼,泉水1眼,废水利用工程一处。有村级阵地900平方米,文化活动和科技培训中心1所,标准化小学1所。200公顷耕地以股份制投入平川中区开发有限责任公司。人均纯收入3277元。

**大湾村** 位于乡域东南部,平高公路穿村而过,辖3个村民小组,110户581人。是以蔬菜种植为主的农业村。全村耕地面积104.67公顷，其中水地80.67公顷，灌溉面积54.33公顷，机井4眼，农业总产值149万元。有村小学1所。人均纯收入3255元。

**窎沟村**　位于乡域南部，总面积35平方千米，辖3个村民小组，267户1312人。有耕地179公顷，人均1400平方米，有机井10眼。全村固定电话180多部，移动电话100多部。建有日光温室118座，年产西甜瓜10万多千克，产值31.8万元，大田西甜瓜年产量为414万千克，产值124.20万元。人均纯收入3270元。

**小川村**　位于乡域东北部，位置偏远，自然条件较差，辖3个自然社，204户886人。耕地面积104.27公顷，以旱砂地为主。人均纯收入2671元。

**墩墩滩村**　位于乡域南部，距区政府约1千米，共120户656人，有耕地60.67公顷。全村自来水入户率和安全饮用率均达到100%，住房砖瓦化率80%，通电率100%，程控电话普及率40%，手机拥有率20%。棉花、胡麻为本村支柱产业。人均纯收入3178元。

**黑水村**　位于乡域东北部，辖5个村民小组，452户2138人。耕地面积181.6公顷，粮食作物以小麦、玉米为主，由于煤矿开采导致土地塌陷，自然条件较差，农业基础薄弱。人均纯收入2680元。

## 第四节　黄峤乡

**概况**　黄峤乡位于区东南部，东与宁夏回族自治区海原县接壤，北与靖远县靖安乡毗邻，西部与共和乡相连，南部与种田乡为界，西南部与靖远县高湾乡相接。1997年4月，析置原共和乡所辖的峤山村、焦口村、神木头村、双铺村、马饮水村和牛塀村，报经甘肃省民政厅批准后成立。黄峤乡以位于黄家洼山和峤山岘之间，故得名黄峤。全乡境内平均海拔1900米，年均气温7.8℃，年降雨量230~280毫米，年蒸发量1200毫米，无霜期150天，全乡辖7个村，32个村民小组，2642户，13031人。总面积312平方千米，耕地面积3180公顷，其中水浇地446.67公顷，旱砂地566.67公顷，旱土地2166.67公顷。境内有煤炭、沸石、花岗岩、矿泉水等矿产资源。盛产扁豆、豌豆、马铃薯等小杂粮。荞面、莜面、小米、粉条等加工产品及黑瓜子、茴香、胡麻、葵花等特色经济产品，已走向市场。黄峤乡位于古丝绸之路要道，省道308线和县际公路333线在乡境交汇，京呼银兰光缆通信线路在乡政府驻地双铺村设有中转站。

**社会事业**　全乡有机井27眼，渠道衬砌58.87千米，架设农电线路83千米，完成农电网改造工作，广播电视覆盖率达到97%，有线电话普及率达到50%。全乡境内通车总里程达到65千米，其中柏油公路20千米，乡村公路40千米，7个村、32个村民小组均修通农机路。全乡有中心小学7所，村学点9个，中学1所，共有教职工173名，中小学在校学生3028名。有乡文化站和乡卫生院各一座,卫生院实行乡村卫生一体化建设。

**农业农村经济** 全乡退耕还林累计完成1074.92公顷,荒山造林560公顷;机修梯田266.67公顷,水土保持综合治理累计完成17.6平方千米。总投资326万元,其中国家投资187.2万元建成的安全饮水工程,惠及群众。新建"母亲水窖"250眼,集雨节灌水窖3042眼;地膜粮食、地膜洋芋、西甜瓜、籽瓜、中药材、大蒜、小拱棚韭菜、粮经间作套种、配方施肥、种子包衣、药物锄草等农业科技项目得到推广应用;中药材基地建设,已栽植枸杞23.33公顷;黄峤乡利用区上贴息扶持养牛业发展的有利时机,发动群众开展养殖业,落实贷款81.43万元,涉及5个村78户,共养牛350头,园区规模养殖达到5000头。

**非公有制经济** 非公有制经济发展势头良好,个体工商企业已发展至287家。乡办宏达煤矿地质储量405万吨,可采储量223万吨,服务年限20年,设计年生产能力9万吨;焦口联办砖厂年生产500万块红砖、耐火砖1200吨、街道砖1.6万平方米。

**峤山村** 位于乡域东南部,与宁夏回族自治区海原县西安乡相连,距乡政府8千米,是以农牧业为主的山区村。辖上川社、吴湾社、大路社、羊圈沟社、老庄沟社、苏家山社6个村民小组,共322户1546人,其中儿童532人、老人60人。耕地面积614.47公顷,全部为旱土地。双界公路贯穿2个社,还有4个社交通不便。有中心小学1所,因6个社分布零散,儿童入学困难,群众受教育程度分别是:文盲223人,小学文化790人,初中文化324人,高中及中专34人,大专以上7人。群众生活基本以农业生产和牧业收入为主,剩余劳动力多外出务工。人均纯收入980元。

**焦口村** 位于乡域东南部,属偏僻干旱山区。辖有闫高崖社、马井社、旧庄沟社、八台社、房沟社、焦口社6个自然社,453户2270人。耕地面积646.67公顷,其中水地36.4公顷,旱土地610.27公顷,人均占有耕地2866.67平方米。

**神木头村** 位于乡域东南部,距乡政府5千米,是以农牧业为主的山区村。辖神木头社、大湾社、水家坪社、姚沟社4个村民小组,共323户1565人,其中儿童548人、老人56人。耕地面积526.67公顷,全部为旱土地。全村4个社均属于山区,交通不便。村上有中心小学和村学点各1所,群众受教育程度分别是:文盲102人,小学文化969人,初中文化324人,高中及中专26人,大专以上5人。大多数群众享有退耕还林补助资金。

**双铺村** 即乡政府驻地,距区政府所在地30千米。双铺村为屈吴山山系的丘陵及河滩地带,东邻宁夏回族自治区海原县,北接靖远县靖安乡,南靠屈吴山,属干旱山区,年平均降雨量280毫米左右,且年内分布不均匀,但年蒸发量却高达2230毫米。辖上铺社、下铺社、ш社、岘社、北滩社、马大沟社6个社,476户2334人,有耕地447.13公顷,其中水浇地83.33公顷,人均占有水浇地仅373平方米。地下深层水资源丰富,且矿化度低,水质良好,既可人畜饮用,又可灌溉耕地。

**马饮水村**　位于乡域西南部,是以农牧业为主的半山半川村。辖马饮水一社、马饮水二社、阴黄水社、大水沟社、井尔沟社、郎山社6个村民小组,共578户2856人,其中儿童963人、老人106人。耕地面积568.6公顷,其中水地183公顷,旱砂地175.13公顷,旱土地210.47公顷。双界公路贯穿3个川区社。村上有中心小学1所,村学点两所。群众受教育程度分别为:文盲353人,小学文化1328人,初中文化827人,高中及中专文化145人,大专及以上17人。部分群众有退耕还林收入。

**玉湾村**　地处乡域西部,辖玉湾一社、玉湾二社2个社,共198户969人。自然条件差,农业基础设施落后。总面积55平方千米,耕地面积162公顷,其中水浇地38公顷,属深井灌溉区。有农灌机井2眼,有沙地95公顷、沟坝地10公顷、旱土地8.73公顷。人均生产粮食350千克。人均纯收入2098元。

**牛塀村**　位于乡域西部,辖牛塀一社、牛塀二社2个社,292户1491人。有机井3眼,耕地面积215.4公顷,其中水地37.73公顷、旱地177.67公顷。其东、北、西三面均有煤矿分布,三分之二的土地位于煤采区,近距离煤矿有红会煤矿一采区、区宏达煤矿、省长征煤矿、会宁县矿及共和屈吴煤矿。

# 第二章　镇

## 第一节　共和镇

**概况**　共和镇地处平川区中部,距区政府所在地22千米,东临黄峤乡,南、北接靖远县,西连宝积乡,为历史名镇。共和镇行政区划几经变更。1997年4月,原共和乡分设为共和与黄峤两个乡,共和乡辖中和、兄弟、西和、常崖、老庄、小水、毛卜拉、红沟、毛河洛9个行政村。2002年,西和村划归红会镇。2005年2月19日,原共和乡撤销,并入红会镇,合并后的红会镇更名为共和镇,原红会镇撤销,成立红会路街道办事处。西和村划归共和镇管辖。2005年9月12日,成立打拉池社区。共和镇辖兄弟、中和、常崖、老庄、小水、毛卜拉、红沟、毛河洛、西和9个行政村和打拉池社区,共有46个村民小组,4486户,农村人口21170人,城镇人口2153人。总耕地面积2620.93公顷,其中水浇地1063.6公顷,旱地1590.67公顷。全镇平均海拔1760米,年降雨量260.8毫米左右,主要分布在七八月份。年平均气温7.6℃,属半干旱气候,日照2899小时,昼夜温差大。全镇地势南北高,中部低,向东北倾斜。境内地貌复杂多样,山地、丘陵、盆地、平川等多种地形分布齐全,属干旱草原向荒漠化草原过渡地带。境内有丰富的煤炭、沸石、花岗岩、金矿床、矿泉水等多种自然资源;有陇中名山屈吴山、龙凤山,红军长征打拉池会师遗址红山寺,王进宝墓等旅游资源;有靖远煤业公司红会一矿、三矿等国有大中型企业和神台酒厂、雄征酒业有限公司等非公有制企业。白宝铁路、共辘公路、平高公路、省道308线穿境而过,乡村道路四通八达,交通便利。

**农业农村经济** 共和镇为传统产粮大镇,粮食作物主要有小麦、大麦、谷子、糜子、荞麦、胡麻、高梁、玉米、豌豆、扁豆、黄豆、红豆、北京豆。瓜果主要有西瓜、脆瓜、籽瓜、白兰瓜。梨以香水梨最佳。小水、老庄为远近闻名的产粮基地,1956年上交公粮20余万千克,邓宝珊省长亲临颁奖,并命名为“光明农庄”。20世纪80年代初,以小水民兵为骨干成立的“硬骨头连”,平田整地、发展生产,得到省、地、县表彰。共和镇共有机井84眼。1993—1995年,国家投资41万元,乡政府投资199.9万元,集体投资152.4万元,扶贫单位投资23万元,总计投资616.36万元,进行水利建设,共配套机井33眼,衬砌渠道4.4万米,发展水地186.67公顷。1985—1996年,农业年均投资173万元,粮食年均总产量7146吨,油料年均总产量2600吨。1996—2005年,农业基础地位不断加强,农业和农村经济全面发展。2005年,全镇粮食总产量达到5440吨。十年间,共和镇共投资876.75万元,新打机井21眼,维修机井123眼(次),新增有效灌溉面积86.67公顷,衬砌渠道125千米,新增“三田”133.33公顷,更新沙田213.33公顷。种植结构进一步调整,特色农业得到有效发展。共建成地膜粮食高产基地、优质西红柿基地、菜籽培育基地、晚熟西甜瓜基地、大板黑瓜子基地等五大基地。农业科技服务网络逐步健全,农作物科技含量显著提高。1999年,成立科技协会。共引进、示范科技新项目30余项,推广农作物新品种20多个。

**非公有制经济** 1986年后,共和镇乡镇企业迅猛发展。1986年总收入285万元,1991年突破千万元大关,1994年突破亿元大关,1995年达到1.4亿元,兄弟村、西和村实现小康村规划。1999年,共建成肉牛养殖场及其他养殖场6个,发展各类私营企业20多家,乡镇企业实现总产值10900万元。2001年,共和镇进一步探索公司连基地、基地连农户的发展思路,重点发展白酒酿造业、农产品深加工业和农村社会化服务体系建设。当年,乡镇企业总产值达到3000万元,其中工业总产值840万元。2002年,通过加强管理,完善各项制度,乡镇企业总产值实现15410万元,工业增加值达1020万元。2004年,神台酒厂经过改组改制,年产白酒300吨,新产品重新上市后,销售市场覆盖兰州、白银、平川、靖远等地。屈吴煤矿、神峰煤矿实现全面投产。枣盛、卧牛山两个养殖场完成固定资产投资228万元,肉牛存栏数达260头。2005年年底,全镇共有个体工商户228户,私营企业20家。

**基础设施建设** 1999—2001年,共投入资金164万元,新建小水、毛河洛两村村委会办公场所,修通小水至毛河洛、常崖至老庄、毛河洛至长征、毛卜拉至308线四段共28.1千米的乡村道路，建成小水与平高公路的连接大桥，建成毛卜拉、常崖、小水、老庄、毛河洛5村的电视差转台，完成镇老年活动中心综合服务楼主体工程，完成中和、兄弟、老庄、红沟等村的程控电话安装，毛卜拉新增电话安装容量600门。2002年后，共投入各类建设资金1706.85万元，完成毛河洛中心小学、打拉池中心小学教学楼建设，完成常崖、西合、毛河洛3村及毛卜拉村井儿川社的电网改造，建成乡级敬老院、农业科技服务及计生服务为一体的综合楼，修通共辘公路共和段，建成打拉池大桥，完成平高公路工程，成功实施老庄村庙河水利建设及梯田改造项目，完成常崖、小水两村人饮工程，建成老庄村文化中心和老年活动室，修通红沟至宝积乡吊沟村12千米的乡村道路，开通中和、兄弟两村的闭路电视系统，建成打拉池中心卫生院住院部，实施常崖小学危房改造工程。2005年，完成常崖、红沟两村办公阵地改扩建工程，建成共和镇司法所，协调改建共和法庭，建成兄弟村办公楼及老年活动中心，硬化打拉池街道小广场。

**社会事业**　共和镇通过加强教师队伍建设，改善教学条件，教师业务素质不断提高，教育教学质量稳步提升。2005年，全镇初中、小学适龄人口入学率分别为90%、99.96%，15周岁初等义务教育完成率达91%，全镇40%的学校建成多媒体教室。全镇共有文化服务中心1个，老年活动中心6个，图书室5个，文化室10个，业余剧团4个，社火队6支，文化广场1个，基本上形成场所、阵地相对固定的文化网络。卫生事业形成以打拉池中心卫生院为主体，各村医疗服务网点为补充的社会医疗保障网络。投入资金20余万元，新建打拉池中心卫生院门诊大楼，接受省农工民主党捐赠的价值50万元的医疗器械和药品。全镇计划免疫率达到95%以上。全镇节育率为67.47%；多孩育妇节育率为99.66%。

**人民生活**　共和镇关注和解决民生问题，关井压产后，探索新的扶贫思路，制定扶贫计划，增强资源所在地村的造血功能。2002年后，全面落实“两免一补”政策，共落实减免补助费用85469元，使1580名困难家庭及计划生育家庭受益。按照“应保尽保”原则，全镇一、二类低保对象28户、85人，三类低保对象5户、15人全部足额领取最低生活保障金。1999年，通过规范税费管理和监督机制，依法加强对农民负担的监督管理，保护了农民的合法权益。2004年，通过执行新的税收政策，农业税率下调一个百分点后按6%税率征收。2005年，全镇农牧业税及附加费全免。足额及时发放粮食直补资金13.1万元，兑现户数3826户，全镇农民直接增加收入人均6.8元，户均34.2元。2000年后，为缓解财政压力，共和镇加强财税征管，确保收支平衡。2000年完成财政收入386万元，2001年完成财政收入190.6万元，2002年完成财政收入185.1万元。2004年，全面落实财务公开，实行村财镇管的管理机制，财政收入完成233.7万元。

**精神文明建设**　共和镇通过贯彻落实公民道德建设实施纲要，在全社会倡导“爱国守法、明礼诚信、团结友善、勤俭自强、敬业奉献”的基本道德规范,各族人民思想道德素质和科学文化素质进一步提高。2005年,有“诚信文明户”685户,“计生文明户”2100户,“遵纪守法光荣户”920户,“星级文明户” 475户,其中“十星级文明户”198户。2002年后,共和镇加大禁毒整治力度,强化帮教,实行 “四位一体”的帮教措施,2005年通过“二级无毒乡”验收。2005年,按照“四级治安联防”组织网络的要求,镇综治委调整充实社会治安综合治理办公室,各村成立联防中队及联防分队,以“十户联防”为主体的群体防范组织进一步完善。党员干部队伍素质不断提高,村党支部书记大专文化程度占78%。

**中和村** 辖7个村民小组,6202户2930人。总耕地面积290.73公顷,其中水浇地102.53公顷,人均400平方米耕地。有机井8眼,与兄弟村交叉灌溉。人均纯收入2510元。

**西和村** 辖4个村民小组,359户1759人。总耕地面积222.4公顷,全部为旱地,人均占有耕地地面积不足1330平方米。人均纯收入1442元。

**兄弟村** 为回汉民族杂居村,辖7个村民小组,642户3003人,其中回民187户952人。全村共有耕地面积329.47公顷,其中水浇地157.6公顷,机井6眼。人均纯收入2510元。

**小水村** 辖6个村民小组,586户3192人。有耕地面积457.4公顷,其中水浇地251.8公顷,机井10眼。人均纯收入2370元。

**毛卜拉村** 有652户3258人。总耕地面积435.67公顷,其中水浇地面积136.67公顷,人均占有水浇地420平方米,人地矛盾较为突出。人均纯收入1900元。

**老庄村** 辖378农户1878人口。总耕地面积308.2公顷,其中水浇地146.67公顷,有机井8眼。人均纯收入2163元。

**毛河洛村** 辖2个村民小组,698人。总耕地面积103.33公顷,其中水浇地27.33公顷,人均不足400平方米,有机井3眼。人均纯收入1960元。

**常崖村** 辖4个社,325户2230人。有耕地271.33公顷,人均占有耕地不足200平方米。人均纯收入不足1000元。

**红沟村** 辖3个村民小组,313户1600人。全村总耕地面积251.8公顷, 其中水浇地74公顷,人均不足470平方米,机井7眼。人均纯收入2463元。

**打拉池社区** 打拉池社区居委会成立于2005年9月,管理居民包含复兴、种田、黄峤、共和四个乡镇户籍在共和派出所的所有城镇居民,943户2040人。辖区内有行政事业单位20家,规模型民营企业6家,各类商铺门店300多家。社区内有学校、卫生院、“万村千乡工程”超市、农村信用社等服务设施。社区享受城镇居民最低生活保障的居民总计44户89人。社区设有警务室。

## 第二节　水泉镇

**概况**　水泉镇位于平川区西北部，东南与宝积乡接壤，西与景泰县毗邻，南北与靖远县相连。介于北纬 36°46′~37°00′、东经 104°24′~104°52′之间。乡政府驻地旱坪川，东南距区政府所在地 18 千米，因旧水泉有数眼清泉而得名。1997 年 4 月，析置水泉乡设立陡城乡。水泉乡政府搬迁至大红门，2002 年 8 月新办公楼落成，政府驻地搬至象鼻坡。陡城乡政府驻地旱坪川。2002 年 9 月，撤销陡城乡成立陡城镇。水泉镇是 2004 年 9 月 27 日经省民政厅批准，2005 年 2 月按照白银市乡镇行政区划调整方案，撤销原水泉乡和陡城镇之后合并成立的新型建制镇。总面积 660 平方千米。地势东北高、西南低，东北部多山，西南部濒临黄河。海拔 1840 米。属大陆性温带半干旱气候，雨量稀少，冬春季节多风沙。年平均气温 9℃，极端最高温度 39.5℃，极端最低温度-23.8℃；7 月最热，平均日温 22℃，1 月最冷，平均温度-8℃。年平均降水量为 290 毫米，多集中在秋季，占全年降水的 60%以上。年平均蒸发量为 1755 毫米，为降水量的 7 倍。全年主导风向西北风，频率为 7%；次导风向东北风，频率为 6%；静风为 52%。最大风速西北风为 33 米/秒，东北风为 29 米/秒。年总日照时数为 2712.7 小时，年无霜期 200 天左右。自然灾害以旱灾、风灾、雹灾为主。作物生长期在 200 天左右。韦精山、甲盔山东麓的崇山峻岭形成西部天然屏障，砂流水、腰水、泗沟门位居其间。黄河从黄湾以下的滴崖水沟口入红山峡，直至与景泰接壤的野麻滩，处处峰峻流急。黄河两岸的牙沟水、陡城、玉碗泉、黄湾、野麻滩等地，集水面积 866.67 公顷，流域面积 240 平方千米。黄河河谷地带海拔低、温差大、气温高、土质肥沃、日照充足、水资源丰富，水利设施完善。除传统种植小麦、棉花、糜谷、玉米外，牙沟水与陡城二村的水稻种植已形成一定规模。镇境内有丰富的煤炭资源和石灰石等矿产资源，以北武当山为主的旅游业已初具规模。全镇总面积约 526.34 平方千米，总耕地面积 2680 公顷，其中水地 2420 公顷，旱地 260 公顷。辖陡城、牙沟水、杨岭、枣园、旱坪川、贾庄、双岔、玉碗泉、水泉、下堡、砂流水、中村、下村、野麻、小黄湾 15 个行政村，96 个社，五级、兴源 2 个社区居委会。全镇共 6571 户，33892 人，其中城镇人口 813 人。

**农业农村经济**　水泉镇属沿黄灌区和机井提灌区的农业大镇。有机井 55 眼，小提灌工程 15 处，大型灌溉工程 2 处。主要农产品有水稻、小麦、玉米、黄豆。特色经济作物有胡麻、大麻、烟叶、胡萝卜、黑瓜子、西瓜、白兰瓜、黄河蜜瓜、水果、大枣、各种蔬菜等，玉米制种、早中熟西甜瓜生产、反季节西甜瓜栽培、花椒、大枣为主的干果产业。辖区有市属企业 1 个，即白银市兴电工程管理处，有个体商业网点和私营企业 293 家。水泉镇农业基础条件较好，先后兴建 7 个中小型河防工程，23 处电力提灌工程，建成兴电五级渠下堡灌溉工程、水泉七泵开口工程、小黄湾虎头咀改扩建工程、下村庙沟梁水利工程,新打机井2眼。下堡村366.67公顷荒地、荒山得到开发利用,中村整村推进项目投资50万元,完成旧水利设施改造5台套,大岔口防洪坝670米,渠道衬砌8600米。牙沟水村投资46万元新建泵房1座、更换水泵4台套,衬砌渠道1000米,维修道路6千米。陡城村投资38万元,新建泵房1座,更换水泵1台套,衬砌主渠道1600米,支渠4000米。2005年,按照“民办、民营、民受益”的原则,投资100多万元兴建黄河饮料厂,投资43万元兴建生猪交易市场和屠宰场。肉猪养殖协会为农户协调养殖贷款120余万元。全镇粮食总产量达到1290万千克。玉米制种面积达600公顷,产值达到1400万元。有日光温室1345座,冷棚900座,总收入达到180余万元。形成以陡城、双岔、下村为主的日光温室反季节西甜瓜栽培基地,小黄湾、下村、野麻等村为主的双膜小弓棚及冷棚早熟西瓜生产基地。枣树种植面积达500公顷,其中矮化密植枣树20公顷。全镇肉牛存栏数893头,羊存栏数15970只,鸡存栏数192050只,猪存栏30871头,年出栏80000多头,产值超过6000万元。2005年,乡镇企业总产值32300万元,工业总产值8700万元,工业增加值2605万元,农民人均纯收入2245元。全镇电话户有率100%,彩色电视、VCD影碟机、洗衣机户有率达到95%以上,电冰箱、电磁炉、电饭锅户有率达到50%以上。有农用三轮车6350辆,大卡车、双桥车150辆,私人小轿车75辆。

**小城镇建设** 新建商贸楼36栋,家属楼2栋,总面积23400平方米,形成沿国道109线两旁集加工修理、交通运输、建筑建材、餐饮业等各行业为主的经济长廊。新建移动电话插转站一处,开通“小灵通”无线市话。总投资80余万元,建成有线电视网络铺设电缆10千米。投资80余万元,完成4条、总长10.8千米通村公路铺油罩面工程。投资100多万元,铺压城市街道排污管道3150米、栽植道牙1953米,改造城区路面1.6千米,铺设人行道800平方米。同时成立环卫队,负责每天的垃圾清除和主要街道的卫生保洁。建成水泉汽车站,建成通往北武当水泥硬化道路。乡村道路状况大为改善。有敬老院一所,抚养孤寡老人20余人,养老送终五保户老人6人。

**社会事业** 有独立初中2所,小学23所,幼儿园6所,教职工472名。有镇卫生院1所,干部职工32名。投资18万元,建成365平方米的卫生院门诊部。有村级卫生所15个,个体医生75人。投资46.9万元,新建砂流水小学、枣园小学和下堡小学校舍共计816平方米。小学、学龄儿童入学率达到100%,基本普及九年义务教育。2005年高考,白银五中本科上线42人,上线率10%。文化中心经过多年建设,现有戏楼1座,活动室15间,农科教培训教室1间,图书2万册,老年活动室1个。

**陡城村** 位于镇域西南部,西临黄河。全村共20个村民小组,共664户3274人。育龄妇女总数591人,其中无孩26人,一孩125人,二孩198人(二女户16户),多孩242人(多女户

10户）。陡城村水资源丰富，土地肥沃，农业生产条件较好。全村耕地面积253.33公顷，其中水地186.67公顷，旱地66.67公顷，人均水地533.34平方米。全村粮食作物种植面积140公顷左右。有玉米制种80公顷，日光温室600座，总面积达40公顷左右，主要种植辣椒、黄瓜、西红柿、茄子。其中陇椒2号销往宁夏、青海等地。有养殖户93户，其中养鸡专业户4户，存栏2万只；养羊专业户58户，存栏1080只；养猪专业户26户，存栏1600头；养牛专业户5户，存栏30头。陡城村为科技示范村，92%的农户接通电话，80%的农户有银行存款，村民收入居水泉镇之首。2005年，人均产粮275千克，人均纯收入2130元。村委会筹资60万元，用于水渠维修、引黄工程和道路硬化。

**旱坪川村**　位于镇域东南部，北靠尖山，国道109线横穿村境。辖3个村民小组，共342户1601人。有耕地99.33公顷，其中水浇地72.67公顷，人均约600平方米。粮食作物种植面积79.33公顷，经济作物种植面积20公顷。由于人多地少，种植业发展空间较小。全村以生猪养殖为主导产业，有养猪专业户71户，猪存栏数达3390头，生猪年销售达10000头，户均10头，产值达500万元。城镇化程度较高，各项基础设施已基本建成。有程控电话近300门。共有零售、维修、餐饮等商业网点19个。人均纯收入2100元。

**牙沟水村**　位于镇域东南部，西临黄河，东靠尖山，国道109线横穿全村。辖11个村民小组，共718户3336人。有中学1所(新墩中学)，师生700余人。有水浇地161.87公顷，人均约487平方米。全村共有养殖户73户，其中养鸡户26户，存栏3.5万只；养羊专业户40户，存栏300多只；养牛专业5户，存栏25头。全村共有商品零售、餐饮等商业网点14个。人均产粮225千克，人均纯收入1926元。

**双岔村**　位于镇域西北部，东临国道109线。辖11个村民小组，共572户2751人。耕地总面积276.53公顷，其中水浇地236.53公顷，人均800平方米。有机井18眼，经济林木32600棵。玉米制种、西甜瓜、日光温室等特色产业初具规模。其中反季节西甜瓜100公顷，年收入160万元。番茄种植面积达到33.33公顷。舍饲养羊、养牛为双岔村的特色产业，有舍饲养羊户53户，存栏1800只；舍饲养牛户68户，存栏507头。2005年，人均纯收入2230元。辖区内有全日制小学2所，教师48人。

**枣园村**　位于镇域东部。辖9个村民小组，共728户3208人。全村共有耕地2900亩，其中水浇地144.53公顷，人均约533.34平方米。粮食作物种植面积123.33公顷，蔬菜种植38公顷，共有枣树33900多株。全村养羊户50户，300头以上3户，共存栏1500多只；养猪户120户，存栏420头；养牛户8户，存栏30头。全村有零售、饮食等商业网点和代销点6个。人均产粮240千克，人均纯收入1890元。

**杨岭村**　位于镇域中西部，东靠国道109线。共408户2802人。有耕地82公顷，粮食作物种植100公顷，玉米制种33.33公顷，西甜瓜种植20公顷。全部耕地进行黄灌，由电灌局管理。有养猪专业户26户，存栏2960头；6户养羊专业户，存栏1180只；7户养鸡专业户，存栏0.76万只；5户养牛专业户，存栏68头。共有商店、饮食等商业网点和代销点43个。人均产粮275千克，人均纯收入1930元。

**贾庄村** 位于镇域西北部，北靠尖山。辖9个村民小组，共529户2673人。有耕地79.53公顷，其中水浇地72.67公顷，人均约600平方米。有药材种植户1户。有日光温室20座，面积1.4公顷。日光温室和反季节西甜瓜为两大特色产业。有养猪专业户30户，存栏893头；养羊专业19户，存栏1670只。临近国道109线和镇政府驻地五级街，交通便利，零售、饮食等个体私营经济发展迅速。人均产粮150千克，人均纯收入1920元。有小学1所，教职工22名，师生450人。

**玉碗泉村** 位于镇域西南部，西临黄河。辖4个村民小组，共178户832人。有耕地79.53公顷，其中水浇地64.8公顷，旱地14.6公顷。2005年，全村发展玉米制种53.33公顷，其他瓜类和蔬菜面积6.67公顷。有冷棚34座。全村6户养猪专业户，存栏200头。人均产粮150千克，人均纯收入1850元。争取资金17万元，重新选址建设玉碗泉村小学。村内安装电话60多部。改造低压照明线路5千米，拓宽修整村级道路3千米。

**中村** 位于镇域西北部，黄河以东。辖5个村民小组，共456户2067人。总耕地面积280公顷，其中水浇地173.33公顷。人均纯收入2190元。中村先后成立玉米制种协会、黄湾小康养殖协会。2005年，玉米制种面积186.67公顷，产值达300余万元。黄湾小康养殖场占地2公顷，固定资产60万元，有标准牛舍700平方米，青贮池2000立方米，存栏肉牛82头，是集肉牛引种、繁育、育肥、销售为一体的民营企业。

**下村** 位于黄河沿岸。辖8个村民小组，共260户1216人。总耕地面积150公顷，其中水浇地50公顷。种植枣树28.67公顷。养猪专业户3户，存栏250头；养羊户10户，存栏970只。特色产业有日光温室、早中熟西甜瓜，共发展日光温室170座，冷棚150座，早中熟西甜瓜20公顷，全年农业总产值300余万元。人均纯收入2040元。为解决人多地少的问题，村委会争取到扶贫资金35万元，对庙沟梁进行开发，铺压管道6783米，建泵房1座，购机电设备1套，工程于2003年完工，改善水浇地面积40公顷。

**小黄湾村** 位于黄河西岸。辖2个村民小组，共184户2470人。主要农产品有小麦、玉米、黄豆、大枣、早熟西瓜、杏等。养羊专业户9户，存栏930只；养牛户3户，存栏23头。粮食产量42万千克，人均纯收入1960元。冷棚西瓜及小弓棚西瓜33.33公顷，产值达150万元。冷棚80座，产值达40万元。

**下堡村** 位于镇域以北12千米处，尖山脚下。辖4个自然社，共361户1813人。总耕地面积187.33公顷,其中水浇地133.33公顷。2005年,农作物播种面积167.33公顷,粮食总产量达74万千克,产值103万元。人均纯收入2120元。象鼻坡土地开发共平整土地280公顷,兴修干渠4千米、支渠15千米。投资10万元,新修乡村道路2.4千米,修建沙河道路护坝1千米。

**水泉村**　辖4个村民小组,共469户2345人。共有耕地面积246公顷,其中水浇地179.33公顷,人均1000平方米。养羊专业户5户,存栏129只;养牛专业户5户,存栏32头。人均产粮343千克,人均纯收入2040元。2004年,种植枣树2万株,白杨树苗1.5万株。2005年,从景泰引进优质枣树苗近3万株,大力发展经济林。为解决地下水干枯、土壤盐渍化的问题,争取资金86.68万元,兴建八泵水泉虹吸灌溉工程,铺压管道10千米,改善井灌面积100公顷

**砂流水村**　位于镇域北部,国道109线西侧。辖6个自然社,共497户2485人。共有耕地280公顷,其中水浇地188.67公顷。全村养牛专业户12户,存栏105头;养羊专业户23户,存栏1752只。粮食总产量70.2万千克,人均283千克,人均纯收入1860元,属水泉镇贫困村。2003年,兴建水泉八泵虹吸灌溉工程,改善井灌地近40公顷。2004年,组织群众开挖明渠6千米,并进行渠道衬砌。

**野麻村**　位于镇域西北部,黄河西岸。辖3个自然社,共205户1019人。有耕地面积209.33公顷,其中水浇地50.67公顷,人均纯收入1920元。有养羊专业户21户,羊存栏1660只。玉米制种65.33公顷,亩产1300元。种植地膜西瓜10公顷,亩产3500元。

## 第三节　王家山镇

**概况**　王家山镇成立于1993年7月5日,依托原靖远矿务局王家山煤矿由原水泉乡分设,位于区境北部。地处北纬59°86′~59°88′、东经104°78′~104°82′,腾格里沙漠边缘地带。东与靖远县东升乡接壤,西与水泉镇相连,南接宝积乡,北与靖远县北滩乡比邻,总面积为235平方千米,平均海拔1800米。风多雨少,自然灾害频繁,年降水量200毫米左右,年蒸发量2000毫米以上,霜期在140天左右,属典型干旱山区。境内有丰富的沙金、石灰石、陶土、煤炭等矿产资源,有年产200万吨的王家山煤矿。国道109线横穿全境20多千米,完成武家拐到捡财塘道路铺油工程5.4千米。刘白高速公路留有开口,交通便利。兴电工程主干渠从境内通过,拥有水资源优势。王家山镇辖万庙、井尔川、大营水和于大川4个行政村,25个村民小组,公园、庙台两个社区居委会。有常住人口15734人,其中农业人口7034人,城镇人口8700人,流动人口约2300人。共有耕地面积1318.23公顷,人均耕地1866.68平方米,其中水浇地206.67公顷,人均293.33平方米;沟坝川及沙地1081公顷。农作物以西瓜、玉米、小麦、洋芋为主。2005年,全镇人均纯收入2036元,乡镇企业总产值达到3400万元,粮食总产量达到170

万千克。

**基础设施建设** 先后新建和改扩建于大川、常大川、黄毛沟、大营水水利工程4处,发展水地73.33公顷,解决220户1062人的人畜饮水困难,引进西瓜、玉米、洋芋等农业种植新品种,扩大地膜覆盖工程,建成井尔儿村砂田晚熟西瓜基地,面积达233.33公顷,户均年收入达到1万元,产品销往青海、四川等地。养鸡专业户发展到85户,鸡存栏12万只,年收入240多万元;养猪专业户达到60户,猪存栏5255头,年收入近百万元。共完成退耕还林面积166.67公顷,封山禁牧133.33公顷,林地面积逐年扩大。电力、通讯业发展较快,完成全镇4个村、25个社的农网改造工程。同时建成电视插转台4座,电视覆盖率达93%以上。建成通讯塔四座,全镇有固定电话1653部,小灵通用户827户,手机用户500户。

**非公有制经济** 1998年,王家山镇被列为全省50个小城镇示范点,小城镇固定资产投入及基础设施建设明显加快,先后完成王家山农贸市场一、二期改建工程,改建面积2800平方米,新建商用楼28栋,建筑面积16430.4平方米。建成镇汽车站,建成广场式公园4处,新增绿地面积47744.2平方米,完成3.5千米煤海路铺油工程。全镇私营企业达到35家,注册资金12000万元,经营收入10100万元。发展个体工商户615户,其中煤炭运销户达到189户,商贸业、餐饮业等达到426户,注册1135万元,经营收入1450万元,从业人员1441多人。通过非公有制经济的发展,吸纳本地剩余劳动力1300多人,劳务收入逐年增加。

**社会事业** 王家山镇有初级中学1所,9个教学班491名学生。中心小学4所,27个教学班603名学生。全镇共有中小学生1094人,教职工94人,初中教职工35人,师生比例1:14;小学教职工59人,师生比例为1:10。共投资资金140万元,硬化校园1万平方米,新建校舍2300平方米,建成远程教育接受点5个,建成多媒体教室3个。

**庙台社区** 成立于2002年1月,辖区面积1.5平方千米,有居民住宅楼24栋,零散居民住所13片,居民小组5个,常住居民1446户3816人。驻辖区单位6个,个体工商户192户,流动人口475人,社区党员11名。社区成立民调委员会、劳动保障事务站、外来人口管理分站、低保工作站、残疾人理事会、综合治理中心组织机构,拥有综治队伍1支,综治员36名,社区民警1名。经社区与驻地企业协调,新建花园1个,健身广场2所,安装室外健身器材30件。

**公园社区** 成立于2002年1月,辖区面积1.5平方千米,常住人口1583户4716人,流动人口510人,个体工商户240户,单位11家。社区居民居住较为分散,集中楼群有25栋,零散平房区有6处。社区现有综治员35名,成立由社区综治专干兼任队长的联防队伍,按居民生活片区分为7个小组,每天24小时轮流巡逻,承担着看护楼院,调解民事纠纷,协查治安案件,排摸辖区矛盾纠纷、安全隐患,制止违法活动等方面的职责。2005年,社区与驻地企业共建一座中心花园,花园内开辟广场1处,安装健身器材15件。

**万庙村**　即镇政府所在地，辖7个社，共407户2082人。总耕地面积371.19公顷，其中水浇地54.54公顷，旱地316.65公顷。农民人均纯收入2230元，居全镇之首。共争取资金80万元，建成万庙村中心小学教学楼和教师宿舍楼。2002年，筹贷40万元，建成500平方米的办公楼。2003年，建成常大川社水利工程，发展水浇地33.33公顷，解决58户289人的口粮问题。逐年扩大地膜洋芋、地膜玉米种植面积，农业收入有较大提升。万庙村境内有丰富的制砖瓦优质黏土，2003年后，共建成砖厂5家、瓦厂3家，吸纳本地劳动力400人，企业经营收入效益明显。

**井儿川村**　位于王家山镇西南部，辖7个自然社，共322户1431人。有耕地301.27公顷，其中水浇地28公顷，沙地226.67公顷，旱地46.6公顷。蒿子掌水利工程有水地28公顷。砂田晚熟西瓜种植面积200公顷，户均收入1万元。村中心小学建有200平方米教学平房一栋。有养羊专业户40户，羊存栏6000只。

**于大川村**　位于镇域北部，西南与水泉镇接境，东北与靖远县北滩乡相邻，兴堡川电力提灌工程北干渠从南侧经过，属典型的干旱山区，年降雨量稀少，农作物以小麦、麻子、胡麻、土豆、糜子为主。全村辖5个社，共190户983人。总耕地面积215.77公顷，其中水浇地20公顷，旱地195.77公顷，自然条件艰苦，农业生产基础条件脆弱。

**大营水村**　位于镇域西北部，国道109线穿村而过。辖7个自然社，共492户2512人，总耕地面积430公顷，其中水浇地56.67公顷，旱地373.33公顷。有村中心小学1所，学生260多人，教师15人。有养鸡专业户85户，鸡存栏9.2万只。黄毛沟社发展煤炭运输业，有运销专业户30户，吸收本地务工人员150多人。玉米种植面积达到66.67公顷。

# 第三章　街　道

## 第一节　兴平路街道

**概况**　兴平路街道办事处于2005年2月由原宝积路街道办事处分设而成，辖区东起白宝铁路，西至西路大桥，北倚刀楞山，南临唐红公路，面积约9.55平方千米，共有户籍人口6981户18135人，流动人口1529人。科级以上建制单位102家，其中省、市直属单位16个，区直属单位86个。辖育才、新建、兴平、陶瓷4个社区居委会。有金融机构6家：人行、工行、建行、农行、城市信用社、农村信用联社；学校4所：甘肃省煤炭工业学校、平川二中、平川一小、平川幼儿园；市场2处：兴平南路市场、文化宫市场；广场2个：人民广场、文化宫广场；居民住宅小区6个：沁园小区、龙兴源小区、春茂绿洲小区、靖煤公司三区、兴佳城小区、颐康园小区。

办事处共有干部职工 68 人,有 5 个党支部,党员 178 人。兴平路街道辖区非公有制经济发展较快。凯尔亮超市、鑫洋酒楼等非公经济企业 17 家,引进资金 1285 万元。大型餐饮、休闲场所有平川宾馆、农家酒店、香茗阁、杜霞理容馆等处。

**育才社区** 地处平川区政治、经济、文化中心地带,辖区面积 2.2 平方千米,户籍人口 2887 户 7153 人,流动人口 912 人,驻辖区科级以上建制单位 66 家。

**新建社区** 东起靖煤公司租赁站,西至甘肃煤炭工业学校家属院,长征东路以南,唐红公路以北,辖区面积 2.8 平方千米,户籍人口 1592 户 3914 人,流动人口 369 人,驻辖区单位 6 家。

**兴平社区** 位于长征东路以南,东至甘肃煤炭工业学校,西至平川西路大桥,南至冷库,辖区面积约 2.4 平方千米,户籍人口 1572 户 3968 人,流动人口 123 人,驻辖区科级以上建制单位 32 家。

**陶瓷社区** 位于平川东路以西,东至立交桥,西至陶瓷路口,北至原靖远陶瓷厂,辖区面积 2.15 平方千米,户籍人口 930 户 3100 人,流动人口 125 人,驻辖区单位 8 家。

## 第二节 电力路街道

**概况** 电力路街道办事处成立于 1993 年 7 月,位于中区。有电力路、乐雅路、向阳路三条主干道贯穿整个辖区,面积 15 平方千米。常住人口 4601 户 12136 人。辖区有省属企事业单位 11 个、市属单位 5 个、区属企事业单位 24 个、私营企业 22 家、个体工商户 259 家,其中有大中型企业 4 家、外商合资企业 1 家,学校 5 所、幼儿园 8 所及驻军武警部队。街道现有干部职工 97 人,其中科级干部 14 人,社区干部 41 人,退休 1 人。办事处辖有靖电、中心街、旱坪川、向阳、水沟沿 5 个社区居委会。电力路街道建立社区党建联席会制度,制定规则和工作办法,每年召开两次党建联席会。联席会由街道党委牵头组织,驻社区单位共同参与。辖区内 80%以上的单位被命名为国家、省、市、区级精神文明单位,5 个社区均为安全文明小区。举办一年一届的“社区杯”篮球比赛。2004 年,电力路街道被省委、省政府命名为“省级文明街道”,并获“全市社区建设示范街道”称号。2005 年,电力路街道司法所获“全国先进司法所”称号,工会获“甘肃省示范乡镇(街道)工会”称号。被白银市委、市政府及白银军分区命名为“双四好活动先进单位”。

**靖电社区** 位于国道 109 线东北侧,辖区总面积约 3 平方千米,居委会成立于 1993 年,2001 年更名为靖电社区居委会,社区内有居民 1697 户 4446 人。社区协商议事会有会员 9 名,由驻社区单位领导、人大代表、居民代表组成。社区内有靖电一公司、靖电二公司、平川供电分局、平川消防队、建行靖电办、旱坪川派出所、平川邮电支局、农业银行电厂分理处等 8 个单位。连续8年获省级“文明居委会”荣誉称号。

**中心街社区**　成立于1994年,位于电力路一条街,有居民415户839人。辖区单位有电器厂、大水头农场、五大队、旱坪川工商所、火电公司、电力路街道办6个单位。2003年获市级“安全文明小区”称号。2004年成立中心街社区医疗服务站。

**旱坪川社区**　有居民711户1741人。驻社区单位有靖煤公司水电处、煤炭技校、矿三中、公司林场等单位。连续6年获得“安全文明小区”称号,2003年被市民政局列为创建社区建设工作试点社区。

**向阳社区**　地处平川电力路向阳路中段，占地面积1.2平方千米。有常住人口1385户3142人。辖区内有靖煤二公司、平川中学、林业局、华顺陶瓷厂、番茄酱厂等企事业单位。

**水沟沿社区**　位于中区开发区,有常住人口609户1488人,行政事业单位22家,各类民营企业19家。2003年,社区党支部被白银市命名为“先进基层党组织”。2004年10月,成立水沟沿社区卫生服务站。

## 第三节　长征街道

**概况**　1985年平川区成立后，将原靖远县宝积镇人民政府更名为平川区宝积镇人民政府,辖王家山、旱坪川、周家地、黄土岘及矿区的所有单位,驻地周家地。辖区内有11个居民委员会,非农业人口13047户34211人(不包括集体户口),农业户口244户1007人。1985年后成立红会、王家山、陶瓷厂、长征火车站等12个委员会。1993年3月,撤销宝积镇,分设电力路、红会路、宝积路等3个街道办事处。其中宝积路街道辖19个居民委员会。管辖地域从水沟沿以东到魏家地煤矿,面积25平方千米。2001年11月,将19个居民委员会撤并成12个社区居民委员会。2005年3月,宝积路街道再次分设为宝积路、兴平路2个街道办事处。2009年10月,宝积路街道办事处更名为长征街道办事处。长征街道位于区中心地域,辖区面积18.53平方千米,常住人口12002户32158人,流动人口3140余人。有靖远煤业有限责任公司、甘省煤田地质第133队、甘肃雪松矿用化工厂等省、市属企事业单位13家。建有集商贸、物流、服务于一体的商品一条街。有中恒购物广场、新世纪商厦等大型商品超市5家,小商铺、摊点1768户。有农贸产品批发市场2个。有千缘木森、天龙海鲜、金蓉大酒店等大型餐饮服务业20家。有百源商贸大酒店、长征宾馆等住宿场所5家。工商、税务、金融、电力、邮电、电信、医院、广场、车站等服务机构和设施一应俱全。办事处有工作人员295人,其中公益性岗位人员203人。街道党委辖9个党支部,共有党员286人。办事处下辖8个社区居民委员会。并建立工会、共青团、妇联、残联、慈善会等群团组织。有派出所2个:大水头派出所和宝积派出所。有工商管理所3个:宝积工商所、西路工商所、周家地工商所。自然形成市场7处:宝积布料市场、商品一条街市场、宝积蔬菜市场、魏家地市场、宝积山市场、大水头市场、西路市场。宝积路街道办事处历来重视发展经济,20世纪80年代,建有综合服务社,汽拖修配厂,农贸市场,煤台。1990年建成第二招待所,其后将综合服务社改扩建为长征宾馆。实施旧办公楼改造工程,建成集会议、教学、办公、服务为一体的现代化数字办公大楼。各社区均成立文化工作队,组织专人引导居民开展健康、活泼、向上的文化活动,排练精品节目。同时,地企携手、共建和谐,成功举办多次广场文艺演出。

**魏家地社区** 地处靖煤公司魏家地矿境内。占地面积84.53公顷,驻地单位8个。辖区居民集中,有两个居民区。两个集贸市场,一条商品街,有居民1952户4959人,其中男2837人,女2122人,流动人口21户81人。2002年6月,社区进行改制,成立社区代表大会、社区居委会、社区协商议事会等机构。魏家地煤矿为社区免费提供300平方米的办公场所,并将文化休闲中心向全社区免费开放。社区设警务室一个,驻地民警1人,保安人员2人,并组建综治中队,下设3个综治分队,共计43人,其中义务综治员42人,专职综治员1人。有育龄妇女222人,其中无孩妇女27人,一孩妇女123人,二孩妇女66人,多孩妇女6人。有低保户58户192人,月保障金9858元。

**宝积山社区** 地处宝积山煤业有限公司境内。辖区面积约3.5平方千米,有居民1104户2773人,其中男1538人,女1235人。辖区内有宝积山煤业公司、宝积山子弟学校、宝积山职工医院等三家企事业单位。社区结合实际成立粮油部、职业介绍中心等服务组织。社区成功举办两期香包刺绣班,引起媒体广泛关注。为辖区内102户297人办理城市居民最低生活保障金。孕环率和节育率达到100%,186名流动人口持证率达到100%。

**大水头社区** 地处靖煤公司大水头煤矿境内。辖区内共有单位四家:大水头煤矿、总机厂、白银洁能热电公司、大水头子弟学校。面积约2.3平方千米,绿化面积约1万平方米,人均37.5平方米。共有居民小组5个,总人口3614人,常住人口1384户3421人,其中男1786人,女1635人,有流动人口193人,低保户48户127人。辖区内共有楼房15栋,平房55排。由大水头矿医院改制而成的社区卫生服务站,有职工22人,中级职称2人,设施完善。

**华尖子社区** 地处铁路以北,大水头煤矿以西,属驻地单位职工老住宅区,基础设施薄弱。辖区占地面积约1平方千米,居民住宅楼8栋,平房49排,常住人口753户1862人,流动人口26户、76人。所辖单位:煤一公司租赁公司,煤一公司生活公司。社区设有星光老年福利服务站、图书室、健身室、老年人活动室等多功能服务场所。社区为152户438人办理城市居民最低生活保障金。成立“便民服务中心”,开展为老人、少儿、残疾、病人护理、管道安装、维修、油烟机清洗以及其他便民服务。

**铁路社区** 地处长征城乡结合部，南以长征东路为界、与周家地社区相邻，北至刀楞山脚，东起大水头路口，西至立交桥。辖区面积2.45平方千米，常住人口3410人，流动人口443人。境内驻有兰铁直属单位13个，另有靖煤公司二级单位3家，区属单位1家，民营企业2家，个体工商户130多家。铁路社区自2001年改制以来，逐步建立和完善社区自治机构，有各类专职人员19人，社区工作人员平均年龄32岁，有大中专文化程度15人。连续两年被区委、区政府授予社会治安综合治理先进集体称号。

**周家地社区** 北邻长征东路，东至大水头沙河，西以铁路为界，南靠周家地村。辖区面积2.6平方千米，交通便利，商业繁华，居民居住相对集中，共有楼房42幢、平房40排，居民3751户9253人，其中男4750人，女4503人；流动人口167户922人。辖区内有靖煤公司、煤一公司等28家单位。社区成立老年福利站，文化活动站，普法站，医疗卫生站及80多人的治安联防中队。社区现有计划生育常住人口1359人（不包括辖区单位人口），已婚育龄妇女143人，在册管理的流动人口922人，育龄妇女167人。社区享受低保户达132户374人，月保障金24281元。累计发放低保金额100余万元，基本实现应保尽保。同时提供就业技能培训，指导就业，下岗失业人员再就业达60余人。

**黄土岘社区** 成立于2002年，辖区面积2.68平方千米，有靖煤公司等14家企事业单位，常住居民1768户4606人，流动人口507人。设置26个党员认领岗位，其中10名党员与贫困户结成“一对一”帮扶对子，有180名在职党员与困难户结成“多帮一”帮扶对子，签订 “共建美好家园”责任书，增强社区党组织与居民的凝聚力和亲和力。社区利用辖区菜市场、利民市场、布料市场、沿街店面的资源优势，加强非公有制经济实体建设，社区商铺面积达到2万多平方米，共有店面157间，从业人员600多人。

**化工社区** 始建于2001年，辖区面积2.1平方千米，有常住人口1899户5014人，流动人口32户149人。辖区内驻有企事业单位7家。

## 第四节 红会路街道

**概况** 红会路街道位于平川区东北部，距区政府驻地25千米。1993年5月，析置宝积镇后成立。当时辖靖远矿务局红会矿区，共和、种田、复兴及打拉池场站的城镇居民。2001年7月，经省民政厅批准，将原共和乡西和村划归管理。所辖行政区域东至四采区，南至大坝口，西至白土梁火车站，北至定西市红旗山煤矿，辖区总面积约25平方千米，城镇居民7323户21519人。有公安、工商、税务、金融、煤炭开采、商贸流通等行政企事业单位33家。辖区煤炭资源储量丰富，有国有大型企业靖煤公司红会一矿、四矿、红会煤业公司以及定西市红旗山煤矿,属工矿型街道。商贸流通等第三产业发展迅速,街道内店铺林立,个体工商经营户达620余家,集贸市场、专业市场已形成规模。驻地企业累计投入资金近亿元,民间人士投资近千万元,完成红会公园改扩建、四矿人工湖兴建、红星社区健身广场、红星社区音乐喷泉广场、红星社区二环路硬化绿化建设、红会一矿及红会四矿体育场改扩建等7项休闲文体娱乐场所建设。完成5个居民住宅小区建设,累计建成住宅楼15栋,住宅平房32栋,完成唐红公路红会段维修、红会三岔路口至四采区道路维修、大坝口中和巷南片居民区道路硬化、红会中心街、青年路、四矿主街道改扩建工程,完成3个职工家属洗浴场所改扩建、红星社区幼儿园改扩建、红星社区停车场兴建、青年路商业街兴建、红星社区中心街兴建、红会综合批发市场以及一批餐饮场所的配套服务设施建设。街道筹集资金55万元, 完成街道三层综合办公大楼建设,干部职工自筹资金120万元,完成职工家属楼建设。街道结合社区特点,开展特色社区创建活动,组建送温暖服务队、义务联防巡逻队、义务绿化保洁队、义务民间纠纷调解队等21支队伍,定期为辖区居民开展各类特色服务。落实城管工作属地化管理责任制,定期组织低保义工开展环境卫生大清理。完善街道社区医疗服务网络建设,建成各类社区诊所25家、街道社区医疗服务中心1家。

**红川社区** 成立于2001年10月,占地面积6.2平方千米,有居民1481户4794人。辖区内有靖煤公司红会四矿及定西市红旗山煤业公司,有集贸市场1个,商业网点155家。社区为辖区单位提供卫生保洁、治安联防服务,单位为社区开放体育设施、活动场地、捐助办公用品,建立互助服务。社区为居民提供藏书丰富的图书阅览室,组织开展秧歌、健身操、老年迪斯科等文化活动。同时改善小区卫生设施,在职党员与居民一起培育“连心树”千余棵。

**红卫社区** 位于红会路街道办驻地东北2.5千米处,占地2.5平方千米。成立于2001年11月,前身是成立于1997年5月的红会路街道办事处第三居委会。有常住居民635户2187人,流动人口153人,商业网点21家。辖区内有原红煤公司职工子弟学校1所。

**红星社区** 位于红会路街道办事处所在地,占地面积12.67平方千米。有城市居民3291户10565人,占街道城市居民总人口的45%,辖区内有公安、工商、税务、银行、煤炭开采、商贸流通及行政企事业单位17家,其中,驻地企业红会一矿为大型国营煤炭企业。

**红光社区** 位于红会路大坝口二处基地,占地面积3.6平方千米。成立于2001年11月,前身为红会路街道第二居委会,下设3个居民小组,有居民616户1679人,有驻社区企事业单位4家:华能公司、靖煤水电工区、靖煤救护中队、靖煤红会分院。

# 第三编　政　治

## 第一章　中国共产党地方组织

### 第一节　中共白银市平川区委及其工作部门

**中国共产党白银市平川区委员会**　1985年5月，国务院下达关于恢复白银市及新设立平川区的批示。7月初，中共甘肃省委组织部副部长周绍全、白银市筹备领导小组组长李寿文到靖远矿务局，研究组建平川区的有关事宜。7月7日，在靖远矿务局办公楼二楼会议室召开白银市平川区筹备工作会议。靖远矿务局、甘肃省煤炭基建公司、王家山铁路建设指挥部、中共靖远县委、靖远县人民政府及省属驻矿区企事业单位的领导等共30余人参加会议。会上，周绍全宣读国务院关于批复恢复白银市建制和设立平川区的文件，宣布程利基、王治祥、万国杰、马凯、孟双仁5人为平川区筹备领导小组组成人员。10月中旬，中共白银市委任命平川区委组成人员。区委工作机构为：纪律检查委员会（监察局）、办公室、组织部、宣传部、统战部、政法委、区直机关工作委员会。年底，初步搭建的政府各局、委、办同靖远县各局、委、办对口进行工作衔接以及资料、档案的移交工作。按国务院批复，原靖远县所辖的水泉乡、宝积乡、共和乡、种田乡、复兴乡和宝积镇划归平川区管辖，原五乡一镇工作人员亦归平川区管理使用。区委还同靖远、会宁有关部门协商，选调部分公检法的业务骨干及一些专业干部，新区创建工作得以紧张有序进行。

**中国共产党白银市平川区委员会工作部门**　1985年，区委机构设置为办公室、组织部、宣传部、统战部、经济部、纪委、政法委、机关党工委。1986年，增设老干科。1992年，增设政策研究室，撤销经济部。1990年，增设党校。1998年，区委工作部门设置为：办公室、组织部、宣传部、统战部、政法委、纪委（监察局）、区直机关工作委员会，机构精简37.5%。2002年机构改革后，平川区党政机构共有24个，其中区委设7个机构：纪律检查委员会（监察局）、办公室、组织部、宣传部、统战部、政法委、区直机关工作委员会。

## 第二节 历届党代会

**第三届党员代表大会** 1993年1月4日至6日在区政府会议室举行。出席大会的代表177人，列席代表26人。大会主席团由王民强、马凯等29人组成，孟双仁为大会秘书长。孙晓霖致开幕词，王民强代表中共白银市平川区第二届委员会作题为《解放思想、加快发展，改革开放开创新局面、经济建设再上新台阶》的报告，房金扬代表中央白银市平川区纪律检查委员会向大会作报告。选举产生中共白银市平川区第三届委员会委员25名，候补委员4名，纪律检查委员9名。在三届一次会议上，选出区委常委9人，书记、副书记和区纪律检查委员会书记。本届委员会1993年1月成立，1997年12月撤销，历时5年。

**第四届党员代表大会** 1997年12月7日至9日在区政府会议室举行。出席大会的代表180人，列席代表91人。罗立功致开幕词，魏兴毅代表中共白银市平川区第三届委员会作题为《抢抓机遇、加快发展，为实现平川跨世纪的宏伟目标而努力》的报告，李诚代表中共白银市平川区纪律检查委员会向大会作报告。选举产生中共白银市平川区第四届委员会委员29人，候补委员5人，纪律检查委员17人。在四届一次会议上，选出区委常委10人，书记、副书记和区纪律检查委员会书记。本届委员会1997年12月成立，2002年12月撤销，历时5年。

**第五届党员代表大会** 2002年12月18日在靖远电厂俱乐部举行。出席大会的代表186人，列席代表73人。杜世润致开幕词，卜发生代表中共白银市平川区第四届委员会作题为《深入学习全面贯彻十六大精神，为加快平川经济社会发展而努力奋斗》的报告，张生才代表中共白银市平川区纪律检查委员会向大会作报告。通过各项决议。选举产生中共白银市平川区第五届委员会委员31人，候补委员5人，纪律检查委员会17人。在五届一次会议上，选出区委常委12人，书记、副书记和区纪律检查委员会书记。本届委员会2002年12月成立，至2005年年底，已历时3年。

**历任区委领导** 历任区委书记为程利基（1985.10—1989.06）、王民强（1989.11—1995.04）、孙晓霖（1995.04—1997.10）、魏兴毅（1997.12—1999.10）、宋秉武（1999.10—2002.03）、万治贵（2002.03—2002.12）、卜发生（2002.12—2009.02）、陈其银（2009.03—2011.09）、贾汝昌（2011.09—）。历任区委副书记为王治祥（1985.10—1986.11）、马凯（1985.10—1989.12）、雷永忠（1985.10—1989.12）、秦伟（1986.12—1992.11）、孙晓霖（1989.11—1995.04）、张文亮（女）（1989.12—1991.10）、冯晓平（1992.11—1994.07）、孟双仁（1993.01—1993.09）、赵瑞霖（1993.01—1997.12）、罗立功（1994.08—2002.11）、边恺（1995.04—1997.10）、宋秉武（1995.08—1999.10）、李强国（1997.12—2002.11）、陈振刚（1997.12—2002.03）、万治贵（2000.03—2002.03）、杜世润（2000.03—

2006.10)、杨万勤(2002.03—2004.03)、郝进义(2002.03—2006.10)、张生才(2002.03—2006.10)、甘孝礼(2002.07—2006.10)、马俊明(2002.12—2006.07)、马勤(2004.06—2009.02)、胡建伟(2006.09—2009.12)、高云翔(2009.03—)、张福(2009.12—2011.09)、张莉(女)(2011.09—)。历任区委常委(以任职先后为序)为程利基(1985.10—1989.08)、王治祥(1985.10—1986.11)、马凯(1985.10—1989.12)、雷永忠(1985.10—1989.12)、孟双仁(1985.10—1993.09)、张学明(1985.10—1989.12)、李诚(1985.10—1986.12,1994.08—2002.01)、秦伟(1986.11—1992.11)、张灵厚(1986.12—1989.12)、杨乾(1987.04—1989.05)、王民强(1989.11—1995.04)、孙晓霖(1989.11—1997.10)、张文亮(女)(1989.12—1991.10)、房金扬(1989.12—1996.03)、杨仲杰(1989.12—1995.08)、罗立功(1991.05—2002.12)、冯晓平(1992.11—1994.07)、赵瑞霖(1993.01—1997.12)、边恺(1993.01—1997.10)、宋秉武(1995.08—2002.03)、张维清(1995.08—1997.12)、陈忪(1996.08—2002.03)、张吉祥(1997.05—1999.05)、郝进义(1997.10—2006.09)、李强国(1997.12—2002.03)、陈振刚(1997.12—2002.03)、万治贵(1997.12—2002.12)、李大荣(1999.05—2002.04)、杜世润(2000.03—2006.09)、张生才(2002.03—2006.09)、杨万勤(2002.03—2004.03)、马勤(2002.03—2009.03)、蔡红梅(女)(2002.03—2006.09)、韩宝成(2002.03—2006.09)、王小平(2002.04—2004.06)、甘孝礼(2002.08—2006.09)、卜发生(2002.12—2009.02)、马俊明(2002.12—2006.07)、李世春(2002.12—2006.09)、张志明(2004.06—2006.07)、张福(2004.06—2011.09)、胡建伟(2006.09—2009.12)、马凯翔(2006.07—2007.04)、曾华辉(2006.07—2008.11)、张文玲(女)(2006.09—2009.12)、宋玉奎(2006.09—2011.09)、朱克侠(2006.09—2009.05)、何朝霞(女)(2006.09—2011.09)、蒙占元(2006.09—2011.09)、李伯亮(2006.09—2010.03)、王家传(2007.07—2011.09)、汤红官(2008.11—2010.03)、陈其银(2009.03—2011.09)、高云翔(2009.03—)、张拉新(2009.12—2010.11)、肖生宝(2010.01—)、李常锋(2010.10—)、胡朝生(2010.10—)、王万龙(2010.02—2011.09)、王志华(2011.03—2011.09)、贾汝昌(2011.09—)、张莉(女)(2011.09—)、秦俊山(2011.09—)、高启福(2011.09—)、朱守勋(2011.09—)。李诚任区委调研员,王得庚、武国安、张茂荣任区委助理调研员。

## 第三节　区委大政方针

**“九五”期间**　1996年,区委坚持“两个转变”,突出抓大事、抓重点、抓落实,研究制定《白银市平川区国民经济和社会发展“九五”计划和2010年远景目标》。1997年,区委不断加强农业基础地位,进一步深化国有企业改革,优化经济结构,培育新的经济增长点,促进国民经济持续、快速、健康发展和社会的全面进步。1998年,区委开展“城市管理年”活动。改善全区投资环境,研究制定《白银市平川区中区开放优惠政策》,把发展个体私营经济作为振兴平川经济的突破口和发展城乡经济的主体来抓,立足支柱产业建设,全面推行“科教兴农”战略。1999年,区委开展“城市经济发展年”活动,加强城市基础设施建设。中区建设步伐进一步加快,被省政府命名为“全省乡镇企业示范区”。认真组织开展以“讲学习、讲政治、讲正气”为主要内容的党风党性教育活动。2000年,区委强化“以城市工作带动农村工作,以城市经济带动农村经济”的工作思路,积极实施“科技推广年”活动,农业和农村经济发展后劲得到增强。

**“十五”期间** 2001年,区委全面加强党的建设,大力发展特色农业。加强和改进思想政治工作,确保各项任务的全面完成。2002年,区委结合平川实际,研究制定“工业强区、科教兴区、民营富区、开放活区”战略,采取有效措施,国民经济持续快速健康发展。2003年,区委以项目投资建设为重点,积极实施项目带动战略,突出发展城市经济,继续强化农业基础地位,推进农业产业化进程。2004年,区委紧紧围绕省委发展抓项目、改革抓企业、保证抓党建的总体要求,以“十个重点项目”推动各项工作的开展。2005年,区委以科学发展观统揽经济社会发展全局,紧紧围绕“发展抓项目”这一主题,努力营造良好发展环境,非公有制经济发展迅速,民主法制建设、精神文明建设和社会各项事业协调发展。以保持共产党员先进性教育为载体,党的建设得到不断加强。

## 第四节 组织工作

**机构** 1985年,区委设立组织部。先后任组织部长的有李诚、杨乾、罗立功、郝进义、蔡红梅(女)、蒙占元、高启福。

**基层组织建设** 全区有基层党委12个,其中,乡镇党委7个,街道党委4个,公安局党委1个。党工委3个(非公有制经济组织党工委、区直机关党工委、中区管委会党工委),党组5个,党总支10个,党支部252个,其中农村党支部58个,社区党支部24个(街道社区党支部21个,镇社区党支部3个)。2005年,全区共有党员5065名,其中男党员4212名,女党员853名。按照“夯实基础、拓宽领域、分类指导、突破难点、抓好典型”的思路,2003年开展“基层组织建设年”活动,全面落实农村、街道、企业党建目标责任制,形成一级抓一级、层层抓落实的基层组织建设工作新格局。围绕深化农村改革、发展农村经济、维护农村稳定的大局,加强基层组织建设。2005年,开展“三级联创”工作,全区7个乡镇党委全部达到“六个好党委”的标准,有29个村达到“五个好村”党支部的标准。积极创建特色社区,36个居委会经过规模调整,合并成21个社区,达到“一社区一支部”的要求,有6个社区建成不同类型的党建工作示范点。2003年11月,成立非公有制经济党工委,加强党对非公有制经济组织的领导,并选派工作人员帮助企业共同制定党建工作规划，成立党支部。并从农村合作组织负责人、致富能人、在外务工青年、退伍军人中选拔党性强、有能力、能吃苦、作风正、群众拥护的11名优秀人才担任村党支部书记，个别村实现党支部书记与村委会主任一肩挑。全区村干部的平均年龄由1995年的45岁下降到2005年的38.4岁。

**干部选拔** 贯彻执行《干部选拔任用条例》，以制度创新、程序规范，建立与新形势、新要求相适应的选人用人机制为着力点，实现领导干部合理配置。2005年年底，全区有干部5533人，从农民中吸收干部59人，工人中选拔任用166人，复员军人中吸收干部27人，城镇待业青年中吸收干部51人，军队转业干部26人，共计329人。共有大中专以上学历的知识分子4645人，行政管理人员832人，事业单位管理人才1113人，各类专业技术人员2700人。其中研究生17人，本科生644人，专科生1832人。副高级以上职称80人，中级职称590人，初级职称1719人，已经正式聘用2389人，岗位技术人员709人。2004—2005年，共有136名拟提拔任职干部进行任前公示。同时，对新提拔的干部，不是选举产生，不经过人大任命的，一律实行一年试用期，延伸到在岗在职考察，试用期满，由组织、纪检部门进行考察，考察合格的正式任命，经考察不适合任职的，取消任职资格。2003年10月，根据区直机关部分单位用人情况，面向全区公开选拔29名机关工作人员。2004年4月，公开选拔宝积乡等三个乡镇的乡镇长，使干部和人才选拔工作有新的扩展。

**干部监督** 坚持以制度管人，以制度规范工作。先后制定和完善《平川区干部管理办法》《机关干部学习制度》《干部考勤制度》《干部请销假制度》等一系列制度，对科级干部实行区委统一管理，一般干部根据机构归属分别由区委组织部和区人事局实施管理。配齐乡镇（街道）纪委书记，对行政执法相对重要的单位任命专职纪检员。

**“联村联户”工作** 2003年3月开始，按照中共白银市委的统一部署，结合平川区实际，用三年时间，以“联村联户”为载体，实施“双培双带”工程。乡镇、各部门单位和各级领导干部按照“抓好宣传、理清思路、完善规划、强化措施、狠抓落实、多办实事”的总体要求，在工作方式上，借鉴以往帮乡扶贫、领导干部联系点制度和干部下基层工作的经验，决定全区副县级以上领导和副科级以上干部每人联系1户党员小康示范户、1户贫困户。对照区后备干部人才库，从干部的专业知识和技能、年龄等方面进行反复筛选，确定58名挂职干部，其中7名任党支部书记、38名任村党支部副书记、13名任村主任助理。在“联村联户”工作中，坚持把项目作为加快农村发展的突破口，围绕推进农业产业化和城镇化进程，帮助基层和农户选项目、跑项目、引项目，以项目引资金、调结构、促发展，共帮助争取农田建设、生态环境、交通通讯、科技文卫、小城镇建设、种养殖业等方面的项目319项，落实各类帮扶资金2520.52万元，新建日光温室1238座，发展舍饲养羊13904只、舍饲养牛5116头，维修和新建学校56所，修建村阵地

69处,打机井23眼,衬砌渠道133.2千米,维修乡村道路213千米,共投放优质种子316920千克、地膜46260千克、化肥1249.5吨。

**保持共产党员先进性教育活动** 保持共产党员先进性教育活动于2005年1月启动,分三个批次进行,历时一年半时间。共有240个基层组织和4125名党员参加这次活动。在中共白银市委巡回检查组的指导下,区委开展“五个一”(安排一次专题讲座,开辟一个电视专栏,举办一次演讲比赛,举行一次知识竞赛,开展一次征文活动)为载体的“四比四促”(比岗位奉献,促作风转变;比作用发挥,促组织建设;比兴办实事,促“五联”工作;比项目争取,促经济发展)主题实践活动。2006年5月12日,召开先进性教育活动群众测评大会,经过大会测评和抽样调查测评,先进性教育活动群众测评整体满意率为96.7%,达到“提高党员素质、加强基层组织、服务人民群众、促进各项工作”的目标要求。

**干部管理** 区委书记、区长由省委管理,区人大常委会正、副主任,区政协正、副主席,区委副书记、常委,副区长,区纪委书记由市委管理。其间,区委书记、区长的管理权曾下放到市委。区委管理正、副科级干部,区人大常委会委员,区政协委员,乡(镇)党委、机关党委委员和党委成员,区人民检察院检察员和检察委员会委员,区人民法院审判员和审判委员会委员。股级干部由主管局管理,任免报区人事局备案。党群系统、人大、政协、人武部、法院、检察院一般干部由区委组织部管理,其他系统一般干部由区人事局管理。

## 第五节 纪检监察

**机构** 1986年12月,经中国共产党白银市平川区第一次党代会选举,区纪律检查委员会成立。有内设机构3个,为办公室、纪律检查室、案件审理室。先后任纪委书记的有张学明、房金扬、李诚、陈忪、张生才、宋玉奎、胡朝生。1989年1月,平川区监察局成立。有内设机构3个,为办公室、监察室、审理室。分别履行纪律检查和行政监督职责。1989年5月26日,成立监察举报中心。1993年4月,区纪委、区监察局合署办公。内设机构5个,为办公室、纪检监察室、案件审理室、党风廉政室、信访室(举报中心)。2002年,增设执法监察室。2004年,增设企业权益保障监察室。

**党风廉政建设** 按照“谁主管、谁负责”的原则,党政主要负责人每年都与各乡镇、街道的党政主要领导,分管领导与各区直部门的主要负责人分别签订《目标管理责任书》。形成横向到边、纵向到底的党风廉政建设责任体系,加强对贯彻执行责任制情况的考核检查。从1999年起,每年都对各级领导班子和领导干部履行党风廉政建设责任的情况进行考核检查,兑现落实奖罚措施。从2005年开始,区纪委按照干部监督管理的新规定,对区委新提拔干部在任职之前进行廉政谈话，签订《廉政勤政承诺书》。对领导干部的监督管理关口前移，坚持惩防并举，注重预防，发挥教育的基础作用，廉洁自律的各项规定进一步得到落实。

**队伍建设** 区纪委、监察局逐步建立健全并规范内部工作机构，调整充实工作人员，同时加大干部的交流任用力度。按照政治坚定、公正清廉、纪律严明、业务精通、作风优良的要求，加强队伍建设，提高机关干部的整体素质和执纪执法水平。坚持贯彻民主集中制原则，健全纪委常委会议制度、纪委书记办公会议制度、监察局长办公会议制度，提高议事决策水平。建立完善纪检机关内部各项工作制度和岗位职责，使纪检监察工作日趋制度化、规范化、程序化。

**案件查处** 加大对非法行医和药品购销中违法违纪案件的查处力度，共取缔非法经营个体诊所57家，查处不合格药品1092种，总标值33.43万元。开展企业效能监察工作，对涉及各企业的行政性收费项目、罚款、集资等进行清理，先后取消涉及企业的不合理收费6项。开展民主行风评议工作，纠正基层站所和窗口单位存在的不正之风。开展执法监察，维护政令畅通，重点开展对粮食流通体制改革、有形建筑市场以及国债资金、扶贫资金、救灾资金、社保资金、林业生态建设资金管理使用情况等社会影响大、群众关心的问题的执法监察。1996—2005年，区纪检监察机关立案查处各类违纪违法案件94件，通过查办案件，挽回经济损失85.6万元。

## 第六节 宣传工作

**机构** 1985年11月，区委宣传部成立。李诚、陈忪、韩宝成、何朝霞(女)、朱守勋先后任宣传部部长。内设机构有区委报道组和国防教育委员会办公室。精神文明建设委员会办公室挂靠区委宣传部。

**理论学习** 区委宣传部高度重视理论学习。1998年，开展以“三讲”为主要内容的党性、党风教育，组织党员干部上党课、作报告11场(次)，参加听讲人数567人。1999年，组织全区74个单位的927名干部职工参加党政干部理论考试。2000年，组织全区干部群众学习“三个代表”重要思想和十五届五中全会精神。2001年，组织全区各基层党组织学习江泽民在庆祝中国共产党成立80周年大会上的重要讲话精神。2002年，开展“三个代表”重要思想学习教育活动。2003年，区委印发《关于在全区党员干部中深入开展读书学习活动的通知》，并邀请省、市理论宣讲团进行理论宣讲4场次。2004年，组织开展树立和落实科学发展观及两个《条例》专题教育活动。2005年，配合区委组织部开展保持共产党员先进性教育活动。

**文化宣传** 1995年、1996年，分别组织开展“纪念抗日战争暨世界反法西斯战争胜利50周年和纪念红军长征胜利60周年”文艺活动。1997年，举办“庆七一，迎回归”群众文化系列活动，开展书画摄影、卡拉OK演唱、文艺晚会和秦腔清唱等活动。1998年，组织有关单位开展医疗、科技、文化“三下乡”活动，先后向有关乡村赠送图书2万多册，放映电影30场（次）。1999年，开展“城市建设年”宣传活动，举办“颂祖国”广场文艺会演、“歌唱祖国，迎澳门回归”合唱比赛等活动。2000年，区文化广场二期工程全面竣工，区委宣传部被省委宣传部命名为2000年度甘肃省宣传文化干部培训工作先进单位。2001年，举办以建党80周年、反对邪教等为主要内容的书画、摄影作品展。2002年，邀请甘肃省秦剧团演出大型现代眉户剧《思源》4场次，拍摄《遍引春风驻田园》专题片。2003年，组团参加全市首届运动会，获团队集体“道德风尚”奖。2004年，举办纪念邓小平诞辰一百周年文艺晚会、庆祝建国五十五周年秦腔折子戏调演以及篮球、乒乓球、象棋等比赛活动。2005年，邀请兰州军区战斗歌舞团、甘肃省民族歌舞团举办2场大型文艺演唱会，在区人民广场举办秦腔晚会、周末舞会、文艺演出等夏季广场系列群众文化活动，举办全区农民、职工、中小学生运动会。

**精神文明建设**　1995年、1996年，精神文明建设围绕文明小区活动创建，开办广播栏目。1997年、1998年，在城市开展“三文明一满意”活动，在农村开展“三刹两创一建”活动、“十星级”文明农户评选活动，在全区开展“讲文明、树新风、迎接十五大”活动。1999年，靖远电厂被中央精神文明建设指导委员会授予“全国精神文明建设先进单位”称号。2000年，围绕“三大创建”活动，着力开展创建沿黄河精神文明示范长廊活动和文明样板公路建设绿化美化活动。2001年，开展城市“绿化、美化、净化、硬化、亮化”和热爱平川、建设平川主题活动。2002年，平川区获得“省级卫生城市”称号，实现省级“双拥模范城”第三次连续冠名。2003年，组织开展“讲文明、改陋习、树新风”大家谈征文活动。2004年，制定下发《关于组织开展<公民道德建设实施纲要>实施意见》《关于组织开展加强和改进未成年人思想道德建设行动计划的实施方案》《关于组织开展“个十百千”诚信建设工程实施意见》《诚信行业、单位、商店（场）、家庭建设管理办法》。至2005年，全区共创建省级文明社区2个，区级文明单位76个，创建国家级文明单位1个，省级文明单位5个，市级文明单位21个；省级文明街道1个，市级文明村3个，省级文明村1个。

**舆论宣传**　1995年，举办新闻摄影展。1997年，围绕党的十五大召开，进行党的基本理论和基本路线教育。1998年，新闻报道围绕中区开发和“城市管理年”活动，多次协调中央、省、市新闻单位记者到区内调研采访。1999年，编印完成《迈向二十一世纪·甘肃》（平川卷）画册。2000年，制定下发《关于加强和改进新闻宣传工作的实施意见》《关于在全区实施西部大开发战略大学习、大宣传、大讨论活动的通知》，在《甘肃日报》《兰州晨报》上刊发宣传平川专刊。2001年，邀请省市新闻媒体的记者采访，在省市主要媒体刊登大篇幅报道材料。2002年，结合“三个环境”大讨论，围绕“十五”规划、“机关作风建设年”等活动，大力宣传为群众兴办的十件实事。2003年，围绕全区重点工作，在《人民日报》《今日信息报》上刊登宣传平川专版。2004年，区委出台《平川区年度新闻报道奖励办法（试行）》，开通平川区人民政府信息网站。2005

年，围绕平川区成立20周年，在《甘肃日报》《白银日报》等重点党报上刊发五期宣传平川专版和建区20周年成就展系列报道，编辑出版《辉煌二十年》一书。

## 第七节　政法工作

**机构**　1986年3月，区委政法委员会成立。1991年5月，成立区社会治安综合治理委员会办公室，与政法委员会合署办公。2002年6月，成立综合办公室。先后兼任政法委书记的有马凯、孙晓霖、孟双仁、冯晓平、赵瑞霖、陈振刚、杜世润、朱克侠、李伯亮、王志华、肖生宝。

**维护社会稳定**　健全矛盾纠纷排查调处、社会稳定预警、应急处置和责任追究四个长效工作机制。对社会矛盾纠纷排查调处工作，坚持实行月排查月报告、“零”报告和“挂牌消号”以及跟踪督办等制度。督促各单位依法妥善处置群体性上访事件。各乡镇、街道及有关单位坚持“谁主管、谁负责”的原则，当事单位的主要领导和主管领导在第一时间赶到第一现场，负责解答和解释。以“发现得早、控制得住、解决得好”作为处置群体性事件的根本标准，区分性质，讲究策略，严格执法，最大限度地预防和化解社会矛盾。

**社会治安综合治理**　始终坚持严打方针，保持对刑事犯罪活动的高压态势。开展打击“两抢一盗”“冬季攻势”等一系列专项斗争。全区刑事案件发案率逐年下降，刑事案件的破案率和治安案件的查处率逐年提高，社会治安大局保持持续稳定。

**禁毒斗争**　不断深化禁毒工作，坚持“四禁并举、预防为本、严格执法、综合治理”的方针，突出重点、整体推进，开展创建“无毒区”活动。先后建成区戒毒所、禁毒宣传教育基地等一批禁毒基础设施。1997—2005年，共破获贩毒案件160起，抓获毒品犯罪嫌疑人161人，缴获毒品海洛因5815克，强制戒毒1275人次，劳动教养222人次。2000年，区政法委副书记陈凤舞被甘肃省关心下一代工作委员会授予“全省关心下一代先进个人”称号。2003年，平川区被省禁毒委评为三级“无毒区”。

## 第八节　统一战线工作

**机构**　1985年11月，区委统战部成立。先后任统战部长的有周振华、何谊、任务、李世春、张学梅(女)。统战工作贯彻“长期共存、互相监督”，“肝胆相照、荣辱与共”的方针。在成立之初，妥善处理历史遗留问题，对全区非党知识分子、去台人员进行调查，化解民族宗教方面的矛盾，受到省委统战部表彰。1997年，获全省统战工作先进单位。1998年，获全省统一战线基础知识竞赛优秀组织奖。

**人员概况** 平川区党外人士担任省人大代表1人、市人大代表2人、区人大代表15人,担任省政协委员1人、市政协委员25人、区政协委员74人。非公有制经济代表人士任省人大代表2人、省政协委员1人,市人大代表2人、市政协委员3人,区人大代表9人、区政协委员13人。全区去台人员70人,台属136户446人,归侨2人,侨眷59户185人,涉台婚姻3宗。

**民主党派** 区管县(处)级党外干部3人,科级干部67人。有中国国民党革命委员会、中国民主同盟、中国民主促进会、中国农工民主党、中国九三学社等5个民主党派。中国国民党革命委员会平川区委员会成立于1987年8月。中国民主同盟平川区委员会成立于1989年5月20日。中国民主促进会平川区委员会成立于1989年5月20日。中国农工民主党平川区委员会成立于1995年12月。中国九三学社平川区委员会成立于1988年1月5日。民主党派共设10个支部(社),即以平川区为主的第一支部(社)和以靖煤公司为主的第二支部(社),共有成员128人。其中民革平川一支部11人,民革平川二支部11人;民盟平川一支部21人,民盟平川二支部12人;民进平川一支部13人,民进平川二支部10人;农工党平川一支部9人,农工党平川二支部6人;九三学社平川一支社14人,九三学社平川二支社23人。

**统战工作** 落实各民主党派、工商联季度恳谈会制度。制定和落实民主党派、工商联与政府部门对口联系制度。确定21个与群众利益密切相关的政府部门为各民主党派、工商联对口联系单位。2005年,农工党平川支部与上级协调联系,为宝积乡卫生院捐赠价值25万元的医疗器械和药品。健全对纳新对象的支部培养考察、统战部门协商考察、民主党派市委会考察的三级考察机制。对拟担任民主党派班子负责人的对象,建立民主党派提议,统战部门考察,区委决策,与党派市委会商酌,支部表决的制度。

**民族工作** 平川区有少数民族人口3278人,占全区总人口的1.6%。着力改善少数民族群众集中村社的办学条件,落实少数民族学生初中升高中时,分数线降低10分录取的优惠政策。1998年,在共和镇建成民族小学1所。2004年,屈吴煤矿等共和镇镇属企业为回汉两族的中小学生赠送价值8万元的校服及学习用品,为全乡3户少数民族困难群众子女资助6000元的大学学费。全区有少数民族干部24人,选拔科级干部3人。少数民族各级人大代表7人,各级政协委员12人。2004年,打拉池清真寺拆迁引起部分回汉群众的争议,平川区协调各方代表,最终达成共识,使清真寺拆迁工作顺利进行。长征清真寺所属地皮长期由私人商户占有,经协调个体商户,从财政拨付8.2万元用于征地补偿费用,在寺综合楼兴建过程中拨付1.5万元建设资金。

**宗教工作** 平川区出台《关于加强区、乡、村三级宗教事务管理网络建设的意见》,健全宗教管理网络,按照"属地管理,分级负责"的原则,明确各自职责,各乡镇、街道办党委书记亲自负责本辖区的民族宗教工作,并指定一名干部处理宗教工作日常事务。建立信息报送制度,加强部门联系，实行信息共享，对接受境外捐赠、境外插手本地宗教事务的现象进行严密监控。依法办教，维护宗教活动的正常开展，保护信教群众的合法权益。每逢“尔德节”“圣诞节”，平川区四大班子领导都要带领有关部门走访慰问信教群众，召开宗教界人士座谈会，调研宗教方面的热点、难点问题。2005年，共和镇打拉池清真寺被甘肃省伊斯兰协会评为“五好清真寺”。同年，统战部选派2名在群众中威望高、政治素质好的管委会主任参加省道教协会和省佛教协会举办的培训班。在长征清真寺和共和镇打拉池清真寺修建与改建过程中，统战部出面，建议两个清真寺利用有利位置，将临街楼房一层建成商业铺面，以增加寺内收入。黄峤乡金凤观组织信教群众筹资，开展抗旱自救，打深井1眼。屈吴山万佛殿收养甘肃、宁夏两省(区)军烈属子孙、孤儿及社会失学儿童，创办中华儿女红一军学校，有6个教学班、11名教师、160名学生。

**对台工作** 1986年3月，平川区成立对台工作领导小组，统筹指导对台宣传、经贸合作等各项对台工作。1988年6月，成立区委台湾工作办公室、区政府台湾事务办公室，两块牌子，一套人马，副科级建制，挂靠区委统战部，有关侨务工作和外事工作亦由台办代理。区台办发挥其在港澳台及海外统战工作中的组织、指导、协调作用，加强对台宣传工作，共向上级部门报送稿件85篇，报送理论文章和调研报告15篇。在做好对台交往交流工作同时，加强与台港澳侨的联络。按照有关的原则，积极扩大对台交往交流工作。同时，认真开展来区台胞的接待与服务工作，共接待探亲访友的台胞12人次。同时，对赴台人员进行行前和归后总结管理工作。在台侨眷属中积极开展“三引进”活动，兴办各类经济实体。全区现有台属经济实体9家、侨眷经济实体2家。妥善处理台侨眷属的信访事件，先后接待台侨眷属来信来访50多人次，与有关部门沟通联系，处理和解决他们反映的问题。先后共走访慰问60多户次重点台属、归侨和侨眷。

## 第九节 机关党建和党史研究

**机关党建** 1986年5月，区直机关工作委员会成立。1998年9月，更名为区直属机关工作委员会。2000年6月，成立区直属机关纪律检查委员会。2003年11月，成立区直属机关计划生育办公室。2005年，机关工委下属10个党总支，105个党支部，1419名党员，其中女党员311名。1995年后，共表彰先进基层党组织68个，优秀共产党员211人，优秀党务工作者5人，推荐区委表彰的先进基层党组织35个，优秀共产党员54人，优秀党务工作者25人。

**党史研究** 1990年5月，区委党史资料征集办公室成立，正科级建制，挂靠区委办公室，编制3人。党史办按照党史一卷编写大纲，征集到党史资料300多份。通过走访地下党员、老红军、老干部,搜集口述资料、回忆文章8篇。加强党史专题研究,编写《平川信息摘报》增刊,收录党史大事300余条。强化党史宣传教育工作,围绕党的纪念日、党的大事件和重要党史人物纪念活动,通过参加各类报告会、座谈会、党史图片展等多种形式,开展党史宣讲、宣传教育活动。2000年,推荐党史人物黄鼎入编《中国共产党革命英烈大典》。2001年,完成《平川区党史资料汇编》(第一辑)初稿。

## 第十节 老干部工作

**机构** 中共白银市平川区委老干部工作科成立于1986年3月。1986年，成立区老龄工作委员会,与老干科合署办公,各乡镇街道均成立老龄委。1992年10月,成立平川区关心下一代工作委员会。1992年,成立区离退休干部党支部,有党员28名。

**老干部概况** 2005年年底,全区共有离休干部6人。其中抗日战争时期1人,解放战争时期5人;正县级2人,享受副县级待遇1人。离休干部遗孀4人。按照有关规定,有22名退休县级干部归口老干科管理,基本享受同等待遇。离(退)休干部受到省级表彰奖励3人5次。

**"两个待遇"落实** 确保老干部政治待遇和生活待遇的落实。平川区重大决策,首先征求老干部意见。平川区重要会议,首先邀请老干部参加。为老干部订阅各种报纸杂志。1996年,开展"老有所为模范"和"尊老敬老好媳妇"评选活动。对离休干部落实三必访制度:有病必访、有大事必访、节日必访。着力解决老干部生活待遇方面遇到的问题。1997年8月,3名企业离休干部离休费转由区财政供给。2000年10月,6名乡镇离休干部离休费转由区财政供给。至此,实现离休干部离休费按时足额发放。2002年,制定《白银市平川区保障离休干部离休费、医药费暂行办法》,医药费由区财政全额拨付,区医疗保险中心具体负责核支,同时每年为老干部组织体检。离休干部遗属生活补助按政策规定由区民政局按时发放。1993年后,多次组织老干部外出参观旅游,让老干部感受改革开放的巨大成果。

**老年活动中心建设** 2002年9月,由老干科牵头,发动社会各界募捐22万元,争取星光计划拨款20万元,修建一座两层砖砼结构、建筑面积576平方米的老年活动中心。设置阅览室、乒乓球室、棋牌室、书画室,吸引周边老年人参与各项活动。2004年7月,依托活动中心,组建平川区中老年文艺演唱团,到乡村、矿区、学校、部队慰问演出,活跃群众文化生活。

## 第十一节 党校教育

**机构** 中共白银市平川区委党校成立于1990年10月。1992年建成教学大楼。孙晓霖、孟双仁、宋秉武、罗立功、马俊明、胡建伟、张福、张莉(女)先后兼任校长。2003年2月,成立白银市平川区行政干部管理学校,与区委党校合署办公。马勤、张福先后兼任学校校长。2005年,党校有职工14人,其中讲师以上专业技术人员6人。

**干部教育培训** 区委党校落实中央提出的“基础理论、世界眼光、战略思维、党性修养”的教学体系,深化教学改革,创新培训方法,提高培训质量,发挥“三个阵地,一个熔炉”的重要作用。坚持举办公务员培训班、后备干部培训班、新提拔科级干部培训班、支部书记培训班、村干部培训班、妇女干部培训班、入党积极分子培训班、专业技术人员继续教育培训班,累计培训干部9175人次。

**学历教育** 1999年,经省委党校系统学历教育委员会批准,区委党校设立中央党校函授学院甘肃分院平川辅导站,在全区范围内开展党校系统学历教育工作,分别开设经济管理、法律、汉语言文学三个专业,大专、本科两个班次。至2005年,共招收学员1678人,其中大专学员991人,本科学员687人。已毕业学员1125人,其中大专学员742人,本科学员383人。此外,采取与甘肃农业大学、省委党校联合办学的形式,于2002年、2003年连续举办两届村干部大专班,学制两年,学员学杂费全部由区财政解决,有近60名村干部取得大专学历。

# 第二章 地方人民代表大会及其常务委员会

## 第一节 历届人民代表大会

**第三届人民代表大会** 区第三届人民代表大会第一次会议于1993年1月8日至12日在区政府礼堂二楼会议室召开。出席会议的代表112人,特邀代表5人,列席代表44人。大会主席团由马凯等28人组成。雷永忠为议案审查委员会主任,赵得昌向大会致开幕词。代区长孙晓霖向大会作政府工作报告。1995年4月召开的区三届人大三次会议补选师仲贤为区人大常委会主任,补选边恺为区人民政府区长。1996年3月召开的区三届人大四次会议补选冯成美为区人大常委会副主任,补选张福海为区人民检察院检察长,选举平川区出席白银市第五届人民代表大会的代表44名。本届人代会1993年1月产生,1997年12月撤销,历时5年,共召开5次代表大会。

**第四届人民代表大会** 区第四届人民代表大会第一次会议于1997年12月24日至27日在区政府礼堂二楼会议室召开。应到代表155名,实到代表152名,有关单位负责人85人和政协委员列席会议。会议听取和审议区人民政府报告、国民经济和社会发展计划、财政预算、区人大常委会、区人民法院、区人民检察院工作报告,并作出相应决议。选举赵瑞霖为区人大常委会主任,宋建勤、赵惠芬(女)、冯成美、马锐为副主任。选举宋秉武为区人民政府区长,万治贵、杜世润、马勤、郭银霞(女)为副区长。选举刘有华为区人民法院院长,张福海为区人民检察院检察长。1999年1月20日,区四届人大二次会议作出《关于净化城区居民用水的议案》的决议,补选宋建勤为区人大常委会副主任。2000年2月28日,召开区四届人大三次会议,补选万治贵为区人民政府区长,陈振刚、张福、张忠祥、赵顼为副区长。2001年3月20日,召开区四届人大四次会议,作出关于《平川区国民经济和社会发展第十个五年计划及到2015年远景目标规划(纲要)》的决议,补选张生义为区人民法院院长,选举平川区出席白银市第六届人民代表大会的代表42名。本届人代会1997年12月产生,2002年12月撤销,历时5年,共召开5次代表大会。

**第五届人民代表大会** 区第五届人民代表大会第一次会议于2002年12月26日至29日在靖电一公司俱乐部召开。应到代表155人,实到代表149人,有关单位负责人148人和区政协委员列席会议。会议听取和审议区人民政府、国民经济和社会发展计划、财政预算、区人大常委会、区人民法院、区人民检察院工作报告,并作出相应决议。选举赵瑞霖为区人大常委会主任,马锐、罗立功、赵顼、赵惠芬(女)、黄天佑为副主任。选举杨万勤为区人民政府区长,马勤、张福、张忠祥、吴震、陆共为副区长。选举张生义为区人民法院院长,张福海为区人民检察院检察长。2004年3月24日,区五届人大二次会议补选贺廷志为区人大常委会副主任。2004年12月26日,区五届人大三次会议补选马勤为区人民政府区长。本届人代会2002年12月产生,至2005年年底,共召开4次代表大会。

## 第二节 常委会工作

**机构** 1985年10月,区人大常委会设办公室。1986年10月,增设政法科、财经科、科教文卫科。1987年5月,机关设置更名为法制科、经济科、文教科和办公室。1990年5月,将原三科一室改建为三委一室,即财政经济建设工作委员会、政治法律工作委员会、科学教育文化民族工作委员会、办公室。1992年,增设代表联络工作委员会。至1995年5月,区第三届人大常委会办事机构有四委一室。2005年,增设农业工作委员会。区人大常委会设置为五委一室。

**常委会历任领导** 区人大常委会历任主任为万国杰(1985.10—1990.01)、张俊(1990.01—1993.01)、王民强(1993.01—1995.04)、师仲贤(1995.04—1997.09)、赵瑞霖(1997.12—2007.01)、杜世润(2007.01—)。历任副主任(以任职时间为序)为张俊(1985.10—1990.01)、马荫芳(1985.10—1990.01)、赵得昌(1990.01—1997.12)、雷永忠(1990.01—1997.12)、张学明(1991.03—1993.01)、师仲贤(1992.01—1995.04)、冯成美(1996.03—2002.03)、赵惠芬(女)

（1997.12—2006.10）、宋建勤（1997.12—2002.03）、马瑞（1997.12—2006.01）、赵顼（2002.03—2007.01）、黄天佈（2002.03—2009.10）、罗立功（2002.12—2007.01）、贺廷志（2004.03—2011.10）、宋昌其（2007.01—2010.01）、韩宝成（2007.10—2011.10）、张忠祥（2009.12—2011.10）、纪秀兰（女）（2009.12—）、张福（2011.10—）、王连忠（2011.10—）、李家庆（2011.10—）。历任正县级干部为宋昌其（2009.10—）和黄天佈（2009.10—）。

**工作监督** 区人大常委会针对改革和建设的重大问题和群众关心的热点、难点问题，按照突出重点、注重实效的原则，认真总结经验，不断拓宽监督渠道，运用法律规定的形式和手段，对"一府两院"实施监督。1994—2005 年，共召开常委会议 88 次，听取和审议"一府两院"工作汇报和专题报告 216 项次，并根据审议议题，向区政府提出尽快调整产业结构，努力培植后续财源，不断强化税收征管，进一步加强预算外资金管理，加快工业化进程，壮大区域经济总量，加强农业基础地位，重视发展节水农业，稳定和完善农村基本政策，搞好农村税费改革，减轻农民负担，探索在市场经济条件下发展农业的新思路、新办法等重要建议。

**法律监督** 1994—2005 年，区人大常委会通过开展执法检查，听取审议"一府两院"贯彻执行法律法规，抓好信访办理和开展个案监督工作的情况报告，对法律法规的贯彻执行情况进行监督。开展执法检查活动，先后对《劳动法》《公路法》《矿产资源法》《义务教育法》《农业法》《教育法》《未成年人保护法》《村委会组织法》《婚姻法》《甘肃省社会治安综合治理条例》等 33 部法律法规的贯彻执行情况进行检查。通过检查，纠正个别错案，解决处理执法中存在的问题。以执行工作为审议重点，促进法律法规的全面贯彻执行，先后对《土地法》《城市规划法》《建筑法》《食品卫生法》《法官法》《检察官法》《人民警察法》《甘肃省文化娱乐市场管理条例》等 28 部法律法规，从贯彻执行的深度广度、严格程度以及执法效果等方面有侧重地进行审议。通过信访渠道获取监督信息，在做好思想政策法律教育和疏导工作的同时，按照"分级负责、归口办理"的原则，依照省信访条例认真进行办理。并就社会影响大、群众反映强烈的一些典型案件，采取个案监督的办法认真督办，促进问题的解决。区人大常委会强化对行政司法部门的执法监督，先后对"一府两院"贯彻执行《刑事诉讼法》《行政处罚法》，严打整治、打击经济犯罪情况，三法部门队伍建设情况，政府贯彻执行《行政复议法》情况进行调查、检查和审议，并针对工作中的薄弱环节提出建议和意见。

**重大事项决定** 区人大常委会为认真履行好职权，坚持从全区经济建设、社会发展、民主政治建设的实际和需要出发，围绕中心抓大事，围绕全局抓总纲，深入调查研究，广泛听取意见，以积极慎重的态度，先后对依法治区、"四五"普法、村民自治、民主建设、历年决算、预算变更等方面的工作作出决议决定 42 件。

**人事监督** 区人大常委会按照"四化"方针和德才兼备的用人标准，依法任免国家机关工作人员,先后开展述职评议活动9次,评议受任干部45名,书面述职27名。

**代表工作** 区人大常委会不断加强与代表和群众的联系,建立健全代表活动网络,完善联系代表制度。及时征询代表意见建议,采取专门走访、召开座谈会、通讯联系等形式,共走访联系代表1000多人次,征询到代表建议意见1600多条。并为代表知情知政、参政议政创造条件。先后召开代表工作会议13次,邀请代表和乡镇人大主席列席常委会议210多人次,组织代表开展视察12次、调查活动46次、执法检查14次、述职评议9次,召开各种座谈会120多次,参加代表2500多人次。同时从严把关,认真督办代表建议意见,强化对代表履职情况的监督,探索选民依法监督代表、代表向选民述职的制度,加强对乡镇换届选举工作的指导,严格按照《地方组织法》和《选举法》的规定,统一部署,深入基层,加强指导,及时解决选举工作中遇到的问题,成功指导乡镇完成历次换届选举任务。

**自身建设** 区人大常委会根据人大工作特点和实际需要,坚持定期学习制度,加强对基本法、专业法和人大业务知识的学习,并借鉴外地经验,改进工作方法,增强机关工作人员分析判断和解决问题的能力。根据法律规定,结合工作实践,先后制定和完善17项规章制度,从审议工作、人事任免、述职评议、执法检查、代表视察、表决方式等方面作出具体规定,使常委会的工作逐步实现制度化、规范化和程序化。

# 第三章 地方人民政府

## 第一节 机构设置

**工作部门** 1985年11月23日,中共白银市委、白银市人民政府研究批复平川区人民政府机构设置为:办公室(含外事)、经济计划委员会(含物价、物资、统计、标准、计量、经协)、城乡建设环境保护局(含规划、城建、环保、人防、公用、房产、园林)、科学技术委员会、农业委员会(含农、林、牧、水电、农机)、文教局(含文化、广播电视)、粮食局、劳动人事局、工商行政管理局、财政局、税务局、审计局、民政局、公安局、司法局、工业交通局、乡镇企业管理局、煤炭管理局、商业局、卫生局、计划生育委员会、体育运动委员会。1987年后,根据形势的发展,将经计委、城建、文教等机构依据业务管理范围分设,并增设裁并部分机构。1998年4月,区政府工作部门设置为:办公室、计划委员会、经济贸易委员会、民政局、司法局、教育局、财政局、监察局、人事局、劳动局、机构编制委员会办公室、城乡建设环境保护局、卫生局、交通局、农业委员会、审计局、统计局、土地管理局、文体局、计划生育局、科学技术局、乡镇企业管理局、煤炭工业管理局、粮食局、矿产资源管理局、扶贫开发办公室。2002年机构改革,区政府机构设置为:

办公室、发展计划局、经济贸易局、教育局、监察局、民政局、司法局、财政局、机构编制委员会办公室、人事劳动和社会保障局、国土资源局、城乡建设局、交通局、农牧局、文化体育局、卫生局、计划生育局、审计局、水务局、统计局。粮食局归口发展计划局管理。煤炭安全监察局归口经济贸易局管理。乡镇企业管理局归口农牧局管理。2004 年机构改革,区政府对 5 个部门的职能和机构进行调整。具体为:将区发展计划局改组为区发展和改革局,为区政府工作部门。将经济贸易局改组为区商务局(加挂区经济局的牌子),为区政府工作部门。将区经济贸易局管理的区安全生产监督管理局改为区政府工作部门。将区计划生育局更名为区人口和计划生育局。将区委、区政府信访办公室更名为区信访局,归区委办、区政府办管理,以区政府办管理为主。至 2005 年,区政府设置工作部门 19 个。

**议事协调机构** 2002 年, 区扶贫开发办公室由政府工作机构改为议事协调机构的办事机构。至 2005 年,区政府设置议事协调机构的办事机构 1 个。

**部门管理机构** 2002 年机构改革,区粮食局归口区发展计划局管理,区煤炭安全监察局归口区经济贸易局管理,区乡镇企业管理局归口区农牧局管理。2004 年机构改革,区信访局归口区委办、区政府办管理。至 2005 年,区政府设置部门归口管理机构 4 个。

**区政府历任领导** 区政府历任区长为王治祥(1985.10—1986.11)、秦伟(1986.12—1987.03 代区长,1987.03—1992.11)、孙晓霖(1993.03—1995.04)、边恺(1995.04—1997.10)、宋秉武(1997.10—2000.03)、万治贵(2000.03—2002.03)、杨万勤(2002.03—2004.02)、马勤(2004.06—2004.12 代区长,2004.12—2009.02)、高云翔(2009.03—)。区政府历任副区长(以任职时间先后为序)为孟双仁(1985.10—1993.01)、赵瑞霖(1985.10—1993.01)、张文亮(女)(1985.10—1990.01)、宋昌其(1985.10—1993.01)、秦伟(1986.12—1987.03)、边恺(1990.01—1995.04)、孙晓霖(1992.11—1993.03)、宋建勤(1993.01—1997.12)、李强国(1993.01—1997.12)、陈振刚(1993.01—1997.12,2000.03—2002.03)、万治贵(1995.08—2000.03)、杜世润(1997.10—2000.03)、马勤(1997.12—2004.06)、郭银霞(女)(1997.12—2000.03)、孙宏义(1999.12—2000.11,挂职)、张福(2000.03—2009.12)、张忠祥(2000.03—2006.10)、赵瑛(2000.03—2002.03)、陆共(2000.12—2004.10,挂职)、蔡红梅(女)(2001.06—2002.03)、吴震(2002.03—2008.11)、张文玲(女)(2003.04—2009.12)、史文中(2004.02—2008.11)、张志荣(2004.10—2006.10,挂职)、姚立群(2005.10—2006.10)、曾华辉(2006.08—2008.11,挂职)、工万龙(2008.11—2011.09)、汤红官(2008.11—2010.03, 挂职)、顾克伟(2009.10—2010.11)、张拉新(2009.12—2010.11)、刘晓非(2009.12—2010.09,挂职)、李常锋(2010.09—)、宋玉奎(2010.12—2011.10)、于玫(女)(2010.11—)、展天宝(2010.11—)、吴丽(女)(2011.07—,挂职)、秦俊山(2011.10—)、薛丞忠(2011.10—)。武进善、李国华、孙正信、马荫文、张国孝任区政府助理调研员,何允滨(女)、杨光、展天宝任区长

助理。

## 第二节 政务纪要

**“九五”期间** 1996年,全区国民经济总产值达到6.48亿元,农业总产值达到4771万元,粮食生产连续获得第八个丰收年,总产量创历史最高水平。全区乡级财政总收入完成632万元,比上年增长65%。提前一年实现基本解决贫困人口温饱问题的目标。城市基础设施建设投资216万元,完成道路、供水、供热、绿化等工程12项,开建兴平南路住宅小区、教职工住宅楼等一批安居工程,总建筑面积达2万平方米。区人民医院挂牌应诊。1997年,全区国内生产总值达到9.3亿元,第三产业的比重提高4.4个百分点。工业总产值达到26434万元,原煤产量达到360万吨,机砖达到8556万块,焦炭达到5000吨,水泥达到1.6万吨,墙地砖达到15.3万平方米。建成一批商贸市场,新增有效交易面积4360平方米。社会消费品零售总额达到2亿元,集市贸易成交额达到10200万元。全区职工年平均工资达到7000元。1998年,全区国内生产总值完成10.3亿元,比上年增长10.7%。“城市管理年”活动成效显著,完成市政工程13项,投资677万元,开通长2.4千米、宽60米的长征西路,开通城区公共汽车。实施科教兴区战略,各乡镇均配备科技副乡长,推广新技术28项,推广面积达4000公顷,三元复合膜西瓜栽培获得成功。开工新建小水工程5项,完成渠道衬砌260.8千米,全区农业基础条件进一步改善。全年新发展个体工商户460家,私营企业8家,全年非公有制经济总产值达22939万元。区级财政收入完成2994万元,比上年增长12.9%。1999年,开展“城市建设年”活动,在城市基础设施建设方面投入资金5000多万元。长征东路铁道口下立交桥建设投入资金200万元,竣工使用。唐红公路向红会一矿延伸工程于9月份建成,总长4.1千米,投资460万元。城区供水工程完成投资150多万元,每吨水价下降0.11元。全区城市经济总量扩大到10亿元,比上年增长7.9%,占全区经济总量的82%以上。“村村通”广播电视工作投入70多万元,建成广播电视转播站21个,全面实现“村村通”目标。乡镇卫生院建设共投入160多万元,农村医疗卫生条件得到全面改善。城乡居民储蓄存款余额5.43亿元,人均达3000多元。农村人口计划生育率达到86.59%,人口自然增长率控制在7.08‰以内。2000年,全区国内生产总值完成13.92亿元,比上年增长9.8%,其中第一产业0.63亿元,减少2.5%;第二产业9.89亿元,增长10.7%;第三产业3.4亿元,增长9.8%。全区工业增加值达1.4亿元,社会消费品零售总额完成2.8亿元;中区开工建设的项目12项,固定资产投资完成1815万元。65家的个体户和私营企业累计落户中区。完成净水厂建设。生态环境建设明显加快,在种田、复兴、黄峤三乡完成退耕还林600公顷,育苗26.67公顷。完成1999年关井压产补课任务和2000年的关井压产任务,总计关闭矿井280处,压减产量352万吨,并通过国家验收。全区共有1010户享受城乡最低生活保障金,共发放保障金147万元。

**“十五”期间** 2001年,全区国内生产总值完成14.5亿元,增长4%。固定资产投资完成7658万元。全年共争取项目14项,争取以工代赈资金515万元、其他资金382万元。基本建设投资5093万元,更新改造投资1565万元,房地产投资1000万元。中区开发完成投资额2800万元,新开工建设项目16个。争取以工代赈资金14万元,在水泉乡安宁渡黄河渡口新建钢索扯船1条。2002年,全区国内生产总值完成16.2亿元,完成计划的102%,增长11.7%。农民人均纯收入达到1860元。全区大口径财政收入完成3.66亿元,增长19.8%。在灌区重点发展玉米制种、舍饲养羊、日光温室等特色产业。全区养殖户达到4600户。社会固定资产投资完成2亿元,区级固定资产投资完成1.1亿元。投资1500万元建成平川实验中学教学楼。2003年,区政府实施“工业强区、民营富区、科教兴区、开放活区”四大战略,全区国内生产总值完成20.01亿元,增长13.3%。区级固定资产投资完成15434万元,增长31.1%。大口径财政收入完成47576万元,增长29.5%。区乡财政收入完成4889万元,同口径增长24.1%。城乡居民储蓄存款达到11.47亿元,增长24.3%。人口自然增长率为6.34‰。农业方面投资1496万元,建成平川供水工程,新增有效灌溉面积266.67公顷。投资1765万元,实现全区所有乡村农网改造。2004年,全区生产总值完成22.7亿元,较上年增长13.4%。房地产开发项目当年建成16万平方米,完成投资11000万元。新开工工业企业10家,总投资5799万元。农业税税率降低1个百分点,核减农牧业税41万元,兑现粮食直补资金68万元。全面实施工业强区战略,区级工业效益持续回升,完成工业增加值16950万元,比上年增长20.1%。区属工业企业实现利润5777万元,增长22%。全区城镇居民人均可支配收入当年增加390元,达到5300元,农民人均纯收入当年增加106元,达到2060元。2005年,全区生产总值完成25.4亿元,较上年增长9.37%。大口径财政收入完成56444万元,增长11.7%;地方财政收入完成6875万元,增长20.6%。全社会固定资产投资完成18亿元,增长43%。区属固定资产投资完成29841万元,增长38.15%。完成城区北出口与刘白高速公路的连通工程。完成农作物播种面积1.6万公顷,完成良种推广1.2万公顷,地膜覆盖0.31万公顷,粮食产量达3096万千克。建成13个特色养殖小区,全区舍饲养羊户超过1500户,舍饲养羊存栏12000多只。形成5家投资百万元以上的养牛大户,全年新增肉牛1500头、奶牛100头。新增3家投资在1000万元以上的招商引资工业企业。中恒购物广场、凯尔亮超市等一批商流服务企业相继开业。中区开发区固定资产投资累计达4.1亿元,完成五纵六横路网规划中的八条道路及水、电、通讯等基础设施建设。年度人口自然增长率控制在5.70‰以下。

## 第三节 中区开发建设

**机构** 平川中区经济开发区是1992年经白银市人民政府批准设立的经济开发区，李强国、贺廷志、徐智、赵玉国先后任管委会主任。张学梅、白晓鸣先后任管委会书记。开发区位于平川区城市规划中心地带，东西长2.4千米，南北宽1.8千米，占地5.7平方千米，约570公顷。开发区现有各类工业企业和个体工商户130家，人口1.89万人。在2004年全国清理整顿开发区工作中，中区经济开发区经甘肃省人民政府审核得到第一批保留。2006年经国土资源部审核公告，成为省级经济开发区，重点发展以陶瓷、农产品深加工、高科技和煤化工为主的新兴产业。

**基础设施建设** 中区开发区基础设施累计投资5.33亿元，其中政府投资1.05亿元，吸引社会及民间投资4.28亿元。2004年，区政府加大基础设施建设力度，先后投资776万元，开通开发路、1号路、建设路、公园路、南路，新修道路5.3千米，投资124万元完成道路绿化10千米，累计完成道路投资2230多万元。

**优惠政策** 中区管委会贯彻落实区委、区政府《关于进一步加快非公有制经济发展的意见》《关于加快中区开发建设的意见》等有关政策。土地使用税执行甘肃省二类四等区标准，每年每平方米0.7元，从正式营业起征收。中区工业园区行政事业性收费实行零收费。土地证的办理，首先进行土地评估，然后上报市国土资源管理局，待市政府常务会研究后上缴土地出让金，土地出让金原则由企业自筹，管委会代缴，扣除上缴省上的4.5%后，全额返还企业。对投资2000万元以上的企业或高科技企业，可由企业自筹一部分，政府适当给予支持。凡落户中区的工业企业享受一年的试生产期，一年期满后按国家有关税收政策执行。试生产期内确属无法减免的税收，采取先征后返的政策予以扶持。中区商贸开发区各类行政事业性收费自开办当年始按50%收取，逐年递增10%，直至按最低标准执行。中区工业开发区内工业用水以每立方米0.85元计算。

**招商引资** 中区管委会优化环境，创新机制，简化办事程序，提高服务质量，扩大宣传，加大招商引资力度，开发建设保持较快发展势头。至2005年，落户中区的500万元以上招商引资项目14个，其中工业项目10个，其他项目4个，投资总额5.15亿元。

## 第四节 信访与法制

**信访** 区信访局内设一室两股，即办公室、办信股、接待股。设行政编制3人，事业编制2

人。全区有信访专、兼职人员66人，其中专职13人，兼职53人。组建各级民调小组82个。1996—2005年，受理群众来信来访1592件（次），其中来信451件，个体上访1200人（次），集体上访397批9545人。对受理的信访案件，立案查处248件，自办联办956件，直接答复362件。2003年8月至12月，开展群众重复上访问题专项治理工作，共解决涉及企业改制、土地塌陷、经济合同纠纷等方面重大疑难问题11件。2004年9月至2005年6月，开展集中处理信访突出问题及群体性事件第一、二阶段工作，妥善解决涉及企业改制、城镇房屋拆迁、涉法涉诉、土地塌陷等方面的重大、疑难信访案件21件。2000年7月10日，共和乡群众1000多人聚集政府、要求解决由于煤矿开采造成的土地塌陷赔偿及解决群众生产生活困难问题。2000年8月7日，宝积乡窎沟村228名村民来访，反映由于与靖远县南头村地界不清，引发冲突，导致8月6日晚发生群殴事件，造成2人重伤、多人轻伤。2000年10月19日，宝丰煤矿10月8日发生瓦斯爆炸造成6人死亡，未能及时妥善处理，引发死亡人亲属30余人上访。2003年1月2日，会宁县四方吴乡刘发堂等9人来访反映2002年12月22日党家水小南沟煤矿发生井下瓦斯爆炸，造成11名矿工被困井下，要求救助并对事故责任人予以严惩。2004年8月12日，靖远县东湾镇红柳村一社群众160余人由于对区政府作出的《关于红柳一社与响泉村土地权属决定》不服，集体上访。

**法制**　区人民政府法制科成立于1990年6月。1991年10月更名为区人民政府法制局。1996—2005年，共起草审定规范性文件74件。1997年起草的《平川区行政执法程序》，被推荐到国务院法制办公室存档备查。共确认全区80个执法主体资格，为789人颁发执法证。同时对领导干部和执法人员开展法制宣传教育，提高依法行政水平。对广大人民群众开展法制教育，增强依法保护自己合法权益的自觉性和主动性。共开办培训班18次，培训人员1200人（次）。

## 第五节　机关后勤服务与接待

**机关后勤服务**　1996年3月，区机关生活服务中心成立，隶属区委办公室，正科级建制，事业单位编制。1999年8月，归口区政府办公室。2000年3月，生活服务中心以集资形式开发区政府大院东侧空地，建成建筑面积2000多平方米，集商贸、办公为一体的两栋综合楼。2003年7月，区统办2号楼启用，由生活服务中心负责后勤管理工作。2004年，完成统办2号楼附属设施建设。完成绿化面积500多平方米。

**接待**　区委、区政府公务接待科成立于2004年5月28日，事业单位，正科级建制，隶属区委办公室、区政府办公室，核定编制3名，其中领导职数2名。至2005年12月，共完成各类公务接待560多次，其中大型会议31次。制定《白银市平川区公务接待暂行办法》，使接待工作制度化、规范化。同时,明确接待范围,规范接待程序、标准,指定接待地点,强化接待费用管理,使政府接待工作做到有专人管事、有制度可循,接待水平明显提升。

## 第六节 招商引资

**机构** 2002年6月，撤销白银市平川区经济协作办公室，成立白银市平川区招商旅游局,为直属区政府管理的正科级事业单位。内设综合办公室、招商办公室、旅游办公室三个职能科室。主要职能是负责全区招商引资及旅游管理工作,执行招商引资优惠政策及承办各类经济协作性组团事宜。

**招商引资政策** 平川区招商引资工作坚持对内与对外开放并重,“走出去”与“引进来”并举的方针,将招商引资重点放在东南沿海陶瓷工业发达地区,重点围绕陶瓷产业、高科技产业和农副产品加工业开展,举办项目推介活动。

**招商引资成果** 2003年,引进企业11家,完成投资8770万元。2004年,引进企业19家,完成投资8427万元。2005年,引进企业9家,完成投资25300万元,其中规模以上企业2家。评审通过星级宾馆一家(靖电宾馆),成立旅行社2家(大自然旅行社、中苑旅行社),旅行社驻平川营业部1家(康辉旅行社平川营业部)。至2005年,共引进招商引资项目48项,建成外资项目38个。利用区外资金累计完成投资44764万元,上缴税收2648万元。创造就业岗位2285个。

## 第七节 扶贫开发

**机构** 1985年,区“两西”农业建设办公室挂靠区农业委员会。1991年,区扶贫办、农建办机构单设,成为政府职能部门。1988年更名为区扶贫开发办公室,正科级建制,与区扶贫开发领导小组办公室合署办公。下设综合股、计划财务股、移民办、帮扶办、农村能源办、区域开发办和小额信贷办六个股室。全面负责和协调省、市扶贫计划和任务的落实,负责全区的扶贫开发工作及农业建设任务。

**扶贫项目** 平川区是甘肃省中部20个干旱县区之一,属国务院“三西”资金重点扶持县区。建区初,坚持国务院“三西”领导小组提出的“有水走水路,无水走旱路,水旱路都不通的另谋出路”的三路方针,兴建旱坪川电力提灌一期工程和种复(种田乡、复兴乡)人饮工程等重点工程。推进小型水利提灌工程及打井、截引等工程的建设以及基本农田、农电线路、人畜饮水、种养殖业、温饱工程、移民安置、支柱产业和乡镇企业的建设,取得阶段性成果。从2001年起,组织实施以贫困带片区贫困村为单元的整村推进扶贫开发项目,改变贫困村社农业生产基本条件，解决贫困农户生产和生活困难，增加收入渠道，改变贫穷面貌，实现稳定解决温饱，巩固扶贫开发成果。1989 年，为解决种田、复兴两乡人畜饮水困难，由原农业建设办公室列项，争取省“两西”建设指挥部投资 146 万元，群众投工投劳 18 万元，建设种复人饮工程，至 1992 年投入运行。工程主干管道全长 24 千米，种复两乡 8 个村、43 个社、1 万多人、1.7 万头畜和两乡两个中学、两个小学及乡属 16 个机关单位的用水困难得以解决。1990 年，省“两西”建设指挥部将旱坪川工程列项投资建设。工程总投资 904 万元。1991 年，对全区三年基本解决温饱工作进行检查验收，贫困面由 1985 年的 69%下降到 14.5%。1993 年，旱坪川工程建成投入运行，安置吊庄和外县区移民 15500 余人。新增有效灌溉面积 666.67 公顷，改善灌溉面积 666.67 公顷，使全区有效灌溉面积累计达到 5333.33 公顷，农民人均占有 600 平方米。当年粮食总产达到 2190 万千克，人均纯收入达到 501 元，农业建设和扶贫开发前十年的任务全面完成。1997 年 12 月，经国务院、省、市有关部门组织验收，全区按期实现初步解决大多数群众温饱问题的发展目标。1998 年，黄峤乡马饮水村苏家山社农电线路建成。至此，全区村村通电的目标得以实现，农电线路的建设任务全面完成。先后投放农电线路建设资金 142 万元，新架农电线路 72.2 千米，新建宝积变电所 1 座，改扩建陡城变电所 1 处。1999 年，以水泉镇下村、陡城乡陡城村为重点的日光温室反季节蔬菜支柱产业投资兴建，共建成日光温室 400 余座。农业支柱产业特色化、区域化、规模化、产业化发展全面启动。2000 年，为完成旱坪川工程移民基地建设，区扶贫办在陡城乡牙沟水村新墩建立移民点一处，接纳外县移民 280 余人。2001 年，为解决贫困带片群众生产和生活困难，首期落实王家山镇井儿川村、共和镇西和村两个村的整村推进任务，社会效益明显。2002 年，区扶贫办对全区贫困带片的 35 个贫困村，按照区域特点统一规划，按照“农业产业化、区域特色化、建设项目化”的标准，逐年实施整村推进项目。组织实施西川村和陡城村两个村整村推进项目，推进陡城村日光温室大棚蔬菜种植项目。2003 年 6 月，组织实施种田乡拉排村、黄峤乡双铺村整村推进项目，获全省二等奖，奖励项目资金 80 万元。2004 年，实施项目带动工程，以农业产业化和贫困户劳动力的培训和输转为重点，在省、市组织的项目考核验收工作中获得二等奖，奖励项目资金 60 万元。2005 年，争取扶贫专项资金 556 万元，实施整村推进项目 5 家，扶持建立和发展农业产业化基地 8 个，分别是：矮化密植大枣基地、西甜瓜种植基地、玉米制种基地、反季节大棚蔬菜基地、蕃茄和胡萝卜种植基地、养殖基地、洋芋和小杂粮种植基地、枸杞种植基地。同时，区扶贫办重新对全区的贫困状况进行调查摸底和登记，并张榜公布公示，建档立卡，做到户有卡，村有册，乡有簿，区有电子档案。共登记绝对贫困人口 1757 户 7968 人，低收入人口 3890 户 18436 人，返贫人口 1104 户 5146 人。在具体工作中坚持“三选三看”法，即：在整村推进时看是不是贫困村，在确定到户项目时看是不是贫困户；在实施项目时，看是否和到户规划卡相符合；帮扶对象从贫困户卡中选，到户项目从贫困户卡中选,劳务培训从贫困户卡中选。

**扶贫投入**　建区后，国家共投入扶贫资金10884.58万元。其中“三西”扶贫专项资金5599.83万元,银行累计发放扶贫信贷资金3009万元。先后完成水利投资2084万元,新建中小型水利工程51处,打机井60眼,累计新增有效灌溉面积5661.8公顷,新打集雨节灌工程水窖5697眼,发展集雨节灌面积759.6公顷。坚持在山区治理沟坝地和机修梯田,川旱地区铺压沙田和更新沙田,“三田”面积逐年增加,由1985年的4733.33公顷,净增3066.67公顷,川旱地区人均“三田”达1330平方米以上。

**扶贫效果**　群众生活水平普遍提高。2005年,农民人均纯收入2061元,比1985年净增1830元,人均产粮315千克,比1985年净增84千克,农村贫困人口由1985年的51187人减少到7800人，贫困面由1985年的69%下降到8%，如期实现解决大多数群众温饱问题的目标。农村经济稳定发展,综合实力明显提高,全区农业总产值、乡镇企业总产值、粮食总产量、区级财政收入连年稳定增长。2005年,全区农业总产值1631万元,是1985年的14倍;乡镇企业产值98650万元,是1985年的84倍;粮食总产量32075万千克,比1985年增长2倍。

# 第四章　中国人民政治协商会议地方委员会

## 第一节　工作机构

**机构**　政协平川区委员会下设办公室、经济委员会、提案委员会、社会法制委员会、科教文史委员会。政协常务委员会由主席、副主席、常务委员组成。

**区政协历任领导**　区政协历任主席为程利基（1985.10—1987.03）、张伟(1987.03—1990.01)、马凯(1990.01—1997.12)、雷永忠(1997.12—2007.01)、郝进义(2007.01—)。历任副主席为张伟(1985.10—1987.03)、马志营(1985.10—1987.03)、曾庆楼(1985.10—1990.01)、汉焕(1987.03—2002.03)、师仲贤(1989.01—1993.03)、张学明(1993.03—1997.12)、宋昌其(1993.03—2007.01)、赵惠芬(女)(1993.01—1997.12)、任务(1996.03—2007.01)、王泰基(1996.03—2002.03)、冯德虎(1997.12—2009.03)、马生礼(2002.03—2011.01)、张福海(2006.02—2010.01)、马锐(2007.01—2011.01)、张学梅(女)(2007.01—)、王连忠(2010.01—2011.10)、贺刚(2010.01—)、崔巧玲(女)(2011.01—)、张侃(2011.10—)。历任正县级干部为冯德虎(2008.12—2010.03)、张福海(2010.01—)、马锐(2011.01—)

## 第二节　历届委员会

**第三届委员会**　政协白银市平川区第三届委员会第一次会议于1993年1月7日至10日召开。参加本届委员会的有24个界别的60名委员。会议听取并审议通过马凯代表区政协二届委员会所作的常务委员会工作报告。会议选举马凯为主席，张学明、汉焕、宋昌其、赵惠芬（女）为副主席，常务委员15名。1993年依据全国政协章程，政协任期由每届3年改为5年。本届委员会1993年1月产生，1997年12月撤销，历时5年，共召开5次全委会议。

**第四届委员会**　政协平川区第四届委员会第一次会议于1997年12月23日至26日召开，参加本届委员会的委员92人，共24个界别，列席21人。区委书记魏兴毅作重要讲话。会议听取和审议《三届常务委员会工作报告》《三届委员会提案办理情况的报告》。选举雷永忠为主席，汉焕（兼）、宋昌其、任务、王泰基、冯德虎为副主席。通过平川区第四届委员会第一次会议政治决议。选举马生礼为副主席。本届委员会1997年12月产生，2002年3月撤销，历时5年，共召开5次全委会议。

**第五届委员会**　政协平川区第五届委员会第一次会议于2002年12月25日至28日召开，参加本届委员会的委员120人，共26个界别，列席22人。区委书记卜发生作重要讲话。会议听取和审议《四届常务委员会工作报告》《四届委员会提案办理情况的报告》。选举雷永忠为主席，宋昌其、任务、冯德虎、马生礼为副主席。通过平川区第五届委员会第一次会议政治决议。政协平川区第五届委员会2006年2月24日至27日召开第五次会议，增选张福海为副主席。本届委员会2002年12月产生，至2005年年底，共召开4次全委会议。

## 第三节　主要工作

**重要活动**　历届政协班子把握团结和民主两大主题，围绕中心，服务大局。1997—2005年，开展活动27次，提出意见和建议100余条。分别开展中秋茶话会，“迎回归”，庆祝中华人民共和国及中国人民政治协商会议成立45周年“双庆”活动，庆祝人民政协成立50周年，迎澳门回归祖国等座谈会10次，举办“纪念人民政协成立45周年书画展览”“九七香港回归书画展览”，举办“庆祝澳门回归和人民政协成立50周年”知识竞赛。政协发挥自身优势，为群众兴办实事，先后有88名非公有制经济人士参与光彩事业，为教育、文化等公益事业捐款捐物420多万元，并资助200多万元帮扶困难家庭改善生活。政协机关的县级、科级干部开展“联村联户”活动，帮助12户示范户勾画小康蓝图，支持12户贫困户寻找脱贫出路，取得一定成绩。民盟平川支部为共和镇民族小学捐赠2000多元的文化体育用品,订阅1200多余元的报刊。民革平川支部为宝积乡腰水实验小学捐赠图书200多册。农工党平川支部从甘肃省争取到50余万元的药品和医用器械,争取到一辆10多万元的医用救护车。民进、九三学社开展科技、文化下乡和义诊、义教活动。参加省市政协工作经验交流会和五市二州联谊会。

**文史资料编辑** 历届政协委员会重视区域文化,实事求是,征集出版4辑《平川文史资料》,分别以平川名胜古迹、人物事迹、企业创业史、区政协史料为主要内容。

**提案工作** 历届政协委员会贯彻落实《提案条例》,高度重视提案工作,先后提出提案784件,涉及经济建设、劳动人事、文化、教育、卫生、政协、统战、民族宗教等诸方面的热点问题。经过承办单位的办理,有相当一部分提案得到有关部门的采纳,产生良好的经济效益和社会影响。

### 1991—2005年平川区政协委员提案办理情况统计表

表3-1 单位:件、%

| 项目 数量 年份 | 提案数 | 立案数 | 并案处理后 | 提案办理情况 | | 正在办理情况 | |
|---|---|---|---|---|---|---|---|
| | | | | 办理数量 | 所占比例 | 件数 | 所占比例 |
| 1991 | 35 | 34 | | 10 | 30 | 24 | 70 |
| 1992 | 24 | 18 | | 7 | 39 | 11 | 61 |
| 1993 | 18 | 17 | | 9 | 53 | 8 | 47 |
| 1994 | 30 | 22 | | 9 | 46 | 13 | 54 |
| 1995 | 41 | 38 | | 16 | 42 | 22 | 58 |
| 1996 | 20 | 19 | | 10 | 53 | 9 | 47 |
| 1997 | 28 | 23 | | 13 | 57 | 10 | 43 |
| 1998 | 34 | 25 | | 10 | 40 | 15 | 60 |
| 1999 | 64 | 42 | | 13 | 32.3 | 29 | 67.7 |
| 2000 | 33 | 17 | | 7 | 41 | 10 | 59 |
| 2001 | 69 | 58 | | 9 | 33 | 39 | 67 |
| 2002 | 79 | 61 | | 36 | 59 | 25 | 41 |
| 2003 | 123 | 117 | 91 | 46 | 50.4 | 45 | 49.6 |
| 2004 | 95 | 87 | 70 | 29 | 41.4 | 41 | 58.6 |
| 2005 | 110 | 102 | 86 | 38 | 44 | 48 | 56 |

# 第五章　群众团体地方组织

## 第一节　地方总工会

**平川区总工会**　1985年11月,平川区总工会筹备小组成立。区第一次工会会员代表大会于1986年3月召开,出席代表87名。1999年1月,教育、粮食、农业、卫生、交通、经贸、供销等系统成立工会,配备专职副科级工会主席。2000年12月,白银市平川区总工会第四次代表大会召开,出席代表108人,特邀代表26人,列席代表4人,选举产生18名委员,组成白银市平川区总工会第四届委员会。区总工会四届一次全委会选举常委6人,主席1人,副主席2人。大会表彰支持工会工作的党政领导7人、先进工会工作者11人、优秀工会积极分子9人。2002年6月,区总工会进行机构改革,进一步明确职能配置,内设一个职能股室办公室。区总工会机关行政编制2名、机关后勤服务人员事业编制1名。区工人俱乐部隶属区总工会,事业单位,副科级建制,编制5人。2005年8月,区困难职工帮扶中心成立,事业单位,机构设在区总工会,主席兼任帮扶中心主任。区总工会1998年至2005年连续八年被白银市总工会通报表扬,2002年10月被中共甘肃省委授予"全省先进工会"称号。

**基层工会**　2002年6月,区总工会将各乡镇(街道)机关工会组织变更为乡镇(街道)工会委员会,承担起部分地方总工会和基层工会组织的双重职责。至2005年,全区发展基层工会167个、女职工工作委员会60个,工会会员10390人。全区创建职工之家84个,其中省模范职工之家3个,市模范(先进)职工之家9个。非公有制经济组织工会组建工作得到较大发展,共组建非公有制企业工会委员会67个,发展农民工会员2968名。2003年8月,区总工会李发明被中华全国总工会评为"全国新建企业工会组建工作先进个人"。2005年9月,区总工会被甘肃省总工会授予"甘肃省基层工会组织建设工作先进县(市、区)工会"称号,电力路街道工会委员会被甘肃省总工会授予"甘肃省示范乡镇(街道)工会"称号。2005年,平川区乡镇(街道)总工会试点经验在全市得到推广,2名职工被评为甘肃省职业道德"十佳"标兵,工商银行平川支行营业大厅被评为全省职业道德先进班组。

**主要工作**　2002年8月,劳动关系三方协商机构成立。2005年年底,全区劳动合同覆盖面达到94%,有27个企业建立平等协商集体合同制度,在化解劳资矛盾方面取得一定成效。2005年,全区工会组织建立困难职工动态管理档案865户。1996年后,区总工会筹集专项资金29.01万元、面粉2万千克,在元旦春节期间慰问特困职工、困难劳模1248户次。区总工会女职工委员会10年组织妇科病普查5次,普查1886人次。

**靖远煤业有限责任公司工会委员会** 是在原靖远矿务局整体改制的基础上于2001年8月更名成立。有基层工会委员会27个,区队车间工会353个,工会小组1365个,会员人数24523名(含破产单位),会员占职工总数的95%。全公司现有专职工会干部129名,兼职工会干部443名,积极分子4446名。公司工会配备主席1人,副主席2人,机关设有办公室、组织部、宣传教育部、生产保护部、生活女工部5个职能部门。公司工会先后被中华全国总工会评为“安康杯”竞赛优胜企业,被国家体育总局授予“全国群众性体育先进单位”,被能源化学工会授予煤炭系统“先进群监会”“先进女职工委员会”“先进基层组织”和“百万职工健身活动先进单位”,获甘肃省“职工职业技能建设先进单位”“职工职业道德先进单位”“职工职业技能比赛优秀组织单位”等称号,被评为全国“厂务公开先进单位”,被全国总工会、省总工会、省煤矿工会命名为“模范职工之家”。

## 第二节 共青团地方委员会

**共青团平川区委员会** 1986年,区团委下设7个基层团委,即宝积、水泉、种田、共和、复兴、共和中学、市五中。其后增加平川中学、区直机关、王家山镇团委。1986年3月、1990年10月、1995年9月,分别召开一、二、三届团员代表大会。1998年9月12日至15日,召开共青团第四次代表大会。2003年4月8日至9日,召开共青团第五次代表大会。全区11个乡(镇)街道、58个村、26个社区均成立团组织,建立非公经济团委11个,区直机关、事业单位成立团委29个,有基层团委21个、团总支9个、团支部223个。2005年,全区有团员6700余名。区团委有国家级“五四红旗团委、团支部”2个,省级“五四红旗团委、团支部”2个,区级“五四红旗团委、团支部”81个。社区建团率达100%,85%的非公经济和社区团支部达到“四有”标准。2003年,团区委被团中央和农业部授予“服务农村青年增收成才奖先进集体”称号。先后选树省、市、区级优秀青少年160多名。培养青年星火带头人165名,其中有2人获国家级命名,4人获省级命名,46人获市级命名。建立科技示范基地12个、青年就业创业培训基地2个、龙头示范企业3个、青年科技图书站12个。建立各类产业化青年科技示范服务组织 、协会、站38个,青年龙头示范企业3个。全区共有200名青工踊跃参加岗位培训和技术比武,有160名青工成为各行各业的岗位能手。全区现有省级青年文明号2家,市级青年文明号4家。有省级青年岗位能手3名,市级青年岗位能手7名。

**主要工作** 自1992年起,区团委累计筹集希望工程资金107万元,争取北京恒基伟业、浙江卡森集团、河北文丰集团的大力支持,建立希望小学4所,先后解决1000余名儿童就学难的问题,资助优秀贫困学生1053名,累计发放救助资金48万元。争取价值3万元的麦当劳叔叔图书库2套。为峤山希望小学配备1.5万元的大红鹰希望书库1套。选送1名孤儿到山西大同希望小学免费就读。共培训区级希望小学教师44人,希望工程工作人员12人。选派5名优秀教师赴上海青基会免费培训,选派两名工作人员赴北京青基会参加培训。1998年4月被省青基会确定为一次性解决小学适龄儿童因贫失学问题唯一试点县(区)。

**靖远煤业有限责任公司团委** 共直属19个基层团委,20个团总支,272个团支部,有5121名团员,19142名35周岁以下青年。1991—2005年,先后有41个集体分别获得团中央、团省委和有关省、部(委)的表彰奖励,被命名为“五四红旗团委”、“青年文明号”、“全国青工技能振兴计划优秀组织单位”等一系列先进集体称号。99名个人被授予“青年岗位能手”、“杰出青年”、“优秀青年企业家”、“青年五四奖章”、“优秀团干部”等个人荣誉。坚持开展“靖青杯”青工技术比武竞赛活动,“春芽杯”少儿文艺会演活动,青工安全等有关知识竞赛、演讲活动,“学理论、话改革、讲实践”等有奖征文活动及主题团队活动。2005年,获“全国增强团员意识教育活动先进单位”称号。

## 第三节 地方妇女联合会

**平川区妇女联合会** 1985年11月,平川区妇女联合会筹备小组成立。1986年5月,成立区妇女联合会,编制3人。1986年5月、1991年8月,分别召开第一、二次妇女代表大会。1992年6月,成立区妇女儿童工作协调委员会。1995年12月,更名为白银市平川区妇女儿童工作委员会。2004年,更名为白银市平川区人民政府妇女儿童工作委员会。全区11个乡(镇)街道、58个村、26个社区均成立妇女组织,配备专兼职妇女干部95人。区直机关、事业单位成立妇委会29个、妇女小组44个,私营企业成立妇委会6个、妇女小组14个,专业市场成立妇委会10个。区妇联1998年被省农村妇女“双学双比”活动协调领导小组评为全省“双学双比”竞赛活动先进单位,2000年被省城镇妇女“巾帼建功”协调领导小组评为甘肃省“巾帼建功”活动先进协调组织,2004年被省妇联评为全省农村妇女“学科技、比致富、奔小康”活动先进组织,2005年被省农村妇女“双学双比”领导小组评为全省“双学双比”先进协调组织。

**妇女教育培训** 2004年,组织44名乡、村妇女干部及“双学双比”女能手参加省妇联组织的全省“学科学、比致富、奔小康”考察学习培训活动。2005年,举办技术培训班35期,培训妇女5610人,发放资料2100多份。通过培训,有1000多名妇女成为科技致富女能人、女状元和带头人。全区各级妇联组织在养殖业、种植业包括林果业等方面共创建“妇”字号基地67个,以基地为重点,不断扩大规模,发挥农村科技示范户、致富女能人的示范带动作用。

**创建活动** 在“五好文明家庭”创建活动中,省级表彰“五好文明家庭”2户、禁毒先进工作者1名,创建“巾帼文明示范岗”36个。1999年,成立“法律知识进万家”活动领导小组,设立试卷答题和电视大奖赛两类,2人得到甘肃省表彰奖励。2005年,成立区妇联计划生育领导小组,并与各乡镇街道妇联签订计划生育目标管理责任书。成立区家庭助廉教育工作领导小组,制定区“廉政文化进家庭”活动实施方案,并向全区5万多户家庭发送“倡导清廉家风、营造幸福家庭”倡议书。

**规划纲要制定** 1998年,将区NPA监测评估领导小组调整为区妇女儿童发展规划纲要监测评估领导小组,下设统计监测组和监测评估专家组。同时制定《平川区人民政府妇女儿童工作委员会工作制度》,拟定《平川区实施〈甘肃省妇女发展规划〉意见(2001—2010年)》和《平川区实施〈甘肃省儿童发展规划〉意见(2001—2010年)》评估工作方案,成立区家庭教育工作协调领导小组和区家庭教育指导中心。

**扶贫投资** 1998年,争取到小额信贷17万元,扶持黄峤乡117户妇女发展养殖业、加工业。2000年,争取到10万元以工代赈资金和16万元贴息贷款,扶持贫困妇女脱贫。2001年,为砂流水村打机井一眼,在下村100个日光温室滴灌工程中建蓄水池100个。2002年,争取到“母亲水窖”项目资金20万元,为复兴乡李沟、川口两村修建水窖400眼、集流场400个,发展庭院经济400家,解决两个村2480口人和1740头牲畜的饮水困难。2003年,开展“巾帼扶贫助困见行动”活动,协调贷款22.8万元,分别帮助砂流水村、下村二十里墩养猪基地打机井一眼,帮助贾庄、枣园两村10户妇女发展养猪业。

## 第四节 地方残疾人联合会

**平川区残疾人联合会** 1996年前,区残联理事长由区民政局局长兼任。1998年,残联开始单列,正科级建制,内设残疾人康复服务指导站、用品用具供应服务站、就业服务所。1998年12月26日,区残疾人联合会第三次代表大会召开,参加大会的正式代表43人,列席代表17人,特邀代表10人。2003年3月14日,区残疾人联合会第四次代表大会召开,参加大会的正式代表44人,列席代表17人,特邀代表9人。

**残疾人就业保障金行政征收** 区残联开启残疾人就业保障金行政征收工作,共收缴残保金27万元。用于残疾人的职业技能和实用技术培训,选送8名盲人参加全省盲人按摩培训班,20名肢体残疾人参加全省残疾人职业技能培训班。争取省上专家开展4次医诊活动,免费为220例白内障患者实施复明手术,为17名肢残患者安装小腿普及型假肢,对11名肢残儿童免费实施矫治手术,为12人配用助视器,语训聋儿7人,康复训练肢体残疾26人,配发轮椅等用品用具343件(辆),康复训练脑瘫儿童2名。

**慈善募捐活动**　区残联开展募捐活动两次，共收到捐款40万元。在“全国助残日”及元旦、春节期间，慰问1000多户特困残疾人家庭，资金达10多万元。协调督促残疾儿童、少年随班就读，入学率达85%以上。有56名残疾儿童受到国家扶残助学项目的资助。为4名残疾大学生资助4000元，为11名盲童和低视力残疾儿童资助6000元。

**残疾人维权**　2001年，成立平川区特殊群体法律援助团，确定白银长征律师事务所为区残疾人法律援助中心，被省司法厅、省残联命名为“全省残疾人维权示范岗”。2003年，种田乡司法所被司法部、中残联命名为“全国残疾人维权示范岗”。

## 第五节　地方工商业联合会

**平川区工商业联合会**　1990年10月，平川区工商联筹备小组成立。1993年10月，成立平川区工商业联合会。2005年，区工商联有会员688人，其中从事非公有制经济的会员占会员总数的95%。非公有制经济代表人士中，有13人成为区工商联副会长，有21人担任省、市、区人大代表和政协委员。共提出提案和议案30余件。

**光彩事业**　区工商联在工作中创新思路，拓宽服务渠道，组织广大非公有制经济人士，投身光彩事业。至2005年10月，全区参与光彩事业的非公有制经济代表人士达到100多人。共安置下岗职工2000多人，非公有制经济就业人数达到9692人。先后培训人员5000人次，捐资办学800多万元。91名非公有制经济人士为教育、医疗等事业捐款144多万元。工商联会员在项目建设上投资总额达1.8亿元，投资区属企业改制资金超过1500万元，同时还为会员企业解决短期融资1260万元。有2人受到甘肃省表彰，2人受到全国表彰。

## 第六节　地方科学技术协会

**平川区科学技术协会**　1986年1月，平川区科学技术协会筹备小组成立。并于5月13日召开平川区科学技术协会大会，讨论修订《<白银市平川区科学技术协会>章程（草案）》，选举产生科协第一届委员会委员15人。

**科普网络建设**　区科协先后开展科普“1230”工程、金桥工程、中国科协与联合国儿童基金会非正规教育合作项目。平川区于2004年创建为全国科普示范城区。全区科普网络全覆盖，有街道科普工作室2个、社区科普工作小组25个、乡镇科技服务中心9个、区级协会15个，会员1235人，村级农民技术学校52个、科技服务站84个，全区有科技人员2600人。2005年，全区共有18个农技协会。“公司+协会+基地+农户”和“支部+协会+农户”的管理模式得到社会好评,水泉镇中村玉米制种协会创建为全省五十强农技协会。

## 第七节　地方文学艺术界联合会

**概况**　平川区文学艺术界联合会第一次文学艺术工作代表大会于1997年5月8日召开。戚子明曾创办“春草地”文学社,发行《百草园》刊物,会员遍及省内外,为当时有影响的文学社团之一。中区开发之初,区文联邀请文化界人士调研采风。在港澳回归之际,组织文学、书画、摄影协会会员积极创作,参加省、市举办的有关文化活动。吕兴福创办“惠川诗社”,弘扬发展传统诗词。2000年,开展“迎接新世纪,真情颂平川”活动。在庆祝建党八十周年期间,开展一系列歌颂党、歌颂祖国的文艺活动。在党的十七大召开之际,举办全区书画展览。多次开展送文化下乡和送文化进校园、进社区、进非公有制企业活动。举办全区中小学生作文大奖赛。编辑出版《平川文苑》《平川文艺》等报刊。2005年10月,邀请省诗词学会部分作家及老领导到平川采风,增进外界对平川辉煌成就的了解。2006年9月,在纪念打拉池红军会师70周年之际,举办首届全区农民书画展。中国书法家协会副主席吴善璋、聂成文等先后到平川指导书法创作。

**文学家协会**　万国杰出版《源泉》,马荫芳出版《奋蹄》及续集,何仁昌出版《情系陇原》,杜金泉出版《矿山的女人》《金泉寓言》,其中《金泉寓言》获得省煤矿优秀文学作品一等奖和白银市“五个一工程奖”。 李执民出版《一个小人物的苦涩回忆》。关兴益先后编辑出版《常言俗语拾缀》、《鹯阴方言纂诂》及续集、《鹯阴故经述记》《平川风情颂》《耳食趣话》等书。吕兴福出版诗词散文系列丛书,部分作品被配乐演唱。郑瑜文出版《霁月光风》,刘建荣出版《墨云居诗词集》,王雄飞出版《雄风鲲鹏飞云龙马》。王凌伯出版《春雨》,杜进明出版《我行我诉》,获全市“五个一”工程奖。戚子明出版《路悠悠情悠悠》。小说《喜梅》获首届全国煤炭系统优秀文学作品奖和省委、省政府颁发的“为甘肃争了光奖状”。王庆才出版长篇小说《阴山》。杜鹏出版《栀紫幽蓝》《唔哇呀》。王雪晴发表中篇小说《天涯明月心》。武永宝发表《虎豹口》《西部国风》《黄河远上》等中短篇小说,被中国作家网、北大学刊等多家网站点评。杨惠军主编21世纪中职教育《语文》教材。刘振华出版小说集《血红的指印》和文艺评论集《艺术感悟录》、对联集《山水韵》等专著,其中《矿工与石的生命恋歌》获中国煤矿第三届艺术节大奖并在中央电视台播放。石生明创作《清官江》《于三借妻》等多部秦腔剧本。马荫芳的《谱牒碑文祭文》,齐仲华的《屈吴山志》对保存地方史料有一定贡献。张明清出版《指印足痕》,其中对古会州的考证成一家之言。李翔凌主编《平川史话》,成为对外宣传平川的重要资料。

**书法家协会**　全区有中国书法家协会会员5人,甘肃省书法家协会会员32人。马积森的书法作品入选《甘肃书法作品集》《中国百家名流作品集》等专集，2007年参加甘肃书法晋京展。郑瑜文作品入选全国老年书法展。白全仁作品入选全国篆书展。李岩作品入选全国妇女书法展，获“走进青海”展览三等奖。薛奇伟作品获全国青年书法大赛三等奖。吴轼夫应邀赴陕西高校讲学，作品受到评论界关注。陈邦杰的书法双钩艺术曾被中央电视台介绍。贺东的传统书法在周边地区有一定影响。陈金友完成小楷百米长卷。王晶用蝇头小楷抄写四大名著。平川区把家有书画列为“十星级文明户”的评选条件之一，书法作品已经进入千家万户。成立水泉、共和两家农民书画院。马积森任校长的中国书画函大靖远矿区分校培养书画骨干900余人。矿区先后出版《靖远矿务区职工书画集》《中国书画函大靖远矿区分校师生书画集》《王家山矿职工书画作品集》《红会四矿职工作品集》。白全仁在香港举办个人书展。吴轼夫、王天祜、邓强、田宏柱出版个人书法作品集。

**美术家协会** 全区有3人加入省美术家协会，16人加入市美术家协会。何建作品入选“民族情”全国书画艺术大展并获优秀奖，入选全国煤炭系统文化节第五、六届书画展。李保平的《乡音》《这块净土》获文化部、中国美协举办的“世界华人书画展”优秀新人奖。孙波油画作品入选全国煤炭系统第五届书画作品展。张爱民作品入选全国煤炭系统第六届书画展。王诏的国画作品被敦煌艺术馆收藏。张鸿仪的梅花中堂被人民大会堂收藏。岳世武在秋田会馆举办个人画展。李保平举办“迎香港回归书画作品展”。岳世武、王宗德、郁振邦、张生林、何建等出版个人书画集，张宏才创作长达62米的《清江叠嶂图卷》。

**摄影家协会** 卫延召摄影作品获全省迎香港回归摄影比赛三等奖。王俊杰的医学摄影在业内有一定影响，2004年获高级摄影师职业技能资格。杨秀花、张临忠、袁怀安、赵宗幸等人的新闻摄影在省市报刊发表。

**音乐家协会** 在第二届中国煤矿艺术节上，魏宏胜、唐桂梅获通俗唱法三等奖，冉玉琴、张琰芹获民族唱法优秀奖，朱耀东获器乐演奏优秀奖并出版全市首张二胡演奏光碟。李建成获全国青年歌手大奖赛甘肃赛区民族唱法二等奖。张巧花获“长庆杯”甘肃省青年歌手大奖赛民族唱法优秀奖。魏宏胜获第二届全国煤矿系统青年大奖赛通俗唱法金奖，多次执导白银电视台春节文艺晚会。赵晓霞编排的舞蹈《激情桑巴》获全市“五个一”工程奖。高志英获省电视台“大戏台”栏目周冠军。

**民间艺术协会** 铜雕与烙画是平川区特有的艺术门类。张志忠苦心钻研铜雕艺术，作品被文化部领导誉为“神艺”。张书仁克服困难，埋头创作，完成的烙画《清明上河图》被上海基尼斯总部认证为最长的纸烙画，参加深圳文博会。张仁铎的木雕、刘建荣的石雕、蔡鹏的泥塑、郁振邦的塑字、张斌的壁画、车亚彬的瓷板画等都有较高造诣。

**黄河石协会** 黄河石好多，珍品琳琅满目。高发珍有“观世音菩萨”“团团圆圆”（大熊猫）、寿星等石，刘建荣有“玄奘西行”“神猴出世”等石，吕兴福有“黛玉葬花”“达摩渡江”等石，刘跃军有“一字石”，锁俊卓有“神龟奇石”，均为黄河石精品。

# 第六章　国防建设

## 第一节　人民武装机构

**平川区人民武装部**　1986年3月29日，白银市平川区人民武装部筹建工作领导小组成立。领导小组下设办公室，主持日常工作。1986年4月，在白银市和白银军分区主持下，接管平川区辖区内的民兵、预备役工作。12月底，平川区人民武装委员会成立。1987年3月18日，中共白银市平川区人民武装部委员会成立。1987年5月，根据甘肃省委、省政府、省军区关于人武部编制规定，平川区人武部为副县级，设正科级的军事科、政工科、办公室。1993年5月，增设军械科。1996年4月1日，根据中共中央、国务院、中央军委《关于县(市、区)人民武装部收归军队建制的通知》，平川区人武部收归军队建制，隶属甘肃省军区白银军分区。归建后，其工作性质和任务不变，为平川区辖区内的军事指挥机关，是同级平川区委的军事部，又是同级平川区人民政府的兵役机关，接受白银军分区和平川区委、区政府的双重领导。人武部编制由副团级升为正团级单位，设军事科、政工科、后勤科。辖4乡3镇4个街道办事处、1个国有企业、11个基层武装部。各基层武装部接受区人武部和本单位党委的领导，负责本单位辖区内的民兵、预备役和兵役工作。

**平川区军事设施保护委员会**　1990年11月28日，区军事设施保护委员会成立，办公室设在区人武部军事科，主要负责辖区内国防设施工程的管理与维护。

**平川区国防动员委员会**　白银市平川区国防动员委员会成立于1995年6月。在白银市平川区政府领导下负责组织、指导、协调平川区辖区的国防动员工作，包括经济与军事、军队与政府、人力与物力之间的关系等。下设白银市平川区国防动员委员会综合办公室、白银市平川区国防动员委员会人民武装动员办公室、白银市平川区国防动员委员会国民经济动员办公室、白银市平川区国防动员人民防空办公室、白银市平川区国防动员委员会交通战备办公室和白银市平川区国防动员委员会国防教育办公室。

**白银陆军预备役防化团三营**　1999年3月，组建成立白银陆军预备役防化团三营。由魏家地煤矿、救护大队、靖电一公司、甘肃矿用电器厂等单位的民兵预编组成，营部设在区人民武装部。

**平川区人民武装部历任军事、政治主官**　平川区人民武装部历任部长为杨仲杰

(1986.05—1995.03)、陈拴科(1995.03—1999.04)、李大荣(1999.04—2002.03)、张志明(2002.04—2006.03)、李鹏(2006.03—2011.04)、杨忠诚(2011.04—)。历任政治委员为张灵厚(1986.05—1989.12)、魏钦孔(1990.01—1993.04)、任务(1993.05—1995.03)、张维清(1995.04—1997.03)、张吉祥(1997.04—1999.03)、蒋国平(1999.04—2001.04)、王小平(2001.04—2004.02)、侯明琦(2004.02—2005.03)、王新生(2005.03—2006.04)、马凯翔(2006.04—2007.04)、王家传(2007.04—2011.09)、王振军(2012.01—)。白银市平川区自1985年建区,按照党管武装原则历届区委书记,兼任区人武部党委第一书记,历届区政府区长兼任区人民武装委员会主任。平川区人民武装部历任党委第一书记为程利基(1986.05—1989.12)、王民强(1989.12—1995.04)、孙晓霖(1995.04—1997.10)、魏兴毅(1997.12—1999.12)、宋秉武(2000.01—2002.03)、万治贵(2002.03—2002.11)、卜发生(2002.11—2009.02)、陈其银(2009.03—2011.09)、贾汝昌(2011.09—)。平川区人民武装委员会(国动委)历任主任为秦伟(1986.12—1992.11)、孙晓霖(1993.01—1995.04)、边恺(1995.04—1997.10)、宋秉武(1997.10—2000.03)、万治贵(2000.03—2002.03)、杨万勤(2002.03—2004.02)、马勤(2004.03—2009.02)、高云翔(2009.03—)。

## 第二节　兵役与人民防空

**兵役**　平川区征兵工作由区人民武装部具体组织实施。实行“阳光”征兵,加大征兵工作透明度,确保征兵质量。坚持做到“四公开”“四公布”“四监督”,即:公开征兵条件、公开征兵指标、公开征兵政策、公开征兵办法;公布预征对象、公布体检结果、公布政审结果、公布定兵结果,征兵工作坚持领导监督、群众监督、上下级监督和纪检部门监督的原则。征兵准备阶段,区、乡两级分别调整充实征兵领导小组,加强对征兵工作的组织领导。从公安、卫生、宣传、民政、教育等部门抽调责任心强、业务精通、素质过硬的干部分别组成宣传组、体检组、政审组,为征兵工作提供组织保障。组织实施阶段,兵役机关严密组织,区直有关部门密切配合,各基层单位大力支持,确保征兵工作顺利进行。经过密切协作、共同努力,取得连续20年无退兵的优秀业绩。1997年,按照上级要求,开展预备役军官授衔工作,共有7人分别被授予上校、少校、上尉和中尉军衔。1995年,人民武装部收归军队建制后,按照白银军分区下达的民兵训练任务,对参训民兵采取分片设点、相对集中的办法进行训练,主要进行队列训练、专业技能训练、轻武器射击和国防教育工作。2003年8月21日,在甘肃煤炭工业学校校园内,举行预备役军人应急征召演练。2004年4月,区民兵应急分队赴市民兵训练基地进行集中训练。2005年5月,区人武部组织红会四矿等单位的高炮分队进行为期15天的军事技能训练,组织参训人员进行枪炮实弹射击。

**人民防空** 人民防空动员是国防动员的重要组成部分,平川区人民防空动员办公室设在区住房和建设局。主要任务是:依据国家有关法律法令,动员社会力量,进行防空设施建设,组建防空专业队伍,普及防空知识教育,组织掩蔽疏散,配合防空作战,消除空袭后果;保护居民、经济设施和其他重要目标安全,减少国家及人民群众生命财产的损失,保存战争潜力。

## 第三节 民兵工作

**队伍建设** 区人民武装部重视民兵整组工作和民兵队伍建设。按照“两个有利于”和“平时能应急、战时能应战”的原则,突出重点,提高质量。先后加强和完善民兵应急分队、高炮分队、专业技术分队、对口专业分队建设。经过调整,区民兵组织基本达到布局合理、编配相符。2002 年 3 月 22 日,在陡城乡召开基层武装部建设及民兵(营)连部、民兵之家正规化建设现场观摩会,以点带面,示范引路,推动全区基层“两部一家”正规化建设。

**农村民兵训练补助** 2002 年,农村民兵训练补助由省政府财政拨款解决。城市民兵训练补助由省、市(州、地)、县(市、区)三级财政分别按 30%、30%、40%的比例负担。

## 第四节 军事设施保护与国防工程管理

**概况** 1976 年 5 月至 1977 年 10 月,驻白银部队在平川境内构筑坚固防御阵地。建成后的国防工程,早期由守备部队维护管理和使用。1986 年,XX 营域国防工程由区水泉乡水泉村农民宋国安担任国防工程管护员。1992 年宋国安去世后,其妻刘忠花接替工程管理。刘忠花认真负责,恪尽职守,维护管理工作连年达到规定标准,工程完好率保持在 98%以上,1993 年被甘肃省军区评为“优秀管理员”,1996 年被兰州军区评为“‘八五’期间国防工程管理优秀管理员”。1997 年,兰州军区动员部在水泉小学召开现场表彰会,当场奖励刘忠花 3000 元。2000 年,刘忠花被总参谋部评为“全国国防工程军民共建先进个人”,并被授予奖章。

**打拉池场站** 始建于 1970 年 6 月,1974 年 12 月竣工。1970 年 7 月,粟裕到打拉池指导机场建设与战备工作,1977 年,根据军事斗争需要进行扩建属二级战备机场。1972 年 7 月,根据兰州军区空军党委命令,组建空军打拉池场站保卫队,代号为 2968 部队。1973 年 5 月,更名为空军靖远场站,临时机构代号为 5484 部队。1974 年 7 月 1 日,正式番号为空军打拉池场站,定为乙种场站。1975 年 8 月 1 日,场站代号改为 86381 部队。1978 年 12 月,场站由乙种场站扩建为甲种场站。1986 年 3 月,场站由甲种场站改为乙种场站。1988 年 5 月 1 日,由打拉池场站改为靖远场站。1994 年 10 月,场站由乙种场站改为丙种场站。21 世纪初移交地方政府管理。航天英雄杨利伟曾在场站从事强击机飞行训练达三年时间，对强击机一往情深。在遨游太空后的访谈中，曾深情地回忆起业余时间读武侠小说及在场站附近山坡上漫步散心的情景。

## 第五节 拥政爱民

**概况** 1994年、1996年、1999年，平川区连续三次被中共甘肃省委、省政府和省军区命名为“双拥模范区”。2003年3月7日，靖远煤业有限公司被中共甘肃省委、省政府和省军区评为全省拥军优属工作先进单位，雄征酒业有限公司董事长张有发被评为“全省拥军优属先进个人”，武警平川中队队长陈丁福被评为“全省拥政爱民先进个人”。

**拥军工作** 区委、区政府先后建立和完善《军地联谊走访慰问制度》和《军地联席会议制度》，坚持定期走访、慰问部队。每逢春节、“八一”节庆，平川区四大班子主要领导都要带领有关部门慰问驻地部队。先后拨款124万元，用于区人武部正规化建设和武器库、民兵训练基地建设；拨款52万元，支持消防中队建设，改善消防装备、训练设施；为武警中队拨款20余万元，改善营房和办公系统，并向武警中队每年拨款2万元，解决指战员的生活、工作中存在的问题。在基层武装部建设中，区委、区政府贯彻中办〔1999〕24号文件精神，坚持按照德才兼备的原则，配强配齐专职武装干部，落实政治待遇。11名乡镇武装部部长全部落实副乡长待遇，进入同级党委班子。计划部门每年拨出一定的农转非指标解决部队随军家属转户口的问题，劳动和人事部门帮助部队随军家属解决就业问题。2002年7月至9月，解放军某部先后三次拉练经过平川，在水泉、陡城等地宿营时，驻地人民群众像当年战争年代一样，把新房让给官兵住，把新鲜蔬菜送给官兵吃。在拥军工作中，共和镇先后为部队送去取暖用煤200多吨，小水村无偿为雷达连提供3333平方米土地种菜，区科技局帮助武警中队建起日光温室。

**拥政爱民** 2001年9月，黄峤乡双铺村山洪暴发，驻平部队积极投身抗洪救灾工作，帮助群众开展生产自救。2002年4月4日，区装饰陶瓷厂1号厂房发生整体坍塌，驻平部队官兵迅速赶到现场清理废墟，营救伤病员。400余名抢险官兵利用手刨、人搬、电锯切、吊装等方法，连续奋战14个小时，救出16名被困职工。共吊移楼板、钢梁600余块，清理废墟2000多立方米。1999年，平川区创建省级卫生城市时，驻平部队先后出动官兵1200人次、车辆60多台次。在城市“三化”活动中，驻平部队和人武部干部、职工，出动兵力500多人次、车辆100余台次。解放军某分队出动车辆50台次、兵力1000人次，整治环境卫生。68381部队还将空余营房无偿支援地方非公有制经济发展，拨出三眼机井，供驻地老庄、兄弟村群众发展农业生产。人武部领导每年帮扶两名贫困学生，支持学生完成学业。武警平川消防中队从2001年起帮扶陡城镇一名残疾人，定期上门打扫卫生，提供生活必需品。驻军部队累计向地震灾区、贫困山区等捐款2万多元。

**退伍军人安置** 本着"妥善安置,各得其所"的宗旨和"从哪里来到那里去"的原则,对历年复员、转业、退伍军人均分别进行安置,安置率达100%。共接收安置退伍军人157人,为城镇退役士兵发放待安置期间生活补助费15.8万元。

**现役军人优抚** 建立240名重点优抚对象的登记、核实、入册、注销制度,做到"册上有名字,生活有人管、思想有人问、难题有人帮"。农村义务兵家属优待金纳入区级财政预算,优待标准达到上年度全区农民人均纯收入水平。对立一等功、二等功、三等功的现役军人,分别奖励1000元、500元、300元。对立一等功、二等功以上的占农业指标入伍的退伍军人优先安置工作。

## 第六节 消 防

**机构** 1985年,区公安局成立消防股。1991年,区机关和乡镇分别建立防火安全委员会、防火安全领导小组。全区确立消防保卫重点单位104个,及时开展企业防火安全合格活动。同时对各乡镇、村企业的厂长经理、安全干部分期分批进行消防业务培训。1996年,创新消防知识竞赛活动,全面培训仓库保管员及运输化学危险品的驾驶员、押运员。2003年,在119消防活动月中,区公安局向各乡镇街道办事处和防火重点单位的法人代表颁发责任书,明确防火安全措施。2004年,在工厂企业单位实行"一厂一卡"制度,在乡镇、街道办事处、村委会、企业开展防火安全验收活动,确保重点单位和要害部位的安全。2005年,组织家庭消防知识大奖赛,开展"119"消防活动,提高全民防火意识。2002年8月12日,武警平川消防中队被授予"甘肃省维护社会稳定模范集体"。

**火灾预防** 区公安消防部门坚持面向基层,面向群众,针对不同时期的火灾形势特点,采取多种形式,宣传消防工作和消防法规,普及消防科技知识,介绍推广消防工作经验,宣传同火灾作斗争的先进事迹,组织居民进行防火安全教育,每年举办2次企事业单位消防知识学习班,召开消防交流会1次。区公安局规定所有企事业单位都必须有一名行政领导任防火负责人,全面负责本单位的消防工作,组织实施防火责任和岗位责任制,要求并授权不同地区和单位可结合各自的特点采取针对性措施。

**火灾及灭火事件** 1996年,发生火灾6起,比上年上升100%,造成经济损失上升78.2%。1997年,发生火灾11起,比上年上升300%,造成经济损失12.62万元。1998年,发生火灾11起,比上年下降27.2%,死亡1人,造成经济损失24万元。1999年,发生火灾16起,比上年上升35.7%,造成经济损失20万元。2000年,发生火灾6起,造成经济损失40.07万元。2001年,发生火灾3起，比上年下降27.2%，造成经济损失1.48万元。2002年，发生火灾6起，比上年下降27.2%，造成经济损失13.38万元。2003年，发生火灾9起，造成经济损失9.228万元。2004年，发生火灾9起，造成经济损失9.76万元。2005年，发生火灾24起，死亡2人，伤1人，造成经济损失56万元。1996—2002年间，中队接警115次，出动车辆180台次，投入兵力768人次，从各种灾害事故中救出24人，1人被评为全国优秀基层干部。在“3·19”打拉池人防工程山洞爆炸事故中，中队官兵4次出入70米长的山洞，救出被困儿童5名。

# 第七章 公安 审判 检察 司法行政

## 第一节 公 安

**机构** 1985年年底，在原靖远县公安局矿区分局的基础上组建白银市公安局平川分局。1990年，升格为副县级建制，归市公安局垂直管理。1987年，区交通监理所划归公安分局管理，更名为平川区公安分局交通警察队。1988年，公安分局设户政股。设置机构为刑警大队、巡警队、缉毒队、行政科、法制科、治安科、通信科、禁毒办、戒毒所、治安队、交警队、看守所、大水头派出所、红会派出所、王家山派出所及共和、水泉派出所(股级)。其后成立电力路派出所、黄峤派出所、兴平派出所。1990年，市编委核定平川公安分局编制干警99名。2005年，在册干警128名，工人13人。先后涌现出一批先进单位和个人。计有全省优秀基层单位2个，全省优秀人民警察1人，全省全市十大杰出青年1人，全市十大优秀警察1人，记二等功个人2人，记三等功集体3个、个人8人。历任局长为李长润（1986.01—1987.04)、王佐兴(1987.04—1990.04)、杨富珊（1993.04—1994.12)、张平斋（1994.12—1998.07)、刘海平(1998.07—2001.07)、李连生(2001.08—2004.08)、姚立群(2004.09—2006.09)、朱克侠(2006.10—)。历任政委为张平斋(1993.04—1993.12)、李得堂(1993.12—1998.07)、张文礼(1998.07—2007.07)、张树云(2007.07—)。

**治安保卫** 1989年，组建治安联防队10个60人，常年巡逻和开展清查工作。1993年，全区共组建治安联防指挥所4个，工作人员17名，治安联防队15个，联防队员499名。1995年，设立治安联防指挥所5个，治安联防队31支共211人，治安室7个46人。1996年，设立治安联防指挥部2个27人，指挥所5个53人。联防组织分布于厂、矿、居民及公共复杂场所，常年守护巡逻，起到较好防范作用。协助公安机关破案45起，抓获违法犯罪人员65名，缴获赃款14129元。1997年，设立治安联防队15个86人。1998年，设立治安联防队289个865人。1999年，设立治安联防队381个1213人。2002年，设立治安联防队74个292人。2005年，全区有联防队32支共214人。此外,全区有治保会102个,治保小组106个。

**户籍管理** 1949年9月区境解放。1950年春,原靖远县公安局制定《城市工作初步计划》,对城市户口管理作出明确规定:对居民进行户口注册登记,对常住户实行门牌编号管理,并成立居民组织结构。1964年第二次人口普查后,县、社、队三级建立户口登记制度,县公安部门直接管理城镇非农业人口,公安部门授权社队管理农业人口。对人口出生、死亡随时登记注销,迁出、迁入严格实行迁转手续。同时经常坚持四项变动登记注册、年终汇总上报制度。1986年平川分局成立后,户政工作设专门办事机构(含治安股、科)办理户口登记、迁移等业务,兼办身份证的制证、发证、管理业务。8个城镇派出所和35个农村派出所都有专管户口和居民身份证的户政民警。1989年,户政工作部门对全区暂住人口进行清理整顿,签发暂住证1.1万人。暂住人员底数基本清楚,并逐步走向正规化管理。1996年,在常住人口的管理上,重点开展人口数据微机管理的输入、十年期满居民身份证的换证及16周岁以上公民的申领身份证工作。全年核发暂住证4142人,查获暂住违法犯罪人员182人。1997年,全年办理身份证11047人,核发暂住证2988人。1998年,完成27600户101000人的身份证换发工作,完成居民身份证制发任务9417人,清理居民身份证重号725人、错号28人。聘请暂住人口协管人员13人,建立暂住人口登记、发证、收费管理等规章制度。1999年,清查暂住人口7736人,登记率100%,采集流动暂住人口试点通过验收。2000年,清理暂住人口12203人,核发暂住证1450人。2001年,清查暂住人口4825人,审查流动暂住人员2500余人,查验居民身份证2120人,查验暂住证和其他有效证件1350人,对婚嫁外迁的537人办理迁户手续,换发户口本294人,解决漏报1124人的户口问题,做到村不漏户、户不漏人。2002年,清查登记暂住人口4448人,从中列管重点人口6人。2003年,清查暂住登记人口4177人,从中破获刑事案件2起,查处治安案件31起。2004年,执行公安部户籍管理七项便民措施,推进户籍制度改革。重点开展换发第二代身份证的户口核对工作,共核对户口5万多户。2005年,审批办理各类户口1611户2222人,办理身份证件7466人,登记暂住人口4342人。

**交通管理** 平川区交警大队为科级建制,有交通民警14人。大队下设行政内勤股、安全宣传股、车辆管理股、公路巡警队、城区中队,并设立平川机动车驾驶员服务中心。大队主要负责全区4乡3镇4个街道办事处以及靖远电厂、靖远矿务局、区属及驻平各单位车辆管理、驾驶员管理、辖区交通秩序管理。管理路段有:国道109线40千米(1516千米+1556千米),省道308线一条61.6千米,矿区专运线七条42千米,城区主干道10条19.5千米,县乡道路4条103.19千米。辖区共有各类机动车10561辆,驾驶员15410人。管辖人口18万人,公路沿线学校18所,学生7800多人。交警大队1998年通过省总队二级达标,1999年晋级为一级达标单位。大队建有五层交通指挥楼一幢,面积15000平方米,建有锅炉房、洗澡间、民警食堂等配套设施。现有交通业务管理用车7辆。拥有微机、打印机，摄像机、放像机、数码相机、交通事故勘察箱、医疗救护箱、电视机、发电机、现场照明灯、路障灯等常用工作设备。

### 1996—2005年平川区交通事故情况统计表

表3-2

| 年 度 | 事故起数(起) | 死亡人数(人) | 受伤人数(人) | 经济损失(元) |
|---|---|---|---|---|
| 1996 | 12 | 11 | 1 | 16500 |
| 1997 | 5 | 2 | 3 | 2000 |
| 1998 | 13 | 7 | 25 | 24800 |
| 1999 | 31 | 17 | 33 | 155055 |
| 2000 | 87 | 19 | 112 | 238271 |
| 2001 | 81 | 22 | 87 | 298570 |
| 2002 | 101 | 29 | 113 | 274830 |
| 2003 | 109 | 35 | 206 | 400000 |
| 2004 | 121 | 29 | 221 | 150000 |
| 2005 | 130 | 23 | 165 | 65800 |

**特种行业管理** 1996年，对全区336家公共场所和102家特种行业逐个进行登记并建立健全各项规章制度。通过整顿，换发证件366家，查封存在问题的13家个体旅店。1997年，先后对108家特种行业和公共场所进行整顿，检查整顿存在问题的10家，整改安全隐患12件，查获淫秽物品案件1起26人，收缴录像带5盘、放像机4台、电子游戏机12台，签订治安案件责任书323份，设立治安室21个83人。1998年，加强特种行业管理，进一步推进行业许可证制度，先后整顿文化音像市场、废旧金属物品市场。1999年，在全区309家公共场所和102家特种行业进行“依法经营，安全经营”教育，并举办两期890人参加的培训班。2000年，清理娱乐服务场所1188家，关闭19家游戏厅，吊销治安许可证54家，停业整顿20家，限期整改59家，检查中拆除包间4间、隔断10处、房中房9间、不透明门窗31处、反锁装置26处，按摩及美容床17张。2001年，取缔无证经营场所4家，开展整顿和规范歌舞娱乐服务场所专项行动，对硬件不合要求的19家进行整改。2002年，重新核发特种行业许可证，查改隐患，签订责任书100余份，查处黄赌案件8起，治安处罚10人。2003年，以“从严管理，管严放活”为原则，共查处案件4起，打击违法人员11名。2004年，全面登记行业场所及业主，加大行业主及从业人员的培训力度，举办培训班3期，完善行业档案170份。同时，加强日常检查力度，开展专项行动，严厉打击行业场所中的赌、黄等社会丑恶现象。

**监所劳改** 平川区看守所始建于1986年6月，1987年4月竣工，羁押依法逮捕、刑事拘留者,监管被判处有期徒刑一年以下,或者余刑在一年以下,不便送往劳动改造场所执行刑罚的罪犯。多年来,监所设施、管理制度日臻完善,监所安全和侦查、预审、审判工作得到保障。看守所看管人犯(羁押管理)实行人道主义,开设医务室,配备一名医务人员,购置常用药物为其服务。所内建有淋浴室,改善卫生条件。2005年,区看守所制定看管人犯"三清"(交接班时交清监房钥匙,点清人数,讲清人犯情况)"三勤"(勤巡逻,勤观察,勤思考)制度。

**靖远矿务局公安处** 成立于1988年4月29日,行使县级公安机关的职权(户口、外事及边境通行审批除外),编制200人。2005年,对外称靖远矿务局公安处,对内称靖煤公司公安处。下设治安科、经济民警大队、消防大队等10个业务科队,在红会一矿等16个二级单位设立保卫科,在水泥厂、公司一中等9个单位和学校配备公安专干。全处共有453人,其中公安民警234人、经济民警194人、消防队员22人;各类专业技术人员108人。处机关111人中有公安民警75人、经济民警11人、消防队员22人。公安处主要承担煤业公司和各二级单位的办公设施、生产设施、设备的保卫、执勤任务以及维护矿区周边地区公共安全的重要任务,同时也担负着公司和各二级单位综合治理委员会办公室、禁毒委员会办公室、维护稳定领导小组办公室、反邪教领导小组办公室、爆炸物品安全管理委员会办公室、消防委员会办公室等6项具体业务工作。实行两级管理,基层保卫科、公安专干的人事、财务归所在单位管理,公安保卫业务归公安处管理。

## 第二节 审 判

**机构** 平川区人民法院于1985年10月成立。1986年,设办公室、刑事审判庭、民事审判庭、经济审判庭、执行庭。1987年10月,增设宝积、红会、王家山三个基层人民法庭。1989年10月,增设行政审判庭。1992年,增设种田乡人民法庭,同时红会、王家山法庭改称共和人民法庭和水泉人民法庭。历任院长为袁显祖(1986.03—1990.01)、刘有华(1990.01—2000.10)、张生义(2000.10—2010.12)、陶丽莉(女)(2010.12—)。区人民法院先后有6人次获全省法院系统"先进个人"称号。2000年,区人民法院被省高院评为"全省司法警察系统标准化达标先进单位"。

**审判业务** 1986年,区人民法院审理刑事案件40件74人,其中判处有期徒刑36人。1987年,审理刑事案件47件66人,其中判处有期徒刑56人。1988年,审理刑事案件40件64人,其中判处有期徒刑42人。1989年,审理刑事案件72件118人,其中判处有期徒刑94人。20世纪80年代,包办婚姻、私婚、早婚、订娃娃亲等现象仍然存在,区人民法院在1986年至1990年间,共判离婚案403件,占同期民事案件的66.1%。这一时期要求离婚的因素以私婚、早婚居多,法院坚持以调解为主。1990年,审理刑事案件80件139人,其中判处有期徒刑100

人。1991年,审理刑事案件77件135人,其中判处有期徒刑115人。1992年,审理刑事案件97件158人,其中判处有期徒刑138人。1993年,审理刑事案件89件142人,其中判处有期徒刑111人。1994年,审理刑事案件90件162人,其中判处有期徒刑116人。1995年,审理刑事案件101件47人,其中判处有期徒刑109人。1996年,受理各类案件775件,其中刑事案件96件、民事案件359件、执行案件320件。1997年,受理各类案件842件,其中刑事案件72件、民事案件414件、执行案件356件。1998年,受理各类案件853件,其中刑事案件90件、民事案件403件、执行案件360件。1999年,受理各类案件913件,其中刑事案件83件、民事案件453件、执行案件377件。2000年,受理各类案件1157件,其中刑事案件88件、民事案件762件、行政案件5件、执行案件302件。2001年,受理各类案件1284件,其中刑事案件104件、民事案件781件、行政案件8件、执行案件391件。2002年,受理各类案件1154件,其中刑事案件89件、民事案件733件、行政案件15件、执行案件317件。2003年,受理各类案件1170件,其中刑事案件83件、民事案件874件、行政案件5件、执行案件208件。2004年,受理各类案件1067件,其中刑事案件78件、民事案件613件、行政案件3件、执行案件373件。2005年,受理各类案件968件,其中刑事案件72件、民事案件666件、行政案件9件、执行案件221件。

### 1986—2005年平川区人民法院受理案件统计表

表3-3

| 年度 | 总数 | 刑事 | | 民事 | | 行政 | 执行 |
|---|---|---|---|---|---|---|---|
| | | 案件数 | 人数 | 总数 | 婚姻家庭 | | |
| 1986 | 133 | 40 | 74 | 93 | 63 | | |
| 1987 | 178 | 47 | 66 | 131 | 88 | | |
| 1988 | 142 | 40 | 64 | 102 | 65 | | |
| 1989 | 184 | 72 | 118 | 112 | 75 | | |
| 1990 | 251 | 80 | 139 | 171 | 112 | | |
| 1991 | 239 | 77 | 139 | 162 | 103 | | |
| 1992 | 257 | 97 | 158 | 160 | 109 | | |
| 1993 | 283 | 89 | 142 | 194 | 114 | | |
| 1994 | 230 | 90 | 162 | 140 | 86 | | |
| 1995 | 377 | 101 | 147 | 276 | 210 | | |
| 1996 | 775 | 96 | 102 | 359 | 188 | | 320 |
| 1997 | 842 | 72 | 85 | 414 | 198 | | 356 |
| 1998 | 853 | 90 | 104 | 403 | 230 | | 360 |
| 1999 | 913 | 83 | 142 | 453 | 286 | | 337 |
| 2000 | 1157 | 88 | 94 | 762 | 310 | 5 | 302 |

续表 3-3

| | | | | | | | |
|---|---|---|---|---|---|---|---|
| 2001 | 1284 | 104 | 147 | 781 | 226 | 8 | 391 |
| 2002 | 1154 | 89 | 131 | 733 | 270 | 15 | 317 |
| 2003 | 1170 | 83 | 124 | 874 | 289 | 5 | 208 |
| 2004 | 1067 | 78 | 99 | 613 | 213 | 3 | 373 |
| 2005 | 968 | 72 | 92 | 666 | 321 | 9 | 221 |

**基础设施建设** 2003 年,改造旧办公楼并新建审判法庭、机关大门,维修水泉、共和两个基层法庭。2005 年,建成计算机局域网,在法律文书制作、人事管理、司法统计、财务等工作中应用计算机。同年,于人民广场北侧新建法院审判大楼,并建成水泉、共和两个基层法庭办公楼。区人民法院基础设施建设达到最高人民法院颁布的《人民法院法庭建设标准》。

## 第三节 检 察

**机构** 1985 年 10 月,平川区人民检察院成立。1987 年,检察院内设秘书股、刑事检察股、法纪检察股、经济检察股、监所检察股、控告申诉检察股。1996 年,检察院内设刑事检察科、贪污贿赂检察科、税务检察室、法纪检察科、控告申诉检察科、监所检察科、刑事技术检察科、民事行政检察科、办公室、政工科。1998 年 5 月,按照"精简、统一、高效"原则,检察院撤销原设机构,重新设置办公室、纪检监察科、审查批捕科、审查起诉科、检察技术科、反贪污贿赂局、反渎职局、民事行政检察科、监所检察科、控告申诉检察科(举报中心、赔偿办公室)、法警大队。2002 年 6 月,内部机构改设为办公室、侦查监督科、公诉科、反贪污贿赂局、渎职侵权检察科、检察技术科、民事行政检察科、监所检察科、控告申诉检察科、法警大队。2005 年,全院有干警 47 人。历任检察长为张平斋(1985.12—1993.03)、刘同国(1993.02—1996.03)、张福海(1996.03—2005.12)、王扶东(2006.01—2006.12,代检察长)、王云命(2007.01—2010.12)、魏正武(2010.12—)。

**反贪污贿赂** 坚持"一要坚决,二要慎重,务必搞准"的原则,查办贪污贿赂案件。

**反渎职侵权** 把查处"渎职""侵权"犯罪案件作为保护人权、促进严格执法、推动反腐败斗争的主要内容。

**刑事检察** 把维护社会稳定作为首要任务,开展"严打""打击两抢一盗""打黑除恶"等专项整治行动,与公安、法院配合,发挥批捕、起诉职能作用,从重从快严厉打击各类刑事犯罪,为经济发展创建稳定的社会环境和良好的法治环境。

**控告申诉检察** 落实首办责任制和检察长接待日制度,改进执法作风,提高办事效率,接待来访群众,处理控告申诉问题,化解社会矛盾。

**监所检察**　1986年1月后，对判处死刑立即执行的罪犯，区检察院派特派员协助白银市检察院一道赴刑场监督执行；对处以死刑缓期执行和判处其他徒刑的罪犯，除协同市检察院处理外，属区检察院执行权限以内的，督促按照法定时限和手续交付劳动改造机关执行或以其他方式执行；对已被捕而又免除刑罚或宣告无罪的被告人，督促立即给予释放；对留看守所执行刑罚和判处拘役、管制、缓刑以及假释、保外就医的罪犯，刑期届满的督促按时予以释放或解除刑罚。同时加强对看守所日常监管活动的监督，切实纠防超期羁押，维护在押人员的合法权益，确保刑事诉讼活动正常进行。

**民事行政检察**　开展对民事审判和行政审判诉讼活动的监督，坚持"敢抗、会抗、抗准"原则，认真审查不服法院民事行政的判决和裁定，平等保护各类主体的合法权益。对确有错误的判决和裁定坚决抗诉，对合法的判决和裁定全面做好当事人的服判息诉工作，维护法律权威。

**队伍建设**　区人民检察院以建设一支"政治坚定、业务精通、作风优良、执法公正"的检察队伍为目标，始终坚持"依法建院，从严治检"方针，开展各种专项教育活动，队伍素质稳步提高，执法能力明显增强，法律监督工作成效明显。1999年被甘肃省人民检察院命名为"五好检察院"和全省检察机关"人民满意的检察院"，2000年被最高人民检察院命名为全国检察机关"人民满意的检察院"，2001年被甘肃省人民检察院记集体一等功一次。1996—2005年，区检察院有2人获全省检察系统先进个人，被甘肃省人民检察院记一、二等功各1人。

**基础设施建设**　区人民检察院根据最高人民检察院关于基层检察院"两房"基础设施建设达标的总体要求，于2001年9月在中区开发区建成2430平方米的业务技术办公大楼。2002年被省人民检察院、最高人民检察院命名为计划财务装备工作"先进集体"各一次。

## 第四节　司法行政

**机构**　1985年，平川区司法局成立，下设办公室、宣教股、基层股、公证处、律师事务所。1986年，五乡一镇设立司法所、法律服务所，并配备助理员。1995年，全区有司法助理员9名。后因职能增加，增设区政府法律事务科(加挂区法律援助中心牌子)、"148"法律服务专线工作领导小组和协调指挥中心、刑满释放和解除劳教人员安置帮教工作领导小组办公室等机构。2005年，有司法助理员21人(不含各司法所和外聘人员)。通过争取中央国债资金，建成宝积乡、王家山镇、共和镇三个司法所。各司法所共有司法助理员35名。共和乡法律服务所因业绩突出，1991年11月达到部颁标准，被省司法厅颁给合格证书，1992年被司法部命名为"全国优秀法律服务所"。种田乡司法所于2004年被司法部和全国残联授予"残疾人维权示范岗"称号。电力路司法所于2005年被司法部命名为"全国优秀司法所"。

**普法工作** 1996年，全区开始实施《关于在全区公民中开展法制宣传教育的第三个五年规划》（“三五”普法）。1998年，制定第二个《依法治区规划》，并将普法领导小组及普法办的职能并入依法治区领导小组及其办公室，将法制宣传教育和法制实践相结合，对普法依法治理工作进行统一领导。全面推行行政执法责任制和审判、检务、警务公开理念，规范行政执法证、行政执法监督证、行政处罚资格证“三证”管理工作。开展综治、煤炭、城建、集贸市场、盐务工作的专项治理，集中开展村务公开和农民减负工作，开通“148”法律服务专线，在各中学实行法制副校长制度，举办全区干部法律知识考试。多次开展送法下乡、送法进社区、“民主法治示范村”创建和乡村干部法制政策教育培训活动。2001年11月，开始实施以“由提高全民法律意识向提高全民法律素质的转变，由注重依靠行政手段管理向注重运用法律手段管理的转变”（“两个转变、两个提高”）为目标的“四五”普法。通过清理行政审批事项，开展集中执行年、审判质量年活动，推行检务公开、政务公开、收费公示、法律文书审查制以及建立完善执法公示制、执法责任制和执法过错责任追究制等措施，依法行政和公正司法得到明显加强。同时，在全区推进选举、决策、管理、监督的“四民主”和村务、财务的“两公开”工作。2005年，“四五”普法工作通过中央和省、市的考核验收。

**公证工作** 1986年4月，成立平川区公证处。1995—2005年，区公证处共办理各类公证事项9926件，其中民事类1822件，经济类8104件。完成公证收费107560元，制止不法经济活动并拒绝公证257件，为当事人挽回经济损失1000多万元。

**律师工作** 1986年3月，区司法局内设平川区法律顾问处。1988年10月，更名为白银市平川区律师事务所。1995年，更名为白银市长征律师事务所。有注册律师11人（含外聘兼职律师），其中四级律师10人、三级律师1人。1995—2005年，律师事务所共办理刑事辩护及代理95件，代理民事案件416件、经济案件322件、行政诉讼36件，非诉讼代理139件，年均担任法律顾问4家，代书1300余份，完成业务收费46万余元。

**基层法律服务** 2002年，区司法局根据部颁规章对全区11个乡镇街道的法律服务所进行整顿规范。通过清理，撤销10个达不到法定从业人员数量的服务所，仅保留宝积路1家法律服务所。

**“148”法律服务专线** 1999年，区司法局成立“148”法律服务专线工作领导小组和协调指挥中心，开通寓意为“要司法”的“6625148”法律服务专线电话，为群众义务解答法律咨询并接待来访。2001年，在电力路街道司法所开通“6781148”专线电话。至2005年，共解答群众电话法律咨询2635人次，接待群众来访682人次。

**人民调解** 1986年，全区各村成立人民调解委员会。2004年，为维护社会稳定，区司法局对各人民调解委员会进行整顿，将一批有文化、懂政策、能力强、素质高、办事公正的中青年群众吸收到民调组织中,使334名民调员队伍的知识层次明显提高、年龄结构更为合理。高中中专以上文化程度的达到56.4%,平均年龄比调整前下降11岁。在全区成立11个乡镇、街道调解委员会,有65人被聘为乡镇、街道人民调解员。同时,按照司法部《关于人民调解工作的若干规定》的要求,统一印发卷宗封面及目录、调解申请书、民间纠纷受理登记表、调查笔录、调解笔录、人民调解协议书、回访记录等7种调解文书,使各人民调解委员会基本实现印章、名称、标识、标牌、程序、文书“六统一”。首家推行并坚持调委会法律顾问制,由包片律师对调解工作中出现的问题及时进行纠正、帮助和指导,实施《人民调解员培训方案》,提高人民调解员素质。落实区月排查、乡镇(街道)旬排查、社区(村)周排查的制度,定期组织开展疑难、复杂纠纷的专项排查调处,对排查出来的民事纠纷和社会不安定因素制订调处预案,进行疏导、调处,确保纠纷不激化、矛盾不上交。1995—2005年,组织调解各类纠纷6785件,调解成功6496件,调成率96%。

**刑满释放和解除劳教人员安置帮教** 1999年,刑满释放和解除劳教人员的安置帮教工作从公安机关移交司法行政机关。区司法局成立安置帮教工作办公室,在全区11个乡镇、街道全部成立安置帮教工作站,具体负责安置帮教工作。各社区、村委会成立帮教小组,具体落实帮思想、教法律,帮工作、教技术,帮生活、教做人的“三帮三教”任务。同时,对全区接受的321名“两劳”回归人员严格执行衔接和备案登记制度,做到即时登记、一人一档,其中刑满释放人员249名、解除劳教人员72名。先后对297名回归人员进行有效安置,其中落实责任田135人、安排到企业重新就业31人、帮助鼓励自谋职业84人、落实低保待遇47人。

# 第八章 社会事务管理

## 第一节 民 政

**机构** 1985年11月,平川区民政局成立,主管全区民政工作。1990年1月,成立区勘定区域界限办公室,与区民政局合署办公。1998年,区民政局增设城市居民最低生活保障办公室,负责全区城市低保工作。2003年10月,区老龄办整建制划入区民政局,具体负责全区老龄工作。2004年后,为适应全国经济社会发展和人民群众的迫切需求,区民政局新增农村大病医疗救助工作、城市大病医疗救助工作等几项业务。同年,又增设流浪乞讨、生活无着人员社会救助站。至2005年年底,区民政局内设机构有区双拥工作领导小组办公室(正科级建制)、区老龄工作委员会办公室(正科级建制)、区勘定行政区域界线办公室(副科级建制)、区城乡最低生活保障办公室(副科级建制)、办公室、救灾救济股、优抚安置股、基层政权与社区建设股、民间组织管理股、婚姻登记室、财务室等。有干部职工24人,行政编制6人,事业编制18人。

**双拥优抚** 2005年,全区有各类优抚对象7211人,其中西路红军老战士3人,“三属”35户137人,现役军人家属396户1234人,复员军人126人,退伍军人5620人,革命残疾军人91人。接受军休干部2人,安置退伍军人350人。区民政局坚持“思想上有新高度,军地共建有新突破,互办实事有新成效,优抚安置有新发展”工作方针,开展以创建“双拥模范城”“双四好”和“联片创建沿黄双拥模范长廊”为主要内容的双拥活动。对照《军人抚恤优待条例》,落实各类优抚对象的优待抚恤标准。建立优抚标准自然增长机制,优抚标准逐年提高。其中在乡老复员军人定补标准165元/月,农村义务兵家属优待实现统一标准、统一发放,优待面100%。2005年,优待标准为1680元。在开展“爱心献功臣活动”中,全区共结成帮扶对子40对,筹措社会帮扶资金5万元、地方财政专项资金47万元。推进安置改革,拓展就业渠道,实施自谋职业、货币安置和培训服务等一系列改革举措,使城镇退役士兵安置成果得到明显巩固。

**社会福利事业** 按照国家民政部“星光计划”项目建设的“四个统一”要求,全区落实“星光计划”建设项目27个,投入建设资金498万元。建成社区“老年福利服务站”23个,老年福利服务中心4个。活动场所实现有服务设施、服务项目,有管理制度和管理人员的目标要求。先后发行即开型福利彩票78万元,筹集公益资金8万元。

**老龄工作** 开展争创老龄工作先进县活动,理顺老龄工作管理体制。开展老年维权活动,高龄老人生活补贴和老年人优待政策得到较好落实。编制完成《平川区老龄事业发展“十一五”规划》,将老龄工作纳入经济社会可持续发展战略计划,安排制定老龄各项工作和长远发展的具体方案。全区现有60岁以上的老年人13408人,占全区总人口的6.8%,其中90~94岁的高龄老人51人,95岁以上的高龄老人6人。

**城乡社会救助** 以城市低保、五保供养、大病医疗救助、农村特困群众救助为主要内容,制定出台《白银市平川区完善和推进城乡社会救助体系的意见》,成立白银市平川区城乡社会救助体系建设工作领导小组,城市低保工作得到进一步规范。2005年,全区共有城市低保对象4613户12817人,占全区非农业人口的13.1%。2001年后,累计发放低保资金3776万元,有4.5万人享受城市低保,月人均补差标准由2001年的40元增加到2006年的81元,基本实现动态管理下的应保尽保。先后出台《白银市平川区农村特困群众救助办法》《白银市平川区农村特困群众医疗救助暂行办法》和《白银市平川区城市特困群众医疗救助暂行办法》。区财政每年按照每人1元的标准列支配套资金19.5万元,特困群众的看病难问题得到较好解决。同时,贯彻落实新的《农村五保供养工作条例》,农村五保老人实行财政供养,供养标准每人每年600元。将所有农村五保老人纳入医保,每人每月按照5元的标准发放医保资金。全区有农村敬老院2个,设置床位18张。

**勘界工作** 1990年,区勘界办公室,会同邻近县(区)开始勘定边界,至1991年4月,勘定甘宁省界白银市平川区与海原县的全部界线,全长69千米。1992年6月至1993年3月,勘定市内会宁县与平川区全长32千米界线。1992年8月至1993年7月,勘定市内景泰县与平川区全长9千米界线。1992年8月至1995年12月,勘定市内靖远县与平川区全长288千米界线。至此,全区涉外边界线已全部勘定,总长398千米。1991年4月,平川区与海原县界线勘定后,海原县盐池乡团庄村与平川区共和乡焦口村因芝家井水源利用问题发生纠纷。经过双方共同努力,于1992年7月21日签订《关于解决芝家井水资源利用问题的合同书》。该合同书形成如下条款:为充分利用水资源,发挥水的最大效益,决定芝家井水源由焦口村阎高崖社永久使用;在水源处要留出牲畜饮水;在芝家井除阎高崖社外其他任何村社或个人不能打井,采取任何找水措施;由焦口村付给团庄村现金6.6万元。

**地名工作** 从1992年6月起,区民政局历时半年对全区地名进行补查和资料更新工作。经过补查,全区共查出行政区划和居地名称、自然地名、人工建筑名称、交通名、革命纪念地名、名胜古迹等各类地名885条,填写《地名补查和资料更新成果表》161张,标绘1:50000比例式地名图13张。1993年8月30日,区政府对城镇街道进行命名,共命名37条新地名,并对城镇居民住房和单位按顺序编号,钉牌标识。

**救灾救济** 2002年后,区境出现以干旱为主,伴有低温冷冻、冰雹、暴洪、大风的多种自然灾害。连续四年大旱,受灾范围广,持续时间长,损失严重。至2005年,全区因多种自然灾害造成经济损失1.8亿元。制定出台《白银市平川区自然灾害应急救灾预案》和《白银市平川区农村自然灾害救灾应急救助办法》,建立救灾资金专户储存和管理使用办法,提高灾害紧急救助能力,保障灾区困难群众的基本生活。共安排救灾资金518万元(区财政列支35万元),购买面粉20000袋(50万千克),累计救助困难群众7.8万余人次。争取灾民建房资金30万元,为100户灾民修建住房。努力扩大社会捐助与参与面,共接收、发放社会捐助资金40余万元、面粉5万千克、彩电90台、衣被18万件。

**基层政权及社区建设** 1992年后,平川区完成五次村委会换届选举工作,58个村普遍建立村务公开制度,民主选举、民主决策、民主管理和民主监督水平均有所提高。1998年,《中华人民共和国村民委员会组织法》颁布实施,平川区进一步完善村务公开民主管理制度,强化组织机构建设,加大财务公开力度和村民监督力度,广大村民的知情权、参与权、监督权得到较好落实。全区创建全市村民自治示范乡镇5个、示范村37个。2001年,因地制宜、科学合理划分社区,将全区原有的36个居委会调整为23个社区居委会,调整后的社区居委会管辖范围平均1300多户,社区资源得到较好整合。2004年,新型城市基层管理体制基本建立,社区基础设施和制度建设不断完善,已建立各类服务网点110个。社区志愿者队伍发展迅速,有志愿者近1500人。

**民间组织管理** 各类民间组织特别是农村专业经济协会和农村股份合作组织方兴未艾。区民政局坚持培育发展和监督管理并重的原则,采取切实可行的办法和措施,促使其健康发展。2005年底,全区有各类民间组织24家,其中社会团体18家,民办非公有制企业单位6家。18家社会团体中,有农村专业经济协会7家。

**平川区慈善会** 平川区慈善会是经区委、区政府批准,依法注册登记,由热心慈善事业的公民、法人及其他社会组织志愿参加的全区性非盈利公益社会团体,成立于2005年6月28日,有会员121人。其最高权力机关是会员代表大会,执行机构是理事会,理事会每届任期五年,每年召开一次理事会,常务理事会由会长召集,每年召开一次。首任慈善会会长为李强国,副会长为房忠、赵得昌、张茂荣、丁玉平、张玉宝。慈善总会成立后,倡导慈善意识,开拓服务领域,动员社会力量,多方筹措慈善资金,在扶贫济困、安老助孤、支教助学等方面配合政府有关部门开展工作。定向扶助响泉村老年活动中心、万庙村老年活动中心,先后救助家庭困难学生100名。配合"蓝天行动"送光明医疗队为4名白内障患者开展复明手术。2006年,救助困难群众107人,总计发放善款90300元。2007年,救助困难群众71户,总计发放善款17600元。宏达煤矿董事长万生东、中区房地产开发有限公司董事长房忠获"中华慈善事业突出贡献奖"及"中华慈善人物奖"。

## 第二节 劳动人事

**机构** 1987年3月,成立区劳动服务公司。1987年9月,成立区社会劳动保险局。1990年6月,成立区就业服务局。1996年5月,区劳动局人事局分设。1998年8月,区劳动局更名为区劳动和社会保障局。2002年4月,区人事局、劳动和社会保障局合并为区人事劳动和社会保障局。1996年11月,成立区劳动争议仲裁委员会,赵瑞霖任主任,下设办公室,冯成美兼任办公室主任,后由主管劳动的副区长更替接任委员会主任,指导全区劳动争议的预防、调解、仲裁和劳动合同鉴证工作,处理劳动和社会保障行政复议和行政诉讼案件。1997年4月,成立区劳动保障监察大队,主要检查用人单位遵守劳动保障法律、法规和规章制度情况,督促用人单位贯彻执行,受理违反劳动保障法律、法规和规章行为的举报、投诉,并依法纠正其行为。1996年7月,成立人才交流服务中心。1995—1999年,贯彻"统筹安排、加强重点、兼顾一般","学以致用,人尽其才"的方针,凡按照国家任务计划招收的毕业生报到后基本按照所学专业安排到对口单位工作。从2000年开始,按照"国家宏观调控,各级政府和学校推荐,学生和用人单位双向选择”就业方针，鼓励大中专毕业生自谋职业、自主创业或到民营企业就业。共接收各类毕业生1812人，政府聘用90人，向民营企业推荐就业2500多人次，自谋职业、自主创业285人。1996年1月至2002年5月，区社会保障局、养老服务中心、就业局合署办公。2002年6月，区社会保障局、养老保险服务中心、就业局合并为区社会保险服务中心，经办基本养老保险、失业保险、基本医疗保险、工伤保险、生育保险等各项社会保险的参保登记及基金征缴预决算、各项社会保险待遇的支付业务。1997年10月，成立区解困再就业服务中心。1998年8月，更名为区劳动力市场，主要提供求职登记、劳动用工需求登记等服务，为下岗失业人员办理失业证、再就业优惠证等证件。1987年8月，成立区劳动就业培训中心，主要承担全区劳动力就业技能培训工作。

**职工工资** 平川区成立后，部分由靖远县调入职工的工资由靖远县劳动人事局套改，由靖远矿务局及其他企业单位调入的职工工资由区劳动人事局套改。同时根据省财政厅、教育厅有关文件精神，提高民办教师工资待遇。1985年3月，根据省人事、劳动、财政等有关部门的文件精神，确定平川区调整为十一类工资区，确定知识分子、老职工补助为每月15元。1988年，确定区企事业单位职工每人每月享受12元高寒津贴。1990年，根据省财政、劳动、计划等部门的有关文件精神，全区行政事业单位920名职工普调工资。当年，人均月工资达到104元。1992年11月，平川区执行每年每人40元的冬季宿舍取暖补贴。1993年，根据省人事、财政等部门的文件精神，职工高原临时补贴由每月12元调整为每月20元。11月，进行建区以来第二次大的工资调整，参加人数2130人，调整后的人均工资达到329元。1994年4月，为全区303名民办教师提高工资待遇。1995年12月，机关、事业单位正式工作人员中，凡1993年10月1日工资改革后两年考核结果均为称职(合格)以上的人员，从1995年10月1日起在本职务所对应的工资标准内晋升一个工资档次。1997年10月，机关行政人员基础工资标准每人每月平均提高20元，事业单位人员职务工资标准平均提高14元。1999年7月，机关行政人员基础工资标准每人每月平均提高70元，级别工资标准平均提高45元。事业单位人员基本工资标准平均提高123元。10月1日起适当增加离退休费，离休人员按同职务在职人员晋升一个工资档次的增资额增加离休费，每月低于25元的按25元增加，退休人员每人每月增加20元退休费。2001年1月，根据国务院、人事部、财政部等有关文件精神，机关行政人员基础工资每人每月平均提高50元，级别工资平均提高45元，事业单位人员职务工资平均提高92元。2001年2月，国务院批准平川区为艰苦边远津贴一类区，平均每人增资43元，离退休人员增加离退休费，离休人员每月低于100元的按100元增加，退休人员按80元增加退休费。10月，根据国务院、人事部、财政部有关文件精神，机关行政人员职务工资平均提高74元，事业单位人员基本工资平均提高70元，离休人员每月低于80元的按80元增加离休费，退休人员每人每月增加50元退休费。2003年7月,根据国务院、人事部、财政部等有关文件精神,机关行政人员职务工资标准平均提高47元,事业单位人员基本工资标准平均提高42元,离休人员增加离休费,每人每月数额不足50元的按50元增加,退休人员凡截止退休时工作年满20年及以上的按50元增加退休费,19年及以下的按35元增加退休费。9月,国务院批准平川区艰苦边远地区由一类区调改为二类区,艰苦边远地区津贴由平均每人每月43元调整为平均每人每月86元。

**职称评聘** 1987年4月,全区开始职称改革。2005年,全区事业单位14个系列2318名专业技术人员取得任职资格,其中副高级职务(中学高级职务、副主任医师、高级农艺师)60人,中级职务(中学一级教师、小学高级教师、主治医师、主管医师、主管检验师、主管药师、农艺师、畜牧师、兽医师、农机工程师、林业工程师、水利与水保工程师、经济师、工程师、新闻编辑、体育教练)685人,助理级741人,员级832人。

**劳动管理** 1995年1月1日,《劳动法》颁布实施,全区全面推行劳动合同制度,劳动者与用人单位依法确立劳动关系,订立劳动合同,及时签订、续订、变更、终止和解除劳动合同。劳动合同内容包括《劳动法》所规定的七项法定条款和企业与职工之间的协定条款。合同由区劳动监察大队签订,劳动争议仲裁委员会鉴证。逐步推行劳动年检制度。1997年2月,市劳动局下发《白银市劳动年检办法》,劳动行政部门依法行使劳动监察权,监督用人单位遵守劳动法律、法规、规章的情况。

**就业与再就业** 随着企业改制及破产,区境下岗失业人员不断增加。区劳动人事部门加强对下岗失业人员的身份认定和管理,核发再就业优惠证,协调有关部门落实再就业各项扶持政策,加快建立镇、街道和社区劳动保障平台,推行"一站式"就业服务,组织开展就业培训及再就业援助,鼓励下岗失业人员自主创业、自谋职业。1995—2005年,城镇新增就业人员2.3万人,下岗失业人员再就业3200人,困难人员再就业0.14万人,城镇登记失业率控制在3.8%以内,安排公益性岗位0.3万人。

**劳务输出** 白银市平川区劳务输出办公室成立于1988年4月21日,2000年更名为白银市平川区人民政府劳务管理办公室。在此期间,引导性培训7.7万人次,技能培训0.65万人次。1996—2005年,全区劳务输转总数10.5万人次,有组织输出4.6万人次,自谋输出2.8万人次,就地转移4.1万人次,创劳务收入5.2亿元。

**干部管理** 1995年,推行和建立国家公务员制度,依据国务院发布的《国家公务员暂行条例》《国家公务员制度实施方案》《实施条例》和与之配套的政策法规,逐步在全区各级行政机关中建立人事分类管理体制、激励竞争机制、勤政廉政和保障机制,着力建立精干、廉洁、高效的公务员队伍。1996年,全区有干部1814人。其中行政人员469人,事业人员1172人,企业人员 173 人;具有大专以上学历 354 人;事业、企业专业技术干部 1105 人。共有退休干部 113 人,其中行政人员 31 人,事业人员 41 人,企业人员 41 人;科级干部 32 人,县级干部 3 人。2005 年,全区有干部 5603 人。其中行政人员 600 人,企事业人员 5003 人;具有大专以上学历 5036 人。全区共有退休干部 423 人,其中一般干部 312 人,科级干部 102 人,县级干部 9 人。

### 1996—2005 年重点年份平川区干部情况对照表

表 3–4

| 年度 | 干部总数 | 行政干部 | 企事业干部 | 大中专以上学历 | 高中及以下 | 40 岁以下 | 40 岁以上 |
|---|---|---|---|---|---|---|---|
| 1996 | 1814 | 460 | 1354 | 1114 | 700 | 1002 | 812 |
| 2005 | 5603 | 600 | 5003 | 5036 | 567 | 4243 | 1360 |

**养老保险**　1986 年,平川区社会保险工作开始组织实施,社会保障体系不断健全,社会保险制度得到逐步完善,养老保险、失业保险、基本医疗保险、工伤保险、生育保险等“五大保险”运行良好。1995 年,全区养老保险参保单位 44 个,参保人员 2947 人,年征缴基本养老保险费 154 万元,其中区属国有企业、集体企业、机关事业单位劳动合同制工人参保覆盖面 100%。1997 年 1 月 1 日,区直社会养老保险基金统筹比例定为在职职工工资总额的 18%,之后每两年调整一次。养老保险基金实行统一筹集、统一管理、单独核算。1997 年 6 月,出台《养老保险制度改革试行办法》,建立机关、事业单位工作人员社会养老保险制度,将行政、事业单位的固定职工、劳动合同制工人、计划内长期临时工、(离)退休人员列入养老保险范围,费用由国家、单位和个人共同负担。随着各项政策的相继出台,全区基本养老保险扩面工作向辖区内各类企业及其职工拓展。2005 年,实现参保人员 3900 人,年征缴基本养老保险费 530 万元。其中区属国有企业、集体企业、股份制企业、企业化管理的事业单位及机关事业单位合同制工人参保覆盖面 100%。个体私营企业、城镇灵活就业人员参保工作稳步推进,实现参保人员 2817 人。

**失业保险**　自 1986 年建立实施,按照“属地管理”的统筹原则,不断扩大覆盖面,2005 年,实现参保人员 38100 人,年征缴失业保险费 572 万元。

**基本医疗保险**　自 2001 年 12 月启动实施,实施范围从区、乡两级财政供给单位逐步向条管单位、企业化管理的事业单位及条件成熟的企业拓展。参保人员由实施之初的 3850 人发展到 2005 年底的 5205 人,年征缴医疗保险费由 305 万元增加到 401 万元。

**工伤保险**　自 2004 年 6 月建立实施,高风险行业的煤炭企业大部分参保。2005 年,实现参保人员 4200 人,年征缴工伤保险费 30 万元。

**生育保险**　随基本医疗保险建立,2005 年,区、乡两级财政供给单位全部参保,参保职工

3850人。

## 第三节 机构编制

**机构** 1987年6月,平川区设立区编制委员会办公室。1996年,区编办内设工资基金综合股、机构编制股。1999年,成立区事业单位法人登记中心,事业性质,副科级建制,核定编制3名,隶属区编委办公室;2001年,更名为白银市平川区事业单位登记管理局,为区编办所属的主管全区事业单位登记管理工作的行政执法部门。2002年,区委、区政府批准"三定"方案,区编办内设机构变更为行政机构编制管理股、事业机构编制管理股。核定行政编制3名,其中领导职数2名。2005年,编办共有工作人员7名。

**机构编制管理** 机构编制管理执行"三定"方案,进一步巩固机构改革成果。实行编委主任"一支笔"审批制度,以工资基层管理为手段,加强对机构编制的日常监督检查。坚持机构编制归口承办制度,加强与区组织、人事劳动、财政等部门的协调配合,坚持管理和服务并重,有效控制编制增长,合理划分部门职能。机构设置、编制分解与经济建设紧密结合,强化事业单位登记管理,初步形成科学化、规范化的管理体制。

**机构改革** 1996年,党政机关推行机构改革。根据市委、市政府关于印发《平川区党政机构改革方案》的文件精神,区委、区政府制定《平川区党政机关机构改革方案的实施意见》,于1997年7月15日召开区级机构改革动员大会。1998年4月,经过区编委会审核和区委、区政府批准,印发部门"三定"方案,在4月底全面完成区级党政机构改革。通过改革,区委工作部门设置为:办公室、组织部、宣传部、统战部、政法委、纪委(监察局)、区直机关工委,精简37.5%。区政府机构设置为:办公室、计划委员会、经济贸易委员会、民政局、司法局、教育局、财政局、监察局、人事局、劳动局、编办、城乡建设环境保护局、卫生局、交通局、农业委员会、审计局、统计局、土地管理局、文体局、计划生育局、科学技术局、乡镇企业管理局、煤炭工业管理局、粮食局、矿产资源管理局、扶贫开发办公室共26个机构,精简7.1%。区人大、区政协、法检两院、群众团体同步进行改革。区级党政机关核定行政编制300名,减少182名,精简比例为37.7%。2002年,推行区乡机构改革。4月至6月,根据省委、省政府《关于甘肃省市县乡机构改革实施意见的通知》、市委办公室、市政府办公室《关于印发平川区机构改革和人员编制精简方案的通知》及《白银市平川区机构改革人员分流意见》进行区乡两级机构改革。区委设6个机构,区政府设18个机构(不含监察局、编办)。此外,设办事机构1个,部门管理机构3个。党委机构设置为:纪律检查委员会(监察局)机关、办公室、组织部、宣传部、统战部、政法委、区直机关工作委员会。政府机构设置为:办公室、发展计划局、经济贸易局、教育局、监察局、民政局、司法局、财政局、机构编制委员会办公室、人事劳动和社会保障局、国土资源局、城乡建设局、交通局、农牧局、文化体育局、卫生局、计划生育局、审计局、水务局、统计局。办事机构:扶贫开发办公室。粮食局归口发展计划局管理。煤炭安全监察局归口经济贸易局管理。乡镇企业管理局归口农牧局管理。人大、政协、法院、检察院、群团组织机关的机构改革同步进行。乡镇机构改革按照省委发文件规定,统一设置“四办一部”,即党政综合办公室、社会事务办公室、经济发展办公室、计划生育办公室和人民武装部。乡镇事业机构综合设置为农业科技服务中心、文化服务中心、计划生育服务中心、教育管理中心、财政所、卫生院。全区行政编制由589名精简为483名,其中区级党政机关编制由300名精简为237名,精简25%;政法机关编制由115名精简为106名,精简10%;乡镇行政编制由174名精简为140名,精简20%。2004年,推行区政府机构改革。本次改革是在2002年区乡机构改革的基础上的进一步完善。主要任务是:深化国有资产管理体制改革,完善宏观调控体系,调整区域经济运行调节部门的职能,继续推进流通管理体制改革,加强食品安全和安全生产监管体制建设。区委、区政府制定《白银市平川区人民政府机构改革方案实施意见》,对参与改革的5个部门的职能和机构进行调整。具体为:将区发展计划局改组为区发展和改革局,为区政府工作部门;将区经济贸易局改组为区商务局(加挂区经济局的牌子),为区政府工作部门;将区经济贸易局管理的区安全生产监督管理局改为区政府工作部门;将区计划生育局更名为区人口和计划生育局;将区委、区政府信访办公室更名为区信访局,归区委办、区政府办管理,以区政府办管理为主。经过改革,区政府设置工作部门19个,议事协调机构的办事机构1个,部门归口管理机构4个。

**事业单位试点改革**　2004年,开展事业单位改革试点工作。区委、区政府制定《白银市平川区事业单位改革试点工作安排意见》,出台《白银市平川区事业单位试行人员聘用制度实施办法》等配套政策。首批确定区人民医院、幼儿园、供水公司、汽车站四家单位为试点单位。本次改革是以机构改革、用人制度改革和分配制度改革为主要内容的综合性改革。

事业单位登记管理　自1999年开始,依据《甘肃省事业单位登记管理暂行办法》及《实施细则》,首次对区境103家法人事业单位和24家非法人事业单位进行初始登记。随着《事业单位登记管理暂行条例》等法规规章的不断健全,非法人事业单位逐步向法人事业单位过渡,登记管理工作也向规范化发展。2005年年底,共登记事业单位法人95家。

## 第四节　审　计

**机构**　白银市平川区审计局成立于1985年11月。内设办公室、财政金融企业审计股和行政事业审计股共3个职能股室。2002年6月21日，成立白银市平川区经济责任固定资产投资审计中心,副科级建制,属区审计局管理。至 2005 年 12 月,在册审计人员 24 人,其中初级职称以上职务 7 人。

**审计业务**　主要业务包括:对同级各部门和下级政府预算的执行情况和决算,以及其他财政收支情况进行审计监督;对国家事业组织和使用财政资金的其他事业组织的财务收支进行审计监督;对国有企业的资产、负债、损益进行审计监督;对政府投资和以政府投资为主的建设项目的预算执行情况和决算进行审计监督。对政府部门管理的和其他单位受政府委托管理的社会保障基金、社会捐赠资金以及其他有关基金、资金的财务收支,进行审计监督。对支农、扶贫、水利等专项资金管理使用情况开展审计监督。

**1996—2005 年平川区审计工作成果统计表**

表 3-5

| 年度 | 审计单位(个) | 审计金额(万元) | 审计意见建议(条) | 审计查出主要问题情况 | | | 审计决定处理处罚情况 | | | | | | |
|---|---|---|---|---|---|---|---|---|---|---|---|---|---|
| | | | | 违规金额(万元) | 管理不规范金额(万元) | 损失浪费金额(万元) | 应上缴财政(万元) | | | 应归还原渠道资金(万元) | 应调帐处理资金(万元) | 应自行纠正金额(万元) | 应减少财政拨款或补贴(万元) |
| | | | | | | | 小计 | 其中 | | | | | |
| | | | | | | | | 税金 | 罚没 | | | | |
| 1996 | 21 | 576 | 47 | 0 | 123.7 | 0 | 0 | 0 | 0 | 0 | 87.4 | 36.3 | 0 |
| 1997 | 26 | 897 | 50 | 0 | 145.9 | 0 | 0 | 0 | 0 | 0 | 96.45 | 49.45 | 0 |
| 1998 | 24 | 1078 | 45 | 0 | 190.87 | 0 | 0 | 0 | 0 | 0 | 123.79 | 67.08 | 0 |
| 1999 | 27 | 1245 | 53 | 24.34 | 35.44 | 0 | 12.7 | 12.7 | 0 | 24.34 | 0 | 35.44 | 0 |
| 2000 | 39 | 1365 | 63 | 0 | 613.58 | 0 | 31.87 | 31.87 | 0 | 423.2 | 0 | 190.38 | 0 |
| 2001 | 23 | 1224 | 40 | 0 | 629.22 | 0 | 205.04 | 205.04 | 0 | 156.78 | 0 | 427.46 | 0 |
| 2002 | 21 | 1145 | 42 | 0 | 0 | 0 | 75.97 | 75.97 | 0 | 203.75 | 147.65 | 290 | 0 |
| 2003 | 34 | 2698 | 80 | 179 | 750 | 18 | 23 | 18 | 5 | 118 | 20 | 768 | 23 |
| 2004 | 21 | 2976 | 64 | 297 | 1097 | 0 | 3 | 2 | 1 | 199 | 22 | 414 | 0 |
| 2005 | 27 | 4316 | 73 | 47 | 471 | 0 | 15 | 11 | 4 | 0 | 0 | 471 | 0 |
| 合计 | 263 | 17520 | 557 | 547.34 | 4056.71 | 18 | 366.58 | 356.58 | 10 | 1125.07 | 497.29 | 2749.11 | 23 |

## 第五节　安全生产监督管理

**机构**　平川区矿山安全监察科于 1990 年 4 月成立,挂靠区政府办公室,专门监督监察全区煤矿安全生产。后归口区劳动局,更名为区劳动局矿山安全监察室。2002 年 7 月,更名为区安全生产监督管理局,归口区经贸局。2005 年 3 月,成为政府工作部门,正科级建制。同时,成立区安全生产执法大队，事业单位，副科级建制。在各乡镇、街道办事处设立乡镇、街道安全生产监督管理站，共建站11个。

**安全事故**　平川区依托煤炭、电力、陶瓷资源，工矿企业逐步壮大，经济发展持续增长。个体私营企业应运而生，数量剧增。但部分生产经营单位基础设施、生产技术、生产工艺，安全配套设施多存在先天不足的弊端，导致安全事故总量偏大，道路交通、消防火灾、煤矿的事故起数与伤亡人数均居高不下。2005年，共发生事故14起，死亡22人，受伤153人，直接经济损失132万元。

**重点整治**　按照深化整治要求和整治验收标准，开展对煤矿、非煤矿、危险化学品、民用爆炸物品和烟花爆竹等行业，道路交通、人员密集场所和领域的重点整治，依法取缔不具备安全生产条件的小厂、小矿和经营网点，遏制低水平重复建设，实施“科技兴安”战略，督促各行业单位和相关部门依法履行安全生产监管职责。

## 第六节　城乡建设

**机构**　1985年11月，平川区成立城乡建设环境保护局。2002年机构改革，更名为区城乡建设局。内设办公室、规划办、建管站、园林所、市政所、环卫所、监察队。2005年，有职工89人。

**城市面貌**　平川区域总面积2016平方千米，城区面积11平方千米。1994年春，为美化城市环境，整体提高观瞻品位，区政府提出在市中心盘旋路口雕塑石像，由塑像辐射东西南北，并在非等距离处建设仿古牌楼。取名“能源之母”的中心雕塑由何鄂设计，形象为三位丰腴端庄的女性共同托起聚宝盆，象征煤炭、电力、陶瓷三大支柱产业共同撑起平川经济社会的天空。四牌楼由高维宋、滕岁安设计。地基、门柱、横梁用钢筋水泥铸成，楼顶则以优质松木榫接，斗拱顶托，飞檐翘角，上用黄色琉璃瓦覆盖。主楼高耸，侧楼略低，分上下两层。巨大的石质门墩上，雕刻着龙凤、麒麟、孔雀等珍禽瑞兽，雕塑与四牌楼成为平川城区的地标式建筑艺术。从国道109线平川标示牌起，穿过靖远电厂，到达“开启未来”雕塑，即进入中区开发大道，直抵中区大桥后进西牌楼即进入市中心地带，向东过盘旋路，经区政府统办大楼所在地，穿越立交桥直至火车站，再向前经过大水头，可与唐红公路相连，即走出城区。再从火车站站前广场向南可达靖煤公司办公楼，而后东行经过白银九中折向南行至唐红公路宝积中学段，即到城区的南大门。这一纵一横两条道路像金线般地吊起整个城区的整体框架。城市建设步伐明显加快，建成道路21条，总长36千米，道路面积79.6公顷。兴建沁川西湖与人民广场，使靖煤公司与电厂板块两大城市群落连为一体。出靖远电厂，经中区东行，过沁川西湖大坝，过南门仿古牌楼，穿唐红公路下立交桥，到长征十字街的第二条纵贯城区的通衢大道也已经形成。

**城市规划** 1996年,遵循“高起点规划、高标准设计、高质量建设、高效能管理”城市建设原则,聘请中国城市规划设计研究院专家实地考察,编制完成平川区总体规划及平川中区控制性详细规划。

**城市管理** 1998年,开展“城市管理年”活动,大力开展城市综合整治。1998年、2002年、2004年连续三次获得“省级卫生城市”荣誉称号。1999年,开展“城市建设年”活动,建成长2.4千米、连接东西两个片区的主干道长征西路。实施长征东路、兴平南北路两路临街改造工程,共规划建筑面积4万多平方米,完成固定资产投资3000万元。先后筹措资金3000多万元,建成长征东路下立交桥工程,电力路北端铺油工程,宝积南路改造工程,向阳路东段改造工程,新民巷、文化南巷、体委巷铺油改造工程,完成长征东路煤校段、兴平南路排水管道工程及城区48套消防栓建设。新建中区1号路、2号路、开发路、建设路、广场路、平川南路中区段6条道路,硬化路面5万多平方米,初步建成城区“四纵四横”的道路网框架。以人民广场、平川公园为中心,种植各类树木38万株,培植草坪、花卉等观赏植物,形成乔灌花草相配套的绿化格局。城区绿地总面积达到187.7公顷,城市绿化覆盖率达到19.17%,人均公共绿地达到5.13平方米。2003年,以买断冠名权的办法将长征西路改为乐雅路,由新乐雅陶瓷公司直接负责卫生保洁、绿化管护及照明供电事宜,每年节约城市维护费20万元。

**人民广场** 平川人民广场位于平川区兴平路街道长征西路主干道南侧,是采用市场化模式运作,由中区房地产开发有限公司开发建设的集休闲、娱乐、防灾和政府组织集会为一体的多功能文化广场。广场东西宽245米,南北长260米,建筑面积63700平方米,绿化面积30000平方米,硬化面积33700平方米,由甘肃省建筑设计研究院设计,总投资人民币1300万元。其资金来源为广场周边152.46亩土地挂牌出让资金784万元,商品一条街南侧11.5亩土地挂牌出让资金446万元,缺额200万元由平川区人民政府出资。2005年获甘肃省建设工程最高奖“飞天奖”。工程于2004年6月开工建设,9月底完成除绿化之外的其他工程。2005年6月1日正式竣工验收,办理移交手续并投入使用。广场东距盘旋路200多米,南靠兴佳城住宅小区,西临沁川西湖,北依区人民公园,地理位置居中,周边环境良好。广场设有彩色音乐水景系统、草坪音响系统、照明系统、各种户外健身器材等配套设施。广场建设因地赋形,分为东西两大板块,将自然环境与人文景观有机结合,体现出天人合一、和谐开放的壮阔景观,成为平川人民的公共客厅。

**中恒购物广场** 中恒购物广场地处新商业街核心位置,是中区房地产开发有限公司投资开发建设的全区首家大型商贸中心,占地面积7700平方米,总建筑面积18334.4平方米,总投资4100万元。于2006年元旦投入试运行。中恒购物广场采用钢筋混凝土框架结构,层高4.5米,抗震设防裂度八度,耐火等级2级。商场内设有区境首家中央空调系统、中央广播系统、自动送货电梯、火情自动报警系统和消防联动系统，设施齐全，功能完善，环境优美。

## 第七节 环境保护

**机构** 1985年11月，平川区成立区城乡建设环境保护局。设环保办公室，后改为环保所。1993年成立环境监理站（股级），1995年升格为副科级建制，1996年通过省级监理站试点验收，1999年获省级监理站达标站称号。2002年6月机构改革时，由区城乡建设环境保护局分设成立环保局，为全市第一家直属区政府的事业性质环境保护单位。2003年10月，成立副科级建制的区环境监察大队，当年通过省环保局三级环境监察机构达标验收。2004年11月，成立环境监测站。环保局内设办公室、财务室、宣教股、管理股、污控股，下设环境监察大队和环境监测站。2005年年底，有职工26人。

**工作概况** 区环保局负责执行国家环保方针、政策、法律、法规的组织实施和监督检查。着力开展"绿色单位"创建工作，共创建区级绿色社区4家，区级绿色企业4家，区级绿色学校14家，市级绿色社区2家，市级绿色学校1家，推荐省级绿色社区2家，省级绿色企业2家。先后建成并投入使用一批重点环保项目，国电靖远发电公司2号炉脱硫工程投资3561万元，完成4号机组汽轮机通流部分改造，年脱硫量2000吨。结合政府片"烟控区"创建工作，实施部门联动机制，对烟控区大气污染严重的企业采取"拆、改、治、建"等措施，拆除分散采暖锅炉44台，改造锅炉除尘器6台，更换湿法除尘器3台，新建2台集中供热锅炉，"烟控区"创建达到预期效果。累计查处各类环境违法案件44件，清理整顿不法排污企业19个，移交退役放射源80枚，征收排污费近160万元。国电靖远发电公司和靖远第二发电公司分别于2001年、2002年投资60余万元建成冲灰水加酸处理站，采用机械自动控制加酸设备，对灰水pH值碱性超标进行中和治理，达标排放。

## 第八节 房地产管理与开发

**机构** 1999年9月，平川区成立区房地产管理局，下辖区房产交易中心、区房地产价格评估事务所、区物业中心、区住房资金管理中心等4个副科级单位，与区房改办合署办公。内设办公室、产权产籍股、房政股、租赁股、财务股、测绘中心。2005年，有职工30人，其中中级职称4人。

**房地产交易** 2000年6月，成立区房产交易中心，主要负责城镇房地产的买卖、转让、典当、赠与、继承、分割、析产、出租和抵押工作。至2005年，共办理房产交易348宗，面积8.16万平方米,办理房产抵押业务571宗,办理房屋出租发、换证2600宗。2000年6月,设立区房地产价格评估事务所,2001年5月与区房产局机关脱钩,成为社会中介机构。

**物业管理** 1996年8月,成立区物业中心,负责政府片冬季供暖工作。2002年6月实行改制,向社会公开出售,转为民营企业。平川杨柳物业公司成立于2002年10月,主要负责政府片的冬季供热工作。政府片集中供热工程为2004年全区十大重点建设项目之一,由杨柳物业公司负责建设及经营管理。工程总投资概算2700万元,设计安装2台40吨高温热水锅炉,铺设直埋式管网8.6千米,建成建筑面积1400平方米的热源厂,采用先进的湿法除尘设备,共拆除片区45台小锅炉,规划供热面积80万平方米。一期工程于2004年6月3日正式开工,工程分热源厂土建、设备购置安装、主干管网敷设等三大部分,安装1号40吨锅炉,铺设主干管网4.6千米,完成投资1400万元,拆除23台小锅炉,与53家单位的管网实现对接工作,于当年11月2日开始冬季供热工程,实现供热面积32万平方米。二期工程于2005年5月份开工,安装2号40吨锅炉,铺设主干管网4千米,拆除22台小锅炉,与46家单位及住宅小区实现管网对接,增加供热面积23万平方米,完成投资1300万元,实现供热面积55万平方米。白银市花苑物业管理有限公司成立于2001年6月,拥有三级管理资质,注册资金50万元。下设工程维修部、财务部、供热部、服务部、保安部、清洁部、绿化部。主要负责花苑小区一期和二期A区、龙兴源小区、平川区人民广场和福华源小区的物业管理工作,总面积20万平方米。

**住房公积金管理** 1995年3月,成立区住房资金管理中心,隶属区体改办,1999年划归区房产局。主要负责全区行政、企事业单位公积金的缴存管理工作。至2005年年底,共汇缴归集公积金1362万元,为178名职工购建房屋发放贷款673万元,归集余额622万元。

**产权产籍管理** 2003年9月,经省建设厅批准,市房产局将平川区的房屋产权、产籍审查登记、发产权证等业务委托区房产局直接办理。至2005年,区房产局共受理机关、企事业单位、个人和房地产开发商申报登记的房屋建筑面积131.10万平方米。其中,办公用房38.02万平方米,商业服务用房17.55万平方米,工业用房12.54万平方米,住宅用房61.85万平方米(自建房3.24万平方米,经济适用房58.61万平方米),其他用房1.14万平方米。共颁发房屋产权证6065本,其中公产权证723本,私产权证5342本;换发产权证12本。

**房地产开发** 2005年,全区城镇共开发建设成套住宅楼房25488套,面积191.50万平方米。其中,原公有住房房改出售16459套,面积100.3万平方米,建设经济适用房8300套,面积74.70万平方米,商品房729套,面积8.9万平方米,人均住房面积由1985年的7平方米增加到2006年的20平方米,城区居民的住房条件得到明显改善。区房改办开发建成政府住宅小区楼房313套,面积1.9万平方米。建成南路住宅小区楼房230套,面积1.8万平方米。靖煤公司共开发建成职工住宅楼房 14810 套,面积 89 万平方米。靖电一、二公司开发建成职工住宅楼房 1893 套,面积 12.6 万平方米。靖远化工厂自己开发建成职工任宅楼房 326 套,面积 1.5 万平方米。一三三队开发建成职工住宅楼 543 套,面积 4.1 万平方米。区直机关及其他驻平单位开发建成职工住宅楼房 3530 套,面积 39 万平方米。全区建成多处住宅小区。花苑小区是经区政府批准的经济适用房建设项目，由中区房地产开发有限公司投资建设。工程占地面积 53200 平方米,建筑面积 102982 平方米,投资 6800 万元,基础设施配套齐全,于 2005 年交付使用。花苑小区二期与一期工程毗邻,占地面积 89759 平方米,总建筑面积 120000 平方米,总投资 1.2 亿元。龙兴源小区是区政府批准开发的 45%商品房、55%经济适用房综合开发建设项目,由中区房地产开发有限公司投资兴建。总投资 3200 万元,占地面积 13329 平方米,总建筑面积 31000 平方米。福华源小区是由中区房地产开发有限公司开发,由兰州市第一建筑工程公司第三分公司及平川二建第十八项目部共同承建的住宅兼商贸小区。总投资额 4000 万元,占地面积 28000 平方米,总建筑面积 46166 平方米。兴佳城住宅小区由中区房地产开发有限公司投资兴建。总投资额 1.8 亿元,占地面积 101640 平方米,建筑面积约 210000 平方米。颐康园住宅小区由白银春茂房地产开发有限公司投资兴建，总规划用地 2.93 公顷，建筑面积 46155 平方米，入住住户 372 户。兴平南路住宅小区由白银春茂房地产开发有限公司投资兴建,建筑面积 12900 平方米,入住住户 154 户。颐佳园住宅小区及兴平南路住宅小区西侧二期合计建筑面积 41000 多平方米,入住住户 353 户。

# 第四编　经　济

## 第一章　财政　税收

### 第一节　财　政

**机构**　1985年11月，区财政局（正科级建制）成立。内设机构有政工股、预算股、综合股、行财股、企财股、农财股。1992年4月，设立国有资产管理股。9月24日，设立区国有资产管理局（正科级建制），隶属区财政局。1994年12月，白银市会计师事务所平川分所成立。2001年6月，设立区政府采购中心，事业单位，副科级建制，编制4人，隶属区财政局。2001年6月，设立区农税局，事业单位，副科级建制，编制4人，隶属区财政局。2001年10月，增设监督检查股；社保业务由行财股分离，设立社会保障股；预算总会计及国库资金管理业务由预算股分离，设立国库股；基建管理业务由预算股分离，设立经济建设股。2002年6月，撤销区税收、财务、物价大检查办公室。2003年2月，设立区级机关会计核算中心，10月更名为区国库支付中心，事业单位，副科级建制，编制12人，隶属区财政局。建区初期，各乡镇设政府会计和农财员（聘用制）各1名，分别负责机关经费及支农资金的管理、核算，乡镇未单设财政所。1988年初，除宝积镇仍按一般预算单位管理外，复兴、种田、共和、宝积、水泉等5个乡成立乡财政所（股级建制）。财政所所长由乡长兼任，另设1名专职业务副所长。财政所实行行政上隶属乡政府，业务上接受区财政局指导，人员变动须经区财政局审批的双重管理机制。1998年7月，在成立宝积路、电力路、红会路等3个街道财政所的基础上，财政所升格为副科级建制的事业单位，设专职所长1名，人员编制增加到每所3~5人。

**财政发展概况**　1985年白银恢复建市之前，区境实行“划分税种，核定收支，分级包干”财政管理体制。1985年，平川区各乡镇正常经费由靖远县拨付决算，结转到1986年使用的专项资金和支农周转金如数划转平川区管理使用。1986年1月10日，按照属地管理的原则，靖远县和平川区就财政收支基数进行分割和划转。平川区收入基数以辖区1983年实际数为基础，根据省地政策规定调增调减的有关数字计算核定。支出基数中，正常经费按照辖区1983年各项行政事业费实际支出数为基数，小型农田水利和水土保持补助按照水利部门商定的数字划转。计算核定后，靖远县划转平川区的财政收入基数为320.7万元，财政支出基数为99.3

万元。由于收大于支,市财政确定平川区为上解财政,即财政收入的40%上解市财政。针对平川区刚刚成立,区属各单位无办公用房、无办公设备,工作人员大量调入的实际情况,白银市财政局于1986年7月重新核定平川区财政支出包干基数。除靖远县划转的基数外,对新增的支出进行确定,重新核定后的支出基数为314.7万元。白银市财政局在《关于1986年平川区财政收入上解白银市比例问题的通知》中明确规定平川区暂以其总收入上解市40%的规定不再执行,1986年已上解部分由市支库划回平川区,市对区执行"收支持平,不解不补"的财政政策,这一体制维持两年。1988年,随着第二步利改税任务的完成,国有企业不再向财政上缴利润,改为依法缴纳企业所得税。在此基础上,省政府按照"统一领导,分级管理"的原则,调整省对地市的财政管理体制。新财政体制按税种将财政收入划分为省固定收入、地县固定收入和省与地县共享收入。县区级固定收入包括县区属企业所得税、调节税、奖金税和承包费、农牧业税、集体企业所得税、个人所得税、车船使用牌照税、城市房地产税、屠宰税、牧畜交易税、集市交易税、契税、税款滞纳金、其他收入和城市维护建设税等。共享收入包括县区属企业的产品税、增值税和营业税。市政府按照"划分收入,分级包干"的财政体制,在原有基础上,对平川区的收入范围进行调整,将甘肃矿用化工厂、机械制修厂、靖远矿务局等企业的产品税和金融保险行业的营业税上划市级。1989—1993年,又将金融保险行业的营业税下划平川区。1994年10月7日,市政府根据省对市财政体制改革精神,决定从1994年1月1日起,改革市对县区财政包干体制,实行分税制财政管理体制。为与税制改革、财政管理体制改革相配套,对工商税收的管理机构也同时进行改革。将当时的一套征管机构分设为两套,即国家税务局和地方税务局。国家税务局从中央垂直管理到县区,主要征管属于中央财政收入的增值税和消费税。地方税务局从省垂直管理到县区,主要征管地方各税。中央和地方财政收入在征收环节按各级次间的划分比例分别缴入各级金库,不再设置过渡性账户。平川区从1994年起组建国税、地税两个税务局。国税局在原税务局的基础上,给地税局调配部分人员后改称白银市平川区国家税务局。地税局由原税务局和财政局抽调人员重新组建,称白银市平川区地方税务局。两局的征管业务从当年起开始运行。从1996年开始,国家和省市相继出台过渡期财政转移支付制度。上级集中新增的财力,按照科学、公正、公开、规范和有所侧重的原则,通过转移支付的办法实现向下的再次分配。1997年,省政府为保证和促进"分税制"财政体制的顺利运转,调动县区生财、聚财、用财、理财的积极性,出台《甘肃省"三保一挂"责任制暂行办法》。2003年7月,市财政出台对县区的"三保一挂"责任制暂行办法。2001年12月31日,国务院印发所得税收入分享改革方案,自2002年1月1日起实施。2002年12月,针对省以下财政管理体制存在的问题,国务院批转财政部《关于完善省以下财政管理体制有关问题的意见》。这次财政管理体制调整,是在分税制的基础上,继所得税分享改革后财政管理体制的又一次重大调整。从2006年1月1日开始，烟草企业所得税上划市财政。上划后，由市财政以2000—2005年各县区实际入库的平均数作为以后年度税收返还基数，对县区实行定额返还，市财政为平川核定的补助为27万元。“八五”到“十五”时期，财政用于社会保障方面的支出比重由1.7%上升到16.3%，科教文卫方面的支出比重由26.9%上升到30%，“三农”方面的支出比重由11.4%上升到15.4%。用于企业挖改、价格补贴等方面的支出比重分别由2.0%、7.1%下降到0.5%和0。财政支出结构的变化，显现出公共财政体制改革已取得初步成效。

## 1986—2005年平川区一般预算收入情况表

表4-1 单位:万元

| 年份 | 财政收入 | | | | | 收入级次结构 | | | |
|---|---|---|---|---|---|---|---|---|---|
| | 合计 | 中央级 | 省级 | 市级 | 区乡级 | 中央 | 省级 | 市级 | 区乡 |
| 1986 | 538 | | | | 538 | | | | 100.00 |
| 1987 | 652 | | | | 652 | | | | 100.00 |
| 1988 | 831 | | | 450 | 381 | | | 54.15 | 45.85 |
| 1989 | 1409 | 10 | 26 | 634 | 739 | 0.71 | 1.85 | 45.00 | 52.44 |
| 1990 | 2294 | | 502 | 877 | 915 | | 21.88 | 38.23 | 39.89 |
| “七五”合计 | 5724 | 10 | 528 | 1961 | 3225 | 0.20 | 9.20 | 34.26 | 56.34 |
| 年均增长% | 46.7 | | | | 14.20 | | | | |
| 1991 | 3509 | 57 | 1080 | 1174 | 1198 | 1.62 | 30.78 | 33.46 | 34.14 |
| 1992 | 4766 | 13 | 2238 | 1451 | 1064 | 0.27 | 46.96 | 30.45 | 22.32 |
| 1993 | 5490 | 59 | 1732 | 1863 | 1836 | 1.08 | 31.55 | 33.93 | 33.44 |
| 1994 | 5655 | 3002 | 627 | 699 | 1327 | 53.09 | 11.09 | 12.36 | 23.46 |
| 1995 | 6760 | 3451 | 736 | 865 | 1708 | 51.04 | 10.89 | 12.80 | 25.27 |
| “八五”合计 | 26180 | 6582 | 6413 | 6052 | 7133 | 25.14 | 24.50 | 23.12 | 27.24 |
| 年均增长% | 24.1 | 178.90 | 8.0 | -0.30 | 13.3 | | | | |
| 1996 | 7882 | 4013 | 684 | 970 | 2215 | 50.92 | 8.68 | 12.30 | 28.10 |
| 1997 | 21507 | 13835 | 3053 | 1523 | 3096 | 64.03 | 14.13 | 7.05 | 14.79 |
| 1998 | 23047 | 14318 | 2895 | 2071 | 3763 | 62.12 | 12.56 | 8.99 | 16.33 |
| 1999 | 24668 | 15328 | 3150 | 2082 | 4108 | 62.14 | 12.77 | 8.44 | 16.65 |
| 2000 | 26545 | 16355 | 3107 | 3231 | 3852 | 61.61 | 11.71 | 12.17 | 14.51 |
| “九五”合计 | 103649 | 63849 | 12889 | 9877 | 17034 | 61.54 | 12.42 | 9.52 | 16.42 |
| 年均增长% | 31.5 | 36.5 | 33.4 | 30.2 | 17.7 | | | | |
| 2001 | 30544 | 16360 | 5828 | 4279 | 4077 | 53.56 | 19.08 | 14.01 | 13.35 |
| 2002 | 36745 | 22059 | 5575 | 4216 | 4895 | 60.03 | 15.17 | 11.48 | 13.32 |
| 2003 | 47576 | 30039 | 8322 | 4326 | 4889 | 63.14 | 17.49 | 9.09 | 10.28 |
| 2004 | 50518 | 31298 | 8859 | 4561 | 5800 | 61.95 | 17.54 | 9.03 | 11.48 |

续表 4-1

单位:万元

| 年份 | 财政收入 | | | | | 收入级次结构 | | | |
|---|---|---|---|---|---|---|---|---|---|
| | 合计 | 中央级 | 省级 | 市级 | 区乡级 | 中央 | 省级 | 市级 | 区乡 |
| 2005 | 56442 | 34984 | 10158 | 4425 | 6875 | 61.98 | 18.00 | 7.84 | 12.18 |
| "十五"合计 | 221825 | 134740 | 38742 | 21807 | 26536 | 60.74 | 17.47 | 9.83 | 11.96 |
| 年均增长% | 16.3 | 16.4 | 26.7 | 6.5 | 12.3 | | | | |

## 1986—2005 年平川区财政收支平衡状况表

表 4-2

单位:万元

| 年份 | 财政收入 | | | | | | 财政支出 | | | | 年终滚存结余 | 结转下年支出 | 净结余 |
|---|---|---|---|---|---|---|---|---|---|---|---|---|---|
| | 一般预算收入 | 上级补助收入 | | 调入资金 | 上年结余 | 收入合计 | 本级财力支出 | 其中:人员支出 | 专项支出 | 支出合计 | | | |
| | | 一般 | 专项 | | | | | | | | | | |
| 1986 | 538 | 2 | 146 | – | – | 686 | 590 | 167 | 139 | 729 | –43 | 7 | –50 |
| 1987 | 652 | –48 | 398 | – | –43 | 959 | 653 | 199 | 349 | 1002 | –43 | 56 | –99 |
| 1988 | 381 | 311 | 538 | – | –43 | 1187 | 653 | 231 | 550 | 1241 | –54 | 44 | –98 |
| 1989 | 739 | 296 | 463 | – | –54 | 1444 | 986 | 323 | 487 | 1473 | –29 | 20 | –49 |
| 1990 | 915 | 288 | 378 | 151 | –29 | 1703 | 1304 | 338 | 369 | 1673 | 30 | 29 | 1 |
| 1991 | 1198 | 267 | 505 | 77 | 30 | 2077 | 1536 | 333 | 502 | 2038 | 39 | 32 | 7 |
| 1992 | 1064 | 313 | 367 | 76 | 39 | 1859 | 1327 | 492 | 366 | 1693 | 166 | 33 | 133 |
| 1993 | 1836 | 264 | 190 | 8 | 166 | 2464 | 2196 | 582 | 206 | 2402 | 62 | 17 | 45 |
| 1994 | 1332 | 901 | 167 | – | 62 | 2462 | 2267 | 1039 | 118 | 2385 | 77 | 66 | 11 |
| 1995 | 1708 | 681 | 289 | – | 77 | 2755 | 2376 | 1219 | 189 | 2565 | 190 | 166 | 24 |
| 1996 | 2215 | 452 | 593 | 8 | 190 | 3458 | 2672 | 1314 | 272 | 2944 | 514 | 487 | 27 |
| 1997 | 3196 | 617 | 780 | 1 | 514 | 5108 | 3806 | 1892 | 736 | 4542 | 566 | 531 | 35 |
| 1998 | 3763 | 718 | 1097 | 4 | 566 | 6148 | 4480 | 2948 | 894 | 5374 | 774 | 734 | 40 |
| 1999 | 4108 | 1221 | 1029 | 3 | 774 | 7135 | 5328 | 3431 | 1248 | 6576 | 559 | 515 | 44 |
| 2000 | 3852 | 1103 | 1628 | – | 559 | 7142 | 6336 | 4228 | 1113 | 7449 | –307 | 1030 | –1337 |
| 2001 | 4077 | 1693 | 1956 | 2 | –307 | 7421 | 6200 | 4977 | 1750 | 7950 | –529 | 1008 | –1537 |
| 2002 | 4895 | 2873 | 2267 | 3 | –529 | 9509 | 8000 | 6178 | 2415 | 10415 | –906 | 860 | –1766 |
| 2003 | 4889 | 3802 | 3495 | 11 | –906 | 11291 | 8667 | 6538 | 3560 | 12227 | –936 | 795 | –1731 |
| 2004 | 5800 | 4454 | 3457 | 9 | –936 | 12784 | 10146 | 7550 | 3521 | 13667 | –883 | 731 | –1614 |
| 2005 | 6875 | 5248 | 4801 | 610 | –883 | 16651 | 12588 | 8779 | 3852 | 16440 | 211 | 1644 | –1433 |

注:收支平衡计算公式:一般预算收入+上级补助收入+调入资金+上年结余–财政支出(含上解支出)=年终滚存结余,年终滚存结余–结转下年支出=净结余。

**财政支持各项事业情况**　建区初期，百业待兴。财政支出涉足计划经济体制下建设性财政的大部分领域，除保证人员工资及党政机关的正常运转外，重点用在区直机关办公场地的建设及必要的办公设备和交通工具购置、城市基础设施、价格补贴、支持农业、基础教育、新建企业及企业技改等方面。1986—1993年，城市维护及建设性支出2544万元，年均增长34%，比总支出的增长速度高出15个百分点。价格补贴支出1670万元，年均增长46%，比总支出的增长速度高出27个百分点。农业支出1443万元，年均增长26%，比总支出的增长速度高出7个百分点（重点用在农田水利、水土保持、植树造林、人畜饮水的建设上）。行政支出2202万元，年均增长21%，比总支出的增长速度高出2个百分点。教育支出1812万元，年均增长19%，略高于总支出的增长速度（重点用于校舍维修和改造方面）。累计投入企业的资金945万元。1994年，分税制财政体制的实施，使财政收入上划比例提高，地方可用财力相对减少。同时，受工资制度改革后人员工资上涨及法定支出项目增加的影响，区财政逐步陷入“保吃饭”的被动局面，本级财力对社会各项事业发展的支持能力下降。1999年下半年，国家实施煤炭行业关井压产政策，区域经济受到严重挫伤。与此同时，中央又出台一系列调整工资的政策（调资所需资金中央与区各半承担）。不景气的经济形势和膨胀的支出需求，使区财政捉襟见肘，入不敷出，“保吃饭”成为财政工作的头等大事。2000—2003年，按照公共财政改革方向，上级财政加大对社会保障、基础教育、公共卫生、扶持“三农”及一些重点建设项目的投入，本区社会各项事业的发展主要依靠争取上级财政转移支付和专项补助。区财政在财力极度匮乏的情况下，开源与节支并举，一方面通过制定优惠政策和发挥财政资金的导向作用，吸引外来资本落户平川，鼓励区内资本参与建设，加快资源型城市经济转型，努力培植后续财源。另一方面，积极向上争取，提高平川在省财政下拨资金总额中所占的比重，努力扩充地方财政实力。2004年后，全区经济形势逐渐好转，财政困难状况得到一定缓解。在支持社会事业发展方面，除保证上级投入的资金全部到位以外，区财政局与相关部门共同配合，争取到国家开发银行等金融机构长期贷款6405万元，统筹区级财力，采取市场化运作等多种筹资形式，支持企业改制、社会保障、综合治理、医疗卫生、基础教育、环境保护、就业培训、计划生育、城乡基础设施建设、招商引资以及新农村建设等各项事业的健康发展。建区二十年，区级财政对农业专项直接投入的总量1150多万元，占区级财政总支出的3.8%左右。“十五”期间，全区共争取到上级农业专项资金5339万元，区级财政安排农业专项资金298万元，两项年均投入1127.4万元。重点扶持规模养殖、反季节蔬菜栽培、玉米制种、大枣基地建设、番茄种植、整村推进、产业化扶贫、农村劳动力技能培训、龙头企业的发展等项目。1998年，国家开始实施退耕还林政策，区财政部门配合区林业主管部门，加强对退耕还林专项资金的管理。至2005年，累计兑现退耕还林补助款3969.8万元，其中退耕还林现金补助2037.6万元，退耕还林补助粮1040万千克(折合人民币 1456.2 万元)。累计完成造林面积 1.15 万公顷,其中退耕还林 0.48 万公顷,荒山造林 0.64 万公顷,封山育林 0.03 万公顷。区财政建立水利建设项目库,以备争取资金及项目时随时调用。区级财力累计投入水利资金 530 万元。1986—2005 年,共争取到水利建设、防汛、抗旱等专项资金 1923 万元。在申请国家扶贫资金、以工代赈、国债资金等财政专项资金时,也增加对水利的投入,此类资金对水利的投入累计达 1750 万元。1986—2004 年,区财政用于扶持乡镇企业的资金达 438 万元。乡镇企业经济总量因之不断扩大,整体素质不断提高,在繁荣农村经济、支持农业生产、增加农民收入、保持农村稳定等方面发挥重要作用。平川区成立后,十分重视区属国有企业的建设和发展。1985—2005 年,财政共拨付企业挖潜改造资金、补充流动资金以及各类补贴款项和借款达 2632.7 万元。为支持驻平大中型企业的发展,根据国家税收政策,执行必要的税收减免。2000—2006 年,为靖远煤业公司减免所得税近 7000 万元。2004 年后,为国电靖远发电有限公司及农村信用联社减免企业所得税 2390 万元,为靖远第二发电有限公司减免所得税 10455 万元。区财政投入科技事业的资金,由 1987 年的 2 万元增加到 2005 年的 80 万元,年均增长 51.33%。为保持社会大局稳定,构建和谐平川,区委、区政府树立大平川观念,千方百计筹集资金,热忱解决弱势群体的生产、生活问题。1986—2005 年,累计支出社会保障经费 11671 万元,年均 583.6 万元。从 1992 年起,财政每年安排专项资金用于春节期间组织开展大型社火、秦腔演出、元宵灯会等文化活动。2005 年,本项资金已从最初的每年 2 万元增至 11.5 万元。区财政大力支持群众体育运动的正常开展,设立运动会专项资金,资金额由 1987 年最初的 0.3 万元增长至 2005 年的 20 万元。区财政用于广播电视事业的支出 1986 年为 5.3 万元,2005 年达到 304.9 万元(预算外资金 93 万元),增长 60 倍,年均增长 31.7%。区财政为计划生育工作提供有力的财力支持,1986~2005 年,全区计划生育支出累计达 2743.5 万元。其中,2005 年支出 558.1 万元,较建区初期增长 164 倍,年均增长 29.1%,人均计划生育支出 27.9 元。1985 年,《中共中央关于教育体制改革的决议》确立利用财、税、费、产、社、基等来源多渠道筹措经费的方针。1986 年建区之初的教育经费投入为 134.8 万元,到 2005 年,全区教育经费投入达 3348.4 万元,比 1986 年增长 24.9 倍,占当年财政总支出的 19.23%。建区后,各农村中小学的财政经费都由乡级财政部门供给,由于乡级财力不足,经常出现拖欠教师工资的不正常现象。从 2000 年 7 月开始,平川区在全省首家对全区范围内的农村中小学经费上划由区财政供给,2002 年对全区教育部门的工资实行统一发放。此外,区财政每年对贫困学生进行补助,2005 年对贫困生的补助达到 20 万元。从 2002 年起,每年固定拨款 5 万元用于高考录取贫困生的奖励和补助,每年奖励 25 人。区财政每年都在预算中安排卫生专项资金,用于卫生事业的建设。1986—2005 年,卫生事业共支出 4744 万元,2005 年达到 667 万元,占财政支出的 4.07%,支出增长 196 倍,年均递增 32.0%。1986—

2006年,公费医疗费支出1880.2万元(2002年医疗制度改革后,公疗费列入社会保障支出类的基本医疗保险统筹费用列支),区属医院和乡镇卫生院工作人员的工资,80%由财政负担,20%由医院和卫生院自筹解决。区财政在支持基础设施建设中突出重点,建成一系列重点项目。1995年,建成城市标志性建筑——盘旋路喷泉雕塑"能源之母"和东西南北相辉映的四大牌楼。1999年,以启动"城市建设年"活动为契机,投资120万元建成长征东路立交桥。累计投资3000多万元,建设道路21条36千米,道路面积达79.6公顷,初步建成城区"四纵四横"的道路交通网,在城区铺设完成较为完善的排水管道。

## 1985—2005年平川区财政支持农业、水利、乡镇企业情况统计表

表4-3 单位:万元

| 年 度 | 合 计 | 农 林 | 水 利 | 乡镇企业 |
|---|---|---|---|---|
| 1985 | 37 | 7 | 15 | 15 |
| 1986 | 86 | 31 | 32 | 23 |
| 1987 | 120 | 35 | 52 | 33 |
| 1988 | 168 | 49 | 35 | 84 |
| 1989 | 191 | 58 | 35 | 98 |
| 1900 | 230 | 89 | 95 | 46 |
| 1991 | 244 | 109 | 107 | 28 |
| 1992 | 277 | 144 | 76 | 57 |
| 1993 | 348 | 178 | 90 | 80 |
| 1994 | 304 | 161 | 85 | 58 |
| 1995 | 288 | 177 | 85 | 26 |
| 1996 | 390 | 282 | 53 | 55 |
| 1997 | 691 | 578 | 98 | 15 |
| 1998 | 758 | 677 | 66 | 15 |
| 1999 | 729 | 656 | 63 | 10 |
| 2000 | 1186 | 1093 | 91 | 2 |
| 2001 | 1112 | 998 | 102 | 12 |
| 2002 | 1303 | 1021 | 278 | 4 |
| 2003 | 1831 | 1479 | 339 | 13 |
| 2004 | 1993 | 1491 | 462 | 40 |
| 2005 | 2325 | 1836 | 477 | 12 |
| 合计 | 14615 | 11149 | 2740 | 726 |

## 1986—2005年平川区社会保障经费统计表

表4-4 单位:万元

| 年度 | 合计 | 占财政支出(%) | 抚恤和救济费 | 离退休费 | 社会保障补助 | 年度 | 合计 | 占财政支出(%) | 抚恤和救济费 | 离退休费 | 社会保障补助 |
|---|---|---|---|---|---|---|---|---|---|---|---|
| 1986 | 18 | 2.7 | 18 | | | 1996 | 52 | 1.8 | 52 | 1996 | 52 |
| 1987 | 17 | 1.8 | 17 | | | 1997 | 58 | 1.4 | 58 | 0 | 0 |
| 1988 | 37 | 3.1 | 37 | | | 1998 | 253 | 4.7 | 150 | 88 | 15 |
| 1989 | 29 | 2 | 29 | | | 1999 | 563 | 9 | 227 | 219 | 117 |
| 1989 | 29 | 2 | 29 | | | 1999 | 563 | 9 | 227 | 219 | 117 |
| 1990 | 38 | 0.2 | 38 | | | 2000 | 578 | 7.9 | 260 | 257 | 61 |
| "七五"合计 | | | 139 | | | "九五"合计 | 1504 | | 747 | 564 | 193 |
| 年均增长(%) | | | 20.5 | | | 年均增长% | 67.4 | | 42.7 | | |
| 1991 | 36 | 1.8 | 36 | | | 2001 | 1224 | 15.5 | 240 | 377 | 607 |
| 1992 | 32 | 1.9 | 32 | | | 2002 | 1441 | 14 | 651 | 432 | 358 |
| 1993 | 33 | 1.4 | 33 | | | 2003 | 2167 | 17.8 | 1064 | 615 | 488 |
| 1994 | 33 | 1.5 | 33 | | | 2004 | 2343 | 17.2 | 1162 | 722 | 459 |
| 1995 | 44 | 1.8 | 44 | | | 2005 | 2669 | 16.3 | 1324 | 831 | 514 |
| "八五"合计 | 178 | | 178 | | | "十五"合计 | 9844 | | 4441 | 2977 | 2426 |
| 年均增长% | 3 | | 3 | | | 年均增长% | 35.8 | | 38.5 | 26.5 | 53.2 |

# 第二节 税 收

**机构** 1986年1月,平川区税务局成立,局机关设人秘股、计会股、税政一股、税政二股、征管股。基层设宝积、王家山、共和、种田税务所。1989年10月,成立平川人民检察院税务检察室。1993年12月,成立发票管理所。1994年8月,平川区税务局分设为区地方税务局和区国家税务局。平川区地方税务局局机关设办公室、人事教育监察股、征收管理股、税政股、计划会计股、农税股,基层设宝积、电厂、共和、王家山、种田税务所和稽查队(1995年3月改为稽查分局)。1998年2月,区地税局内设机构调整为办公室、人事教育监察科、计划财务科、综合业务科、农税科、稽查分局、征管分局(下设办税服务厅)、红会中心税务所和王家山中心税务所。2002年11月,内设机构调整为办公室、人事教育监察科、计划财务科、综合业务科、基金局、稽查局、发票管理所、计算机室、征管分局(下设办税服务厅)、管理一分局、管理二分局、红会税务所和王家山税务所。2004年4月,成立车辆税收征收管理分局。2005年12月,内设机构调整为办公室、人事教育科、监察科、计划财务科、税政科、征收管理科、稽查局、基金征收管理分局、车辆税收征收管理分局、发票管理分局、征收分局(下设办税服务厅)、宝积路管理分局、电力路管理分局、红会税务所和王家山税务所。2005年年底,区地税局有干部职工53人。平川区国家税务局是1994年随着分税制的实施而成立的基层国税局,共设机关股(室)9个,分别为办公室、人事教育股、计划财务股、征收管理股、政策法规股、监察室、信息中心、办税服务厅、稽查局。派出机构5个:宝积税务分局、长征税务分局、电力路税务分局、红会税务分局、王家山税务分局。直属机构1个。担负着2500余户纳税人的税收征管工作。区国税局先后被省委、省政府命名为省级"文明单位"、"精神文明建设先进单位",连续19年被市委、市政府命名为"文明单位标兵"。2005年年底,有职工60人。

**地方税务征收**　区地方税务局负责征收的税种是营业税、资源税、房产税、车船税、印花税、城建税、土地使用税、土地增值税、企业所得税、个人所得税,负责征收和代征的基金及附加是教育费附加、甘肃省教育附加、文化事业建设费、养老保险费、失业保险费、医疗保险费、生育保险费、大病互助基金、工伤保险费、残疾人保障金、工会经费等。1994年,地方税费收入为1213万元,2005年达11143万元。2000年,基金收入为361万元,2005年达2186万元。1994—2005年,区地税局累计征收各项税收、基金7.6亿元。

**1994—2005年平川地税局税收完成情况统计表**

表4-5　单位:万元

| 历年地方税收完成情况 | | | | | 其中:区级 | | | |
|---|---|---|---|---|---|---|---|---|
| 年　度 | 计划数 | 完成数 | 占年计划% | 增长率% | 计划数 | 完成数 | 占年计划% | 增长率% |
| 1994 | 1161 | 1213 | 104.48 | 4.48 | 739 | 754 | 102.03 | 2.03 |
| 1995 | 1680 | 1681 | 100.06 | 0.06 | 922 | 1068 | 115.84 | 15.84 |
| 1996 | 2000 | 2389 | 119.45 | 19.45 | 1270 | 1734 | 136.54 | 36.54 |
| 1997 | 2760 | 3448 | 124.93 | 24.93 | 1879 | 2561 | 136.30 | 36.30 |
| 1998 | 3486 | 3926 | 112.62 | 12.62 | 2505 | 2908 | 116.09 | 16.09 |
| 1999 | 4242 | 4288 | 101.08 | 1.08 | 3131 | 3176 | 101.44 | 1.44 |
| 2000 | 4297 | 4585 | 106.70 | 6.70 | 3127 | 2474 | 79.12 | -20.88 |
| 2001 | 5078 | 8534 | 168.06 | 68.06 | 2826 | 2832 | 100.21 | 0.21 |
| 2002 | 6287 | 7620 | 121.20 | 21.20 | 2581 | 3366 | 130.41 | 30.41 |
| 2003 | 8648 | 9073 | 104.91 | 4.91 | 3355 | 3643 | 108.58 | 8.58 |
| 2004 | 9561 | 9785 | 102.34 | 2.34 | 4070 | 4222 | 103.73 | 3.73 |
| 2005 | 10896 | 11143 | 102.27 | 2.27 | 4800 | 4805 | 100.10 | 0.10 |

## 2000—2005年平川区基金收入情况统计表

表 4-6　　单位:万元

| 年度 | 合计 | 养老保险金 | 失业保险金 | 医疗保险金 | 生育保险金 | 大病互助保险金 | 工伤保险金 |
|---|---|---|---|---|---|---|---|
| 2000 | 14 | 4 | 10 | | | | |
| 2001 | 674 | 147 | 527 | | | | |
| 2002 | 994 | 201 | 510 | 283 | | | |
| 2003 | 1215 | 380 | 525 | 304 | 6 | | |
| 2004 | 1723 | 693 | 567 | 426 | 12 | | 25 |
| 2005 | 2186 | 808 | 635 | 440 | 11 | | 292 |

**国家税务征收**　区国税局负责征收的税种为增值税、消费税、企业所得税、储蓄存款利息所得税、车辆购置税。共管辖各类纳税人1834户，其中企业319户。从1994年分税制实施后，区国税局按照“依法征税，应收尽收，坚决不收过头税，坚决防止和制止越权减免税”的组织税收收入原则，开展各种税收收入的精细化、科学化、规范化管理，共征收各类税款45.36亿元，为纳税人办理减免税手续237户次，减免（退）税额1.63亿元。

## 1996—2005年平川区国税局税收收入情况统计表

表 4-7　　单位:万元

| 年份 | 1996 | 1997 | 1998 | 1999 | 2000 | 2001 | 2002 | 2003 | 2004 | 2005 |
|---|---|---|---|---|---|---|---|---|---|---|
| 收入 | 5432 | 17626 | 18943 | 20281 | 21542 | 21682 | 28739 | 37830 | 39920 | 44026 |

**税务管理**　区地税局强化税收征管，提高征收管理质量，对逾期申报户和逾期交纳税款的纳税人严格按《征管法》的规定进行处罚和加收滞纳金。对非正常户的认定、注销户的管理、变更税务登记、违章行为的处理按《征管操作业务规程》规定的程序执行。同时加强专用发票和普通发票的管理力度，规范个体工商户请假和营业额核定程序。2001年9月，税务局开始应用办公自动化软件，使机关办公向无纸化转变。通过WINDOWS2000环境建立两大信息平台WEB和FTP，为传递交流信息、共享信息提供可靠的应用平台，上下级和内部部门之间的信息传递和信息高度共享得以实现。计算机信息化由仅应用于税收管理层面拓展到监控层面。2003年，区国税局专门组织各小煤矿矿长及财务人员进行税法法制讲座，对全区一般纳税企业进行税收业务培训。同年，被甘肃省国税局评为“全省国税系统先进基层建设单位”。

# 第二章　农　业

## 第一节　发展概述

**机构**　1985年10月，平川区成立农业委员会，负责全区农、林、水、牧、农建、农机、农电等工作。1986年，成立农业建设办公室。1987年，成立区扶贫小组，并成立扶贫办公室。1990年，平川区被确定为国家扶持贫困县之一。同年，成立农业局（农业综合服务中心）。1992年，成立区移民办公室。

**科技兴农**　以加快发展为动力，以增加农民收入为目的，立足于区位和资源优势，以发展质量效益型农业为目标，平川区加大工作力度，实施“科教兴农”战略。区农业科技普及率达92%以上，良种覆盖率达95%以上，先后引进示范推广实用技术50多项，引进筛选推广高效、优质、低耗、多抗新品种127个、畜禽良种2000只（套），年推广良种种植面积1.27万公顷，年养殖畜禽良种65万多头（只），科技在农业增长中的贡献份额达到40%以上。通过新品种的引进、试验、示范、推广，农业产量和产值普遍得到提高。

**1996—2005年平川区农业生产条件统计表**

表4-8

| 类别<br>年度 | 农业机械总动力（万千瓦） | 大中型拖拉机（台） | 小型拖拉机（台） | 农用载重汽车（辆） | 化肥施用量（吨） | 有效灌溉面积（公顷） | 三田面积（公顷） |
|---|---|---|---|---|---|---|---|
| 1996 | 8.98 | 56 | 1849 | 365 | 5494 | 5641.47 | 6789.53 |
| 1997 | 9.96 | 39 | 1766 | 403 | 7003 | 5961.8 | 6858.67 |
| 1998 | 10.12 | 41 | 1787 | 409 | 7113 | 5561.8 | 6860 |
| 1999 | 12.56 | 39 | 1876 | 407 | 4633 | 5728.47 | 7233.33 |
| 2000 | 12.07 | 43 | 2017 | 381 | 7865 | 5795.53 | 7566.67 |
| 2001 | 12.07 | 34 | 2017 | 381 | 4874 | 5766.93 | 7306.67 |
| 2002 | 13.39 | 20 | | 377 | 6531 | 5766.93 | 7573.33 |
| 2003 | 16.33 | 20 | | 379 | 8286 | 5766.93 | 7640 |
| 2004 | 16.89 | 21 | | 379 | 8060 | 5766.93 | 7640 |
| 2005 | 17.80 | 21 | 2446 | 379 | 8011 | 5766.93 | 7640 |

## 第二节　农业综合开发

**概况**　区农业综合开发以结构调整为主线,以科技进步为动力,围绕农业增效、农民增收,确保农村社会稳定这一目标,推进产业化进程,强化农业基础地位,通过调整产业结构,初步形成以粮油生产为基础,种子、畜牧、瓜菜为特色的农村三大产业。

**玉米制种**　平川区属甘肃省中部干旱地区,光热资源丰富,昼夜温差大,空气湿度小,沿河多个村庄自然形成多个面积13.33~26.67公顷不等的河谷小盆地，井灌区也拥有数十个独立面积为66.67~200公顷的小盆地和山沟,形成得天独厚的天然屏障和隔离区,良种繁殖和杂交制种的地理条件十分优越。1998年,平川区被白银市政府确立为全市种子产业基地。经过多年探索,已在良种引进、繁育、试验、示范推广工作中总结形成一套完整的《玉米杂交种生产基地管理办法》。玉米制种已发展成为订单农业,产品主要销售云南、四川等省。2005年,玉米制种面积达0.1万公顷,生产基地分布在4个乡镇12个村,种子生产户5000户,户均种植面积2400平方米,年产值达2000万元,户均种子收入4000元左右,比种植其他粮食作物每亩增收200~300元。全区充分利用地理条件和资源优势,因地制宜,以预约生产、合同管理为原则,落实各类良种繁殖面积0.12万公顷,品种组合38个,分布在水泉镇中村、玉碗泉、陡城、牙沟水、双岔,宝积乡响泉,共和镇老庄和广源沟园艺场等8个生产基地,其中玉米杂交制种866.67公顷,主要分布在井灌区。

**西甜瓜种植**　建区后,由于产销两旺,形成品牌,西甜瓜种植面积逐年扩大,由1986年的276.67公顷扩大到2005年1066.67公顷,产量由2456万千克增加到3600万千克。品种更新由过去的10年一个周期，发展到3年更新一次品种。在栽培技术上也由传统的砂田露地栽培、地膜覆盖栽培转变为小拱棚双膜覆盖栽培、日光温室栽培等新方式,逐步形成特色产业。1998年,区委、区政府将西甜瓜产业列为全区的主导产业,加大扶持力度,提出以科技为依托,上规模、上档次,发展高产、高效、优质的西甜瓜产业,塑造平川区西甜瓜品牌形象的发展目标。2005年,西甜瓜产量达3600万千克,大部分销往省外各地。

**园区建设**　陡城农业科技示范园区是2001年由区农牧局与区科技局共同管理，区农技中心与相关乡镇承担实施任务的区级科技工程。园区集农业产业化、科技开发、农业高新技术引进试验、示范为一体,设计建筑面积为2200公顷,其中核心区面积200公顷,示范面积200公顷,辐射带动面积1800公顷,主导产业为西甜瓜、蔬菜、小拱棚韭菜及经济林。核心园区以陡城村为中心,辐射带动广沿沟、中区和水泉、宝积等乡镇的下村、中村、鸾沟等村的农业发展。同时由农业带动养羊、养牛为主的畜牧业全新发展。2005年,共完成园区日光温室规划示范推广面积72公顷，其中，核心示范区日光温室规划建设面积14.33公顷，使核心示范区日光温室面积达到58公顷，园区平均亩产值达1.6万元。

**养殖业** 区境拥有天然草场20.5万公顷，其中，可利用面积18.23万公顷。年产农作物秸秆3000万千克，人工种草0.67万公顷，可产鲜草1.5亿千克，发展畜牧养殖具有良好的条件。同时，玉米制种业的发展，使玉米秸秆成为肉、奶牛养殖的丰富原料。2005年，百万元以上的肉牛养殖户已达6户。奶牛养殖与好为尔集团加强合作，兰州好为尔平川收奶站于2003年7月正式运营。2005年，有肉牛、奶牛养殖户600户，其中奶牛存栏650头，肉牛存栏5000头。养羊业是区境具有悠久历史的传统产业，随着退耕还林工作的逐步推进，养羊业经历由粗放经营向产业经营、数量化养羊向商品化养羊和零星放牧向基地化养殖的巨大转变。2005年，舍饲养羊户达500户，羊存栏数达12000只。滩羊和沙毛山羊经过长期的自然选择和人工选育，已成为品质优良的两个地方品种。

## 第三节 农业技术推广

**概况** 围绕玉米制种、温室蔬菜、优质粮食和西甜瓜等主导产业的发展，平川区积极开展种植业结构优化调整，新品种、新技术、新产品的引进、试验、示范推广，开展农作物病虫害预测预报及防治技术指导，探索促进主导产业发展的农技推广新途径。承担完成省(部)、地(厅)级科技推广项目9项，获得科技成果3项，其中“砂田西瓜优质高效生产及配套改进技术研究与示范”项目获得2005年白银市科技进步三等奖和2006年首届甘肃青年科技创新行动二等奖，“小拱棚韭菜优质高效栽培技术试验与研究”、“露地及反季节精品西甜瓜高产栽培技术研究与产业化示范基地建设”项目分别获2002年、2003年白银市科技进步三等奖。同时，引进、试验、示范推广各类作物新品种127个，其中小麦新品种10个，玉米新品种6个，马铃薯新品种9个，谷子新品种8个，大豆、蚕豆新品种5个，豌豆、扁豆新品种6个，棉花新品种7个，油料新品种8个，西甜瓜新品种28个，蔬菜新品种22个，其他作物新品种18个。引进、试验、示范推广新技术105项，主要包括膜侧栽培技术、膜下滴灌技术、节水灌溉技术、保护性耕作技术、少耕免耕技术、精量播种技术、新肥料新农药应用技术、病虫害综合防治技术、无公害标准化生产技术等。

**无公害标准化生产基地建设** 按照“综合建园、集中抓点、建设基地”的工作思路，探索园区建设与科技示范点、示范基地相结合的有效形式，逐步建成广沿、陡城两大市级农业科技示范园区和以吊沟西甜瓜无公害标准化生产基地为主的8个示范基地。成立种植业技术推广机构9个，其中区级2个，乡镇级7个；职员总数56人，其中专业技术干部41人，占农技推广人员总数的73.2%。

**农业科技重点项目实施**　区农技中心组织实施“砂田西瓜优质高效生产及配套改进技术研究与示范”“砂田甜瓜优质高产栽培集成技术研究与示范”“种子产业化建设”“西甜瓜产业化建设”“农作物新品种引进及新技术推广”和“农业科技人才十百千万工程”“青年农民科技培训工程”等9项农业科技重点项目。

**优势产业培育**　西甜瓜和玉米制种两大优势产业已经形成。2004年，宝积乡、共和镇、黄峤乡的133.33公顷西甜瓜生产示范基地被省农牧厅确定为甘肃省无公害农产品产地。随着种植结构的调整，马铃薯产业也逐步形成，种植面积发展到1840公顷，产量达到750万千克，建成宏达临冬和东顺等淀粉加工企业。日光温室面积达166.67公顷，塑料大棚达80公顷，其中小拱棚173.33公顷。小拱棚韭菜种植以水泉镇双岔村为中心，形成133.33公顷的规模。2005年，西甜瓜、玉米制种面积和产量分别达到1000公顷、2318.5万千克和1586.67公顷、841.2万千克，注册“平川蜜”和“乾泰”两大商标。

## 第四节　种植业

**农作物品种**　平川区农作物大致可分为四类，即粮食作物、瓜类蔬菜作物、经济作物、饲料绿肥作物，共25科、304种。其中粮食作物5科、195个种类，常见种类有小麦、玉米、洋芋、糜子、谷子、高粱、水稻、大麦、青稞、荞麦、莜麦、大豆、豌豆、蚕豆、扁豆、鹰嘴豆、绿豆、燕麦等。瓜类蔬菜作物11科、80个种类，常见种类有西瓜、甜瓜、黄瓜、白菜、甘蓝、花椰菜（菜花）、萝卜、芹菜、油菜、胡萝卜、番茄、茄子、辣椒、菠菜、韭菜、葱、大蒜、南瓜、西葫芦、莴笋、苦荬菜、茼蒿、菜豆、豇豆（龙豆）、菊芋（洋姜）等。经济作物7科、21个种类，常见品种有胡麻、油菜、芸芥、黄芥、向日葵、麻子、蓖麻、甜菜、棉花、茴香、黑瓜子等。饲料绿肥作物2科、8种，常见品种有箭舌豌豆、香豆子、毛苕子、紫花苜蓿、草木樨、红豆草等。农作物历来以粮食作物为主，其次是经济作物和瓜类蔬菜作物，饲料绿肥作物在井泉灌区和干旱山区每年均有零星种植。

### 1996—2005年平川区种植业结构变化统计表

表4–9

| | 单位 | 1996年 | 2005年 | 增减（%） |
|---|---|---|---|---|
| 粮播面积 | 公顷 | 13733.33 | 12733.33 | –1.5 |
| 产量 | 万千克 | 2801.8 | 3096 | +294.2 |
| 蔬菜面积 | 公顷 | 206.67 | 440 | +0.35 |
| 产量 | 万千克 | 682.6 | 1674 | +991.4 |
| 瓜类面积 | 公顷 | 440 | 1276.67 | +1.255 |

续表 4-9

| | 单 位 | 1996 年 | 2005 年 | 增 减(%) |
|---|---|---|---|---|
| 产 量 | 万千克 | 1666 | 3028 | +1362 |
| 制种面积 | 公 顷 | 200 | 158.67 | +2.08 |
| 产 量 | 万千克 | 120 | 841.2 | +721.2 |

**种植模式** 平川区地理位置特殊,海拔由 1350 米至 2200 米,分为黄灌区、井灌区、干旱半干旱山区,有多种种植模式。水泉镇、宝积乡大部分地区主要以间作套种、复种模式为主,王家山镇、共和镇部分海拔较低地区近年来有玉米+豆类、瓜类+豆类、瓜类+蔬菜类等套种模式,王家山镇、共和镇部分海拔较高地区和黄峤、复兴、种田等乡镇一年种植一茬作物。川旱地区一般的轮作方式为:春小麦→洋芋→糜子/谷子→歇地;春小麦→糜子/谷子→洋芋→歇地;春小麦→糜子/谷子→胡麻→歇地;春小麦→豌豆→胡麻→歇地;春小麦→歇地;胡麻→歇地。这几种方式一般小麦占 40%,秋田占 30%,歇地占 30%,由于干旱影响,轮作尚欠合理,夏田比重较大。温凉山塬地区,即种田、复兴一带,主要轮作方式为:春小麦→洋芋→胡麻→豆类;春小麦→洋芋→莜麦→豆类;春小麦→糜子→荞麦→豆类;春小麦→糜子→谷子→豆类;春小麦→谷子→莜麦→豆类。沿河灌区及井泉灌区,主要轮作方式为:春小麦/玉米→瓜类→油料;春小米/玉米→蔬菜→油料;春小麦/豆类→瓜类→油料;春小麦/豆类→蔬菜→油料;春小麦/玉米/豆类→瓜类;春小麦/玉米/豆类→蔬菜;春小麦→瓜类;春小麦→蔬菜;春小麦/玉米→瓜类/豆类;春小麦/玉米→瓜类/蔬菜;春小麦/豆类→瓜类/蔬菜。以上几种轮作方式,用地与养地相结合,农作物品种的茬口布局、新品种的推广都较为合理,被群众广泛采用。全区粮食产量随之不断提高,1996—2005 年,年总产量由 2800 万千克增加到 3096 万千克。

**肥料使用** 平川区农家肥种类多,资源丰富,主要包括厩肥、堆肥、秸秆、饼肥及其他各种杂肥,每年农家肥需求量约 45 万吨。绿肥虽有零星种植,但面积小,主要用于饲料。化学肥料近年已成为种粮增收的主要肥料,其施用特点是先氮肥,后磷、钾肥。常用氮肥有碳酸氢铵、尿素、硝酸铵等。常用磷肥有普通过磷酸钙等。常用钾肥有硫酸钾、氯化钾等。常用复合肥有二铵等。此外,含铜、铁、锰、锌、硼、钼等微量元素肥料得到不同程度的推广和应用,以磷酸二氢钾为主的叶面肥料喷施于植物叶面,效果较好。

**病虫害防治** 粮食作物病虫害有小麦锈病、小麦腥黑穗病、小麦全蚀病、小麦红矮病、小麦白粉病、麦类霜霉病、麦类赤霉病、麦类黑穗病、小麦叶枯病、玉米小斑病和大斑病、玉米黑粉病、玉米黑条萎缩病、玉米丝黑穗病、大豆霜霉病、大豆花叶病、大豆菟丝子、蚕豆锈病、马铃薯软腐病、马铃薯黑斑病、稻瘟病、麦蚜、黏虫、麦蜘蛛、小麦吸浆虫、条沙叶蝉、玉米螟、玉米蚜虫、红蜘蛛、潜叶蝇等。瓜菜病虫害有瓜类白粉病、炭疽病、枯萎病、霜霉病、蔓枯病、叶枯病、灰霉病、疫病、细菌性角斑病、病毒病;辣椒疫病、灰霉病、青枯病、软腐病、病毒病;茄子黄萎病、绵疫病、早疫病、灰霉病、病毒病;番茄早疫病、晚疫病、灰霉病、叶霉病、煤霉病、白粉病、枯萎病、绵疫病、绵腐病、溃疡病、病毒病、脐腐病;白菜甘蓝霜霉病、白粉病、软腐病、病毒病、细菌性角斑病、蚜虫、棉铃虫、烟青虫、菜粉蝶、黄守瓜、瓜实蝇、蓟马、瓢虫;地下害虫有地老虎、蝼蛄、金针虫、蛴螬。果树病虫害有苹果褐斑病、锈病、褐腐病、煤污病、花叶病、早期落叶病;梨白粉病、褐心病和心腐病;桃细菌性穿孔病、流胶病;食心虫、卷叶蛾、梨心毛虫、红蜘蛛、巢蛾、蚜虫、天牛、球蚧等。病虫害防治主要措施为施用农药。常见施用的农药品种较多。其中杀菌剂有75%百菌清、70%甲基托布津、50%多菌灵、25%粉锈宁、70%代森锰锌、77%可杀得、50%速克灵、72.2%普力克水剂、64%杀毒矾、25%甲霜灵、21%春雷霉素、72%链霉素等;杀虫剂有40%乐果乳油、90%敌百虫、80%敌敌畏、50%锌硫磷、20%灭扫利、25%敌杀死、40%水胺硫磷、石硫合剂、甲基异硫磷、抗蚜威等;除草剂有燕麦畏、2.4—DJ 酯、乙莠粉、仲丁灵、草苷磷、百草枯。

**1996—2005 年平川区主要农业产品产量统计表**

表4-10　　单位:吨

| 年度 | 粮食 | 油料 | 黑瓜子 | 蔬菜 | 瓜类 | 水果 |
|---|---|---|---|---|---|---|
| 1996 | 28018 | 1204 | 186 | 6826 | 16660 | 602 |
| 1997 | 29530 | 1402 | 182 | 8268 | 14173 | 882 |
| 1998 | 31222 | 1566 | 140 | 6335 | 23041 | 4201 |
| 1999 | 32582 | 1700 | 236 | 6864 | 19702 | 2165 |
| 2000 | 29740 | 910 | 115 | 8746 | 21542 | 1933 |
| 2001 | 32001 | 1627 | | 9582 | 28183 | 1859 |
| 2002 | 32110 | 1620 | | 10229 | 31140 | 1855 |
| 2003 | 31080 | 1525 | | 16495 | 30641 | 1855 |
| 2004 | 32075 | 1132 | | 16659 | 30255 | 1855 |
| 2005 | 30960 | 1125 | | 16740 | 30280 | 1918 |

## 第五节　种子管理

**机构**　区种子公司始建于 1987 年,2000 年由国有公司改制为股份合作制公司。注册资本 502 万元,有员工 38 名,专业技术人员 22 名。于 2001 年取得甘肃省农牧厅颁发的杂交种种子生产许可证和经营许可证。2005 年,建成 500T/d 成套果穗烘干线一套,5HST-5 玉米种子成套烘干加工设备、5XTD-5 型种子加工成套设备一套,省级标准化检验室(编号:09)。仓储面积 3000 平方米,晒台 4000 平方米。购置种子加工车 10 台(套)。基地生产规模 1200 公顷,销售收入2400万元。公司选育出的乾泰1、2、3号玉米杂交种均已进入省区试验。注册商标为“乾泰牌”。种子在河北、内蒙、宁夏、陕西、湖北及西南各省已打开市场,具有一定知名度。

**种子基地**　平川区1988年被列为白银市种子基地，至2005年，拥有成熟稳定的基地1333.33公顷,种子村20多个,种子户3000多户,经过多年的技术培训和生产实践,基地农民熟练掌握杂交制种和良种繁殖技术。现从事种子生产研究的技术人员50多名,其中,高级职称人员3名,中级职称人员10人,初级职称人员30多人。初步形成基地有技术员专人负责、村社干部配合管理和中高级技术人员指导相结合的种子繁殖管理体系。区境气候类型属典型的温带大陆型气候,早霜迟,太阳辐射强,日照充足,光热资源丰富,干燥少雨。种子脱水快,发芽率高,外观色泽好。年平均日温差13.9℃~16.4℃,昼夜温差大,有利于光合同化率的提高和产品品质的改善。所产种子籽粒饱满、千粒重高、发芽率高。2005年,生产杂交玉米种子400万千克以上,经省种子监督检验站抽检,合格率为100%。

## 第六节　农业机械

**机构**　区农业机械管理局正科级建制,归口区农牧局管理。下设办公室、管理站、推广站、培训学校、农机监理站(副科建制)等5个职能股室。有职工23人,其中副高级工程师1人,工程师4人。设有王家山、水泉、宝积、共和、黄峤、种田、复兴等7个乡(镇)农机管理服务站。2005年,农机培训学校通过全省标准化农机培训学校达标验收。

**概况**　1996年，全区农业机械化总动力为89862千瓦（其中农业运输机械为1962辆/46596千瓦),地膜覆盖333.33公顷,农副产品机械加工量2.12万吨,农业机械化总产值达到3388万元,净值2503万元,全区农机经营总收入达4283.5万元,纯收入达1371.75万元。随着农机化事业的不断推进与发展,2005年,全区农业机械化总动力达177534千瓦(其中农业运输机械为8498辆/128703千瓦),机耕地5900公顷,地膜覆盖2500公顷,农副产品机械加工量2.22万吨，农业机械化总产值达到10690万元，净值7750万元，全区农机经营总收入达7057万元,纯收入达2116万元。

**农机监理**　1986年,平川区农机监理站成立,隶属区农委。1989年,区农机监理站成为新成立的区农业机械管理局的职能站。1997年,升格为副科级建制,内设安全、事故、档案、业务、后勤等5个组。2005年,有职工8人,其中工程师2人。主要从事全区的农机安全生产的监理工作,负责拖拉机及其驾驶员的牌照核发、年度检审验、考证等工作。坚持田检路查,纠正车辆的违章作业行为。坚持进村入户、上门办理、服务群众的工作方针。2005年,全区共有3078台农业机械纳入牌证管理,1780人取得农机驾驶操作证。

### 1998—2005年平川区度农业机械拥有量综合表

表4-11 单位:千瓦、台

| 年 度 | | 1998 | 1999 | 2000 | 2001 | 2002 | 2003 | 2004 | 2005 |
|---|---|---|---|---|---|---|---|---|---|
| 农业机械总动力 | | 101216 | 105545 | 120698 | 131068 | 133873 | 163306 | 168873 | 177534 |
| 拖 拉 机 | | 1820 | 1915 | 2060 | 605 | 600 | 2614 | 2485 | 2467 |
| 其中 | 小型 | 33 | 39 | 43 | 21 | 20 | 20 | 21 | 21 |
| | 大中型 | 1787 | 1876 | 2017 | 584 | 580 | 2594 | 2464 | 2446 |
| 运输机械 | | 4299 | 5173 | 7131 | 5935 | 6274 | 6827 | 8059 | 8498 |
| 产品加工机械 | | 679 | 679 | 635 | 720 | 720 | 720 | 720 | 720 |
| 饲料粉碎机 | | 159 | 169 | 169 | 266 | 293 | 309 | 309 | 346 |
| 农用水泵 | | 491 | 491 | 442 | 510 | 561 | 601 | 664 | 664 |
| 配套农机具 | | 1238 | 1264 | 1414 | 1575 | 1384 | 1397 | 1689 | 1660 |
| 半机械化农具 | | 35007 | 35933 | 36088 | 20400 | 20530 | 20280 | 20514 | 22385 |

### 1998—2005年平川区农机驾驶操作人员培训统计表

表4-12 单位:人

| 年度 | | 1998 | 1999 | 2000 | 2001 | 2002 | 2003 | 2004 | 2005 |
|---|---|---|---|---|---|---|---|---|---|
| 农机驾驶人员 | | 260 | 200 | 500 | 505 | 415 | 311 | 500 | 360 |
| 其中 | 小型 | 105 | 146 | 295 | 205 | 104 | 125 | 283 | 136 |
| | 大中型 | 155 | 54 | 205 | 300 | 311 | 186 | 217 | 234 |
| 农具手 | | 155 | 150 | 100 | | | | | 75 |
| 其 他 | | 285 | 300 | 100 | | | | | |
| 合 计 | | 700 | 650 | 700 | 505 | 415 | 311 | 500 | 435 |

# 第三章 畜牧业

## 第一节 发展概述

**机构** 1998年5月前,由区畜牧业服务中心主管畜牧业,正科级事业单位。1998年5月,更名为白银市平川区畜牧局。2003年2月,更名为区畜牧技术推广中心。主要负责全区动物卫生监督管理、饲料及饲料添加剂管理、种畜禽管理,负责牧渔业生产领域的新品种、新技术、新科研成果的引进、试验、示范、推广和指导等工作。有办公室、检疫站(动物卫生监督所)、动物防疫站、草原监理站、水产站(渔政管理站)、畜牧站(种畜禽管理站)和区饲料工作办公室等7个内设和下属机构。2005年,有在职职工34名,其中高级专业技术职称5人,中级专业技术职称7人。1995—2005年,古兴忠、丁桂芳(女)、薛世强、梁仲翠(女)、张宗忠、刘生祥、张继聪、朱江、李彤等9人17次获得省级表彰奖励。

**概况**　区境内主要牧养动物为羊,羔羊肉、羔羊皮为地方重要物产之一。王家山、水泉、共和、黄峤、种田、复兴等地为养羊业发达地区。除羊之外,其他畜禽基本为圈养,饲养种类有马、骡、驴、牛、猪、鸡等,在全区均有分布。20世纪90年代前,马、骡、驴、牛等大家畜均作为役畜饲养,羊、猪、鸡等大多以农户自养自食为主。随着农村产业结构的优化调整和市场经济的发展以及现代畜牧科学技术的大力推广应用,饲养方式亦发生前所未有的变化,混(配)合饲料、青贮、氨化饲料广泛应用,名、优、特畜禽品种不断得到引进和推广,畜牧产业化、商品化进程明显加快,畜产品的商品率普遍提高。2005年,全区大家畜存栏2.26万头,羊存栏9.5万只,生猪存栏5.28万头,鸡存栏54.1万只。当年肉类总产量320.48万千克,鲜蛋产量301万千克,鲜奶产量300万千克,水产品产量6万千克,牧渔业总产值达4008万元。全区猪、牛、羊、禽、水产品良种覆盖率分别达到92%、70%、60%、95%和100%。全区共发展各类规模养殖户1900个,其中规模养猪户500个,规模养羊户960个,规模养牛户200个,规模养鸡户240个,规模养殖量已占养殖总量的86%,形成以水泉镇牙沟水村、王家山镇大营水村等地的养鸡业,水泉镇枣园、杨岭、双岔等村的养猪业以及水泉镇黄湾、陡城村、牙沟水村,共和镇兄弟村,宝积乡贺家川村等地的养牛业为代表的各类特色养殖区域13个。区内生产的优质牧渔产品除供应本地外,肉猪、肉羊和鲜蛋已批量销往白银、兰州和青海、宁夏等省内外市场。

## 第二节　畜禽养殖

**猪养殖**　1990年前,主要品种有甘肃黑猪、内江猪、苏大白、杂交猪。2005年,在种田、复兴还有农户饲养,但为数不多。良种猪为长白猪、约克夏猪、杜洛克猪、甘肃白猪等。长白猪属瘦肉型品种,原产丹麦,毛白色,头狭长,鼻嘴狭长,耳微凹且前垂伸,胸腹平直,背腰长而平直或稍呈弓形,后躯丰满,乳头7~8对,成年公猪体重250~350千克,母猪体重230~300千克。母猪产仔数10~13头,胴体品质好,瘦肉率59%~63%。繁殖力高,生长快,饲料利用率高,遗传性稳定。约克夏猪属肥肉型品种,原产英国,分大、中、小型,区内引进的为大型约克夏猪,毛色全白,头颈较长,耳薄而大且稍向前立,体躯长,胸宽、深,肌肉发达,背稍呈弓形,腹线平直,后躯宽长,四肢高,乳头6~8对。成年公猪体重250~330千克,母猪200~250千克,产仔数11头左右。瘦肉率56%以上。生长快,繁殖力强,遗传性稳定。杜洛克猪属瘦肉型品种,原产美国,毛棕红色,但个体间有深棕、红棕、淡黄之分,耳中等大并略向前倾,体躯长宽,呈圆筒状,背线弓,腹收缩,臀部丰满,肌肉发达。成年公猪体重340~450千克,母猪300~390千克,产仔数平均约9头。生长快,胴体品质好,肉质紧凑,并能明显地影响杂交种后代,常作为生产瘦肉型猪的优良杂交父本。甘肃白猪属肉脂兼用型品种,毛白色,头颈结合良好,中躯较长,背略弓,四肢粗壮结实,臀部较丰满,乳头7对。成年公猪体重150~180千克,母猪140~170千克。繁殖力强,抗逆性强,肉质好。

**鸡养殖** 养鸡业为本地传统养殖业之一,以农家分户散养为主,品种有静宁鸡、来航鸡、京白鸡、狼山鸡、浦东鸡、星杂288、星杂579、三黄鸡等老品种肉蛋兼用鸡。近年以王家山大营水村和水泉镇牙沟水村等地为代表的规模养鸡场(户),引进国内外优良品种进行科学饲养,产品因质量高、信誉好而远销青海、新疆等地。目前主要饲养有罗曼褐鸡、伊莎褐鸡、海赛克斯(褐)鸡、海兰褐鸡、艾维茵肉鸡、静宁鸡、丝毛鸡等品种。罗曼褐鸡由德国罗曼公司育成,属中型体重高产蛋鸡,四系配套。伊莎褐鸡由法国依莎公司育成,属四系配套中型体重的高产褐壳蛋鸡,具有较好的抗热性能,是当前世界主要高产蛋用鸡种之一。海赛克斯(褐)鸡由荷兰成尤里布德公司育成,属中型褐壳蛋鸡,性情温顺,好管理,抗寒性强,抗逆性好且具有产蛋高峰期长、破壳蛋少的特点,但耐热性较差,适宜在北方寒冷地区饲养。海兰褐鸡由美国海兰国际公司育成,属中型褐壳蛋,性情温顺,适应性好,产蛋高峰早且持续期较长。艾维茵肉鸡由美国艾维茵国际有限公司育成,属三系配套白羽肉鸡,为显性白羽肉鸡,体型饱满,胸宽,腿短,皮肤黄,具有增重快、成活率高、饲料报酬高的优良特点,商品代公母混养49日龄,体重2615克,耗料4.63千克,饲料转化率1.89,成活率97%以上。静宁鸡又名固原鸡,原产于甘肃省静宁县及宁夏回族自治区固原市一带,属蛋肉兼用型品种。体格中等,成年公鸡羽色不一致,主要有红公鸡和黑红公鸡,成年母鸡羽色较杂,有黄鸡、黑鸡、白鸡、花鸡等,以黄鸡和麻鸡最多,冠型多为玫瑰冠,少数为单冠,喙多呈灰色,胫灰色,少数个体有胫羽,皮肤白色,初生重为36.5~47克,成年体重,公鸡为1888~2250克,母鸡为1630~1670克,蛋壳褐色或深褐色。丝毛鸡为观赏用鸡品种,又称丝毛乌骨鸡、泰和鸡,以丝毛美丽闻名于世,原产江西、浙江、福建等省,典型外貌具有桑冠、缨头、绿耳、胡须、五趾、毛脚、丝毛、乌骨、乌皮、乌肉等十大特征,初产蛋日龄160~180天,年产蛋量80~130个,肉味美,富滋养,可入药,为妇科良药乌鸡白凤丸用料,1997年开始从宁夏引进,每年出栏5000只左右。

**牛养殖** 牛在境内饲养历史悠久,为主要役用大牲畜。现以商品肉牛和奶牛养殖为主,仅有少部分役用。养殖品种有秦川牛、皮埃蒙特牛、西蒙塔尔牛、黑白花奶牛等,传统土种黄牛已基本退出饲养。黑白花奶牛原产荷兰,毛色黑白花片,额部有白星,属乳用品种,成年公牛体重900~1200千克,成年母牛体重650~700千克,体格高大,结构匀称,被毛细短,后躯明显发达,乳房容积大，形状好，质地优良，排乳速度快。中国黑白花奶牛系用黑白花奶牛与黄牛杂交选育而成，1987 年通过中国黑白花奶牛鉴定委员会验收，母牛体重约 560 千克，年产奶量 6000~8000 千克，乳脂率 3.4%~3.6%，主要分布在宝积、共和、水泉等地，现存栏 700 多头。西蒙塔尔牛原产欧洲阿尔卑斯山区，毛色黄白花或红白花，属乳肉兼用和肉乳兼用两个类型，区境引进的为肉乳兼用型，成年公牛体重为 900~1200 千克，成年母牛为 600~750 千克，体格粗壮，头较大，体深而长，肌肉充实，四肢粗壮结实，屠宰率为 65%左右，2005 年由白银生态农业有限公司引进，现存栏 150 头。秦川牛产于陕西渭河流域，毛色紫红，属役肉兼用品种，成年公牛体重 600 千克左右，成年母牛体重为 400 千克左右，体格高大，结实匀称，骨骼粗壮，肌肉丰满，公牛有明显的肩峰，主要分布在水泉、种田、复兴等地，以役用为主。皮埃蒙特牛原产意大利，毛色为乳黄色，乳毛退去后逐渐变成浅灰白色，属肉乳兼用型品种，成年公牛体重 800~1000 千克，成年母牛为 500~600 千克，体格中等，体躯结构紧凑，全身肌肉丰满，颈短而厚，复背复腰，肩部及臀部外缘特别丰满，2003 年由甘肃白银雄征酒业有限责任公司引进，在本地生产性能不理想，现有少量存栏。

**羊养殖** 境内水泉、王家山、共和、黄峤、种田等地在历史上就是滩羊和沙毛山羊(中卫山羊)的重要产地。滩羊羔肉(靖远羊羔肉)驰名省内外，是市场紧俏肉食品。宰剥出生一月左右的羔皮硝制而成的二毛皮作为地方特产驰名国内外，裘皮以花纹清晰美观、润泽多绒、皮板结实为主要特点。滩羊毛亦质地良好，毛织品普遍受到欢迎。1990 年后，又引进小尾寒羊、特克塞尔肉羊、萨福克肉羊等具有多胎、生长快、产肉率高等特点的国内外优良品种，使养羊业的经济效益得到进一步提高。滩羊是我国独特的裘皮用绵羊品种，为脂尾羊中的长尾羊，属蒙古羊系，按经济用途为裘皮羊，按毛纤维类型和细度则属粗毛羊，是优良的裘皮用绵羊品种，所产裘皮以花纹清晰美观，皮板轻便、结实、保暖、不粘结著称，成年公羊体重为 47.0 千克，成年母羊体重为 35.0 千克，被毛白色，剪毛量成年公羊 1.6~2.6 千克，成年母羊 0.7~2.0 千克，净毛率 65%，产羔率 101%~103%，屠宰率 45%左右，区境作为滩羊的原产地之一，饲养已久，数量较多，全区均有分布，属地方特色品种。小尾寒羊原产河北和山东省，成年公羊体重 94.15 千克，成年母羊体重 43.75 千克，早熟，生长发育快，肉用性能好，周岁公羊屠宰率 55.6%，被毛白色者居多，剪毛量成年公羊 3.5 千克，成年母羊 2.1 千克，净毛率 63%，一年四季发情，产羔率 270%，20 世纪 90 年代从山东引进，与本地品种进行杂交改良。中卫山羊又叫沙毛山羊，是我国珍贵而独特的裘皮用山羊品种，原产于宁夏的中卫、中宁、同心、海原等地，裘皮品质驰名世界，具有耐粗饲、耐湿热、对恶劣环境条件适应性好、抗病力强、耐渴性强的特点，有饮咸水、吃咸草的习惯，被毛以纯白色为主，也有少数全黑色，背腰平直，体躯各部结合良好，四肢端正，蹄质结实，公山羊前躯发育好，母山羊后躯发育好，成年公山羊体重为 30~35 千克，成年母山羊体重为20~30千克,山羊繁殖快,母羊多产双羔,出肉率为40%左右,每只产肉20~30千克,产后一月宰剥硝制的沙毛裘皮品质优良,毛股弯曲美观、轻软,毛有绢丝光泽;成年羊毛质粗硬而长,每年剪一次,每只羊可产绒100~150克,因其稀少珍贵而被称为纺织品原料中的"宝石";存栏量仅次于滩羊,主要分布在水泉、王家山、共和、黄峤、宝积等地。

**马养殖** 屈吴山区及野麻滩一带为古代战马的主要牧养地,马的驯养历史悠久。民国以后主要作为役畜,但作用不及骡、驴,故民间饲养不多。2005年底,有零星养殖。

**驴养殖** 驴为农用主要役畜之一,农户养殖广泛。后发展肉用养殖。饲养品种有西吉驴和关中驴等。西吉驴原产甘肃河西走廊一带,为小型驴种,体质结实,体小精悍,多呈灰色,其次为黑色和青色,平均体高公驴101.6厘米、母驴99.5厘米,适应性强,耐粗饲,役用耐劳持久。关中驴为优良的地方品种,原产陕西省关中平原和延安市南部,属大型驴种,体型高大,结构匀称,体型略呈长方形,头颈高扬,眼大而有神,前胸宽广,肋弓开张良好,尻短斜,体态优美,90%以上为黑毛,少数为栗毛和青毛,平均体高公驴133.2厘米、母驴130.0厘米。

**骡养殖** 骡为驴、马杂交种,农村主要役畜之一,农民饲养数仅次于驴。有马骡及驴骡之别,公驴与母马杂交所生为马骡,公马与母驴杂交所生为驴骡。

**鱼养殖** 黄河鲤鱼久负盛名,在红山峡一带仍可捕捞,但数量较少。养鱼产业主要为人工养殖。1996年,月河渔场建成并投产,主要有草鱼、鲢鱼、鲤鱼、草胡子鲶鱼、鲫鱼等品种。2005年底,全区共有养鱼水面约26.7公顷。

**其他养殖** 境内还养殖少量的梅花鹿、兔、鸭、鹅、鸽、蜂等。

### 1996—2005年平川区主要畜禽产品产量和畜禽存栏数量统计表

表4-13

| 年份 | 肉类总产量(吨) | 羊毛总产量(吨) | 猪年末存栏(头) | 羊年末存栏(只) | 鸡年末存栏(万只) | 鲜蛋产量(吨) | 大牲畜年末存栏(头) |
|---|---|---|---|---|---|---|---|
| 1996 | 1613 | 75.1 | 25672 | 72571 | 9.19 | 462 | 17260 |
| 1997 | 1408 | 79.5 | 26691 | 69976 | 8.65 | 509.5 | 17458 |
| 1998 | 1601.4 | 87.61 | 25846 | 70540 | 9.12 | 300.9 | 17390 |
| 1999 | 1800 | 85.35 | 26996 | 70386 | 8.84 | 305 | 17192 |
| 2000 | 1774 | 97.1 | 24390 | 70800 | 10.49 | 314.7 | 16174 |
| 2001 | 1774 | 97.1 | 24390 | 70800 | 10.49 | 314.7 | 15741 |
| 2002 | 2014 | 65.75 | 24500 | 70900 | 10.50 | 315 | 15900 |
| 2003 | 1881 | 70 | 24803 | 74404 | 15.80 | 424.2 | 17371 |
| 2004 | 2193 | 80.63 | 27604 | 81002 | 16.16 | 486 | 18477 |
| 2005 | 2297 | 82.02 | 31644 | 82874 | 21.44 | 643.2 | 18297 |

## 第三节　饲　草

**草场**　区境的天然草场主要分布在屈吴山、黄家洼山及水泉镇境内的中低山地区，总面积13.46万公顷。按照草原类型可划分为山地草甸化草原类、荒漠半荒漠草原类和荒漠化草原类等三种类型。按照流域可划分为屈吴山清水河流域、屈吴山杨稍河流域和水泉沙河流域等三个小的流域。屈吴山清水河流域包括种田、复兴两乡，当地水肥因子相对较好，属林缘区，有天然草原4.12万公顷，均属于山地半荒漠草原。屈吴山杨稍河流域包括共和、黄峤二乡和屈吴山林场，有天然草原4.11万公顷，其中亚高山灌丛草甸草原0.57万公顷，分布在屈吴山和黄家洼山；亚高山草甸草原0.65万公顷，分布在屈吴山，黄家洼山和黄峤乡境内。水泉砂河流域包括水泉镇和王家山镇，区域基本属于沙化区，境内有水泉尖山、瀰水山、旱坪川滩等草原资源区，有天然草原5.23万公顷，均属于山地半荒漠化草原。草地植被除少数白刺、沙棘、锦鸡儿等灌木外，多为耐旱的菊科、禾本科、莎草科、豆科等植物，有冷蒿、短花针茅、狗尾草、醉马草、冰草、骆驼蓬、地椒等。有毒有害牧草主要为黄花棘豆、醉马草等，毒草占总产草量的5%左右。牧草一般四月上旬萌发返青，十月中旬枯黄，全年生长期190天，枯黄期175天。

**饲草产量**　境内草场由于地理条件、植被类型、年降雨量的不同导致单位面积牧草产量差异悬殊。草甸化草场正常年景产草量为每亩300千克左右，荒漠化草场每亩10~15千克，平均亩鲜草产量为80千克，理论载畜量为3.23万个羊单位。由于干旱、病虫鼠害等自然因素，滥垦乱挖、过度放牧等人为因素及其他客观因素的影响，草地退化、沙化、碱化现象与日俱增，草场严重超载，草山贫瘠，植被稀疏，覆盖度低，宜牧草原面积急剧减少，草地综合生产能力急剧下降，载畜量随之日益低落。全区年平均人工种草留床面积2000公顷，主要为苜蓿、红豆草、鲁梅克斯、燕麦草等。草坪绿化保留面积约100公顷。

## 第四节　疾病防治

**动物疫病概况**　2005年，区内已知200多种动物性传染病和150多种动物寄生虫病，其中至少有160多种为人畜共患病，高致病性禽流感、口蹄疫、猪链球菌病等动物疫病时有发生。不仅威胁畜牧业健康发展，一旦人畜共患，则直接危害人类的健康和生存，动物疫疾已成为制约畜牧业健康发展和公共安全的重要不利因素。20世纪90年代中期后，区动物卫生部门对境内动物疫病进行调查、诊断和防治，先后查明的畜禽疫病达150种，其中传染病87种，寄生虫病63种。疑难病9种：猪顽固性腹泻、绵羊习惯性流产、奶牛不孕症、羊食毛症、猪无名热、牛顽固性腹泻、猪蹄壳脱落症、猪产溺死胎、鸡突发性死亡。中毒性疾病10种:有机磷农药中毒、食盐中毒、亚硝酸盐中毒、含氮化肥中毒、鼠药中毒、氟中毒、磷化锌中毒、四球素类不良反应、呋喃药物中毒、黄曲霉中毒。代谢疾病3种:软骨病、佝偻病(含维生素D缺乏症)、硒缺乏病。新发现的疫病12种:鸡减蛋综合症、鸡传染性法氏囊病、鸡传染性支气管炎、鸡传染性喉气管炎、猪蓝耳病、羊衣原体性流产、猪传染性胃肠炎、兔瘟、马传染性淋巴管炎、马流感、马脑炎、猪细小病毒病。已消灭的畜禽疫病4种:牛瘟、牛肺疫、马传染性水泡病、猪传染性水泡病。已控制的畜禽疫病24种:鼻疽、气肿疽、炭疽、鸡新城疫、猪瘟、猪气喘病、牛巴氏杆菌病、牛恶性卡他热、牛副伤寒、马腺疫、破伤风、禽霍乱、猪蛔虫病、马胃蝇、羊快疫、羊猝狙、羊肠毒血症、羔羊痢疾、山羊传染性胸膜肺炎、羊痘、鸡痘、猪丹毒、猪传染性萎缩性鼻炎、仔猪副伤寒。呈散发状态的动物疫病29种:破伤风、猪瘟、猪肺疫、羊痘、猪气喘病、仔猪软骨病、猪流行性感冒、猪链球菌病、牛流行热、羊衣原体性流产、羊肠毒血症、马传染性脑脊髓炎、马传染性淋巴管炎、禽结核、鸡传染性法氏囊病、鸡传染性喉气管炎、鸡马立克病、鸡新城疫、鸡减蛋综合症、鸡大肠杆菌病、鸡球虫病、牛羊胃肠道线虫病、肝片吸虫病、猪蛔虫病。危害较为严重的畜禽疫病9种:猪瘟、猪繁殖呼吸综合症,猪传染性胃肠炎、鸡新城疫、鸡传染性支气管炎、鸡传染性法氏囊病、鸡球虫病、马传染性淋巴管炎、雏鸡白痢。受直接威胁的重大动物疫病4种:口蹄疫、禽流感、猪蓝耳病、狂犬病。有潜在危害的畜禽疫病4种:奶牛结核病、布鲁氏杆菌病、猪链球菌病、禽结核。

**动物疫病防控** 1985—1989年,建立和恢复区、乡动物疫病防治机构和村级初级疫病防制网络,控制猪丹毒、猪肺疫、鸡新城疫、羊痘等病的蔓延。1990—1995年,经过采用免疫、检疫等综合防制措施,基本控制猪瘟、鸡新城疫、兔瘟、布鲁氏菌病、鼻疽、羊痘、羊梭菌病等传染病,羊螨病、羊胃肠道线虫病、猪囊虫、羊鼻蝇幼虫等寄生虫病和恶性传染病炭疽等。1996—2005年,基本处于徘徊阶段,随着动物及产品的大量流动,动物疫病的传播机会也随之增加,但由于乡镇畜牧兽医站被撤并,动物疫病防控体系建设滞后,防检技术手段已跟不上动物疫病发展的新形势,致使已得到控制的部分动物疫病又有所抬头,同时新的病种时有传入。1995年,与全省同步消灭牛瘟、牛肺疫、马传染性贫血病、猪水泡病等动物疫病,经过长期的免疫,布鲁氏菌病、鼻疽、猪瘟、猪丹毒、猪肺疫、炭疽、鸡新城疫等20多种传染病已得到控制。组织调查主要畜禽寄生虫病的病原种类、分布和侵袭规律,推广防治新技术和一批高效、低毒、广谱驱虫新药物,开展以羊胃肠道线虫病、牛羊肝片吸虫病、螨病、猪囊虫和鸡、兔球虫为主的动物寄生虫防治工作。扑灭2003年共和镇老庄、小水等村发生的马传染性淋巴管炎,2004年水泉镇牙沟水村发生的鸡传染性支气管炎等重大动物疫情。从1991年开始,按照国家布鲁氏菌病达标考核标准和检验技术规范,连续5年抽检羊血清5001份,牛血清100份,血清学检测均为阴性,达到国家布鲁氏菌病“稳定控制区”标准。为控制扑灭突发重大动物疫情,2003 年,平川区逐步建立和完善重大动物疫情应急机制,先后制定《白银市平川区高致病性禽流感疫情应急预案》《白银市平川区牲畜口蹄疫疫情应急预案》《白银市平川区马流行性淋巴管炎防制预案》等一系列动物疫情防制预案。2004 年,建设区级动物疫情网络直报终端,加入农业部动物疫情《预案》网络直报系统,实现动物疫情网络直报和快报。根据动物卫生监督机构提供的监测信息,按照重大动物疫情的发生、发展规律和特点,分析其危害程度、可能的发展趋势,发出相应级别的预警。2005 年,区政府制定和印发《白银市平川区突发重大动物疫情应急预案》,对各部门的职责、疫情监测报告、疫情应急响应和应急物资储备等都有明确要求和规定,成立白银市平川区防制重大动物疫病指挥部,由分管动物卫生工作的副区长任指挥长。

**动物免疫接种** 坚持预防为主的原则,实行行政、技术相结合的“双轨责任制”,确保免疫密度和质量达到国家规定标准。1995—2005 年,全区各类动物免疫接种 21 种疫菌苗,累计 5149.85 万头只(次)。主要进行预防免疫接种的动物疫病有:猪传染病 8 种,即猪瘟、猪丹毒、猪肺疫、仔猪副伤寒、大肠杆菌病、猪细小病毒病、猪乙型脑炎和口蹄疫,免疫接种达 252.4 万头次;鸡传染病 7 种,即鸡新城疫、鸡马立克氏病、鸡传染性法氏囊病、鸡减蛋综合症、鸡传染性支气管炎、鸡传染性喉气管炎和禽流感,免疫接种 4678.6 万只(次);牛传染病 1 种,即口蹄疫,免疫接种 5.25 万头(次);羊传染病 4 种,即口蹄疫、羊痘、羊布氏杆菌病和羊梭菌病,免疫接种 212.8 万只(次);兔传染病 1 种,即兔瘟,免疫接种 0.8 万只(次)。

**动物卫生监督** 平川区全面推行产地检疫制度,开展产地检疫的乡镇 100%。1998 年,在城区设立定点屠宰场,对上市生猪实行定点屠宰、集中检疫,禁止无检疫证明和免疫耳标的动物入场屠宰,做到有宰必检。经常性监督检验规模较大的动物饲养场、屠宰场(点)、肉类加工场所、餐馆、食堂等为重点的动物及产品生产、加工、经营场所的动物卫生条件,严格监督管理动物诊疗人员和兽药、饲料及饲料添加剂生产、经营者。

# 第四章 林 业

## 第一节 发展概述

**机构** 区林业局的前身为白银市平川区林业综合服务中心,成立于 1989 年 1 月,正科级事业单位。1998 年 5 月,更名为白银市平川区林业局,为区政府制定或执行全区林业规划、林业政策、法律法规的职能部门。1987 年 4 月,成立区绿化委员会。9 月,成立区护林防火指挥部。2000 年 4 月,成立区以工代赈退耕还林工程建设领导小组。1986 年 9 月,成立区林业技术推广站、区林木病虫害防治站和区林木种子站。区林业局内设机构有办公室、财务室、技术推广站、森防站、种苗站、资源站等六个站室，下辖白银市森林公安局平川分局和屈吴山林场。1996年6月，成立白银市平川区屈吴山林场派出所，副科级建制，事业单位，业务上由白银市公安局平川分局管理，行政上由区林业综合服务中心管理。8月，更名为白银市公安局平川分局屈吴山林区派出所。2003年11月，更名为白银市森林公安局平川分局，同时加挂白银市公安局平川分局森林警察大队牌子，正科级建制，事业单位，隶属区林业局管理。内设机构有刑事警察大队、治安股、法制室、办公室、林政稽查队、警务督察室。区林业局有职工41人，其中副高级工程师3名，工程师4名。1992年2月，周继翰获"全国绿化奖章"，被授予"全省造林绿化先进个人"称号。

**概况** 2005年底，全区有天然乔木林200公顷，零星分布于屈吴山；天然灌木林0.41万公顷，片状分布于屈吴山、碑南泉和小红沟。全区林业用地面积5.59万公顷，占全区总土地面积的26.5%。其中有林地0.31万公顷，占林业用地总面积的5.6%；灌木林地0.66万公顷，占11.8%；疏林地0.1万公顷，占1.8%；未成林造林地0.85万公顷，占15.3%；苗圃地66.67公顷，占0.1%；无林地3.65万公顷，占65.4%。人工栽植的林木2.8万公顷，主要分布在东部丘陵沟壑区、西部黄河灌区和中部井水灌溉区。其中经济林933.33公顷，其中枣树600公顷、苹果树106.67公顷、杏树86.67公顷、梨树100公顷、其他40公顷，年产果品3598吨。人工用材林133.33公顷，防护林4200公顷，其他200公顷。全区森林覆盖率4.6%。平川区编制完成《白银市平川区"三北"防护林体系建设三期工程规划(1996—2000年)》《白银市平川区"三北"防护林体系建设四期工程规划(2001—2010年)》《天然林资源保护工程白银市平川区实施方案(2000—2010年)》《白银市平川区退耕还林工程十年规划(2001—2010年)》《白银市平川区重点公益林区划界定报告》和《白银市平川区"十一五"及中长期林业发展规划》。停止一切采伐天然林资源的活动，把森林经营性采伐量调减为零。加大森林资源管护力度，妥善分流和安置富余职工，使全区6800公顷森林得到有效保护，4533.33公顷森林得到重点保护。屈吴山林场划分为若干个禁猎区、封护区、禁牧区、动植物种群保护区，并与护林防火人员层层签订责任书，森林资源得到有效保护。同时，组织实施退耕还林工程1.15公顷，其中退耕地造林4800公顷，荒山造林6400公顷，封山育林333.33公顷，累计向退耕户兑现补助粮969万千克，补助款476.9万元，以资代粮1980.3万元。落实"三北"防护林工程4200公顷，其中三期工程造林2866.67公顷，四期工程造林1333.33公顷。累计育苗112.1公顷，调运苗木5044.5万株，调购种子17300千克，苗木检疫率达100%，种子检疫率达98%。在育苗过程中，引进全光照喷雾扦插育苗设备，降低生产成本，提高苗木质量。投资170万元，累计防治森林病虫害566.67公顷，检疫木材约200立方米，中药材2100千克。示范推广杨树伐根嫁接毛白杨7.885万株，累计完成全民义务植树461万株。投资60万元,在水泉镇车轮口建成占地8公顷的区中心苗圃。四大林业生态工程共计完成造林任务1.54万公顷。全区森林覆盖率由建区初的2.6%提高到4.6%。1997年10月,在甘肃省首届林产品展览交易会上,砂流水花椒获得铜奖。

## 第二节 树木种类

**概况** 区境树种以温带耐旱植物区系统成分占优势,亦有部分亚热带亲缘种。主要种类有8科,68属,249种。其中天然分布85种,人工栽培79种,经济果树85种。在天然林中,乔木10种,灌木65种,藤木8种。人工培育种中,乔木38种,灌木41种,经济果树4种,8属,85种。其中原有分布43种,引进栽培42种。

**用材林** 主要用材林有杨柳科杨属21种:山杨、二青杨、钻天杨、新疆杨、长毛杨、北京杨、沙兰杨、群众杨、毛白杨、银白杨、冬意杨、加拿大杨、大官杨、尤金杨、二白杨、小叶杨、胡杨、河北杨、合作杨、艮新杨、欧葵杨;柳属9种:高山柳、黄花柳、红心柳、小红柳、旱柳、杞柳、龙爪柳、垂柳、黑皮柳。松科云杉属1种:云杉;松属5种:油松、子松、华山松、白皮松、黑松;落叶松属2种:兴安落叶松、华北落叶松。杉科水杉属1种:水杉;柳杉属1种:柳杉。玄参科泡桐属1种:泡桐。榆科榆属1种:白榆。

**绿化树** 主要绿化树有紫科梓树属2种:楸树、梓树。云豆科皂属1种:皂角。棕榈科棕榈属1种:棕榈。悬铃木科悬铃木属1种:法国梧桐。槭树科槭树属3种:复叶槭、五角枫、三角枫。木樨科木岑属1种:水曲柳。

## 第三节 重点单位

**屈吴山林场** 位于区境东南部高山区,距城区30千米,处于北纬33°33′~36°37′、东径105°3′~105°10′之间,东西长约10千米,南北宽约5千米,是全区最大的天然林分布区。总经营面积3714.8公顷,其中天然乔木林面积349.33公顷,天然灌木林面积1066.67公顷,未成林造林地2126.67公顷,苗圃地3.33公顷,宜林地168.8公顷。林区气候温凉微润,年降水量为280~370毫米,年平均气温为6℃,一月平均温度为-11.4℃,7月平均温度为17.6℃,极端最高温度为25℃,无霜期为145天。夏无酷暑,秋季温凉。林区内野生植物种类繁多,木本植物20科60种,药用经济植物69科221种,花卉植物20科48种。野生动物4纲42科108种,其中两栖类8科13种,鸟类20科84种,其中国家一级保护动物3种,二级保护动物16种。哺乳类14科32种,其中国家二级保护动物2种。林区内外有机井50多眼,大小山泉60

多眼,水质甘醇,营养元素丰富。据国家地矿部测定,大小神泉、香水泉、金河泉和大水沟、柳沟等机井水质良好,含有人体所需的13种微量元素。屈吴山林场初建于1959年,为股级建制。1995年12月,升格为副科级建制。2002年1月,省政府同意成立甘肃省白银市屈吴山省级自然保护区。屈吴山林场下设1个护林防火大队(11人),3个护林站。有正式职工7人,聘用临时护林员12人。从事森林病虫害防治的试验与研究,采取熏蒸、涂干、放箭等多种方法,遏制危害,降低森林资源消耗。至2005年,共完成人工造林2126.67公顷,其中荒山造林1566.67公顷,"三北"四期526.67公顷,退耕还林33.33公顷。平整苗圃地3.33公顷,育苗350万株。实施封山禁牧3333.33公顷,其中天然林资源保护工程新封1666.67公顷。新打机井1眼,修建蓄水池12个,安装输电线路6千米。

**白银大漠绿州造林有限公司** 为白银首家公益造林有限公司,创办于2004年1月。林地位于水泉镇,东至花泉沟,南接水泉大沙河,西抵黄河,北达野麻滩村。有荒山面积4000多公顷,宜林地666.67多公顷。规划造林30万株,以经济林为主。已造林5万株。

# 第五章 水利水保

## 第一节 发展概述

**机构** 1985年11月,成立平川区农业委员会。1989年1月,设区水电综合服务中心,主管水利水保和农电工作。1990年12月,水、电分家,设区水利综合服务中心。1998年12月,水利综合服务中心易名为区水利局。2001年11月,区水利局改设区水务局,将城市供水、计划用水、节约用水、城镇供水规划、城市防洪、城区内地下水的开发和保护等业务交属区水务局,将隶属区城建局的区供水公司划归区水务局。区水务局成为主管全区水务工作的行政部门,下属供水公司、水利服务中心、水政监察大队、农村改水办公室、抗旱服务队。局机关下设办公室、水政水资源股、水土保持预防监督股、建管股四个股(室),区抗旱防汛指挥部办公室设在水务局。2005年,区水利系统共有职工248人(包括旱坪川电灌工程管理局98人)。其中,区水务局68人,区供水公司56人,种复人饮工程4人,各乡(镇)水保员共7人,打井队15人。其中大学本科学历11人;高级职称1人,中级职称17人。

**概况** 1985年后,先后出台《平川区水资源管理办法》《平川区水利工程管理和保护办法》《平川区河道、洪道管理办法》和《平川区地下水开采管理办法》,完成《平川区水资源调查评价和开发利用报告》《平川区水资源保护规划》《平川区节约用水规划》《平川区城市饮用水水源地保护规划》《平川区区域水文地质调查报告》等水资源规划。区水政监察大队查处各类水事违法案件23起,调处水事纠纷45起。对万亩提灌工程,建立管理局与受益村社相结合的渠道管理体制。泵站实行分级承包责任制,渠道清淤采取分级分段包干办法。对小提灌工程,千亩灌区实行“统管统灌”的管理模式,由村上参与管理,水管所负责统一灌溉;千亩以下灌区实行劳动积累工管理办法,按浇地面积分摊到户。机电井分乡镇管、村管、社管、私人管多种管理形式,由村、社和开井人员签订管理责任书进行管理。堤防管理贯彻“谁建设,谁受益,谁管理”原则,由河堤所在村分级管理,进行堤防建设、维护。灌区灌溉用水按“总量控制,定额管理”的原则实行管理,采取集中供水、分片灌溉的办法。在旱坪川万亩灌区12条支渠实施“用水户参与式”灌溉管理,成立用水协会12个,完成控制面积1646.67公顷,覆盖7个村,参与农户3983户。按照水利部关于《国营机电排灌站实行八项技术经济指标考核的暂行规定》,旱坪川万亩灌区由水务局进行考核。按省规定标准,1996年由三等灌区晋级为二等灌区。万亩灌区分片包干,凭票供水;小提灌及机电井由管理人员统一计时,统一收费、供水。

## 第二节　人畜饮水工程

**概况**　1985年后,区政府将为各干旱需水区修建人饮工程列入重要议事日程,先后建成种复人饮工程、水泉人饮工程、旱坪川人饮工程、老庄村人饮工程、兄弟村人饮工程、吊掌子社人饮工程等6处,12个村、1646户、41501人的饮水困难得以解决。特别是种复人饮工程,跨越种田、复兴两乡,自1989年10月正式动工兴建,历时三年,工程建成544.4立方米泵房一座,蓄水池15座,安装主管道长13.2千米,完成砼544.51立方米,安装6TV—20X6深井泵两台(一台备用),规模宏大,效益良好。2000年全国开始实施农村饮水解困工程,至2005年,全区实施4项农村饮水解困工程,共投资1091.22万元,新建集中供水、自来水工程19项,集雨水窖534眼,解决3.05万人、60174万头(只)牲畜的饮水困难。2005年,实施农村饮水安全项目,解决农村饮用高氟水、污染水、苦咸水等影响群众健康的水源问题,当年投资312万元,实施首批农村饮水安全工程,建成自来水工程3项,解决7800人的饮水安全问题。

**打拉池供水工程**　解决共和乡中和、兄弟2村7000余人、1万余头牲畜饮水困难建设的人畜饮水工程,由甘肃省水电勘测设计院设计。工程提取地下水输送到高位蓄水池,再配水入户,日供水量300立方米。工程于2002年8月16日开工,2003年10月竣工。总投资223.6万元,建成300立方米高位蓄水池1座,10立方米蓄水池1座,管理房120.25平方米,管网工程10943米。其中压力管1493米,主干管2085米,支干管6条7356米,供水房99.49平方米,入户管道33000米。

## 第三节 水土保持

**概况** 平川区总土地面积2106平方千米，其中水土流失面积1583.6平方千米，占全区总面积的81.7%。根据石脑子沟、马井沟、北庄、种田沟4条沟域实测数据推算，沟壑密度为1.45千米/平方千米。全区沟道总长度2802千米，平均土侵蚀模数为2524吨/平方千米·年，年均侵蚀1.7毫米，属中度侵蚀。在区境中北部，水土流失以风力侵蚀为主，水力侵蚀与重力侵蚀并存。由于挖沙、取土、炸石、烧砖、开矿、建厂、修路等活动，大量地表植被遭到破坏，使区境风蚀沙化、土壤侵蚀严重，各种坑、崖、洞、穴及塌滑现象加重。东南部的水土流失以水力侵蚀为主，各种面蚀、沟蚀、滑坡、淘穴、崩塌、山洪并存。1985年后，人为造成或加剧的水土流失面积58.01平方千米，其中东南部陡坡开荒而未采取任何水土保持措施的面积约35.03平方千米，折合0.35万公顷，中北部各种破坏面积总计达22.32平方千米，折合0.22万公顷。由于气候干燥，降雨稀少，造林种草难以成活，修建水平梯田费工多，径流聚集次数少、见效低等因素，人为破坏面积随着人口增长、经济发展而逐步递增，存在破坏大于治理的实际问题。

**治理措施** 区境治理水土流失主要采取生物措施，主要为造林与种草。适宜当地气候特点的草树种有苜蓿、红豆草、小冠花、沙打旺、柠条、红柳、杨树、榆树等。

**石脑子沟流域治理** 石脑子沟流域位于王家山镇万庙村境内，包括吊掌子等五个社，水土流失面积19.5平方千米，流域内总人口1872人，其中农业人口972人，人口密度为96人/平方千米，山梁起伏，主沟道长9千米，宽4千米，沟壑密度3.5千米/平方千米，是黄河右岸的三级支沟。支沟道85条，其中一级沟18条、二级沟5条、毛沟62条，沟道总长68.6千米，弯曲系数1.5。流域水土流失形成以水力面蚀、沟蚀、重力侵蚀为主，风力侵蚀并存，土地侵蚀模数为每平方千米4000吨，平均径流深5毫米。水土保持采取工程、生物、小流域治理等措施，长期进行综合治理。至2005年，共完成梯田0.3万公顷、条田0.12万公顷，沙田0.8万公顷、坝地0.15万公顷，共封山育林0.53万公顷，栽植水保林1.57万公顷，引洪漫地0.8万公顷，荒坡种草0.15万公顷，修涝池87个、谷坊145个、沟头防护92道。已治理面积10.2平方千米，占总面积的99.03%，成效显著，被列为全省示范流域。

**马井沟、种田沟、梁圈沟小流域治理** 马井沟、种田沟、梁圈沟小流域治理面积共29平方千米，治理率为39.4%。其中修筑水平梯田80公顷、条田120公顷，建设水保林230公顷、经济林10公顷，种草830公顷，发展沟坝地320公顷。

## 第四节 水利建设

**概况** 平川区先后投资1100多万元,建成水车湾电灌工程、兴电五泵支干渠延伸工程、兴电八泵水泉虹吸灌溉工程,在玉碗泉、下堡、砂流水村发展水地0.19万公顷左右。2005年,全区共建成电力提灌工程30处,其中万亩以上灌区即旱坪川电力提灌工程1处,千亩以上灌区有南台山、玉碗泉和三合塀电力提灌工程等10处,千亩以下电力提灌工程有下村、月河、水车湾等19处。年总提水量3783万立方米,共有机泵69台,总装机容量8985千瓦,建成干支渠总长193千米,其中干渠长60千米,大小建筑物365座,总灌地0.32万公顷 。积极实施集雨节灌工程,1996—2005年,共建成集雨节灌水窖7688眼,发展集雨节灌面积1025.07公顷。在沿黄灌区实施以大块改小畦、以亩定水量节水灌溉措施。在黄灌区和井灌区实施渠道防渗措施,衬砌渠道720千米。在共和镇兄弟村井灌区3号井实施20公顷固定式塑料管道灌溉,年节水量3.6万立方米。1999年,按照"谁投资,谁所有,谁管理,谁受益"的原则,在进行清产合资后,对全区242处小水工程进行改革。其中实行股份制的26处,拍卖6处,承包47处,参与式管理111处,私营6处。固定资产所有权和经营权明确后,各小水工程经济效益普遍提高。建区之初,全区水利建设投资52.35万元。随着经济实力的日益增强,水利建设投资随之不断增加。2003年,投资为918万元。2005年,投资达到7251.45万元。其中,省小水投资931.4万元,市小水投资238.8万元,区小水投资655.95万元,省抗旱费242万元,省水保费8.5万元,省"两西"投资44.2万元,以工代赈1295.4万元,扶贫集雨节灌投资140万元,国债资金1243万元,世界银行贷款498万元,省列基建1592万元,中央非经营基金140万元,其他投资222.2万元。

**兴电五泵支干渠延伸工程** 前身为兴电五泵下堡灌溉工程。设计灌溉面积233.33公顷,引水流量每秒0.3立方米,总投资282.24万元。2003年3月,工程交兴电工程管理处建设,5月12日开工,11月5日竣工。建成渠道5400米,渡水管3座全长220米,渠水涵管长120米,涵洞5座长275米,山洪涵管24座,斗口18座,机车桥16座,山洪渡槽5座,完成工程投资282万元,平田整地200公顷。为扩大灌溉面积,实施渠道延伸扩建,经过响泉村向沁川水库供水,设计引水流量每秒0.6立方米,沿途发展灌溉面积1240公顷。2005年6月28日再次动工,至11月底工程全部竣工。建成渠道15千米,分水闸12座,量水堰12座,大车桥9座,三轮车桥21座,山洪涵洞13座,渠水涵管2座,山洪渡槽12座1150米,跨公路倒虹吸工程2座,完成投资690.85万元。

**兴电八泵水泉虹吸灌溉工程** 位于水泉镇砂流水村的大红门境内,从兴电工程八泵扬水压力管"T"型接水,用UPVC管引水至水泉村和砂流水村,工程设计引水流量每秒0.12立方米,灌溉面积200公顷,总投资99.78万元,由区抗旱服务队和水泉村承建。2003年7月1日开工,10月28日竣工。建成水井10座,护坡工程1座,出水池1座,防洪墙1座,铺压直径355毫米UPVC管3200米,完成工程总投资78.34万元,当年灌地30公顷,受益人口5100人。粮食亩产达500千克,总产量达150万千克,年人均纯收入由500元增加到1700元。

**王家山镇于大川电灌工程** 2001年3月动工建设,2002年5月竣工交付使用。工程位于王家山镇北部5千米处,提取兴电工程北干渠水源,设计总投资60.98万元,引水流量每秒0.1立方米,设计灌溉面积120公顷,由白银市水电勘测设计院设计。工程建成泵站1座,架设10千伏输电线路1.5千米,安装10千伏安变压器1台、S250-29水泵1台套,铺设直径2500毫米压力铸铁管70米,发展灌溉面积73.33公顷,解决于大川村5个社750户3250人的灌溉及饮水问题,工程由于大川村委会实行参与式管理。

**王家山镇大营水高枣坪节水灌溉工程** 由白银市水电勘测设计院设计,2005年6月2日开工建设,12月底建成。从兴电工程北干渠提水,取水流量每秒0.145立方米,装机容量1台套110千瓦,扬程51米,发展灌溉面积122.27公顷,已灌68.67公顷。工程由大营水村委会管理。

**沁川湖工程** 2005年3月18日开工建设,2006年10月建成蓄水。湖区位于城区西牌楼外与中区连接处的黄水沟,为五等小(2)型水库,库容为83.9万立方米,淹没总面积约23万平方米,回水线长度700米,设计投资798.4万元,实际总投资1300万元。建设土工膜防渗土沙坝1座,坝长488米,最大坝高10米,坝顶宽6米,泄洪涵洞1座,消力池1座,闸室1座,溢洪道一条长355米。坝坡及库区全部采土工膜防渗,防渗面积23万平方米,坝面及两岸用混凝土衬砌。

## 第五节 水政监察

**机构** 1991年9月,区水政水资源办公室成立。是年,省水利厅将平川区列为全省第二批水利执法体系建设试点单位。12月12日,成立区水利执法体系建设领导小组和区水资源管理委员会。13日,区政府批转区水利中心《平川区水利执法体系试点工作实施方案》。1992年,区政府任命1名主任水政监察员、2名副主任水政监察员,水利中心又任命9名水政监察员,经培训后上岗,开展水行政执法工作。2001年,市水利局将平川区列为城乡水务一体化建设试点单位。10月,《平川区城乡水务一体化建设与管理试点工作方案》出台,成立区水务局及区城乡水务一体化建设与管理试点领导小组。2003年2月,成立区水政监察大队,设8名专职水政监察员和4名兼职水政监察员。

**概况**　1992 年 6 月，出台《平川区水资源管理办法》《平川区水利工程管理和保护办法》《平川区河道、洪道管理办法》。2001 年 11 月，出台《平川区地下水开采管理办法》。2003 年，完成《平川区水资源调查评价和开发利用报告》《平川区水资源保护规划》《平川区城市饮用水水源地保护规划》等水资源规划和《平川区区域水文地质调查报告》，开始遏制地下水的盲目开采，促进水资源的合理利用和保护。至 2005 年，共查处在河道内乱设障、乱采滥挖沙石，任意打井取水，破坏水利工程设施等各类水事违法案件 23 起，调处水事纠纷 45 起，打击水事违法犯罪活动，加大水行政规费征收力度，促进行政事业性规费按时足额收缴。

## 第六节　抗旱服务

**机构**　区抗旱服务队成立于 1999 年 12 月 29 日，副科级建制，自收自支事业单位，隶属区水务局。下设打井队、物资站和水利工程队 3 个股室，全队核定事业编制 25 名。区打井队 1986 年 1 月从靖远县打井队析出。有车床、刨床、气锤等维修设备 7 台(套)，固定资产 7 万元。先后隶属区农委、区水电综合服务中心、区水利综合服务中心、区水利局、区抗旱服务队，为股级建制，下设修理、打井、管理 3 个组。2005 年年底，有职工 13 人，队长 1 人。

**概况**　由于东亚大气环流特点及地形影响，区境历史上十年九旱。面对严重旱灾，民间传统采用伏秋深耕、秋雨春用、铺压沙田、抗旱保墒，利用洪水、淤地灌溉，兴修水利、抢墒播种等有效措施，进行积极防御。1985 年后，又通过实施集雨节灌、地膜种植等措施保墒保水。同时建设“121”雨水集流、人饮解困等工程，减缓干旱山区人饮困难。在井灌区投入 30 万元，更新改造，配套维修，加强农电线路建设，发展有效灌溉面积 0.28 万公顷。机电井相对灌溉任务小，各村社根据各自情况，制定灌水时间、次数、灌溉亩次，村社同开井人员签订安全管理责任书，制定《机电井操作制度》《水费收缴制度》《冬季看护制度》，促进机电井的管理。区境内有靖远煤业机关生活区、红会生活区、王家山矿生活区、靖远电厂生活区，生活区邻近村社采取利用废水与灌溉水混合使用灌溉农田的办法，缓解灌水紧张局面。宝积乡响泉村属井灌区 1991 年由白银市投资 25 万元，在靖远电厂生活区建成二级废水提灌工程，发展灌溉面积 100 公顷，生产粮食 37.5 万千克。王家山镇万庙村胶泥崖社在王家山矿区建设两处废水利用工程，发展水地面积 6.67 公顷。至 2005 年，区打井队共打机电井 110 眼，发展水地面积 0.21 万公顷，维修更新机井 34 眼，并为各乡、村提供打井、配套、安装等技术服务。

## 第七节 提灌工程

**兴堡川电力提灌工程** 1976年7月，靖远县委常委会议决定成立兴堡川电力提灌工程指挥部，县委副书记万国杰兼任总指挥，指挥部驻水泉。10月，兴电工程在9号隧洞进口处破土动工。1977年4月，兴电工程列入全省基本建设项目。1980年9月，兴电工程由科级单位升格为县级单位，由地、县双重领导。1982年2月，兴电工程列为全省重点工程。5月，世界粮食计划署派联合国粮农组织农经学家卡奔特尔博士等5人对兴电工程外援项目进行可行性考察。10月14日，世界粮食计划署正式批准兴电工程列为WFP2639援助项目。1983年9月，总干渠通水典礼在黄湾一泵站举行。兴电工程完成“十一”通水、冬灌666.67公顷的任务。概算投资1.085亿元，实际投资1.044亿元。外援粮油折价1434万元，工程总造价8874万元。隧洞41个，总长度28.85千米，流量每秒6立方米，总耗工1648万工日。土方开挖782.6万立方米，土方填筑293万立方米，石方开挖61.8万立方米，永久占用土地295.73公顷。总扬程439.75米，设计流量每秒9.6立方米，年最大提水量1.2亿立方米，规划灌溉面积2.01万公顷。设计灌溉面积1万公顷，实际受益3县（区）6个乡，发展灌溉面积1.08万公顷，其中靖远0.98万公顷，海原县666.67公顷，平川区266.67公顷。“十五”期间，兴电工程列入全国大型灌区续建配套与节水改造项目。提水量由每秒6立方米增加到每秒10立方米，灌溉面积发展到2.07万公顷，管理信息化建设达到国际先进水平。工程共建成总干及干渠3条总长89.19千米，支干渠6条、支渠41条、斗渠592条890千米，各类建筑物19424座。安装机电设备85台（套），装机容量6.081万千瓦。建成调度中心信息化管理总站一个，泵站、变电所、水管所信息化监控子站13个，铺设信息传输光缆网络线路89千米。工程管理处隶属白银市人民政府。下设15个科室，8座泵站，3座变电所，9个水管所，6个处属企业。在册职工533人，其中高级工程师6人，初中级职称专业技术人员101人。灌区骨干工程实行企业化管理，支渠及以下工程实行社会化管理。建立“工程+协会+用水户”的群众参与式灌溉管理模式。成立用水者协会65个，监事会64个，用水组327个，入会会员21465户。供用水管理实行斗口计量，按方收费，先购后供，凭票供水等办法。配套“三会”“三清”“三公开”及“三组配水”等制度，形成完善的管理运行机制。经科学考核，各项经济技术指标达到部颁一等灌区评定标准，设备完好率100%，工程完好率99.86%，能源单耗4.474kwh/kTm，渠系水利用率69%，灌溉定额268.8立方米/亩·年，灌溉成本92.05元/亩·年，安全运行率98.35%。灌区粮食亩产由上水前的不足40千克增加到2005年的491千克。以大田马铃薯、枸杞为特色的高效农业已成为灌区经济发展的支柱产业，亩均收入达3000~9000元，仅马铃薯一项灌区年产值就达7500万元。乡镇企业由原来的

23个发展到350个，从业人员7000多人，年产值超过6000万元。灌区人均纯收入由每人不足30元提高到3230元。水泉镇和王家山镇部分村社利用兴电灌区主干渠经过境内的优势，采取分提灌溉措施。水泉村从主干渠取水，发展灌溉面积20多公顷。吊掌子人饮工程从主干齐家大岘隧洞7号斜井提水，发展灌溉面积20多公顷。大营水黄毛沟社提灌工程从主干渠齐家大岘隧洞5号斜井提水，发展水地面积13.33公顷。张家大坝社从主干渠总分水闸取水，发展水地面积153.33公顷。灌区累计安置贫困山区移民45629人，建成中小学175所、各级医疗机构89个，建成卫星地面接收站5个，修建乡村道路278千米。人民群众基本实现“二便四通”，即学生上学方便、群众就医方便，村村通电、通电视、通电话、通公路。灌区植树造林2433.33公顷，种草333.33公顷。田间林网化建设初具规模，灌区风速由2米/秒减小到1.2米/秒。同时，蒸发量明显减少，相对湿度增加17%，沙漠化侵蚀得到有效遏制。兴电管理处连年保持省、市“先进单位”和“双文明单位”称号，并获水利部“全国大型灌区精神文明建设先进单位”称号。

**旱坪川电力提灌工程** 兴建于1965年5月，时为旱坪川五级电灌工程，后逐步发展为八级高扬程电灌工程。1970年8月，改名为水泉公社水利工程管理所。1993年6月，成立旱坪川电力提灌工程管理局。1995年，灌溉面积达0.15万公顷。局长贺东被评为“全省水利先进工作者”。旱平川电灌工程现设续建工程指挥部与电灌工程管理局（正科级建制）。指挥部现保留机构，无建设人员。管理局内设办公室、机灌股、财务股、保卫股，有管理人员100名。全工程辖新旧泵站10座（新4座、旧6座），装机容量48台（套）6610千瓦，总扬程279米，高压输电线2条全长21.7千米，通讯线路3条全长14千米。年提水总量1800万立方米，设计提水流量每秒1.5立方米，加大提水流量每秒1.9立方米，设计灌溉面积为0.33万公顷，实灌面积为0.15万公顷，有效灌溉面积0.18万公顷。2000年5月，旱坪川电力提灌工程管理局组织机电安装小组对改扩建中未安装的1至4泵站8台套机组进行补位安装，共计1800千瓦。1996—1998年，陆续筹措资金，对东二支渠、西二支渠进行衬砌、延伸。2002年后，对七四腰、七二腰、六支东、五三东支渠进行衬砌，共投资120余万元，衬砌总长度19.9千米。工程收入由1995年的110万元增长到2005年的230万元，同比增长109%。2003年，甘肃省发改委批复旱坪川灌区续建配套与节水改造项目立项，项目包括五泵站一座、支斗渠泵站5座、干支渠共14.36千米、10千伏输电线路18.6千米、90条斗渠。新发展灌溉面积0.15万公顷，累计灌溉面积达到0.33万公顷。

**中小型井灌工程** 平川区提灌工程井灌区涉及共和、水泉、宝积、种田、王家山二乡三镇。共和、宝积、种田属井灌区，机井累计发展至224眼，其中运行和带病运行163眼，61眼失修报废。全区以井灌为主的水地面积0.28万公顷，占水地面积的60%。泉水工程共有47眼，灌溉面积260公顷。由于大量开采地下水，地下水位不断下降，自流泉水已多半干涸。

**中小型电力提灌工程**　全区黄河两岸共建成提灌工程15处，全部由水泉镇管理。工程属集体管理体制，村上根据每年上水计划，制定工程维修养护计划，实行劳动积累工的管理办法，由村组织分摊到户，有的村、社根据浇地面积分摊到人，有的按亩分摊，责任分解，任务到人。村、社相应成立水管所，由水管所负责检修维护，村村制定《机电养护制度》、《配水制度》、《开机人员制度》，村和管理所签订管理人员"三定"制度，即定上水指标、定消耗材料指标、定安全运行指标，定期检查，年底总评。牙沟水村管理的南台山提灌工程属千亩灌区，四级提灌，扬程102米，灌地面积113.33公顷，管理人员20人。1972年建成后，国家投资20多万元，维修加固泵房2座、渠道6千米、机电设备7台、附属设施3台。挑车梁提灌工程属中村管理的千亩灌区，1972年建成上水，在管理上实行"统管统灌"的管理模式，即由村上统一管理、由水管所负责统一灌溉，减轻农民浇水负担。由于设备老化失修，给管理带来一定困难。1991年，国家以工代赈项目投资30万元，新建一、二泵房，发展水地面积66.67公顷，总面积达173.33公顷。

## 平川区千亩以下电力提灌工程统计表

表4-14

| 名　称 | 流量（立方米/秒） | 装机容量（千瓦） | 有效灌溉面积（公顷） | 提水级数 | 取水水源 |
|---|---|---|---|---|---|
| 月　河 | 0.06 | 18.5 | 16.67 | 3 | 黄河 |
| 虎头嘴 | 0.055 | 55 | 12 | 1 | 黄河 |
| 口袋装 | 0.055 | 18.5 | 10 | 1 | 黄河 |
| 挑车梁　水车湾 | 0.09 | 28 | 16.67 | 2 | 黄河 |
| 下　村 | 0.155 | 55 | 52 | 2 | 黄河 |
| 空心楼 | 0.03 | 18.5 | 13.33 | 2 | 黄河 |
| 野　麻 | 0.055 | 18.5 | 16 | 1 | 黄河 |
| 白杨林 | 0.055 | 18.5 | 13.33 | 1 | 黄河 |
| 上　滩 | 0.031 | 18.5 | 6.67 | 1 | 黄河 |
| 下滩坪 | 0.036 | 18.5 | 10 | 1 | 黄河 |
| 下虎头嘴 | 0.055 | 75 | 6.67 | 1 | 黄河 |
| 小湾坪 | 0.031 | 18.5 | 2 | 1 | 黄河 |
| 上水车湾 | 0.03 | 18.5 | 6.67 | 1 | 黄河 |
| 下　滩 | 0.03 | 18.5 | 6.67 | 1 | 黄河 |
| 吊掌子 | 0.05 | 48 | 46.67 | 2 | 黄河 |
| 胶泥崖 | 0.02 | 55 | 23.33 | 2 | 黄河 |
| 黄毛沟 | 0.05 | 68 | 20 | 2 | 黄河 |
| 万　庙 | 0.02 | 55 | 40 | 1 | 黄河 |
| 庙沟梁 | 0.03 | 75 | 21.33 | 1 | 黄河 |

## 第八节　农村人饮工程

**概况**　区境干旱缺水，农田灌溉用水紧缺，人畜饮水困难，偏僻山区尤为严重。不少山区无地表自流水和地下水，部分沟涧仅有少量苦咸水，可供牲畜、羊只饮用，群众吃水全靠水窖、涝池蓄积雨水，若遇干旱少雨年份，发生水荒，人畜不得不饮用苦咸水，或从5~15千米的地方拉水蓄窖，群众饱尝缺水之苦。平川区成立后，充分利用天上水、地下水等各种水源，建设集雨水窖、泉水截引、机电井，提取黄河水等各种取水形式。2005年，共建成集中供水工程11项，农村自来水入户工程12项，人饮水窖7539眼。

**罗家川泉水截引工程**　德国援建项目，于1997年建成，投资17.45万元，铺砼引水管1000多米，可供1500人饮水，浇地20公顷。

**西和泉水截引工程**　建成于1997年，投资60万元。建成泉水截引墙1道，铺压UPVC管道12.6千米，建成50立方米蓄水池3座、100立方米蓄水池1座，可供1698人饮水，浇地10.67公顷。

**神木头泉水截引工程**　始建于1996年，投资40万元。铺压砼引水管470米、UPVC管3000米，可供1500人饮水，浇地3.33公顷。

**黄峤泉水截引工程**　始建于1998年，投资27.28万元。从神木头截引泉水，铺压UPVC管16千米，可供3000人饮水。

**平川区农村供水工程**　即白银市平川区农村供水与环境卫生项目。2001年7月23日，区政府成立白银市平川区农村供水于环境卫生项目领导小组，负责项目的争取与建设工作。2002年4月，世界银行与国家项目办对项目进行现场考察论证，认为项目可行，同意上报立项。5月，白银市水电勘测设计院完成《平川区农村供水工程可行性研究报告》及《平川区农村供水工程初步设计》，并经省项目办上报国家项目办审批。5月13日，国家项目办批复：供水规模每日3000立方米，总投资1067.89万元，其中世行贷款60万美元，合人民币498万元，解决宝积、陡城2个乡镇所辖响泉、枣园等11个村4.576万人的饮水问题。工程于2002年10月1日开工，2003年7月31日竣工。主要建设内容有水厂（预处理、净化2个水厂）、输水管道、配水泵房、供水管网等，工程决算投资1496.52万元。

**平川区农村供水与环境卫生项目建设表**

表4–15

| 单位工程 | 建设内容 | 完成投资（元） |
|---|---|---|
| 一水厂（预处理水厂） | 取水闸室1座，3000立方米平流沉淀池11座、吸水井1座、泵房1座186.55平方米，办公室及加药间157.85平方米及其他附属设施 | 3107076.93 |

续表 4-15

| 单位工程 | 建设内容 | 完成投资(元) |
|---|---|---|
| 输水管道 | 安装直径 325 毫米输水钢管 8260 米 | 3053831.85 |
| 二水厂<br>(净化水厂) | 机械加速沉淀池,1 万立方米“V”形滤池各 1 座及消毒设施、厂房等 | 3641925.46 |
| 配水泵房 | 泵房 1 座,变频供水泵 2 台套 | 516810.8 |
| 供水管网 | 铺设供水管网 61600 米,供水入户 2141 户 | 3483092.54 |

## 1996—2005 年平川区水利建设投资统计表

表 4-16 单位:万元

| 年份 | 合计 | 其中: | | | | | | | | | | | |
|---|---|---|---|---|---|---|---|---|---|---|---|---|---|
| | | 省小水 | 市小水 | 区小水 | 省抗旱 | 省水保 | 以工代赈 | 扶贫集雨节灌 | 国债资金 | 世行贷款 | 省列基建 | 中央非经营基金 | 其它 |
| 1996 | 177 | 30 | 7 | 57 | | | 73 | | | | | | 10 |
| 1997 | 229.5 | 14 | 13 | 67 | 24 | 1.5 | 70 | 40 | | | | | |
| 1998 | 458.1 | 11 | 18.4 | 65.7 | 9 | 2 | 193 | 60 | | | 100 | | |
| 1999 | 406 | 4 | 7 | 52 | 17 | 1 | 226 | 40 | 30 | | | | 29 |
| 2000 | 793 | 30 | 5 | 18 | 55 | | 70 | | 243 | | 300 | | 72 |
| 2001 | 475 | 164 | 4 | 10 | 27 | | 127 | | 103 | | | | 40 |
| 2002 | 913 | 45 | 14 | 15 | 15 | | 186 | | | 498 | | 140 | |
| 2003 | 1058 | 145 | 5 | 17 | 31 | 4 | | | 716 | | | 140 | |
| 2004 | 316 | 105 | 8 | 17 | 35 | | | | 151 | | | | |
| 2005 | 98 | 45 | 7 | 17 | 29 | | | | | | | | |
| 合计 | 4785 | 593 | 88.4 | 336 | 242 | 8.5 | 945 | 140 | 1243 | 498 | 400 | 280 | 151 |

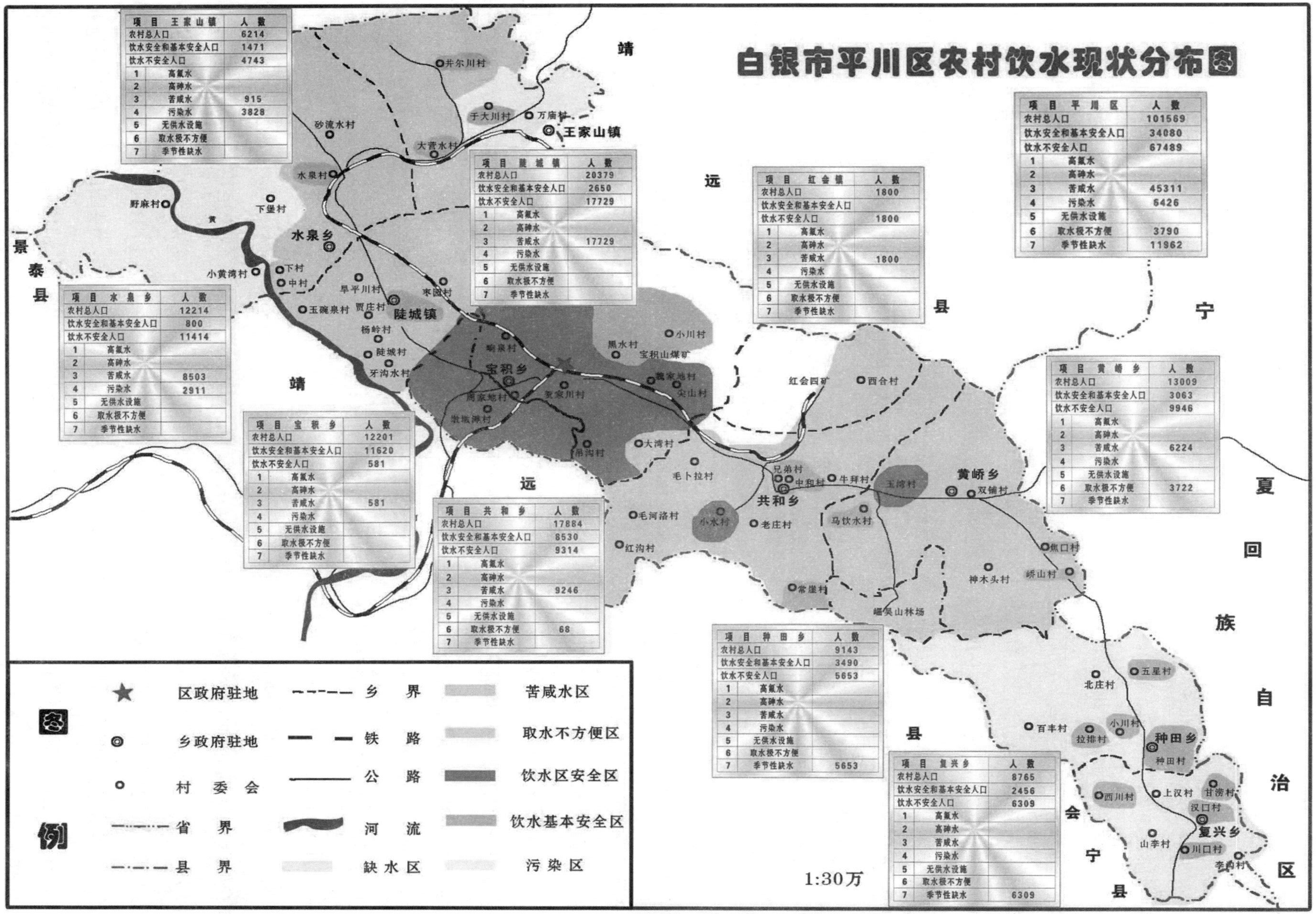
白银市平川区农村饮水现状分布图
项目 平川区 人数
农村总人口 101569
饮水安全和基本安全人口 34080
饮水不安全人口 67489
1 高氟水
2 高砷水
3 苦咸水 45311
4 污染水 6426
5 无供水设施
6 取水极不方便 3790
7 季节性缺水 11962
项目 王家山镇 人数
农村总人口 6214
饮水安全和基本安全人口 1471
饮水不安全人口 4743
1 高氟水
2 高砷水
3 苦咸水 915
4 污染水 3828
5 无供水设施
6 取水极不方便
7 季节性缺水
项目 陡城镇 人数
农村总人口 20379
饮水安全和基本安全人口 2650
饮水不安全人口 17729
1 高氟水
2 高砷水
3 苦咸水 17729
4 污染水
5 无供水设施
6 取水极不方便
7 季节性缺水
项目 红会镇 人数
农村总人口 1800
饮水安全和基本安全人口
饮水不安全人口 1800
1 高氟水
2 高砷水
3 苦咸水 1800
4 污染水
5 无供水设施
6 取水极不方便
7 季节性缺水
项目 水泉乡 人数
农村总人口 12214
饮水安全和基本安全人口 800
饮水不安全人口 11414
1 高氟水
2 高砷水
3 苦咸水 8503
4 污染水 2911
5 无供水设施
6 取水极不方便
7 季节性缺水
项目 宝积乡 人数
农村总人口 12201
饮水安全和基本安全人口 11620
饮水不安全人口 581
1 高氟水
2 高砷水
3 苦咸水 581
4 污染水
5 无供水设施
6 取水极不方便
7 季节性缺水
项目 共和乡 人数
农村总人口 17884
饮水安全和基本安全人口 8530
饮水不安全人口 9314
1 高氟水
2 高砷水
3 苦咸水 9246
4 污染水
5 无供水设施
6 取水极不方便 68
7 季节性缺水
项目 黄峤乡 人数
农村总人口 13009
饮水安全和基本安全人口 3063
饮水不安全人口 9946
1 高氟水
2 高砷水
3 苦咸水 6224
4 污染水
5 无供水设施
6 取水极不方便 3722
7 季节性缺水
项目 种田乡 人数
农村总人口 9143
饮水安全和基本安全人口 3490
饮水不安全人口 5653
1 高氟水
2 高砷水
3 苦咸水
4 污染水
5 无供水设施
6 取水极不方便
7 季节性缺水 5653
项目 复兴乡 人数
农村总人口 8765
饮水安全和基本安全人口 2456
饮水不安全人口 6309
1 高氟水
2 高砷水
3 苦咸水
4 污染水
5 无供水设施
6 取水极不方便
7 季节性缺水 6309
靖远县
宁夏回族自治区
会宁县
景泰县
王家山镇
陡城镇
水泉乡
宝积乡
共和乡
黄峤乡
种田乡
复兴乡
图例
区政府驻地
乡政府驻地
村委会
省界
县界
乡界
铁路
公路
河流
缺水区
苦咸水区
取水不方便区
饮水区安全区
饮水基本安全区
污染区
1:30万

# 第六章　煤炭生产

## 第一节　发展概述

**机构**　白银市平川区煤炭安全监察局前身是区煤炭管理局。1995 年 8 月与区地矿局分设后，仍属区政府直属一级局（行政），下设红会煤炭管理站。2002 年机构改革后，区煤炭管理局更名为区煤炭安全监察局，归口区经贸局管理，属区政府二级局（正科级行政单位）。2003 年，非法煤矿的监督管理工作划归区矿产资源管理站。下设白银市平川区煤炭管理站（正科级事业单位），管理站下设红会煤炭管理分站、大水头煤炭管理分站、王家山煤炭管理分站，局内设办公室、安全技术股、征收股、经营股。有职工 77 人，其中专业技术人员 16 人。

**煤炭资源分布**　区境内煤炭资源地质储量为 12.7 亿吨，主要分布在三大矿区，其中王家山矿区煤炭储量 4.51 亿吨，宝积山矿区煤炭储量 5.41 亿吨，红会矿区煤炭储量 2.78 亿吨，其储量 95%以上在国有煤矿井田范围内，由靖远煤业公司开采。20 世纪 70 年代起，划拨地方开采资源 5596.8 万吨。其中，红会矿区 2706.2 万吨，王家山矿区 1395.5 万吨，大水头矿区 436 万吨，磁窑矿区 512 万吨、魏家地断层煤 500 万吨，井儿川 148 万吨。地方资源全部为边缘零星资源，埋藏深度浅，煤层薄，断层构造复杂，均不适宜大型机械化开采。据储量检测报告，全区可供乡镇煤矿开采的煤炭资源为 3884.6 万吨。

**开采概况**　平川境内煤炭资源的开采有悠久的历史，是甘肃省内有文字记载最早开采煤炭的地方。宋徽宗政和元年（1111 年），宝积山即已开始采煤，并用于炼铁。明英宗正统二年（1437 年），调靖虏卫从军的牛进（字龙池，河南光山县人）开始在龙凤山开巷采煤，人称牛家水巷。明万历十九年（1451 年）三月，一家煤窑发生瓦斯煤尘爆炸事故，死亡 3 人，其中一人被气浪掀起十丈有余，落地时摔得粉身碎骨。清乾隆五年（1740 年），甘肃巡抚元展成上疏朝廷，谓“甘肃地瘠民贫，向来煤系居民自行采挖，并无商贩。现今查出产煤之地，应请听民试开，免其议税，则小民愈加鼓舞矣”。乾隆批示：“著照所议行。”当时交通运输落后，采煤以自用为主，部分销售到附近村庄。采煤免税的优惠政策，对煤炭开采业的发展有一定推动作用。民国 20 年（1931 年），靖远绅士孙世应在宝积山开矿采煤。29 年（1940 年），靖远绅士王子明、徐生贵、王礼、冯万礼、樊康全、李儒林 6 人集资合股，在宝积山成立煤矿股份有限公司。36 年（1947 年），发展到 125 股，设经理、会计、保管等管理人员，有矿工 20 多人。民国靖远县政府划给矿产资源 46 公顷 36 公亩（约折 695 亩），矿井开设在今宝积山煤矿锅炉房附近，沿煤层倾斜开凿一眼斜井，深 100 多米，自然通风，用木制水刮子人力排水。附近农民为临时矿工，农闲时下矿背煤,就地分成销售。公司所产之煤除供应本县民用外,还远销海原、兰榆、会宁等地。煤炭销售后所得收入,矿工与资方二八分成,工人得二成,资方得八成。工人所得的二成中,挖工与背工又四六分成。公司初建时有工人20多人,发展到新中国成立前夕已达上百人。冬春季节是采煤旺季,夏秋三至八月停采,工人回家收麦,九月末时逐渐返矿,开始维修巷道,准备开采,每年出煤约6个月,年产量万吨左右。1949年9月区境新中国成立后,宝积山煤矿股份有限公司成立工会。工会成立后,首先在工资分配上由原来的二八变为四六分成,公司仍由徐汉祯个人经营。1955年11月17日,实行公私合营,派王祥为公方代表,任代经理,资方徐汉祯为代副经理,并成立工厂管理委员会。定名为公私合营靖远县宝积山煤矿。宝积山公私合营后,1955年11月在原老井以东的位置开凿一眼新井,1956年冬季投入生产。该井断面较大(约4.5平方米),用坑木支护,并设人行台阶,改挑子为背斗,背煤工可以直腰行走。生产条件稍有改善,1956年产量达2万吨。1957年上半年,由甘肃省工业厅投资,并在设计、技术及施工上给予指导,开始新建反斜井,当时为提高劳动效率,开始采用机械提矸,安装55千瓦的柴油发电机和提升绞车。1958年下半年反斜井建成投产,开始采用马力蒸汽绞车提升煤炭,直到1959年大水头新建的136千瓦的小电厂建成发电后，才改为由55千瓦的双滚筒电绞车提升。1958年9月27日,经中共靖远县委批准,将公私合营靖远县宝积山煤矿改为地方国营靖远县宝积山煤矿,属靖远县全民所有制企业。1958年8月,甘肃省煤炭工业局决定,从石门沟、山丹等地抽调部分干部、工程技术人员和工人支援靖远矿区,成立靖远煤矿筹建处。1959年7月筹建完毕,靖远煤矿筹建处撤销,正式成立靖远矿务局。地方国营靖远县宝积山煤矿移交靖远矿务局管理,成为靖远矿务局所属的宝积山煤矿。除了国有煤矿开采外,区境内还有大量的乡镇煤矿参与煤炭生产。产量方面,随着关井压产的实施,国有煤矿逐渐占据主导地位。1996年,全区原煤产量为752万吨,其中靖远矿务局原煤产量为400万吨,占总产量的53.19%。到2005年,全区原煤产量876万吨,其中靖远煤业有限责任公司产量为770万吨,占总产量的87.90%。

## 第二节　安全生产与煤炭运销

**安全生产**　全区有乡镇煤矿51处，年设计生产能力172万吨，实际年产量130万吨左右。按地域分布,红会地区30处,王家山地区10处,砼水地区4处,大水头、党家水地区7处。其中年设计生产能力9万吨的2处,年设计生产能力6万吨的4处,年设计生产能力3万吨的42处,年设计生产能力1万吨的3处。党家水、大水头地区7处高瓦斯矿井均属全省重点监控矿井,其中浅部断层煤党家水4处,大水头2处,磁窖地区1处。所有煤矿共缴纳煤矿安全风险抵押金1610万元，并签订煤矿救护协议。51处乡镇煤矿中,7处为高瓦斯矿井,44处为低瓦斯矿井。均采用斜井开拓方式,大部分采用短壁式开采,部分煤矿已进入复采期。多采用巷柱式采煤方法,提升方式采用主提升单钩串车提升,通风方式为机械负压通风,生产方式较为落后。此外,6万吨以上的煤矿已形成双回路供电,3万吨以下煤矿均配有75千瓦以上的备用电源,大部分矿井已建立灌浆灭火系统,7处高瓦斯矿井全部配有安全监控系统和瓦斯抽放系统。经过安全专项整治,乡镇煤矿安全装备水平及保护措施显著改善,煤矿事故呈逐年下降趋势。在管理上提取安全技术措施费、维简费和安全风险抵押金。其中安全风险抵押金按照规定设计年产量3万吨及以下矿井上缴30万元,设计年产量6万吨矿井上缴40万元,设计年产量9万吨矿井上缴50万元。共计上缴1610万元。全区乡镇煤矿均配有安全生产副矿长、总工程师和技术人员,技术管理人员大部分为从大矿聘请的退休人员和内退人员,井下劳动力除特殊工种和管理人员外全部为农民工,各类特殊工种人员均有特殊工种证件。所有煤矿务工人员均参加社会保险。

### 1995—2005年平川区乡镇煤矿煤炭产量与伤亡情况统计表

表4-17

| 年度 | 总产量(万吨) | 事故起数 | 死亡人数 | 其中重大事故(起/人) |
|---|---|---|---|---|
| 1995 | 152.41 | 87 | 116 | 6/35 |
| 1996 | 210.02 | 74 | 109 | 5/26 |
| 1997 | 222.18 | 44 | 96 | 8/43 |
| 1998 | 229.6 | 38 | 62 | 6/25 |
| 1999 | 78 | 13 | 28 | 3/16 |
| 2000 | 14.45 | 5 | 15 | 2/10 |
| 2001 | 16.26 | 1 | 3 | 1/3 |
| 2002 | 35 | 2 | 12 | 1/11 |
| 2003 | 36.7 | 6 | 6 | 无 |
| 2004 | 92.8 | 9 | 12 | 1/4 |
| 2005 | 106.4 | 2 | 2 | 无 |

**煤炭运销** 1999年4月,根据国家煤炭工业局、国家国内贸易局、国家工商行政管理局的具体要求,区煤炭局设立煤炭经营管理股,进行摸底调查,开始办理煤炭经营资格证。并为200台煤炭运输车辆核发煤炭准运证,煤炭经营秩序混乱的状况得以扭转。同年9月16日,成立区煤炭运销市场整顿领导小组,下设办公室,履行全区煤炭运销服务、管理及税费征管职能,由区公安、财政、税务、工商、煤炭、经贸、地矿、乡镇等部门进行联合执法,国地税收入达500余万元。为加强煤炭规费的征收管理工作,2000年12月,成立平川区煤炭经营执法大队,

对全区非法煤炭经营企业进行处罚，对具备办证条件的20余家经营户进行审批，并为之办理煤炭经营资格证。2001年4月，经营执法大队撤销。2002年1月，区煤炭安全监察局内部成立煤炭经营执法大队，对全区煤炭经营企业进行管理。2005年，全区合法经营的企业有45户，年煤炭外运量100多万吨。

## 第三节　关井压产

**概况**　1993年，全区乡镇煤矿总数393个，年产量350万吨，从业人员28000人，创产值2.1亿元，利税1.1亿元。乡镇煤矿在“有水快流”思路的推动下，仓促上马，土法开掘，导致资源浪费严重，伤亡事故居高不下。1993年年底，根据国家、省、市具体安排，全区乡镇煤矿开展清理整顿，至1997年年底，共关闭各类矿井118处。1998年，根据国务院及省政府《关于关闭非法和布局不合理煤矿工作有关问题的通知》要求，在省、市关井压产领导小组督促指导下，开始规模空前的乡镇煤矿关井压产，历时一年，全区共关闭、取缔矿井222处，压减产量209万吨。2000年，关井压产后保留的经过省、市、区、乡“四级”检查验收并认定为合法矿井的53个煤矿进入专项整治阶段，其中乡镇（个体）煤矿43个，区办煤矿2个，新建煤矿6个，省煤炭局直属矿井1个（长征煤矿），会宁县属煤矿1个。

**主要措施**　区委、区政府实行四大班子包乡镇，区委常委和副县级以上干部包村，区直各部门包矿，区关井压产执法队和公安机关统一实施关闭的目标管理责任制。在区关井压产攻坚阶段，由区委、区政府包重点乡共和乡和黄峤乡，区人大和政协包宝积乡和王家山镇。对涉及关压的牛摒村、兄弟村、中和村、西和村均由区委常委和区政府副区长承包。与此同时，区煤炭、公安、地矿、电力、劳动、银行、税务、交通、工商等部门和有关乡镇按照国发（1998）43号文件规定的职责，分别同区关井压产领导小组签订目标责任书。2000年，将国有井田内41处关闭矿井的关闭责任分解到全区41个区直单位，由单位一把手带领人员进驻煤矿，督促各小煤矿及时撤出一切设施，拆除房屋，疏散人员。区执法队监督并及时制止各矿串联、集结，举行不法活动。每天出动执法队员、公安干警300余人，大小车辆近30辆。靖远矿务局选派150人，市公安局选派干警30人，区公安局选派干警80~100人，形成强大震慑力量。区供电部门彻底关停非法矿井供电渠道。累计强制拆除供电线路50千米、变压器80台，合计容量5600伏安，拆除电杆900根及附件3000余件，拆除供电设备估价420万元，致使680万元电费因矿井关闭而无法收回。区公安部门停止审批、供应火工用品，共查处涉爆案件43起，抓获涉案人员65名，其中追究刑事责任4人，治安处罚60人，共收缴炸药10757.1千克、雷管39052枚。区地矿、工商等部门均吊销关闭煤矿的证照，各家银行停止为被关闭煤矿开设账户，区税务部门停止提供税票。

**社会影响** 关井压产为特殊条件下的非常举措,对平川经济社会引起的震荡多年后仍然余波未息。在历次整顿关闭乡镇煤矿期间,煤炭产地群众强烈要求解决历年土地塌陷、水位下降等生计、生活问题。据统计,1995年后,国有大矿的长期开采共造成塌陷土地256.86公顷,污染耕地95公顷,致损民房10126.47平方米,报废农灌机井18眼。由于煤炭产地群众对关井压产的认识和接受程度与国家关井压产的政策有一定差距,在强制执行过程中大规模的群众抗拒、围攻执法队事件多次发生,群体上访更是接连不断。2000年7月10日,1500余人在区政府静坐请愿。10月17日至18日,有200~500人围困参加关井压产会议的市、区领导。群众对关井压产的阻挠由个别现象逐步发展为有计划、有组织的集体行动,给社会大局的稳定带来严重影响。平川区本为以煤炭生产为主导产业的资源型城区,关井压产使煤矿多数关闭,保留煤矿井型小,产量低,年产量不足15万吨。受关井压产的影响,全区大口径财政收入每年减少4500万元,其中区乡两级减少2475万元。

## 第四节 靖远煤业有限责任公司

**概况** 靖远煤业有限责任公司前身靖远矿务局为国家统配煤矿,隶属于原煤炭部。1998年下放甘肃省管理,2000年实施债转股,2001年经甘肃省人民政府批准进行整体改制,由省国有资产监督管理委员会与中国信达资产管理公司、中国华融资产管理公司三方股东组建成立有限责任公司,是甘肃省国有大型煤炭骨干企业。靖远煤业大规模的开采从1958年列入煤炭工业部第二个五年计划的重点建设项目开始,经历1960年的停缓建和1966年的二次上马建设,至1989年先后建成投产矿井13对,煤炭产量从1958年的19.55万吨发展到1990年的320万吨,从1991年的345.67万吨发展到2005年的835.50万吨,煤炭产量大幅度提升,累计生产原煤1.04亿吨。现有大宝、红会和王家山三块煤田,含煤面积60.188平方千米。2005年,矿区煤炭工业储量7.93亿吨,可采储量4.86亿吨。其中,大宝煤田工业储量4.14亿吨,可采储量为2.88亿吨;红会煤田工业储量1.04亿吨;可采储量为0.40亿吨;王家山煤田工业储量2.82亿吨,可采储量为1.64亿吨。煤炭品种主要有晶虹煤1号、2号、3号,属不粘结、弱粘结煤及气煤,具有低硫(≤0.3%)、低磷(≤0.03%)、低灰(12%左右)特点,平均发热量6800大卡/千克,广泛用于电力、化工、冶金、建材等行业和生活民用。1989年获出口煤免检,长期出口日本、东南亚,是甘肃省主要的煤炭基地和出口煤基地。靖煤公司经过多年艰苦创业,已形成以煤为主、多元发展的产业格局,成为具有煤炭生产、基建施工、机械制修、电力开发、水泥建材、地质勘探、科研设计、供水供电、救护消防、文教卫生、生活服务、多种经营等综合配套能力的现代化集团企业。公司下属25个生产经营实体,其中,主业生产经营单位8个(包括5个主体矿),辅助生产单位14个,企业办社会职能单位3个。2005年,靖远煤业有限责任公司资产总额33.7亿元,职工总数21821人,各类专业技术人员5525人,其中,高级375人(正高5人),中级2186人,初级2964人。公司注重企业生产建设与环境保护协调发展。矿区绿化总面积205万平方米,绿化覆盖率22.3%。2006年,获"全国绿化模范单位"称号。公司推行科技兴煤战略,改革传统的采煤方法和工艺,采煤机械化程度达94.17%,全员工效4.180吨/工日,矿井实际产能850万吨以上,公司跻身全国煤炭工业百强第五十九位、甘肃工业六十强第十七位。基建施工企业实现向电力、冶金、公路、市政基础设施、工业和民用建筑等多层次领域的拓展,进入全国"500家最大建筑业企业"行列。2001年"晶虹"品牌获甘肃省第三届著名商标,2002年"晶虹"产品被评为"全国质量稳定合格产品",2005年获全国产品质量信誉"AAA"等级。2005年,公司固定资产原值从1991年的9.76亿元上升为19.20亿元,固定资产净值从1991年的8亿元上升为12.74亿元。以靖远煤业有限责任公司王家山煤矿的优良资产置换原甘肃长风特种电子股份有限公司资产,重组成立靖远煤电股份有限公司。在靖远煤业有限责任公司原宝积山煤矿、红会第三煤矿政策性关闭破产的基础上重组成立白银宝积山煤业有限责任公司、白银红会煤业公司有限责任公司和白银陇宝地质钻探有限责任公司等一批控股(参股)企业。 开展瓦斯防治和综合利用,组建环保型企业白银洁能热电有限责任公司。2002年成立公司技术中心(与设计院合署办公),负责全公司的科技管理工作,2004年技术中心被认定为甘肃省级企业技术中心。1991年后,公司获得甘肃省、全国煤炭行业奖项的科研项目共136项。其中,"十五"期间完成科研项目84项,有71项获省部级奖励,有9项获国家专利。2005年,公司被中国煤炭技术委员会评为煤炭工业科技进步先进企业,王家山煤矿被评为中国煤炭工业科技示范矿,公司技术中心被评为中国煤炭工业科技管理先进单位。公司已成功构建集信息管理、网络运行、硬件维护、互联网络服务为一体的企业信息网络系统,完成企业内部财务、劳动工资、物资供应、生产调度、安全生产等专业管理子系统的信息化建设工作,初步形成局域网络,建成从信息传递到瓦斯监测、安全生产管理的多功能信息平台。

**党的建设** 靖煤公司党组织不断发展壮大,至2005年,党员队伍发展到7622名,占职工总数的28.04%。公司党委直属23个基层党委,5个党总支,1个党支部。公司基层党组织下设32个党总支、396个党支部。2001年12月5日,靖远煤业有限责任公司党委常委会议研究决定:成立中共靖远煤业有限责任公司委员会组织部,原靖远矿务局党委组织部、武装部、机关党委、机关工会合署办公;原靖远矿务局广播电视台从宣传部划出,更名为靖远煤业有限责任公司广播电视台,成为公司党委领导下的独立经营机构。公司各级党组织坚持"两手抓,两手都要硬"的方针,不断完善运行机制,思想政治工作与生产经营等中心工作紧密结合,形成党委统一领导,党政共同负责,党政工团齐抓共管,以专职政工人员为骨干,广大干部和职工群众广泛参与的思想政治工作新格局。公司思想政治工作围绕中心,服务大局,立足于统一思想,着眼于凝聚力量,以改革的精神不断加强和改进思想政治工作。职工思想政治工作研究会针对各阶段的不同特点及时提出研究课题,积极开展宣传调研活动。建立公司、矿、区队三级研究网络体系和“一组四员”(政研小组、理论学习辅导员、新闻宣传报道员、职工队伍建设协理员、质量安全信息员)基层思想政治工作体系,形成有1000多人参加的专兼结合、富有活力的研究队伍。在坚持目标责任、联席会议、工作责任、政治理论学习、干部职工培训、经费保障、考核奖罚制度的同时,成立由公司党委书记任组长,党委副书记和有关领导担任副组长,公司宣传部、组织部、综合办、纪委、人力资源部、工会、团委、广播电视台负责人为成员的考评领导小组,从组织领导、制度建设、队伍建设、设施建设、工作任务落实、创新精神等六个方面对各二级单位思想政治工作进行考核评估,使思想政治工作经常化、制度化。坚持用马克思主义中国化的最新理论成果武装党员、教育职工群众,深入开展“四个一”[公司、矿(处)党委中心学习组每月组织一次集中学习讨论,要求矿处级以上领导干部结合工作实际每人每年撰写一篇质量较高的理论文章或心得体会,机关区队每周至少组织干部职工集中学习一次,公司每年、各二级单位每半年进行一次检查通报]活动。“四个一”活动在省委“三个代表”下基层开展对谈活动时得到高度评价,并在省级以上刊物进行宣传推广。全公司理论教育紧密联系实际,不断提高学习的针对性、实效性,把学习的成果体现在指导实践上,转化为工作思路和决策,转化为优良的工作作风。公司连续多年获“省级文明单位”“甘肃省思想政治工作优秀企业”等荣誉称号,并被省委统战部评为“统战工作先进单位”。1982年,矿务局重新恢复党的纪律检查工作,1988年成立监察处。1994年实行纪检监察工作合署办公,由原纪委、监察处组成一套机构,实施党的纪律检查和行政监察两种职能。纪委监察处合署办公后编制17人,下设4个室,即案件检查室、案件审理室、党风廉政建设室、办公室(含信访举报)。2001年矿务局改制后,煤业公司纪委监察处定编9人。公司所属单位中有12个单位设纪委、监察、审计科,5个单位设专职纪检监察员,其他单位设兼职纪检监察员。各单位纪检监察人员的配备,总数保持在60~70人之间。围绕改革、生产、经营安全等工作,加强组织领导,落实党风廉政建设责任制的各项工作任务。成立领导班子党风廉政建设领导小组,建立党风廉政建设责任制考核体系,履行谈话诫勉制度。领导干部在公开述职时报告廉洁自律情况,全面实施厂务公开,自觉履行《党内监督条例》。1993年后,共受理信访举报2000多件次,共立案查办违法违纪案件274起,处分违纪人员311名,其中给予开除、留察、撤职处分的75名,挽回经济损失194.37万元。

**改革改制** 1979年改革开放初,靖远矿务局开始探索企业所有权和经营权的分离问题。1991年,靖远矿务局推行人事、用工和工资三项制度改革。同时在产权制度改革方面进行尝试,对直属各单位分别进行模拟法人、经济责任承包、租赁经营等不同形式的改革和试点,对多种经营单位实行自主经营、自负盈亏,收到一定效果。1996—1999年,煤炭市场开始走向疲软,企业经济一度陷入困境,限产压库、下岗分流、减员增效成为主要工作。靖远矿务局推行煤炭生产、多种经营、后勤服务“三条线”管理,初步实现机制创新。2000年,靖远矿务局在企业内部通过国有资产的分离重组实现产权制度改革,对衰老矿井实施政策性关闭破产,盘活国有存量资产,促进企业转换经营机制,积极推进主辅分离,新上和重组项目实行新体制、新机制,形成多元投资主体。2001年,靖远矿务局通过债转股整体改制为有限责任公司,完成企业经营机制的重大转变,企业发展步入良性轨道。在改革的同时,管理机构也发生相应变化。1991年,为推动企业技术创新成立技术中心,为贯彻“以财务为中心”的管理原则成立资金结算中心,为加强依法经营和维护企业权益成立法律顾问室。1993年,对工资制度、职工福利、劳动关系等进行改革。1995年,实行职工养老统筹保险制度。1996年,全面推行全员劳动合同制。1998年,推行住房制度改革,实行货币化分房。2000年,实行职工医疗统筹保险制度。2003年,进一步对工资制度进行改革,变等级工资制为岗位结构工资制。1993年2月5日,撤销物资供应处、运销处、行政管理处,成立靖远矿务局物资供应公司、煤炭运销公司、生活服务经营总公司。5月8日,撤销甘肃煤炭第一工程处、第二工程处、第五工程处,成立甘肃煤炭建筑安装工程公司第一工程公司、第二工程公司、第五工程公司。7月9日,成立属全民所有制的靖远矿务局劳动服务就业开发公司。9月15日,甘肃省广播电视厅批准靖远矿务局建立有线电视台。1994年3月3日,靖远矿务局成立清理整顿小煤矿办公室。1996年4月16日,撤销甘肃煤炭建筑安装工程公司第五工程公司,将所属职工分别调入第一、第二工程公司、大水头煤矿及劳动服务总公司。1998年2月27日,撤销靖远矿务局兰州基建办事处,其具体业务归局基建处管理。成立靖远矿务局新闻中心筹备处(含印刷厂、报社),处级单位。成立靖远矿务局机关事务处,机关党委和事务处合署办公,原局长办公室事务科、财务科划归局机关事务处管理。2001年6月26日,靖远矿务局改制工作全面启动,召开股东会第一次会议、一届一次董事会、一届一次监事会。股东会第一次会议通过《靖远煤业有限责任公司章程》;一届一次董事会选举产生董事长、副董事长,聘任公司总经理、副总经理;一届一次监事会选举产生监事会主席、副主席;董事会下设资产管理委员会、投资审议委员会、财经审计委员会和董事会秘书处。8月16日,靖远煤业有限责任公司正式挂牌成立。12月,公司机关机构改革,机构由30个职能处室精简为15个,机关工作人员由386人减少到182人。各二级单位完成机构并减和人员压缩任务。全公司累计精简管理机构98个,减少管理人员800多人,企业管理成本大幅度下降。2005年6月,地质钻探队重组成立为白银陇宝钻探有限责任公司。2005年,公司机关部室和单位有:综合办公室、总调度室、安监局、生产技术部、规划发展部、基建处、秘书处、破产办公室、政策研究室、非煤产业部、资产财务部、人力资源部、组织部、宣传部、监察处、审计处、社保办公室、医保中心、再就业中心、广播电视台、老干部中心、测试中心、房改办公室。

**债转股** 1999年11月,靖远矿务局成立债转股工作领导小组。2000年11月,靖远矿务局完成债转股实施方案的申报,债转股协议书和补充协议书的签订,债转股审计和资产评估等工作。同时,成立靖远矿务局企业改制筹备工作领导小组。2001年2月13日,国家经贸委以国经贸产业[2001]131号文正式批复靖远矿务局实施债转股,批准转股金额59070万元。其中,中国信达资产管理公司53210万元,中国华融资产管理公司5860万元。确定共同出资组建靖远煤业有限责任公司,注册资本155923万元。其中,甘肃省煤炭局(省政府委托出资人)出资97742万元,占总股本的62.69%;信达资产管理公司以债转股出资52371万元,占总股本的33.59%;华融资产管理公司以债转股出资5810万元,占总股本的3.72%。4月25日,在兰州召开各股东协调会,审议靖远矿务局债转股财务审计和资产评估、公司章程(草案)、公司名称、法人治理结构等重大事项。6月20日,经甘肃省委、省政府、各股东代表推荐靖远煤业有限责任公司董事、监事和经理人选,调整和任命公司党群组织领导,确定公司"两会一层"法人治理结构。6月26日,靖远煤业有限责任公司召开第一次股东大会,表决通过第一届董事会、监事会和经理层法人治理结构组成人员及公司章程,完成公司制改制工作。实施债转股后,公司资产负债率由2000年的65.57%降低到2001年的50.35%,降低15.22个百分点,使企业每年减息4000万元以上。

**政策性破产与重组** 1999年12月,靖远矿务局成立矿井关闭破产领导小组,着手编制宝积山煤矿和红会第三煤矿关闭破产预案。2001年9月,甘肃省经贸委主持对关闭破产预案再次进行修改和完善后上报国家经贸委。11月,经批准列入2001年全国关闭破产新增建议项目。2002年8月,全国企业兼并破产和职工再就业领导小组正式批准靖远煤业有限责任公司宝积山煤矿和红会第三煤矿列入全国209户企业兼并破产项目。2003年3月,批准靖远煤业公司宝积山煤矿和红会第三煤矿进入破产程序。同时,甘肃省白银市中级人民法院依法宣布宝积山煤矿和红会第三煤矿破产。8月,财政部以财企〔2003〕208号文批准中央财政补助破产资金共56073万元。其中,宝积山煤矿27717万元,红会第三煤矿28356万元。9月,开始破产清算工作,核销银行借款3987万元。2004年10月,按照甘肃省人民政府关于破产重组国有企业分离办社会职能工作的暂行办法,两矿破产重组方案经清算组批准,靖远煤业有限责任公司用设备租赁和通往两矿的铁路专用线参股及职工身份置换金入股,分别重组成立白银宝积山煤业有限责任公司和白银红会煤业有限责任公司。12月,靖远煤业有限责任公司调整充实矿井关闭破产领导小组,着手编制待破产项目实施方案和拟破产项目预案。至2005年底,待破产项目1个,即王家山一矿(原王家山煤矿二号井);拟破产项目2个,即红会第四煤矿、红会第一煤矿。王家山一矿于2002年7月被列入国家关闭破产建议项目,2004年12月经全国企业兼并破产和再就业工作领导小组批准列入国家破产计划。红会第四煤矿列入国家2003年全国企业关闭破产新增建议计划,红会第一煤矿关闭破产项目申报列入国家破产建议计划。

**股改上市**　2003年12月,中共甘肃省委、甘肃省人民政府为保护省内为数不多的上市公司“壳”资源,决定对长风特电实施资产重组。2月,靖远煤业有限责任公司就受让“长风特电”股权对其实施重组向省经贸委专题汇报。6月,省国资委专题对靖远煤业公司重组“长风特电”进行可行性研究,决定靖远煤业公司对长风特电实施股权收购和资产重组。之后,省政府成立重组工作领导小组,副省长杨志明任组长,先后九次主持召开重组工作协调会议。同时,靖远煤业公司成立重组“长风特电”项目工作组,加快推进资产重组工作。长风特种电子股份有限公司是甘肃省第一家上市公司,1993年12月18日经甘肃省经济体制改革委员会〔1993〕34号文批准,在国营长风机器厂股份制改组的基础上,联合中国宝安集团股份有限公司、甘肃电子集团物业公司发起设立。2004年12月13日,靖远煤业有限责任公司与长风特种电子股份有限公司正式签订股权转让协议。2005年5月19日,靖远煤业公司资产置换方案经中国证监会发审委审核批准。6月24日,收到中国证券登记结算有限责任公司深圳分公司的过户登记确认书(编号:0506220001),国营长风机器厂将其持有的公司7405.2万股国有法人股过户至靖远煤业公司名下。6月29日,召开四届十一次董事会,完成第四届董事会、监事会成员的更替。7月14日,完成工商登记变更手续,上市公司正式更名为甘肃靖远煤电股份有限公司。2006年2月24日,省国资委以甘国资产权函〔2006〕31号文《关于对甘肃靖远煤电股份有限公司股权分置改革方案及相关问题的批复》批复同意靖远煤电股改方案。3月23日,靖远煤电股票恢复上市交易。3月30日,深圳交易所举行甘肃靖远煤电股份有限公司股票恢复上市挂牌仪式,靖远煤电正式上市。6月30日,靖远煤电股份有限公司成立。

**规划与项目发展**　1991—2000年,靖远矿务局计划管理职能日趋完善,从煤炭生产的全面规划到各专项计划以及统计工作都实行统一归口管理。2001年,随着国家经济发展和行业管理职能的转变,在原计划处基础上成立靖远煤业公司规划发展部,具体制定企业的发展战略和项目规划。1991—2005年,实施项目11个,累计完成资金55935万元,其中获得国债支持资金15900万元。大水头煤矿改扩建工程1988年经原中煤总公司批准开始实行,设计生产能力为105万吨/年,1997年8月移交投产。2002—2005年,共完成技术改造工程14项,总投资8520.75万元。魏家地煤矿技改工程1995年后完成主要运输系统、主提升系统等技改工程9项,总投资4058万元。红会第一煤矿改扩建工程于1991年10月开始改扩建,设计生产能力180万吨/年。对矿井通风、提升、排水、供电、地面生产等系统进行改造和优化,共完成技术改造工程8项,总投资7360万元。红会一矿通风系统和魏家地矿瓦斯抽放系统技术改造项目总投资650万元,2001年11月开工建设,2003年11月14日竣工验收。王家山煤矿集中生产技术改造项目总投资19100万元,其中贷款12829万元,自筹6271万元。2002年开工,2005年竣工,共完成资金20609.34万元,完成投资计划的107.90%,将180万吨/年的矿井改造成为280万吨/年以上的高产高效矿井,与全国同等生产能力矿井平均投资水平相比,节省投资90%。煤矿安全信息网络建设工程项目总投资2872万元,2002年开工,2005年竣工,共完成资金3120.30万元,完成投资计划的108.65%。通过对公司各矿井安全集中监测系统、工业电视监测系统、计算机网络、调度通讯系统、矿用目标监测系统、矿井人员监测系统等的集中安装使用,实现矿井安全生产的实时控制管理。2003年国债安全补助项目总投资2446.83万元,实际完成投资2578.53万元,完成对各生产矿井防灭火、瓦斯治理、通风、防治水、提升运输和供配电等系统的安全改造。热电联供瓦斯电站建设工程项目投资4149万元,一期工程投资2632万元,其中公司职工入股600万元,2004年4月建设投产,年发电1200万千瓦时,年综合利用瓦斯2000万立方米,是西北地区煤炭企业资源综合利用和实现清洁生产以及项目投资多元化示范性工程。王家山煤矿选煤厂建设工程项目总投资1435.51万元,2003年8月开工建设,2004年6月建成投产,年洗选原煤105万吨。煤矿安全改造工程项目总投资4562万元,其中国债补助1369万元,企业自筹3193万元。通过对5对骨干矿井实施层岩水治理,改造综放工作面动态监测系统和排水系统,更新支护设备及"一通三防"补套,全面提升骨干矿井的安全生产保障能力。

**机械化采煤** 1991年前,靖远矿区采煤工作面多数处于炮采和以掘代采的水平,采煤机械主要有煤电钻、链扳机、回柱绞车。工作面采用木支护和单体金属摩擦支柱,视采高采用点柱、带帽点柱、一梁二柱支柱,壁式工作面推广使用单体液压支柱。采煤机械主要有掘进机、装岩机、采煤机、液压支架,机采年产量93.87万吨,采煤机械化程度29.21%,掘进装载机械化程度15.87%。其后,根据靖远矿区三大自然煤田不同煤层赋存条件,先后攻克"急倾斜特厚易燃煤层水平分段轻型支架综采放顶煤技术""缓倾斜具有煤与瓦斯突出危险的易燃特厚松软煤层综采放顶煤技术""坚硬煤层大放高综采放顶煤开采技术""急倾斜厚煤层长壁综采放顶煤技术""小煤窑严重破坏区域综放复采技术"等难关。随着综合机械化放顶煤核心技术的研究突破和应用发展,公司矿井原煤生产方式直接变为综合机械化放顶煤生产方式,其中大型综合机械化放顶煤生产成为主导生产方式。2002年,完成各生产矿大型综放设备的配备和更新,装备适宜王家山矿煤层工作面条件的两柱式轻型液压支架。王家山煤矿急倾斜厚煤层走向长壁综放开采技术日臻成熟,成为矿区急倾斜、大倾角煤层高效开采的主导技术。通过发展采掘机械化和技术改造,调整生产结构,实现合理集中生产,工作面及采区走向长度加大,采掘队伍减少,单产单进水平日益提高,形成靖远矿区独具特色的多层次、多类型的综采放顶煤开采体系，实现由粗放型向集约型、劳动密集型向技术密集型的两大转变。在煤巷锚网支护新技术推广应用方面，先后研究和试验成功“复杂应力松软煤层中综放工作面大跨度开切眼锚网支护技术”、“松软煤层窄小煤柱综放面沿空送巷锚网支护技术”、“动压下使用锚网支护快速掘进综放面回撤通道技术”、“靖远矿区煤巷锚网支护设计人工智能系统”等项目，形成以锚杆支护为主的锚网、锚网带、锚网梁和小孔径树脂锚索支护技术体系，2005 年煤业公司煤巷锚网支护率达到 95.31%。2000 年，针对掘进单进低，严重影响采掘正常接续的问题，开展快速掘进活动。综合机械化掘进采用 ELMB-55 型、ELMB-75 型、ELMB-75A 型装备，结合锚网支护技术，以优化施工工艺为手段，快速掘进工作取得显著成绩。红会四矿综掘队在地质构造复杂、水患威胁严重、煤层起伏变化大和窄小煤柱掘进条件下，创造月进 370 米的靖煤公司综掘纪录。2005 年，靖煤公司矿井同时生产的工作面个数由最多时的 34 个减少到 15 个，减少幅度为 58.8%，其中大型综放工作面 9 个，轻型综放工作面 6 个。矿井回采工作面单产由 1991 年的 10153 吨/个月提高到 2005 年的 44405 吨/个月，提高幅度为 337.4%；回采工效由 1991 年的 3.963 吨/工日提高到 2005 年的 19.987 吨/工日，提高幅度为 404.3%，形成“一井一面”或“一井两面”的生产格局。机采单产 50270 吨/个月，采煤机械化程度 95.43%，比 1991 年提高 66.22%。有综合机械化掘进工作线 11 条，综合单进 167.31 米/个·月，其中煤巷单进 197.32 米/个·月，岩巷单进 77.28 米/个·月，掘进装载机械化程度 59.5%，综掘机械化程度 58.64%，比 1991 年净增 58.64%。从 2003 年开始，大水头煤矿综放一队、魏家地煤矿综放队保持 100 万吨/年的生产水平。大水头煤矿、魏家地煤矿 2003 年、2004 年先后被评为煤炭工业特级高产高效矿井，王家山煤矿、红会第一煤矿 2004 年被命名为行业级高产高效矿井。

**安全管理**　1991 年后，靖远矿务局安全管理体制为二级管理，矿务局设安监局，各二级单位下设安检科，矿务局设主管安全副局长，各生产矿设主管安全副矿长，具体负责对全局安全管理制度的制定、安全生产工作的实施、专业化安全监督检查、事故统计、安全奖罚考核和安全培训等业务。1998 年 3 月，靖远矿务局实行安全管理双轨制，向各生产矿、煤一公司、煤二公司派驻安全监察处，安全监察处设处长 1 名、主任工程师 1 名、安全监察员 3~5 名，安全监察处处长同时兼任所驻矿安全副矿长，安全监察处人员劳资关系归所驻单位管理，各生产矿、煤一公司、煤二公司仍设安检科。形成检查和监督并行的管理体制和专管、群管与协管相结合的安全管理队伍。2001 年 12 月，安监局与清理整顿小煤窑办公室合并，安全调度合并到总调度室，各矿将安检科改为安检部或将安监处与安检科合并。在安全责任方面，各二级单位主要负责人为安全生产第一责任人，总工程师对“一通三防”技术负总责，各二级单位分管安全的领导对本单位负安全监督职责，坚持管生产必须管安全，安全监管部门负日常监督检查职责，一级抓一级、一级对一级负责的原则，形成“金字塔”式安全管理网络体系和党政工团齐抓共管格局。1998年后,实行层层签订安全责任书政策,以强化领导干部的安全责任意识。公司和各生产单位坚持召开调度晨会通报制度,每月召开安全、生产例会,适时召开安全办公会议,及时研究解决煤矿生产中的安全问题。2002年,公司制订凡全年发生事故累计死亡3人以上(不含3人)或者一次死亡3人(含3人)重大事故,免去矿长、书记及分管领导职务的规定。经2003年、2004年、2005年施行,规定得到进一步细化,将责任追究延伸及主管副矿长、主管区长、业务科部长及队长,并实行层层签订安全责任书、层层安全风险抵押等办法,强化各级干部的安全责任。1991—2000年,百万吨死亡率最低为0.69,最高为4.04。2000年后,安全状况趋向稳定,2002—2005年,百万吨死亡率分别为0.23、0.18、0.41、0.36,安全工作步入全国煤炭生产先进行列。

**红会第一煤矿** 位于白银市平川区共和镇境内,距靖煤公司机关22千米。铁路白宝支线延伸至矿工业广场,唐红公路自矿部向西28.6千米在唐家台与国道109线相连,交通便利。2005年,矿井保有储量7774.8万吨,可采量2942.1万吨。全矿有职工2887人,其中干部380人,女职工544人,固定工1259人,合同工1452人,城镇采掘工176人。矿党委、行政共设10个部室:党委工作部、生产技术部、劳动人事部、计划财务部、调度监测中心、综合办公室、保卫部、安全监察部、纪委监察审计部、工会;地面单位5个;生产采区2个:一采区有9个队,二采区有7个队。红会一矿由原红会二矿、红会五矿、红会一矿筹备处合并发展而成。2003年8月,红会二号井(二井一坑、二井二坑)政策性关闭破产,合并调整区队建制,撤销原北采区、南采区、四采区,新成立一采区、二采区,全矿队级建制由23个减少到18个,采煤工作面由7个减少到2个,形成一井两面、精干高效的生产格局。一号井年提升能力101万吨,二井一坑年提升能力70万吨。矿井通风系统为"四进三回"两翼对角抽出式联合通风系统。工作面平均单产66874吨/月个,2005年矿井年产量150万吨。2002年被中国煤炭工业协会授予行业级高产高效矿井,2005年被中国煤炭工业协会授予"双十佳矿井"。

**红会第四煤矿** 位于平川区黄峤乡境内,距靖煤公司机关26千米。矿区有专用铁路经长征站至白银西站与包兰铁路接轨。矿井开采位置在红会煤田北部,南邻红会一矿,北接红旗山煤矿。井田面积2.5平方千米,于1974年建成投产。矿井探明煤炭资源4680万吨,由四、五、六号井三对片盘斜井组成,年设计生产能力60万吨,核定生产能力63万吨。矿井累计生产原煤1346.8万吨,剩余地质储量2272万吨,剩余可采储量600万吨。2003年7月,红会四矿进行机构改革,党政职能部门设置政治工作部、武装保卫部、生产技术部、计划财务部、安全检查部、劳动人事部、矿办公室、调度考核室、纪律检查委员会(监察审计室)、工会委员会,二级单位有销售公司、供应公司、生活经营公司、劳动服务公司、矿子弟学校、职工医院,生产辅助单位有综放队、炮采队、综掘队、煤掘队、岩掘队、通灭队、机电队、皮带队、运输队、选运队、机修厂、汽车队。全矿有职工1601人。

**魏家地煤矿**　位于平川区宝积乡境内，西距区政府所在地约7.5千米。白宝公路、靖会铁路横穿矿区，井田地理坐标为北纬36°38′~36°42′、东经104°52′~104°58′。1989年12月15日移交投产，年设计生产能力150万吨，属煤与瓦斯突出矿井。煤炭地质储量2.76亿吨，可采储量1.91亿吨，瓦斯储量28.58亿立方米，是煤与瓦斯生产的双重能源基地。井田走向长8.5千米，倾斜宽2.5千米，井田面积21.04平方千米，可采煤层总厚度22.5米。矿井生产采用竖井单水平上下山开拓、中央边界抽出式通风方式和综合机械化放顶煤开采技术，机械化程度100%，矿井先后装备具有国内先进水平的KJ-95型矿井环境瓦斯集中监测监控系统、多媒体远程工业电视控制系统，全矿实行F-0RP柔性办公系统，建立瓦斯抽放利用、黄土灌浆、防灭火注氮、束管监测监控等安全保障系统。矿井采用立井单水平开拓方式。现有两个综放面，三个煤掘面，一个岩掘面。矿井布置一对中央主副井，一个中央回风立井，一对中央回风斜井。全矿有职工2662人，在岗各类专业技术人员270人，资产总金额50435万元。2004年被中煤协会评为“全国文明煤矿”和全国煤炭工业“双十佳”煤矿，2005年被中煤协会评为特级高产高效矿井。

**大水头煤矿**　始建于1958年，在小窑平峒生产的基础上改造而成，1970年12月简易投产，设计能力为45万吨/年。1988年经原中煤总公司批准进行改扩建，设计生产能力为105万吨/年。1996年4月进入试生产，1997年8月1日经原国家验收委员会组织验收正式移交投产。矿井期末工业储量14573.6万吨，可采含量10151.7万吨，服务年限为50.3年。井田位于大宝向斜构造的西南翼，走向北西—南东，倾向北东，长约7.1千米，宽1.7千米，面积12.8平方千米。矿井属高瓦斯矿井，煤尘具有爆炸性，自然发火期为3—6个月。煤炭质量为不粘结及弱粘结煤，属低类、低硫、低磷，具有较高发热量的环保型优质化工动力和民用煤，产品牌号为“晶虹3号”。原煤开采采用综采放顶煤一次采全高技术，巷道支护采用无钢带锚网支护技术。主井主皮带输送机长1500米，副井采用单钩吊车提升方式，全矿井上、下高压供电全部采用双回路供电方式，矿井采用阶段排水方式。矿井安全监测为KJ95矿井环境安全集中监测系统。全矿有职工1873人，其中各类专业技术人员225名。

**王家山煤矿**　矿区构造形态为不对称复式向斜构造，向西抬起收敛、向东倾伏撒开，长约11千米，两翼地层产状不对称，南陡北缓，主要可采煤层储量在向斜北翼。煤的工业牌号属中灰、低磷、不粘结性煤，是发热量较高的优质动力煤。1982年至1992年11月陆续建成投产，由四对片盘斜井组成。按三级管理模式设置机构，下属9个机关部室、4个生产采区、30个生产连队及供应、运销等8个生产辅助、后勤服务单位，有职工4500人，其中专业技术人员524名。2004年，以所属二号井、四号井等优良资产，实施与“长风特电”的重大资产置换重组。年实际产量200万吨,年销售产值达2亿多元。主要采用水平分层轻型综放和大倾角走向长壁综放两种采煤方法,全矿共装备2个大倾角综放面、5个轻放面,单产分别达到6万吨和2.3万吨以上,采煤机械化程度100%,全员工效达到3.81吨/工日。掘进巷道采用综掘技术,装备两个综掘队,掘进机械化程度32%。支护方式完全实现锚网化,锚网支护率达到99%以上。地面采用一套洗选系统,除四号井采用主井皮带、皮带走廊直接将原煤拉运至选煤楼和洗煤厂外,其余各井口原煤均通过地面轻轨运输到选煤楼,实现集中储存、统一销售。先后获国家"八五"节能先进单位、全国煤炭工业现场管理和环境保护先进单位、全国煤炭工业"双十佳矿井"与"科技进步创新型矿井"、全国煤炭工业科技先进单位等称号。

**甘肃煤炭第一工程公司** 成立于1953年9月,是建设部核准的矿山工程施工总承包一级、房屋建筑工程施工总承包一级、机电安装工程总承包二级企业。1994年被国内贸易部首批命名为"中华老字号"单位,2000年12月通过ISO9002国际质量管理体系认证。2005年,进行质量管理体系、职业健康安全管理体系、环境管理体系"三标一体"认证。2002年年底,挂靠王家山一矿实施政策性破产。2005年,3180名职工中有2000余名拟定进入破产退休序列,剩余近900人参与新企业的重组,公司改制为靖远煤业公司的全资子公司。1994年获"全国煤炭工业现场管理先进单位",1998年至2005年连年获得 "全国煤炭行业先进施工企业",2000年被评为"第二届全国先进建筑施工企业",2003年被全国工商行政管理总局命名为"守合同重信用"企业。1991—2005年,累计完成施工产值194063.99万元,实现利润986.30万元。

**物资供应公司** 1992年2月5日,靖远矿务局物资供应公司成立,撤销局物资供应处,物资供应管理工作向多元化市场经营型、科学化目标管理型发展。2003年,物资采购加大招标采购力度,操作程序更加公正合理规范。并创立"三把钥匙开一把锁"的招标管理机制和"三位一体"的验收机制。2005年,仓库管理全面步入科学化、微机化、制度化、规范化管理。总库存比2003年5月下降2611.63万元,下降幅度为47.33%。

**煤炭运销公司** 前身为私营宝积山煤矿业务股。1987年2月,靖远矿务局运销处从机关中分离后更名为局煤炭运销公司。1989年11月,更名为局运销处,成为具有管理职能的二级单位,统管局属各矿下设的煤炭销售科。1993年2月,靖远矿务局撤销运销处,成立局煤炭运销公司。2001年8月,更名为靖远煤业有限责任公司煤炭运销公司,承担全煤业公司的煤炭销售、铁路运输、煤炭出口、煤炭计量、煤质化验、煤款结算和商标管理等业务,负责73千米矿区铁路专用线的管理和维护。公司有职工299人,其中各类专业技术人员74人,7人具有高级专业技术职称。下设12个职能部室,形成辐射省内外的销售网络和销售服务体系。"晶虹"煤是公司经销的品牌产品,2002年被评为"全国质量稳定合格产品"。 2005年,销售商品煤809万吨。2001—2005年,平均每年增销100万吨,销售收入平均每年递增1.5亿元。

**机械制修厂**　位于平川区宝积乡罗家川的金家窑北侧山脚下。厂区距靖煤公司机关5千米。占地面积25.51公顷。按矿区年产原煤600万吨规模设计，年总任务量为7400吨，其中机械修理量5526吨，电器修理量14200千瓦，配件制造量3300吨。1979年12月正式投产。靖远煤业有限责任公司挂牌成立后，机械制修厂确定"调整结构、科技创新、内树形象、外拓市场"的发展思路，企业实现快速发展。2005年，有职工458人，各类专业技术人员61人，其中工程类专业技术人员35人，高级工程师8名，工程师15名。原有固定资产3478万元，现净值为1366万元。各类主要生产设备450余台，年生产能力4200万元。拥有包括铸造、锻造、铆焊、金属切削、设备大修、金属热处理、金属表面喷镀、镀锌磷化、支柱油缸镶套等较齐全的加工能力，拥有修理、改造和制造液压支架的能力，配有400吨支架整架试验台，具有完备的检测试验手段。厂内设置电气试验站、中心理化分析及计量检测室，其中提升用钢丝绳试验站被煤炭行业确定为定点试验单位。主要产品有煤矿井下运输、支护、筛选及其配套设施。

**生活服务经营总公司**　1993年2月，原靖远矿务局行政处的基础上成立。承担靖煤公司本部长征片9个单位、三个住宅小区的4000余户职工家属的供热、供水、供电、绿化、环境卫生、幼教和局域综合信息网的运行管理工作。2005年，拥有固定资产原值9550.03万元，实有固定资产原值4881.19万元。在册职工人数406人，其中中级以上专业技术人员18名。有机关科室5个，基层经营单位6个。煤业公司下达经费(补贴)指标1213.89万元，实际完成1211.58万元，增盈2.31万元。

**救护大队**　位于平川区长征街道办事处。初建于1969年，属靖远煤矿下设区队级救护队，队部设在宝积乡花尖子。2005年，救护大队下设直属、红会、王家山3个救护中队。大队机关设综合办公室、战训科、总务科3个职能科室，全队有职工200人，其中指挥员17人，救护队员102人。担负靖煤公司7个生产矿井、2个基建工程公司和白银辖区内所有地方煤矿抢险救灾任务以及跨省区、跨行业的救援工作任务，设备配备基本达到国家一级救护大队标准。先后共处理煤矿各类灾害事故1370余起，抢救遇难人员545人，其中救活239人，抢救国家财产4000万元。参与救护公司所属煤矿、地方煤矿重特大事故20次，跨行业、跨地区处理特大事故37次。

**设备租赁站**　始建于1987年8月，为原煤三处撤销建制后的留守单位。全站有职工128人，其中专业技术人员44人。下属设备租赁科、路桥工程公司、陇宝钻探公司(破产重组企业)、综合办公室、计划财务科、老职工科、党工部、工会等部门单位。2005年，在籍设备台数571台(套)，固定资产原值9418.61万元，净值6160.45万元。

**驻兰州办事处**　位于兰州市城关区红星巷131号，占地面积1046平方米，建筑面积4356平方米。1999年开始实行自负盈亏的经营方式。2001年，更名为靖远煤业有限责任公司驻兰州办事处。下设综合办公室、财务室、客房部。有职工73人。拥有固定资产176万元。有标准客房35间、普通客房43间,具有接待中型会议、提供150人以上人员就餐的能力。主要业务为向公司赴兰人员提供食宿,代办飞机票、火车票等相关业务。

**甘肃靖远煤电股份有限公司** 2005年6月,靖远煤业有限责任公司以所属王家山煤矿的优良资产与长风特电进行资产置换重组,组建甘肃靖远煤电股份有限公司。公司的主营业务转为煤炭生产、洗选、运输、销售,完成股权分置改革和企业名称变更登记。2005年,实现主营业务收入16060万元,净利润达到3281.76万元,每股净收益为0.185元。经申请复核,公司股票于2006年3月30日在深圳交易所恢复交易,6月26日撤销退市风险警示及其他特别处理,股票简称"G靖煤",股价由停牌时的3.55元升为5.5元。6月30日,甘肃靖远煤电股份公司在兰州举行揭牌仪式。甘肃靖远煤电股份公司总股本17787万股,其中靖远煤业公司持有8320万股,占总股的46.78%。公司有在册员工1926人,其中各类专业技术人员524人。下辖9个机关部室、2个生产采区、4个专业公司,其中配套洗煤厂洗选能力达90万吨,采、掘机械化程度分别达100%和56.9%,矿井拥有现代化的安全监测和信息网络系统。

**白银宝积山煤业有限责任公司** 宝积山煤矿属设计能力为45万吨/年的中型矿井,1970年12月26日建成移交生产,后经多次改造,至1992年核定能力21万吨/年,形成一对中央斜井片盘开拓。1999年11月,宝积山煤矿列为关闭破产企业。2001年11月,列入国家实施政策性关闭破产新增建设项目。2002年8月,宝积山煤矿列入国家关闭破产正式计划,经2003年2月全国领导小组办公室审查同意进入破产程序。2003年3月21日,白银市中级人民法院下达破产裁定书,宣告宝积山煤矿破产。2004年9月,注册成立白银宝积山煤业有限责任公司。注册资金总额2529.38万元,股东16人,其中,靖煤公司法人投资461.18万元,占股权比例18.23%;员工股2068.2万元,占股权比例的81.77%。井田范围内可采煤层为一层煤,2005年矿井剩余工业储量1759.2万吨,实际保有工业储量为1207.6万吨,可采储量为905.7万吨,按设计60万吨/年计算,可采年限11.6年。公司按照法定程序依法成立股东会、董事会、监事会、党委、工会。公司下设10个管理部室。公司党委下设党委工作部和20个基层党支部;公司工会下设工会女职工委员会、综合办公室和16个基层(车间)工会。公司现有职工849人,其中各类专业技术人员98人。

**白银红会煤业有限责任公司** 原靖远矿务局红会第三煤矿。因资源枯竭,实施国家政策性破产,于2005年1月重组成立白银红会煤业有限责任公司,属靖远煤业有限责任公司参股单位。矿井于1972年12月建成投产,年设计生产能力21万吨。井田面积2.41平方千米,矿井原始储量1567万吨。2005年,工业储量1378.75万吨(含小煤窑破坏储量1063.1万吨),实际可采储量205.43万吨,剩余服务年限11.4年。公司在册职工637人,其中各类专业技术人员 67 人。

**甘肃华能工程建设有限公司** 2003 年 3 月 18 日，甘肃煤炭建筑安装工程公司决定将甘肃煤炭第二工程公司整体改制为甘肃华能工程建设有限公司。公司机关设党委工作部、资产财务部、人力资源部、工程技术部、设备物资部、保卫部、综合办公室、工会、老职工管理科(后更名为老职工管理中心)。公司所属二级单位 12 个,即第一矿建分公司、第二矿建分公司、第三矿建分公司、第四矿建分公司、第一建筑分公司、第二建筑分公司、第三建筑分公司、第四建筑分公司、机电安装工程分公司、路桥工程处、职工医院、生活服务经营公司等。2005 年,固定资产总值 3245.97 万元,其中设备 1598.73 万元。在册职工 866 人,离退休职工 2020 人。其中,离休 15 人、抚恤人员 322 人。1994 年获“全国煤炭系统思想政治工作优秀企业”称号。

**白银洁能热电有限责任公司** 为靖远煤业公司加快实施产业结构调整,以靖远煤业公司控股，职工集资入股的方式投资建设的瓦斯综合利用新型能源企业。原设计装机容量为 4×2000 千瓦,分别在大水头煤矿、魏家地煤矿各建设装机容量为 2×2000 千瓦的瓦斯电站,后根据实际瓦斯抽排量决定土建工程按照原设计的 4×2000 千瓦的基础建设，一期工程装机容量为 2×2000 千瓦,两座瓦斯电站的装机容量均为 2000 千瓦,供热负荷各 5 兆瓦。设计能力为年发电量 2400 万度,预计每年可回收利用纯瓦斯 1320 万立方米。2004 年 4 月 16 日,成立瓦斯发电公司,下设魏家地、大水头两个发电站。2004 年 4 月 30 日,魏家地电站一次性点火试车成功。2004 年 5 月 16 日,大水头电站一次性点火试车成功。2005 年 7 月 29 日,成立白银市洁能热电有限责任公司,召开公司首次股东代表大会,依法选举产生首届董事会、监事会。公司下设综合办公室、财务部、生产技术部、党群工作部、大水头电站、魏家地电站。

**劳动服务总公司留守处** 劳动服务总公司成立于 1982 年,是以安置企业富余人员、矿区待业青年、城镇集体工为主的劳动服务型集体企业。2002 年前,管理体制为靖远矿务局集体企业管理处、多种经营总公司、劳动服务总公司三块牌子,一套班子。2002 年 3 月,集体企业和多种经营管理业务划归煤业公司非煤产业部,劳动服务总公司仅管理原直属企业。2002 年 7 月,煤业公司将劳动服务总公司纳入红会三矿关闭破产范围进行改制重组。改制中,374 人与原企业解除劳动关系。原所属单位改制为有限责任公司 14 个,组建合同制企业 1 个。改制后,新的 15 个企业共安置职工 331 人。2005 年 11 月,煤业公司撤销劳动服务总公司,成立劳动服务总公司留守处,现有留守人员 22 人。

# 第七章 电力生产与供应企业

## 第一节 国电靖远发电有限公司

概况 前身是靖远电厂,位于区境旱坪川,属国家“七五”“八五”重点工程,是连接陕甘宁青电网的主力火电厂之一。1976年9月22日,甘肃省革命委员会同意《关于靖远火电厂选厂的审查报告》。厂址选在旱坪川,建厂规划容量定为80万千瓦~100万千瓦,还要留有扩建的条件。随即设计人员进入旱坪川勘探选厂,经过几年实地观测考察,收集和掌握地质、水文气象、地震烈度等资料,并组织专家进行综合分析与合理性比较,多次修改设计方案。1978年,甘肃省人民政府向国家计委报送建设规模4×20万千瓦机组的报告,并形成初步设计审查意见书。1979年1月,国家计委下发靖远电厂4×20万千瓦机组一期工程建设批复文件。1979年9月,国家计委批准靖远电厂一期工程建设规模为4台20千瓦,留有扩建余地的规划。1981年3月,电力工业部批准审查初步意见。1985年,工程被纳入国家基本建设年度计划。1986年8月15日开工建设。1995年,按照小公司大工厂的模式,公司本部设有“三部一室”,并下设靖远电厂、燃料供应分公司和物资供应分公司,经营管理由工厂制向公司制转换。1999年5月,靖远电厂一期工程整体改制成甘肃靖远第一发电有限责任公司。2003年1月21日,移交划转到中国国电集团公司控股。注册资本1.76亿元,中国国电集团公司占股本额的51.44%,甘肃省电力建设投资开发公司占股本额的48.56%。2004年5月25日,更名为国电靖远发电有限公司。2005年,公司在册职工1900人,发电量达到650多亿千瓦时,创造产值70多亿元。

**企业管理** 企业生产运行实行以“主辅设备”为划分依据、以“大分场制”为基本单位的横向切块管理,综合管理采用传统模式。1993年,全面实施劳动、人事、工资三项制度改革。发电运行实行值际管理,全面推行全能值班员制度。对主要生产部门实施运行和检修分离、维修和检修分离的管理机制。1996年,发起设立白银靖电二厂运行有限公司,承担二期机组的运营维护。1998年,组建成立白银华电供水有限责任公司,负责一二期和靖煤公司的源水补给。2002年,公司全面开展以“技术标准、管理标准、工作标准”为核心的“企业标准”和以“ISO 9001产品质量、ISO 14001环境影响、OHSAS 18001安全卫生”为内容的“三标一体化”认证活动。经营管理围绕“强化集约经营、提升营运效益、改进管理质量”推进工作,企业工作定位由“生产型”向“生产经营型”转变,采取“转换经营机制、加强经营管理、创新经营方略”的发展举措。1996年,集资电厂实行自主营运、独立核算,企业随之建立以党政工团四个目标责任制为主要载体的考评体系。1999年开始,企业内部逐步推行模拟商业化运营机制。2001年,开始实行以“三项责任制”为基本构架、以安全生产为基础、以资产经营为核心、以党风廉政建设为保证的运营考核体系。

**企业经营**　自1998年始，连续三年分别开展“经营规划年”“经营管理年”和“经营效益年”活动。全面开展内部挖潜，着力加强经营管理。当年，企业自1996年后持续潜亏的趋势得到遏制。1999年，实现年内减亏1000万元，并于2000年首次实现扭亏为盈。2001年，部署开展“增收节支和增产节约”为主题的“双增双节”活动。2002年，深化开展“管理年”活动，同时部署开展发电企业“低成本运营”大讨论大探索活动。2003—2005年，开展“强化管理、提高效益”活动。

**技术改造**　4台200兆瓦机组锅炉岛技术改造工程从1997年开始至2001年竣工，是国家“九五”重点技改“双加”项目和电力部重大技改攻关项目。改造采用“LDR型防渣低污染双区双级燃烧”技术，引进双进双出筒式钢球磨、水力吹灰器和可调式汽封等设备、技术和工艺。工程成功实施，使每台机组增容4万千瓦，完全达到额定出力。为企业新增负荷160兆瓦，每年可多发电8亿千瓦时，增收2000万元；同时，彻底根除锅炉结焦顽疾，氮氧化物浓度下降60%，硫化物含量随之显著降低；机组经济性和运行工况更加优化，煤耗由390克/千瓦时下降到366克/千瓦时，锅炉效率由89%提高到92.5%，相当于以4亿多元新建一座中型电站，同比建设成本节约4亿元。工程先后被评为甘肃电力青年文明号工程、“九五”重大科技成果和甘肃省优秀技改项目。其后成功实施4台机组热控系统的DCS改造，相继改造控制部分，运用计算机分散控制系统，实现机炉协调控制、发电自动控制，同时实现与计算机局域网的互联。特别是电气系统与发电机并网顺控，在全国同类机组改造中尚属首次，开创了DCS应用的新领域。新的DCS系统投入使用后，机组保护自动投入率达到96%以上，电子设备简化800多个，每年可节约备品配件购置60余万元，机组调节系统品质得到明显改善，安全稳定性进一步提高，每年创造直接和间接效益235万元以上。二号炉烟气脱硫工程建设采用“基于双区双级燃烧系统的高低温复合烟气脱硫脱氮技术”原理，是国内拥有自主知识产权的科技创新项目。工程总体分为炉内喷射系统、尾部增湿系统、脱硫剂制备系统、配套的自动控制系统。通过炉内、尾部烟道，实施多级脱硫脱氮，改造后机组脱硫率大于70%，每年减少二氧化硫排放量2500多吨。4台200兆瓦汽轮机通流改造是公司“十五”科技发展纲要的核心内容。2004—2005年，先后对四号、一号机组通流部分进行改造。改造后，机组效率普遍提高，煤耗降低约17克/千瓦时，安全性和可靠性均达到预期目标。特别是每台出力再增加2万千瓦，年节约标煤2万吨，年减少二氧化硫排放量1000吨，经济及社会效益显著。公司始终坚持“安全第一”的方针，围绕“危险点分析、安全性评价整改、事故防范与控制”几个环节，加强预控、可控和在控管理。2005年，创造长周期生产1501天的安全纪录。

**企业改制** 2002 年,公司提出“改革重组和转机建制、推动跨越式发展”的思路,在对产业结构、股权结构和组织结构优化整合的基础上,组建成立白银华电投资开发有限公司,于 2002 年 12 月 26 日挂牌营运,实行新的运营模式。设有 5 个职能部门、7 个分公司和 4 个控股子公司,并负责 9 个参股公司的收益管理。总投资额 5231 万元,吸收集体资产管理协会注入资金 1703 万元。同时,推进劳动人事管理向人力资源开发的转变。全面完成对管理和生产部门新的岗位的设置、定员和岗位归级。2004 年,按照集团公司要求,完成“三项制度改革”,深化劳动用工、岗位用人、收益分配改革。公司于 1995 年推行全员劳动合同制,1998 年开始推行全能值班员制度,当年实现减员分流 90 人。2001 年,全公司运行层面全部实现全能值班员上岗。自此,初步建立既与绩效挂钩,又体现资本、知识、技术等要素的酬薪结构。经国家劳动和社会保障部批准,公司成为“甘肃省第二火力发电厂国家职业技能鉴定站”和“特有工种技能鉴定站”,有 23 人参加鉴定工作。已在 15 个专业实施专业技术带头人制度,培养专业技术带头人和后备带头人 31 名,并向省公司推荐 4 名。企业有各类专业技术人员 630 人,其中高级职称人员 47 名,中级技术职称人员 107 名。

**1990–2005 年国电靖远发电有限公司经济指标统计表**

表 4–18

| 年 度 | 实现工业总产值 | 发电量 | 售电量 |
|---|---|---|---|
| 1991 | 181320763.38 | 174401.64 | 158959.900 |
| 1992 | 255496741.17 | 306308.50 | 279843.100 |
| 1993 | 393142090.85 | 398159.00 | 364569.000 |
| 1994 | 484798799.37 | 471194.66 | 431415.100 |
| 1995 | 507142060.29 | 446805.45 | 409738.000 |
| 1996 | 457475164.65 | 489604.50 | 451025.500 |
| 1997 | 428826440.89 | 437597.37 | 402806.010 |
| 1998 | 387181356.77 | 362263.86 | 332967.430 |
| 1999 | 373558949.91 | 327196.80 | 302472.310 |
| 2000 | 534215540.59 | 382690.86 | 354847.684 |
| 2001 | 472000532.69 | 335750.94 | 304154.230 |
| 2002 | 661635349.53 | 488374.11 | 450097.548 |
| 2003 | 879592601.59 | 643527.09 | 596692.073 |
| 2004 | 908170046.49 | 633131.12 | 582987.968 |
| 2005 | 807124636.15 | 530740.35 | 488716.563 |

## 第二节 靖远第二发电有限公司

**概况** 靖远第二发电有限公司成立于1995年,总部设在兰州市城关区曹家巷58号。靖远电厂二期2×300兆瓦扩建工程于1993年11月开工建设,由国家能源投资公司与甘肃省各投资50%。由于甘肃省自筹资金缺口较大,机组无法按期投产。甘肃省政府选择美国第一中华电力合作有限公司作为外国投资者,上报国家计委。1994年12月31日,国家计委批准将二期工程转为中外合资项目,同意成立合资公司。1995年7月14日,中美合资靖远第二发电有限公司合同签字仪式在北京人民大会堂举行,国务院副总理邹家华出席签字仪式。1995年12月18日,靖远第二发电有限公司成立大会在兰州宁卧庄宾馆大会厅召开。公司由国家开发投资公司,甘肃电力建设投资开发公司,甘肃省电力公司和美国第一中华电力合作有限公司共同组成,投资总额27.3513亿元,其中注册资本为7亿元,其余均由股东融资组成。公司机组投产后交甘肃省电力公司组织生产运行,甘肃省电力公司根据电厂实际情况将《运行与维修合同》中的义务分解委托给靖远电厂。2002年5月初,中国石化湖北兴化股份有限公司以其拥有的整体资产与国家开发投资公司合法持有的甘肃小三峡水电开发有限责任公司、靖远第二发电有限公司和电力有限公司徐州华润的权益性资产进行整体置换,更名为国投华靖电力控股股份有限公司,注册地址由湖北迁至甘肃兰州。公司现有规模为两台320兆瓦和两台300兆瓦燃煤发电机组,其中5号、6号机组投资总额为27.35亿元,分别于1996年11月和1997年6月提前实现投产运营的目标,改写省内无30万千瓦以上燃煤机组的历史,并开创省内"基建投产达标机组"验收一次成功的先例。公司现有员工929人,228人具有初级以上技术职称,占24.5%;60人具有中高级技术职称,占6.5%。专科及以上员工180人,占19.4%;本科及以上员工51人,占5.5%。公司成立党委、纪委、工会和团委,设立总经理工作部、财务管理部、经营管理部、物资采购部、人力资源部、设备技术部、检修部、运行部和工程管理部9个部门,聘任部门经理9人。公司的最高权力机构是董事会,决定公司一切重大事宜。董事长为公司法人代表。公司设总经理1名、副总经理2名。

**日新文化** 从2002年开始,公司持续实现跨越式发展,先后经历安全基础年、管理效益年、资源整合年、管理创新年、精细化管理年等不同的发展阶段。公司以"日新文化"支撑和引领企业发展战略,坚持以安全生产为基础,以科技进步为导向,以管理创新为重点,凭借合资企业灵活高效的管理机制,引入国际先进的管理理念,果断推行科学前沿的管理方法,创造出内涵丰富、特色鲜明的"靖远管理模式"。企业决策者倡导树立现代企业家精神,遵循日新文化,营造日新文化氛围。即"企业家精神,合资企业的党建工作,日新文化的内涵、执行和效果”。公司还组织员工节、春节联欢暨颁奖晚会、拓展训练等一系列企业文化活动,使企业内部沟通的形式更加多元化,企业创新的精神体现得更加多样化,员工参与企业建设的形式更加丰富化。

**靖远管理模式** 现场管理模式包括安全积分管理、6S管理、点检定修制、技术创新与提升、TPM全面改善、NOSA管理。2002年,公司借鉴交通管理中扣分管理,在发电企业实施员工安全积分管理。2005年年底,公司连续安全生产1307天。2003年年底,公司推行以点检为核心,按照预先制定的技术标准,以“五个定位”对设备进行检查的点检定修制,获得甘肃省电力企业创新优秀成果奖。2004年,通过学习与应用源于日本的“6S”管理,规范操作示意、明确目视化流程,使每个员工均能在30秒内找到所需的物品或文件。2005年,公司启动TPM管理,即全员参加的生产性保全活动,通过建立不断追求生产效率最高境界的企业体制,实现全员自主管理,达到损耗最小化和效益最大化的目的。公司重点实施DCS改造、锅炉受热面改造、石子煤系统改造、汽轮机本体及热力系统优化改进、发变组保护换型及空预器改造等数十项技改项目。通过综合改造,机组铭牌出力由30万千瓦达到32万千瓦,煤耗量下降6.1克/千瓦时。在香港亚洲国际博览馆举行的亚洲国际电力展览会及展览会第十四届年会上,公司成为会议唯一一家获亚洲能源业界颁发的“亚洲最佳机组增容改造电厂”奖项的发电企业。人本管理模式包括单一首长负责制、岗位动态管理、绩效管理、员工职业生涯规划、薪酬管理、员工资质模型、内部人才任用系统、整合型HR信息管理系统。2002年,在企业独立运营的第一年,改革原有组织架构,推行单一首长负责制,在企业高层实现短、平、快的沟通平台。2003年,推出岗位动态管理,包括员工计扣分、待岗等20多条内容。同年,实施绩效管理和薪酬管理,先后获得2004年度甘肃电力企业管理创新一等奖,全国电力企业管理创新二等奖。2004年,建立员工职业生涯规划和员工资质模型。2005年,启动内部人才任用系统和整合型HR信息管理系统,创新用人机制,强化人才梯级培养和储备,支撑人才输出战略推进,8名中层干部中有5人通过中介组织竞争到其他公司担任高管。有700多人次参加各类岗位竞聘,使企业上下真正实现“在岗人员下岗流动”和“下岗人员上岗流动”的动态管理目标。在薪酬分配上,坚持以绩效决定分配为原则,以岗位管理为核心,使员工职业生涯发展规划和企业战略规划融为一体。以科学化、系统化的量才方法,为选、用、育、留员工提供科学依据。经营管理模式包括项目管理、全面预算管理、卓越绩效管理、一体化经营管理、模拟市场化运作、标杆管理、物流管理等方面。资源管理模式包括流程控制、三网合一业务平台、iPRM系统(一体化电厂资源管理系统)、整合型三标一体、厂级优化及监控、数字化电厂。为实现流程再生,公司聘请专业咨询公司深入考察,确立“渐进改良法”主基调,采用清除、简化、整合、自动化等方法,对140个关键业务流程进行反省、优化和创新,形成一套完整的经营策划、生产管理流程。同时进行流程变革，变以往的科室职能管理为基于信息系统的流程控制，并斥资上千万元开发独具特色的iPRM系统，进而把企业的管理思想固化在iPRM系统中，管理模式在第二发电有限公司生产经营中创造显著的综合效益，机组额定出力突破30万千瓦，达到到32万千瓦，各项生产经营指标均达到国内领先水平，得到行业内外众多企业的广泛借鉴。2005年，"靖远管理模式"获甘肃省电力企业管理现代化创新成果一等奖，全国电力企业管理现代化创新成果一等奖，第十二届国家级企业管理现代化创新成果一等奖。

**三期工程建设** 2003年1月，甘肃省政府省长办公会议确定："加快靖远三期工程建设，缓解甘肃日趋紧张的供电局面。"靖远二电三期扩建工程地理坐标北纬36°27′、东经104°28′，海拔1480米，西邻黄河约7.4千米，北距煤矿12~50千米。工程延续靖远二电体系，由国投华靖电力控股股份有限公司、美国第一中华电力公司、甘肃电力投资公司按比例出资建设，投资比例52.63%、31.58%、15.79%，静态投资23.9亿元，动态投资25.1亿元，建设规模为两台300兆瓦亚临界燃煤机组。2003年2月，西北电力设计院踏勘三期工程各方面资料。通过招标，确定锅炉由武汉锅炉股份有限公司制造，汽轮机由上海汽轮机有限公司制造，发电机由上海汽轮发电机有限公司制造，工程监理单位为东北电力建设监理公司，主厂房土建与安装由甘肃省火电公司和省第一建筑工程有限公司承担，烟囱施工由甘肃第一建筑工程有限公司承担，冷却塔施工由甘肃省煤炭第一建筑工程公司承担，取水工程由中国水利水电第四工程局承担。2004年3月2日，主厂房基坑开挖。其后，三期工程所有施工单位全部就位。2006年7月15日，7号锅炉点火一次成功。8月14日，7号机组并网一次成功。9月10日，7号机组168小时满负荷试运行一次通过。11月25日，8号锅炉点火一次成功。12月27日，8号机组并网一次成功。

## 第三节 供 电

**概况** 区境电力，有地方、矿区及白银供电公司平川分公司三家供电系统，电能资源雄厚，可以满足日益增长的生产生活需要。

**地方供电系统** 区境由于得靖远矿区开发之便，在西部农村属较早使用电力的地区之一。1969—1980年，旱坪川自备电厂供电14.545亿千瓦时，沿黄灌区开始用电，农民劳动强度得到极大减轻。平川区成立后，成立水电中心，辖宝积农电所，管理全区用电。1990年12月，成立区电力局。1993年，宝积农电所与电力局合并。1998年10月，由白银市供电局实行行业代管。1999年，开始实施农网建设与改造一期工程，历时4年。农村电网的技术装备水平得到提高，布局更为合理，电网损耗也随之降低。2000年，完成乡镇电管站体制改革，将乡电管站一律改制为区电力局的派出机构，更名为供电所，实行收支两条线管理，城乡用电同网同价，乡、村、社通电率达100%，供电可靠性达99.5%，电压合格率达94%。2002年年初，以“争创农电企业安全文明生产双达标”为目标，按标准将创建工作层层分解。同时，本着精简、高效、统一的原则，对管理模式进行全面调整，结合原事业单位工资标准，在工资总数不变和重点向一线岗位倾斜的基础上，实行岗位技能工资。建成市政营业所、周家地营业所、双铺营业所、水泉供电所中村营业所、共和供电所小水村营业所、种田供电所、复兴营业所等窗口单位。2003年，建成投运县调配网综合自动化系统，实现遥控、遥测、遥信、遥调的“四遥”功能，并启动微机开票系统、电触摸屏系统，公开接受各界代表评议行风，社会形象得到有效提升。2004年，推出员工奖励和分配机制新举措，通过省公司的考评验收。地方供电系统拥有35千伏输电线路121.292千米、10千伏配电线路540千米、0.4千伏配电线路610千米，有主变10台（37900千伏安），配电变压器607台，配电总容量50702千伏安，其中台区250台（13695千伏安），年供电量约6200万千瓦时，共管辖各类用电客户27000多户。

**白银供电公司平川分公司** 前身为靖远供电所平川供电站，于1998年4月22日挂牌成立平川供电所，2000年11月更名为平川供电分局，2005年更名为白银供电公司平川分公司。是以营配为主的专业性供电分公司，下设办公室、经营生产部、城区供电所、旱坪川供电所、魏家地供电所、大用户班、配电班七个班站。公司管辖6~10千伏配电线路6条103.23千米，其中10千伏线路4条：唐台变113电力路线、唐台变115中区一线、唐台变121中区二线和唐台变123冯园线；6千伏线路2条：黑水变612宝积区线、下堡变618大红门线；公网配电变压器107台，容量7990千伏安，全部为S9系列低损耗配变；用户变压器42台，容量12585千伏安；0.4千伏线路93.07千米。分公司最初接管时用户总数不足200户，通过转供用户变直供用户、农网改造等活动，使用户发展到5015户，年售电量5.45亿千瓦时。分公司主要担负辖区内五大用户（靖远煤业公司、兴电工程管理处、国电靖远第一发电公司、靖远第二发电公司、甘肃矿用化工厂）和中区开发区用户的供电服务业务以及平川区宝积乡、共和镇、水泉镇和靖远县东湾乡冯园村等村社的农村供用电管理。

**矿区供电系统** 1958年8月，靖远煤矿筹建处成立，从山丹矿务局调来3台240千瓦锅驼机作为临时电源。其中2台锅驼机安装在当时矿务局机修厂，1959年年底发电，供给大水头一片用电。另一台于1960年安装在井儿川陡路矿井，供建井施工用电。旱坪川自备电厂的设计由甘肃电力局设计处承担，厂址选在旱坪川，设计规模为5000万千瓦，分两期建设。变电所及输电线路由西安煤矿设计院设计。在大水头和井儿川各建一座35千伏变电所，大水头变电所的主变压器型号为SJ1800/35。旱坪川至大水头一回路35千伏输电线路长10.4千米。导线规格为LGJ-95。一期工程于1959年7月开工，土木建筑由定西建筑公司施工。发电机、锅炉、配电室和大水头35千伏变电所的配电等设备由甘肃省电力局送变电公司施工。一号发电机组于1961年8月16日正式投运发电。宝积山、大水头及旱坪川地区的生产、建设及生活用电由旱坪川电厂供给,宝积山、大水头的原有发电设备随即停用。1968年,随着宝积山矿井、大水头矿井开始恢复建设以及红会矿井进行开工准备，自备电厂的两台1500千瓦发电机组的电力已明显不足。为此,甘肃省决定在大电网供电以前先建第三台1500千瓦发电机组。工程全部由靖远煤矿电厂职工自己建设安装。1968年12月开工,1969年3月安装完毕,一次试运成功。1969年西安煤矿设计院编制供电规划,永久电源确定由甘肃电网供电,在矿区建一座110千伏变电所。1969年8月由甘肃省煤炭工业局主持,确定110/35/6千伏区域变电所设在罗家川黑水村。1972年兰州煤矿设计院编制并经燃料化学工业部批准的矿区总体规划中，矿区供电设110千伏区域变电所一座，内装2台3.5万千伏安三相变压器，两回110千伏进线,8回35千伏和15回6千伏出线,110千伏系统来自兰州白银电网，靖远电厂建成后2回35千伏线路作为备用,已建的旱坪川自备电厂待电网安全供电后再行拆除。矿区总电源取自甘肃省电力电网，由白银供电局黑水—朱家台，黑水—靖远线路,2台110千伏线路经黑水110千伏变电站,2台31500千伏安三相变压器，分别以35千伏、6千伏两种电压为矿区作供电电源。其后,靖煤公司建成35千伏变电站5座,6千伏变电所14座,形成矿井供电系统。王家山35千伏变电所供电系统电源取自黑水变电所,双回路供电,线路总长25.61千米,导线型号为LGJ-150和LGJ-95,两台主变容量为56000千伏安,8000千伏安,变比35/6,分别向王家山矿一、二、三、四、五号井变电所供电。红会35千伏变电所供电系统电源取自黑水变电所,双回路供电,线路总长17.9千米,导线型号为LGJ-50和LGJ-95,两台主变容量为8000千伏安,变比35/6,分别向红会四矿四号井、五号井、六号井,红会三矿,红会一矿一号井、二井一坑、二井二坑变电所供电。旱坪川35千伏变电所电源取自黑水变电所,双回路供电,线路总长12.35千米,导线型号为LGJ-35和LGJ-95,两台主变容量为4800千伏安,变比35/6,分别向矿区供水系统、建材厂、电器厂等处供电。周家地35千伏变电所电源取自黑水变电所。由黑水—旱平川变电所“T”接,主变容量为2000千伏安1台,向周家地片供电。大水头6千伏变电所电源取自黑水变电所6千伏级电压,双回路供电,线路总长1千米,导线型号为LGJ-120和LGJ-150,向大水头矿井供电。宝积山6千伏变电所电源取自黑水变电所6千伏级电压,双回路供电,线路总长1千米,导线型号为LGJ-95两条,向宝积山矿井供电。总机厂6千伏变电所电源取自黑水变电所6千伏级电压,线路总长0.5千米,导线型号为LGJ-95,向机修厂供电。魏家地35千伏变电所由黑水—红会35千伏变电所“T”接,主变容量为10000千伏安2台,为魏家地矿井供电。靖煤公司水电处承担靖煤集团公司及平川区部分单位居民生产生活供水供电任务,共有水电有户1300多家,全处占地面积43.35公顷,拥有厂房、设施建筑面积2.2万平方米,有职工757人,各类专业技术人员88人,设6个生产经营单位。供电系统管辖35千伏变电所5座,6千伏变电所3座,总装机容量为60700千伏安,35千伏输电线路102千米,6千伏输电线路100千米,年供电量1.8亿千瓦时。供水系统拥有日处理净化水5万吨的净化水厂一座,水质达国家饮用水标准,管辖配、上水泵站20座,总装机容量为60700千瓦,输水管路140.24千米,年供水量为1800万吨。

# 第八章　陶瓷生产

## 第一节　发展概述

**概况**　陶瓷产业是平川最为古老的传统产业。据屈吴山发现的古先民陶窑遗迹推断,早在公元前3000年以前,区境内就开始烧制陶器。此外,在种田、复兴、黄峤、共和、水泉等地亦发现大量秦汉时期的陶瓷遗存。鹯州城出土的排水陶筒,形制粗糙,接口吻合度较好,可见古人高度重视陶瓷的适用性。唐设会州时,陶瓷业得到较快发展,北掌山下红土洼陶窑即建于此时。从遗存的碗片看,工艺亦有较大进步。红土洼的陶土存量大,有黑、白、红、黄、青等各种颜色,既有粗陶土,也有细陶土,发展陶瓷生产的条件得天独厚。明代以后,甘肃人口大增,区境人口也增长达数十倍。自此,陶瓷销路转旺,越来越多的人从事陶瓷产业,初步形成声闻西北的宏大格局。距红土洼以西3千米的地方,地面开阔,泉水旺盛,邻近宝积山煤矿,有取之不尽的煤炭资源及陶土资源,大批陶窑开始兴建,这就是磁窑。经过近300年的发展,到清代,磁窑形成以陶瓷为中心,兼营煤炭、白灰、石灰等日用品及建筑材料的综合集镇,有吉林、云南、江苏、安徽、河北、青海、山东、河南、四川、陕西等十八省的人到此谋生,人称码头之地。磁窑全盛时期,十里山谷,窑炉林立。各家竞技争胜,精品迭出,青花瓷达到相当水平。署名龙华山人的技师,擅长烧制观赏类的瓷瓶及笔洗、笔筒等器物。并自书诗词或山水画以为点缀。磁窑所产的瓷器釉面细腻,器形完美。单就釉色分类,即有猪鬃釉、牛毛釉、土毫釉、油滴釉、酱色釉等多种。色泽明快,手感润滑,达到当时同类产品的高峰。

**陶瓷产业发展**　中华人民共和国成立后,区境陶瓷业得到发展。1956年,成立靖远磁窑陶瓷生产合作社,实行各尽所能、按劳分配的社会主义分配原则。1958年4月,磁窑陶瓷合作社更名为靖远磁窑陶瓷厂,从集体企业转为地方国营的全民所有制企业,生产条件得到改善,添置柴油发电机和粉碎机后,手工搅轮和陶土加工的繁重劳动被机器代替。1962年,陶瓷厂从距磁窑10千米外的土涝子、宁夏的油井山等地,用骆驼驮来紫黏土、长石、石英、黑碱石等细瓷原料,试制出茶具、酒具、蓝边碗等细瓷产品。次年,厂区开始通电。并购置球磨机、滤泥机、挤泥机、大小制缸机、制管机和汽车等生产运输工具，陶瓷生产逐步走上日新月异的发展历程。经过近十年的努力，到1972年，全厂工人达468人，工业总产值达到90万元。随着生产经营规模的不断扩大，狭小的山沟已难适应企业发展的需要。国家在1972年投资500多万元，在长征以西的鹁鸽滩选址新建厂房，厂名也由靖远磁窑陶瓷厂更为靖远陶瓷厂。新建的陶瓷厂，将罐形窑改建为隧道窑、隔烟窑，陶瓷生产也从运输、原料加工、制坯、烘干、上釉、装烧，基本实现工艺流程的机械化。同年，长征火车站起用，为陶瓷厂的进一步发展带来新的机遇。细瓷原料源源不断地从山西、内蒙、宁夏等地运来，陶瓷品种由原来的几十种逐步增加到190多种。产品有缸、盆、坛、罐、盘、碗、茶具、酒具以及各种釉面砖、耐酸砖、耐火砖、卫生瓷、园林瓷等多种形式。1980年，靖远县将陶瓷厂上交定西地区，成为定西地区靖远陶瓷厂。1985年10月，又转交白银市，成为白银市靖远陶瓷厂。1985年后，全面推行厂长负责制和经济责任制，建立健全企业内部债、权、利相结合的责任制体系，打破单一的固定工形式，实行以合同工为主的多种用工形式，企业得到较大发展。靖远县砂梁村的个体运销户最先将陶瓷日用品远销甘肃、陕西、宁夏、青海四省几十个县区的偏远农村。自墩墩滩至唐家台形成6千米的陶瓷市场。1995年4月，建成年产100万平方米的彩釉墙地砖生产线。10月，租赁承包原红旗山煤矿造纸厂，新建熔块厂，改、扩建纸箱厂，形成有8个分厂、11个生产单位、拥有总资产1.375亿元的大型陶瓷生产企业。年产"格威"系列彩釉墙地砖及各种内外墙砖280万平方米，卫生瓷15万件，日用瓷10万件，耐火材料3000吨，硅炭板150吨，纸箱280万平方米。全盛时期有工人750多人，工程技术人员8人。张成仁设计的六头汗马酒具获1985年"全国旅游纪念品内销工艺品"优秀设计奖，六头振兴茶具获"甘肃轻工产品百花奖"设计二等奖。

## 第二节 原料矿产

**高岭质黏土** 平川区高岭质黏土岩储量丰富，预计储量11亿吨以上，矿源主要分布在境内丘陵地带，目前已经开采的矿井主要集中在两个区域：宝积乡区域有石碑子沟、宝积山、老龙山、磁窑，王家山镇区域有井儿川、碱水和大营水。在采矿样本中，高岭质黏土占样本总量的70%，矿源丰富，储量巨大。其矿物成因属沉积岩类，矿物成分较为复杂。主要矿物以高岭石、石英岩为主，伴生有迪开石、埃洛石、云母类以及少量的长石质矿物，同时含有少量的化学沉积物、碳酸盐、硫酸盐等。区境内的黏土岩是由岩石风化作用沉积形成，颗粒细腻，具有良好的技术加工性能和物理性能，有较强的可塑性和结合性能。化学指标也十分优越，三氧化二铝含量普遍在20%~35%范围内，能够满足各类陶瓷制品配方对黏土品质的要求。老龙山采集的黏土岩矿样就是典型的高岭质黏土，其原矿样本三氧化二铝含量高达35.4%，杂质含量较低，成色很好,如再进行深加工,经过淘洗、除铁等流程,剔除部分杂质,其有益成分会进一步提高,完全可以用于高级日用细瓷以及艺术陶瓷的生产。

**石英岩及石英砂岩** 区境的石英岩属变质岩,主要由石英的粒状集合体构成,质地较密,硬度为6.5~7,从结构看属砂岩质石灰岩。矿区主要分布在石碑子沟,宝积山、磁窑、王家山等地。其中二氧化硅含量在95%~98%以上,特别是石碑子沟和宝积山的石英岩,二氧化硅含量在98%以上,三氧化二铁含量0%~0.02%,杂质含量非常低,经高温1250℃煅烧,白度可达850以上,是制作高级日用细瓷和艺术瓷器的理想原料。区境石英砂岩预计总储量为12亿吨,二氧化硅含量在75%~95%,白度较好,主要由石英砂经胶结变硬形成碎屑沉积而成,成分稍显复杂,除以二氧化硅为主外,通常伴有黏土岩及少量碳酸盐类矿物。此类砂岩通常使用在建筑卫生陶瓷及砖类制品中,应用范围比较广泛。

**长石** 长石是陶瓷制品配方中的熔剂原料,区境长石矿点主要分布在红会矿区,矿层丰厚,矿脉集中,基本上无其他岩层掺入,矿岩以块状形式集中在山体的表层,开采方便,预计储量为0.6亿吨~1.0亿吨,其化学成分中氧化钾、氧化钠含量为7.5%~9%,煅烧熔融温度在1180℃~1250℃范围内,三氧化二铁含量偏高。

**石灰岩** 石灰岩在区境矿源多、储量大,资源丰富。矿点分布于石碑子沟、磁窑、井尔山矿区和红会矿区,初步估算储量约1亿吨,其中石碑子沟和磁窑区石灰岩氧化钙含量在50%~56%,石碑子沟的石灰岩编号为石-36的样本氧化钙含量高达55.78%,近似石灰石氧化钙的理论含量值,且杂质含量低,烧后白度理想,是陶瓷生产中配料生产釉和熔块釉的最佳原料。

**黄土类** 区境地处西北,优质黄土类资源极其丰富,到厂价约为15~20元/吨。特点为烧后呈黑褐色,熔融温度低,化学成分中除三氧化二铁含量高以外,氧化钾、氧化钠、氧化钙、氧化镁的含量都比较高,特别是氧化钙的含量达到8%以上。

**紫砂土** 紫砂土矿点主要分布于境内石碑子沟、阴黄水、磁窑沟及罗家川等地,储量约15亿吨~20亿吨,开采方便,土质优良,可塑性和结合性好,化学指标除三氧化二铁外与常用瓷土成分接近,煅烧温度低,烧结性能良好,适合开发生产紫砂类产品。

## 第三节　重点企业

**白银陇烨陶瓷有限公司** 甘肃省最大的日用陶瓷生产型私营企业,厂区占地面积18万平方米,建筑面积3万多平方米,固定资产1000余万元。全厂现有职工240多人。公司现有较为先进的大型窑炉3条,生产设备80多台(套)。主要产品有日用陶瓷、艺术瓷、园林瓷和仿古彩陶等4大类60多个品种。产品质量上乘,行销西北五省区。仿古陶瓷以传统工艺与现代科技相结合,成功开发出三足罐、底盆、细颈壶、瓶、碗、瓮、杯、罐等系列。仿古陶瓷的图案布局多根据器形设计,在仿制的同时,注重艺术的再创作,绘画线条多用柔美的弧线,用笔流畅,花纹精致,色彩富丽,造型饱满凝重,风格明朗古朴,生活气息浓郁,处理手法洗练,具有较强的艺术观赏价值。产品远销东南沿海,部分产品出口东南亚地区。

**华顺陶瓷有限公司** 是由温州企业家投资兴建,以生产中高档内墙釉面砖为主的建筑陶瓷民营企业。位于平川经济开发区工业园区内,占地5.33公顷,一期工程投资2000万元,二期工程投资2500万元,三期抛光砖生产线投资5000万元。生产40个不同花色品种的内墙砖,日产内墙砖3万平方米,年产内墙砖890万平方米。三期抛光砖生产线,年产抛光砖400万平方米。现有员工240人,其中一线上岗生产人员220人。公司引进先进自动化陶瓷生产机械设备,采用先进陶瓷生产工艺流程。

**白银新乐雅陶瓷有限责任公司** 于2002年7月成立,属股份制民营企业,注册资本2040万元。2002年12月,投资4000万元,建成一条国内先进的大规格瓷砖生产线,主要产品有地板砖、内墙砖、外墙砖、西式瓦及地脚线四大系列,200多个花色品种。注册商标“丝路花雨”品牌的各种内外墙砖地砖产品畅销西北各省区。年产值达到5000多万元。公司现有总资产6000多万元,员工420人,其中本科以上学历人员42人。

**甘肃国泰陶瓷建材城** 位于平川区经济开发区陶瓷工业园区,项目总占地面积13.53公顷,总投资2亿元。一期建设面积6万平方米。项目包括六大功能区:陶瓷建材展示交易区、西部最大的陶瓷会展中心、四星级大酒店、商务公寓区、仓储区、物流配送区。

## 1996—2005年平川区主要工业产品产量统计表

表4-19

| 年度(万吨) | 原煤(吨) | 水泥(吨) | 焦炭(吨) | 墙地砖(万平方米) | 日用陶瓷(万件) | 白酒(吨) | 机砖(万块) |
|---|---|---|---|---|---|---|---|
| 1996 | 352 | 11000 | 2412 | 27.4 | 29.5 | | |
| 1997 | 353 | 18300 | 4556 | 49.2 | 52 | 30 | |
| 1998 | 396 | 19000 | 3230 | 16.39 | 80 | 90 | 10060 |
| 1999 | 238 | 28600 | 1842 | | 150 | 90 | 11806 |
| 2000 | 130 | 31500 | 500 | | 170 | 90 | 12583 |
| 2001 | 58 | 41800 | | | 203 | 110 | 15144 |
| 2002 | 90 | 49000 | | | 315 | 131 | 18745 |
| 2003 | 145 | 35200 | | | | 575 | |
| 2004 | 160 | | | 379 | 500 | | |
| 2005 | 104.4 | | | 280 | 860 | | |

# 第九章 交通运输业

## 第一节 发展概述

**机构** 1985年11月,区工业交通局成立。1993年3月,撤销区工业交通局,成立区交通局,为正科级行政单位。下属区乡公路管理站、区运管所、区汽车站、区工程设计室。2005年年底,在册职工126人。1986年3月,区乡公路管理站成立,内设公路工程股、路政养护股、征稽股、财务股和办公室。同年,区运管所成立,内设办公室、机务股、财务股、稽查队。1996年3月,平川区汽车站成立,内设财务室、调度室、办公室。2005年10月,投资512.8万元(省交通厅客建费补助150万元,自筹362.8万元),建成占地1.31万平方米、建筑面积3617平方米的综合营业场地,为三级客运站,有职工46人。参营车辆156辆,日发送旅客4000多人次。

**概况** 丝绸之路进入甘肃,总体上分东、中、西三段,区境位于东段北线必经之地。北线从长安出发沿泾河转向西北,经咸阳、泾川等地到平凉,再经六盘山东麓至固原,然后入区境过打拉池西行,经鹯阴口在迭烈逊等处西渡黄河后远去。区境丝绸之路并没有固定的路线,其中北线中段沿平(凉)固(原)大道,从刘家井或盐池两处进入境内后,交集于打拉池。而从打拉池到黄河岸边过河有四条通道,这四条通道由南至北排列。一路经杨梢沟、红沟、靖远县城从虎豹口渡口过河。一路经毛卜拉、大湾、鸾沟、响泉、黄湾从迭烈逊渡口过河。一路经黄家洼山过苍龙山东古堡、苦水堡、水泉堡、裴家堡、哈思吉堡从索桥渡口过河。一路从苍龙山东古堡或苦水堡、芦沟堡、论古堡、永安堡、大庙堡等处至北城滩附近古渡口过河。东行则从媪围(今景泰境)沿芦阳砂河东行25里,过黄河索桥渡口,顺石门川东上,越按门岘至水泉南行到鹯阴城,再东去打拉池、海原、固原抵达长安。丝绸之路开拓于汉,兴盛于隋唐。至宋金与西夏对峙时期,区境成为战争前线,导致道路中断。明太祖洪武三年(1370年),废会州,设迭烈逊巡检司,归固原州管辖。宣宗宣德七年(1432年)五月,恢复黄河迭烈逊道路,以调运关中粮食至河西走廊。直至明英宗正统二年(1437年)设置靖虏卫,明神宗万历中叶驱逐黄河以西的鞑靼,丝绸之路才得以恢复,迭烈逊渡口也盛极一时。晚清至民国,兰州至宁夏大车道经过区境主要有两条:一条经贺家川、吴家川到碱滩渡河,过中村、水泉、大红门沿今109线到兴仁;一条由北湾到靖远县城,经三合沿杨梢沟到打拉池、红会边沟翻黄家洼山到兴仁堡。民国17年(1928年),甘肃省建设厅征集民工整修兰宁大道中段。民国19年(1930年),改移公路线,东出靖远县城经东湾镇、旱坪川、水泉大小红沟至兴仁堡与宁夏相接。又由七里沙河湾分出支路一道,东入杨梢沟、红嘴沟进入区境,经小水至打拉池。再向东南行,经甘盐池,杨家崖湾,万家水与海原县相接,称为靖海公路，直达固原。民国32年（1943年），省政府成立兰宁公路第二公务所，彻底修筑甘宁路，对旧路多所改移。民国33年（1944年），赶修兰宁公路，由于红嘴子河床过于宽阔且为沙滩所阻，过渡危险费时。而由吴家川东经红柳沟、碱滩，由小黄湾渡口过河，直达水泉，两岸系石质河床，实为公路良好渡口，较由红嘴子渡绕县城之线缩短路程37千米，符合军事运输的要求，因此决定将该线作为正线，经过县城之线作为支线。属于县道的“干路”主要有：一路经红沟、小水、打拉池东南行经牛家瓶、马饮水、双铺、干盐池，接海原界，直通平固运输大道；一路自冯家园子进入周家地、大水头，再向东北行至罗家川，进入虎狼洞沟；一路经长滩、滋泥水、进入水泉，由水泉向东经大营水、小营水、大红沟、小红沟到兴仁堡。与“干路”衔接，并与各乡互相通行的支路主要有：由打拉池经黄家洼山到兴仁堡有支线，长44千米；由水泉北行，经三角城，按门岘入永安乡界，有支路一条，长3千米；由水泉东北行，经大红门、卞家台、边墙、大红沟入大庙乡界，有支路一条，长30千米；一路由水泉西行经沙河至黄沙湾，长10千米。过黄河为小黄湾，西北行有支路可通三滩、糜滩两乡山后九村及西番窑，长40千米，此即明代凉庄路。当时陆路交通工具车类主要有铁轮大车，棚子车、轿车、胶轮大车、推车。畜类主要有骡、马、驴、骆驼。另外有担运、背负等方式。水路交通工具筏类有小皮筏、大皮筏、木筏，船类有渡船、帆船。

## 第二节 公 路

**国道109线** 国道109线（北京—拉萨）在区境全程44千米，1971年开始建设路面，1974年年底完成。“七五”期间，经过技术改造，公路等级达到二级公路标准。109线在境内称兰包公路。兰包公路“七五”改建工程于1986年5月开工，工程主要由省交通厅和省交通厅公路局统一领导和主持，由省交通规划设计院和兰州公路总段承担区境内设计任务。按一般二级公路标准设计，路基宽为平原微丘区12米，山岭重丘区9米。路面结构为面层沥青碎（砾）面混合料4厘米加沥青砂1厘米（次高级路面），基层级配碎（砾）面掺灰，垫层为天然级沙砾，平曲线最小半径60米，最大纵坡5%，竖曲线最小半径凸3000、凹2000。1990年12月，通过国道109线验收委员会验收。其中，唐家台沙河桥工程被评为优良工程。

**高速公路** 2002年12月18日，国道主干线丹（东）拉（萨）公路刘寨柯至白银段高速公路开工建设。刘寨柯至白银段起点位于甘肃与宁夏交界靖远县五合乡刘寨柯村国道109线以北约750米，接宁夏中宁郝家集高速公路终点，大体呈东北—西南走向。是甘肃省第一个利用日元贷款修建的高速公路项目。工程概算总投资27.7亿元，路线全长110.8千米。高速公路贯穿区境宝积、水泉、王家山三个乡镇，全程26.3千米，设响泉、新墩、王家山三个出口，2005年12月16日通行。

**省道308线** 省道308线在区境内即唐红公路,建区前为靖远矿区煤炭运输专用线。起自唐家台(俗称三岔路口),经墩墩滩、周家地(长征)、大水头、党家水、白土梁、大坝口至红会,全长28.89千米,到红会四矿全长48千米。这条路原为砂土大车道,靖远矿务局筹建期间,投资4万元作为测设费用,由定西公路总段于1957年7月完成测试。由靖远县工交科采用"民工建勤"方式,组织民工义务建成唐家台至宝积山长13.5千米的煤炭专用公路,铺筑沙砾路面。1958年通车后,交定西专署交通运输管理局靖远交管站接管,并设道班专门养护。当时称东宝公路,路面宽仅7米,平曲线半径15米,最大纵坡11%。1969年,定西公路总段投资2.5万元,进行裁弯取直、提高路基排水能力及填平等工程。同年,因红会煤矿建设需要,靖远矿务局投资修建周家地(长征)至红会的便道。1971年12月至1972年4月,定西公路总段铺筑唐家台至周家地(长征)7千米的渣油路面。为加快煤炭资源的开发与红会矿区建设,省政府决定征地改建唐红公路,并列为省养公路。甘肃省批准投资214.89万元,靖远矿务局投资100万元,对周家地至红会长23.89千米的路段进行全面改建。省交通规划设计院按三级平原微丘区公路标准测设,省交通厅公路工程机械队和定西公路总段唐红公路工程队参加施工。定西公路总段为唐红公路工程队配备11名工程管理和技术人员。改建工程于1982年开始筹备,1983年完成各项前期准备工作,1984年全面开工。到年底,完成路基改建工程11.084千米;建成各种涵洞25处,长316.25米;建成小桥1座,长6米;道班房一处,面积200平方米。全部工程除大水头桥(全长135.9米)跨年度外,其余项目均于1984年年底竣工。改建后的唐红公路路基宽8米,路面宽7米,最小曲线半径125米,最大纵坡6%。

## 第三节 公路运输

**概况** 2005年,全区拥有各类营运客货车辆1739辆,其中营运性客车86辆,专线小客车335辆,营运性货车1208辆,出租206辆,高级客车比重达到45%,危险品运输车和特种车比重达到17.9%。有客运线路17条,其中跨省1条,跨地区6条,跨县区6条,本辖区4条,乡镇通车率达到100%,行政村通车率达到85%以上。

**1996—2005年平川区公路交通运输情况统计表**

表4-20

| 项目 \ 年份 | | 1996 | 1997 | 1998 | 1999 | 2000 | 2001 | 2002 | 2003 | 2004 | 2005 |
|---|---|---|---|---|---|---|---|---|---|---|---|
| 营运车辆(台) | | 1124 | 1272 | 1246 | 1118 | 1110 | 1118 | 1330 | 1455 | 1379 | 1316 |
| 货车 | 数量(台) | 1020 | 1068 | 990 | 909 | 906 | 909 | 1030 | 1100 | 1016 | 989 |
| | 总吨位(吨) | 4590 | 4707 | 4209 | 3777 | 3701 | 3777 | 3603 | 3670 | 3616 | 3890 |

续表 4-20

| 项目＼年份 | | 1996 | 1997 | 1998 | 1999 | 2000 | 2001 | 2002 | 2003 | 2004 | 2005 |
|---|---|---|---|---|---|---|---|---|---|---|---|
| 客　车 | 数量(台) | 104 | 114 | 136 | 123 | 110 | 118 | 102 | 95 | 93 | 85 |
| | 总座位(座) | 1802 | 1976 | 2640 | 2478 | 1846 | 1766 | 2422 | 2260 | 1299 | 1994 |
| 出租车 | 数量(台) | — | 90 | 120 | 86 | 94 | 91 | 198 | 260 | 270 | 242 |
| | 总座位(座) | — | 450 | 720 | 516 | 470 | 712 | 990 | 1300 | 1620 | 1210 |
| 客运量(万人次) | | 82.1 | 93.1 | 100 | 139.8 | 103 | 88 | 127 | 169 | 176 | 144 |
| 客运周转量(万人千米) | | 3319 | 3344 | 4215 | 5631 | 4208 | 5876 | 5337 | 9326 | 4458 | 7860 |
| 货运量(万吨) | | 99.8 | 97.6 | 110 | 106.5 | 102 | 97.7 | 92.6 | 310 | 158 | 217 |
| 货运周转量(万吨千米) | | 8108 | 8908 | 8920 | 8581 | 8104 | 8052 | 7599 | 9533 | 7458 | 8450 |
| 城市机动三轮车(辆) | | — | 340 | 1400 | 500 | 456 | 412 | 412 | — | — | — |
| 市内公交车 | 数量(台) | — | — | — | — | — | — | — | — | 389 | 278 |
| | 总座位(座) | — | — | — | — | — | — | — | — | — | 1946 |

**基础设施**　全区有客运站场7个，其中县级以上2个，乡镇5个；有机务维修企业134户,其中1类1户,2类17户,3类116户;有驾校2所,分别为陇安驾校、红达驾校;有危险运输企业2家,分别为甘肃雪松化工厂运输队、靖远第二发电厂车队。

**公共交通**　白银市平川公交公司成立于1998年5月，隶属甘肃省白银汽车运输公司和区城建局,现有职工82人,车辆30台,开通运营线路8条,月输送乘客50万人次,年收入200万元左右。公司成立后,招聘下岗职工75名,每年上缴各项税费10万元,年输送乘客600万人次。共开通1路(化工厂—电厂)、2路(俱乐部—魏矿)、3路(俱乐部—水电处)、6路(俱乐部—响泉)、7路(俱乐部—毛卜拉)、8路(俱乐部—冯家园子)、9路(俱乐部—大湾)、11路(俱乐部—罗家川)等8条公共交通专线。

## 1996—2005年平川区客货运量及周转量统计表

表 4-21

| 年　度 | 货运量(吨) | 货运周转量(万吨/千米) | 客运量(万人/次) | 客运周转量(万人/千米) |
|---|---|---|---|---|
| 1996 | 99.8 | 8108 | 82.1 | 3319 |
| 1997 | 95 | 7610 | 85 | 4036 |
| 1998 | 93.6 | 7926 | 83 | 4628 |
| 1999 | 99.7 | 8052 | 88 | 5876 |
| 2000 | 102 | 8104 | 103 | 4208 |

续表 4-21

| 年　度 | 货运量（吨） | 货运周转量（万吨/千米） | 客运量（万人/次） | 客运周转量（万人/千米） |
|---|---|---|---|---|
| 2001 | 86.5 | 7169 | 134 | 7523 |
| 2002 | 92.6 | 7599 | 127 | 5337 |
| 2003 | 92 | 7426 | 84 | 4672 |
| 2004 | 91 | 4500 | 79 | 4458 |
| 2005 | 217 | 8450 | 144 | 7860 |

**1996—2005 年平川区公路规费征收统计表**

表 4-22

| 年度 | 农三轮及拖拉机养路费（万元） | 为年计划的% | 运管费（万元） | 为年计划的% | 客建费（万元） | 为年计划的% |
|---|---|---|---|---|---|---|
| 1996 | 23.3 | 33 | 76 | 177 | 45.5 | 113 |
| 1997 | 40 | 58.8 | 60 | 113 | 49 | 114 |
| 1998 | 90.8 | 133.5 | 90 | 137.8 | 70 | 120 |
| 1999 | 81 | 119 | 70 | 102.9 | 60 | 103.6 |
| 2000 | 70.25 | 100.3 | 68 | 97 | 59.12 | 100 |
| 2001 | 72 | 97.3 | 80 | 100 | 67 | 100 |
| 2002 | 81 | 116.5 | 101.3 | 101 | 66.1 | 102 |
| 2003 | 87 | 125 | 106 | 100.9 | 57 | 100 |
| 2004 | 72 | 72 | 105 | 100 | 71 | 100 |
| 2005 | 71 | 98.4 | 105.3 | 100.3 | 71.2 | 100.3 |

## 第四节　公路建设及养护

**省道 308 线辘共段建设**　1995 年，省计委、省交通厅将辘共段（共和镇至海原县辘口坝）改建列为以工代赈建设项目，工程计划总投资 533 万元，其中以工代赈资金 270 万元，省地养路费配套资金 131 万元，自筹资金 132 万元，建设标准为三级公路。改建工程于 1996 年 6 月开工，1998 年竣工。共移动土石方 84 万立方米，新建中桥 1 座 36.5 米，小桥 9 座 131.92 米，各种管涵 51 道 495.65 延米，防护工程 10 处 1117.5 米，工程量 1734 立方米，混凝土边沟 324 米，改建路基 22.8 千米，铺筑沙石路面 1664.4 万平方米，累计完成投资 711 万元。2001 年，此路又被省计委批准为铺油工程列项建设，预算总投资 340 万元，其中以工代赈专项资金（国债）200 万元，省、市补贴 140 万元。工程 2002 年 8 月 1 日开工，2002 年 10 月底竣工，完成铺油22.8千米15.4万平方米，管涵23道，砼边沟1826米，路缘石2000米，建成8K+952处1~6米平板桥1座，土方5050立方米，共完成投资350万元。省道308线辘共段建设，开平川区自己修筑油路之先河，对促进公路沿线共和镇、黄峤乡的经济发展以及沟通与宁夏西海固地区的联系和经济往来起到重要推动作用。

**平高公路建设** 平川区到靖远县高湾的平高公路全长27.8千米，由区县乡公路管理站按平原微丘区三级公路标准测设。1998年，经甘肃省计委、省交通厅审核批准立项，列入以工代赈项目。一期工程2000年4月开工，2002年11月竣工，技术等级为三级。平高一期工程完成路基土石方54万立方米，小桥1座，涵洞186.9米/19道，浆砌片石挡墙400立方米，路面铺砂15.6万立方米，砼农灌设施14处64立方米，共完成投资380万元，其中省财政厅拨款20万元，省养路费投资70万元，以工代赈资金205万元，地方自筹25万元。平高二期工程完成路基土方31万立方米，桥梁150.76延米/4座，管涵430延米/44道，浆砌片石防护1200立方米/400米，砼边沟1080立方米/6000米，完成投资429万元，其中以工代赈资金300万元，养路费配套资金40万元，地方自筹资金89万元。该公路是定西、会宁等南部地区拉煤车辆往返红会矿区的捷径，比绕道靖远县城缩短近30千米。

**双界公路双稍段改造工程** 双界公路双稍段(黄峤乡双铺村至复兴乡稍沟岘)改造工程，2004年5月开工，2005年10月完工，路基改造及桥头引线工程，完成路基土方24.94万立方米，路面铺砂313600平方米，钢筋混凝土圆管涵235.5米/26道，钢筋混凝土空心板桥103.9米/2座，防护工程56.3立方米/121米，砼边沟2301.8米，1~6米平板桥19米/2座，完成投资628万元，其中以工代赈资金270万元，自筹358万元。

**县道333线黄峤至稍沟岘四级公路改建工程** 线路总长45千米，预算总投资1931.74万元，其中国家补助1800万元，自筹131.74万元。工程于2007年11月完工。至此，平川区乡乡均通油路。

**省道308线平川大桥扩建工程项目** 线路总长1.273千米，桥长128.9米，新建桥面宽12.5米，行车道10米，预算总投资1109.25万元，工程于2007年12月完工。

**新农村试点村建设工程项目** 线路总长14千米，国家补助资金182万元。国道109线—贾庄学校完成道路硬化6千米，完成投资182万元；省道308线—共和镇完成道路硬化8千米，完成投资240万元，总计完成投资422万元。农村公路通畅工程项目完成3条9.9千米，完成投资300万元。农村公路通达工程项目完成24条64.7千米，完成投资778万元。2003年，新修县道333—百丰等3条22.62千米乡村路，完成投资159.04万元，其中国家补助35万元，其余自筹。2004年，完成县道333—小川等4条18.9千米乡村路建设，完成投资86.27万元，其中国家补助30万元，其余自筹。2005年，完成国道109—陡城等3条14.8千米乡村路铺油工程建设,完成投资245.5万元,其中国家补助174.5万元,其余自筹。

**公路养护** 全区列养公路总里程139.29千米。其中,省道308线辘共段22.8千米,省道308线水石段13.7千米,县道333线双稍段45千米,县道325线平高段27.8千米,共杨路18.2千米,双神路8.1千米,长响路5千米。县道325线平高段27.8千米为文明样板路。标准化养护总计长50千米,分别为省道308线辘共段22.8千米,县道325线平高段27.8千米。设养护道班3个,即黄峤道班、种田道班、复兴道班。全区等外公路有:海古路水石段,即水泉镇水泉村至靖远县石门乡交界处,全长12.6千米;宝磁路,即宝积山煤矿至磁窑煤矿,全长13千米;共靖路,即共和镇至靖远县靖安乡,全长16千米。等外公路均未列入地方养护。

## 第五节 路网及黄河水运

**公路交通路网** 区境已形成以国道109线、省道308线为主干,双界公路、平高公路为支线的公路交通路网,其中高速公路26.3千米,国道、省道共104.21千米,县乡公路总里程121.48千米,专用道路13.1千米,通村公路219.13千米,等级公路265.09千米,全区等级公路密度达到12.59千米/百平方千米。全区通油路的乡镇有6个,主要依托国道、省道,占85.71%,通等级公路的乡镇达到100%。通油路的行政村16个,占22.45%;通农二级以上公路的行政村51个,占87.93%;不通汽车的行政村1个。

**黄河水运** 黄河从平川区水泉镇月河入境至野麻流出,全长32千米,属天然河道,水流平缓,是古丝绸之路北线往来之要冲,也是西北通往华北的水上运输通道。清代,境内黄河水运已相当兴旺,地处黄河边的靖远、平川建房用的木料大部分都是从陇南、临夏、甘南等地通过水路转运来的。区境内有三处索渡船渡口,分别为陡城、小黄湾、野麻滩,主要是满足沿河两岸农民群众生产、生活及人员往来的过渡需求。1999年,建成野麻滩黄河渡口码头,完成投资10万元。2001年,投资14万元。建成小黄湾黄河渡口索渡船。

# 第十章 邮政业 信息传输业

## 第一节 邮政业

**机构** 平川区邮电局于1986年1月1日成立,隶属于白银市邮电局。分支机构有水泉、王家山、红会、打拉池支局,旱坪川、宝积山、种田邮电所及陡城代办所,办公地点设在原靖远县大水头支局,班组有营业、报话、机线、封发、投递5个。1987年5月,红会四矿邮电所开始营业。1988年1月,局机务站成立。1989年3月,邮电局设两股一室,即:计财经营股(包括财务会计、统计、储汇、出纳)、通信生产股(包括业务管理、邮政检查、农市话、技术管理)、办公室(包括人事、劳资、文秘、总务供应、食堂管理)。1992年10月,迁至兴平南路新址办公,恢复大水头支局。有营业、封发、投递、机线、市话、载波、报务、话务共8个班组,分支机构有大水头、旱坪川、红会、38、水泉、王家山、打拉池支局和宝积山、种田、四矿邮电所。1993年8月,38邮电支局撤销,业务归打拉池邮电支局办理。随着经济社会不断发展,邮政业务亦日益增大,已延伸至每一个自然村。邮政投递时间亦变为每日一班,总时间大为缩短,最偏远的山村也能及时看到报纸,收到邮件。1998年,邮政与电信分营。2005年,共有在岗职工43人,劳务人员26人,全年实现业务收入638.89万元,完成年计划的106.48%,同比增长11.11%。

**概况**　明正统年间(1436—1449年),靖远设会州驿,东路经小水堡至打拉池70里,再至干盐池60里到达海原。光绪三十年(1904年),兰州设邮政分局,隶属西安邮政副总局管辖。设信柜代办局12个。宣统末年(1911年),裁撤驿站后,设邮政代办所,由中卫分局管理。设二等邮局20个,邮政代办所144个,区境有打拉池代办所。民国9年(1920年),改设三等邮局,归甘肃邮务管理局统辖。打拉池、小水、水泉设代办点。民国25年后,区境代办所有打拉池,信柜有响泉口、小水堡两处。29年(1930年),因业务量日益增加,靖远邮局升为二等邮局,内分汇总、收发二组。32年(1943年),又分设为封发、储汇、寿险、会计四组。区境代办所有打拉池、水泉、小水三家。33年(1944年),兰州至银川公路通车,水泉成立邮车站,归中宁局领导,1952年交靖远县局管理。民国时期的邮路经过区境的有北路和东路。北路出靖远县城经三合村、东湾子镇、响泉口达大红沟,计长155千米,接通中卫邮路。东路经小水堡到达打拉池,计长35千米,接通海原邮路。邮运分轻、重两种,轻班邮件如信函、明信片、新闻纸等类,系纯为人力,不分昼夜传递。重班邮件如包裹、书籍等类,系以车骡运输。中华人民共和国成立后,邮政业务逐年增多,服务项目有汇兑、包裹、邮件、报刊。1953年后,邮递员骑自行车运送邮件。1956年,兰靖公路通车,省上邮件改由汽车托运。1958年,自办汽车邮路,除每天去白银接送邮件外,还附带运送大水头等地邮件,大大缩短邮运时间。1974年,推行摩托化,分配摩托车供各邮路使用。同时加强县城和郊区投递,共分4段56千米,区境各乡属第一段,投递点达4179户。1980年后,经营业务范围有函件,信函、印刷品和盲人读物四种,并办理挂号邮件,特种挂号信函、保价信函和保价印刷品。包件分普通包裹和快递小包两种,并办理保价包裹。汇兑分普汇和电汇,办理各类航空邮件业务、回执业务、代收货价业务、存局实领业务、国际邮政业务、出租信箱业务等。乡、村全部通邮,农业合作社70%通邮,投递方式亦随之改进。1996年,全区邮电通信总量383万元,其中中央国营343万元,地方国营40万元。全区邮电业务总量683万元,邮政业务总量135万元。报纸期末发行数2.53万份,年累计发行数402.36万份;杂志期末发行数 2.49 万份,年累计发行数 30.52 万份。邮政储蓄余额 1268.5 万元。实现邮电业务总收入 646 万元。2005 年,全区邮电业务总量 925 万元。报纸累计份数 352 万份,杂志累计份数 15.31 万份,报纸期发份数 1.03 万份,杂志期发份数 0.67 万份,报刊流转额 217 万元。全区有邮政所 13 处,其中农村 10 处。全区有邮政报刊图书销售点 15 处,集邮员销售点 9 处。全区邮政总长度 190 千米,农村线路单程总长度 456 千米。

### 1996—2005 年平川区邮政业务经营情况统计表

表 4-23

| | 1996 | 1997 | 1998 | 1999 | 2000 | 2001 | 2002 | 2003 | 2004 | 2005 |
|---|---|---|---|---|---|---|---|---|---|---|
| 邮政业务总量(万元) | 135 | 179 | 192 | 260 | 323 | 586 | 786 | 667 | 686 | 925 |
| 报纸累计份数(万份) | 402 | 468 | 390 | 380 | 278 | 246 | 267 | 264 | 261 | 352 |
| 杂志累计份数(万份) | 30.52 | 2.16 | 2.4 | 32 | 19.87 | 15 | 17 | 15.66 | 15.37 | 15.31 |
| 报刊流转额(万元) | 162 | 189 | 205.2 | 203 | 194 | 178 | 186 | 220 | 216 | 217 |
| 邮政局所(处) | 11 | 12 | 12 | 13 | 13 | 13 | 13 | 13 | 13 | 13 |
| 报刊图书销售点(处) | 12 | 12 | 15 | 15 | 15 | 15 | 15 | 15 | 15 | 15 |
| 集邮销售点(处) | 1 | 1 | 2 | 9 | 9 | 9 | 5 | 9 | 9 | 9 |
| 邮政总长度(千米) | 190 | 190 | 190 | 190 | 190 | 190 | 190 | 190 | 190 | 190 |
| 农村线路总长度(千米) | 426 | 426 | 426 | 456 | 456 | 456 | 456 | 456 | 456 | 456 |
| 邮政储蓄余额(万元) | 1269 | 2040 | 2083 | | | | | | | |
| 邮政储蓄市场占有率(%) | | | | 7 | 9 | 8 | 11.8 | 13 | 13 | 15 |

**电报** 区境有电报,始自"中华民国"15 年(1926 年)春,甘肃省总指挥部令省电政监督处赶修靖远至宁安堡电线,自冯家园子进入区境,经周家地、罗家川,过虎狼洞沟进入宁夏。当时民间对架设电线尚不理解,认为破坏风水,因而拔杆毁线之举时有发生,小偷窃割亦为害甚烈,巡线之责也就甚为繁重。1952 年,电报发报机改装为音响机,取消莫尔斯机用的纸条和油墨,来去电报由兰州经转。全区电报出口数 1996 年为 15900 份,1997 年为 1.1 万份,1998 年为 9447 份。

**无线电** 民国 20 年(1934 年),原靖远县成立无线电收发室。归县党部管辖,县政府监督收发。每日下午六时以后开放机件,听取南京及国内各地广播电台播音,由放大机播出。27 年(1938 年),区境黄沙湾设无线电台一座,专负防空情报之责,第二年撤销。

**电话** 民国 12 年(1923 年)成立靖远报房时即设电话,专供军用,并未营业。25 年开始电话营业,由电局职工兼办。每日按规定时间向兰州、宁安堡通话,每次规定五分钟,话费由五角增至一元五角。中华人民共和国成立前,农村无电话设置。1956 年,省局成立农话处,架通东湾至水泉、靖远至打拉池单线。到 20 世纪 60 年代,区境各村均装有电话交换机,农村始有电话。

80年代后，农村明线电话因线路长，无法维护管理，且易遭受人为破坏或自然损坏故而停机。1996年,全区长途电话出口数136038张,市话总数7141部,其中住宅电话2433部,农村住宅电话仅248部。1998年邮政、电信分营时,全区长途电话出口数155.9万张,电话总数达9473部,其中住宅电话5206部。

## 第二节　信息传输业

**矿区通讯**　1958年10月,靖远煤矿筹建处安装3台50门磁石电话交换机。1959年,靖远矿务局陆续建成大水头至旱坪川、黄土岘、宝积山通讯系统,并在旱坪川及宝积山设磁石交换总机,兼管生产及水电调度。矿区第二次上马建设后,1968—1972年,矿区设计建设大水头至红会8对明线,周家地至总机厂4对明线,周家地至宝积山、周家地至旱坪川各8对明线。1973年后,矿务局工会仍利用8对明线加载波机,在王家山、井儿川采用明线加载波机。去大水头设2X0、5X30电缆1条2.3千米。去旱坪川8对明线加2X0、7X20电缆1条8千米。去化工厂设2X0、5X50电缆1条2千米。矿区至靖远县城架设两对专线,约32千米。1986年后,矿区通讯系统划为矿务局、红会、王家山3个区域,将周家地纳入局总机交换联络,红会、王家山设分所进行联络。1990年,矿区共建成通讯线路长度70杆程千米,架空明线长度522千米,电缆总长度47皮千米，明线载波线路开通29路，平川区中继线14条，专线2条，总投资961.69万元。

**电信**　平川区电信分公司成立于1998年10月,是以经营固定电信网络设施以及基于固定电信网络的语音、数据、多媒体业务及综合信息服务业务等为主的主体通信企业,为全省十强县分公司之一。公司下设盘旋路、大水头、电厂等营业网点,内部设综合办、客户管理中心、维护工作站等三个部门。在固定电话快速发展的同时,率先发展接入网建设,开通平川电信信息高速公路。已建成集光缆、电缆、无线接入等为主的全方位、大容量、多手段、高速率的立体通信网络。以ADSL、LAN为主的覆盖全区主要区域的电信数据宽带网络逐步向数字化、宽带化、个人化方向过渡。有线电话和无线接入网络覆盖全区,所有乡镇均开通电话,其中行政村电话开通率达到95%。

**1996—2005年平川区电信业务经营情况统计表**

表4-24

| 项目＼年度 | 1996 | 1997 | 1998 | 1999 | 2000 | 2001 | 2002 | 2003 | 2004 | 2005 |
|---|---|---|---|---|---|---|---|---|---|---|
| 邮电通信(电信)总量(万元) | 383 | 627 | 972 | 1030 | 1383 | 1704 | 2014 | | 2702 | 1903 |
| 电报出口数(万份) | 1.59 | 1.1 | 0.95 | | | | | | | |

续表 4-24

| 项目＼年度 | 1996 | 1997 | 1998 | 1999 | 2000 | 2001 | 2002 | 2003 | 2004 | 2005 |
|---|---|---|---|---|---|---|---|---|---|---|
| 本地计次制用户(户) | | | | | 15246 | 21417 | 33482 | 44168 | 48529 | 49805 |
| 电话机总数(部) | 7141 | 8326 | 9473 | 12912 | 19604 | 18719 | 38068 | 42355 | 23811 | |
| 住宅电话总数(部) | 2438 | 3829 | 5206 | 7176 | 13862 | 19689 | 27572 | 20106 | 23311 | |
| 住宅电话总数(部) | 2438 | 3829 | 5206 | 7176 | 13862 | 19689 | 27572 | 20106 | 23311 | |
| 城市住宅电话(部) | 2185 | 3313 | | 5081 | 7998 | 10996 | 8871 | 7781 | 10760 | |
| 农村住宅电话(部) | 248 | 516 | | 2095 | 5864 | 8693 | 19897 | 12325 | 12511 | |
| 无线市话(部) | | | | | 940 | 2698 | 7894 | 14991 | 19381 | 21485 |
| 互联网用户(户) | | | | | | | | | | 5272 |
| 邮电业务总收入(万元) | 646 | 1085 | 1008 | | | | | | | |

**中国移动通信** 平川区移动通信分公司隶属于甘肃移动通信有限责任公司白银分公司，负责全区国家公众移动通信网的经营、建设和维护业务。1999 年 7 月，电信部门开始独立运营。共建设 GSM 移动通信站点 50 多个，网络规模不断扩大，信号覆盖城区、乡镇、各行政村、矿区、交通沿线。公司实施专业化运营、专业化管理，三大基础品牌业务为：全球通、动感地带、神州行。同时，为满足各类客户对移动通信和信息的多元化需求，提供短信息、彩信、手机上网、彩铃等增值服务。共建成各类营业网点 11 个。其中，城区建有盘旋路营业厅、电厂营业厅、大水头营业厅、广场营业厅；农村及矿区建有王家山营业厅、红会营业厅、陡城营业厅、共和营业厅、黄峤营业厅、四矿营业厅、魏矿营业厅。

**中国联合通信** 中国联通 2000 年 3 月 20 日在平川设立经营部，于 2003 年 5 月份成立县级分公司。公司下设综合办公室、市场营销部，营业网点遍及平川辖区的重点乡村。在册员工 25 人，其中大专学历 10 人。业务受理范围包括 GSM130/131/132 及 CDMA133 移动电话入网及业务变更，17911/17910IP 电话、193 长途电话、165 互联网、增值业务，以及客户缴费、详单及话费使用查询、投诉处理等各项通信业务。

**中国铁通** 中国铁通白银分公司于 2001 年 3 月 8 日挂牌成立，平川分公司于 2001 年 7 月 6 日正式成立。2005 年，有员工 10 人。

# 第十一章　旅游业

## 第一节　发展概况

**基本概况**　平川境内旅游资源丰富，有建于北魏的红山古寺，保存完整的黄湾汉墓遗址，明成化十年(1474年)修建的北武当山真武祖师庙，清康熙帝敕封的奋威将军陕甘提督加太子太保王进宝将军墓，乾隆年间(1736—1795年)的福寿山摩崖石刻，水泉小堡子兵变战场遗址，卞家台地下党活动遗址，红军会师纪念亭等历史遗迹，还有峰峦叠嶂、林木茂密的屈吴山，“砂岩石地质公园”—元洞沟等自然景观。1996—2005年，拓展乡村旅游，结合“月河晚照”这一平川古景，挖掘其历史文化内涵，将月河湾、牙沟水、一三三队农场等作为农家乐“示范点”建设地。

**旅游业发展**　1996—2005年，平川区旅游业形成“一体两翼、组合发展”的新格局，全区形成旅游景点12个，三星级宾馆1家，二星级宾馆2家，旅行社分社4家，创建牙沟水村、月河社两个乡村旅游示范村。全区农家乐达到31户。旅游商品定点销售点2个，旅游从业人员690余人。

## 第二节　旅游景点

**红山寺**　原名开元寺，因坐落在红岩石山上，故称红山寺，位于区境东南部的共和镇境内，省道308线可直接到达。据寺内石碑记载，红山寺石窟始建于北魏，明弘治年间(1448-1505年)扩建石窟，修大雄宝殿。明万历十二年(1584年)扩建东西殿、法王殿、岳山楼苏武庙等建筑。乾隆二年(1737年)创建窟前木建筑。清道光二年(1822年)重新修缮。同治二年(1863年)大部分建筑毁于兵火。“文化大革命”时窟内塑像及殿门建筑悉遭破坏。1983年后地方村民集资修复，塑像殿门得以恢复。1936年9月14日，红军西征先遣队从海原到达打拉池。10月4日，徐海东、程子华率十五军团到达，随后彭德怀率前方司令部到达打拉池，司令部设在红山寺下院。10月22日，与朱德、张国焘率红四方面军胜利会师。10月25日，召开会师庆祝会，彭德怀报告一方面军一年来的发展情况及陕北苏区状况。驻军打拉池具体执行中央交给的为红军三大主力会宁会师创造条件，为实施“海打战役”做准备的指示精神。共驻扎48天，建立打拉池农民协会。平川区成立后，在红山寺修建会师纪念亭、纪念碑，纪念亭下面横梁悬有黑底金字匾额，上书“雄征万里”，设立“中国工农红军第一、四方面军打拉池会师纪念碑”。1993年，红山寺被甘肃省人民政府确定为省级文物保护单位。现为全国宗教界爱国主义教育基地、白银市国防教育基地、平川区爱国主义教育基地。

**北武当山** 位于区境西北部的水泉镇黄湾中村,距国道109线15千米。始建于汉代,据传唐尉迟敬德西征青海,曾于此渡河,整修庙宇。旧有大钟,声音洪亮,传说由黄河漂来时声声高唱“迭烈,迭烈”,故又称迭烈寺。明正统二年(1437年)置靖虏卫,迭烈逊巡检司归靖虏卫管辖。成化十年(1474年)巡检司废除后,旁置空心楼一座,以资观望。后废,其上建庙,名北武当,有碑记。明嘉靖年间(1522—1566年),固原游击黄时值巡边至此,特输俸金,悉力改建。清代还有过大规模的修建。后经民国9年(1920年)的大地震,部分建筑受损,主体建筑尽毁于“文化大革命”。后集资重修。主体建筑在一座名曰龟蛇山的高台上,该台高约3丈,宽约10丈,南北约17丈,南边濒临黄河,山体朝黄河突出两处顶石,一处似龟头,一处似蛇头,暗合龟蛇合体的北玄武图腾。台上庙宇楼阁为四合院格局。东北西三面建筑物后均有供人行走的宽道,以便人们俯瞰近景,远眺山水。北面是真武大殿,东面是财神殿,西面是娘娘殿,与大殿对面而立的是灵官殿。灵官殿正对门厅,出门厅是天桥,天桥楼上有一匾,上书“真武神庙”四字。自天桥往下是36阶红石台阶直通平地。高台下面可分山沟、南山顶和平地三部分。下36红石台阶入平地,再下72级青石阶直到山沟。顺山沟往西直抵黄河。过黄河对岸是福寿山红砂岩石壁,有福寿山摩崖石刻。

**福寿山摩崖石刻** 位于北武当黄河西岸红砂岩崖壁上,共有三部分,右边为雕刻于清乾隆十二年(1747年)的阴刻双勾正楷“捧灯照岸”四个大字,下有阴刻《创修福寿山记》,行草小字,落款为临流道人吴大德乾隆壬午(1762年)春立。中间为道教“太上混元宗派”源流及相关记载。左边为“乾隆二十六年(1761年)九月吉辰”,庠生陈汝龙所书“福寿山初迹”和“创修福寿山记”,记载了福寿山当年的建筑盛况。在石崖下河床接近河面的地方,有圆雕灵龟石碑,碑已不存。灵龟首望黄河,背负山崖,形态逼真,威武生动。

**龙凤山** 位于打拉池古镇以东,山形如五龙戏凤,凤冠耸秀,龙体卷舒,形态生动,因此得名。龙凤山一进山门,迎面即是雄伟壮观的天桥楼,右边绿树掩映、波光粼粼的地方是龙王宫、虫王殿,殿侧的厢房正是当年彭泽疗养沉疴的地方。上边是气势恢宏的三清殿,建在全山正中央的三教文光殿。过清代仙路桥,只见台阶高悬,檐牙耸翘,恍若天宫。拾级而上,就到磨针楼,楼下左面为慈航殿,供奉观世音菩萨,右面为救苦殿,供奉地藏王菩萨。再向上就到地母宫,而后是遇真宫遗址、东西天王殿遗址。过三皇殿后,则山势险峻,唯余石梁,清风扑面,衣襟飘飘。穿过兰若门、北阙门,就可攀上全山主殿玄帝殿,只见五龙献瑞,丹凤朝阳。山峦浮动,争相耸秀。左下侧的圣母宫金像仪态端庄,仙子雍容华贵。再向上走,就到了俗称高庙的万缘阁。龙凤山的道教文化底蕴极其丰厚,镌刻于明成化年间(1465—1487年)的《皇经》逃过“文化大革命”浩劫,仍然保存完好。龙凤山最有名的景观是一桥两树,桥是建于嘉庆年间(1796—1820

年)的仙路桥,砖石结构,历经三百年风雨仍横跨山涧之上;树是两棵直径一米有余的红柳,相传为敬德将军亲手栽植。

**屈吴山** 为祁连山东延余脉,旧志谓"六盘山回顾西北,迤逦而来,界靖、海、会三县","以相传屈、吴二姓所居,故名"。主峰南沟大顶海拔 2858 米,为平川区最高峰。山势雄伟,古为兵家必争之地,北宋李宪败夏兵处即在山下,甘肃省由中国共产党领导的最早的武装暴动——靖远兵暴的第一次战斗也在屈吴山麓打响。屈吴山自然风光优美,岩壑间多清泉流水,素有百泉之称,水质甘淳甜润,可供酿酒。山间林木遍布,有天然乔木 50 多种、野生脊椎动物 80 多种。屈吴山有丰厚的历史文化积淀,唐贞观十九年 645 年,三藏法师玄奘取经归来,在水坝滩驻锡建殿,清龙门派名道士刘一明曾在山中养性修真,主要著述《西游记解》即在山中开始撰写。潮云寺为陇上古刹,雕梁画栋,古色古香。万佛殿气势恢宏,造型别致。《屈吴春嶂》被列为平川八景之一。屈吴山是全区唯一的省级自然保护区。

**太和岛** 黄沙湾向北黄河峡口,旧称阳武下峡,河水山色映为一体,自然风光美丽如画,天然形成一处 25 公顷左右的河心小岛,经过填埋,面积达到 54.67 公顷。岛上绿树成荫、鸟语花香、田陌纵横,稼禾成行,为休闲观光之胜地。

**元墩沟** 水泉下村黄河北岸离河心岛 2 千米的地方,有一石沟,当地人叫元墩沟。沟内道路蜿蜒,山岩耸立,怪石相峙,云岫峥嵘,景色特异,鬼斧神工,或如蛟龙腾云,或如雄狮望月,或如金猴翘首,或如擎天神龟,神态逼真,气象万千。进沟大约 2 千米的地方,有一处山泉,清澈香甜,周围生有几百棵枣树,住有一家人,环境优美,堪称世外桃源。

**野麻滩** 野麻滩是平川区境内海拔最低的地方,黄河两岸悬崖千仞,水流激湍,山色绛红,水色沉碧,长峡风光,美不胜收。岸上民居参差,一派恬静安闲。夕阳西下时分,明处峡壁辉煌,岩石染血般灿烂;暗处浮云苍茫,景色童话般朦胧。野麻滩发现距今已五千年左右黄河岩画两处。一处在黄河西岸,岩画可分为家庭图、狩猎图、农耕图三部分,共有图像 24 幅,其中人体像 10 幅,人头像 5 幅,动物像 8 幅,器物像 1 幅。另一处在白杨林黄河东岸,中间羊像如真羊大小,最左边一组图像有一人爬着背负月亮和太阳,还有人手像 3 幅,人头像 5 幅,鼎状像大中小各一。

# 第十二章 商 业

## 第一节 发展概述

**机构** 区商务局(加挂区经济局牌子)内设职能股室 4 个:办公室、商务股、经济运行股、国有资产监督管理股。归口管理部门3个:区酒类商品管理局、区定点屠宰管理办公室、区金源物业管理中心。挂靠单位2个:区煤炭安全生产监督管理局、区发展非公有制经济办公室。现有工作人员27名。区酒类商品管理局成立于1998年11月18日,原批准名称白银市平川区酒类专卖事业管理局。2005年5月更名为白银市平川区酒类商品管理局,隶属区商务局。区定点屠宰管理办公室成立于2006年6月,隶属区商务局,核定事业编制3名。

**概况** 全区2005年有工业企业120多家,其中煤炭企业44家、陶瓷企业13家、农副产品加工企业20家、生物科技企业1家。近年,全区工业经济结构发生明显变化,煤炭开采业在区属工业总量中的比重逐年下降,从2000年关井压产前的95%以上下降到2005年的约40%。同时,随着城市转型的加快,陶瓷工业的比重达到10%左右,农副产品加工业的比重达到近15%,电器及装备制造业的比重达到5%左右。全区现有大型购物商场3个:中恒购物广场、金源商厦、世纪商厦。集贸市场7个,其中城区3个:周家地农贸市场、长征市场、电厂综合市场;乡镇、街道4个:王家山综合市场、水泉镇五级街集贸市场、红会集贸市场、复兴综合市场。全区列入改制的企业26家。已完成22家,共安置职工995人,兑付职工身份置换金1277.3万元,缴纳"两金"627.7万元,清退股金198.7万元,解决拖欠工资270万元,解决遗属抚养费等其他问题201.4万元。区装饰陶瓷厂、区焦化厂、区食品加工厂、区物资公司、区煤炭运销公司5家企业尚未改制。

**1996—2005年平川区社会消费品零售总额统计表**

表4-25 单位:万元

| | 1996年 | 1997年 | 1998年 | 1999年 | 2000年 | 2001年 | 2002年 | 2003年 | 2004年 | 2005年 |
|---|---|---|---|---|---|---|---|---|---|---|
| 总 额 | 18843 | 22620 | 23800 | 25704 | 27890 | 30209 | 33230 | 35890 | 40856 | 44894 |
| 批发和零售业 | 10638 | 13343 | 14054 | 16787 | 16980 | 19021 | 21684 | 25205 | 35053 | 38254 |
| 餐饮业 | 2391 | 2927 | 2303 | 2142 | 3435 | 3916 | 4500 | 4231 | 5423 | 6146 |
| 制造业 | 1901 | 2659 | 3158 | 2830 | 3028 | 3377 | 3451 | 2272 | | |
| 农民对非农业居民零售 | 2855 | 2533 | 3111 | 3078 | 3472 | 3540 | 3595 | 3914 | | |
| 其 他 | 1013 | 1158 | 1174 | 867 | 975 | 355 | | 268 | 380 | 394 |

## 第二节 粮 食

**概况** 区境有征办粮草的记载,始于明代正统年间(1436—1449年)。至清代,实征本色及草束的记载已较为完备。民国27年(1938年),田赋粮开始改折色(货币)。打拉池、种田则早在康熙年间(1662—1727年)即有粮食集市。中华人民共和国成立后,各乡成立征委会、代表会，采取上下结合、村村联评的方法，合理分配公购粮任务。1953 年，全国实行粮食统购统销政策，在农村对余粮户实行计划收购，对城镇居民和农村缺粮户计划供应。其后历经 1958 年的“大跃进”及“文化大革命”，社员口粮多数不足。直到实行联产承包责任制后，吃饭问题才得以真正解决。新中国成立后，区境有水泉、大水头、打拉池、种田粮管所，20 世纪 70 年代，为适应战备需要，增设宝积粮油公司及旱坪川、宝积、共和、红会、周家地、王家山粮站。

**机构**　1985 年 12 月，平川区粮食局成立。原靖远县所辖种田、打拉池、水泉粮管所及周家地粮食仓库、周家地粮站、旱坪川粮站及周家地粮油食品加工厂均划归平川区粮食局管辖。下设政工、购销、储运、财会 4 股及粮油议购议销公司，共有干部职工 106 人。1990 年 7 月，成立区饲料加工厂。1991 年 1 月，成立魏家地粮站、新区粮站。12 月机构改革，成立区粮食总公司，设长征、红会、旱坪川三个粮油贸易公司及粮油贸易劳动服务公司，保留粮油议购议销公司、饲料加工厂、粮油食品加工厂。1993 年，平川区粮食局与粮食总公司合署办公，下辖 3 所、9 站共 13 个经营部。区粮食局多渠道筹集资金 230 多万元，新建中型面粉厂 2 个、榨油厂 1 个、改建榨油厂 1 个，联办砖厂 1 个、铜矿 1 个、陶瓷厂 1 个、小煤窑 6 个、酱醋加工车间 1 个、铝合金加工车间 1 个、肉蛋禽副食门市部 1 个、综合门市部 1 个、录像厅 1 个，共建成多种经营项目 40 多个，实现年利润 25 万多元。1995 年 3 月，撤销长征、红会、旱坪川 3 个粮油贸易公司及粮油贸易劳动服务公司，粮油议购议销公司。

**粮油购销**　1993 年前，全区每年粮食定购任务为 72.5 万千克，油品定购任务为 2.5 万千克。1994 年，粮食定购任务调增为 125 万千克。1995 年后，区粮食局在深化粮食企业改革的同时，完成 125 万千克国家粮食定购入库任务（1999 年调减为 100 万千克）和按保护价政策敞开收购农民余粮工作，完成农村救灾和 4533 公顷退耕还林补助粮食供应。1997 年、1998 年两年完成省上下达的 850 万千克西粮东调任务，全区粮食库存达到 2319.5 万千克。2004 年，国家全面放开粮食购销市场，粮食购销价格开始由市场供求决定。2005 年，各企业按照稳定收购、扩大销售、降低库存的原则，开展粮食经营工作，当年收购各色粮食 1006.4 万千克，销售各色粮食 2558.6 万千克，稳定粮食市场，平抑粮食价格，开展仓储管理及安全保粮工作。平川区 2005 年被省粮食局命名为一类“一符四无”县区。

**企业改革**　1995 年，国家在粮食系统开始实行“政策性业务和商业性经营两线运行”新机制，区粮食局职能及内设机构、下属企业机构也进行相应的调整和变更。通过整合，将原 6 个城镇粮站、5 个农村粮管所、1 个粮食批发市场组建为白银市平川区粮食公司，保留区粮油多种经营公司、打拉池粮食仓库和区饲料加工厂三家单位，区粮食局与各企业从人、财、物等方面彻底分离，实行政企分开。粮食局内设机构撤并为办公室、储运购销股、财务审计股、粮食关系迁转办公室等四个职能股室。2002 年，区粮食关系迁转办公室退出粮食局内设机构。

2003年,随着粮食企业改革的进一步推进,将原粮食公司下属的王家山、水泉、陡城、宝积4个粮管所组建为白银市平川区兴平粮食储运仓库,种田粮管所划归打拉池粮库管理,其余7个城镇粮站、粮食批发市场、粮油多种经营公司和饲料厂经改制退出国有企业序列,改制企业全员置换职工身份。2002年,全区粮食系统干部职工285人。2003年,通过对商业性经营企业的改制,减为163人。

**市场管理** 粮食经营和价格的全面开放,使区内私营和个体粮食经营主体得到较快发展。到1998年,全区城乡私营和个体粮食经营主体达100多家,对于繁荣粮食市场起到积极作用。但粮食市场无序竞争及掺杂使假、短斤少两等危害粮食市场经营秩序和损害消费者利益的不法行为也时有发生。区粮食局于1999年6月成立白银市平川区粮食市场稽查大队,配合工商行政管理部门对全区粮食市场进行监管,依法打击非法收购、贩运粮食的违法行为,保障粮食有序流通。当年,共查获非法贩运粮食2万千克,查处5起非法收购、贩运粮食案件,罚没金额3万元。2004年5月,区粮食局开展对粮食市场的监管工作,在办理粮食收购许可事宜的同时,加强对粮食收购资格的审核管理和监督检查,严厉打击无证经营,规范粮食市场秩序,保护粮食生产者和经营者的合法权益。2005年,共核发9户粮食经营者的粮食收购许可证。同时,区粮食局配合区工商、质监等部门加大对粮食经营者的收购、销售、加工、储存活动及执行粮食流通统计制度等情况的检查,开展全社会粮食流通统计工作。

## 第三节 供销合作

**机构** 1985年11月,区供销合作联社成立。1986年1月由靖远县供销联社分出124人及宝积、水泉、共和、种田4个供销社归平川区供销联社管理。1986年成立区王家山供销社、生资公司、回收公司、供销大楼4家。1987年成立区农副公司。1989年成立区工业品公司。其后发展为10家集体企业,25个分销站,13个代购代销站,58个零售网点,共有职工360人。供销联社机关设办公室、财计股、业务股、基层股、社有资产管理中心、市场信息服务中心。

**改革改制** 1997年,供销系统实行改革改制,所属公司全部改制为股份合作制企业,即生资公司、农副公司、再生资源回收公司、工业品公司、供销大楼。基层供销社除保留农业生产资料经营外,其余部分全部实行一次性买断职工工龄和一次性安置退休人员,全区供销社买断工龄人数179人。供销社机关定为财政定额补贴单位。1999年,区供销联社机关定为事业单位,经费列入财政预算。

**市场经营** 随着市场经济体制的逐步完善,供销合作社承担的指令性计划和审批手段逐步削减,但供销社积极应对市场变化,完成化肥等重要农资商品的经营任务,每年供应化肥

6500标吨、农药5吨、农膜50吨，开始发挥主渠道作用。

**行业协会建设**　2005年，区政府授权区供销社为农产品社会团体业务主管单位，在供销社设立农产品市场信息服务中心。共发展各类行业协会7个，专业合作社8个，组建中心社及分社8个。

## 第四节　盐业流通

**机构**　建区之初，盐业工作由周家地商场（原区糖酒公司）主管并经营。1997年，从周家地商场分设，成立区盐业公司，区盐务管理站与区盐业公司合署办公。2001年3月，区盐务管理站、区盐业公司整体上划甘肃省盐务管理局、甘肃省盐业集团公司，实行垂直领导。下设股室5个、零售门店2处，有干部职工28名。

**盐政执法**　甘肃省盐业集团公司平川区盐业公司严厉打击私盐贩销活动，加大盐政执法力度，辖区盐业流通秩序逐步趋向规范。1997—2000年，共出动检查人员2320人次，出动执法车辆614台次，检查经营户门店2670户次，查获违法盐产品35吨。

**1995—2000年平川区人口食用碘盐情况统计表**

表4-26

| 年份 | 平川区人口（万人） | 国家标准年人均（千克） | 理论估算量（吨） | 本年实际完成（吨） | 占理论估算量（%） | 人均食用（千克） |
|---|---|---|---|---|---|---|
| 1995 | 17.6 | 5 | 900 | 140 | 15.56 | 0.78 |
| 1996 | 17.4 | 5 | 900 | 240 | 26.67 | 1.33 |
| 1997 | 17.5 | 5 | 900 | 400 | 44.44 | 2.22 |
| 1998 | 17.7 | 5 | 900 | 480 | 53.33 | 2.67 |
| 1999 | 18.2 | 5 | 900 | 520 | 57.78 | 2.89 |
| 2000 | 18.6 | 5 | 900 | 530 | 58.89 | 2.94 |
| 合计 | 18 | 5 | 5400 | 2310 | 42.78 | 2.13 |

## 第五节　石油经销与烟草专营

**石油经销**　1986年，白银市石油公司设立平川加油站，1987年10月建成投产使用。1991年5月27日，甘肃省石油公司批复成立白银市石油公司平川区公司。1992年8月，新建大水头加油站。1993年3月，新建墩墩滩加油站。2000年企业改制，更名为中国石油天然气股份有限公司甘肃白银销售分公司平川经营部，先后收购王家山镇农机加油站、红会加油站、得福加油站、二十里墩加油站、新墩加油站。2003年6月,新建黄峤加油站。2005年8月,新建响泉口加油站和王家山高速公路加油站,同时租赁2座加油站。共有加油站11座。有正式职工11人,社聘职工57人。平川经营部储存油品能力为1238立方米,共有加油机40台。年销售量为2万吨。

**烟草专营** 1988年4月,经区政府常务会议研究决定,由区煤矿糖业烟酒公司分出烟草批发业务,向于1987年9月成立的区烟草专卖局(公司)移交烟草批发业务,并由区商业局向烟草专卖局调剂工作人员9名(含2名领导),退休人员1名。烟草专卖局(公司)成立后,专卖股、业务股、财务股及办公室等机构。2005年3月,省烟草专卖局作出《关于对白银烟草分公司平川区公司组织结构改革的批复》,取消区烟草公司法人资格,成立甘肃省烟草公司白银分公司平川营销部,与分公司实行资产一体化核算和管理。随着烟草市场走私、贩私、制假、贩假、无证贩运等违法案件的日益增多,1998年,组建区烟草专卖稽查队,队员增至11人。区烟草公司上划后,加强卷烟购进、销售管理,清理卷烟库存,下设批发网点,提高地产烟市场的占有率,卷烟销售不断扩大。2005年,购进卷烟8089箱,较1995年增长1.2倍;销售卷烟8287箱,较1995年增长1.5倍;销售额7377万元,较1995年增长3.5倍;创利508万元,较1995年增长100倍;2004年度上缴税金330万元,较1995年增长17倍。2003年,平川营销部被甘肃省国税局命名为“2002年度诚信纳税户”。

# 第十三章 金融业 保险业

## 第一节 金融业

**概况** 区境金融业的历史可以上溯到东汉时期,建武钱范的发现对研究郡国铸钱有相当重要的意义。苦水堡、杨崖湾、石沟、老庄等地均发现大量古代钱币,可见古代金融业的繁荣。民国时期,区境流通的货币有制钱、铜元、银子、银元。民国18年(1929年),制钱停用,始用省钞、银元券和铜元券。24年(1935年),币制改革,使用法币,银元和铜元停止流通,先后发行少量镍币及铜分币。32年(1943年),发行关金券。37年(1948年),关金券和法币等同废纸,当年又发行金元券。区境复以银元、铜元交易,普通人家多以实物交易,币制荡然瓦解。中华人民共和国成立后,中国人民银行发行人民币,面额有一百元、二百元、五百元、一千元、五千元、一万元六种。1955年2月,发行新人民币主币面额为一元、二元、三元、五元、十元五种,辅币为一角、二角、五角、一分、二分、五分六种。新人民币1元兑换旧人民币1万元。1957年12月,发行一分、二分、五分镍币,同时流通。1959年,随靖远矿区的建设设立建设银行,其后由于矿务局下马,于1966年撤销。至2005年,全区共有金融机构14家,营业网点54个,金融从业人员

554人。其中，农业发展银行1家；国有商业银行5家，营业网点20个；白银市城市信用社平川营业部1家；农村信用联合社1家，下辖农村信用社5个，营业网点19个；邮政储蓄机构1家，营业网点5个。

**中国人民银行白银市平川区支行**　始建于1957年，当时为中国人民银行靖远县支行大水头办事处，1968年改设为大水头财经组，1969年更名为中国人民银行靖远县支行宝积办事处，1981年升格为支行级办事处。1986年，随着平川区的设立和人民银行、工商银行两行的分设，辖区内人民银行更名为中国人民银行白银市平川办事处。1998年10月，更名为中国人民银行白银市平川区支行。2002年1月1日，发行库建成投入使用。区支行开始担负平川区、靖远县两个县区发行基金的调拨、供应任务。2005年，新建设的发行库被人行兰州中心支行检查验收升格为“二级发行库”。有干部职工29人，中级职称7人，其中会计师2人，经济师4人，政工师1人。内设办公室、国库会计股、综合业务股、货币发行股、保卫股等五个职能部门。2004年，中国银行业监督管理委员会白银市银监分局平川办事处从中国人民银行白银市平川区支行分设，独立从事平川区银行业监督管理工作。区支行坚持把贯彻执行稳健的货币政策同区委、区政府提出的项目带动战略相结合，利用金融联席会、经济金融运行分析例会、政银企座谈会等交流平台，对全区经济金融运行及执行货币政策方面存在的突出问题进行分析研究，共同探讨和制定有针对性的措施，并督促、引导商业银行、城乡信用社加大贷款营销力度，完善授权授信管理，加强对“三农”、项目建设、中小企业和县域经济的信贷支持。至2005年，全区金融机构存款余额达到324310万元，其中储蓄存款余额为197653万元；各项贷款余额为127392万元，新投放贷款结构基本合理。其中工业贷款71219万元，农业贷款7745万元，商业贷款18905万元，中小企业贷款20291万元，个人消费贷款3869万元。2005年，区国库业务量达15000多笔，会计业务量达8000多笔，有多项业务指标达到一级县支行标准。区支行把改善区域金融生态环境作为服务地方经济发展的重要内容，成立金融稳定工作组和区域金融稳定分析小组，建立人民银行与地方政府、金融监管部门之间的信息交流制度，开展信用环境治理工作，加快“信用平川”建设工程。农业发展银行、四大国有商业银行、农村信用社、邮政储蓄及保险公司等分支机构区域布局趋于合理，经营规模不断扩大，成为白银市县区（除白银区外）金融分支机构最多、金融业务发展最快的区域金融体系。各种贷款特别是住房、消费、助学贷款等多种新兴业务和银行卡、银证通、电话银行等多种中间业务发展迅速。区内已全面开通大额、小额支付系统，各国有商业银行、邮政储蓄等机构普遍开通区域内储蓄的通存通兑，开通省辖和全国电子汇兑系统，实现全国范围联网、异地存取、即时汇兑，大大减少在途资金的占压，经济效益和社会效益明显增强。经与财政部门协商，区支行撤销辖区7家代理乡（镇）国库，率先在白银辖内县区支库实行乡（镇）国库业务由人民银行直接经理。同时落实发行库达标升级的各项措施，健全完善发行库管理制度和内控机制，经兰州中心支行验收合格，达到二级库标准。

## 1986—2005年平川区存贷款情况统计表

表4-27 单位：万元

| 年 度 | 各项存款 | 各项贷款 | 年 度 | 各项存款 | 各项贷款 |
|---|---|---|---|---|---|
| 1986 | 4624 | 6516 | 1996 | 62919 | 47221 |
| 1987 | 4219 | 5775 | 1997 | 78969 | 82973 |
| 1988 | 7077 | 5835 | 1998 | 76857 | 124124 |
| 1989 | 8456 | 7188 | 1999 | 79146 | 126813 |
| 1990 | 17498 | 11001 | 2000 | 64369 | 73797 |
| 1991 | 21552 | 11231 | 2001 | 103796 | 76508 |
| 1992 | 22485 | 14245 | 2002 | 121367 | 82771 |
| 1993 | 26496 | 22089 | 2003 | 187024 | 84533 |
| 1994 | 31940 | 26325 | 2004 | 230645 | 70838 |
| 1995 | 41540 | 33342 | 2005 | 3010984 | 118824 |

**中国银行业监督管理委员会白银监管分局平川办事处** 是白银监管分局的派出机构。2004年2月组建，2004年10月正式挂牌。正科级建制，编制3人。办事处根据白银监管分局授权，依法监督管理辖区内政策性银行、国有商业银行、城市信用合作金融机构、农村信用合作金融机构、邮政储蓄机构及其他存款类金融机构，维护辖区内银行业金融机构的合法、稳健运行。同时重点负责对辖区内农村信用社及其联社和邮政储蓄机构的现场检查和非现场监管工作，负责收集辖区内有关金融风险信息，完成银监分局交办的其他工作任务。

**中国农业发展银行平靖客户服务组** 1994年成立。1996年年底，平川信贷组成立，从事粮棉油收购资金贷款、扶贫贴息贷款、农业综合开发贷款等政策性业务。1998年业务调整后，专司粮棉油收购、调销资金贷款业务。随着粮油市场的逐步开放，2005年7月进行机构整合，业务合并成立平靖客户服务组，支持农村经济发展，承办农业政策性信贷业务，存贷款业务总量从1996年的5000多万元增加到2005年的2亿多元，其中为地方农业产业化龙头企业等经济组织提供8000多万元的信贷支持。

## 1996—2005年农发行平靖客户服务组贷款情况统计表

表4-28 单位：万元

| 年度 | 1996 | 1997 | 1998 | 1999 | 2000 | 2001 | 2002 | 2003 | 2004 | 2005 |
|---|---|---|---|---|---|---|---|---|---|---|
| 贷款 | 5142 |  | 5087 | 4717 | 5029 | 6534 | 7158 | 6783 | 5620 | 10380 |

**中国建设银行平川区支行**　前身为建设银行宝积办事处、建设银行矿区支行、建设银行平川办事处。2003年6月6日更名为建设银行平川区支行,2004年9月股份改制成功全行整体上市,更名为中国建设银行股份有限公司白银平川支行。有员工55名,其中大专以上文化程度30人,中级职称9人。建设银行总行确立依托"大行业、大企业"的发展战略,构筑银企、银政关系。支行提供存款、贷款、转账结算、代发工资、"医保"代理、银行卡、基金、保险、工资保证贷款、住房贷款等优质服务。

**中国工商银行平川区支行**　原名中国工商银行股份有限公司平川支行,2003年3月更名为中国工商银行平川区支行,隶属中国工商银行白银分行的一级支行。2005年,有职工102人。内设办公室、市场营销部、区域中心库3个机构,下辖1个营业厅、5个二级支行。2005年12月,平川支行总资产近10亿元。各项存款余额10亿元,贷款余额3.7亿元。累计完成中间业务收入110余万元,实现利润888万元。先后开通全国电子银行系统,资金汇划清算系统,区域储蓄通存通兑系统,网上银行,电话银行等电子化服务网络。并以此为依托,推出具有区域优势的各类银行卡业务、"银证通""银保通"以及代理收付款项、代理保险、代理基金、代理国债、代发工资、代理水电费、代收税款等业务。公司贷款、个人住房和消费信贷等业务不断扩大,形成以市场为导向、以客户为中心、以效益为目标的综合金融业务体系。为全区300多企事业客户和10多万个人客户提供包括公司金融、个人金融、机构金融、投资银行、会计结算、电子银行、银行卡等业务的全方位金融服务。

**中国农业银行平川区支行**　1986年4月,中国农业银行白银市平川区办事处成立。下设办公室、会计股、业务股、信用合作股、营业室、水泉营业所、宝积营业所、共和营业所和种田营业所。1990年5月,成立区红会分理处、旱坪川分理处、王家山分理处、东路分理处。1995年11月,成立区大水头分理处。2000年2月,成立中国农业银行白银市平川区办事处。2001年9月,经白银市人民银行批准,更名为中国农业银行平川区支行。内设机构为综合办公室、计划财会部、客户经理部、信贷管理部、不良资产经营管理部。2005年12月,共有员工57人,其中大专以上学历40人。农行开办的业务种类有人民币存款、贷款、结算业务,办理票据贴现,代理发行、代理兑付、销售政府债券,买卖政府债券,代理收付款项及代理保险业务。2005年12月,各项存款总额55380万元,较1986年初增长142.3倍,其中企事业单位存款余额21634万元,储蓄存款余额33746万元,分别较1986年增长72.4倍和375倍。各项贷款余额46834万元,其中企业贷款43722万元,个人贷款3110万元。

**中国银行平川分理处**　成立于1995年11月18日,系中国银行白银分行的基层组织机构。1995年《商业银行法》颁布后,逐步由专业银行过渡为商业银行。2004年8月26日,中国银行股份公司宣告成立,成为上市公司银行。主要办理与外汇、外贸有关的人民币贷款及结算业务,城镇居民储蓄业务,经国家外汇管理部门批准的外汇业务,经中国银行业监督委员会批准的其他业务。2005年年底,各项存款11179万元,各项贷款3300万元(主要支持靖远煤业公司流动资金贷款),人均存款2000万元,综合效益居白银分行首位。有职工7名。

**白银市城市信用社平川营业部** 成立于2005年7月,是隶属白银市城市信用社的一级营业部。秉承“以人为本、客户至上”的经营理念,坚持“规范、灵活、高效,服务、创新”的经营机制,坚持“面向全区,服务居民,与企联姻,互利共赢”的方针,坚持服务平川居民,彰显诚信文化,经过努力,各项业务均有发展。

**平川区农村信用合作社联合社** 1996年9月由中国农业银行析出,由中国人民银行直接管理。2003年起由中国银行业监督管理委员会监管。2005年9月,甘肃省农村信用合作社联合社成立后,隶属甘肃省农村信用合作社联合社。下设人秘(办公室)、财会、业务、稽核(兼纪检监察)、保卫5个股。辖水泉、宝积、共和、种田、城兴5个农村信用社和联社营业部6个独立核算单位,王家山农村信用分社等11个附属核算单位。2001年5月,撤销复兴农村信用社,并入种田农村信用社。2002年12月,原平川区城市信用社更名为城兴农村信用社。机构、人员、业务并入农村信用联社。农村信用联社(含原城市信用社)1995年年底各项存款余额5025万元,各项贷款余额3604万元,实收资本413万元,股本金10万元,资本公积69万元,盈余公积180万元,呆账准备30万元,应付利息57万元,累计折旧38万元,固定资产310万元。2005年,各项存款余额15160万元,较1995年年底净增10135万元,其中集体存款5415万元,储蓄存款9745万元。各项贷款余额15294万元,较1995年年净增11690万元,其中农户贷款7961万元,农业经济组织贷款281万元,农村工商业贷款1401万元,其他贷款5651万元。1996—2005年,累计发放各项贷款50597万元,其中农户贷款18390万元,农业经济组织贷款2795万元,农村工商业贷款3842万元,其他贷款25570万元。所有者权益496万元,其中股本金268万元,盈余公积金228万元。历年亏损挂账1047万元。呆账准备金879万元,应付利息173万元,累计折旧523万元,固定资产1277万元,抵债资产(净值)187万元,递延资产10万元,无形资产93万元。至2005年12月,不良贷款比重为17.2%,资本充足率0.83%。取得中央银行专项票据1000万元。置换不良贷款799万元,历年亏损挂账201万元。农村信用联社发挥“金融纽带”作用,坚持以服务“三农”为宗旨。大力支持日光温室蔬菜产业,建成水泉镇日光温室蔬菜大棚1200座、水泉镇陡城村连片日光温室500座,每棚每年可收入1万元左右。在信用社支持下,水泉镇90%以上的农户经营蔬菜大棚。累计发放贷款700万元支持玉米制种业,在玉碗泉村、陡城村、杨岭村形成266.67公顷玉米制种基地。累计发放贷款580万元支持瓜蔬种植业,在水泉镇支持种植西甜瓜66.67公顷。累计发放贷款1100万元,在水泉镇牙沟水村发展养鸡产业,养鸡达12万多只。先后投放贷款242万元支持宝积乡黑水村、小水村部分农户的石料、陶土开采运输。为区盈胜陶瓷有限公司、盈耀陶瓷有限公司累计发放贷款500万元支持发展陶瓷产业。1996—2005年，累计发放贷款中农户贷款18390万元，占比36%。农户贷款余额7961万元，占比52%。其中农户小额信用贷款1364万元。组织资金稳步上升，净增各项存款10135万元。1998年10月，农村信用联社开通全省电子联行。2005年5月，参加省联社电子网络工程建设，接入人行大额支付系统和同城清算系统。

## 第二节　保险业

**概况**　至2005年年底，全区共有保险公司6家，其中财险公司1家，寿险公司1家，太平洋保险公司1家，平安保险公司1家，大地保险公司1家，中华联合财产保险公司1家。

### 1996—2004年平川区财产保险业务统计表

表4-29　单位：万元

| 年度 | 总计 | | 企财险 | | 运输工具险 | | 货运险 | | 家财险 | | 其它险 | |
|---|---|---|---|---|---|---|---|---|---|---|---|---|
| | 收入 | 支出 | 收入 | 支出 | 收入 | 支出 | 收入 | 支出 | 收入 | 支出 | 收入 | 支出 |
| 1996 | 1087.6 | 446.1 | 49.6 | 27.4 | 368.8 | 159.2 | 2.3 | | 16.3 | 5.1 | 650.6 | 254.4 |
| 1997 | 1162 | 510 | 510 | 213 | 442 | 235 | 12 | | 21 | 7 | 177 | 65 |
| 1998 | 1390 | 589 | 935 | 352 | 426 | 226 | 29 | 11 | | | | |
| 1999 | 1260 | 973 | 800 | 642 | 440 | 320 | 20 | 11 | | | | |
| 2000 | 1293 | 621 | 814 | 348 | 450 | 272 | 23 | 6.9 | | | | |
| 2001 | 1301 | 405 | 768 | 347 | 514 | 58 | 19 | | | | | |
| 2002 | 1497 | 688 | 897 | 366 | 548 | 322 | 49 | | | | | |
| 2003 | 2708 | 762 | 715 | 487 | 493 | 275 | 1500 | | | | | |
| 2004 | 6991.2 | 4012.9 | 2119.8 | 1136 | 4809 | 2865.4 | 62.4 | 11.5 | | | | |

### 1996—2004年平川区人寿保险业务统计表

表4-30　单位：万元

| 年度 | 1996 | 1997 | 1998 | 1999 | 2000 | 2001 | 2002 | 2003 | 2004 |
|---|---|---|---|---|---|---|---|---|---|
| 收入 | 492 | 564 | 785 | 1220 | 1160 | 138 | 2641 | 3067 | 3184 |
| 支出 | 319 | 322 | 451 | 428 | 429 | 54 | 66 | 81 | 94 |

**中国人保财产保险股份有限公司平川支公司**　1987年8月，中国人民保险公司平川办事处成立。1990年5月，保险公司产、寿险机构分设，产险承接原办事处经营的除人寿保险业

务以外的一切保险业务。1996 年 6 月,中国人民保险公司平川支公司更名为中国人民财产保险公司。2003 年,更名为中国人民财产保险股份有限公司平川支公司。全年保险费收入 1087.6 万元。保险储金收入 130.9 万元。处理各种赔案共计 542 件,支付赔款 446.1 万元,上缴税金 59.8 万元,实现利润 110 万元。2004 年,公司保费收入 1253.8 万元,其中企财险保费收入 551 万元,赔款支出 299.6 万元;家财险保费收入 3.8 万元,赔款支出 0.2 万元;责任险保费收入 166.2 万元,赔款支出 72.7 万元;保证险保费收入 8.4 万元,赔款支出 11.8 万元;机动车险保费收入 488.2 万元,赔款支出 288.8 万元;货运险保费收入 1 万元,无赔款支出;人身意外险保费收入 32 万元,赔款支出 67.6 万元;2005 年,保费收入 911.5 万元,其中企财险保费收入 318.7 万元,赔款支出 314.7 万元;家财险保费收入 3.6 万元,赔款支出 0.3 万元;责任险保费收入 100.2 万元,赔款支出 68.5 万元;机动车保费收入 435.5 万元,赔款支出 229 万元;人身意外险保费收入 53.2 万元,赔款支出 4.2 万元。

**中国人寿保险股份有限公司白银市平川区支公司** 前身是中国人民保险公司。1996 年 5 月,中国人民保险公司分设财、寿险分公司,原公司所属员工、财产随机构按三、七比例分开。时称为中保人寿保险有限公司平川区支公司。1996 年 7 月 16 日,更名为中保人寿保险有限责任公司。2003 年 6 月 30 日,中国人寿保险股份有限公司正式成立,公司名称变更为中国人寿保险股份有限公司白银市平川区支公司。开办的重要险种有福寿安康保险、简易人身保险、子女备用金保险、个人养老金保险、66 鸿运 A 保险、88 型鸿利终身保险、99 鸿福终身保险、夕阳计划保险、66 鸿运 B 保险、鸿寿养老金保险、个人养老金 A、B 型保险、子女教育保险(A)、子女教育保险(B)、国寿独生子女两全保险、国寿少儿两全保险、国寿英才少儿保险、康宁定期保险、国寿福馨两全保险、国寿如意两全保险、国寿金色夕阳保险、国寿鸿泰两全保险、国寿鸿运少儿两全保险、国寿 99 鸿福两全保险、康宁终身保险、国寿养老金保险、附加意外伤害医疗保险、学生、幼儿团体平安保险附加意外伤害医疗保险、国寿鸿瑞两全保险。1996 年,保费收入 4004738.65 元,短期赔付 349731.06 元,长险赔付 109713.77 元。1997 年,保费收入 5627927.88 元,短期赔付 618210.42 元,长险赔付 80112.64 元。1998 年,保费收入 7584524.07 元,短期赔付 167933.65 元,长险赔付 74480.83 元。1999 年,保费收入 12207124.8 元,短期赔付 649725.88 元,长险赔付 120193.42 元。2000 年,保费收入 11604947.91 元,短期赔付 612121.38 元,长险赔付 80836.96 元。2001 年,保费收入 13823143.39 元,短期赔付 547378.99 元,长险赔付 127268.06 元。

**中华财险平川区支公司** 成立于 2005 年,在业务上增强科学性,扩大车险业务的社会覆盖面。同时,从非车险入手,开展承运人责任险、住房贷款抵押保险,涉足业务有企财险、农业险、短人险等险种。

# 第十四章　其他驻平企业及非公有制企业

## 第一节　其他驻平企业

**概况**　1996年，省市驻平川区国有工业企业主要有靖远电厂（后改制为国电靖远发电有限公司）、靖远矿务局（后改制为靖远煤业有限责任公司）、甘肃矿用化工厂（后改制为甘肃雪松矿用化工有限责任公司）、甘肃矿用电器厂（2005年5月改制为甘肃容和矿用设备有限公司）、靖远陶瓷厂（1997年改制为白银市墙地砖厂，1998年破产）。1997年，增加靖远电厂二期（后改制为靖远第二发电有限公司）、白银市墙地砖厂（由靖远陶瓷厂改制，1998年破产）。至2005年年底，省市驻平川区工业企业主要有国电靖远发电有限公司、靖远第二发电有限公司、靖远煤业有限责任公司、甘肃雪松矿用化工有限责任公司。此外，还有科学研究和服务企业甘肃煤田地质局一三三队。1996—1998年，靖远陶瓷厂累计完成工业总产值7611万元，完成工业增加值3797万元，实现销售收入5568万元。1997—1998年，白银市墙地砖厂完成工业总产值1273万元，完成工业增加值134万元，实现销售收入1357万元。

**甘肃容和矿用设备有限公司**　前身为甘肃矿用电器厂，成立于1976年，地处电力路，隶属省煤炭工业局，原级别为县团级。企业党委、工会、共青团等组织关系隶属于白银市。矿用电器厂是我国西南、西北唯一一家生产防爆电器产品的国资企业，主要生产煤矿井下用各类防爆磁力起动器。职工人数近400人，其中各类工程技术人员50多名。已形成金属切削、冲压、电镀、铆焊、装配各种工矿配件的生产能力。自主研发的真空型BQD3-120矿用隔爆型电磁起动器获甘肃省科技进步三等奖。曾被省工商局连续多年评为“重合同守信用”企业。2003年12月，下划白银市管理。在妥善安置职工、优先清偿所欠职工工资等费用的前提下，白银市中级人民法院宣告“破产还债”。2005年5月26日，甘肃四方拍卖有限公司在兰州市举行拍卖会，公开拍卖电器厂资产。6月，甘肃容和矿用设备有限公司注册成立为民营企业。公司成立后，对愿意上岗的原电器厂职工全部聘用上岗。随后，投入150万元资金改造生产生活环境，当年6月至12月即完成工业总产值734万元，上缴税收26.1万元，实现利润4.4万元，一举扭亏为盈。7月，公司和西安科技大学校企联合开发科技含量较高的智能性保护器等新产品，当年12月即投入试生产。企业科研中心广揽人才，投入大量资金，研制成功风电瓦斯闭锁馈电开关、6千伏高压真空开关配电装置、矿用隔爆型软起动器等防爆产品。

## 1996—2005年甘肃容和矿用设备有限公司经营指标完成情况

表4-31　　单位:万元

| 年度 | 产量(台) | 总产值 | 销售收入 | 利润 | 缴税 |
|---|---|---|---|---|---|
| 1996 | 335 | 463 | 745 | 3 | 21 |
| 1997 | 1994 | 487 | 836 | 3 | 33 |
| 1998 | 1509 | 380.3 | 594 | -180 | 5 |
| 1999 | 1855 | 433.6 | 760 | -116 | / |
| 2000 | 1547 | 411 | 596 | -98 | / |
| 2001 | 1543 | 466 | 725 | -82.5 | / |
| 2002 | 2074 | 573.3 | 1000.4 | -381 | / |
| 2003 | 1925 | 633.7 | 766.4 | -204 | / |
| 2004 | 2070 | 727 | 722 | -68 | 27 |
| 2005.01-05 | | 190 | 346 | -29 | 28 |
| 2005.06-12 | | 734 | 839 | 4.4 | 26.1 |

注:2005年1月至5月为改制前甘肃矿用电器厂实际完成数。2005年6月至12月为改制后甘肃容和矿用设备有限公司实际完成数

**甘肃雪松矿用化工有限责任公司**　由原甘肃矿用化工厂改制建立的甘肃雪松矿用化工有限责任公司,是国家定点民爆产品生产企业。企业原隶属于国家煤炭部,1998年8月下划甘肃省煤炭工业局管理,2003年11月下划白银市管理,2004年11月改制为民营企业。公司位于平川区化工路,企业占地面积116.7万平方米,拥有资产3810万元,注册资本761万元,现有在岗员工460人,其中各类技术人员90多人。2005年,完成产值3891万元,实现销售收入4084万元。公司内设机构为安检站、办公室、财务部、市场营销部、生产技术部、人力资源部、企业管理办公室、安全质量检查部、保卫部、运输部、机电动力部、一车间、二车间、制箱车间、福利科。经过多年的技术改造和引进开发,公司拥有"雪松牌"民用炸药、雷管两大系列,粉状乳化炸药,膏状乳化炸药、瞬发电雷管、延期电雷管、导爆管雷管五条生产线十几个品种的产品,还可根据用户需求生产不同规格的专用产品。核定年生产炸药能力9000吨,年雷管生产能力3000万发。产品在满足省内市场的同时,还销往青海、宁夏、陕西、新疆、内蒙等周边省区。其中,粉状乳化炸药生产线仅用165天时间建成,并在一个月内达产达标,创造全国民爆行业该项目建设的最快速度,经省发改委认定,获得西部大开发税收优惠政策。1999年6月,在企业生产经营困难、产品积压、资金困难、生产间歇、工资不能正常发、职工思想动荡之际,省煤炭局派出工作组,组织全厂职工民主推选宋永平出任厂长(2002年4月兼任党委书记)。企业于2001年走出困境,生产经营主要指标连年创新高。2005年,炸药产量从1995年的

3801吨增加到7559吨，增幅为99%；雷管产量从1074万发(含淘汰产品火雷管)增加到1150万发，增幅为7%；销售收入从1817万元增加到4084万元，增幅为125%；职工年收入从5964元增加到11623元，增幅为95%；实现利税从233万元增加到397万元，增幅为70%。

### 1996—2005年甘肃雪松矿用化工有限责任公司主要经济指标完成情况统计表

表4-32 单位：万元

| 年度 | 工业总产值 | 增加值 | 主要产品产量 |
|---|---|---|---|
| 1996 | 2098 | 950 | 炸药4199吨，雷管774万发 |
| 1997 | 2186 | 878 | 炸药5100吨，雷管1034万发 |
| 1998 | 1932 | 1281 | 炸药3505吨，雷管840万发 |
| 1999 | 1805 | 812 | 炸药3202吨，雷管502.9万发 |
| 2000 | 1892.4 | 643 | 炸药3794吨，雷管659万发 |
| 2001 | 2400 | 891 | 炸药4799吨，雷管700万发 |
| 2002 | 2981 | 1257 | 炸药6053吨，雷管863万发 |
| 2003 | 3105 | 1304 | 炸药6536吨 |
| 2004 | 3462 | 1470 | 炸药7016吨 |
| 2005 | 3891 | 1573 | 炸药7559吨 |

**甘肃煤田地质局一三三队** 1965年迁至宝积镇黄土岘。1995年，为适应市场经济运行机制，实行一套班子两块牌子，即甘肃陇原地质勘察工程公司白银工程处、甘肃煤田地质局133队。甘肃陇原地质勘察工程公司白银工程处是甘肃煤田地质局133队对外服务的主体，属全民所有制企业，具有独立法人资格，持有原煤炭部颁发的地质钻探甲级证书、建筑施工企业三级总承包资格证书，地矿部颁发的地质勘察甲级证书，国土资源部颁发的地质灾害防治工程勘察和评价证书，2003年通过ISO9000 质量体系认证。企业注册资金1250万元，有职工748人，其中各类专业技术人员100余人。在职职工人均年收入15878元，职工就业率达到90%以上。拥有各类水井钻机、基础桩基钻机、石油钻机、工程勘察钻机及建筑等专职配套设备103台(套)，配有GPS、测绘仪及现代化电脑成图设备等，主要从事煤田、矿山、水文、石油地质等项目领域的勘探工作和建筑安装。工程处多方筹集资金，购置先进设备，先后组建桩基、工勘、水井、石油井等项目的施工队伍。提高和强化生产安全与技术工艺、行政管理及经营管理工作水平。实行定额管理，岗位技术练兵和工作经济责任制，开展TK系列液压钻机钻井、绳索取芯、双套单动取芯、金刚石钻进、化学双聚泥浆使用与二氧化碳洗井和数字测井、岩芯鉴定标准化、计算机应用、网膜印图等新设备、新技术、新工艺的学习和实践。加强地质基础工作和地

质科学的研究,保证国家任务的高效完成。先后在白银市平川区、兰州市、民勤县、靖远县、会宁县、民乐县、景泰县及青海、天津、北京、新疆、宁夏、内蒙、西藏、陕西等省区进行高层建筑基础和路桥工勘、桩基工程、农用水井、石油井和资源勘探施工,共完成各类钻孔、桩基孔和工勘孔 5709 个,总工程量 126300.61 米,创产值 2906.62 万元。资源勘探共施工钻孔 31 个,钻探进尺 17680.29 米,创产值 941.8 万元。提交 1:2.5 万地质填图和水文地质填图及详查地质勘探总结报告各一件,完成Ⅲ类科研报告 3 件,各种采样 501 个(组),槽探工程 5009 立方米。水井工程共施工水井 129 口,累计进尺 15974.87 米,创产值 814.38 万元。桩基工程完成 20 个项目,共施工 1125 条桩,累计灌注混凝土 11713.21 立方米,创产值 374.68 万元。工程地质勘察共完成 45 个项目,施工钻孔 858 个,探井 71 个,动探 71 个,标贯 97 个,累计进尺 16807.69 米,创产值 179.69 万元。石油井工程项目共施工油井 37 口,累计进尺 23754.20 米,创产值 529.88 万元。基础加固工程共完成钻孔 3387 个,累计进尺 33272.31 米,创产值 86.19 万元。建筑安装工程共完成各类工程项目 160 余项,创造产值 4000 多万元。企业先后承担的勘察工程有:西北师范大学博物馆、音美楼扩建、食堂、浴室及活动中心、综合实验楼等岩土工程,甘肃煤田地质局华辰大厦岩土工程,甘肃丰润房地产有限公司安宁花苑小区岩土工程,甘肃天元植物蛋白有限公司厂区岩土工程,靖远县乌东公路祖厉河大桥桥址岩土工程,靖远县城区给水净水厂扩建岩土工程,会宁县移动通信公司生产综合楼岩土工程,青海马平高速公路王家口特大桥桩基,皋兰什川乡河口村桩基,白兰高速公路忠和立交桥、水阜大桥桩基,兰州黄河大桥桩基,青藏铁路线桥桩基等桩基工程及景泰电力公司西滩水井项目,新疆 105 团、133 团水井项目等工程。企业职工生活环境亦发生巨大变化。新建职工家属住宅楼 8 栋,商住楼 3 栋,陆续拆除 1958 年建设的大部分窑洞,职工住户由原来的 293 户增加到 412 户,全队现有住房面积 32750 平方米,职工住房面积也由原来的 50 平方米增加到 2005 年的 80 平方米。

## 第二节 非公有制企业

**概况** 平川建区后,非公有制企业得到迅速发展。区政府确定"工业强区、开放活区、科教兴区、民营富区"四大区策,更使非公企业异军突起,成为经济社会重要支柱。2005 年,全区乡镇企业发展到 548 户,从业人员 8515 人,实现增加值 35130 万元,上缴税收 620 万元。全区乡镇企业中,农业企业 11 户,采矿业 60 户,制造业 125 户,建筑业 23 户,交通运输业 8 户,批发零售业 240 户,住宿餐饮业 54 户,社会服务业 27 户。共帮助各类企业和个体户办理证照 48 件,组织促进私营企业主二次创业。引进张掖博丰种苗有限公司落户平川,在陡城、双岔、毛卜拉三个村试种番茄成功,共制种 13.33 公顷,产值 120 万元。在捐资助学、扶贫济困等社会公益事业方面贡献显著。闫生顺在全国第二届民营经济高峰论坛上获“全国民营企业家”称号。房忠、王士昭、张建平获“甘肃省乡镇企业家”光荣称号。

**机构**　平川区发展非公有制经济办公室前身为区商业局,后改为区发展个体私营经济办公室、区发展个体私营经济当日联合审批办公室。2002 年 8 月 13 日,更名为区发展非公有制经济办公室。事业单位,正科级建制,直属区经贸局管理。主要负责执行国家和省市关于发展非公有制经济的方针政策和法律、法规,开展对非公有制经济的规划、指导、协调、服务、监督及管理工作。

## 2002—2005 年平川区非公企业情况统计表

表 4-33

| 年度 | 基本情况＼非公企业 | 非公企业 | 个体户 | 私营企业 |
| --- | --- | --- | --- | --- |
| 2002 | 户数(户) | 2680 | 2594 | 119 |
| | 从业人员(人) | 5275 | 3260 | 2163 |
| | 注册资金(万元) | 19513 | 5153 | 6523 |
| 2003 | 户数(户) | 3130 | 3044 | 135 |
| | 从业人员(人) | 6175 | 3740 | 2475 |
| | 注册资金(万元) | 22713 | 6053 | 7848 |
| 2004 | 户数(户) | 3590 | 3514 | 152 |
| | 从业人员(人) | 7225 | 4350 | 2855 |
| | 注册资金(万元) | 25813 | 7103 | 9248 |
| 2005 | 户数(户) | 4190 | 4114 | 180 |
| | 从业人员(人) | 8425 | 5100 | 3305 |
| | 注册资金(万元) | 28813 | 8303 | 10848 |

**甘肃忠恒房地产开集团有限公司**　成立于 1999 年。是集房地产开发、商品房销售、建筑、物业管理、商贸、职业教育、基础教育为一体的综合性民营企业。公司现有固定职工 450 余人,季节工和合同工 2000 多人，各类专业技术人员 100 多人，其中高级工程师 8 名，工程师 16 名,专业管理人员 62 人,拥有总资产 1 亿多元,累计上缴各种税费 1500 多万元,在社会公益事业方面捐资捐物达 413 万元。曾获“甘肃省诚信纳税先进单位”“甘肃省先进私营企业”“全省再就业先进企业”等荣誉称号。公司开发建设的中区花苑小区为区政府批准的经济适用房建设项目。其中,一期工程占地面积 53200 平方米,建筑面积 102982 平方米,总投资 8000 万元,于 2005 年交付使用;二期工程占地面积 89759 平方米,规划总建筑面积 120000 平方米,计划总投资 1.2 亿元,A 区 3.68 万平方米于 2006 年交付使用。龙兴源小区是区政府批准开发

的45%商品房、55%经济适用房综合开发建设项目，占地面积13329平方米，总建筑面积31000平方米，总投资3200万元，于2005年交付使用。福华源小区占地面积28000平方米，总建筑面积46166平方米，总投资额4000万元。2005年10月，公司投资4100万元建成区境第一座大型现代化综合商贸中心中恒购物广场。项目占地面积7700平方米，总建筑面积18334.4平方米。兴佳城小区于2005年下半年开发建设。占地面积101640平方米，建筑面积约210000平方米，总投资额1.8亿元，为大型住宅小区。2005年，公司在平川中区经济开发区投资兴建“民办公助”中等职业技术学校。学校占地面积66667平方米，计划总投资人民币5000万元，规划建筑面积约50000平方米。当年已完成投资2600多万元，建筑面积14000平方米。学校有教师52名，其中高级职称教师13名，在校学生1300多人。

**二建第十八项目部** 创建于1982年，于1994年正式成立。是集工业与民用建筑为一体的综合性施工企业。项目部下设3个项目分部，共有管理人员100多人，其中高级职称3名，中级职称8名，各类专业技术人员70名。项目部每年安排农村剩余劳动力和下岗职工1000多人就业，年发放劳务工资1000多万元。项目部始终奉行“重质量、求生存、增效益、再发展”的企业宗旨，严格按照国家现行的施工规范和质量安全验收标准进行文明施工。2001年、2002年连续两年获“甘肃省建设工程文明工地”奖。

**白银立信粮油土产制品有限公司** 于2005年4月成立，由天津华海粮油制品有限公司投资兴建，集粮食收购、仓储、加工、销售以及国际贸易为一体。位于中区开发区，占地面积2万平方米。每年在周边地区收购玉米5000吨，小杂粮5000吨，进行分类加工，精选优质产品，进行无菌包装，年可深加工豆类10000吨，远销美国、巴西等国。

**白银赛诺生物科技有限公司** 位于中区开发区，年产纤维素酶及其系列产品4000吨，原料来源于玉米秸秆、麸皮、玉米淀粉、清油等天然植物，属无污染环保型企业。产品主要为用于啤酒工业的啤酒复合酶、小麦啤酒酶、α-淀酶、β-葡聚糖酶等，用于葡萄酒、果蔬汁的专用酶，用于养殖、饮料行业的饲用复合酶、植酸酶，用于纺织工业酶洗的纺织酶，用于造纸工业的造纸酶，用于制革工业的专用酶等。酶制剂公司采用液体深层发酵、超膜浓缩先进工艺生产多种酶制剂是中国酶制剂专业委员会会员单位。公司在全国设立十余个分销机构，销售服务网络遍及全国。

**白银熙瑞生物工程有限公司** 以微生物发酵技术为核心，从事淀粉糖、柠檬酸、聚天门冬氨酸、唾液酸、氨基酸及其系列产品的生产、研究、开发的高科技企业。公司基于平川适宜种植菊芋(洋姜)的优越自然条件，与农户建立供销合同，发展种植基地，为公司提供优质、高产的生产原料。同时，公司在菊粉、低聚果糖、超高果糖、淀粉糖、柠檬酸等生物领域形成较为完整的生物工程产业体系，关键技术和工艺设备达到国内先进水平。公司建成年产3000吨菊粉生产线，项目投入总资金6030.16万元，其中固定资产投资3949.59万元。

**甘肃银地工贸（集团）有限公司** 1994年由原红会煤炭运销公司发展而成。集团公司成立于2006年3月，注册资金1.266亿元，法人代表丁玉平。现有员工1000余名，其中高级管理人员40多人，专业技术人员60多人。下属子公司有白银市金时潮商贸有限公司、甘肃银地煤炭运销有限公司、白银特澳特番茄制品有限公司，投资白银方远煤业有限公司。总资产1.3亿元。在青海省海西州天俊县经营木里露天煤矿，年产焦煤30万吨。在平凉地区华亭县策底乡投资1亿多元，改扩建华亭县策底联办煤矿。与具有环境地质勘察、液体矿产勘察资质的甘肃煤田地质局一三三队联合经营，涉及矿产资源开发、农产品加工、物流运输等多种行业。白银特澳特番茄制品有限公司成立于2005年5月，占地6.67公顷，投资8000万元，引进日处理1000吨意大利番茄加工生产线一条，2006年8月正式投产，年产番茄酱10000吨。主要产品为28%~30%、36%~38%浓度的常规热破、冷破番茄酱，产品销往意大利、德国、俄罗斯、印度、日本、韩国、泰国、南非等国家。白银市金时潮商贸有限公司成立于2003年4月，注册资金200万元，以经营煤炭为主，兼营工程机械、工矿产品、汽车（不包含小轿车）、机电设备、建筑材料、五金交化、钢材、供暖器材、日用百货销售，集商贸及物流业于一体，现有大型运输车辆140多辆。

**甘肃春茂房地产开发有限公司** 成立于2004年5月，位于区兴平南路。注册资金800万元，为三级资质企业，是集开发、装修、建筑、销售、物业管理于一体的综合性股份制公司。公司实行两级管理模式，设总经理办公室、财务部、工程管理部、房屋销售部、战略企划部、人力资源部及预核算部。子公司有物业公司、装饰公司、二建第一工程处。公司有员工65人，各类专业技术人员35人，中级及以上职称15人。先后完成各类房屋建筑28栋（包括商业会所、综合楼等），独立设计、建造完成南路小区、颐康园小区、颐佳园小区、春茂绿洲（南路二期）小区，并承担小区内部物业管理。其中，颐康园住宅小区被甘肃省环保局授予“绿色之星”称号。

**白银海纳川生物制品有限公司** 由本地客商和甘肃金籽瓜生物科技有限责任公司联合投资2668万元兴办，主要依托兰州大学国家科技园研究的科技成果，致力于籽瓜提取液的新型化妆品研究与开发。

**白银霖冠农畜产品有限公司** 以牛羊毛为原料生产加工地毯毛纱的企业，地处中区工业园区内，主要产品有织毯纱、牛毛绒线、羊毛绒线。能够有效利用原毛生产销售和来料加工，满足区内及周边群众对毛纺织品的需要。

**小龙木器厂** 由小龙工贸有限责任公司投资兴建，占地面积1.33万平方米。一期投资350万元，生产高、中档实木家具系列，沙发、茶几、办公家具、会议桌、学校桌椅、电脑桌等木器制品。二期投资280万元，生产细工木板、层压板、千杆板、装饰材料、成套豪华门、组合门、成套家具等。三期投资180万元，生产各类装饰面板、企口板、贴角线、阴阳角线、各种规格的欧式豪华浮雕、吊顶及各种系列微晶石粉建筑装饰材料。

**平川雄征酒业有限责任公司** 成立于1996年8月，1998年10月产品上市。有“雄征”“打拉池”“采光人”等系列产品。雄征酒业坚持质量取胜与微利创业的经营原则，坚持纯粮酿造。公司酿造基地占地面积2.4公顷，有发酵池93口，年产基酒450吨。2003年被中国白酒协会命名为“地方畅销名酒品牌”。

**平川区神台酒业公司** 始建于1989年，占地面积9600平方米。2003年重新整合，引进现代高科技检测手段，建立传统工艺与现代科技相结合的生产体系，产品远销省内外。神台酒酿烤工序科学严谨，工艺独到精湛。建立规范的窖藏制度。所产不同规格的酒品具有酒质醇厚、酒体丰满、挂壁持久、回味悠长的特点。

**平川宾馆有限公司** 为区政府对外接待重点宾馆。原名平川宾馆，位于盘旋路西侧，建于1996年3月，次年12月客房营业，1998年餐厅营业。建筑面积19600平方米，拥有单间、标准间、商务套房共106间(套)，床位220张。餐饮部以陇菜、川菜为主打菜系，杂粮小吃有地域特色。2004年改制为私人企业，更名为白银市平川宾馆有限公司。

**平川区屈吴煤矿** 系地方集体企业，共和镇中和村于2001年12月26日开始筹建，投资1530万元，设计生产能力9万吨/年，2002年9月16日井下岩石工程竣工，2003年10月经甘肃省煤矿安全监察局验收投产，矿井划分地质储量为550万吨，受地质构造影响，保有储量为339万吨，矿井服务年限22年。

**黎民超市** 位于长征商业一条街，经营面积2000平方米，主要经营家电、五金、生活日用品、居家用品等100个系列10000余种商品。总资产1500多万元，累计上缴税费215万元。2005年，收购原区属企业区副食品公司，安置职工20多人。

**平川瑞余车辆检测有限公司** 是2007年11月经省公路运输管理局批准，并通过省质量技术监督局资质、计量认证的专业从事机动车综合性能检测的检验机构。位于中区经济开发区，总投资1600万元，占地面积14000平方米，建成办公楼860平方米、综合性能检测车间1012平方米、小车检测车间326平方米，硬化场地6480平方米，现有职工20名。年检测营运车辆6000辆。

**白银如意商贸有限公司** 成立于2003年6月，是一家集装饰、建筑材料经营，皮筏、五金玻璃经营，大型喷绘、条幅制作、商用写字楼出租为一体的综合性民营企业。现有员工100多人，固定资产2000多万元。累计上缴税费300多万元。2004年参与区属企业改制，以260万元收购原区属企业平川区商业开发公司，安置职工80余人。

# 第十五章 经济管理

## 第一节 综合经济

**机构** 区综合经济的主管部门为白银市平川区发展和改革局，其前身为白银市平川区经济委。1996 年 3 月，由区经济委员会分设区计划委员会，为政府管理国民经济和社会发展的综合部门。内设办公室、综合股、投资股、信息中心。2002 年 6 月，区计划委员会更名为白银市平川区发展计划局，成为主管全区国民经济和社会发展战略规划、总量平衡、结构调整、区域经济调节的政府组成部门。同时，将制订国土规划和土地利用总体规划的有关职能移交区国土资源局，将农业资源区划的职能移交区农牧局。划入区计划内基本建设项目初步设计、概算（含概算调整）审批及竣工验收职能，承担全区物价管理职能、西部开发小组办公室职能、区重点项目（含国债项目）的监督检查等职能。不再审批企业用自筹资金和商业银行贷款建设的一般项目，不再确定具体项目的政策性贷款额度和年度贷款计划。将商业银行用于固定资产投资的贷款指标改为总量控制，将农业、工业和运输业生产指标改为预测指标。内设办公室、国民经济综合股、地区经济发展股、社会事业发展股。同时，成立区西部开发领导小组办公室（兼重点项目督察办公室及信息中心），为事业单位，副科级建制。2004 年 5 月，信息中心更名为白银市平川区项目信息中心。2005 年 3 月，区发展计划局更名为白银市平川区发展和改革局，成为综合研究拟定全区经济和社会发展政策，进行总量平衡、结构调整、区域经济调节，指导经济体制改革的政府工作部门。将组织实施农产品进出口计划及指导国有企业改革的职能划归区商务局。同时，承担区政府办公室承担的经济体制改革职能及原区经济贸易局负责的产业政策、技术改革和投资管理、重要工业品、原材料进出口等职能。内设办公室、国民经济综合股、地区经济股、社会事业股、经济体制改革股 5 个职能股室和项目信息中心 1 个事业单位。

**产业结构调整** 1996—2005 年，全区生产总值（GDP）年均增长 13.66%。2005 年为 25.4 亿元，人均国内生产总值 13026 元。同时，产业结构不断优化，一、二、三产业比例由 1995 年的9.3:75.2:15.5 调整为 2005 年的 4.6:73.3:22.1。农民收入持续增长，年均增长 8.9%，2005 年达到 2193 元。

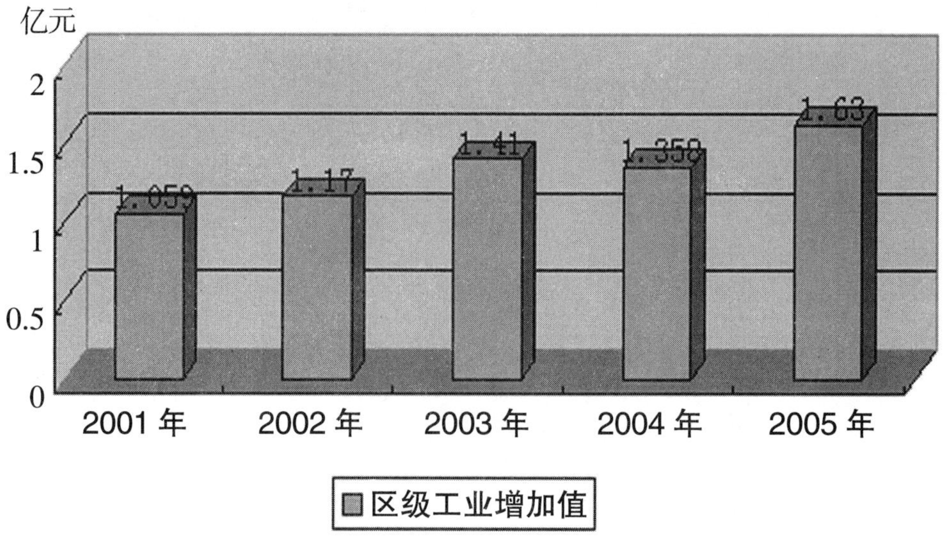


"十一五"期间区级工业增加值

**固定资产投资** 区发展改革局将争取项目、促进发展作为第一要务,撬动民间投资,吸引外商投资,加强项目管理,促进固定资产投资。先后组织实施农村电网改造、城区电网技术改造、城市亮化工程、城区供水工程、平川中学扩招、贺家川节水示范工程、虎头嘴供水管道建设、妇幼保健站综合楼、精神病医院迁建、区医院建设、区疾病预防控制中心、区医院传染科、平川区人民广场、商品一条街拆迁改造、宝积镇道路排水项目、养牛项目、城区集中供热、沁川水库、中小学危房改造、退耕还林、农村安全饮水工程、通乡公路建设等一大批重大项目。"九五"期间,区级固定资产投资完成 2.50 亿元。"十五"期间,区级固定资产投资完成 8.34 亿元,年均增长 29.95%,2005 年达到 2.98 亿元。

## 第二节 质量技术监督

**机构** 1997 年 7 月 29 日,平川区标准计量所更名为平川区技术监督局,事业单位,副科级建制。2001 年 1 月 17 日,实行省级垂直管理,更名为甘肃省白银市质量技术监督局平川分局,行政单位,正科级建制,有工作人员 13 人。内设办公室、代码办、质量监督室、标准计量室、特种设备安全监察室。主要从事产品质量监督,计量检定监督,标准化管理,特种设备安全监察和组织机构代码办证、换证工作。

**食品质量监管** 在食品质量安全监管工作中,划片监管,责任到人,与各食品加工企业签订责任书,建立食品质量档案,分片监控与集中执法检查相结合,分工负责,相互协作,形成完备的食品监管责任制和管理网络。

## 第三节 工商行政管理

**机构** 白银市平川区工商行政管理局成立于1985年11月29日，核定编制86人。1990年9月21日改为市直分局,更名为白银市工商行政管理局平川分局。1996年按照国家办管分离政策,成立区市场建设服务所,隶属市工商行政管理局平川分局。1999年3月,将区市场建设服务所移交白银市市场建设服务处管理。2001年3月27日,白银市市场建设服务处将平川区市场建设服务所移交平川区,成立平川区市场建设服务局。白银市工商行政管理局平川分局内设办公室、监察室、财务股、企业登记管理股、商标广告管理股、市场管理股、经济合同管理股、个体私营经济管理股、法制股、经济检查队二室七股一队,挂靠个协、私协、消协3个协会。2004年12月,股室升格为副科级建制,工商所升格为正科级建制,成立消保科、登记注册科,撤销企业登记管理股、个体私营经济管理股、经济合同管理股、商标广告管理股。通过整合,内设办公室、监察室、财务科、法规科、市场监督管理科、登记注册科、消费者权益保护科二室五科和经济检查大队一个直属机构。宝积工商行政管理所成立于1979年,2005年1月更名为长征工商行政管理所。2005年1月,旱坪川工商行政管理所更名为电力路工商行政管理所,西路工商行政管理所更名为兴平路工商行政管理所。2004年12月,陡城市场管理办公室更名为旱坪川工商行政管理所,同时撤销种田工商所、魏家地工商所、煤炭市场管理所,种田工商所管辖区域归红会工商所管理,魏家地工商所管辖区域归长征工商所管理。白银市工商行政管理局平川分局的派出机构为宝积、西路、旱坪川、魏家地、红会、王家山、种田工商行政管理所、煤炭市场管理所、陡城市场管理办公室。工商所升格为正科建制,按照经济区域划分设所的原则,平川分局的派出机构设置为六个工商所,即长征、兴平路、电力路、旱坪川、王家山、红会工商行政管理所。辖区面积2106.1平方千米,管辖企业450户(私营企业174户),个体工商户3061户。2005年有职工68人,其中公务员64人,事业编制3人,工勤人员1人。

**信息化建设** 2004年8月,开通“12315”申诉举报网络,实现申诉举报信息化。2005年10月,建立平川红盾信息网,与省、市工商行政管理部门实现资源共享,开展网上办公业务。全面推行微机收费工程,共监管各类市场主体3680余户。在登记注册口全面运行E6工商业务综合软件。

**市场监管** 严把市场准入关，严厉查处各类无照经营行为，查处取缔无照经营户1367户。同时,加大对活禽及其产品的监管力度,严密监视市场交易动态,严防禽流感通过市场传播。制定禽流感应急预案,共出动执法人员630人次,出动执法车辆243台次,检查禽产品(包括冻鸡)经营户491户(次),责令停止销售无检疫证明的鸡蛋经营户115户(次)。其他禽产品经营活动要求建立、完善进销货台账及索票索证制度，并提供检疫证明。2005 年，对全区 6 家企业进行省级“守信用、重合同”企业的推荐、评审工作和培训工作，对 3 家企业进行动产和不动产抵押物登记，抵押物总价值 3152.78 万元，主债权金额 1320 万元。

**广告监管** 2005 年，设立工商所广告监测网络，在各广告经营单位设立广告审查员，对各类广告发布情况进行全面监测。对广告经营单位发布的广告共监测 15 次，监测各类广告 589 条次，查处各类违法广告 164 件。

**消费者权益保护** 白银市工商行政管理局平川分局消费者权益保护科成立于 2004 年 8 月 30 日。已在全区建立“12315”维权点 189 个，聘请商品质量监督员、消费者维权联络员 189 人。2004 年，查办消保维权案件 107 件，罚没款 9.32 万元。2005 年，查办消保维权案件 121 件，罚没款 13.01 万元。共受理省工商行政管理局分派申诉举报案件 54 件，全都按时办结，按时上报。自行受理申诉举报案件 26 件，办结率 100%，共为消费者挽回经济损失 1.7 万元。

**案件查办** 区经检大队前身为区工商行政管理局经济检查股，成立于 1986 年 12 月 1 日，1992 年 1 月 1 日更名为白银市工商行政管理局平川分局经济检查队。2000 年 8 月 30 日，更名为白银市工商行政管理局平川分局经济检查大队。1992—1998 年，查办案件 695 件，其中立案案件 59 件，当场处罚案件 636 件，万元以上案件 6 件，5000 元以上案件 8 件。1999—2005 年，查办案件 729 件，其中立案案件 368 件，当场处罚案件 361 件，万元以上案件 13 件，5000 元以上案件 23 件，罚没款共计 78 万元。

## 1986—2005 年平川区个体工商户、私营企业统计表

表 4-34

| 年度 | 个体工商户 | | | | | | 私营企业 | | | | | | |
|---|---|---|---|---|---|---|---|---|---|---|---|---|---|
| | 户数（户） | 从业人数（人） | 注册资金（万元） | 产值（万元） | 营业额（万元） | 社会消费品零售额（万元） | 户数（户） | 投资人数（人） | 雇工人数（人） | 注册资本金（万元） | 产值（万元） | 营业额（万元） | 社会消费品零售额（万元） |
| 1986 | 801 | 1442 | 127.82 | | 347.09 | 196.80 | | | | | | | |
| 1987 | 875 | 1382 | 245.25 | 49.44 | 417.9 | 293.55 | | | | | | | |
| 1988 | 658 | 974 | 274.09 | | 556.11 | 382.11 | | | | | | | |
| 1989 | 809 | 1188 | 358.57 | 36.16 | 489.7 | 390.23 | 16 | 21 | 759 | 566.40 | 170.85 | 1300.0 | |
| 1990 | 950 | 1404 | 370.6 | 51.16 | 521.94 | 433.29 | 18 | 24 | 692 | 258.56 | 126.00 | 7.00 | |
| 1991 | 1068 | 1604 | 436.29 | 80.33 | 522.31 | 424.21 | 17 | 19 | 675 | 254.10 | 62.48 | 53.51 | |
| 1992 | 1441 | 2003 | 38.20 | 23.77 | 770.83 | 645.52 | 18 | 20 | 680 | 202.70 | 90.00 | 15.00 | |
| 1993 | 1955 | 2931 | 899.35 | 667.63 | 1671.99 | 950.20 | 22 | 26 | 767 | 323.38 | 85.00 | 60.00 | |
| 1994 | 2299 | 3527 | 1074.86 | 546.00 | 3334.52 | 2272.75 | 30 | 84 | 848 | 756.18 | 90.00 | 70.00 | |

续表 4-34

| 年度 | 个体工商户 | | | | | | 私营企业 | | | | | | |
|---|---|---|---|---|---|---|---|---|---|---|---|---|---|
| | 户数（户） | 从业人数（人） | 注册资金（万元） | 产 值（万元） | 营业额（万元） | 社会消费品零售额（万元） | 户数（户） | 投资人数（人） | 雇工人数（人） | 注 册资本金（万元） | 产值（万元） | 营业额（万元） | 社会消费品零售额（万元） |
| 1995 | 2644 | 4309 | 1408.86 | 1176.82 | 5526.69 | 4604.00 | 49 | 178 | 840 | 745.58 | 309.00 | 489.0 | |
| 1996 | 2940 | 4887 | 1938.19 | 1698.50 | 6760.64 | 5340.35 | 50 | 169 | 986 | 2003.93 | 402 | 511 | |
| 1997 | 3016 | 5251 | 2349.65 | 1387.69 | 7623.81 | 6227.50 | 62 | 192 | 1419 | 2857.00 | 482.00 | 900.00 | |
| 1998 | 3332 | 5893 | 2800.37 | 1583.9 | 8366.95 | 6900.21 | 81 | 315 | 1746 | 3637.30 | 923.80 | 2200.4 | |
| 1999 | 3624 | 6215 | 2953.00 | 1575.0 | 9352.00 | 7204.00 | 90 | 285 | 2140 | 3954.00 | 1166.0 | 2354.0 | |
| 2000 | 2533 | 2802 | 3379.00 | 837.16 | 6218.00 | 4827.98 | 95 | 290 | 2488 | 4338.00 | 1603.0 | 3413.0 | 5376.9 |
| 2001 | 3008 | 3277 | 4204.30 | 849.93 | 6814.70 | 5033.01 | 110 | 289 | 3087 | 5668.00 | 2580.0 | 4506.0 | 2928 |
| 2002 | 3259 | 3527 | 5431.70 | 860.00 | 7201.00 | 5268.00 | 120 | 302 | 3909 | 7744.00 | 2670.0 | 4706.0 | 3073 |
| 2003 | 3360 | 3518 | 5711.71 | 813.96 | 7179.52 | 4774.12 | 139 | 371 | 3987 | 11228.0 | 5462.0 | 3553.0 | 4090 |
| 2004 | 3354 | 5053 | 6263.00 | 869.40 | 8251.00 | 6189.00 | 148 | 383 | 4392 | 14649.0 | 5520.0 | 3820.0 | 3500 |
| 2005 | 3336 | 5249 | 8059.00 | 1025.0 | 11863.0 | 10276.00 | 173 | 474 | 4668 | 19935.0 | 6452.0 | 4464.0 | 4090.00 |

## 第四节　统　计

**机构**　1987 年 5 月，平川区统计局成立，设农业、农调、工业、商业物资、投资、劳资、综合等专业股室。1999 年 3 月，成立白银市平川区农村经济调查队，正科级建制，隶属区统计局。2005 年，增加基本单位名录库维护专业。统计项目主要为工、农业总产值，农民人均纯收入，粮食产量，乡、镇企业产值，人口增长等。

**统计成果**　1987 年后，区统计局每年整理印刷《白银市平川区国民经济和社会发展统计资料》专集。1988 年整理印刷 1980—1985 年“六五”时期《白银市平川区国民经济统计资料》，全面反映全区国民经济和社会发展情况的资料。

**第四次人口普查**　1990 年，进行第四次人口普查工作，普查的标准时间为 1990 年 7 月 1 日零时，普查项目 21 个。

**第三产业普查**　1993 年 10 月至 1994 年 12 月，进行首次第三产业普查。普查年度为 1991 年和 1992 年。普查范围包括从事第三产业的所有单位。普查手工汇总资料显示：1991 年，第三产业单位数 350 个，从业人员 3554 人；1992 年，第三产业单位数 359 个，从业人员 5675 人。1991 年年底，从事第三产业个体户 2039 户，从业人员 3465 人；1992 年年底，从事第三产业个体户 2363 户，从业人员 4281 人。

**第三次工业普查** 1995年7月至1997年8月,开展第三次工业普查。普查内容包括乡及乡以上工业企业,年销售收入50万元的村办工业,年销售收入50万元的私营、个体工业企业。将所有工业企业的主要经济指标、产品产量及生产设备情况进行登记,普查资料全部编印成册。

**第一次基本单位普查** 从1996年10月开始进行第一次基本单位普查工作,对全区的法人单位和产业活动单位的20类主要指标,包括本区行业的分布、经济类型、规模结构进行普查。普查工作于1997年年底结束。

**第一次农业普查** 1997—1999年,进行第一次农业普查工作。1997年1月开始进行入户登记工作,对全区11个乡镇54个行政村,18867个农户,非农村乡镇企业和非农村住户,农业经营单位进行普查登记,普查内容包括全区农业生产经营单位的数量规模情况、耕地资源状况、农村劳动力的就业及活动情况、乡镇企业的规模和发展情况、农业发展变化情况等方面。1997年7月至1999年12月,完成农业普查数据计算机处理,普查成果开发应用及资料整理汇编等工作。1999年年底,普查工作结束。

**第五次人口普查** 2000年11月1日零时,全区登记总人口为186428人,其中男性98166人,女性88262人,男女性别比111.22,人口密度为88.5人/平方千米,有汉、回、蒙、藏、土、壮、满等12个民族。

**第一次全国经济普查** 2003—2006年,进行第一次全国经济普查。普查标准时点为2004年12月31日,2006年6月结束。此次普查包括工业普查、建筑业普查、第三产业普查、基本单位普查。普查对象为全区从事第二产业和第三产业的全部法人单位、产业活动单位和个体工商户。本次普查采用手工及计算机汇总,经汇总显示:至标准普查时点,全区共有法人单位548个,产业单位349个,个体工商户4569个。

**农村社会经济抽样调查** 主要由区农调队承担。抽样调查的主要内容为:农村居民纯收入调查,农产量调查,畜牧业生产情况调查,农作物播种面积调查,农产品中间消耗、价格调查,农村固定资产投资调查,农村劳动力转移情况调查,农村贫困监测调查等方面。2005年,进行调查网点样本轮换,以这些调查点的数据为基础推算全区农民纯收入、粮食产量等主要数据。

**规模以下工业抽样调查** 即年销售收入500万元以下工业抽样调查,从1998年开始试点,调查工作由区统计局具体组织实施,以调查点的资料推算全区规模以下工业企业生产值等指标数据。

**批零贸易业、餐饮、服务业抽样调查** 从1993年开始试点,1999年正式进行。调查样本由省统计局直接抽选,每年抽选一次。调查工作由区统计局具体组织实施,并以调查点的资料推算全区社会消费品零售总额等指标。

**2005 年全国 1%人口抽样调查**　调查的标准时间是 2005 年 11 月 1 日零时,调查对象是在所抽中的调查小区内具有中华人民共和国国籍并符合相关条件的全部人口，全区共抽取调查小区 30 个,共计约 7000 人。本次工作在区统计局进行计算机录入,最终在市统计局汇总计算。

**专业统计报表**　主要有工业、农业、餐饮业、劳动情况、物资能源,社会科技、固定资产投资、建筑业、国民经济核实基本单位名录维护等方面,依据国家统计报表制度进行统计数据的搜集、汇总。统计报表分月报、季报、半年报、年报等类别。

**综合报表**　包括国内生产总值、财政收入、农村、城市居民储蓄存款、贷款情况等报表。分季报、年报两种。其中国内生产总值由区统计局按季度进行核算,上报市统计局;财政、金融、邮电报表由区统计局每年从财政、金融、邮电部门搜集整理后编印统计年鉴。

## 第五节　国土资源管理

**机构**　1989 年 6 月,平川区土地局成立。1993 年 9 月,成立土地估价事务所。2002 年,区土地局更名为区国土资源局。2005 年 8 月,随全国国土资源系统体制改革,实行垂直管理,更名为白银市国土资源局平川分局。共有干部职工 80 人,内设办公室、耕地保护股、地籍管理股、土地利用管理股、地质矿产股、监督检查股、测绘管理办公室、矿产资源管理站、土地执法监察大队及土地登记评估中心。

**建设用地征管**　区国土资源管理局严格执行《划拨用地目录》，加强建设用地征管。1996—2005 年,共审批建设用地 847 宗,占地面积 143.92 公顷。共办理国有土地使用权出让手续及补办土地使用权出让手续 51 宗,出让面积 38.12 公顷,收取出让金 68991.04 万元。同时,加强企业改制中的土地资产处置,对企业改制中原划拨土地使用权补办出让手续 9 宗,面积 52657 平方米。因土地使用权转让等原因对原划拨用地补办出让手续 6 宗,面积 0.75 公顷。1998—1999 年，完成重点建设项目省道 308 线唐红段改扩建工程征地拆迁工作，共征用土地 20.39 公顷;完成国家重点建设项目刘白高速公路的征地拆迁工作,共征用土地 176.7896 公顷。

**基本农田保护**　结合全区农用地分等定级样点调查工作，依照土地利用总体规划,1996 年、2003 年、2004 年三次共划定基本农田片块 824 块,面积 14260 公顷,保护率达 82.7%。其中一级基本农田 7778.07 公顷,二级基本农田 6481.93 公顷。2005 年,补充划定基本农田片块 28 块,面积 586 公顷,全区基本农田保有量达 14846 公顷,保有率达 86.9%,其中一级基本农田 7778 公顷,二级基本农田 7068 公顷。

**土地权证管理**　1996—2005 年,按法定权限,共颁发国有土地使用证 1279 本,集体土地使用证1049本。清理划拨土地使用权出租267宗，面积6.6公顷，收取土地收益56.56万元。2004年，对乡镇和个体煤矿用地进行清理，共办理临时用地手续39宗，收取土地有偿使用费13万元。2005年，查处“以租代征”用地5宗，面积10.64公顷。

**矿产资源管理** 治理整顿矿产资源开发利用秩序，将在法律、法规规定的审批权限内的采矿权全部按照《甘肃省招标拍卖挂牌出让暂行办法》的规定，进行招标拍卖或以挂牌方式进行有偿出让。同时开展矿产资源动态巡查，妥善调处国土资源权属纠纷。1996—2005年，共查出土地违法案件45宗，占地4.55公顷，调处土地纠纷179宗，占地161.81公顷，全部结案。

**土地利用总体规划修编** 如期完成土地利用总体规划修编工作，完成城区基准地价更新工作，完成《白银市平川区矿产资源总体规划》编制工作。1997年，对原水泉乡、共和乡和王家山镇因分乡、分村造成权属变化及土地利用现状变化大的地区重新进行土地详查，查清各乡村的土地面积和权属界限，完成城镇地籍调查工作，建立城镇地籍信息系统，开展城镇地籍日常变更工作，完成城镇国有土地使用权初始登记发证任务，完成坡耕地调查和耕地后备资源调查评价，完成辖区内王家山矿、大水头矿、魏家地矿、宝积山矿、总机厂、铁道北等六个独立工矿区的权属调查和地籍测量，独立建成工矿区地籍信息系统库。

**2005年平川区土地面积构成及人口密度统计表**

表4-35

| 项　目 | 单　位 | 数　量 | 比　重(%) |
|---|---|---|---|
| 总土地面积 | 平方千米 | 2106.1 | |
| 折合公顷 | 公顷 | 21.06 | 100 |
| 现在耕地 | 平方千米 | 172 | 8.2 |
| 草原面积 | 平方千米 | 879.33 | 41.8 |
| 宜林面积 | 平方千米 | 476.67 | 22.6 |
| 水　面 | 平方千米 | 8.67 | 0.4 |
| 荒地、沙河面积 | 平方千米 | 569.33 | 27 |
| 人口密度 | 人/平方千米 | 92.6 | |

## 第六节　市场建设

**机构** 区市场建设服务局的前身为区市场建设服务所，成立于1996年。当时核定为自收自支单位，副科级建制，编制5人，归口平川工商分局领导。1998年12月，与工商分局脱钩，归口白银市市场建设服务处领导。2001年1月起，将区服务所机构、编制、人员划转平川区政府。6月,更名为白银市平川区市场建设服务局,正科级建制,人员经费为自收自支,列入区政府直属事业单位,编制10名。内设办公室、财务室、督察室、宝积服务所、再就业服务所、文化巷服务所、王家山服务所。

**概况**　管辖市场8个,即宝积蔬菜市场、宝积布料市场、长征什字小百货市场、再就业市场、文化巷市场、王家山综合市场、红会市场、复兴综合市场。2001年,自筹资金20万元,更新小百货市场设施,修筑宝积市场防洪石墙80多米。2002年,自筹资金75万元,新建文化巷市场和单位办公楼,修建市场大棚1350平方米,办公楼560平方米。2003—2006年,启动民间资金,采用集资方式对王家山综合市场进行拆除建设,投入资金260.8万元,新建二层砖混结构营业、住宅综合楼4幢,建筑面积3578平方米,安装彩钢活动板房800多平方米。

## 第七节　物价管理

**机构**　平川区物价局成立于1987年5月。1998年,其职能并入区发展计划局(原区计划委员会)。下属机构有区物价检查所和区价格认证中心。区物价检查所成立于1989年1月,副科级事业单位。区价格认证中心原名区物价事务所,成立于1992年11月,2001年8月更名,为全区唯一的涉案物品价格鉴定、认证、评估结构。区物价局内设人秘股、收费管理股、价格管理股,有职工16人。区物价局定价的商品和服务有5种(类),在确定区集中供热价格、城市公共交通价格时,开展成本监审和价格认证。对粮、油、肉、蛋、菜等居民生活必需品价格进行监测,保持市场基本稳定。同时,在全区非营利性医疗机构实行药品价格和医疗服务收费公示制度。实行收费许可证年审制度,每年审核收费单位的收费政策执行情况。

**概况**　2001—2005年,共检查有关收费单位300多个,查处各类价格违法案件55件,违法金额120余万元。2001年,开通全国统一的“12358”价格举报电话,共受理价格举报案件38起。为全区司法机关、行政执法机关办理涉案物品价格鉴证260起,涉案金额600余万元。

## 第八节　乡镇企业管理

**机构**　区乡镇企业管理局成立于1985年,内设办公室、企业管理股、财务后勤股、技术开发股,有干部职工16人。下属企事业单位有区煤炭运销公司(正科级建制)、区乡镇企业科教培训中心(副科级建制)、区第二建筑工程公司。

**概况**　2005年,全区乡镇企业总数为548个,其中农业企业11个,工业企业185个,建筑业23个,交通业8个,批发零售业240个,住宿餐饮业54个,社会服务业27个,从业人数

8515人。2005年,完成总产值116420万元,其中工业总产值42595万元;完成增加值35130万元,其中工业增加值完成12085万元。企业产品向高科技、精细加工、电器设备制作等领域拓展。1999年9月,制定出台《关于加快乡镇企业改革与发展的决定》。为解决"关井压产"的负面影响,向市乡镇局申请核减产值,将全区乡镇企业总产值核减1亿元。

### 1996—2005年平川区乡镇企业产值(增加值)完成情况统计表

表4-36 单位:万元

| 乡镇\年份 | 1996 | 1997 | 1998 | 1999 | 2000 | 2001 | 2002 | 2003 | 2004 | 2005 |
|---|---|---|---|---|---|---|---|---|---|---|
| 全　区 | 45009 | 71480 | 47000 | 13600 | 14693 | 17900 | 21090 | 24990 | 29810 | 35130 |
| 水泉乡 | 10000 | 7283 | 6130 | 2000 | 2104 | 2570 | 3030 | 3580 | 4210 | 9980 |
| 陡城乡 | | 9563 | 6010 | 1560 | 2200 | 2690 | 3170 | 3730 | 4380 | |
| 宝积乡 | 10000 | 17005 | 9120 | 2700 | 2900 | 3480 | 4070 | 4770 | 5760 | 6760 |
| 共和乡 | 20002 | 19026 | 12740 | 3900 | 3300 | 3940 | 4610 | 5400 | 6280 | 7650 |
| 黄峤乡 | | 9041 | 6330 | 1900 | 2100 | 2520 | 2960 | 3480 | 4090 | 4850 |
| 种田乡 | 1200 | 1888 | 1530 | 310 | 500 | 630 | 760 | 910 | 1140 | 1410 |
| 复兴乡 | 1002 | 1774 | 1060 | 147 | 360 | 460 | 560 | 680 | 870 | 1080 |
| 王家山镇 | 2805 | 5900 | 4080 | 1083 | 1229 | 1610 | 1930 | 2280 | 2860 | 3400 |
| 红会镇 | — | — | — | — | — | — | — | 160 | — | — |

注:1999年后为完成的乡镇企业增加值,1996—1998年为完成的乡镇企业总产值

**企业改革改制** 1985年平川区成立时,从靖远县移交的商业企业有7户,分别是饮食服务公司、五金公司、百货公司、糖酒公司(周家地商场)、食品公司、蔬菜公司、食品加工厂。次年1月,撤销靖远矿区商业局,成立平川区商业局。同年4月,区酒类专卖局成立。1987年,烟草业务划归区烟草局。1991年,成立区盐务管理站,主管盐业和执法工作。1992年,成立区红会贸易公司(前身为五金公司红会商店)。1993年,成立区王家山贸易公司(前身为百货公司王家山门市部)。12月,成立区商贸公司。从靖远县移交的工业企业有磁窑煤矿和物资公司2家。平川区成立后发展起来的企业有区建材厂(因转产改为区三源水泥厂)、区焦化厂、磁窑三号井煤矿、区装饰陶瓷厂、区红会煤矿、区红会第二煤矿、区红会联办煤矿、区党家水煤矿8家。其中,磁窑煤矿1989年被评为全国地方煤矿安全生产先进单位,受到国家能源部表彰。1990年时有职工198人,固定资产588万元。1986年1月,区医药公司成立,公司共有3个批发机构、7个零售网点,为三级医药经营企业,药品供应平川、靖远、海原等地。1988年后,随着国家对全民所有制企业实行租赁、承包责任制的初步推行,全区大部分国有工商企业实行承包经营责任制。1996年后,进行股份制改造。1997年区属工商企业首次改制时,区糖酒公司、

区五金公司、区百货公司三家合为区百货公司，区盐业公司划归新成立的区盐业专卖局，实行垂直管理；区饮食服务公司改制为区商贸宾馆。1996 年 7 月，区政府批准区商业开发公司从原百货大楼剥离。2000 年后，上述企业均因经营管理不善，长期亏损，已破产或倒闭，进入改制状态。2002 年，根据市委、市政府《关于进一步深化中小企业改革的指导意见》精神，第三轮企业改革——产权民营化改革在区属企业中全面推开。2004 年，区医药公司改制为民营企业昊慈药业有限公司。2005 年，有四户国有商业企业完成产权民营化改制。至此，区国有商业企业成为历史。据不完全统计，至 2005 年，全区企业累计亏损 5941 万元。其中，工业企业亏损 94 万元，商业企业亏损 1621 万元，供销企业亏损 502 万元，粮食企业亏损 3996 万元，医药企业亏损 272 万元。

**1996—2005 年平川区乡镇企业主要经济指标统计表**

表 4-37

| 年度 | 企业个数(户) | 年末从业人员数(人) | 总产值(万元) | 增加值(万元) |
|---|---|---|---|---|
| 1996 | 1944 | 17373 | 49569 | |
| 1997 | 2388 | 22998 | 71480 | 13026 |
| 1998 | 349 | 13430 | 47000 | 13800 |
| 1999 | 402 | 11500 | 47400 | 13600 |
| 2000 | 328 | 6434 | 49585 | 14693 |
| 2001 | 424 | 6804 | 59730 | 17900 |
| 2002 | 462 | 6898 | 69850 | 21090 |
| 2003 | 476 | 7234 | 82900 | 24990 |
| 2004 | 521 | 8491 | 98650 | 29810 |
| 2005 | 548 | 8515 | 116420 | 35130 |

注：1998 年开始用新口径统计

## 第九节　城市资产管理

**机构**　2003 年 3 月，平川区市政国有资产经营有限公司成立，加挂白银市平川区市政国有资产管理中心牌子，内设综合办公室、计划财务部、开发经营部。2004 年 3 月，市政公司及管理中心合并，成立区城市综合开发办公室、区土地储备整理中心、区兴达资产投资经营(集团)有限责任公司，实行一套班子合署办公。共有职工 7 人。

**城市资产经营**　区城市综合开发办公室主要负责城市资产经营管理和投资工作。2004—2005 年，从国家开发银行甘肃省分行贷款 3000 万元，其中用于区集中供热工程 1400 万元，商品一条街拆迁改造工程800万元,宝积镇排水项目800万元。

**城区土地经营** 加强城区土地经营管理工作,对城市存量土地实行统一规划、统一储备、统一开发。2005年,对区体育中心空闲土地进行公开挂牌出让,实现土地收益406万元。对全区经营性户外广告牌进行全面清理,规范广告牌的设置经营。

## 第十节 矿产资源管理

**机构** 区地矿局成立于1995年,内设办公室、财务室、征稽股、资源管理股、地测技术股。2002年,与区土地管理局合并,称区国土资源局,设立下属单位区矿产资源管理站,共有干部职工42人。内设机构调整为办公室、综合股、技术股、征稽股。

**概况** 区境矿产资源丰富,分布较广。已发现的矿种20多种,其中已探明或部分探明储量的7种。主要是煤、陶瓷土、陶粒用黏土、石灰岩、玻璃用砂岩、矿泉水、地热,以及建筑用石料、建筑用沙、砖瓦用黏土、花岗岩、耐火黏土、煤层气、铜、金、锰、沸石、石膏、长石等。矿产地20处,矿点及矿化点150多处,主要矿产资源潜在价值约538亿元。煤、陶瓷土、石灰岩、矿泉水、地热、建筑用石料、花岗岩、建筑用沙和砖瓦用黏土等9种矿产的资源储量较多,属优势矿产。地下水资源总量0.5亿立方米,地下水可开采量0.32亿立方米/年,实际开采量0.16亿立方米/年,主要分布在邵家水、旱坪川、贺家川等沟谷盆地及屈吴山一带。种田乡、复兴乡大部分地区地下水资源严重匮乏。

# 第五编　社会事业

## 第一章　教　育

### 第一节　发展概述

**平川区教育发展**　中华人民共和国成立后，当时人口相对集中的村庄基本都办起一至四年级的初级小学，乡镇所在地或人口比较集中的村庄陆续办起六年制完全小学。有的村庄办起一个或两三个年级教学点，相当一部分学校教学方式为复式教学，即数个年级在同一教室由同一老师同一节分年级上课。学校使用国家统编教材，仍沿用汉语注音字母。1952 年，人民政府陆续接管私立学校。1958 年，靖远县第三中学在打拉池创建。1959 年秋，水泉民中合并到陡城民中，组建为靖远县第六中学。之后，水泉、共和、种田、复兴等地先后办起规模不等的农业中学。1968 年，共和中学增设高中。1972 年，水泉中学（白银市第五中学）在旱坪川成立。种田中学同年增设高中。1976 年，复兴中学增设高中。当时区境内有初中 8 所。平川区成立后，即设区文化教育局。1987 年文化、教育分设，成立区教育局。下设办公室、人事股、财务股等行政机构及教研室、电教仪器馆、职教办、招生办等事业挂靠单位，兼管区教育督导室。各乡镇设学区。同时，设立高等学校招生委员会、职业技术教育委员会，办公室设在区教育局。1986 年，开始全面实施义务教育，教育教学质量稳步上升。1988 年，开始教师职务聘评制度，对调动教育工作者积极性起到促进作用。1995 年 4 月，制定《加快全区教育事业发展实施办法》，表彰教育系统先进集体、先进个人及兴教助学、捐资助学先进集体和个人。1997 年 9 月，根据国家教委通知，实施《教师资格认定过渡办法》。1998 年 9 月，经省、市组团评估验收，完成“两基”规划，实现“两基”达标。1999 年 1 月，区教育局印发《平川区教育局关于开展“教育质量管理年”活动的安排意见》和《实施细则》，与各中学学区签订目标管理责任书。“九五”期间，“义务教育”工程在全区共安排 19 个项目，区政府先后贷款 500 万元作为启动资金，制定出台税收、土地等方面的优惠政策，三年内总筹资 2459 万元，完成校舍建筑面积 23794 平方米，完成规划任务的 116.1%。2005 年，在城区建成中学两所，小学 3 所，幼儿园 1 所，教育教学设施日臻完善。全区初等教育阶段适龄儿童入学率、初级中等义务教育阶段适龄儿童入学率、15 岁人口中初等义务教育完成率、17 岁人口中初级中等教育完成率基本达到省颁指标与标准。全区有小学126所,中学13所,其中独立高中1所,完全中学1所、独立初中11所。

**矿区教育发展** 平川教育的重要方面为矿区教育。1949年末,宝积山煤矿股份有限公司创办矿区第一个矿工识字班。1952年秋,矿工集资办起第一所子弟小学。1955年,校址迁至阴洼沟沟口。1958年,设立六年级班,发展成为完全小学,师生近百人。靖远煤矿筹建处成立后,随即调专人筹建学校,校址分别选在黄土岘、宝积山、旱坪川。1959年,三所学校开始招生。1960年春,命名为靖远矿务局职工子弟学校。3所职工子弟学校共有教师24名,学生510名。1962年7月,矿区基本建设停缓建,矿校从黄土岘迁往大水头,教师、学生人数锐减。1965年,矿校迁回黄土岘,学生人数急剧增加。1966年,学生人数增加到458人,教师22人。“文化大革命”开始后,矿区教育事业受到冲击,正常教育秩序被打乱。1969年4月,靖远矿区指挥部成立,矿区建设第二次上马,随着职工人数增加,所属二级单位大都建立子弟学校,解决学龄儿童的入学困难。1978年后,矿区普教工作贯彻“调整、改革、整顿、提高”的方针,加强师资力量,改善办学条件,提高教学质量,矿区普通教育逐步走上持续发展的道路,教育教学成绩得到社会充分肯定,靖煤公司第一中学成为省内名校。

## 第二节 教育经费

**概况** 教育经费主要有两大部分:政府拨款,学校按政府规定向学生收取的学费和各种杂费。另外,有各种形式的集资和捐资。1985年《中共中央关于教育体制改革的决议》中明确规定农村教育实行三级办学、两级管理的机制,在资金渠道上确立利用财、税、费、产、社、基等多渠道筹措经费的原则。1986年颁发《教育法》,明确规定基础教育的责任由政府负责。1999年后,开始以减轻农民负担为目标的农村税费改革,明确义务教育的经费安排主要由财政预算来解决,取消了教育附加、教育集资以及教育投入上的义务工等。2001年,实行“在国务院领导下,由地方政府负责,分级管理,以县为主的体制”,加大了中央及省级财政对义务教育的转移支付力度,同时适当提高义务教育管理的层级,实行县级统筹。

**政府拨款** 20世纪90年代,农村教育经费由乡镇发放,逐步只支付教师工资,不再交付办公费、助学金等。1986年,全区教育经费134.8万元,占全区财政总支出的19.67%,生均占有经费68.78元。1987—1993年占比下降。1995年教育经费比例最高,占全区财政总支出的30%,主要支付教师工资。至1998年年底,财政向学校的拨款项目有教师工资、医疗费、退休人员费用、办公费、办公取暖费、差旅费、班主任津贴、福利补助、工会经费等9项。2005年,全区教育经费3348万元,占全区财政总支出的20.62%。

## 平川区 1986—2005 年教育经费统计表

表 5-1

| 年度 | 教育经费占财政支出比重 | | | 生均占有教育经费 | |
|---|---|---|---|---|---|
| | 财政总支出（万元） | 教育经费支出（万元） | 算占比例（%） | 学生数（人） | 生均占有经费（元） |
| 1986 | 685.2 | 134.8 | 19.67 | 16960 | 68.78 |
| 1987 | 958.8 | 128 | 13.35 | 17458 | 73.32 |
| 1988 | 1186.9 | 156.6 | 13.19 | 17673 | 88.61 |
| 1989 | 1446.2 | 226.9 | 15.7 | 12814 | 177 |
| 1990 | 1704.7 | 219.3 | 12.86 | 18389 | 119.3 |
| 1991 | 2076.6 | 221.2 | 10.65 | 18804 | 117.64 |
| 1992 | 2341 | 265 | 11.32 | 20620 | 101.15 |
| 1993 | 2455 | 313 | 12.8 | 21372 | 146.45 |
| 1994 | 2462 | 702 | 28.51 | 23103 | 303.86 |
| 1995 | 2366 | 710 | 30 | 24655 | 288 |
| 1996 | 2870 | 701 | 24.43 | 31550 | 222.19 |
| 1997 | 4258 | 925 | 21.72 | 26648 | 347.11 |
| 1998 | 5341 | 983 | 18.4 | 29733 | 303.6 |
| 1999 | 6278 | 1085 | 17.3 | 29893 | 362.96 |
| 2000 | 7278 | 1417 | 19.5 | 29298 | 483.7 |
| 2001 | 8334 | 1677 | 20.1 | 30154 | 556.2 |
| 2002 | 10430 | 2680 | 25.7 | 32236 | 831.4 |
| 2003 | 12175 | 2344 | 19.25 | 35197 | 665.97 |
| 2004 | 13484 | 2808 | 20.82 | 34989 | 802.54 |
| 2005 | 16237 | 3348 | 20.62 | 33695 | 993.91 |

**教育费附加**　1986 年 4 月，国务院发布《征收教育费附加的暂行规定》，规定教育费附加分为城市和农村两大块，以各单位和个人缴纳的产品税、增值税、营业税和税额为计征依据。1990 年 8 月，国务院将教育费附加率调整为 2%，由税务机关征收，纳入预算管理，作为教育专项资金，由教育部门统筹安排，根据“先收后支、列收列支、收支平衡”的原则使用和管理，用于改善中小学教学设施和办公条件，不得用于职工福利和奖金发放。1993 年实现分税制后，1994 年将教育费附加率提高到 3%。1995 年实施《教育法》，对教育费附加的征、管、用作出了明确规定。在实际操作中，农村教育费附加由学校直接向学生征收。乡镇、村按当年本地应征收教育费附加的总数分摊给在校学生，由学生直接交给学校使用，有的乡镇从学校抽取一部

分自用。1998年前后,国家一再强调依法征收,但有的乡镇仍令学校征收,并将所收教育费附加全部收归乡镇,不再投入学校。2001年农村实行税费改革后,农村不再征收教育费附加。平川区1992年年底教育费附加城市达到产品税、事业税、增值税的3%,农村达到农民上年度人均纯收入的1.3%,当年征收农村教育费附加10万元。2000年,教育费附加城市征收111万元,农村征收118万元。2002年,教育费附加城市征收367万元。1987—2002年,全区城乡共征收教育费附加1693.9万元。

**学校收费** 1982年,小学生每学期除缴纳学杂费外,每人还要承担民办教师工资2~3元,初中、高中每生每学期分别缴纳学杂费3.5元、4元。此后,缴纳数额逐年有所提高。1992年时,初中、高中每生每学期分别缴纳学杂费35元、40元。1993年,执行九年义务教育政策,小学、初中不再收学费,但开始收取杂费、取暖费等。1999年,白银市规定了各类收费标准,幼儿园分类别按照不同标准收费。小学每生每学期收取项目和标准为:杂费城市13元,农村8元;住宿费城市20元,农村10元;借读费城市70元,农村30元;取暖费均为20元。初中每生每学期收取项目和标准为:杂费城市20元,农村13元;住宿费城市50元,农村30元;借读费城市150元,农村80元;会考费每门课2.5元,考查课每门1.5元;取暖费均为20元。高中每生每学期收取项目和标准为:学费城市50元,农村30元;杂费城市30元,农村20元;住宿费城市80元,农村40元;借读费城市300元,农村150元;会考费每门课5元,考查课每门1.5元;取暖费均为20元。2001年,国家统一提高学校收费,平川区的收费标准也有所提高。小学每生每学期收取项目和标准为:杂费25元,住宿费20元,借读费城市150元,取暖费30元,电化教育建设费12元,班费城市2元,自行车存车费3元。初中每生每学期收取项目和标准为:杂费城市40元,农村35元;住宿费城市80元,农村30元;借读费城市250元;取暖费30元,电化教育建设费25元,上机费1.5元/课时,班费城市3元,自行车存车费3元。高中每生每学期收取项目和标准为:学费城市200元,农村150元;杂费城市80元,农村40元;住宿费城市120元,农村80元;借读费城市500元,农村250元;取暖费城市30元,农村20元;电化教育建设费城市25元,农村10元;上机费城市1.5元/课时,农村0.5元/课时;班费3元,自行车存车费3元。

**捐资助学** 1989年,区委、区政府召开集资办学动员大会,全区为学校集资106万元。1993年,鼓励和提倡厂矿企业、事业单位、社会团体和个人根据自愿量力的原则捐资助学、集资办学。各乡镇、村和学校运用多种方式和渠道,或募捐或摊派,集资集物,改善了学校教学设施和条件。1998年1月,区委、区政府召开捐资助学及“两基”达标动员大会,号召全区干部群众、企事业单位和民营企业家积极捐款捐物兴建校舍,添置教学设施,改善办学条件,当年接受捐款捐物700多万元。1999年后,国家不再提倡“人民教育人民办,办好教育为人民”的口号，确认办好教育是政府的职责，不再组织捐资，并对学校收费实行“一费制”，捐资助学属企业或个人的自觉自愿行动。平川区历年捐资助学1万元以上的个人有房忠、顾克财、张有发、焦彦卿、丁良荣、张明泰、雷振声、王学威、丁有刚、闫生高、常德、李伯荣、张皎、吴振江、肖伟、马得革、李志强、李晓年、曾占仁、常凤祥、贺得兴、邓耀威、吴振涛、魏其忠、张志国、张复平、李生华、张玉宝等。历年捐资助学5万元以上的单位和集体有贺家川村周家地一社、贺家川村周家地二社、宝积乡政府、宝积乡响泉村、宝积乡贺家川村、旱坪川电力提灌工程管理局等。

## 第三节　教师队伍与待遇

**教师队伍**　中华人民共和国成立前，乡村教师基本由地方自聘自请，待遇十分微薄，很少有人能以教师为主要职业。中华人民共和国成立后，人民政府负责学校的一切经费和教师工资的发放，教师的生活得到保障。国家通过初级师范学校、中等师范学校、高等师范学校为各级各类学校培养大量教师。同时，因学校发展的需要，产生代课教师、民办教师等同工不同酬的弱势群体。1985年1月，全国人大常委会规定每年9月10日为教师节，教师的工资待遇也逐渐提高。《教师法》规定教师工资“不低于或高于”国家公务员工资。1986年，甘肃省人民政府颁布《“园丁奖”暂行条例》，市、区政府也相继作出决定，把评选优秀教师作为一项系统工作，中小学教师的劳动业绩得到进一步确认，社会地位、政治地位迅速提高。在大量师范院校毕业生充实教师队伍的同时，1984年年底以前在册的民办教师陆续得到转正。1987年，平川区按照国家安排，开始实行中小学教师专业技术职务评聘制度。春季在市五中和打拉池小学试点，秋季在全区全面推开工作。是为有史以来国家首次对幼儿教师和中小学公立、民办教师评定专业技术职务职称。专业技术职务分为中学高级教师（副高），中学一级教师（中级）和中学二、三级（初级）教师，小学高级教师（中级）和小学一、二级（初级）教师。1988年，区政府对获得专业技术职务的中学高级、一级教师和小学高级教师实行聘任，区教育局对获得专业技术职务的中学二级、三级教师和小学一级、二级教师实行聘任。1994年，为尽快实现教师学历合格，省教委举办卫星电视高等师范教育大专班，培养和提高在中小学任教的中师中专及高中学历教师。全区有103名中小学教师考入卫电高师学习，1997年左右全部获得毕业文凭。2002年，有50多名小学教师考入电大小教大专班学习。根据国务院1995年12月颁布的《教师资格条例》，1997—2002年，教育行政管理部门依法对各级各类教师实行资格认定，高中教师资格由白银市教育局负责审查认定，初中、小学及幼儿园教师资格由区教育局负责审查认定。认定范围包括在职教师、师范院校毕业生和社会人员申请者。1986年10月，省教育厅颁布《甘肃省中小学教师考核试行办法》，规定对中小学教师从政治思想，文化、专业知识水平，教育教学能力,工作成绩及履行职责等五个方面进行考核。市、区教育局制定具体实施细则,建立健全教师考核制度。同时规定,不具备国家规定学历的中小学教师必须通过考试考核,取得教材教法合格证或专业合格证。2005年,平川区有中学教师578人,工人13人,其中大学本科学历125人,专科学历426人,中师中专高中学历38人。小学教师937人,工人16人,其中大学本科学历11人,专科学历159人,中师中专高中学历744人,初中以下学历37人。中小学师生之比分别为1:19.84和1:17.25,学历合格率小学初中分别达到70.19%和74.94%。全区评聘中学高级教师26人,中学一级教师118人,中学二级教师300人,中学三级教师93人,小学高级教师160人,小学一级教师376人,小学二级教师326人。全区评出中学特级教师1人,小学特级教师2人;省级骨干教师7人,省级学科带头人1人。

**教师待遇** 1950年,教师工资实行实物供给,以陡城学校为例,教师每人每月65斗小麦,合487.5公斤;校长每月80斗,合600公斤。后校长每月工资18元,教师每月工资10余元。1952年7月,开始实行以工资分为单位(按实物价格折算货币工资额)的工资标准,小学校长月工资48元,教师月工资40元。1956年工资改革后,校长月工资60元,教师月工资35.5~51元。1963年小调整,有5%~10%的教师提升工资。民办教师的待遇极低,每月5元工资,生产队再记部分工分。1972年,在中学任教的民教月工资20元,部分上交生产队以记工分。1978年左右,有“义务民教”,月工资仅3元。民教等非公职教师每年只发10个月工资。1977年,国家为20%~25%的教师提高工资。1980年后,教师工资又增长一级,并增加教龄津贴,占工资总额的10%。1982年,教师转正定级工资为本科毕业生每月60元、专科毕业生每月53.5元、中师毕业生每月46元,每人每月伙食补助2.2元、物价补贴5元。1985年,按国家统一规定进行工资改革,中小学教师工资中增加“知识分子、老干部补贴”,分每月10元、18元、28元三等。教师转正定级工资本科毕业生每月83元,专科毕业生每月76元,中师毕业生每月69.5元。1986年,分别增至90元、84元、77元。1988年,分别增至123.5元、116.5元、109元。民教聘用等人员月工资37~83元不等。1989年,分别为138.5元、127.5元、120元,民教等非公职教师的工资待遇也相应上升。在农村工作的大中专毕业生实行浮动工资,执行大学本科、专科毕业生每五年后固定一级再浮动一级、中师中专毕业生十年后固定一级每五年后再浮动一级的政策,工资表中列为“浮动工资”和“固定工资”,此项政策平川区执行至2000年5月。

## 第四节 幼儿教育

**概况** 1996年,区境内有幼儿园16所,其中靖远矿务局1所,平川区15所。平川区教育局管辖的15所幼儿园中,市区5所,宝积1所,共和2所,黄峤1所,水泉6所。全区幼儿园及各小学附设学前班共114个班，在校幼儿2782名，其中学前班有幼儿1954名。全区有幼儿教职工121名，其中专任教师72名。2005年，区境内有幼儿园5所，其中其他部门办幼儿园3所，平川区2所。平川区教育局所管辖的2所幼儿园中，市区1所，宝积1所。全区共有幼儿教学班59个，其中幼儿班11个，学前班48个。全区在园人数1815名，其中幼儿267名，学前班学生1548名。全区有幼儿教师85名。

**平川区幼儿园**　全日制幼儿园，隶属区教育局，副科级建制，于1989年兴建，1992年9月秋季招生，班级结构按年龄分大中小班。2005年，有教学班13个，幼儿675名，教职工42名。占地面积5100平方米，建筑面积2500平方米，绿化面积850平方米，园内教学设备、生活设备齐全，环境优雅。有可供幼儿用餐的餐厅、演艺厅各130平方米。设有活动室、舞美室（内设墙镜、钢琴、电子琴、舞蹈拔竿、VCD组合音响）、寝室、游戏室（内设海洋球池、火车钻洞、六人摇、双人木马15座）、图书资料室、医务室。有大中型玩具20余种，教学风琴13架，彩电15台，录音机20台，投影仪2个，多媒体设施2套，动植物标本100余种，教学挂图12300余张，桌面教具20000余件，教师自制的可供幼儿进行各种活动的可操作性材料65865件，幼儿演出服500套。2000年6月，被评审验收为甘肃省一类幼儿园。

## 第五节　小学教育

**概况**　1996年，全区有小学151所，其中其他部门办18所，平川区133所。平川区教育局管辖的133所小学中，市区1所，宝积12所，共和39所，种田21所，复兴17所，水泉27所，王家山17所。全区有小学班773个，在校学生27587名。其中其他部门办小学班247个，在校学生10148名；平川区小学班526个，在校学生17439名。全区小学有教职工1344名，其中其他部门579名，平川区747名。2005年，全区有小学98所，其中靖远矿务局6所，平川区92所。平川区教育局管辖的92所小学中，市区2所，宝积13所，共和13所，黄峤16所，种田9所，复兴9所，水泉20所，王家山10所。全区有小学班773个，在校学生25297名。其中靖远矿务局有小学班196个，在校学生8493名；平川区小学班577个，在校学生16804名。全区小学有教职工1625名，其中矿区597名，平川区1028名。全区有小学专任教师1558名，其中矿区552名，平川区1006名。

**平川区第一小学**　始建于1993年，是一所区属完全小学。始称平川小学，2002年秋季更名为平川区第一小学。学校设教学班20个，有学生1168人。在岗教师66人。其中中学高级教师3人；省级骨干教师3人，获省、市、区其他各种荣誉称号的22人次；学历合格率100%。学校占地面积11613平方米，建筑面积5314平方米，有教学楼两栋、平房7间。学校改善办学条件,打造高雅、和谐、平安的校园环境。铺设人造草坪5000平方米,配置多媒体室、微机室、图书室、实验室、舞蹈体操室、音乐室等,初步建成校园网络系统,基本实现办公网络化。学校坚持“以人为本,给教师一个发展的空间;全面育人,给学生一个幸福的童年”的办学理念,逐步确立“全面育人、全员育人、全程育人”的育人模式,教育教学质量稳步提升。在国家及省、市级刊物上公开发表教育教学论文100多篇,立项或鉴定课题50多个;在全国各种艺术类竞赛活动和英语竞赛中获不同级别不同等次奖励150多人次。2004年被授予“白银市五星级学校”的称号,2009年被评为“全国青少年文明礼仪教育示范基地”。

**平川区第二小学** 始建于2000年,属于国家贫困地区义务教育工程项目学校。占地面积32000平方米。2004年改建为九年一贯制学校。学校有9个年级26个教学班,在校学生1517名。学校教学设施先进。建有育林、逸夫教学楼两栋,总建筑面积5200平方米。建有300米环形跑道的人工草坪操场,面积5492.5平方米。硬件设施和教学软件齐全,拥有图书室、舞蹈室、音乐室、美术室、计算机室、多媒体报告厅。配备达到国家一类标准的物理、生物、化学实验室各1个,仪器室2个,电子备课室2个。有教师用电脑13台,学生用电脑50台。配备宽频校园网1套、校园广播系统2套。音、体、美器材基本齐全,现有图书7445册。学校现有教职工96名,专任教师89名。学历达标率100%。学校以“德智体立本,真善美做人”为办学目标。先后有200多名学生在各类少儿书画大赛及各学科全国奥林匹克竞赛活动中获奖。学校为白银市教育系统先进集体。

**平川区第三小学** 成立于2006年7月。占地面积23500平方米,建筑面积3164平方米,生均3平方米。有18个教学班,学生1040人。学校有教职工57人,其中本科学历18人,学历合格率100%;小学高级教师30人,小学一级教师24人。

**靖煤小学** 全日制完全小学。创建于1959年,前身是靖煤公司第一小学。学校占地面积14062平方米,建筑面积10000多平方米,绿化面积约1200平方米。有办公楼一栋,教学楼两栋。有现代化的多媒体教室2个、供教学用的计算机室两个,供教师备课用的计算机14台,音乐教室2个。有教职工74人,其中大专文化程度以上63人;中学高级教师1人,小学高级教师52人,初级职称18人;省级骨干教师1人,省教学能手2人,市级教学能手1人,市级骨干教师15人。学校先后获得“甘肃省教育系统先进集体”、“白银市五星级学校”、白银市“示范学校”、白银市“巾帼文明岗”等荣誉称号。被省精神文明委员会授予“未成年人思想道德建设家长示范学校”。学校坚持“以人为本,以人的发展为本,用爱心关注每一位师生,使教育者和受教育者在教育中得到主动、和谐的发展”的办学理念,恪守“全、诚、勤、健”的校训,以“净、和、礼、进”为校风、“爱、谨、精、趣”为教风、“实、思、活、问”为学风。在教育中注重“面向全体、全面发展”,学生的综合素质得到全面发展。

**靖煤公司第二小学**　位于平川东路，创建于1975年3月。2005年，有职工80人，其中中学高级教师3人，小学高级教师59人，小学一级教师7人，小学二级教师5人；市级骨干教师14人；本科学历14人，专科学历43人。学校设教学班24个，另附设学前班2个，有学生1500多人。学校占地面积8354平方米，建筑面积4391平方米。有多媒体教室两个，计算机教室两个，教师电子备课室一个，办公室全部配备电脑，拥有各类计算机90台套，按新课程计划为二年级以上学生开设计算机信息技术课程，全部实现宽带接入。现有藏书15000余册，每年征订各类报刊、杂志40余种。教师撰写的教研论文有40多篇先后在国家级、省级刊物上发表；有80多篇先后在国家级、省级论文评比中获奖；有多名教师参与编写的3种教辅资料通过审定并公开出版发行；承担1项“九五”重点课题获市级科研奖并结题，1项“十五”重点课题通过省级鉴定结题。每年都有省级课题、市级课题立项、结题。学生参加各级各类竞赛多次获奖。学校获白银市“示范学校”、“学校德育工作先进集体”、“教育质量管理先进学校”，甘肃省“教育系统先进集体”等荣誉称号，2002年被评定为白银市“五星级学校”。

**平川区共和镇民族小学**　成立于1999年9月，是平川区第一所六年制民族完全小学。当地村民推选张有发担任建校董事长，李建成(回)、何仁昌、马永山(回)、午爱军、潘自贵、李德财(回)等人担任董事。9月10日，学校破土动工。当天集资20多万元。学校占地面积9830平方米，建有一幢二层教学楼，一排连三教室和11间教师宿舍，建筑面积1572平方米。

## 第六节　中学教育

**概况**　1996年，全区有中学15所，其中其他部门办5所，平川区10所。在平川区教育局管辖的10所中学中，市区1所，白银市1所(白银市第五中学)，宝积、黄峤、王家山、共和、种田、复兴各1所，水泉2所。全区中学有教学班227个，其中其他单位办99个，平川区128个。全区中学在校学生初中生9581名，高中生2032名。全区有初中教师613名，高中教师122名。2005年，全区有中学26所，其中矿区10所，平川区16所。在平川区教育局管辖的16所中学中，城市4所，白银市1所(白银市第五中学)，宝积、黄峤、王家山、共和、种田、复兴各1所，水泉5所。全区中学有教学班373个，其中矿区150个，平川区223个。全区中学在校学生初中生14196名，高中生7085名。全区有中学教职工1438名，其中专任教师1258名(初中866名，高中392名)。

**平川中学**　筹建于1986年春，9月10日，召开白银市平川中学落成暨开学典礼大会。时有教学班4个，初一、高一各两个班，在校学生236人，教职工18人。1988年3月，由政府投资在学校西面动工兴建两栋教室，一栋教师宿舍。9月，新教室竣工，高一级学生进入新教室学习。

学校建筑面积增加到2814平方米。1996年被确定为白银市十所重点中学之一。1997年,新教学楼建成交付使用,共3161平方米,五层砖混结构,高中部各班搬入新楼上课。1998年6月,学校安装卫星教育频道接收器,同时配备两个微机室,安装56座的语音室一个,装备教室型和校园型语音发射接收装置。2002年8月,高一级学生1080名,编为15个教学班迁入新校址。同年12月,由科级建制单位升格为副县级建制单位。新校址位于中区开发区核心地带,学校占地面积11.33公顷,总建筑面积30063平方米。教学设备设施均按一级重点中学要求配备。有教学楼一幢,科技综合楼一幢,学生公寓三幢,学生综合服务楼一幢,标准化体育场一座;有10个标准化的物理、化学、生物实验室,2个计算机教室,拥有计算机300多台,装配2个多功能报告厅、12个多媒体教室,安装校园广播电视转播系统,接入电信宽带网。图书阅览室藏书4万余册,征订200多种报刊。2005年,学校有教学班49个,在校学生3216名,教职工194人,其中有特级教师1人,高级教师45人,中级教师43人;全国优秀教师2名,获省"园丁奖"教师3名,获市"园丁奖"教师15名,省级"骨干教师"(教学能手)6名,市级"骨干教师"17名。学校以"一切为了学生,一切为了教师"为办学理念,以"崇德、博学、求实、创新"为校训。先后被授予"甘肃省教育系统先进集体""白银市推广教改经验先进集体""白银市体育传统项目学校"等称号。

**平川区第二中学** 成立于2003年3月,其前身为平川中学初中部。有教职工106人,其中高级教师11人,一级教师55人。2005年,有教学班28个,学生1927人。学校占地面积2.67公顷,绿化面积5333平方米,有综合办公楼、学生公寓楼及微机室,建筑面积10000多平方米。拥有图书20000多册。办公室配备办公用电脑并开通宽带互联网。学校被评为"白银市五星级学校""白银市园林化学校"。学校教师受到区级以上奖励近30人次,有10人被评为市级青年教学能手,14人被评为市级骨干教师。学生中先后有500人次获得区级以上奖励和学科竞赛奖。学校组建教职工篮球队、学生体训队、学生舞蹈队、绘画队。舞蹈获全市文艺会演优秀奖,韵律操在全市比赛中获一等奖。

**白银市第五中学** 原名靖远县水泉中学,位于水泉镇五级街。1986年3月更名为白银市第五中学。1971年,靖远县革命委员会批准成立水泉中学,规模系独立高中。1979年招收初三学生,之后陆续招收初二、初一学生,学校由独立高中逐渐成为一所完全中学。1980年初中恢复三年制,1985年高中恢复三年制。1986年高考录取学生30多名,1987年高考录取学生45名。2005年,有学生2224名,其中初中生1246名,高中生978名。有教学班35个,其中初中19个班,高中16个班。学校占地面积58784平方米,教学区、生活区、运动区布局合理,环境优美。学校现有教学楼两栋,标准教室44间。有国家"义务教育"工程项目投资的微机室一间,电教室一间,理化生实验室和器材室设施基本齐备。全校教职工122人,其中高级教师4人,一级教师25人。学生历年参加全国、省、市各类学科竞赛获奖418人次。

**靖远煤业公司第二中学** 其前身为1970年4月20日在红会建立的煤炭工业部第十一工程处职工子弟学校,初为小学。1971年更名为甘肃煤炭第二工程处子弟学校,升办初中。1972年更名为靖远矿区第二中学,1973年发展为完全中学(含完全小学)。曾由甘煤二处、红会一矿代管。1982年更名为靖远矿务区第二中学,由矿务局教育处管理,1989年停办高中。2001年4月随矿务局的改制更名为靖远煤业有限责任公司第二中学。起初是五年制小学,1971年创办初中,1973年发展为完全中学(含小学),1991年撤销高中建制。学校占地面积44155平方米,建筑面积14497平方米,绿化面积4539平方米。2005年,有教学楼3幢,科技室等专用教室20间。36个教学班,学生1500余名。教职工149人,专职教师127人,其中中学高级教师7人。有小学高级教师40人,区级以上骨干教师35人。学校以"团结、勤奋、求实、创新"为校训,形成"敬业、严谨、务实、探索"的教风、"勤学、善思、踏实、灵活"的学风和以魏书生教育思想指导学校管理的新理念,以"校园无小事,事事皆育人"及"把简单的事做好就是不简单,把平凡的事干好就是不平凡"的校长办学理念,以实行小课时制、推进先进教学法、加强学校常规管理等措施实施有效教学。

**平川区第三中学** 前身为1959年创办的靖远矿务局电厂小学。先后曾称靖远煤矿筹备处职工子弟旱坪川分校、靖远煤矿职工子弟学校旱坪川分校、靖远矿区指挥部水电公路管理处职工子弟学校、靖远矿区职工子弟第三中学、靖远矿务局第三中学。1971年设初中,1975年开办高中,1980年撤销高中部,改为初级中学(含小学)。2001年8月矿务局改制后更名为靖煤公司第三中学。2008年由企业管理移交属地管理,更名平川区第三中学。学校为"白银市五星级学校"和"白银市园林化学校"。学校占地面积53000平方米,建筑面积4814平方米,体育场地22074平方米,绿化面积13886平方米。学校装备有计算机房、多媒体教室,建设有校园网络系统,图书室藏书13460册。2005年,有教学班20个,学生848人(小学477人)。有高级职称教师6人,中级职称教师38人;省级青年教学能手1人,市级青年教学能手1人,市级骨干教师3人。学校以"崇德创新、勤奋自强"为办学宗旨,以"严谨博学、育人创新、立志好学、互助上进"为办学目标,初步形成"德育为首、质量为本、全面发展"的办学特色。2005年被中共白银市委、白银市人民政府授予白银市教育系统"先进集体"。

## 第七节 职业技术教育

**机构** 1987年,平川区职业技术教育委员会成立,办公室设在区教育局,负责全区职教工作。先后将种田中学改为种田职业中学,共和中学改为共和职业中学,开展职业技术教育。开始对党、政、事业单位干部和企事业单位工人进行岗位职业技术培训,对专业人员(如会计等)进行系统培训,组织专业技术职务(职称)考试。组织指导社会力量举办不同行业不同形式的职业技术培训,以提高社会劳动人员的基本素质和行业素质,开辟和扩大就业领域。先后成立汽车驾驶、缝纫、烹饪、计算机、家电维修、机械维修等公办或民办的专业技术教育机构,参加学习和培训的人员通过不同级别的考试,获得作为从业资格的职业资格证书。

**靖煤公司职业教育** 1958年,靖远煤矿筹建处所属23个单位共成立15所业余学校,开展扫盲及职工业务技术培训工作。1960年共配备专职教师21名,兼职教师166名,将全局858名职工按照不同文化程度、不同分工组织到不同班级学习文化。1969年矿区建设第二次上马,职工人数由800多人猛增到1万多人,为解决新招收工人文化及业务素质低的问题,指挥部在旱坪川举办技术、业务干部轮训班。1979年,靖远矿务局成立干部训练班,1982年改为干部学校。同年6月,甘肃煤炭基本建设工程公司成立干部学校。1984年11月,经甘肃省计委,省教育厅批准,将基建公司干部学校扩建为甘肃煤炭干部中等专业学校。1987年8月,将矿务局干部学校并入甘肃煤炭干部中等专业学校。1984年,靖远矿务局将原护训班扩建为甘肃煤炭卫生职工中等专业学校。1985年6月,成立甘肃广播电视大学靖远矿务局电大工作站。同时矿区专设培训处,培养专业技术人才。

**甘肃省煤炭工业技工学校** 1979年8月开始筹建,校名靖远煤矿技工学校,由甘肃煤炭工业局和靖远矿务局双重领导。1980年年初开始招生。1984年6月更名为甘肃省煤炭工业技工学校,由甘肃省煤炭工业局直接领导。1987年7月,学校在靖远矿务局设立教学点。次年7月,在窑街矿务局和九条岭煤矿分别设立教学点。1991年归靖远矿务局直接领导。现有教职工120人,其中高级讲师10人。学校占地面积14.39公顷,先后建成7227平方米教学楼、2950平方米学生公寓楼、1420平方米食堂,礼堂、校办工厂、锅炉房以及2万平方米的足、篮、排球场。先后投入80万元装备微机室、电教室、实验室以及实习设备和器材。学校现有固定资产676万元。技校立足市场经济发展需求开设机械化采煤、机电维修、幼儿保育、烹饪、商业服务、餐旅服务、饭店管理、园林绿化、市场营销、计算机应用等专业。招收初中毕业生,主体专业学制三年,面向社会开办的专业学制两年。学校根据社会对初、中级实用型人才的需求,加强对学生专业技能的实习训练。有供200人实习的校办工厂,2个电工实习车间,2个钳工实习车间,2个机械加工实习车间,2个家电实验室,1个地测实验室,1个电教室,2个微机室。校外有机械化采煤、电钳、饭店管理、园林绿化等4个大型实习基地。学校主要面向靖煤公司招生,学生毕业后由公司在企业内安排工作。同时主动适应社会对技能型人才的需求,及时调整专业设置,面向社会(农村)广泛招生,学生毕业后由学校负责推荐安排就业。近年来,学校与省劳动厅、人事厅设在北京、深圳、上海、大连、天津、苏州、兰州等地的管理机构建立就业信息网,达成定点、定期输送毕业生的协议,实行就业跟踪管理。

**甘肃煤炭工业学校**　甘肃省唯一一所煤炭普通中等专业学校，始建于1973年，位于平川区城中心，现为“国家级重点中等专业学校”“省级文明单位”，隶属于甘肃省经济委员会管理。学校占地面积21.93公顷，建筑面积7.5万平方米。现在校普通生7004人，成人大专、本科函授生1480人。有教职工189人，专职教师125人，其中高级讲师39人，讲师、工程师60人，教师68人，实习指导教师16人，有27人取得工程硕士和教育硕士学位。学校还聘请富有实践经验的工程技术人员及兼职教师50余人充实教师队伍。已有16人获得教育硕士和工程硕士学位证书。教师中有85人次在国家、省级刊物发表各类论文317篇，有68人次主编（副主编）、参编煤炭工业出版社、中国矿业大学出版社统编规划教材42种，有46人被聘为全国和省级各类学会、协会的会员和理事，有26名教师承担并完成国家“十五”重点课题《信息化进程中的教育技术发展研究》中4个子课题的科研工作。图书馆藏书15万册，学校计算机中心拥有各类微机400余台，主干千兆的校园网具备教学、管理、信息交流的全面功能，并与国际互联网联接。设有多媒体教室、标准化语音室、电子阅览室及18个实验室、8个实训实习基地，并配备现代化的数控机床、电子经纬仪等一批先进的电教设备。开设采矿技术、机电技术应用、矿井建设、煤矿机电、地质勘探与找矿、矿井通风与安全、测量工程技术、资源与环境保护、计算机应用等20个专业，其中采矿技术、机电工程两个专业被确定为省级重点专业。学校还开设“3+2”高职教育，与西安科技大学、兰州理工大学联办成人大专、本科函授教育，形成立足煤炭、面向社会，以中职教育为主，成人学历教育、职业技能培训并举的多形式、多层次的办学格局。建校以来，学校已为社会培养2万余名合格的建设人才，为推进煤炭工业现代化建设做出一定贡献。历届学生中有405人获得高级专业技术职务，2360人获得中级专业技术职务。被誉为“陇原煤海第一校”。学校为县级建制，属国家事业（全额拨款）单位。学校被上级机关先后认定为“全国计算机等级考试考点”“甘肃省第六十七国家职业技能鉴定所第三鉴定站”“省部级重点普通中等专业学校”“国家级重点中等专业学校”“国家二级煤矿安全技术培训中心”，先后被授予 “省级文明单位”“国家级重点中等职业学校”“甘肃省专业技术人员继续教育基地”“全国煤炭教育先进单位”等称号。

**平川区体育训练学校**　位于兴平南路，成立于1987年，隶属区体育中心。主要任务是通过业余训练，培养体育优秀人才，向大专院校和体校输送优秀体育学生。业余体校输送的运动员樊小芹代表甘肃省在2000—2001年度全国女子曲棍球联赛中获第四名，张玉杰在全国青少年跆拳道比赛中获得冠军。

**陇安驾驶员培训学校**　原名陇安驾驶员培训队，创建于1998年3月。学校占地面积1公顷。设备齐全，有电脑2台，教学模拟操作台以及教练用小轿车4辆、东风车9辆。已培训学员2000余人。

**红达驾驶培训学校** 筹建于2003年10月。场地区有龙门吊杆庄库3个,九选六场地驾驶训练项目齐全,适应教学训练。教学车辆及设施达到GB7258的要求和JT / 198的技术条件。

**平川区1986—2002年普通高校、中专录取统计表**

表5-2 单位:人

| 类别/年度 | 平川区 | | | 靖远矿务局 | | | 合计 | | |
|---|---|---|---|---|---|---|---|---|---|
| | 计 | 大学 | 中专 | 计 | 大学 | 中专 | 计 | 大学 | 中专 |
| 1986 | 79 | 25 | 54 | 39 | 30 | 9 | 118 | 55 | 63 |
| 1987 | 79 | 32 | 47 | 60 | 37 | 23 | 139 | 69 | 70 |
| 1988 | 72 | 25 | 47 | 78 | 60 | 18 | 150 | 85 | 65 |
| 1989 | 70 | 31 | 39 | 46 | 37 | 9 | 116 | 68 | 48 |
| 1990 | 103 | 58 | 45 | 50 | 34 | 16 | 153 | 96 | 57 |
| 1991 | 124 | 51 | 73 | 57 | 48 | 9 | 181 | 99 | 82 |
| 1992 | 144 | 63 | 81 | 58 | 52 | 6 | 202 | 115 | 87 |
| 1993 | 218 | 73 | 145 | 86 | 57 | 29 | 304 | 130 | 174 |
| 1994 | 226 | 63 | 163 | 85 | 66 | 19 | 311 | 129 | 182 |
| 1995 | 226 | 39 | 187 | 120 | 85 | 35 | 346 | 124 | 222 |
| 1996 | 226 | 54 | 172 | 136 | 107 | 29 | 362 | 161 | 201 |
| 1997 | 277 | 89 | 188 | 170 | 127 | 43 | 447 | 216 | 231 |
| 1998 | 242 | 70 | 172 | 216 | 144 | 72 | 458 | 214 | 244 |
| 1999 | 370 | 137 | 233 | 304 | 224 | 80 | 677 | 361 | 316 |
| 2000 | 622 | 246 | 376 | 326 | 253 | 73 | 948 | 499 | 449 |
| 2001 | 888 | 419 | 469 | 473 | 348 | 125 | 1361 | 767 | 594 |
| 2002 | 998 | 649 | 349 | 616 | 480 | 136 | 1614 | 1129 | 485 |

# 第二章 科技

## 第一节 发展概述

**机构** 1985年区政府设立科学技术委员会,1998年更名为区科学技术局。2002年机构改革,为区政府直属事业单位。2006年6月,成为区政府组成部门。1988年4月,区政府设立区科技开发中心,事业单位,隶属区科技局,后更名为区生产力促进中心,副科级建置。1999年3月,设立区地震局,隶属区科技局,其前身为1989年成立的区地震办公室,事业单位,副科级建置。后升格为正科级建制,从区科技局划出,为区政府直属事业单位。

**科技发展** 建区以来,全区以"服务城市、致富农民"为宗旨,以培养城郊型农业为重点,以调整农业结构、实现产业化为目标，以发展高新技术产业为动力，先后开展旨在推动科技进步和经济发展的“1996乡镇企业年”“1997支柱产业年”“1998城市管理年”“1999引进项目年”“2000科技推广年”等一系列活动。使全区农业科技覆盖率达93%，科技成果转化率达52%，主要农作物良种覆盖率达99%，科技普及率达82%，工业企业新产品产值率达15%，科技进步对经济增长的贡献率达46%。为加强组织保证，全区建立“科技领导、科技管理、科技服务、科技示范、科技培训”五大体系，成立科教兴区领导小组，乡镇成立相应的科技工作机构。同时，平川区选派一批有真才实学的科技人员担任乡镇科技副乡（镇）长，科协主席。农村科技服务体系以“巩固提高区一级，充实加强乡一级，延伸发展村一级”为原则，建立各种不同类型的农科教培训中心，村上设立技术培训学校，逐步形成区有中心、乡镇有站、村有组、组有员的发展网络。投资60万元建成平川科技信息网站，辐射政府统办一号楼所有单位。投资10万元在共和镇、水泉镇建成农村科技信息网示范点。在农业科技推广服务单位和各乡镇均设立科技信息网点，并配备科技信息员。共发展区级技术学会会员108人，农民技术协会会员181人。建设综合示范乡2个，科技示范村20个，科技示范户3500户。围绕煤炭、电力、建材、陶瓷四大支柱产业，引进意大利100万平方彩釉墙地砖生产线、1000吨/年纤维素酶系列产品生产线、神龙锅炉生产线、雄征酒系列产品生产线，开发新产品30多种，并引进开发太阳灶、沼气池等新型农村能源技术，建造沼气池100座，在水泉镇推广太阳灶户，户均达到1台。全区有各类专业技术人才7430多人，其中高级职称86人，中级职称831人。2005年，投资5万元，于6月中旬开通平川科技信息网站。白银赛诺公司生物酶工程技术研究中心、白银熙瑞生物科技有限公司菊粉工程技术研究中心、平川区陶瓷研究院陶瓷工程技术研究中心被市科技局认定为市级工程技术中心。区生产力促进中心通过ISO9000认证。全年向白银市选报建设项目3项，向白银市争取科技项目2项，推荐市科技进步奖1项，经评定获得三等奖。

**靖煤公司科学研究设计院**　原名靖远矿务局科学研究设计院，1988年5月在原靖远矿务局科学研究处和设计处的基础上成立，2001年8月更名为靖远煤业有限责任公司科学研究设计院。2002年12月经省级认定为靖远煤业公司技术中心，与科研设计院联合运转，具有建设部核准的煤炭行业（矿井）乙级工程设计资质，甘肃省建设厅核准的建筑行业建筑工程丙级设计资质、岩土工程及工程测量资质、乙级监理资质、甘肃省建筑业试验资质（岩土二级），甘肃省测绘局核准的房产测绘丙级资质，具有国家安全生产监督管理局及国家煤矿安全监察局核准的煤矿安全评价、安全预评价资质，具有甘肃省发改委及煤炭安全监管局颁发的煤矿生产能力核定资质。主要承担矿井建筑工程设计、工程勘察、测量及工程监理、工程桩动测、煤矿安全评价等业务，设有采矿工程所、建筑工程所、技术经济室、规划勘察室、工程监理部、计算机中心、科研开发管理室、安全评价部、装修工程部、综合办公室等机构，2005年，有各类工程技术人员57人。其中,高级工程师15人、工程师26人,注册建筑师3人,注册结构工程师3人,注册监理工程师15人,注册安全工程师2人,安全评价人员14人,咨询工程师1人。1991年后共完成优秀科技成果131项,获得各类奖项114项,其中省部级一等奖3项,省部级二等奖5项,省部级三等奖10项,厅局级一等奖19项,厅局级二等奖23项,厅局级三等奖13项。

## 第二节　科技成果

**煤矿开采科技成果**　靖煤公司研究开发的国家煤炭工业技术重点攻关项目、甘肃“211”工程高新技术项目“急倾斜特厚易燃煤层高效综放开采技术”达到国际领先水平,攻破国际上一项采煤技术难题,获得国家专利7项,被评为2003年度全国煤炭工业十大科技成果之首,并获2004年甘肃省科技进步一等奖。靖煤公司完成的利用矿井抽放瓦斯直供锅炉燃气研究项目获得省级三等奖。

**农业科技成果**　区林业技术推广站完成的中草药防治苹果锈果病试验研究项目,区农业局完成的小拱棚韭菜优质高效栽培技术试验与研究项目,区农技中心完成的露地及反季节精品西瓜优质高效栽培技术研究与产业化示范基地建设项目,区农技中心、科技局、陡城镇、宝积乡、水泉乡共同完成的砂田西瓜优质高效生产及配套改进技术研究与示范项目,分别获得省级三等奖。

**医学科技成果**　靖煤公司总医院科技实力雄厚,成果丰硕。按获奖时间先后统计,主要有:《显微外科技术的开展及应用》,项目负责人吴国兰、俞友铭,获省煤炭工业科技进步二等奖。《大容量全肺灌洗机治肺矽病临床应用研究》,项目负责人王世超、徐斌、廖凯兴,获省煤炭工业科技进步一等奖。《髓内针加压固定治疗肱骨干股折的研究》,项目负责人李苾、吴国兰、李明道,获省煤炭工业科技进步二等奖。《外科重危病人周围静脉营养支持的研究》,项目负责人王国强、梁永宝、莫吉宾,获省煤炭工业科技进步二等奖。《生物黏合剂治疗四肢管状骨骨折的临床研究》,项目负责人吴国兰、李明道、杨荣华,获省煤炭工业科技进步二等奖。《煤工尘肺病人手术期处理的临床研究》,项目负责人马小平、莫吉宾,获省煤炭工业科技进步二等奖。《近红外线乳腺诊断仪对中老年妇女乳腺疾病的普查及意义的研究》,项目负责人魏其录、梁永宝、赵海峰,获省煤炭工业科技进步三等奖。《乳腺癌前哨淋巴结活检意义的临床研究》,项目负责人滕学农、莫吉宾、马小平,获省煤炭工业科技进步二等奖。《心脏起搏器植入治疗严重心律失常的临床研究》,项目负责人于爱香、曹毅、常兴忠,获省煤炭工业科技进步三等奖。《对煤矿井下工人骨质疏松的研究》,项目负责人吴国兰、李明道、杨荣华,获省煤炭工业科技进步三等奖。《藻酸双酯钠、阿司匹林预防和治疗心脑血管病》,项目负责人魏孔明、徐斌、朱萍,获省煤炭工业科技进步一等奖。《X光电视监视下食管、幽门十二指肠、结肠支架置入》，项目负责人班均、朱世军、李士光，获省煤炭安全监察局科技进步二等奖。《胰岛素泵临床应用》，项目负责人朱萍、魏孔明、张勤，获省煤炭安全监察局科技进步一等奖。《腔镜在妇科疾病中的诊治应用价值》，项目负责人宋迎春、黄录英、田雪梅，获省煤炭安全监察局科技进步二等奖。《带血运的骨瓣移植治疗股骨骨折的临床应用》，项目负责人吴国兰、杨荣华、李明道，获省煤炭安全监察局科技进步一等奖。《500例井下工人24小时动态心电图监测分析研究》，项目负责人邵惠霞、魏孔明、曹毅，获省煤炭安全监察局科技进步一等奖。《伤愈灵胶囊的研制》，项目负责人吴国兰、王守慧、白仲梅，获省煤炭安全监察局科技进步二等奖。《ER PR C-erbB-2P53 CK在乳腺癌中的表达与治疗及其预后关系研究》，项目负责人滕学农、李淑霞、王玉香，获省煤炭安全监察局科技进步一等奖。《腹腔镜下选择性胆道造影术的临床应用研究》，项目负责人滕学农、闫晓琨、莫吉宾，获省煤炭安全监察局科技进步一等奖。《尿脱氧吡啶啉排泄率在煤矿人群骨质疏松的研究》，项目负责人吴国兰、李明道、杨荣华，获省煤炭安全监察局科技进步二等奖。《马鞍型糜芯围领在颈椎前后路开窗减压殖骨融合术后的应用的研究》，项目负责人张学鹤、郭艳、常红，获省煤炭安全监察局科技进步一等奖。《当归多糖对脐血单个核细胞的题外扩增研究》，项目负责人胡荣武、王宝军、滕文祥，获省煤炭安全监察局科技进步三等奖。《矿山人群高血压调查与防治的研究》，项目负责人于爱香、赵芳、曹毅，获省煤炭安全监察局科技进步二等奖。《微量元素及维生素缺乏与少白头相关因素的研究》，项目负责人于爱香、张玉琴、杜兆英，获省煤炭安全监察局科技进步一等奖。《矿区各种人群体内微量元素的研究》，项目负责人张武、滕学农、杨占荣，获省煤炭安全监察局科技进步二等奖。《白银市小学生脊柱侧凸流行病学调查研究》，项目负责人李兴勇、吴国兰、李明道，获省科学技术科技进步三等奖。《卫生期下生殖道感染与妊娠结局的研究》，项目负责人解亚斌、宋迎春、魏晓霞，获省科学技术科技进步二等奖。《高压氧联合胰岛素泵治疗糖尿病并脑梗塞的临床研究》，项目负责人朱萍、苗辅贵、魏孔明，获省煤炭安全生产管理局三等奖。《浮膝损伤46例回顾性治疗分析及研究》，项目负责人裴有智、汪玉良、吴国兰，获省煤炭安全生产管理局三等奖。《甘肃靖远煤炭地区儿童血铅水平及相关因素调查分析》，项目负责人于爱香、杜兆英、张玉琴；《同位素测定激素水平在妇科疾病诊断中应用》，项目负责人滕学农、滕文祥、潘世杰；《牙周美容手术与残冠残根保存治疗的临床研究》，项目负责人张立桓、曹毅、孙涛生；获省煤炭安全生产管理局三等奖。《维生素K1对肝病患者凝血酶原活动度纠正试验的相关性研究》，项目负责人李鸿林、常风海、欧淑梅，获省科学技术科技进步二等奖。《计算机网络技术在医院综合管理项目中的应用研究》，项目负责人张晓彦、吴国兰、王建东，获省煤炭安全生产管理局三等奖。《活络调制胶囊的研制》，项目负责人徐斌、白仲梅、王守慧，获省煤炭安全生产管理局二等奖。《妊娠期糖尿病的筛查于妊娠结局的研究》,项目负责人汝惠玲、田雪梅、宋迎春,获省煤炭安全生产管理局一等奖。《痰热清注射液退黄作用的临床研究》,项目负责人于爱香、李鸿林,获省煤炭安全生产管理局三等奖。《煤矿井下前列腺流行病学调查分析与研究》,项目负责人孙明忠、张友宏、滕学农,获省煤炭安全生产管理局二等奖。《煤工尘肺病人合并外科疾病处理的临床研究》,项目负责人滕学农、马小平、莫吉宾,获省煤炭安全生产管理局二等奖。《早期后前路减压固定治疗颈椎骨折脱位比较研究》,项目负责人吴国兰、杨荣华、李明道,获省煤炭安全生产管理局二等奖。《基层医院脑出血微创治疗方法及发病防治研究》,项目负责人徐斌、徐琴、杨廷燕,获省煤炭安全生产管理局一等奖。

## 第三节 地震观测

**地震带** 区境处在青藏高原东北部新构造运动以来的强烈活动区,断裂、褶皱均极发育。尤以晚第四纪以来断裂活动显著,地震活动相对频繁。特别是横跨祁连山地震带、河西走廊地震带、西海固地震带、天水地震带4个地震带,带内新构造活动强烈,以挤压逆冲断裂及左旋走涌断裂为主。主要活动断裂为祁连山北缘断裂、海原断裂等。区政府所在地距1920年海原大地震的宏观震中盐池县仅30余千米,地震裂度有8度区、9度区,个别地方甚至为10度区、11度区。在2001年发布的《中国地震动参数区《GB18306-2001》上,平川区地震动峰值加速度为0.30g,属甘肃省地震裂度最高的几个地区之一。但自1920年以来,区境未发生过里氏5.0级以上地震。

**机构** 区地震局成立于1999年3月24日,前身为1989年成立的区地震办公室,事业单位,正科级建制,隶属区科技局。承担辖区地震的监测、分析、预报,地震灾害的预测、预防,地震科普知识的宣传、普及,辖区内建筑物抗震设防的监督、管理及地震安全评价工作的监督管理。有工作人员5名。2005年,在各乡镇(街道)设兼职防震减灾助理员共11名,设地震宏观测报员6名,宏观测报员享受政府津贴。区地震观测设施目前主要有靖煤公司的水氡、靖远电厂的垂直摆两个专业前兆观测台,以及区地震局托管的地震速报台。

# 第三章 文化 体育 广播电视电影

## 第一节 文 化

**机构** 1985年11月23日,设立白银市平川区文化教育局(含广播电视),成立区运动委员会。1987年5月，成立区文化广播电视局，下设文化馆和广播站。7月，成立区少年儿童业余体育运动学校。1994年11月，成立区文化局，设文化馆和图书馆。1995年1月，文化局与广播电视局分设，同时成立区有线电视台。1998年5月6日，文化局和体育运动委员会合二为一，成立区文化体育局。2001年12月，成立区体育中心。现下设文化馆、图书馆、体育中心、文化市场稽查队四个副科建制单位。2005年，有工作人员38人。

**区文化馆**　1993年5月，区文化馆建成投入使用，馆舍面积1646平方米，设有文艺辅导组、综合排练厅等业务部门。开展青少年书法、美术、舞蹈等培训业务，每年培训500余人次。组织中老年文娱活动、秦腔自乐活动等日常文化活动，平均每天有100余人参加。主办、承办系列节庆文化、广场文化等大型群众文化活动及文艺演出活动，每年吸引20余万人次参与活动并观看演出。

**乡镇文化站（中心）**　乡镇管理体制改革后，先后成立乡镇综合文化站（中心）7个，有文化专干16名。全区建成省级达标文化站2个，市级达标文化站5个，村文化室25个，示范村书库9个，总使用面积超过20000平方米。水泉镇文化中心建于1984年，占地面积400余平方米，各类活动室面积200平方米，文化专干2名，设有图书室、书画展览室、娱乐室，露天舞台，常年正常开展活动，1999年被评为省级达标文化站。中心藏有图书2000余册，开展图书借阅、书画展览、板报宣传、节庆文艺演出、科普知识培训等工作。黄峤乡文化站2002年筹建，从中央文明办、省文明办争取资金16万元，自筹资金32.5万元，新建站舍面积600余平方米，露天舞台300平方米。设有活动室、展览室、游艺室等，有藏书500余册。

**方志编纂**　区地方志办公室成立于1987年3月，隶属区政协，为正科级事业单位。后归口区政府办公室管理，参照公务员管理，编制5人，有干部4人。平川区属新建区，建区10年后，开始创修区志。在区地方志编纂委员会的领导下开始志书编辑工作，万国杰、马荫芳任顾问，白天星任主编，李江、李翔凌任副主编，聘请热爱修志工作者为编辑。历经五年时间，《平川区志》于2000年由中华书局出版，国内外公开发行。2000年12月28日，区委、区政府举行首发仪式。该志内容贯通古今，上限始于事物的发端，下限止于1995年。重点记述建区以来的历史。全书为章节目体，除概述、大事记、附录外，全志分31章，154节，节下设目。总体布局按地理、城建、经济、政治、文化、人物顺序排列。全书52万字，16开精装，附彩色图片16页及各种图表。其中，大户族源、书画珍品录、八景诗等体例，得到方志界肯定。创修《平川区志》获得甘肃省地方史志优秀成果一等奖，白银市第二届社会科学优秀成果一等奖。2006年3月启动第二轮修志工作。

**图书阅览**　1993年6月18日，区图书馆成立，事业单位，隶属区文化广播电视局。1999年9月19日，图书馆面向读者开放，开展业务活动。设借阅室、资料室、综合阅览室、少儿阅览室、电子阅览室等读者服务窗口。年征订报刊90余种,藏书1.5万册,提供阅览席位80座,年外借约5000册次,年流通约2万余人次。馆藏图书一律开架借阅,每周开馆时间48小时以上。除日常的读者服务工作外,每年5月中旬开展"图书馆服务宣传周",12月开展"全民读书月"和送图书下乡、青少年假期读书等活动,倡导读书、组织读书、服务读书。

**图书销售** 平川区新华书店成立于1992年,隶属甘肃省新华书店,为全民所有制图书发行企业。下设财务股、业务股、图书库、教材库、中心门市、红会门市、王家山门市两个网点。以经营图书、教材为主,经营项目包括一般图书、中小学课本、大中专教材、音像制品、文体用品及宾馆服务。承担全区98所中小学,35000名中小学生的课本发行工作。2005年,新综合营业楼建成投入使用,面积2374.93平方米,一楼综合铺面,二楼图书超市、文体超市,三楼四楼办公区和宾馆,五楼会议室。图书超市开架售书,图书品种达10000种,分类设立标识。坚持发行优质书籍,满足读者需求。2000年后,在长征十字街、魏家地煤矿、红会、三矿、四矿、王家山镇及煤矿、九〇三厂等地设立流动展销五次以上,先后向双铺村捐赠优秀百科图书和三农类图书4000余册。

### 1992—2005年平川区新华书店销售、利润、上缴税金情况表

表5-3

| 年份 | 总册数(册) | 总金额(元) | 利润(元) | 上缴税金(元) |
|---|---|---|---|---|
| 1992 | 506642 | 520330 | 15000 | 16590 |
| 1993 | 392718 | 601809 | 16605 | 25846 |
| 1994 | 327924 | 704226 | 20588 | 31122 |
| 1995 | 563903 | 1200073 | 22745 | 44852 |
| 1996 | 559970 | 1650579 | 25000 | 67593 |
| 1997 | 682972 | 2211908 | 28080 | 77056 |
| 1998 | 657230 | 2581859 | 29000 | 86077 |
| 1999 | 815647 | 3000935 | 30500 | 97991 |
| 2000 | 821983 | 3033021 | 32000 | 99331 |
| 2001 | 838505 | 3101763 | 33600 | 119270 |
| 2002 | 949588 | 4001932 | 34608 | 122570 |
| 2003 | 1135054 | 4910911 | 84410 | 148391 |
| 2004 | 1166617 | 6002382 | 123502 | 206728 |
| 2005 | 1073717 | 5301385 | 84810 | 164332 |

**群众文化** 1997年5月,举办郁吉林书画展,展出作品200幅(件)。同年6月,举办万人秧歌环城表演、书画摄影作品展、群众卡拉OK演唱赛、中老年象棋擂台赛、中老年太极拳太

极剑表演赛、综合文艺晚会、秦腔清唱比赛等系列文化活动。1999 年，预算投资 120 万元的文化广场开工建设，占地 10000 平方米，由演出区、观赏区、老年人活动区、休闲区、商业区及绿化区等六部分组成。到 2002 年 6 月，文化广场主体工程全部竣工，成为城区群众文化娱乐、观赏休闲的主要活动场所。2001 年，有 1 个家庭被省知识工程领导小组授予"示范读书家庭"称号，8 个家庭被授予"优秀读书家庭"称号。7 月，省委、省政府授予平川区"甘肃省文化先进县"称号。2002 年 2 月，平川区被省文化厅授予"先进集体"称号。2003 年 6 月，在第五届"雏鹰杯"全国少儿书画大赛中，文化馆选送的 20 余件书画作品入选，分别获得金、银、铜奖以及优秀奖。同年 7 月，在团中央举办的首届全国少儿书画大赛甘肃分赛区中，文化馆选送的 16 件作品入选，占全省获奖总人数的 25%，有 3 件作品入选全国少儿书画大赛，获三等奖。2004 年 11 月，在中央电视台举办的第二届"墨彩杯"少儿书画大赛中，平川区有 2 名同学分别获得金奖和银奖。2004 年 8 月，下旬举办"庆祝邓小平诞辰 100 周年文艺演出和秦腔清唱晚会"。10 月，文化馆活动中心代表队在白银市老年体协举办的第二届"重阳杯"文艺、武术比赛中获得第二名。11 月，文化馆选送的一名业余秦腔爱好者在甘肃省电视台举办的"大戏台"栏目"戏迷争霸擂台赛"中获得月冠军。2005 年 6 月，成功举办"平川区人民广场落成典礼"活动。从此，周末广场文化活动成为由各部门单位筹办，由文化局具体承办的例行文化活动。社区文化、老年文化、广场文化等各类群众文化体育活动在城乡各文化阵地得到普遍开展，每年有近 10 万人次参与老年健身舞、露天舞会、露天电影等 20 余种群众文化活动。文化馆组建中老年业余文艺表演队，各乡镇均成立业余剧团，业余文化演出有声有色。组织开展以"五个百万人群"为主体的全民健身活动。指定专人组织、指导健身活动，每天早晚参加健身活动的人数仅文化馆一处就有千人左右，全区城镇已形成平川公园基地、盘旋路、文化馆、文化广场、人民广场、煤校操场、靖煤公司大院、红会一矿职工体育馆、靖远电厂福利区、王矿基地、靖陶球场等 10 余个全民健身活动场点。

**文化市场管理**　1999 年 11 月 2 日，区文化市场稽查队成立，专门从事文化市场管理工作。2005 年，全区登记在册的各类文化经营单位 221 家。企业投资的经营单位 6 家(新华书店 2 家，俱乐部 1 家，印刷厂 3 家)，其余均为个体私营性质，基本形成以音像、印刷、出版物、互联网、娱乐为主体的文化市场体系。主要分布在城区和王家山镇、水泉镇、红会路街道办等经济相对发达、人口较为集中的乡镇街道。从业人员 500 余人。

## 第二节　文物古迹

**岩画**　区境岩画目前共发现野麻滩、白杨林及井儿川三处。野麻滩岩画位于水泉镇野麻村境内,岩体为红砂岩,面南背北,岩面约成平行四边形状,高7.5米,宽约4.4米,为自然断面,平整无裂缝,右上角和左下角各有一岩眼,位于同一垂线,上眼口径约17~18厘米,下眼口径为10厘米。岩面呈黑褐色,岩体下方有碱蚀,画面保存完好。岩画共有图像24幅,其中人体像10幅、人头像5幅、动物像8幅、器物像1幅,另有磨迹1处。白杨林岩画与野麻滩岩画隔河相望,凿刻于距地面约10米的红岩上,面积约8平方米,长约4米,高约2米。现存山羊像1幅,人像、月亮像、太阳像各1幅,人头像5幅,鼎状像3幅。岩画下幅已风化,有略存痕迹者数幅。山羊像位于整个岩画中心部位,如真羊大小,尾巴上翘,形态矫健,颈部刻线应为缰绳,表明先民正在驯养,为发展畜牧业的雏形。井儿川岩画位于王家山镇井儿川村后圈沟,已发现四处,均刻于红砂岩上,为鹿、牛、马、羊及蛇等动物形像,均为单体,凿刻手法简洁稚拙,且个体较小,风化较野马滩、白杨林严重。岩画一侧有穴居用火痕迹,背风处有动物圈舍遗迹。

**三角古城遗址** 位于水泉镇砂流水村以西1千米甲盔山下,依地势夯筑。城前城后皆有沙河。城墙略成三角形,东城墙下仍有泉水流出,原为控阳武下峡及索桥渡之堡寨。古城残迹轮廓完整,底部宽约2米有余。面积约1公顷。夯筑方法为一层黄土一层沙土,杵眼紧密,俗传筑时加盐。西侧城墙崩裂处密布8厘米见方小孔,上下间距约一尺,左右间距5寸,状如蜂窝,作用待考。

**石沟螺旋状古墓群** 位于种田乡百丰村石沟,据2004年出土石器、陶器推断,属马家窑文化范畴。石沟山地系屈吴山余脉,墓葬位于山间缓坡。古墓封土高达2米以上。最下一组呈"品"字形,按顺时针方向,依次分布7座古墓。墓葬西侧山梁上,呈"一"字形排列三座古墓,形制相同。当地人都称为"三疙瘩梁"。

**毛河洛堡遗址** 位于共和镇毛河洛村,坐北面南,东西长约75米,南北宽约45米,堡墙基厚度9米,四角筑有堡垛,南墙正中有堡门,门前50米处有泉水一眼,泉水甚旺。毛河洛堡宋时名水泉堡,以其南门外有泉故名。亦称磨合落古城。

**明长城** 明王朝于弘治十四年(1501年)成立固原镇,设总兵官,开始兴筑长城。东起陕西定边营绕阳堡,西经甘肃环县的甜水堡关,进入固原卫的下马房关、徐斌水堡和靖虏卫的干盐池、打拉池,经青砂岘达花儿岔,全长318千米。这条近乎东西向的长城从海原干盐池进入区境,经狼山、黄家洼、卧龙山、石碑子等处,沿水泉尖山北麓到达花儿岔,当时称为"内边"。区境目前尚存的明长城遗址有黄家洼(青沙岘)、卧龙山、石碑子沟、碑南泉、水泉镇边墙儿、黄湾下村、下堡等数处。从现存遗址看,有砖墙、石墙、土墙,有关城。黄家洼长城遗址位于黄峤乡王进宝将军坟北的黄家洼山一带,长城遗址如巨龙盘踞于黄家洼山巅北侧,气势磅礴,蜿蜒起伏,整个轮廓依然清晰可见。据史料记载:"俱深二丈阔三丈五尺,南面堑上筑墙,连沟共高三丈。"现存遗址壕堑沟宽约6米,南面城墙高约4米,北面高约1~2米,堑沟内侧间或还有用青石块垒砌的衬墙。每隔100多米就有杂乱堆积的青石块,应为设防的垛口。在青砂岘岘口约有100多米长较为平坦的地方,是长城防守的重点,遗址壕堑沟两侧均高约4米,从现存的大量青石块推断,应为出入长城的关城。从青砂岘岘口沿山坡向东约1千米,即为黄家洼山主峰,长城遗址在主峰北坡约20米处。峰顶建有烽火台,台高约6米,主体系用黄土夯筑而成,外围用青石板铺砌。从烽火台向南北瞭望,则兴堡子川、西格拉滩尽收眼底。环烽火台的低处四周筑有圆形的堡墙,现残高约1米,在正南开有一道堡门。烽火台与边墙既一分为二,又合二为一,组成完整的防御体系。万一边墙失守,还可坚守烽火台用以报警。青砂岘长城在黄家洼北侧向东西两个方向延伸,若断若续,有如长龙,起伏在重重大山之中,向西约20千米即为卧龙山长城遗址。卧龙山位于宝积乡与靖远县东升乡交界地带,从区政府所在地向东北约10千米到磁窑,沿大水沟沙河折而向北,约15千米到卧龙山苦水堡。长城遗址从苦水堡南面的墩墩梁半山腰经过,宽4米左右,与黄家洼长城同为挖掘壕堑后用黄土培筑而成,墩墩梁上的烽火台遗址与黄家洼山顶烽火台格局亦一致。这段长城向东穿过大水沟沙河,在沙河两侧还残存有用石条垒砌成的方台。长城跨过大水沟沙河后,从华道子向东经大堡岘子与黄家洼青砂岘长城相接,向西过李家沟约10余千米,有碑南泉长城遗址。碑南泉长城位于宝积乡罗家川后山,现存遗址在山谷东侧,系就地取材,用青石板砌成外墙,然后内筑黄土,残存长约30余米,谷底最高处达3米左右,高处临近山顶,已坍塌几无。20世纪60年代,谷底尚存残墙,与山谷西端残墙连为一体,后被山洪冲毁,长城两侧山顶均建有烽火台。大水沟沙河和碑南泉两处遗址均为长城关口。石碑子长城位于王家山镇石碑子沟。亦系“斩边偏坡”,山巅有烽燧。烽燧遗址为黄土夯筑而成,保存基本完好,地基呈正方形,边长约6米,高约7米,北面地基残留青石砌成的护坡。烽燧南面是天然的断崖峭壁,北面山坡环烽燧有两道防护壕堑,壕堑宽约4米,高约5米,第一道壕堑距烽燧约10米,第二道约距25米。烽燧第二道防护壕堑再向下约50米便是蜿蜒于山坡北侧的长城遗址。烽燧正北长城上,有一方形堡城,边长约8米,残高约2米,为守护烽燧及长城的官兵起居生活之所。花儿岔长城位于明水泉堡迭烈逊堡之间。南起墩墩梁北侧,亦系“斩边偏坡”,在坚硬的山岩上凿成断壁,据险扼守,痕迹仍清晰可见。长城沿山脊绵延至黄湾下村叫边墙口的地方,人工挖掘的痕迹尤为明显。

**明烽火墩台** 下家台烽燧在水泉镇下家台边墙沟,居于沙河拐弯处突出的山梁顶端。面向东南可眺望尖山南麓的井儿川一带广阔地域,向西北则沙河要道一目了然。沙河向西北过先马沟后,与明永安堡相通。边墙沟烽燧形制独特,南面陡然直上的部分是烽火台,依山临河,形势险要,其下侧为略成正方形的城堡。边长50米,堡北墙设有堡门,这种烽燧与城堡相依而建的格局在区境尚属首次发现。现存的遗址总体轮廓基本保存完好,但坍塌较为严重。烽火台和堡墙均用石条衬砌外侧,内用黄土混合碎石子夯筑。烽火台下方上圆,高约8米,宽约1.2

米。墩墩洼烽燧遗址位于水泉镇老水泉北墩墩洼山顶。黄土夯筑，残高12米，每边长10米，略成正方形。十里墩明代墩台位于水泉沙河兴电工程泵三站右侧的山峰之上，距迭烈逊古渡口约5千米，是区境内发现的唯一一座用人工石料砌筑成的烽燧。烽燧呈正方形，上部略有收缩，边长约4米，高约3米，中间用黄土夯筑，外墙用矩形石块砌成，石块厚度约16厘米，长度60厘米至80厘米不等。由墩台向东北方向眺望，依次可见水泉堡墩台、尖山墩台，并与位于象鼻坡顶的二十里墩遥相呼应。

**王进宝墓** 位于黄峤乡马饮水村北的西格拉滩。其墓北靠黄家洼，南望屈吴，东览峤山，西柱北掌山，局面宽大，气象宏伟。康熙二十四年（1685年）王进宝病逝于固原任所，次年长子用予运父柩归葬青砂砚。春三月遴工刻石兴工建墓。七月二十四日树立前后小石坊二，九月十九日树立中石坊，二十六年（1687年）春二月二十八日立翁仲诸石兽竣工。原配孙氏，病逝于五十年（1771年）二月，当年十月二十九日合葬于青砂砚王将军墓内。将军坟坐北向南，王氏家谱谓“子山午向”“犀牛望月穴”。神道总长150米、宽20米，自南而入，为第一道牌坊门，牌坊门高约2.5米、宽5米，门两边有一对石狮守护。门前10米处有两个圆形石座树起两旗杆。进门后，东西两侧为两座石碑。在一、二道牌坊门之间，有两柄器械和两根旗杆分别耸立四角。第一道牌坊门前一对高近1.3米的石狮威镇两侧。门里向前10米两侧是一对石羊，间隔10米后是两匹高达2米的石马，向前10米是一对石麒麟，再向里走10米，是两尊相向而立的武士，披甲佩剑，威风凛凛。又10米是一对有汉官威仪的文官，神态雍容，侍立两旁。过后就是第三道牌坊，门前仍是一对巨型石狮，进门后，两侧高耸石碑两座，碑首大书“皇清”二字，其后即为封土。石工雕凿精巧，立碑规模宏大，为全国少见。初毁于打拉池飞机场修建时，继毁于“文化大革命”时期，今仅残存破石断瓦。将军墓封土呈圆形，周长33米，高7米。王将军墓自葬后数次被盗，为保护地方文物，1992年甘肃省考古研究所进行挖掘清理。发现地下墓室由墓道、墓室和耳室组成。墓道宽2米，由南向北呈斜坡状下延伸约7米，分东西两侧室。墓道前门为券顶式砖室门，墓道下两侧室门前为墓志铭，铭文碑石两块相叠，呈正方形。西侧碑石边长74厘米，厚7.5厘米，上书“皇清诰封一品夫人王太母孙太君墓志铭”，铭文碑厚9厘米。碑石后为青砖封门，内附石板，石板墓门为两扇，每扇宽70厘米，高150厘米。每扇门上有浮雕，浮雕面积55×30平方厘米，为武士像，下有花草图案。石门打开时，尸骨已朽。棺与门之间有石供桌，仅残存一砂陶罐与一面会旗。东侧为王进宝墓室，墓室门前侧有墓志铭，碑边长81.5厘米，厚9.5厘米，略大于西侧碑石。两石相叠，以铁条箍系，墓志铭后为青砖门，共22层，规格为37×18×7.8厘米大青砖，墓门设计同孙夫人墓，墓室内亦为盗墓者破坏。挖掘证明盗墓者从封土堆后左侧挖洞而入，随葬品被盗掘一空，仅清理出墓志铭石碑四块、陶罐八个，现存区文化馆。

**王进宝祖墓**　位于黄峤乡马饮水村以东2千米，屈吴山北麓。自上而下埋葬着王进宝曾祖父王佐有、曾祖母李氏，祖父王儒、祖母余氏，父王尚礼、母王氏及王氏后裔坟数十座。王氏家谱记载：墓主辰山戌向（即东偏南29度左右），墓地建筑原有石坊三座，现存追封王氏三代碑文3座。

**福寿山石刻**　位于水泉镇黄湾中村黄河西岸的红砂岩崖壁上，岩壁高约8米左右，长50多米。西侧一块，标题书体介乎隶楷之间，且大于正文，为"乾隆二十六年九月吉辰，临流道人吴大德住趾"，叙述吴大德建修福寿山道宫南北二塔（北斗塔七座，南斗塔六座）及逍遥宫之际"鸠工唯艰"的情况，以及"神灵灵应，载道之妙"的胜迹。为"贡生陈汝龙熏沐敬书"，书体为行草，间或有章草笔意，灵动飘逸，铁画银钩，堪称神品。以上作品均自左往右竖行排列，整幅石刻上端有径尺榜书"福寿山初迹"，自左往右横写，下则有"银瓶观道德冠福禄寿诞登道岸"等字，亦自左往右横写，但字形较小。过山沟东行，则为第二块石刻，"太上混元宗派"六字近乎魏碑，字方近尺，亦自左向右排列，下即为宗派内容。书体为行楷，较为整饬。为雍正四年（1726年）三月初三日本山住持康通立敬书。"为禁除不守清规，整束道教事"，而将东华帝君传至重阳祖师，续度七真宗派开列于后，以方便教徒持宗派牒文云游天下的重要文献。其内容对研究道教发展史有重要参考价值。其右下侧则为向祖师老爷舍旱地六亩的契约，为乾隆十二年（1747年）三月初十立约，二十八年九月九日刻石。由约中知诗人吕作升、苏君任等敬书，保存基本完好。毗邻的东侧为福寿山石刻的点睛之笔。阴刻双钩正书"捧灯照岸"四个大字，字大约2尺左右。其中"照"字反书，在摩崖石刻中极其罕见，大概有"顺则人，逆则仙"的寓意。下则为竖书行楷正文，标题为"乾隆壬午春三年出家吴大德勒石""创修福寿山记"，记述山后五堡十方善男信女建设文昌殿、磨针宫及北斗塔的艰辛历程。亦为邑庠生陈汝龙书。在此处刻石中间另有"圣境"及"北斗灯山"隶楷横书数字，字约0.3米见方，不知何人所题，抑或与"捧灯照岸"为同一人所书。在石崖下河床接近河面的地方，伸出一块长近一米的山石，被刻成龙首，鼓目抿唇，两侧各长出一颗獠牙，形态逼真，威武生动。在摩崖石刻顶端的山头，尚残存建塔的痕迹。据刻石记载，吴大德此次建修，缘于他"考悉本有残迹"，然后祷于真武，"而信生焉"。至于初建于何时，则杳远难知。有意思的是，本刻石中两处有"迭逊""迭逊境"之称，可见在乾隆时期，"迭烈逊"渡口尚称或亦称"迭逊"。

**磁窑遗迹**　位于宝积乡磁窑沟。早在唐宋时期，即开始烧制陶器。为西北最早以瓷成镇的窑炉集聚地之一。明清之际，有吉林、云南、江苏、安徽、河北、青海、四川、陕西等18省的人到此谋生，人称码头之地，形成长达5千米的生活及烧窑场所。现存瓷窑三座及鼓楼遗迹，楼下为石箍门道，可并行车马，规模宏大。民居、庙宇及窑炉残迹遍布沟内，有苍凉之美。全盛时期，道家建筑遍布山巅，人称全龙山。改革开放后，复建太上老君殿一座。

## 第三节 档案管理

**机构** 区档案局于1987年5月成立,隶属区政府,开展全区档案业务总体管理工作。正科级建制,人员基本为事业编制。1998年5月,与区档案馆合署办公,变更为区委直属机构。档案局(馆)内设办公室、业务指导股、档案管理股和编纂研究股。2005年,有工作人员11人,其中助理馆员5人。1998年晋级为省一级综合档案馆。

**馆库设备** 档案馆办公楼于1992年建成,系四层仿古式单面楼,馆库建筑面积1000平方米,其中库房面积200平方米,会议室面积40平方米,设办公室、阅览室、复印室等共12间240平方米。全楼采用混凝土半框架结构,库房及会议室地面为钢丝网加厚处理,办公室地面亦加厚6厘米,整个建筑具有防火、防潮、防尘、防光、防盗、防热等功能,符合《档案馆建筑设计规范要求》,经有关部门验收审定为合格工程。2005年,对办公楼进行部分修缮。馆内共购置铁皮柜22组、灭火器2个、电脑2台。

**馆藏档案** 区档案馆馆藏有62个全宗的档案7040卷,资料6类1650册。主要为区委、区人大、区政府、区政协及区直各部委、办、局、群众团体等单位在职能活动中形成的档案,比较齐全完整,是馆藏的主体和核心。科技档案18卷(袋),主要为各单位办公用房设计图纸、竣工图、文字材料及有关科学技术研究课题材料。照片档案2册,主要为本馆建筑过程中的隐蔽工程结构,领导人视察及党代会、人代会照片。录像、录音等资料共6类1650册(件)。此外,征集到全区各单位历年来获得的奖杯、奖牌、旌旗等荣誉实物档案160件。

**馆务建设** 编纂《平川区历届党代会、人代会、政协会议、职工代表大会简介》《档案利用效益》《编研成果》《档案馆指南》《全宗指南》《平川区档案工作事纪》《组织沿革》等资料29篇。同时,制定档案的接收、保管、安全、保密、鉴定、销毁、利用、复印、借阅等制度。先后印制《档案管理人员职责汇编》《档案工作人员职业道德规范》《乡村档案管理制度》及《依法治档实施方案》等共13项文件材料。2005年,接待查阅2725人次,提供档案资料5300卷(册),复制、摘抄3500页。

## 第四节 体 育

**体育设施** 1992年,区政府投资6万元建成400米标准田径场一个,占地面积2.67公顷,位于兴平南路。2002年,区体育中心筹资20万元建成体育健身房1处,建筑面积200多平方米。2005年5月,南路体育场开发改建为颐康园住宅小区;区政府投资330万元,在平川中学修建塑胶膜400米标准跑道草坪体育场,占地面积2.67公顷。修建篮球场6个,占地面积1

公顷。至年底,建成文化广场、魏矿广场和区体育中心三条全民健身路径。

**体育活动**　群众体育坚持走社会化道路,体育人口占全区人口的40%,先后有6个单位被评为国家和全省体育先进单位,受到国家体育总局和省体育局的表彰奖励,有8人(次)被评为全省群众体育、业余训练、体育竞赛先进个人。学校体育蓬勃发展,有省、市体育传统项目学校4所,全区学校施标率和达标率均达到95%以上,先后举办区中小学运动会11次,有20余所学校参加。举办职工和农民篮球、乒乓球、象棋、拔河、踢毽子、广播体操和健身操、田径等比赛20余次。2005年,举办庆祝建区二十周年全区职工农民运动会,运动会设7大项60小项,有70多个单位的近3000名运动员参加。2003年9月,平川区120多名运动员参加白银市第一届运动会,参赛项目有篮球、排球、象棋、乒乓球、游泳、武术、田径等,其中青少年组男子排球、女子篮球、武术、乒乓球、田径五项共获金牌11枚、银牌12枚、铜牌5枚。共获奖旗10面,奖牌28枚。在全市青少年田径比赛中获金牌51枚、银牌32枚、铜牌18枚。

### 平川区运动员参加省级以上运动会成绩统计表

表5-4

| 时　间 | 项　目 | 名次 | 姓　名 | 成　绩 |
|---|---|---|---|---|
| 1996.8 | 第九届全省运动会青少年男子十项全能 | 2 | 张玉杰 | |
| | 西北地区青少年跆拳道锦标赛 | 1 | 张玉杰 | |
| 1999 | 全国女子曲棍球联赛 | 4 | 樊小芹 | |
| 2000 | 全省第十届运动会单人单桨皮划艇比赛 | 1 | 刘昌民 | |
| 2003.10 | 全国第五届城市运动会男子轻量级四人单桨 | 8 | 刘昌民 | 6分35秒 |

### 2003年9月平川区代表队参加白银市首届运动会成绩统计表

表5-5

| 项目 | 级　别 | 名次 | 姓　名 | 成　绩 |
|---|---|---|---|---|
| 武术 | 少年女子棍术 | 1 | 南　琼 | 8.66分 |
| 武术 | 少年女子棍术 | 2 | 贾凌霞 | 8.42分 |
| 武术 | 少年女子剑术 | 1 | 南　琼 | 8.72分 |
| 武术 | 少年女子剑术 | 2 | 贾凌霞 | 8.6分 |
| 武术 | 少年女子枪术 | 1 | 牛乐娟 | 8.49分 |
| 武术 | 少年女子刀术 | 2 | 牛乐娟 | 8.39分 |
| 武术 | 少年女子规定拳数 | 1 | 南　琼 | 8.7分 |
| 武术 | 少年女子规定拳数 | 2 | 牛乐娟 | 8.61分 |
| 武术 | 少年女子规定拳数 | 3 | 贾凌霞 | 8.51分 |
| 武术 | 少年男子棍术 | 2 | 张　鹏 | 8.65分 |

续表 5-5

| 项目 | 级　别 | 名次 | 姓　名 | 成　绩 |
|---|---|---|---|---|
| 武术 | 少年男子刀术 | 3 | 贝全刚 | 8.66 分 |
| 武术 | 少年女子对练 | 1 | 贾凌霞、牛乐娟 | 8.51 分 |
| 武术 | 少年男子剑术 | 2 | 张　鹏 | 8.62 分 |
| 武术 | 少年男子对练 | 1 | 贝全刚、张　鹏 | 8.5 分 |
| 排球 | 青少年排球 | 2 | | |
| 乒乓球 | 少年男子团体 | 3 | | |
| 乒乓球 | 少年女子团体 | 2 | | |
| 篮球 | 青年女子篮球 | 1 | | |
| 篮球 | 成年男子篮球 | 4 | | |
| 田径 | 青少年男子 200 米 | 3 | 赵　刚 | 23 秒 9 |
| 田径 | 青少年男子 5000 米 | 2 | 肖　生 | 16 分 18 秒 |
| 田径 | 青少年男子 10000 米 | 2 | 肖　生 | 35 分 04 秒 |
| 田径 | 青少年男子标枪 | 3 | 李建双 | 42.50 米 |
| 田径 | 青少年女子 3000 米 | 3 | 张彦翠 | 10 分 58 秒 |
| 田径 | 青少年女子 5000 米 | 2 | 张彦翠 | 19 分 30 秒 |
| 田径 | 青少年女子 100 米栏 | 2 | 李万惠 | 18 秒 30 |

## 第五节　广播电视电影

**机构**　区广播电视局为主管广播电视宣传及管理的行政事业职能部门。下设区广播电视站、电影管理中心、农村广播影视公共服务中心三个二级单位,合署办公。内设办公室、财务室、新闻部、播音部、制作室、广告部、播出部、收费与网络管理部、有线电视安装部、有线电视维修队、车辆管理部等 11 个部室。在职干部职工 69 人,其中大专以上文化程度 46 人,专业技术职称 19 人(中级职称 2 人)。

**广播电视设施**　1988 年 1 月,平川广播站开始播音。1990 年 8 月,平川电视台自办节目开播,年采播稿件近 1000 件。1994 年,建成有线电视系统,转播 16 套中央、省、市电视节目,安装区政府周围有线电视用户 200 余户。1996 年,有线电视节目增加至 28 套,开始转播白银电视台节目。2001 年,建成城区广播电视光缆区域网,设立广播电视光缆中继站。2002 年,与靖远电厂联网,有线电视节目增加至 41 套。2004 年,平川区电视台采、编、播设备实现全面数字化,有线电视节目增加至 46 套,延伸光缆发展农村有线电视用户 700 余户。2005 年,广播、电视人口覆盖率分别达 92%和 97%,有线电视用户达 6000 余户,光缆干线延伸 62 千米。1994

年，无线电视新增转播白银电视台节目，使用50瓦电视发射机。2003年，新增100瓦全固态调频发射机一台，转播中央人民广播电台节目。共发射5套开路电视节目及2套广播节目。

**“村村通”广播电视工程** 1998年，开始实施“村村通”广播电视工程，为21个行政村建设广播电视站，可收视两套电视节目、一套广播节目。2000年，实施“村村通”广播电视工程二期，为28个行政村建设广播电视站，其中14个村为有线电视小前端，可收看八套电视节目。2003年，为7个行政村安装有线电视小前端。2004—2005年，实施自然村“村村通”广播电视工程，为40个50户以上自然村建设广播电视点，其中28个自然村可收视四套电视节目、两套广播，12个自然村采用光缆延伸，发展有线电视，可收视到43套电视节目。

**新闻宣传报道** 区广播电视台坚持围绕中心、服务大局、凝聚力量、推动工作、塑造平川形象的主体思路，围绕区委、区政府的中心工作，配合重点工作，组织宣传战役，每月有战役、每月有重点，掀起宣传高潮。推进新闻改革，反映基层工作、传达群众心声、追踪社会热点的新闻大量增加，新闻监督的作用不断凸现，自办节目的时效性和信息量及采编制播质量明显提高。同时，打造平川形象，提高平川知名度，营造良好政治、社会、人文环境，有实在内容、有新闻价值的报道频频在省、市电台、电视台播出。设置栏目有《平川新闻》《天气预报》《点播与欣赏》《平川人物》《早、中、晚间剧场》，并开办《与一把手链接》《两会精神在基层》《我的家园》《环境卫生大家谈》《实践“三个代表”重要思想，永葆党员先进性》《基层新风》《先锋之歌》《鼓舞、人气、干劲》《从衣、食、住、行、乐流行线看居民幸福指数》等系列报道。后对新闻类栏目进行改版，设置《今日平川》栏目，包括《平川新闻》《七彩社区》《家园故事》《热点关注》。其中，《平川新闻》每日一期，每期12分钟左右，首播、重播各一次，年播出新闻量2200余条，年均向市电视台选送播出新闻260余条，年均向省电视台选送播出新闻20余条。

**电影放映** 2001年，电影放映工作划归区广播电视局管理，有城、乡电影放映队5个，放映机2台。2002年，省、市配备电影放映机1台，年放映电影864场。2003年，省、市配备电影放映机2台，年放映电影1046场。2004年，成立区电影放映中心，隶属区广播电视局，副科级建制。同年，省、市配备电影放映机1台，年放映电影747场。2005年，省、市配备电影放映车1辆，电影放映机2台，发电机2台，年放映电影886场。

# 第四章 卫 生

## 第一节 发展概述

**机构** 平川区卫生局成立于1986年。区卫生局卫生监督所成立于2004年3月。内设办公室、稽查室、监督一室、监督二室、监督三室。依法对全区食品、化妆品、生活饮用水,消毒产品等健康相关产品实施卫生监督,对学校卫生、职业卫生、放射卫生、公共场所卫生实施卫生监督,对传染病防治、母婴保健、卫生医疗机构、采供血机构、血液及血液制品、生物制品实施卫生监督。

**概况** 至2005年,全区拥有各级各类公有制医疗机构19家,个体诊所220家,床位1466张,卫生技术人员1503人,千人拥有卫生技术人员7.5人、病床7.1张。以公有制为主体、其他形式为补充完善的城乡医疗预防保健网基本形成。建区前,乡镇卫生院全部是20世纪五、六十年代建造的土木结构平房,设备以"老三件"(听诊器、血压计、体温计)为主。其后共投入乡镇卫生院建设资金179.4万元,改造建设标准业务用房6069平方米,累计为乡镇卫生配套千元以上器械43台(件),培训培养卫生技术人员110多人次,使乡镇卫生院的服务功能和自我发展能力得到较大提高。2005年,7所卫生院全部能够开展下腹部手术,其中3所卫生院能够开展上腹部手术和各种骨科手术。注重加强基础资料建设、查漏补种和儿童计划免疫工作,通过卫生部和省、市考核验收。脊髓灰质炎自1993年后无一例野毒株引起的病例发生,于2000年实现消灭脊髓灰质炎目标。自1993年起开展结核病防治工作,累计免费治疗725例。推行JZCA项目,新生儿乙肝疫苗接种率得到明显提高。布鲁氏病得到稳定控制。鼠疫防制工作29年未发生人、鼠间疫情。全区卫生系统把职业道德建设与开展专项治理、纠正行业不正之风相结合,落实职业道德建设实施方案,开展丰富多彩的教育活动。印发《廉洁行医十不准》《医护人员职业道德规范》《违犯医德规范处理规定》等规章制度,医疗服务质量与服务态度有明显的提高。同时,整合医疗卫生资源,制定乡镇卫生院人事、分配制度和内部运行机制,区、乡、村三级医疗卫生服务网络得到明显改善。卫生工作者累计在国家及省级卫生科研杂志上发表论文100多篇。孙琳的《甘宁两省(区)五县(区)鼠疫联防协作效果研究》获甘肃省科技进步三等奖、白银市科技进步一等奖。1人入编国家级卫生科技人才目录。

**爱国卫生运动** 区爱国卫生运动委员会成立于1995年,同时成立常设办事机构,挂靠区卫生局,配备专职工作人员。1995年,以创建卫生城市为契机,开展城乡环境卫生整治、全民健康教育活动。同年,农村改厕工作实施CES项目,组织推广三联式沼气池建设,在全区建成200座双瓮漏斗式、粪尿分集式等形式的新型卫生户厕,取得明显成效。1999年,开始组织实施全国亿万农民健康教育行动,农民群众的健康意识得到增强。1998年、2002年和2005年,平川区三次获得甘肃省"卫生城市"称号。

**非典型性肺炎防治** 2003年4月,国家部分地区出现非典疫情,一时人心惶恐。平川区的非典防治工作,超前部署,城乡联动,群防群控,设立三条防线,启动四个网络,采取八项措施。三条防线即:设立8个定点检疫站,对所有进入区境内的车辆,不分客货、不分大小、全部进行检疫消毒;建立群防群控的严密防线,形成社会总动员,全民齐上阵,严防死守,堵源截流,从各个区域切断“非典”向区境传播的途径;设立发热门诊和留观室,共设立发热门诊22个。四个网络即:指挥领导网络,成立非典防治工作领导小组,组长由区长担任,领导小组下设办公室和8个工作组,共抽调人员72名;基层组织网络,建立区、乡、村(社)三级责任制,将检疫站延伸到全区58个行政村和23个居委会;信息传递网络,启动计划生育网络,加强对农村流动人员的监控;专业队伍网络,确定相关专业技术人员,严阵以待,随时准备接受调动。八项措施即:广泛宣传“非典”防治知识,印发张贴宣传材料累计21万份;及时制定并落实应急预案;认真开展“全民健康卫生日”活动,全区出动8000多人次,出动车辆145次,清理垃圾3000吨,治理乱摆摊点58户次;全面加强外来人员监控;加大投入,提供保障,购置大型消毒锅一台,防护服175套,口罩8000个,帽子4000个,一次性乳胶手套1600双,胶鞋75双,体温计890支,消毒药品3500千克,喷雾器354个,洗衣机一台,装备“非典”病人运转专用车2辆;建立集中隔离场所,加强督查,严明纪律;成立专门的督查组进行督查。加强防非业务培训,累计培训人员2209人次。现场模拟演练1次。

**1996—2005年平川区卫生机构、床位、人员数统计表**

表5-6

| 年度 | 机构数(个) | 床位数(张) | 人员总数(人) | 卫生技术人员数(人) |
|---|---|---|---|---|
| 1996 | 16 | 1198 | 1476 | 1159 |
| 1997 | 19 | 1258 | 1572 | 1243 |
| 1998 | 19 | 1238 | 1552 | 1181 |
| 1999 | 19 | 1263 | 1510 | 1231 |
| 2000 | 19 | 1250 | 1511 | 1170 |
| 2001 | 19 | 1226 | 1535 | 1220 |
| 2002 | 20 | 1266 | 1503 | 1196 |
| 2003 | 20 | 1275 | 1529 | 1301 |
| 2004 | 20 | 1275 | 1530 | 1300 |
| 2005 | 20 | 1265 | 1330 | 1051 |

## 第二节　疾病预防控制

**机构**　区疾病预防控制中心(原卫生防疫站)成立于2004年3月。1998年建成1800平方米五层综合办公实验楼。2004年筹资99万元,完成1026.96平方米的综合实验楼建设。2005

年,争取到艾滋病初筛实验室装备项目。主要开展传染病控制,免疫规划,地方病慢性病防治,性病艾滋病,卫生监测检验及鼠疫监测等业务工作。有职工 39 名,专业技术人员 32 名,其中高级职称 1 人,中级职称 14 人。

**结核病防治** 区境结核病发病率高于全国平均水平,1993—2001 年,实施世界银行贷款中国结核病控制项目。随即又实施世界银行贷款/英国赠款结核病控制项目。2002 年后,全面推行现代结核病控制策略,使结核病防治工作在结核病防治专业机构建设、能力建设、病人发现、管理治疗等方面进入新的发展阶段。

**计划免疫服务** 1996—2004 年,实施世界银行贷款Ⅶ项目中国计划免疫项目,使全区计划免疫服务条件得到根本好转,免疫覆盖率和免疫的病种随之扩大,同时将乙肝疫苗及破类纳入计划免疫服务,实现 WHO 提出的全球普及 EPI 和控制及消灭计划免疫相应传染病的目标。1997 年,世界银行贷款Ⅶ项目正式启动,增置冷链设施。2002 年,碘缺乏病防治达到国家阶段评估目标。2003 年,GAVⅠ项目的启动有效提高新生儿乙肝疫苗接种率,使乙肝疫苗接种率达到 85%以上。2005 年,五苗报告接种率分别达到 95%以上,实现并维持无脊灰状态。

## 第三节 地方病防治

**鼠疫监测与防治** 鼠疫为甲类烈性传染病。1977 年在种田、复兴乡经省地研究所(201 所)查验检出鼠疫杆菌后,即被确认为疫源地。该疫源地位于甘宁阿拉善黄鼠疫源地的西北部,宁夏和甘肃交接地带,涉及黄峤、种田、复兴三个乡,疫源地面积 4 万公顷,疫区居住人口约 1.8 万人。2005 年,有从事鼠防的专业技术人员 10 人,其中副高级职称 1 人,中级职称 3 人。2005 年,争取到鼠疫防治生物安全二级实验室建设项目,总投资 46 万元,其中甘肃省投资 30 万元。建成建筑面积 226.46 平方米的办公场所,1995—2005 年,先后 7 次被甘宁两省五县(区)鼠疫联防领导小组评为先进监测点。2004 年 10 月,平川区被评为先进县区。甘宁两省(区)五县(区)第二十四届、二十九届鼠疫联防工作会议分别于 1999 年、2004 年 10 月在平川区召开,会议研究部署和组织实施各项防治措施,在经费落实,监测点建设、维修,监测设备的更新等工作方面均取得成效。

**碘缺乏病防治** 每年组织开展碘盐缺乏病宣传日活动,并在偏远贫困地区开展创建碘盐示范村活动,杜绝私盐、非碘盐销售。2000 年,碘缺乏病防治达到国家阶段评估目标。2002 年、2005 年,配合省、市开展第四次、第五次碘缺乏病碘盐常规监测,全区碘盐覆盖率达 95%,碘盐监测合格率达 96%。同时开展育龄妇女尿碘及 8~12 岁儿童智商监测,开展居民用户碘盐监测,并向特殊人群发放碘油丸。

**饮用水氟筛查**　2002年,开始进行水氟基础资料的收集与整理工作,对部分乡镇进行水氟含量测定。其中,王家山镇、水泉镇、宝积乡、共和镇、黄峤乡为饮用水型氟中毒病区。此后,每年开展一次农村居民水氟含量测定,为水利部门实施改水降氟工程提供理论依据。

## 第四节　妇幼保健

**机构**　区妇幼保健站成立于1985年,位于平川区兴平北路39号,占地面积2502.8平方米。是全区唯一一所集预防、保健、临床、培训为一体的县级妇幼保健机构。承担全区妇女儿童保健,婚前医学检查,妇女儿童健康状况信息管理,妇幼卫生监测信息的收集、统计、分析、质量控制和汇总上报,妇女儿童常见病普查等任务。妇幼保健站设临床部、保健部、后勤部等管理部门。有临床、保健、医技等科室。购置有心电监护仪、胎心监护仪、激光治疗仪、红外线乳腺诊断仪、半自动生化分析仪、阴道镜、妊高症监测仪等万元以上医疗器械26台(件)。2005年,有职工26人,卫生技术人员占97.3%。有2人次被评为省级先进工作者。

**工作概况**　1991年,区妇幼保健站争取到加拿大大使馆基金会援助落后地区新法接生项目5万元资金,对乡村接生人员进行新法接生培训,使新法接生技术得以普遍推广。同时组织培训乡、村级妇幼保健员,对高危孕产妇实行专案管理,成立孕产妇、儿童急救小组,确保母子安全,使孕产妇死亡率由2000年177.3/10万下降至2005年的64.00/10万,婴儿死亡率由84.91‰下降到21.41‰,5岁以下儿童死亡率由96.03‰下降到23.36‰。区妇幼保健站对来站就诊的下岗女工、无业妇女和农村特困户妇女实行部分医疗费用优惠和减免,对住院分娩孕产妇实行免费接送,实行正常分娩最高600元限价。

## 第五节　城区医院

**白银市精神卫生中心**　是甘肃省县区中创建最早、发展较快的一所精神病专科医院。原名白银市精神病医院,成立于1984年5月,原址位于周家地。1992年10月,迁建至城区兴平南路,归属平川区人民医院。2000年9月,从平川区人民医院分设,成立区精神病医院。2002年,争取到全国"十五"专项规划项目资金110万元。2005年6月,迁至中区开发区。2005年12月,经省卫生厅批准,区精神病医院更名白银市精神卫生中心。占地面积2.8公顷,建筑面积4000平方米,医疗用房3428平方米。有职工52人,其中专业技术人员45人。专业技术人员中,高级职称1人,中级职称12人。有临床科室3个,医技科室7个,职能科室9个。拥有彩色经颅多普勒仪、脑电地形图仪、B超、X线光机、半自动生化分析仪、全自动血球计数仪、尿十项、心电图等医疗设备。年门诊量1万多人次,住院病人400多人次,年医疗收入100多万元。服务半径除白银市三县两区外,还辐射甘肃中东部及相邻的宁夏回族自治区的部分地区。医院持续派出业务骨干赴北京、上海、山东、四川、西安等精神卫生中心进修学习,并引进先进的办院理念、管理经验、医疗服务技术,使医院管理、医疗、服务水平及学术氛围在省内同行业有一定声誉。医护人员在国家级专业技术刊物上发表论文30余篇。

**平川区人民医院** 位于兴平南路,始建于1985年,1996年改扩建为人民医院,主要科室有精神病科和综合病科。2004年7月,区委、区政府面向社会招聘医院院长,通过公开报名、组织面试,原靖煤公司总医院外科主任、副主任医师常兴忠被聘为院长。并制定完成《平川区人民医院改革试点实施方案》。占地面积33000平方米,建筑面积13000平方米,其中业务用房8200平方米,设置床位150张。2005年,有职工120人,其中本科学历24人;高级以上职称6人,中级职称21人。临床科室有普外科、脑骨科、内科、儿科、妇产科、痔疮科、中医科、口腔科、眼科、皮肤科、耳鼻喉科、风湿科等科室。医技科室设有放射科、检验科、特检科等科室及120急救站。普外科可开展各种肿瘤摘除术。脑骨科可开展颅内肿瘤摘除术及各种骨伤手术。内科可进行心脏起搏器的植入及神经系统等疾病的治疗。妇产科可开展宫腔镜的诊断治疗,开展子宫全切等手术治疗。年门诊量约1.8万人次,住院病例1800人次,手术病例700人次。拥有阴道宫腔镜、多普勒彩超机、日本东芝螺旋CT机、麻醉机、呼吸机、血球计数仪、日本奥林巴氏电子胃镜、电解质分析仪、多导心电图机、自动洗胃机、尿沉渣机、监护仪等大中型设备。医院关怀弱势群体,为解决群众就医难的问题,分别在内科、外科、妇产科、儿科、骨科设立扶贫济困病床,实行床位费、护理费、治疗费全部减免,并对单病种手术进行最高限价。

**靖远煤业有限责任公司总医院** 为集医疗、保健、科研、教学、康复、卫生预防和工业预防于一体的现代化综合性医院。始建于1958年,位于区长征路商业街。1958年12月,西北煤管局从兰州市石门沟煤矿机关调12名医务人员支援靖远煤矿筹建处,在大水头建起所属医院。次年,更名为靖远矿务局医院。下设宝积山门诊所、电厂保健站。1969年4月,成立靖远矿区指挥部职工总医院。同年12月,为贯彻落实毛泽东“把医疗卫生工作的重点放到农村去”的“六二六”指示精神,卫生部北京医院、北京市月坛医院、北京市中苏友好医院、北京市西城区医院等医院的部分高级专家、医护骨干及管理、工勤人员80余人,支援三线建设,到矿区职工总医院参加医院建设。1970年2月,迁建至长征路商业街。1998年经卫生部和甘肃省卫生厅两级审批委员会批准,成为甘肃省煤炭系统唯一的一家三级乙等医院,同年被授予国家级“爱婴医院”。医院有职工646人,专业技术人员501人,其中正高职称3人,副高职称29人,中级职称176人。设置病床500张。占地面积3.8万平方米,有业务用房建筑面积2.53万平方米,固定资产3300余万元。年门诊量10多万人次,年收治住院病人近万人次。医院设有骨外科、泌尿外科、脑胸外科、普外科、麻醉手术科、妇产科、小儿科、心血管消化内科、神经肾病内科、呼吸内分泌内科、中医科、感染科、五官科、急诊科、门诊部、放射科、检验科、功能科、药械制剂科等专业技术科室。并设有120急救中心、肿瘤放射治疗中心、肝病诊疗中心、白内障诊疗中心、糖尿病诊疗中心、介入诊疗中心、健康体检中心、医疗社区服务中心及6个服务网站。医院被设立为国家矿山医疗救援中心甘肃矿山医疗救护靖远中心、甘肃煤矿尘肺灌洗中心、兰州大学医学院骨病研究所靖远矿区分所、兰州大学医学院附属二院现代矫形器具研制诊疗分部、中国中医药学会糖尿病心脑血管疾病治疗中心协作医院，并被确立为兰州大学医学院、甘肃省中医学校、定西市卫生学校教学医院。创伤骨科、神经内科为医院重点专科，肾病、肝胆外科、脑系外科、心血管内科为医院特色专科。在中西医结合、针灸康复、中医疑难病诊疗方面有一定经验。并开设专科、专家、专病门诊，以满足不同患者的诊疗需求。现已建成微机管理局域网。拥有西门子CT机、柯达Directview CR 850系统、鑫高益永磁型MRI、腹腔镜、宫腔镜、阴道镜、彩色B超、电子胃镜、奥林帕斯纤维膀胱镜、经颅多普勒成像纤维支气管镜、800毫安电视X光机、麻醉呼吸机、胆道镜、血液透析机、自动呼吸机、疼痛治疗机、冰冻切片机、体外震波碎石机、体外高频热疗机、高压氧舱、全自动生化分析仪、血球计数器、智能放免测定仪、心电工作站、心电监护仪、胰十二指肠镜、脑电图机、显微外科手术机、灭菌制剂流水线等大、中型医疗设备183台(件)。医院注重人才培养，先后选派100余人赴北京、上海、西安、成都、兰州等全国大医院进行中短期专业技术进修学习。完成并通过鉴定的科研项目27项，其中获甘肃省煤炭工业局科技进步一等奖9项、二等奖11项、三等奖3项。在国家级、省部级刊物发表医学论文200余篇。骨病研究、断肢再植、介入治疗、血液透析、远程会诊、冰冻切片、尘肺灌洗、ICU和CCU重症监护、放免检查技术等均开本地区先河。

**靖远煤业有限责任公司总医院重点年份医疗情况统计表**

表5-7

| 年度 | 年平均住院(人次) | 年平均住院日 | 诊断符合率(%) | 治愈好转率(%) | 死亡率(%) | 病床使用周转次数 | 病床使用率(%) | 抢救成功率(%) | 手术感染率(%) | 全年业务总收入(万元) | 年人均工资(元) |
|---|---|---|---|---|---|---|---|---|---|---|---|
| 2000年 | 4533 | 15.9 | 97.4 | 93.5 | 1.7 | 10.2 | 51.9 | 94.4 | 0 | 1721 | 7200 |
| 2005年 | 5475 | 16 | 99.5 | 97.8 | 0.02 | 14.58 | 64.4 | 96.3 | 0 | 4437.5 | 18900 |
| 增幅(%) | 1.21 | 1 | 1.02 | 1.05 | -0.01 | 1.43 | 1.24 | 1.02 | 0 | 258 | 262.5 |

## 第六节　乡镇卫生院

**水泉镇卫生院**　位于枣园村一社。有办公用房面积1400平方米，二层住院楼一栋。设施齐全,能够完成上腹部手术。服务半径10千米,涉及水泉镇15个村及靖远县部分村社。2005年,有干部职工32名,其中住院医师10名,医士2名。

**宝积中心卫生院** 位于宝积东路。有办公用房面积2000平方米,四层住院部一栋。医疗设备齐全,能够独立完成上腹部手术。服务半径10千米,涉及宝积乡10个村及城区各街道。2005年,有干部职工34名,其中住院医师6名。

**打拉池中心卫生院** 位于共和镇政府所在地。有办公用房面积1380平方米,拥有1000平方米门诊楼,380平方米住院部。医疗设备齐全,能够独立完成下腹部手术。服务半径20千米,涉及共和镇各村及黄峤、种田、复兴部分村。2005年,有干部职工32人,其中住院医师11名。

**种田中心卫生院** 位于种田村井滩社。占地面积2000平方米,拥有360平方米双面住院部一栋,门诊部及药房600平方米。能够独立完成下腹部手术,医疗器械齐全。服务半径10千米,涉及种田乡及复兴乡各村。2005年,有干部职工12人,其中主治医师1名,医师3名,医士5名。

**黄峤乡卫生院** 位于双铺村。占地面积690平方米,拥有340平方米门诊部,260平方米住院部。能够独立完成下腹部手术,医疗器械齐全。服务半径6千米,主要是黄峤乡各村。2005年,有干部职工15人,其中住院医师5名,医师4名。

**王家山镇卫生院** 位于万庙村。占地面积1600平方米,拥有300平方米的住院部,325平方米的门诊部。医疗设备齐全,能够独立完成下腹部手术。2005年,有职工17名,其中住院医师6名,医师3名。

**复兴乡卫生院** 位于汉口村。占地面积600平方米,拥有192平方米住院部。设备齐全,能够独立完成下腹部手术。2005年,有住院医师1名,医师6名。

# 第六编　人民生活

## 第一章　人　口

### 第一节　人口普查

**第一次人口普查**　野麻滩及井儿川岩画表明，早在5000多年前的新石器时代，区境就有人类繁衍生息。经过历代的迁徙、融合，逐渐形成汉族、回族及其他族别的民族和谐相处的民族大家庭。中华人民共和国成立后，开始有人口普查。第一次人口普查规定计算人口的标准时间是1953年6月30日24时。登记项目有姓名、年龄、性别、民族等项。由于持续干旱，中心工作转入防旱抗旱，区境普选和人口普查工作即告停止。计约5000余户，3万人口。1954年2月，重新布置开展人口普查工作，时间为35天。

**第二次人口普查**　第二次人口普查规定计算人口的标准时间是1964年6月30日24时。登记项目比第一次人口普查增加从当年1月1日至6月30日的出生、死亡、迁入、迁出4项变动及文化程度、城镇、乡村等内容。

**第三次人口普查**　第三次人口普查规定计算人口的标准时间是1982年7月1日零时。登记项目较第一、二次人口普查增加行业、职业、生育等内容。全区总户数18918户，总人口119697人，其中男68725人，女50972人，少数民族2346人。大学文化程度554人。人口密度为每平方千米57.6人。1985年白银市恢复建市后，白银市统计局派专人去三地市抄录所辖三县一区第三次人口普查资料，并编入《甘肃省白银市国民经济和社会发展历史统计资料(1949—1985)》一书中。

**第四次人口普查**　1989年8月26日，白银市成立第四次人口普查领导小组，下设办公室(设在市统计局)。各县区也成立人口普查机构。通过广播、电视、报纸、文艺演出、街道宣传、报告会、座谈会等各种形式，进行广泛深入的宣传活动。1990年6月，本区开始试点工作。本次人口普查规定计算人口的标准时间为1990年7月1日零时。采用按常住人口登记的原则，普查员逐户逐人多次入户登记，又进行自查、互查、议查，以保证普查资料的完整性和准确性。全区总户数31558户，总人口157927人，其中男87390人，女70537人。大学文化程度460人，专科文化程度1109人。人口密度每平方千米69人。其中大学以上(含大专)万人平均数由

82 人增至 243 人，高中（含中专）万人平均数由 925 人增至 1191 人。

**第五次人口普查** 2000 年 1 月 25 日，第五次全国人口普查工作启动。普查的标准时点为 2000 年 11 月 1 日零时。1999 年 3 月，平川区成立普查领导小组及办公室。先后经历划分普查区、普查小区，编写地址代码，核查行政区划，开展户口整顿，选调及培训普查员、普查指导员，县区试点，进行长短表试填等前期工作。从 2000 年 11 月 1 日零时起到 2000 年 11 月 10 日止，进行现场登记工作。随后进行复查登记和质量抽查。2000 年 12 月，进行快速汇总并上报汇总结果。此后，又分阶段进行编码及大量的数据汇总和处理。根据普查结果，2000 年，全区总户数 47822 户，总人口 186428 人，其中各乡镇人口为宝积路街道 47311 人，电力路街道 10416 人，红会路街道 22607 人，王家山镇 16187 人，水泉乡 11277 人，陡城乡 20429 人，宝积乡 12361 人，共和乡 18478 人，黄峤乡 12165 人，种田乡 8054 人，复兴乡 7143 人。

### 平川区第三、第四、第五次全国人口普查主要数据

表 6-1

<table>
<tr><th colspan="2">项　目</th><th>第三次人口普查<br>（1882.07.01）</th><th>第四次人口普查<br>（1990.07.01）</th><th>第五次人口普查<br>（2000.11.01）</th></tr>
<tr><td colspan="2">总人口</td><td>119697</td><td>157927</td><td>186431</td></tr>
<tr><td colspan="2">总户数</td><td>18981</td><td>31558</td><td>50256</td></tr>
<tr><td rowspan="2">按性别分的人　口</td><td>男　性</td><td>69725</td><td>87390</td><td>98176</td></tr>
<tr><td>女　性</td><td>50972</td><td>70537</td><td>88255</td></tr>
<tr><td colspan="2">性别比</td><td>134.8</td><td>123.9</td><td>111.24</td></tr>
<tr><td rowspan="3">人口年龄结　构</td><td>0~14 岁</td><td></td><td>45989</td><td>51955</td></tr>
<tr><td>15~64 岁</td><td></td><td>108603</td><td>128624</td></tr>
<tr><td>65 岁及以上</td><td></td><td>3335</td><td>5852</td></tr>
<tr><td rowspan="2">按民族分的人　口</td><td>汉　族</td><td>117351</td><td>155368</td><td>183519</td></tr>
<tr><td>各少数民族</td><td>2346</td><td>2559</td><td>2912</td></tr>
<tr><td rowspan="5">按文化程度分的人口</td><td>大专及以上</td><td>554</td><td>1569</td><td>5998</td></tr>
<tr><td>高中及中专</td><td>12015</td><td>18507</td><td>29970</td></tr>
<tr><td>初　中</td><td>22308</td><td>39732</td><td>58257</td></tr>
<tr><td>小　学</td><td>36578</td><td>49363</td><td>59698</td></tr>
<tr><td>15 岁及以上文盲人口</td><td>25232</td><td>13868</td><td></td></tr>
</table>

## 第二节 人口变动与分布

**人口增长** 1991—2005年,人口年均增长率为1.26%,年均自然增长率为6.54‰。1991—1995年人口出生处于半高峰期,出生人口较多,人口增长较快,其中最多年份为1994年,人口自增率15.34‰。1996年,全区人口为174238人,2005年增长到196332人,十年增长22094人。1996—2000年妇女生育率结构性回落,出生人口相对减少,人口增速缓慢。2001—2005年生育水平较低,出生人较少,增长速度放慢,其中最低年份为2004年,人口自增率为6.26‰。

**1991—2005年平川区人口出生、死亡及自增数据表**

表6-2

| 年度 | 总人口 | | | 平均人口(人) | 当年出生 | | 当年死亡 | | 当年自增 | |
|---|---|---|---|---|---|---|---|---|---|---|
| | 总人口(人) | 农业(人) | 非农业(人) | | 人数(人) | 出生率(‰) | 人数(人) | 死亡率(‰) | 人数(人) | 自增率(‰) |
| 1991 | 137970 | 80564 | 57406 | 129214 | 3344 | 25.88 | 367 | 2.84 | 2977 | 23.04 |
| 1992 | 141453 | 83050 | 58403 | 132721 | 3315 | 24.98 | 431 | 3.25 | 2884 | 21.73 |
| 1993 | 145272 | 85826 | 59446 | 136296 | 3542 | 25.99 | 387 | 2.84 | 3155 | 23.15 |
| 1994 | 148995 | 88412 | 60583 | 139990 | 3534 | 25.24 | 412 | 2.94 | 3122 | 22.30 |
| 1995 | 152873 | 91048 | 61825 | 143728 | 3655 | 25.43 | 368 | 2.56 | 3287 | 22.87 |
| 1996 | 155855 | 92982 | 62873 | 147073 | 2806 | 19.08 | 457 | 3.11 | 2349 | 15.97 |
| 1997 | 158618 | 94597 | 64021 | 149881 | 2502 | 16.69 | 363 | 2.42 | 2139 | 14.27 |
| 1998 | 161296 | 96042 | 65254 | 152554 | 2439 | 15.99 | 333 | 2.18 | 2106 | 13.80 |
| 1999 | 163664 | 97122 | 66542 | 155031 | 2151 | 13.87 | 410 | 2.64 | 1741 | 11.23 |
| 2000 | 166320 | 98055 | 68265 | 157502 | 1864 | 11.83 | 564 | 3.58 | 1300 | 8.25 |
| 2001 | 168195 | 98982 | 69213 | 159752 | 1842 | 11.53 | 640 | 4.01 | 1202 | 7.52 |
| 2002 | 170508 | 99894 | 70614 | 161861 | 1962 | 12.12 | 536 | 3.31 | 1426 | 8.81 |
| 2003 | 172641 | 100709 | 71932 | 164104 | 1568 | 9.55 | 450 | 2.74 | 1118 | 6.81 |
| 2004 | 173905 | 100972 | 72933 | 166131 | 1737 | 10.46 | 478 | 2.88 | 1259 | 7.58 |
| 2005 | 174008 | 100621 | 73387 | 167954 | 1688 | 10.05 | 449 | 2.67 | 1239 | 7.38 |

**人口分布** 2005年,全区总户数51985户,总人口185665人,当年出生人口1503人,死亡448人。其中宝积路街道办事处29336人,电力路街道办事处12167人,红会路街道办事处18994人,兴平路街道办事处16915人,王家山镇14079人,水泉镇32947人,共和镇19399

人,宝积乡12311人,黄峤乡12819人,种田乡8688人,复兴乡8010人。

## 2005年度平川区人口情况表

表6-3

| 项目<br>地区 | 总户数(户) | 总人口 | | | 非农业人口(人) | 出生(人) | 死亡(人) |
|---|---|---|---|---|---|---|---|
| | | 总人口(人) | 男(人) | 女(人) | | | |
| 平川区 | 51985 | 185665 | 97592 | 88073 | 81568 | 1503 | 448 |
| 王家山镇 | 3458 | 14079 | 7553 | 6526 | 7876 | 104 | 25 |
| 水泉镇 | 6589 | 32947 | 17251 | 15696 | 892 | 344 | 74 |
| 宝积乡 | 2657 | 12311 | 6250 | 6061 | 304 | 110 | 45 |
| 共和镇 | 3999 | 19399 | 9734 | 9665 | 382 | 189 | 86 |
| 黄峤乡 | 2539 | 12819 | 6464 | 6355 | 120 | 96 | 45 |
| 种田乡 | 1814 | 8688 | 4495 | 4193 | 70 | 69 | 55 |
| 复兴乡 | 1714 | 8010 | 4124 | 3886 | 39 | 60 | 19 |
| 宝积路街道 | 12002 | 29336 | 15026 | 14310 | 27618 | 230 | 44 |
| 红会路街道 | 5823 | 18994 | 10342 | 8652 | 16517 | 99 | 26 |
| 兴平路街道 | 6873 | 16915 | 10115 | 6800 | 16518 | 115 | 13 |
| 电力路街道 | 4517 | 12167 | 6238 | 5929 | 11232 | 87 | 16 |

**人口分类** 1996年,全区总户数41014户,总人口174238人,其中非农业人口73703人,占总人口的42.3%。2000年第五次全国人口普查时,全区总户数48890户,总人口186428人,其中非农业人口79795人,占总人口的42.8%。2005年,全区总人口196332人,其中非农业人口92900人,占总人口的47.32%。城市人口增长,农村人口减少,城镇化步伐越来越快。

**人口密度** 2005年,全区人口19.41万人,占全市人口的11.12%。全区人口在全市人口中的占比从1990年的9.82%上升到11.12%。2005年,全区人口密度为每平方千米92.6人,比1990年增加23.6人,比1996年增加15.3人。

## 第三节 人口结构

**年龄构成** 2000年第五次人口普查数据显示,全区65岁以上老年人口与14岁以下的少儿人口比值为14.81%,人口年龄中位数为28.4岁,人口年龄结构属于年轻型。

**性别构成** 1996年,全区人口中,男性比例为55.96%,女性比例为44.04%,性别比为

127.1，男性比例偏大。2005年，全区人口中，男性比例为51.9%，女性比例为48.1%，性别比为107.9，基本正常。

**民族构成**　2005年全区有汉、回、满、蒙、藏、苗、彝、壮、布依、瑶、土、东乡、裕固等13个族别的民族成员，计196332人。2000年第五次人口普查，少数民族人数为3278人，占人口比例的1.60%。主要少数民族有回族2989人，满族112人，壮族15人，东乡族23人，藏族26人，蒙古族60人，土族1人，其他民族52人。少数民族人口主要分布在共和乡兄弟村、长征路街道办及各厂矿企事业单位。

**文化构成**　2000年第五次人口普查，全区总人口为170704人，其中男性89484人，女性81220人。其中研究生学历13人，大学本科学历1082人，专科学历4922人，中专学历9386人，高中学历20705人，初中学历58145人，小学学历59660人，半文盲2507人，文盲14285人。

**职业构成**　1996年，区属国有单位共238个，从业人员4627人。其中，农林牧渔业141人，采掘业329人，制造业513人，电力、煤气及水的生产和供应业138人，水利管理业75人，交通运输业19人，批发和零售贸易、餐饮业745人，社会服务业33人，卫生事业233人，教育、文化艺术及广播电视业1147人，国家机关、政党机关和社会团体1254人。城镇集体单位共18个，职工人数为741人。其中采掘业160人，制造业129人，批发和零售贸易、餐饮业364人，金融、保险业88人。2000年第五次人口普查结果显示，平川区国有在业人口92987人。其中农林牧渔业51423人，制造业3035人，采掘业16935人，批发和零售贸易、餐饮业3287人，教育、文化艺术和广播电影电视业3339人，国家机关、党政机关和社会团体2376人，交通运输、仓储业、及邮电通信业1539人，建筑业2439人，电力、煤气及水的生产和供应业4030人，卫生、体育和社会福利业1800人，社会服务业1266人，金融、保险业492人，地质勘查业、水利管理业775人，科学研究和综合技术服务业52人，房地产业105人，其他行业94人。2005年，区属国有单位共223个，从业人员42116人。其中，农林牧渔业125人，采掘业21821人，制造业554人，电力、煤气及水的生产和供应业2052人，交通运输和邮政业257人，批发和零售业276人，金融业196人，房地产业10人，租赁和商业服务业31人，技术服务业和地质勘查业332人，水利管理业66人，教育2107人，卫生业402人，文化、体育和娱乐业80人，公共管理和社会组织2839人。城镇集体单位共38个，职工人数为3834人。其中采矿业1465人，制造业7人，建筑业2248人，批发和零售业9人，金融业105人。其他单位共22个，从业人员7134人。其中农林牧渔服务业38人，采矿业5322人，制造业687人，电力生产业942人，信息传输业27人，批发和零售业23人，住宿和餐饮业95人。十年间最大的变化为：职工人数大量增长，从事采矿业的人员大幅度增长。

# 第二章 计划生育

## 第一节 计生政策及机构演变

**计生政策** 20世纪50年代末及60年代初,政府曾开展计划生育宣传活动,并未实行计划生育工作,人口自然增长率居高不下。1957年为33.4‰,1968年达42.7‰。区境计划生育工作在县计划生育工作委员会指导下展开宣传活动,实效不明显。1965年出生率49.5‰,为历史最高纪录。"文化大革命"开始后,计划生育工作遭到严重干扰,早婚、早育现象突出,人口出生基本处于无序管理状态。1971年,开始开展有组织、有领导的计划生育工作。1974年后,以育龄妇女带环避孕等为主,逐步开展计划生育工作,人口自然增长率逐年下降。1976年,靖远县提出"一个不少,两个正好,三个多了"的口号。要求一对夫妇最多生育两个孩子,三个以上动员节制生育。区境各公社卫生院配备三术(流产、放环、结扎)员,人口出生率由39.8‰降到39.3‰,自然增长率由31.1‰降到15.4‰。1979年6月,响应"一对夫妇只生一个孩子"的号召,开始有志愿者报名领取独生子女光荣证。但区境人们传统生育观念根深蒂固。1984年,人口出生率为27.6‰,多胎率高达20.9‰,在全省处于落后状况。后经过严格实行计划生育政策,至2005年,全区人口自然增长率由1996年的12.11‰下降到5.7‰。

**管理机构** 1985年11月,平川区成立区计划生育工作委员会。1986年1月,设立区计划生育技术指导站。共和乡、种田乡被评为全省计划生育工作先进单位。2005年4月,区计划生育局更名为区人口和计划生育局。内设办公室、宣传教育股、发展规划股、法规技术股、综合协调股、人口和计划生育服务站。人口和计划生育流动人口管理站、人口和计划生育药具管理站是隶属区人口和计划生育局的服务机构,副科级建制。

## 第二节 工作概况

**制度建设** 针对育龄妇女结构中一孩育妇积累比例低,一孩育妇节育措施巩固率不高,计划生育工作始终在低水平运作的现状,平川区开展"婚育新风进万家"活动,普及避孕节育、优生优育及生殖保健科普知识,推广皮埋措施,建立优质服务网络,提高计划生育服务水平和服务质量,将计划生育重点手术集中到区人口和计划生育技术服务站施行,实行定点服务,而放环、皮埋措施在乡、镇计划生育服务中心落实。开展育龄妇女产后、术后随访和妇女病普查工作。针对基层基础工作薄弱,村级工作疲软、配合不力,信息不实、措施不力、工作被动的局面，对自管小组长通过减员增酬，实行重新聘任，要求公开考试，实行竞争上岗，将工资落实状况列入全年考核指标进行考核评估，较好地促进了基层计生工作。制定出台《平川区计划生育管理办法》《平川区计划生育干部入户访视管理办法》《平川区计划生育月例会召开办法》《平川区村、社干部计划生育工作责任制》《平川区计划生育自管小组长岗位责任制》《平川区计划生育工作考核办法》等制度办法。将计划生育直接纳入区上管理，实行"管理到村、考核到村、服务到村、责任兑现到村"的下管一级原则，层层分解任务，明确责任，用制度约束人、管理人，计划生育工作逐步走向制度化、规范化。对计划生育工作实行按季度考核，把人口与计划生育工作作为实施可持续发展战略的一项重要举措来实施。实行按月分解下达任务，每10天评比一次，按季度考核、按季度兑现责任的措施，将工作强行纳入经常性高速运转的轨道，工作由阶段性突击转化为长效机制。

**计划生育奖励扶助**　针对全区农业人口相对较少的实际情况，在办理600元养老保险或者1000元~2000元的养老（教育）储蓄的基础上，平川区在二女户社会保障机制方面进行大胆探索，在全区推行农村二女结扎户奖励扶助制度，制定出台《白银市平川区农村二女结扎户奖励扶助实施办法（暂行）》，对属于本区农业户口、已落实绝育措施的一女或二女户夫妇，每人每月给予30元的奖励扶助金。人口出生率从1996年的13.98‰下降到2005年的8.14‰，人口自然增长率从1996年的12.11‰下降到2005年的5.70‰。2000年，平川区被省委、省政府评为计划生育"三为主"合格县区。2005年7月，出台《白银市平川区农村二女结扎户奖励扶助工作实施办法（暂行）》，属西北地区首创。

**靖远矿区计生工作**　靖远矿区计划生育工作在贯彻执行国家计划生育政策，提倡晚婚晚育，落实节育措施方面做出显著成绩。1985年靖远矿务局获甘肃省人民政府授予的计划生育先进单位称号。1989年，矿务局召开计划生育工作会议，提出三项指标（即计划生育率、育龄妇女节育率、独生子女领证率）必须达到100%，当年人口自然增长率为6.74‰。1990年完成结扎手术515例，其中纯女户结扎171例，人口自然增长率为7.8‰，再次被甘肃省委、省政府命名为计划生育先进单位。

**1996—2005年平川区人口与计划生育情况统计表**

表6-4

| 项目/年份 | 人口变动情况 | | | | 四项手术情况 | | |
|---|---|---|---|---|---|---|---|
| | 年末总人口（人） | 总出生（人） | 实际增长 | 人口自然增长率（‰） | 结扎人数 | 放环及其他避孕手术（人） | 节育率（%） |
| 1996 | 194064 | 2713 | 2256 | 12.11 | 4814 | 1860 | 86.51 |
| 1997 | 186943 | 1859 | 1496 | 7.85 | 1084 | 1458 | 89.79 |
| 1998 | 184182 | 2119 | 1786 | 9.85 | 748 | 1119 | 89.31 |

续表 6–4

| 项目<br>年份 | 人口变动情况 | | | | 四项手术情况 | | |
|---|---|---|---|---|---|---|---|
| | 年末总人口（人） | 总出生（人） | 实际增长 | 人口自然增长率（‰） | 结扎人数 | 放环及其他避孕手术（人） | 节育率（%） |
| 1999 | 189120 | 2128 | 1718 | 9.31 | 835 | 1188 | 89.73 |
| 2000 | 183438 | 1802 | 1238 | 6.77 | 496 | 1186 | 88.57 |
| 2001 | 183940 | 1969 | 1329 | 7.25 | 447 | 1225 | 88.03 |
| 2002 | 185452 | 1946 | 1410 | 7.63 | 539 | 1464 | 89.55 |
| 2003 | 190311 | 1641 | 1191 | 6.34 | 607 | 1450 | 90.87 |
| 2004 | 190499 | 1637 | 1159 | 6.03 | 426 | 1321 | 92.36 |
| 2005 | 189292 | 1541 | 1092 | 5.7 | 506 | 1575 | 92.8 |

# 第三章 民族宗教

## 第一节 民 族

**概况** 至 2005 年，本区有汉、回、满、蒙、藏、苗、彝、壮、布依、瑶、土、东乡、裕固等 13 个族别的民族成员，计 196332 人。2000 年第五次人口普查，少数民族人口为 3278 人，占人口比例的 1.60%。主要少数民族有回族 2989 人，满族 112 人，壮族 15 人，东乡族 23 人，藏族 26 人，蒙古族 60 人，土族 1 人，其他民族 52 人。少数民族人口主要分布在共和乡兄弟村、长征路街道办及各厂矿企事业单位。

**汉族** 汉族为区境主要民族。2000 年第五次人口普查时，全区汉族人口为 183439 人，占全区人口的 98.4%。

**回族** 区境自古以来即为少数民族聚居之地。战国时期，属义渠戎国的势力范围，其后周边迁徙不定的游牧民族时驻时迁，羌族、鲜卑族、番戎、党项族、鞑靼族等民族先后活动达 2000 多年。隋唐间，国家一统，周边安定。自隋文帝统一天下，至唐玄宗开元、天宝年间（713—756 年），民族构成上形成汉羌杂居的局面，而汉族的力量不断上升，农耕面积亦不断扩大。但“安史之乱”后，唐朝盛极而衰，河西陇右地区相继沦没于吐蕃。区境地处军事冲突前哨，民族构成十分复杂。其后，元朝的大一统，不仅结束中国自唐末五代以来长达 500 年之久的分裂局面，而且对全中国民族区域格局的调整、形成、稳定起到极其重要的作用。在成吉思汗时期和窝阔台时期有不少西域的回回工匠及妇女、儿童等随蒙古大军的征服活动而迁居中国，其中有的被安置到甘肃境内。元太祖西征时，免三万工匠死罪，分于各营效力。这些工匠一般编为军籍，随军队驻扎各地。正大二年(1225年)成吉思汗从西域回师蒙古，翌年率大军五次征伐西夏，区境自此成为蒙古军队的重要屯戍点。到元世祖忽必烈至元年间(1264—1294年)，战事转少，全国普遍建立“社”的基层组织。元政府即命令各地探马赤军随处入社，与编民同等对待。至元九年(1272年)，忽必烈封皇三子忙哥剌为安西王，驻兵六盘戍屯。至元十七年(1280年)阿难答袭任安西王，镇守六盘至黄河一带地区，所部士卒15万，区境成为主要屯牧地之一。阿难自幼由一回教徒抚养，皈依回教，信之颇笃，因传回教于唐兀之地，士卒闻从而信教者居其大半，是为区境回族的早期源流。明初，随着军队对西北地区的经略和大规模移民，大量内地回民迁居区境。当时，统治者对穆斯林商业的发展予以保护和鼓励，扩大回回商人的活动范围，回回聚居点有进一步的发展，陆上丝绸之路即为其线形带状聚居地。区境地当东西交通要道，从事商贸的回民渐多，有的即定居为贾。黄湾发现的明代清真寺遗迹，以方砖墁地，顶敷琉璃瓦，规模宏伟，诚为当地回族生存情况的历史见证。从清初到清中后期的100多年间，社会相对稳定，经济持续发展，区境内的回族人口数量大为提高。清末同治年间(1862—1874年)和光绪年间(1875—1908年)的两次回民反清活动，为区境历史之伤心史。民族仇杀，血腥屠戮，不堪回首。事后，回民或死于锋镝，或外逃他乡，人口大幅度减少。民国9年(1920年)大地震及民国18年(1929年)大饥荒后，外地逃荒逃难回民又迁入打拉池、种田、复兴、水泉、宝积等地生活，回民数量再一次开始递增。

**其他少数民族** 境内人口在百人以下的少数民族有蒙古族、藏族、苗族、彝族、壮族、布依族、瑶族、土族、东乡族、裕固族。这些成员大多数都是20世纪50年代后支援大西北建设时由外地迁入的，大多数分布在工矿企业。其中靖远煤业集团公司有8个少数民族成员共900多人。

## 第二节 宗 教

**概况** 本区汉族群众历史上普遍信仰神佛，早在秦代，先民即在龙凤山撮石为庙。唐宋以后，寺院道观见诸史籍者即有崇宁寺、潮云寺、红山寺、盘花寺等多处。近世以来，亦有部分群众在传统佛教道教之外信奉基督教。及至当代，随着宗教政策的贯彻落实，加之市场经济条件下社会生活的特殊情况，宗教活动极一时之盛，每村必有庙观，修造费用动辄达百万之巨。然普通群众宗教知识极为贫乏，多为祈求平安福禄而降神问卦。近年随着经济实力的增强，各教派举行大型宗教活动，多延请名山大庙宗教组织派员主持，活动渐入正规。境内回族群众信仰伊斯兰教。

**佛教** 北魏时期，佛教通过“丝绸之路”传入区境，红山寺石窟即建于北魏，其后代有重修。东晋高僧法显(　—约422)慨叹律藏经典传译未全，立志前往印度寻求。西出关中后，跋涉一月到达区境,准备在鹯阴口渡过黄河,西奔姑藏,却受到乞伏乾归政权的阻挠,辗转到达苑川,隆安四年(400年)夏天才进入河西走廊。唐代,国力最为强盛,区境亦因会州之设而繁荣兴旺。据民间文献记载:大唐贞观乙巳年(645年)玄奘法师师徒数人,取经返回时,区境信徒皈依请法,并在屈吴山间开山建殿。北宋崇宁年间(1102—1106年),打拉池一带地处军事要冲,佛教复兴,寺观恢宏,成为法泉寺下院,香火盛极一时。因建于崇宁年间,故称崇宁寺。明弘治年间(1488—1505年)复于故址重修,太学生冯禧有碑记载盛况,即今红山寺所在地。清代,区境佛教大兴,龙凤山、屈吴山、黄家洼山、北武当、福寿山等地建筑宏伟,宗风大振,吸引数省信徒前来清修、进香。卧龙山于清末民初盛极一时,住持和尚(俗姓苏)栖心净土,不恋生死,堪称高僧。1978年后"文化大革命"被毁的寺庙,群众自发加以修复或重建,佛事活动重新得以恢复。1985年8月,潮云寺大雄宝殿举行开光法会,省佛教协会副会长融开法师亲临主持活动,为全市第一家经政府批准的佛教活动场所。其后万佛宝殿建成,融开法师圆寂后遗骨即在水岘滩起塔安放。种田盘花寺尼师释圣真,严持净戒,苦行弘法,复建三层观音阁一座,信士遍及兰州、靖远等地。尼师释妙瑛曾于2004年举行迎请西方三圣大法会,礼延百岁高僧持明老和尚主持传授三皈五戒及菩萨戒仪式,为建区后佛门传戒之始。2003年4月,非典疫情防治期间释妙瑛个人捐款3000元,并倡导佛教信众捐款600余元,后主持建成普渡寺。释旭光法师建精舍清修,喜诵《楞严经》。居士王长庚主持红山寺法务,建筑多有增益。杨宗义请教上海郑颂英大德,主持创建临夏潮音寺,成为陇上名刹。2005年年底,全区共有佛教活动场所3处,为红山寺、万佛殿、妙觉寺,有佛教徒6385人。

**道教** 区境道教活动其源甚远。相传鹯阴设县时,迭烈逊古渡口即有玄武庙。明正统二年(1437年),靖虏卫指挥房贵整葺修建。明嘉靖十六年(1537年),固原指挥黄时值续建献殿。其后,世称北武山,成为陇右名刹。唐代尊崇道教,黄峤神木头保和宫、马饮水金凤观、种田乡刘家井雷祖大殿等至今仍有遗址。宋代战事频仍,为祈求奏凯传捷,凡有人迹处均建有庙观。元代至正二十八年(1368年),道士吴云在屈吴山结庐清修,肇建灵云桥。种田乡崖腰山玉虚观、复兴乡山李青龙观始建于万历年间(1573—1620年)。由于区境为历代兵家必争之地,又为元明耕牧之场,故牛王马祖普遍受到供奉。清代自王进宝将军位跻荣显,道宗文化亦随之丕兴,王将军家庙规模宏大,龙凤山、窑腰山、卧龙山均有王将军香火功德。境内道教最具特点的是龙轿仪轨。元鼎己巳(公元前112年)汉武帝西巡登神木山谒拜神木,相传即有随军龙轿。古之龙轿如何,已无实物可证。今之龙轿则为高约二尺、宽有尺余的木轿,轿底一角固定一铁棒。扶手以之写字,即所谓玄灵训示。扶手俗称轿夫,寻常为普通农夫,一旦被所谓玄灵择定,则需训练,使二人高度协调,举止默契如同一人。而后焚黄动轿,则曰某神某仙降临,写划于桌面供人辨认。有的轿夫边写边说,谓之通灵轿夫,其所言所写,有的至为简练,有的则为七言或多言韵语。看似俚俗，信之者则奉为至宝。事毕歇轿，轿夫则泯然众人。单凭一轿之力，可使信徒闻风影从，顶礼膜拜，亦称为奇。至于寻常农夫农妇，忽自妄言谵语为某仙某神，言人休咎逼人信从者，则俗称巫神马脚，为大小道观所严禁。至于寻常信教群众，则惟龙轿是从。至于道教文化，修真炼气之说，则无从谈起。寻常经师道班，只是照本宣科而已。青龙山道观信士冯玉吉爱庙如家，去世后，有"焚香司母神位"之碑配享庙侧。另有打拉池常明、吴国平两人于江西龙虎山授箓得天师称号。秦守杰任甘肃省道教协会副会长。2005 年底，全区共有道教活动场所 6 处，为接云观、北武当山、金凤观、显云观、芙蓉观、药应山，有信教群众 5017 人。

**伊斯兰教**　伊斯兰教徒在区境内的生活历史悠久。1974 年在水泉镇黄沙湾平田整田地时，发现明代清真寺遗迹。黄沙湾地处迭烈逊渡口，清真寺的发现，亦可见当时东西贸易的繁华。同治以后，朝廷严格限制伊斯兰教徒活动。进入民国后，禁令才得以宽松。民国 30 年（1941 年），打拉池有清真寺 1 处。其后设立回民教育促进会，协助办理回民教育。中华人民共和国成立后，回民社会地位得到空前提高，毛泽东主席关于转发打拉池民族问题的批示，更是一份重要的历史文献。区境有伊斯兰教活动场所 2 个，为打拉池清真寺、长征清真寺，有信教群众 3085 人，教职人员 4 人，其中阿訇 2 人，满拉 2 人。教派有格拉底目与伊赫瓦尼。格拉底目意即"老教""古行""遵古派"等，是中国伊斯兰教流传较早、传播广泛、信众较多、影响较大的派别。因固守唐宋以来穆斯林世代相承的教义思想、礼仪制度，故名。格拉底目派尊奉逊尼派教义思想，以《古兰经》为其宗教思想基础，遵守"六大信仰""教门原根八件"和传统的礼制，对其他教派学派均表示尊重，持宽容态度，对中国社会流行的各种宗教也能和平相处。此外，格拉底目也受到什叶派的某些影响。不崇拜圣徒、圣墓，但不反对。在礼俗方面受到汉族某些习俗的影响。区境有格拉底目信教群众 2165 人。伊赫瓦尼意为兄弟，又称"艾赫勒·逊奈"，意即遵经派。其他教派则多以"新行"或"新兴派"相称。19 世纪末由河州东乡族著名阿訇马万福等创立。伊赫瓦尼在教义上信守逊尼派教义教法，尊奉哈乃斐学说，主张严格按《古兰经》和圣训行教，改革一切与经、训相悖的礼仪。在经堂教育中提倡中阿文并重，积极培养阿、汉文兼通的宗教人才。区境伊赫瓦尼信教群众有 920 人。门宦有虎夫耶、哲赫忍耶、尕德忍耶等。其中哲赫忍耶传播者马明心的学生田伍，以传教方式秘密组织反清活动，在马明心被清廷杀害后，于宁夏海原起事，为马明心复仇，于黄峤乡郎山兵败殉教，遗迹尚存，后得海原信教群众整修，以资纪念。改革开放后，全区出国赴麦加朝觐人员共 18 人。

**基督教**　区境基督教活动最早见于民国 8 年（1919 年），王家山村民从乌兰山庙会购得福音小册子，当时不解其意。其后三年，传教士开始在区境布道，人称"洋人道"。民国 22 年（1933 年），活动渐多。中华人民共和国成立后，长时间中断。改革开放后，先在长征开始传教，建有黄土岘基督教堂，有信教群众 161 人，传道士 5 人。2005 年年底，全区共有基督教活动场所1处,为黄土岘基督教聚会点,有信教群众160人。

## 第三节 宗教活动场所

**打拉池清真寺** 位于白银市平川区共和镇兄弟村。现建有礼拜大殿一座,水房、经室、香房、办公室等附属建筑。原打拉池清真寺由于地基下陷墙体开裂,2004年被拆除。2005年当地回族群众自愿捐资新建该寺。主要服务兄弟村及周边红会的穆斯林群众。

**长征清真寺** 位于长征路利民市场对面,1988年筹建,1989年建成。占地面积3300平方米,建有礼拜堂一座,办公室5间,临街商野楼一幢。信教群众主要来自平川城区靖煤集团职工和在平川做生意的流动人员。

**屈吴山万佛寺** 位于甘肃靖远、平川和宁夏海原县的交界处,海拔2858米。屈吴山林场位于寺院周围,环境优雅。万佛寺位于屈吴山的群山怀抱之中,建筑古朴雄伟。现建有古石窟两眼,万佛殿、三官殿、明灯楼、斗战圣佛殿大佛殿等大小17座仿古建筑群。屈吴山万佛寺相传始建于唐朝贞观年间(627—649年),由佛学大德玄奘法师派其弟子屈德、吴尚修建传法。清朝同治年间(1862—1874年),寺院在兵荒马乱中被毁坏,周围山林也遭到烧毁。至清光绪(1875—1908年)和民国初年,屈吴山下一名叫丁武的农民,善根深厚,发了大愿,独自南下化缘,重修寺院,使寺院重新生辉。"文化大革命"期间,寺院又遭破坏。1936年,徐海东、程子华率领红军二十五军途径屈吴山时,在屈吴山坡牧马休整。20世纪80年代落实宗教政策后,当地信教群众积极筹资,屈吴山万佛寺得以重放异彩。以平川境内信教群众为主,兼有靖远、会宁和宁夏海原的信教群众。

**红山寺** 位于平川区共和镇中和村,占地面积25万平方米,建有四个殿堂,大雄宝殿石窟、消灾延寿药师佛殿、万佛塔、金刚殿。住房面积20平方米。北魏时期建造石窟,历代都有修复。1988年重修大殿,1995年开发,2004年建造药师佛殿。信教群众主要分布在共和镇中村、兄弟村及红会、长征、平川等地。

**妙觉寺** 位于白银市平川区共和镇小水村,始建于1989年,占地面积1765平方米,建有观音殿一座,东西厢房9间,1999年11月批准开放。信教群众主要分布在小水村及相邻的红会、共和和靖远高湾等地。

**云台山道观** 位于神木头村,建有白虎大殿、显神大殿、三霄圣母殿及道房四间、厢房六间、禅房三间,场地面积86460平方米。始建于明代,原有大殿六间,钟鼓楼戏台一座。当地信教群众于1994年在原基础上修建白虎大殿。信教群众主要分布在黄峤乡及平川、靖远、会宁等地。

**药应山道观** 位于共和镇红沟村西北方位,占地面积13330平方米,建有祖师大殿、子孙宫、龙王宫、天坛楼等大小8座建筑。始建于明朝后期，清朝同治年间（1862—1874年）被毁损，“文化大革命”时期又遭拆毁，1982年落实宗教政策后重建。信教群众主要分布在兰州、白银、平川、靖远等地。

**北武当山道观**　位于白银市平川区水泉镇黄湾中村黄河之滨。建有真武大殿、财神殿、娘娘殿等多座殿宇阁楼。建筑面积12000平方米。始建于西汉太初年间（公元前104年—前101年），兴盛于唐、明、清代，历代曾遭兵袭、地震等。“文化大革命”期间又遭破坏。20世纪80年代初期众信教弟子重建庙宇。信教群众分布在山西、河北、陕西等省及省内兰州、张掖、武威、定西等地，弟子逾万名。

**芙蓉观**　位于周家地村西南，占地面积7860平方米，建筑面积2032平方米。布局为中院、东院、西院三部分。中院为承袭大水头太上庙之建筑，东院为文昌帝君殿，西院为森罗殿。大水头太上庙，原建于清康熙三十四年（1695年）。1957年，省工业厅投资在太上庙山脚下建设136千瓦发电厂，该庙建筑被拆除。1985年地方民众重建太上庙。信教群众主要分布在平川区周边。

**接云观**　位于平川区共和镇西南1千米处，以太上殿为中轴线，建有迎仙桥、万万极宫、玉皇楼阁、山门楼等9座宫殿。始建于元朝，后因兵战被焚，多有复建。“文化大革命”期间又遭破坏。1970年部分场地被国家征用。1990年当地信教群众重建接云观。信教群众主要来自本村及周边附近村庄。

**金凤观**　位于黄峤乡马饮水村，占地面积10000平方米，四面环山，观前泉水四季流水不断，流入人工湖中，松柏常青，气候宜人。经多年修建，建有龙王宫、财神殿、天坛楼、三官殿带山门、子孙宫。始建于唐贞观年间（1627—649年），后被毁。清康熙二十四年（1685年），奋威将军王进宝回乡祭祖重修。清同治年间（1862—1874年），回民叛乱，焚毁了部分殿堂，后经当地信教群众多方筹资得以修补。民国9年（1920年），遭到地震毁坏。“文化大革命”期间，幸存宫殿又遭破坏，文物古迹无存。改革开放落实宗教政策后，信教群众筹资重建。信教群众以本村群众为主，外村有焦口村闫高崖社、海原县盐池乡万家水村和唐家坡村。

**黄土岘基督教堂**　位于长征路街道黄土岘社区大桥东侧，建于1990年，1995年扩建。教徒主要来自平川城区及王家山镇、水泉镇、电力路街道。

# 第四章　汉族习俗

## 第一节　生活条件

**服饰**　区境古代地处边塞，自然条件与生活条件均极为艰苦。人民群众服饰多以实用为原则,尤以御寒衣服最有特色。因为牧场辽阔,养殖业发达,随之出现保暖的皮袄。皮袄所选的毛皮山羊与绵羊皮均可,属蒙古羊系的滩羊是优良的裘皮绵羊品种,所产裘皮以花纹清晰美观、皮板轻便、不毡结等优良品质而著称,而山羊中的中卫山羊是我国独特的裘皮羊品种,所产沙毛裘皮(产后50—70天屠宰)洁白、美观、轻便,可与滩羊的二毛裘皮媲美。裘皮制作皮袄前先要经过"熟皮子"工序,以便脱去脂肪。具体办法是将皮子放入缸中用水浸泡后再加入硝及糜谷面,培养分化脂肪的细菌。不停地用木棍翻搅裘皮,使之均匀浸泡。熟皮子的季节以秋季最佳,捞出后晾晒时,天气也最为适宜。然后请专门的皮匠缝制,只求合体,美观则在其次。至20世纪中叶缝纫机进入农村后,讲究绒领、斜插兜皮袄,长短则有大衣、半大衣之分。皮袄极其保温,滩羊毛有九道弯或十三道弯之说,在野外生活,裹一件老羊皮袄最能御寒。二阴山区多以山羊皮袄为主,由于毛不怕雨淋,缝制时将毛向外,皮子贴里,保暖效果相同。沿河地带一般以绵羊皮为主,皮面朝外,讲究搭布料面子,否则俗称光板老羊皮袄。由于畜牧业的发达,也就生产一种堪称时尚的服饰——褐子。褐子俗称毛褐子,早在先秦时期,即有"捻毛成线,织褐为衣"的记载。宋元明清之际,由于质地优良,用途广泛,已成上等衣料和高档礼品。毛褐子的生产工序是:撕毛——捻线——织褐——煮染。先将选好的羊毛与黄土掺和,再用脚踏拌混合,提取毛中油脂,再用竹杆挑打抖土,然后撕毛备用。捻线,全是手工活。农闲时节老人、妇女都参与捻线。线杆长约八寸,小头镶嵌小石块凿成的圆砣或用陶土烧制的小陀螺作为捻线工具,一人一天可捻半斤至一斤羊毛。织褐机具较为简单,极似织土布的座机。织褐时注意宽窄长短尺寸的计算,经线360根,纬线9寸至1尺,纬线手掣来回穿梭。每匹毛褐长度为3丈6尺。毛褐织好后便染色,染色采用黑、红、蓝三色颜料,上色后再用清水清洗干净,晾干。最后一道工序是提毛、压平,要特别注意手法,以手感均匀、质感好、外观美观为标准。毛褐不仅用作缝制衣服,而且可以用做被面,有的被面两三代人都用不烂,可谓经久耐用。毛褐与皮袄主要解决防寒的问题,暖热时节,还需有单衣蔽体,这就产生了老布或称土布,即手织布。手织布是劳动人民世代沿用的一种纯棉手工纺织品,具有浓郁的乡土气息和鲜明的民族特色。老粗布的织造工艺极为复杂,从采棉纺线到上机织布需经轧花、弹花、纺线、打线、浆染、沌线、落线、刷线、作综、闯杼、掏综、吊机子、栓布、织布等大大小小72道工序,全部采用纯手工工艺。其工序,先是给径线上浆,即用面糊将径线浆一次。面糊过稠,径线就脆,易断线;面糊过稀,径线就松,也易断线。其次是牵线,即上径线,牵线用手执线,手要保持平衡,不然牵出的线松紧不一,织布时易被梭子打断。再是挽绺,绺扣的长短要一致,才能使上下径线截然分开,梭子来往畅通无阻。织布最重要的是手推脚踏,绳腔即用手推,推得重落得慢,布就紧;推得轻落得快,布就稀疏不匀。最后是修整布。先将布上小疙瘩刮掉,再将布密闭在缸中,燃入硫黄,将布熏白,然后取出,喷浆折叠,放到石上捶扁。有钱人则将土布再行染色,以求美观。中华人民共和国成立前,贫富差别极大,着装差别亦大。极贫困者,衣服夏以蔽体,冬以御寒,油污补丁,无式无样。一般百姓,春秋以大腰裤、短褂为主。夏着汗衫、短裤,多以自制粗布为主。冬着大襟棉衣,俗称"裹肚",严寒时穿羊皮皮袄。夏戴瓜皮小帽或头裹毛巾,冬戴毡帽或"火车头"。皮帽多用兔皮、羊羔皮、豹皮等缝制,有的还用"耳套子"。富户人家以上等布料绸缎为主,春秋着长袍、短褂、内衬外套,冬着二毛裘衣。夏天头顶灰绒礼帽,冬天戴平顶黑绒帽。一些大中专学生、职员着中山装。男子穿自制圆口平底布鞋,年轻妇女穿绣花鞋。已婚妇女用青布带扎裤脚,头发盘成圆盘状发髻固定于脑后,俗称"盘头",富有者插各种金银头饰于发髻上。未婚女子则扎独辫。其后,服饰发生巨大变化,男子流行穿中山装,青年男子留分头,挂水笔。青年妇女则有"胶皮鞋,洋袜子,剪发头,搭肩子"的时兴歌诀。60年代后,男女皆向轻便短衣转化,有中山装、军便服、列宁服、工人服、学生服、青年服等名号。鞋的式样由圆口向方口发展,出现方口、八眼、牛眼窝等式样,穿机制运动鞋、解放鞋、翻毛皮鞋、塑料底布鞋、塑料底凉鞋的逐渐增多。帽子有解放军帽、鸭舌帽、棉绒帽等,农村妇女相当长的时间讲究包头巾。改革开放后,服饰开始追求舒适大方,潇洒气派。夏季有长袖衬衫、短袖衬衫、筒裤、萝卜裤、健美裤、短裙、超短裙,西装、T恤衫、牛仔服等。冬天有棉大衣、绒大衣、呢大衣、风雪大衣、航空服、宇宙服、各类毛衣,皮夹克、罩衫等。鞋有中跟皮鞋、高跟皮鞋、长腰靴子、各类凉鞋、布鞋、棉鞋、运动鞋、旅游鞋,名目繁多,难以尽述。中老年人大多保持六七十年代衣着特色,变化不大。关于袜子,古代农村男子于春夏秋三季一般不穿袜子,到冬天才穿用羊毛线捻成的毛袜子。民国年间男性袜子多用白布缝制,中老年妇女用裹脚布,青年妇女的袜子要染色,老中青妇女一般不打赤脚。20世纪50至60年代,穿棉线袜的渐多,60至80年代,线袜被尼龙袜、腈纶袜替代。穿裙子的妇女穿长腰丝袜。在当时,衣着样式单一,色调沉闷,以灰、黑、白色为主。条绒则为最奢侈的衣料,娶亲时新娘子能穿一件条绒衣服,很惹人艳羡。世纪之交,民康物阜,民生亦发生巨大变化,表现在服饰上,追求时尚、讲究品牌成为城市中等以上家庭较为普遍的观念。尤以靖远电厂、靖煤公司等较高收入群体为最。一套衣服千元上下已视为正常,衣着普通则有不入流之嫌。时髦女性服饰更是与大城市同步,非专业工作者难以尽述。

**居住** 黄河两岸只要有黄河涨落冲刷淤积的河滩地,就必定有人类居住的村落,陡城、黄湾等村就有2000多年的居住开发史。川塬居民大多在有泉水、有大面积可耕地的地方居住,如打拉池、水泉。海拔较高的二阴区因雨水多,气候寒冷,人们一般都聚居于避风向阳的地方,如种田、复兴。1949年前,广大农村生活贫困,山区居住多以土窑为主。城区、沿河两岸、川塬区多住简易平房或土箍窑,富裕人家才有结构较好的上房。其后,世事日新,居住条件亦随之改善。特别是1980年以后,农村兴起盖房热潮,大多数农家盖起三五间大瓦房,房子质量也明显提高,红砖红瓦逐渐取代青砖青瓦,由土木结构向砖木结构发展,窗户由小方木格糊白纸改为安装玻璃的大窗子,建房木材亦由杨木向松木转化。农村庭院占地一般在667平方米左右,大的可达数亩。过去多为土墙土门,如今讲究大门楼子,多为砖木结构,安双扇门或铁大门。以前院子里不留园子,少数农户在院子一角筑台盖高房,以资眺望。现在则普遍以一半面积种菜或种花。排水洞一般留大门之左或右。门前讲究栽一两棵榆树,后园种柳树,俗称“前榆后柳,不做就有”。农村住人的房间都有炕,炕内煨柴草或牛羊驴马粪取暖。室内家具陈设亦随时代发展而变化,过去的小桌小凳、木箱、木柜逐渐换成高低柜、大立柜、沙发。世纪之交,时兴组合家具。即使寻常农家,迎娶新媳妇,都要置办高档家具。主要居住房屋形式有土窑、箍窑、简易土房、上房、楼房等。土窑即二阴高寒区或干旱山塬区的老百姓,利用自然山形,将黄土山头削齐,在崖面挖成的窑洞。窑洞一般深4~6米,前面安门、窗,进门右手再挖2米深,盘炕。这类窑洞光线不好,但冬暖夏凉,适宜人类居住,现今不再建造。下方用土坯砌成基础墙体,支半圆弧形模后,上面胡墼箍成半圆形的窑洞称为箍窑。箍窑一般在院中横摆,门开在正中,长度可达6~9米,宽度2~3米,现今亦不再建造。简易土房即土搁梁的简易房,或2间,或3间、4间连成一排,多为人口较多,生活贫困的家庭所建,外观简陋。上房一般北房7间,中间3间高,两边各2间低,俗称“二鬼抬轿”,配以东房3间厨房共10间房。主次分明,上房有担子,三道横梁,结构严密。普遍贴瓷砖,铺地板砖,部分家庭自烧小锅炉取暖。此外,四明柱拔檐上房、虎抱头上房、大门窗飞檐上房、砖混结构的一至二层楼房亦日见兴建。城镇居民则大部分居住楼房。近年,别墅及复式楼也成为少数人的居住形式。

**饮食** 广大农村饮食多为一日三餐,晨起劳动2小时,9点左右吃早饭,一般以黄米、白米糁饭及炒菜为主,在一日中最为重要。糁饭为区境特色主食,待米煮至半烂,舀去米汤,撒以白面,反复搅之即成,具有耐饥、耐渴的特点。中午1点吃蒸馍或凉粉凉面。太阳落山时吃晚饭,多为煮面食。城镇居民一日三餐,早晨吃早点,一般简单量少,中午米饭炒菜,晚上亦多以煮面食为主。食品主食类以大米、黄米、麦面为主,间以少量杂粮。蒸食类有蒸馍、花卷、月饼、马蹄子、包子、发糕等。烙饼以“锅盔”为主,加以油馍、摊饼。油炸类以油饼、油条、麻花为主。而煮食最多,也最为普遍。副食原料主要为各类蔬菜、肉、蛋等。分为炒菜与凉拌两种。冬天大白菜缸腌酸菜仍很普遍。酸菜炒肉加糁饭,是当地最具特色的食物。用辣子、韭菜等腌制咸菜的习惯,仍得到保留。婚嫁食谱,过去兴盛“八个碗”“十全”“十三花”等名目。而今更为丰盛,一般都上有鱼、鸡、肘子为主的十三碟炒菜。高档的还有上海参、鱿鱼等名菜,配以凉拌碟子和好酒。在城市,则普遍于饭店承包酒席。丧葬菜肴则较为简单,一般均有红烧肉、油炸丸子、千刀酥、牛羊鸡肉的大杂烩。苦儿菜、野韭、野葱、灰条、猪耳朵、苜蓿、地软儿、头发菜、蘑菇等各类野菜,农村居民根据季节采食较多。近些年,苦儿菜、地软儿等被视为绿色食品摆上城市消费阶层的餐桌。

### 1999—2005年平川区农村每百户耐用品拥有量统计表

表 6-5

| | 1999 | 2000 | 2001 | 2002 | 2003 | 2004 | 2005 |
|---|---|---|---|---|---|---|---|
| 自行车(辆) | 28 | 85 | 85 | 80 | 76 | 62 | 20 |
| 缝纫机(架) | 19 | 80 | | | | | |
| 电风扇(台) | 6 | 20 | 9 | 11 | 11 | 22 | 4 |
| 洗衣机(台) | 10 | 29 | 29 | 30 | 32 | 42 | 13 |
| 摩托车(辆) | 3 | 8 | 8 | 9 | 15 | | 7 |
| 大型家具(件) | 92 | 138 | | | | | |
| 照相机(台) | 1 | 4 | 4 | 4 | 4 | | |
| 收音机(台) | 18 | | | 41 | 41 | | |
| 黑白电视机(台) | 6 | 15 | 10 | 13 | 15 | 4 | 5 |
| 彩色电视机(台) | 8 | 47 | 51 | 51 | 52 | 57 | 16 |
| 收录机(台) | 12 | 41 | 41 | | | | 7 |
| 电冰箱(台) | 17 | | 2 | 3 | 6 | 6 | 1 |
| 微波炉(台) | | | | | | | 4 |
| 热水器(台) | | 6 | 7 | 12 | 12 | 12 | 2 |
| 电话机(部) | | 5 | 13 | 16 | 32 | 35 | 11 |
| 移动电话(部) | | | 1 | 3 | 9 | 13 | 2 |
| 影碟机(台) | | 4 | 5 | 8 | 9 | | 3 |
| 组合音响(台) | | 6 | 6 | 6 | 6 | | |
| 录放像机(台) | | 1 | 8 | 8 | 3 | | |
| 摄像机(台) | | | 1 | 1 | | | |
| 生活用汽车(辆) | | | 1 | 2 | | 3 | |

## 第二节　生产习俗

**农业生产**　肥料的运送在新中国成立前主要靠畜驮人背，20世纪50年代后，马车和人力车逐渐普及。其后，利用手扶拖拉机送粪的渐多，但山区村落送粪仍极不便。在肥料使用上，灰粪上荞麦地和洋芋地，鸡粪上蔬菜地，牛羊驴马粪大多上旱地，猪狗粪则使用范围较广。90年代后，以“二氨”“尿素”为主的化肥逐渐普及，成为农民种田的主要肥料。寻常农家，圈肥仍占有重要地位。崇尚环保，不少农家纯以农家肥种田供自家食用。禾苗出土后，便要薅草，水地薅2至3次，旱地主要薅糜谷，亦有不少山地种后不薅，广种薄收。马铃薯、葱除薅草外，还要壅土。收割时旱地作物多用手拔,水地作物需用镰刀割。生产队时期,收割后的作物在田野里摞小垛,送到场上再摞成大圆垛或马头垛。打碾时,先摊场,自内向外,粮穗向上,一圈一圈向外延伸。传统打碾时用牲口牵引石磙打碾,无论牛驴都戴上笼嘴,吆磙的手中拿一个笼儿用来接牲口粪便。打碾时先自外一圈一圈向里延伸,再自内转出,然后以场中心作圆周,一圈套一圈,碾一遍抖一遍,打净一场粮食需抖3至4遍。碾净后,抖去草秸,将颗粒拢堆,等风天时借风扬场。水稻则将脱粒除渣设备运到田间。传统习惯,一般是冬季农闲时打碾粮食,包产到户后,大多数人习惯边收割边拉运打碾,变冬忙为冬闲。

**蔬菜** 区境普遍种植蔬菜。传统种植时,先用铁锨翻好地,上粪后浇水,待地皮稍干平整,然后撒上菜籽,要密度大而均匀。随着科学技术的日益进步,塑料大棚、弓棚等技术已相当成熟,反季节蔬菜更成为农民致富增收的主要渠道。其中,尤以水泉镇陡城村最为有名。

**瓜果** 本区栽植的水果品种有长把梨、香水梨、沙梨、桃、杏、枣、苹果、葡萄等。鸾沟的甜瓜、旱坪川的籽瓜在区外也有一定知名度。过去,果农大多数不习惯剪枝,现已改变旧习,讲究科学管理,于春、秋两季请园艺师修剪树枝,于伏天进行嫁接。

**积贮** 积贮对农民有重要意义,老辈在风调雨顺年代往往存粮以备年荒。除在空闲房内或在窑内盘仓外,还在屋内、墙外等隐秘处挖地窖储存。这种储粮法的优点是储量大,可防人盗鼠害,弊病是地下潮湿,易于霉变,因此二三年总需取出晾晒,随着政通人和,此法久已不传。蔬菜的贮存,一般以马铃薯为主,通常是在院内向阳墙脚下,先垂直挖一个一米见方的小坑,然后在一头或对头向里向下挖入,宽窄大小根据土质好坏和储量大小而定。贮存萝卜,在园子里挖一个土坑,将萝卜削头去尾(防生芽),一层萝卜一层土埋好(顶层一般厚度要超过冬天的冻土厚度),食用时即可掏取(也有在窖中贮存的)。瓜果的贮存,籽瓜(打瓜子)可存放在窖中,以备春节食用;苹果之类装筐放入暖室,或专门挖窖存放;香水梨的贮存常用冷冻法,到春天解冻时置于缸、坛之内,食用冻果时,舀一盆冷水,将果子放入约20分钟,便可拔出一层冰壳,解除冰冻。

**牲畜** 农户人家同牲畜关系极为密切。区境有优质牧场,畜牧业自古以来较为发达。羊群一般几十只到百十只为一基本群体,过大则牧之不易。牧羊人俗称羊把式,羊把式赶羊大都手拿一把羊毛线合制的响鞭,或一柄长把剁铲,以便驱赶羊只或修挖小路。初春羊乏,一般远离山陡沟深的地方。夏天放牧,中午气温最高时要歇凉饮水。秋天羊上膘,最忌追赶。冬天出圈,牧羊人要留心母羊产仔。一只大母羊每年剪毛两次,端午前剪的毛叫春毛,白露前剪的毛叫秋毛。本地人把剪毛的大剪子叫铩剪,抠抓山羊绒的小铁耙子叫"爪子"。对各种羊的称呼,母山羊叫"粠粔",种山羊叫"臊胡",被阉割的公山羊叫"羯粠粔",公绵羊叫羝羊,阉割的公绵羊叫"羯羊",杂交羊叫"二转子"。传统的牧羊,还需一只或两只狗,用以防狼,现在因狼已绝迹无人领狗。不少羊户，多雇外地人牧羊，年工资2000~5000元。后推行舍饲养羊，初因缺乏饲料、羊种难得，成效不大，后成为农民致富一主要手段。随着退耕还林的开展，宜牧地已大大减少，载畜量有限，羊价亦随之上涨。

**喂牲口**　无论绿草干草，饲喂时均需铡短，铡草的工具称铡子，铡草时一人蹲着向铡口揣草，另一人站着猛按铡刀。供牲口吃草的大都是用胡墼砌成的土槽，畜圈里有窑或茅草房，以避雨雪，并时常扫槽垫圈，保持清洁和干燥。在水川地区已非家家养殖牲口，不少人家耕种雇佣人畜，支付报酬，这对劳力单薄的人家较为合算。随农机具日渐推广，牲口养殖呈直线下降趋势。

**养猪养鸡**　农村汉民几乎家家习惯喂一两口猪以便过年。农户养猪都有专门的猪圈，没有放牧的习惯。冬、春季节主要喂食，将荞、糜、谷、玉米加工成面粉，掺上麸子等精料，用开水烫，搅拌成稀糊状即可。夏秋季以苦子蔓、苦苦菜、灰条或苜蓿等青草喂养，人称“扯条子、吊克朗”。到秋季结束后，增加细饲料催肥。不少养猪大户，饲养量往往成百上千，用饲料催肥，三五个月即可出圈。猪之性情亦与土猪大变，非复粗蠢旧样。养鸡亦如此，养鸡大户则有专门之鸡架、鸡笼，鸡于笼内专事吃喝下蛋，背不能直，身不能出，甚至有鸡爪同铁笼长为一体的状况。规模养鸡也成为农民致富的重要手段。

**架鹞**　20世纪架鹞护田驱雀，颇为兴盛。暮春时节，收拾鹞网套鹞子，鹞网分插子和摔子两种。插子又叫单网，用两根木杆，中间用白线绾织成网，用小铁环套在杆子上固定，木杆下端削尖，便于插入土中。当鹞子扑来时，网与杆子会同时倒下，将其裹缚逮住。摔子的制作较为复杂，四面都用网，须四根杆子，每根杆子上下都要开出槽子，拴一线与杆子平行，将网上小铁环套在线中，杆子顶端吊一竹片或韧性较强的木节，下劈一条口子，将网最上端的铁环卡到口子里，并在一侧吊几个铜钱以增加重量，鹞子不管从那个方向冲来，网都会自动脱落，将其裹缚逮住。摔子一般宜于离村较远的地方使用，晨插傍晚收，网中栓几只麻雀作诱饵，随时观察网鹞情况。最好的鹞子为青鹞，最常见的则是板胸（一种比青鹞小的鹞鹰）。最次的则为隼儿。鹞子逮到后，须经一段时间的训练，于是就有鹞客产生（专门架鹞护田赶麻雀的人）。鹞客训练时，在鹞子腿上套上软皮套子，拴一根长绳，让其立于丁字形鹞架上，鹞客则手套绳头，执活麻雀，立于远处呼叫，因鹞子处于饥饿状态，为图一饱，过不多久便会听从鹞客口令。为减弱体质，防止远走高飞，有时还喂雀毛絮或萝卜疙瘩。秋田粮食收尽时，鹞子使命结束，予以放生。提前脱离束缚、展翅飞去者，称为“起盘”。包产到户后，鹞客初期尚向各家收取“保护费”，驱赶麻雀，后来麻雀几近绝迹，架鹞护田已成往事。

**榨油**　20世纪70年代以前，还有油坊榨油的传统技术。榨油方法是先将油籽炒熟，然后磨细，磨出的块状油泥叫“油油”，再将其拿到另一座房中蒸制加工。蒸制前，先兑入水（给油油中加水),通常一副油油(1000千克)上十二个水(每个水6千克),之后,油房人员赤脚踏油油(水跷),把踏好的油油放到第二天,上大锅蒸好后,用锨抄出趁热用芨芨草叶或莎草包成油坨子,并用铁圈箍住(一付油通常为12至14个油坨子),把油坨子摞在4个立柱中间,上有石礅,经油梁撬压榨油,一付油可榨油250余公斤。目前,传统榨油方法已完全被机械榨油所取代。

**打胡墼** 打胡墼需先选好土场,调理土的湿度(以手抓土捏成粘把为宜),平整好码胡墼的地基,搬一块面平石板作底垫板,上置模子,将湿土填入模子内用脚踏实,紧接着用石杵夯实,所谓“三锨九杵子,二十四个脚底子”,是打胡墼的基本工序。技术熟练的,使用薄模子每天可打700块以上,使用厚模子每天可打500块以上。胡墼码子一般码八层,技术好的可码9至10层。

**打墙** 打墙先要选好八根端直的椽,还须绑一个呈梯形的“把头”(7~8根椽绑成)。打墙时,若一边有顶靠,则用一个“把头”,若无顶靠,打第一土墙时则用两个。栽“把头”时,先在测定的位置挖一道一尺左右深度的土槽,将“把头”向下用土围住,一端用撬绳子绞住,另一端用一根绳子系在内侧那根椽上,拉至外侧,自下向上绕,椽外侧夹一“蒿瓜儿”,绕半圈套在内侧绳上折回来在蒿瓜儿上缠住绳头。每上满一板土,就提铁杵子自前向后倒退,绕外围向中间夯实。每边架四根椽后,至第五板时取掉第一板的两根椽,上下翻动换板,直打到所需要的高度为至。

**铺压砂田** 砂田为区境自黄峤双铺以下各乡镇农民保产增收的重要手段。其作用是砂石覆盖,能渗纳雨水,减少蒸发,提高土壤保墒能力,提高土温,促进作物及早出苗生长,加大昼夜温差,提高作物产量和品质。同时防止土壤的风蚀和水蚀,减轻盐碱、病虫及杂草的危害。其类型按使用年限分为新砂田、中砂田、老砂田,按有无灌溉条件分为水砂田和旱砂田,按砂石状况分为卵砂田、绵砂砂田、破石砂田。长期种植作物后,砂、土逐渐混合,丧失砂田效果,称砂田老化。压砂为重苦力劳动,旧时采用畜驮人背,现为机车拉运。营造砂田宜选平坦的土地,坡地的坡度应小于15度。荒地先经平整后再盖砂石,厚度10厘米。熟地先耕翻晒垡,施足基肥,平整后再盖砂石。禾谷类作物用耧将种子播入砂石层下的土壤表面。瓜、菜类作物应扒开砂石挖穴点种后再覆盖。砂田作物收获时拔除秸秆,不留残茬,因此没有一般免耕农田因残茬覆盖而产生有毒物质。

**行旅** 新中国成立前赶集或走亲访友,青年人靠步行,老年人骑毛驴,少数富户则用骡马代步。其后,牲口归农业社,出门办事,则手提棍子为防狗咬,全靠步行。60年代,自行车渐多。1980年前后,出远门乘坐客运汽车,走近路除骑自行车外,还用手扶拖拉机或农用三轮车捎脚。90年代后摩托车已成为寻常百姓的坐骑,部分富户已拥有高档小车,购私家车代步者已司空见惯。

**器具**　祭祀用具常见的有香炉、香和黄表、酒壶、往生板、阴票板等。饮食生活用具有碗、碟、盆、罐、锅、刀、勺、锅铲、擀杖、石窝、火棍、水桶、扁担、炕桌、酒壶等。风箱已被鼓风机代替。在城区及部分农村,使用电磁炉、煤气灶、沼气灶等做饭。生产用具有铁锹、镢头、洋镐、铲子、犁、耧、耱、齿耙、木锨、刮板、口袋、斧头、锯子、绳、拥脖、枷板子、隔子、背斗、筐子、簸箕、笤帚、扫帚、连枷、石磨、石碾、石碌、杵子及人力车、木轮车。缝纫用具有剪子、尺子、针线、顶针、锥子、捻线车、绷床及缝纫机等。另外,还有梳洗用的梳篦、镜子、脸盆、毛巾,取暖用具火炉、火盆、烟筒,计时用具挂钟、闹钟、手表等。

## 第三节　民　俗

**春节**　即农历正月初一日,俗谓过年,是汉族人民最大的传统节日。农历腊月初开始,人们即争相购置年货,城乡排练社火,筹备过年。腊月初八日须吃"腊八粥",即煮米饭。腊月二十三,则送灶神。灶神像常贴在厨房锅台正中墙上,或在黄表中间竖写"东厨司命定福真君之神位",两侧对联写"上天言好事,回宫降吉祥"等字样。送灶爷时,献上烙制的十二个饼子,俗称灶干粮,也有按家中人口烙制的。把灶神像及对联取下放入灶内烧掉,鸣鞭炮,表示已送灶王爷归天。此后须上坟祭祖,扫房,贴窗花,画窗纸。男性则剃头理发,有"有钱没钱,剃个光头过年"之说。还需缝制衣服,添置家具,近年过年则要装裱、张挂新字画。随即杀猪宰羊,置办年货。腊月二十八九擀长面蒸年馍。农村仍盛行剪窗花,挂灯笼。腊月三十贴新对子、门神、五福,内外打扫整洁。傍晚打醋炭,将火烧红小石子或炭木块,放在醋碗内快速到各屋及畜禽圈转一圈以清洁家中,然后鸣炮请神。一般家中都用黄纸签定"福禄寿三大财神"、"三代宗祖"两个神位牌,用香、表、酒、马、馒头虔诚供奉。晚饭全家人坐在一起吃荤汤长面,称"勾魂面"。之后晚辈给长辈拜年,长辈给晚辈发压岁钱,随后家人聚在一起用猪骨头、头肉蘸蒜泥吃,小孩不吃要在嘴角抹上蒜泥,俗称"咬鬼"。之后或打牌,或喝酒,熬到天亮,俗称"守岁"。正月初一天刚亮,鸣炮"迎喜神",全天吃荤汤长面,然后到村上各家给老人拜年,初三早上吃扁食,至初五,忌讳做针线活、扫地、动切刀、吵闹等,以祈求一年吉利。初五一般都要吃面搅团,俗谓"缠五穷",并清除院内外垃圾,洗脏衣服,谓之"扫五穷"。初七俗称人日子,吃长寿面,上香放炮。民间或以当日天气情况,判断人之休咎。十三早上吃荤汤长面,有"天花新,地花新,吃了黄米肚子疼"之说。

**元宵节**　即"过十五",向来有"小年大十五"之说,一般从初九以后,各村镇社火队率狮子、龙灯、旱船、踩高跷等开始走乡串户。较大村庄还排练秦腔,每晚结合社火演出。十五晚上城乡家家户户张灯结彩,男女老少扶老携幼走出家门观赏彩灯焰火,热闹非常。城镇居民趋向全国大众化,习俗吃汤圆者渐多。正月十六,男女老少都要出门游赏,谓之“游百病”,以祓病纳祥。

**正月二十三日** 拾柴草放在大门外,夜幕降临时家里老人用纸剪几个纸人贴在门背面,并用食粮喂,然后放入柴草里面点燃柴堆,男女老少围着跳来跳去,称为“燎干儿”,有的扔蒜瓣盐粒等。大火熄灭后,由一人手执铁锨或木锨将火籽扬向高空,根据火籽不同形状的变化,燎干人呼喊着五谷的名字,直到火籽扬完。燎干意在烧去灾难,祈求五谷丰登。

**二月二** 家家炒豆子,凡属豆类皆可炒,寓惊醒龙神,祈求甘霖之意。是日,男子都特意理发、剃须,妇女则扎耳眼,俗谓“龙抬头”,寓除旧布新之意。

**清明节** 清明前五日开始,择吉日扫墓祭祖,修墓。清明前一日,一般人家不上坟,俗谓纸钱会被介子推攫走。

**四月八** 有游山、逛庙会、看戏之习。旧时青年男女在此日或相亲,或行礼。

**端午节** 农历五月初五,家家门上插柳枝艾叶,吃粽子、甜酒醅。小孩带荷包,手足系五色彩绳,谓之“搓花绳”。口鼻涂雄黄或喝雄黄酒,为防蛇蝎叮咬。另有五月初五洗衣服的习俗,谓“洗癞皮”。

**中元节** 即农历七月十五。俗称“瓜果节”,城乡部分民众上坟敬献瓜果,以示农业丰收后对祖先的祭奠。

**中秋节** 农历八月十五。当明月升起时,家家以瓜果、月饼,香火敬献月亮,有庆祝丰收全家团聚之意。邻居互赠月饼,以祝贺平安如意。在农村月饼为自制,制作及图案皆务求精美。

**十月一** 俗谓“送寒衣”,用白、蓝、黑纸剪糊衣服、被子并冥钱烧于祖墓或村外路口,寓意为让祖先温暖过冬。有条件的地方,还有吃麻腐包子的习惯。中华人民共和国成立后,机关单位于元旦、国庆、五一等节日放假,以示庆祝。90年代后,已有数年国庆、五一放长假,前后七天,机关单位往往组织出游,称为“黄金周”。2007年取消,增设清明、端午、中秋假期,以弘扬传统文化,增强民族向心力。节庆日男婚女嫁,不少人以为方便吉祥。

**庙会** 本地老百姓大多都有逛庙会的习惯。较著名的庙会有:屈吴山潮云寺,四月初八;黄湾中村真武祖师庙,三月初三;打拉池红山寺,水泉村娘娘庙,三月二十。庙会活动,除演戏等文娱活动外,还沿袭着传统的宗教活动,包括大规模诵经及法事活动。庙会一般都由正、副会长若干名出面组织祭祀及募捐活动,赶庙会的人一般都要上布施,可多可少,用于扩建庙宇和筹集下次庙会活动经费。

**婚嫁** 1949年前的地方婚俗,无自由婚姻可言,基本上延续了古代的“六礼”要进行纳彩、问名、纳吉、纳征、请期、亲迎六道仪式。中华人民共和国成立后,提倡男女平等,婚姻自主,打破“父母之命,媒妁之言”的封建婚姻桎梏,逐渐形成了“自由恋爱”的文明结婚或自由结婚。婚姻的过程一般为:看对象谈恋爱,成年的男女,经人介绍牵线后,两方见面,互相愿意开始恋爱,此时双方家长亦从中互探对方家庭情况和子女品德。双方家长对家庭的了解比较慎重,甚者要考察三辈,至满意为止。男方先请媒人到女方家求婚,在征得女方家的许可后,男方带礼品到女方家上门相亲,即纳彩。女家如接受男方礼品,以荤汤长面款待男方,则表示初步同意亲事,男方可求女方庚帖(生辰八字),即问名。女方出庚贴后,男方请阴阳先生合婚,如合婚女方“八字”不“克”公婆及丈夫为吉婚,然后送聘礼,两方议定聘礼和择吉日订婚。行订婚礼,男方送喜酒要两瓶用红线连在一起,还要送金银首饰、糖茶烟酒、衣服及部分财礼(现金)。男方一般去四至八人,由长辈或长者将项链或红线绳捆绑纸币的锁锁戴在女子脖颈上,俗谓“拴媳妇”,即纳吉。男方择定结婚的日期后,提前通知女方。迎亲前一两天,男方由媒人和家长出面送现金衣料、首饰等彩礼和点心、糖茶烟酒及“肉方子”到女家,谓之“抬礼”,即纳征。女家将先前所送订婚之酒瓶装上五谷粮食,退还男方。迎亲前一日,女家也过喜事待客,设宴招待亲邻,谓之“喝酸酒”。所送礼物,过去多为毛毯、棉被、衣服鞋袜、化妆品之类,叫“添箱”。迎亲前,男家要将送新人的用相、上马时辰及避相等事项送知女家,俗叫“送草单”,即请期。娶亲的人讲究用相及避相,选吉利用相男女数人(为单数)去女方家,女方家送亲与娶亲者合为双数。娶亲时男家备轿或车马,到女方家门口后,女方家亲朋故意将家门紧闭不开,男方娶亲者将红包从门缝塞进方才开门。还另外须带上“赎衣”、“抬箱钱”及“离娘钱”等。招待娶亲者后,要求抬走女方陪嫁的箱柜时,要给红包“抬箱柜钱”。出嫁女子头顶红布“盖头”,出门上轿、上车或骑牲口,在鞭炮声中启程,即亲迎。新人走后,去男方家吃喜酒者俗称“喜客”,由男方家专人专车接到家中。新娘身边有一小男孩陪伴,谓之“压马娃娃”。车轿到大门口,男家给压马娃娃红包后方进大门。新娘赶在“下马”时辰由新郎将新娘抱下,放在铺好的红毡上进门,鸣炮,随即拜天地、拜喜神、拜五方、拜祖宗、拜父母、夫妻对拜,拜堂结束后,两条红毡毯依次前挪,新郎新娘踩着进入洞房。结婚喜庆之日,设丰厚的酒宴招待亲友,对“喜客”更要优待。喜客一到,男方家长与总理在门口恭迎,在上房上香礼毕,入席就坐,由姑舅或其他嫡亲贵友陪坐。亲朋邻里给男家贺喜俗谓敬情,敬情的人叫情客。男家隆重设宴招待喜客、情客,尽醉方休。娘家人在这一天极其尊贵,称“尊客”。宴上敬酒劝席,热情招待。近年在城市已简化为在饭店待客,由专门的主持人主持婚礼。但仍然请父母上座,新娘子当众大声呼爹唤娘,人称“改口”。结婚典礼后,随即开席,招待尊客和前来“送情”的亲朋好友,新郎新娘在伴郎伴娘的陪同下逐席鞠躬敬酒,长辈在新人鞠躬后以礼物钱币馈赠,称“磕头钱”。下午,再次以酒席招待娘家人后,娘家人给新郎父母敬酒,谓“看盅”,说些姑娘小,礼数不周,处事欠妥,请多担待之类的谦辞话。新郎新娘即送客出门,一送再送,尊客以礼物相赠。洞房花烛夜,平辈嫂子、弟、妹及长两辈的爷奶或小两辈的孙子辈可以尽情闹洞房,俗称“糟床”或“要新媳妇”。长一辈、小一辈的人与平辈哥俗谓“阿伯子”,不能糟床。闹完洞房,新郎新娘喝合卺酒。由夫妇双全且多子女的妇女为新郎新娘“铺床”,将核桃、大枣撒在被子上,上下颠翻三次,口里念嘱吉祥语,再让新郎新娘在被子里摸,习惯说法摸到核桃生儿子,摸到枣儿生女儿。此时铺床者退出闭门,新人彻夜不得熄灯。次日,新媳妇由新郎带领去亲房家给长辈叩头,长辈回赠叩头钱,叫“认大小”。第三日清晨,新媳妇去厨房做试手面,以试新媳妇烹饪技术,阖家品尝。吃过饭后,由新郎陪同回娘家,俗称“回门”。新郎除拜见岳父母外,也要探望其他娘家大辈亲戚。一般当日返回。婚后一个月,新媳妇要回娘家住一个月,俗叫“站对月”。随着时代进步,许多婚姻陋俗逐渐取消,婚姻已真正自由。通常情况为男女双方先自由恋爱,谈好后,再各自告诉父母,到对方家中让各自父母见面。征得父母同意后,即开始操办婚事。亦请媒人,但作用已远不及从前。双方礼品及结婚仪式可简单,也可隆重,都由双方议定。抬礼、添箱、敬情、迎娶等过程一般都还存在。旅行结婚或婚后旅行度蜜月,在城镇多有,但在农村还较为少见。

**丧葬** 平川的民间丧葬习俗,沿袭传统礼制并带有明显的地域特征,十分繁琐,大体分为停尸、守铺、报丧、出讣告、开吊、入殓、出殡等程序。对年逾花甲的老人,子女须预先准备其临走时穿的衣服鞋帽等物,叫做寿衣,取长寿服之意。寿衣的缝制,选择农历闰月的年份置办,选用上等丝绸料,忌用缎子和斜纹布料(谐音短子和邪)。上衣和裤子总数过去为五件,现在一般为七件或九件,谓“穿单不穿双”。同时,讲究由出嫁的女儿亲手缝制为好。为老人要预先准备棺材,叫做“摞房子”。棺材俗称“寿材”,也叫“寿齐”,通常以柏木为上,松木次之,再次为杨木等杂木。老人临终时家人先将寿衣穿戴齐全。 按照传统礼制,人去世后,一般都要为其举行丧礼。平川民间的丧礼习俗大体分为停尸、守铺、报丧、戴孝、接三、开吊等程式。

停尸 依据古代礼仪制,亡者男性称正寝,女性称内寝。当一个人处于弥留之际,事先要穿好寿衣。咽气后,为其进行“合口”“束脚”等整容理身事宜。长子或长孙从亡者尸边撒麦麸直至大门外,叫“引路”。接着将遗体安放在地下简易矮床上,亡者是家中长辈,遗体停放于主房正中,亡者头向东,且头部位放置不得在梁下。若在外亡故,一般停尸于庄外,用白纸、白纱设置灵堂。亡者灵前放置祭奠桌,白纸做桌裙,桌上放“到头饭”(半生的米饭一碗),饭上插多杈的枸杞枝或其他树枝,以亡者年岁多少,捏生面果于各枝头。祭桌前,放烧纸钱的瓷盆一个,称“醮盆”,意为“钱库”,并放一个瓷罐,称“食品罐”,内盛一部分所祭馔食,意为“食廪”。灵床前、祭桌后挂帷灵纸,由老者用酒浸纸表或其他办法给遗体“泻火”。近年来,采用全自动控制的水晶棺盛殓。亡者新逝,穿衣整容后即放入水晶棺中,不再“泻火”。在屋内,忌讳猫、狗之类动物进入。年长亡者逝世后,亲人要请阴阳先生确定置办丧事的日子,寻找选择安葬的茔地,从亡者逝世直至入土安葬。

守铺　自亡者逝世至入殓期间停遗体的房子俗称“丧铺”，丧铺地上铺麦稻草，子女及亲属守候丧铺亡者两侧，以示服孝。随后在院子、大门前搭设灵堂彩棚及彩门，置办纸货等亡者所用之物。纸货主要有童男童女、鹿鹤碑、金银斗、花圈、花篮、桶纸、黑驴、车、电视机等。守铺期间，死者子女和其他亲属须脱冠、踏履，身穿丧服，男不理发、剃须，女去掉装饰品等，禁止参与社交、娱乐等活动。

报丧　亡者逝世后，家人要请阴阳先生择定办丧事的日子，阴阳先生到家中，写引魂幡、告牌、殃状、对子等，寻找选定坟地。亡者家属要出纸放告，派人向各处亲朋报丧。娘舅又称“娘家人”，是最为尊贵的客人。视亡者性别而定，男为舅家，女为娘家。女婿、外甥等亲属还要准备铭旌、祭羊等物。

戴孝　亡者亲属穿戴不同的孝服，男女有别。亡者的长子、长孙身穿扎有麻绳的白色长衫孝衣，头戴白布做成的孝帽，俗称披麻戴孝。曾孙除戴孝帽外，还可红绿附身，即在所戴孝帽上系上红色或者绿色布条。其余子、侄、儿媳亦穿戴孝服，其他亲属则只戴孝帽。凡服戴孝服帽子者，通常称“孝子”或“孝眷”。

接三　死者亡故第三天，亲戚朋友们要前去亡者家中进行祭奠，在灵堂供桌上摆放油炸面食、糕点以及鲜瓜果等祭品，俗称“换三献”，凡是前来祭奠的人，都要在灵前上香、焚烧冥币，并行跪拜礼，孝子则要举哀哭泣，向来宾叩首致谢。

开吊　根据阴阳先生确定的日期，亡者安葬前一天为家祭日。家祭日是丧礼最为隆重的一天，要举行吊唁仪式。这一天，邻里乡亲以及亲戚朋友们都要前来参加吊唁活动，来宾就餐一般吃烩菜，或称“碗菜”。当日，要请娘舅“望灵”，并当众向子女询问亡者临终前的一些情况，如穿戴衣服多少，并责问孝子。凡亲戚到来，特别是娘舅人孝子要手拄“丧棒”屈身哭泣出门迎接。午后举行“领羊”仪式，孝子在院内跪成一圈，将所有用于祭祀的羊只置于其中，用水或酒给每一只羊洗唇灌耳，揣测说出亡者生前所牵挂的事情，待其羊只全身颤抖、甩起水珠即为亡者所认领。领羊被看做是亡者与亲人实现间接意念对话的一种方式，让亡者逝世后能安心。如今，家祭活动日益革新，除传统的领羊、游铭旌等，增加揭碑仪式，请有功名的读书人书写碑文，做成纸碑，与亡者遗像安放院内供桌上，敬献果茶，奠酒，上香，烧纸，焚黄。参加揭碑仪式的礼宾就位，披红挂花，然后鸣炮奏乐。主持人简要介绍葬礼情况，接着请礼宾两人揭碑，然后由碑文的撰写者或他人宣读碑文，其余礼宾垂手侍立两旁。其后由孝子跪读祭文，并致答谢辞。礼毕后，礼宾退位，孝子致哀。随后游铭旌，由女婿外甥举着铭旌，奏鼓乐、鸣炮，绕繁华地段一周。游铭旌结束后举行“扫材”仪式，由儿女亲朋进行“扫材”祭礼。到了晚间，还要举行渡桥或饯灵活动，渡桥是为亡者送行，饯灵是向亡者告别。饯灵结束后，还要“烧路纸”，俗谓给亡人照路。路途可远可近，一般到十字路口，即由鼓乐引领返回。然后要给亡者献上家馔果酒，关闭灵堂门窗并熄灯,行幽食礼,直至深夜。此时,要为亡人整容、穿衣,按一定时辰抬入棺内,俗谓“陈棺”“入殓”。

择茔　埋葬亡者的地点俗称坟茔,由风水先生来选定。其主要目的在于踏山盘水,卜选吉地安葬死者,并确定坟茔的具体位置。安葬地点确定后,于家祭日挖掘墓穴,当天晚上还要在坟地点燃烟火之物,叫做“煨火”。人们相信,事先这样做,待亡者安葬后就不会觉得孤独。

安葬　出殡是安葬过程中的隆重活动,在安葬之日的清晨进行。长子长孙打“引魂幡”抱食品罐、醮盆等,孝子拄丧棒依次退出大门,跪门前两旁失声痛哭。将棺材抬出大门,用绳挽好,用两匹白布挽在灵前,孝子男女左右牢拽,谓之“扯线”。当地有对亡者“高抬深埋”的风俗,送葬的人要多,灵柩被众人抬着走的路程要长。抬灵柩有专门制作的抬杠,由八个人或者十六个人抬着走上一段路程。边走边撒路钱,不许停留,一直抬到墓地。到达坟地后,还要抬着灵柩围绕墓穴跑一圈,叫“抢茔”,然后放下灵柩,由娘家人验墓坑是否合格,谓之“验桩”。再由孝子亲眷向墓穴投钱币,谓之“铺堂”,以酬劳修墓之人。安葬时鼓乐、鞭炮齐鸣,灵柩放入墓穴后,要由风水先生分内外经。掩埋前,须请娘家人先动三掀土,接着再由他人掩埋,孝子们哭得痛不欲生。安葬完毕,众人返回,进门前先用清水洗手洗脸,以示“洗手不干”,以烩菜或碗菜招待送葬者及亲朋。

攒三　指在墓地造墓冢,树墓碑、墓耳、印头,设墓桌、竖石狮等。简单的做法是,待亡者安葬第三日,亲属们要去坟地祭奠,叫做“攒三”。这一天,要在坟茔四周培土做垅,圈成一座方形的院落,并修好水路,被圈定的区域俗称“坟院”。以后可根据需要,在其中安放祭祀用的石桌之类物品及修建墓碑、放置石狮等。

做旬　亡者安葬后,三日内每晚要到墓地送水火、点坟灯。其亲属每七日要到墓地祭奠一次,摆放祭品,焚烧纸币、花圈,俗称“烧纸”,也就是“做旬”。一般分为七旬,七天为一个旬期,也叫“七期”。每逢期日,便要到坟地烧纸祭奠。到了“五期”,祭奠仪式在次日凌晨时分进行,死者的儿女全部参加。“七期”又称“尽七”,死者所有亲属来到坟地,为其举行做旬的最后一个祭奠仪式。亡者安葬后,其亲属要守孝三年时间,以表示对逝者亲人的长久怀念之情。守孝期间,禁止亡者亲属举行婚礼、修缮房屋等一切重大活动,也忌讳随便走亲访友。三年到期后,施行换孝礼节,一切禁忌方才解除。

**满月**　头胎所生,男孩29天、女孩30天时、外婆家及姨妈、姑妈等亲属送来名叫“马蹄子”的蒸馍、衣服、钱、长命锁等表示庆贺,谓之“待满月”。出生百日,亲朋登门庆贺,谓之“百禄”。

**建房**　修建新房为民间大事。破土动工、立柱上梁,均须择定吉日。上梁尤为重要,亲朋都要送毛毯、被面、钱物到主人家,鸣炮表示祝贺,主人热情招待。大门,俗谓财门。盖大门、新房落成均要恭喜。

**拜干大干妈**　新生儿多病或爱哭，推命先生如认为与父母命相不合，则有拜干大干妈的习俗。父不合者拜干大，母不合者拜干妈。此风现已渐少。

**继子**　农村还有继子的习惯。如弟兄多人，其中有一房未生儿子，则须将侄儿一人过继，谓之顶门立户。在农村，招女婿的现象很少，多以继子为主。随着纯女户的增多，此俗亦已消亡。

**陋习**　明清时期，社会陋习良多。主要有赌博、吸食鸦片、纳妾、童养媳、抢寡妇、叫魂、忌人、忌口等。民国时期，国民党县政府曾经禁赌、禁鸦片，推行"新生活运动"，提倡移风易俗，但收效甚微。中华人民共和国成立后，采取严厉措施，坚决禁赌、禁烟、取缔妓院、破除迷信、革除陋习，提倡自由婚姻，保护妇女儿童合法权益，成效显著。改革开放后，赌博、吸毒、嫖娼等丑恶现象多死灰复燃。

**民俗禁忌**　平时，一般不戴白帽子、不系白头巾、不穿白布鞋（白球鞋、旅游鞋例外）。男女的服装不能互穿，衣服扣子忌订双数，吃饭时筷子不能直插饭碗，父母健在的年轻人不能啃伤命骨（又名没娘骨），晚辈不在长辈面前吸烟喝酒。居住的院子里在土旺期间（立春、立夏、立秋、立冬的前十八天）不能动土。修建房屋前，要请阴阳搭盘定日子。庭院雨水不能流入后园子。狐狼等野兽进入宅院，只可吓走，不能致死于家中。猫狗不能死在院内。若发现宅院地下有坟墓，须另择新宅搬迁。门上挂一绺红布，表示禁止外人步入。路上碰见娶亲的要赶快避开。出门在外，不住古庙。婚嫁中属相不合不能结婚，姑姑的女儿不能嫁到舅舅家（俗称水倒流），本命年份不能结婚，婚事中忌用单数。一年内忌兄弟二人先后结婚。男女年龄忌说九数，认为逢九不好。春节期间，家长不打孩子。人七即正月初七日不走亲戚家。孩子出生后，胎衣不能乱扔或送人，须埋在月房地下，或置于炕内烧化。亲朋探视产妇，身上不能带钥匙（以防采乳）。嫁出门的女儿不能在娘家坐月子（生孩子）。幼儿夭折，忌从大门抬出，须从墙角隐蔽处转出。牙齿脱落后不能乱扔，要保存。病人若熬中药，借了他人的药罐用后不能送还，等对方自己来取，倘不慎打破，不能赔偿。老人患病最忌家人打破饮食器皿。死于非命、暴亡于外者尸体不能进家门。叶落归根者，送葬不能进本村，须绕过村子去坟地。山向不利不能进老茔。妇女经期不能入丧房和坟地。进了月房的人不进丧房，进了丧房的不进月房。重孝在身，不能随便进族外人家。孝衣孝帽用后忌做衣裤。老人死后亲友交往，忌去别人家走动，谓之生孝，忌冲别人宅神。孝子服孝期间不得剃头、理发。女儿忌穿红色衣服。在没有儿子的人面前忌说断子绝孙的话。小孩子身体胖忌说肥。宁吃十个亏，不赌一个咒。与长者谈话不准夹带恶秽语。与回族群众交谈忌讳说猪。亲朋进屋不能洒扫庭院，也不能让其独坐。给长辈端饭递茶不能用单手。陪客吃饭，主人不能先放下碗筷。父子、叔侄、甥舅不能在一起娱乐（行拳、打扑克、玩麻将等）。家庭小辈,亲友交往,忌提长辈(特别是父亲)姓名或诨号。忌污弄帽子,谓欺人不欺帽。要出卖的牲口不能拖延日久。自家所饲耕畜老弱病残后,主人不能宰杀。七不杀猪八不宰羊。不养黑体白脖子、白尾尖的狗(俗称丧家犬)。夜间观月不能用手指。磨刀石不能坐。向他人借盐不能伸手接。女人不能唾男人,更不能跨越男人的头顶。出嫁的女儿不能在娘家过年(指年三十和正月初一两天)。女人不能戴男人的眼镜。

## 第四节 汉族大户族源

**概况** 区境汉族入居族源,有谱牒可证者,一为明洪武三年(1370年),设迭烈逊巡检司及正统二年(1437年)设靖虏卫后,随军戍卫之士或士宦之人,亦有随之而来的商贾。二为明永乐年间(1403—1424年)自山西洪洞县大槐树西迁的移民。三为民国18年(1929年)大旱后从会宁、甘谷、通渭等地逃荒而来的难民。

**邵家水王氏** 原陕西省米脂县人。明初曾祖国宏从戎,随肃王建金城,禄享靖远。居水泉邵家水。散居于古浪大靖,靖远县新寨柯、毛刺岘、裴家堡,平川区响泉、旱坪川、陡城等地。已衍二十一世。

**水泉街周氏家族** 明初洪武至永乐年间(1368—1424年)大移民时,由山西向陕甘迁徙,后至兰州盐场堡。复于明万历年间(1573—1620年)一分为三:一到武威,一到三滩三角城,一到条城。后又由条城迁吴沟,再迁靖远杨梢沟,三迁到陡城二道巷子,最后至水泉下堡子。兵荒马乱时曾到中卫避难,其后定居水泉街。

**陡城刘氏** 祖籍庆阳府。明天启年间(1621—1627年),因军役转业,鼻祖发明带始祖爱徙居陡城,迄今已衍十四代,仲字辈为十三世。在世男丁近千人。大部分居住在区境陡城、旱坪川、王家山,靖远东升,宁夏郝家集等地。五世孙海云,因带乡亲兴修水利,植树种草,道光三十年(1850年)被皇上赐"九品耆民"称号并衣顶荣身。

**关氏宗族** 祖籍山西解集。明成化元年(1465年),与廉罗马姓暂住于兰郡之一条城喇台沟(今白银区水川乡关家沟),以讲武力农为业,传二十一世,人口上万。散居宁夏中卫、海原县,平川区宝积乡罗家川、黄峤乡杨崖湾、水泉镇月河,靖远县东湾镇关家台、长滩、红柳、南头、砂梁、瓜园、三合及五合乡板尾,东升乡柴辛,高湾乡二百户,城关,北湾,刘川,大庙,白银区武川、水川等地。十二世关元儒,领乾隆乙卯(1795年)乡荐,登嘉庆壬戌(1802年)进士,任河南新郑知县。

**鸿雁张氏** 原籍河南南阳府新野县鸿雁里,其祖和钟(有支裔谱记为鸿珠)、住尔兄弟于明正德、嘉靖年间(1506—1572年),奉职肃恭王贡鋐殿前。后住尔居兰州,和钟居一条城(今榆中青城)。因其前条城已有一户张姓,故以大、小户区别,和钟后裔称"小户张",1995年后改称"鸿雁张氏"。鸿雁张氏今约有三万余众,散居全国各地,白银境内以白银区、靖远县、景泰县、平川区居多。平川区内水泉镇黄湾中下村、陡城、旱坪川居多,王家山、宝积乡、共和镇也有其后裔居住。

## 第五节　家　庭

**家庭结构**　家庭是人们依血缘关系组成的生活单位。父母、子女、兄弟姐妹等不仅表示相互关系的称谓,更有义不容辞的相互义务。长期以来形成的封建礼教及宗族关系,形成中国农村多子多福、"四世同堂""五世同堂"等传统习俗。封建时代在岁时丰稔、安居乐业的太平盛世,家庭人口总会急剧上升,十几口人甚至几十口人的大户人家屡见不鲜,往往受到社会的尊重。中华人民共和国成立后,中国社会发生根本变化。随着农村生产关系的变革,传统的家庭观念逐渐发生变化,导致家庭人口共同生活状态的弱化。50年代,户均人口8人左右,兄弟三四人各自成家后仍在一起生活的尚多。60年代,因经历合作化及三年困难时期,为度饥荒,90%以上的大家庭弟兄分居,户均人口降至6人左右。70年代,弟兄成家后即准备分居,在农村已习以为常,户均人口继续呈下降趋势。80年代后,弟兄成年后所从事行业的差距越来越大,多子多孙的大家庭因之彻底失去基础而绝少存在。俗谓兄弟分家叫"另家",即各立门户,另起锅灶。"另家"往往请舅父出面主持家产分配。90年代,农村"四世""五世"同堂者尚多,在一起生活者很少。多子女的父母,老年后多半固定住在某一个儿子家,别的子女自觉承担赡养费,不承担赡养责任者极少。子女幼小尚未成家者,即使多子女家庭,仍不分居。所以农村6~9口人家尚多。1990年调查,五乡户均5.5人,宝积镇4.7人,农村多于城镇。70年代后,农村两半户(男在工厂或国家机关工作,女在家劳动照顾孩子)家庭多,约占农村总户数的10%,两半户家庭大多数为两代人,生活较为宽裕。城镇居民家庭,80%以上为两代人家庭,户均4口人左右。其中较多的双职工家庭,为3~4口人,孩子入托或上学。三代人家庭,由老人照顾孩子,为4~6口人。农转非户,家庭人口多,工资收入少,多做生意补贴。没有户口的所谓"黑户",生活比较困难。

**亲族**　舅父家即母亲的亲兄弟家,俗称"上骨舅",也叫"骨都主"家。因为有直接血缘关系,为最主要的内亲。农村家庭中婚、丧等大事都必须有舅家人出面处理。岳丈家即外父家,是下一代人的娘舅家,为家庭主要内亲。姑妈家即父亲的姐妹家。姨妈家即母亲的姐妹家。姐妹家即下一代人的姑妈家。姨姐妹家即下一代人的姨妈家。亲族称谓沿河口音较重,山区较轻,称谓基本一致。曾祖父、曾祖母,分别称太爷、太太。祖父、祖母,分别称爷爷、奶奶。父亲沿河多称爸、爸爸,山区个别地方称大。母亲称妈。儿子称后人,女儿称女子。伯父、伯母(比父亲年长的兄弟)称大大、大妈,二爸、二妈等。最小的叔父、母称尕爸、尕妈或碎爸、碎妈。母亲的兄弟及其妻分别称舅舅、妗子。如舅舅多,也须依大、二、三排行叫。母亲的姐妹及其夫分别称姨、姨父。如母亲的姐妹多,也须依大、二、三排行叫。岳父、岳母称姨父、姨娘。父亲的姐妹叫姑姑、其丈夫称姑父,姐妹较多也须依大、二、三排行叫。兄之妻称嫂子,弟之妻称弟妇,夫之兄称阿伯子,夫之弟称小叔子。凡是舅、姑、姨的孩子皆称表兄、表弟、表姐、表妹。

**家庭生活** 人类的"赡养""抚养"等义务都须通过家庭来实现。尊老爱幼、互谅互让、家庭和睦是中华民族几千年来称颂的传统美德。年老多病、失去劳动能力的爷爷、奶奶是需全家人精心照料的对象。区境民风淳朴,不照料老人或虐待老人的家庭为数不多。过去每遇饥荒之年,老人们都会主动缩衣节食,自己挨饿首先让孙子吃饱,其次让儿子、媳妇吃饱。近年来,由于人民生活水平普遍提高,农村长寿老人越来越多。逐渐出现为长寿老人祝寿、以有长寿老人为荣的家庭风尚。德望较高者往往由戚谊发起,名人题签,悬牌挂匾,为示庆贺。在农村,父亲往往是家庭生活重担的主要担负者,家庭的一切大事都须父亲依经济承受能力作出决定。父亲起早贪黑,辛勤劳作,侍奉老人,教育子女,确属不易。但近年由于父亲追求私欲,造成家庭破裂的现象越来越多。在农村,母亲是家庭生活中最辛苦的成员,民间素有"子孝不如媳妇贤"的古训,孝敬公婆的媳妇最受乡邻称赞。由青年夫妇与子女构成的3口之家在城镇已占50%以上。这些家庭,大多都在男、女双方父母资助下,购置楼房及家庭设施,生活优裕。由于一孩化,孩子的教育成为重要课题。此外,随着独生子女的步入婚期,赡养义务、亲族关系、家庭责任均面临着全新的挑战。纷争矛盾主要在对各自家庭的义务上。同时,往往由女性掌管家庭财产权,男性出身农村者困难更多。

# 第五章 回族习俗

## 第一节 回族节日

**开斋节** 开斋,阿拉伯语为"尔德",意为"皈依"。伊斯兰教历九月为"斋月",至十月斋满日为"尔德"节,以伊斯兰教历推算,与阴历差不多,每三年有一个闰月,这样"斋月"每三年换一个月份。门宦与教派(新、老教)之间封斋和开斋日略有差异,有的当月初一封斋,次月初一开斋,有的当月初二封,次月初二开。大部分则以当月初见新月之日封,下月见新月之日开。开斋节为穆斯林群众规模较大、礼仪最隆重的节日之一。开斋前,各家炸馓子、油香等食品。是日晨,男女大、小净,户户打扫,人人新衣,上午9点至11点聚礼庆祝"尔德节",向家境贫寒、生活难以为继的穷人出散“费土尔”（人头税），听取教长的演讲劝诫。聚礼毕，游坟，走亲访友。有经济能力的人宰羊、牛、骆驼来庆祝。党政领导按惯例赴清真寺或走访宗教人士贺节。

**古尔邦节**　“古尔邦”节意为“忠孝”或“宰牲”，规模仅次于“尔德”节。据传易卜拉欣圣人每年宰牲奉献真主，极为虔诚，并言：“我要有子，当奉献安拉”。后来，果得一子，年及十二岁，十分可爱，他践行诺言，可连宰三次，刀皆卷刃。正纳闷间，安拉命天仙牵黑头壮羝羊一只，命以羊代子。故阿拉伯人每年宰羊一只奉献安拉，遂成教俗。定在伊历十二月份第十天为“古尔邦节”，也称“宰牲”节。所用羊以体态俊美、无缺陷、口齿轻、壮实的羝羊为贵。节日礼仪基本同“尔德”节，但聚礼前封斋半天。宰牲在聚礼后进行，肉要分赠亲友、邻里，施舍穷困者。

**阿述拉节**　“阿述拉”意为第十日，节日在教历一月十日。据传奴海圣人时代迷信泛滥，崇拜各种偶像十分盛行，人们道德败坏，社会风气江河日下，劝化无效，于是安拉在大地上连降暴雨数日，眼看洪水即将将地面淹没，天仙命奴海圣人及随从人员立即上船（圣经称诺亚方舟），躲过了被洪水淹没的灾难，未上船或躲在高处者全部遇难，月余后洪水全部退却，乘船自然搁浅到陆地上，船上食物所剩无几，圣人命人将所有食物收集到一起，做了一锅粥，供大家食用。后人为了感谢安拉的特赐，每逢这天，穆斯林群众都用杂豆或杂粮煮粥，以示不忘圣祖艰辛。

**圣纪节**　圣纪节在教历三月十二日，相传为穆圣诞生、归真、成圣的日子。教众大都以寺坊为单位，诵经赞圣，缅怀穆圣，学习圣人优良品质，牢记圣人谆谆教诲。感谢安拉为人类派遣使者。按人收资，设席聚餐。

**纪难节**　纪难节为区境内部分回民特有的地方性节日。源于民国9年（1920年）海原大地震后，亡者尸首绝大部分无法挖出埋葬。震后，回族幸存者就立于山口高声念诵“者那则”（求恕祷词）。此后，回族群众逢农历十一月初七，以家庭为单位或以清真寺为单位干“尔麦里”，倒油缅怀亡者，祈祷平安。随着岁月的流逝，此节渐被遗忘。

## 第二节　生活习俗

**服饰**　穆斯林群众生活习俗同汉族除在服饰、饮食、器具上有不少差异外，还表现在娱乐、居住、旅行等方面。穆斯林群众讲究庭院整洁，室内经常燃香，壁挂多见“克尔白”中堂，挂毯或经文条幅，门角设有供排放净身用水的“小水窖子”。出门时，长者随身带沐浴用具。无沿白帽是穆斯林中、老年男性及宗教职业者的普遍头饰。女子婚后亦戴白帽。聚礼场合，宗教职业者须头缠“台斯达尔”（兴行殡礼时亦缠），“台斯达尔”不分年龄大小、身份高低，有白、黄、灰、绿之分。穆斯林妇女所戴头饰称盖头，姑娘、年轻媳妇戴绿色、粉色、红色，中年妇女多戴黑色，老年妇女则多戴白色。旧时，男过而立之年就注意留须，女孩九岁要扎耳孔、戴鸣环。已婚妇女在婚后要将发辫盘至头顶，挽藏于白帽中，谓“盘头”。妇女要穿宽松的衣裤，不能扎紧束腰显“曲线”。近年，年轻人尤其是在外工作者服饰亦趋向新潮，与汉族群众已无多大区别。

**饮食** 穆斯林群众日常生活以面、米为主食，与汉族群众相同，喜吃面条、蒸馍、油饼、馓子等。面食主要有鸡蛋面、羊肉臊子面。此外，还有用莜麦酿作的“甜培”，用荞麦擦制的凉粉。穆斯林群众忌食猪、狗、驴、马、骡等不反刍动物及凶猛兽禽肉。喜吃羊、牛、鸡、兔肉，并忌食自死牛羊及其血。牛羊等动物必须经阿訇宰割、清血后才能食用。肉食中清煮、碗蒸羊羔肉，被视作上品。婚宴中的碗子别有特色，每逢节日或待贵客，炸油香、炸馓子、烩菜，以示庆贺或尊敬。家中待客或喜庆设宴禁用烟、酒。

**器具** 穆斯林群众家家都有汤瓶和吊罐，用于洗漱和大、小净，上年纪的老人常用汤瓶。相传唐王朝藩王叛乱，皇帝乞援西域，宛尕斯率兵相援，叛乱平定后，唐皇钦修清真寺，令铁匠仿西域洗壶式样铸造金、银、铜壶分赐将士，盛水洗漱礼拜。因洗壶系唐皇所赐，故称“唐瓶”，后人谐“唐”为温水之“汤”，遂成“汤瓶”。吊罐有铁、陶瓷、塑料等种，铁制为桶状，陶瓷和塑料均制为坛形，平底，有眼漏水，沐浴时开塞冲洗全身。穆斯林凡因房事、月经、遗精或出门进行宗教活动均须大净，谓之“带水”或 “换水”“洗乌苏里”。

## 第三节　婚丧　礼仪

**婚嫁** 经待婚男女双方同意，由男方托媒人向女方家求婚，并向女方家长介绍男方家庭、社会、经济及求婚者的品行、年龄等情况。女方家若无异议，双方可通过媒人约定吉日（多选于周五主麻日）后，男方携礼到女方家。双方互道“色俩目”，女方接受求婚，并相约“定亲”日子。届时男方带聘礼、糖茶点心、全羊到女方。女方家要出门相迎，然后在女方家干“尔麦里”，由双方所邀阿訇诵念《古兰经》，依据经典讲述联亲的好处，祈求安拉保佑婚姻美满幸福。此为“落亲”“定亲”或“插花”。结婚当日，男方备好接亲工具，由媒人督促发亲，新娘梳头、开脸、大净，穿戴男方送来的“喜衣”。陪送新娘的人有阿訇和亲属数人，谓“喜客”或“送亲的”。“喜客”临近男方家，新郎须跑步相迎，其亲属中长者携阿訇于门口迎接。然后女方阿訇念“尼卡哈”（结婚证词）。之后，开筵席，一般有“下马席”“茶”等几道。吃“茶”毕，女方“摆针线”，让参加婚礼的人看女方的陪嫁及新娘针线工夫，其后男方送客。晚上，新郎的亲朋邻里闹洞房，要求新郎新娘即兴表演节目，婚礼达到高潮。三天后，新郎陪同新娘回娘家，谓“回门”，携礼品探望岳父母及主要亲属。

**丧葬** 穆斯林群众讳言死，谓为“无常”“归真”，谓尸体为“埋体”。主张速葬、土葬，早入土为安，反对大哭大嚎。举行葬礼时，寺坊周围的穆斯林一般必须参加。丧葬有以下程序：(1)做讨白。多在病人弥留之际或病危时请阿訇或提醒自己念。气断后，闭目合口，顺其手足，摆平停好，头北足南面西仰卧。(2)濯水。由操行好的长者濯洗，女的亦然；濯洗前用手轻轻按摩肚腹，清除腹内污秽，并洗濯污处。先右后左，先上后下，共洗3次，濯水毕，将遗体移入"开番"，即用白布裹好全身。男尸共裹戴4件(帽子、坎肩或称皮拉罕、小卧单、大卧单)，女尸共裹5件，除上述3件外，增加的2件是胸罩、盖头。(3)站"者那则"(殡礼)。置"埋体"于干净的场(院)内，面西而卧，众人排行面西站"埋体"东，抬四次"太克比尔"(拇指摸两耳坠抬手)，随引领人念祈祷词，是为殡礼。(4)下土。先挖直坑，再于坑西或南、北侧挖篡堂，挖于西侧的称旁篡，挖于南侧或北侧的称顶篡。面西或南、或北而卧，解开头带、脚带，闭篡堂门下土，这时或众人诵《古兰经》，或一人念众人听。诵完，由亡者亲属散"乜帖"(施舍的财物)，当晚念经祈祷，为亡人求恕。连续游坟40日。自断气之日算起，七天做"七"，一、二、三、七较隆重。40天做"四舍"。100天做"百日"。满一年做"年头"，亡者亲人须宰牲、炸油香，请阿訇长老念"苏儿"(《古兰经》篇章)，游坟，散"乜帖"，缅怀亡者。

**禁忌**　吃饭让客人"口道"，食前先念"台斯米"，油香或烙馍要掰开吃，不可囫囵啃咬或大口吞嚼；茶不得用嘴吹或吸得呼呼响；遇有生理缺陷者，不得说污秽或欺侮的话。忌遗尿当道、窖、井、河渠边。忌背后谈人之长短，忌论亡者之过。忌以猪狗为人之祖，忌捕杀飞禽，尤忌杀鸽子。忌有客在堂指桑骂槐，说污秽话。忌在宗教场所或虔诚老者室内弹唱、喧哗、吸烟、喝酒、猜拳。忌食动物血、生殖器官。忌在停尸室内喧哗哭嚎和猫狗入内。忌将已宰之牲说"死了"，应该说"停了"或"血清了"。忌星期二出门上远路。忌黑釉碗、红筷子并用。忌不洗大、小净游坟、参加宗教活动。忌左手舀水盛饭或左舀右倒。忌在家中张贴大幅人像或动物画像。忌带钥匙者探望产妇和外男入产房。忌"古尔邦"节前10天内理发、修剪指甲。

# 第六章　方　言

## 第一节　概况

**平川区方言归属**　平川区方言属于官话方言区的中原官话。平川区方言主要分布在白银市平川区境内的七个乡镇，大别有四种口音：一种是区政府所在地的宝积乡口音(后文简称为"平川话")，二是水泉和王家山二镇的口音(后文简称为"水泉话")，三是黄桥乡和共和镇的口音(后文简称为"打拉池话")，四是种田和复兴二乡的口音(后文简称为"种田话"，因为过去种田和复兴二乡是一个乡；今复兴乡从种田乡分出，所以当地人也有称"种复话"的)。打拉池话因有古代的打拉池城而得名,内部又可分为两种口音,一种是汉民的口音,一种是当地兄弟村回民的口音。因回民基本都是从宁夏海原、同心、西吉等地迁徙而来,所以口音带有宁夏海原等地方言的特色。平川话、水泉话、打拉池话属于中原官话秦陇片,种田话属于中原官话陇中片。秦陇片方言的主要特点是有四个调类,陇中片方言的主要特点是有三个调类。

**内部口音分布及差异变化** 平川区方言内部,平川话与种田话差异比较大。种田话属中原官话陇中片方言,但也有自己的特色。语音方面,三个调类,平声不分阴阳,入声字大部分归平声,个别入声字归上声(匹)和去声(如“肉”);声母有24个,“鸡、七、西”等字的声母近似一组舌叶[ʧ、ʧ‘、ʃ],全浊仄声字如“步毒跪件杂赵”等读送气声母,古代的泥、来二声母在今洪细音前有区别,古代疑母、影母部分字如“我爱案”等读[k]声母,“柔揉”等字是[z]声母;韵母32个,有[ɚ]韵母,从古代深、臻、曾、梗摄来的舒声字且普通话里是in、ing韵母的字合流读[iə̃n]韵母,其他古代深、臻、曾、梗、通五摄来的舒声字且普通话里是en、eng/uen、ueng、ong/ün、iong三组韵母的字各组合流分别读[ə̃ŋ]、[uə̃ŋ]、[yə̃ŋ]。词汇方面,“昨天”一词,种田话说“昨日个”[ts‘ɚ$^{213}$kɣ],平川话说“夜来”;数词“三”,种田话老派说[sa$^{213}$],平川话说[sæ̃$^{31}$]。语法方面,第一人称代词单数“我”,种田话说[kɤ$^{53}$]、平川话说[ŋuə$^{55}$];第一人称代词复数排除式“我们”,种田话说[kɔ$^{53}$](同“搞”音)、平川话说[ŋuə$^{55-31}$məŋ](我们),第一人称代词复数包括式“咱们”,种田话说[ts‘ɔ$^{213}$](可写“曹”字)、平川话说[tsa$^{24-21}$məŋ](咱们)。平川话内部也有一定的差异,语音、词汇方面,比如“埋”字,水泉话读[mei$^{24}$],打拉池和平川话读[mɛ$^{24}$];“城里”,水泉话说[tʂ‘ə̃ŋ$^{24-211}$ȵiə$^{55}$](字可写为“城涅”),平川话说[tʂ‘ə̃ŋ$^{24-211}$lɛ$^{55}$](字可写为“城唻”),不同的说法,都是缘于“里”字的音变;“三百”,水泉话说[sæ̃$^{31-211}$pɛ$^{31}$],打拉池和平川话说[sæ̃$^{31}$pɛ$^{21}$],不同的说法,都是连读变调造成的,前者“三”变低降平调而“百”字不变调,后者“三”不变调而“百”字变调读轻声,这是水泉话跟打拉池和平川话最大的区别。语法方面,比如“你怎么了呀?”这句话,平川区方言都要在句末用一个疑问语气词,平川话和水泉话用“些”,说“你咋了些?”打拉池话用“萨”,说“你咋了萨?”这是打拉池话跟平川话和水泉话最大的区别。再如表陈述语气兼表时体的助词“了”,在“吃饱了”这句话里,打拉池话音[liə]轻声,平川话音[liɔ]轻声。平川区方言内部种田话与平川话的差异主要是移民造成的。种田和复兴乡的老住户基本都是民国9年(1920年)海原大地震之后由定西市的通渭县、安定区和白银市的会宁县等地来的自由移民。又由于种田和复兴乡偏于平川区东南一隅且交通不便,所以方言基本保留了迁出地的方言,没有多大变化。由于平川区是从白银市的靖远县划分出来,平川区方言南北两面都是靖远方言,所以,平川话跟靖远方言的差别就很小,最明显的一个区别在表比较的介词上,如“与他差不多”,靖远方言用“连”(读[liæ̃$^{24}$]或[læ̃$^{24}$])说“连他膀肩”,平川话用“沿”(读[iæ̃$^{24}$]),说“沿他膀肩”。平川区境内有丰富的煤炭资源。20世纪中叶以来,国家为了发展煤炭业,成立了靖远矿务局,从国内不同的省份招聘了一批技术人员和工作人员进行建设,带来了杂有方言色彩的

“地方普通话”，对平川区方言有较大的影响。近年来，由于经济、交通、文化的快速发展，再加靖远火电厂建成，促进了平川城区方言的发展变化，加快了向普通话靠拢的趋势。由于教育的普及、广播电视媒体使用的扩大、对外交往的增多，各乡镇的方言也正在发生着巨大的变化。

## 第二节　语音语汇

**概况**　平川区方言的音系比较简单，有 26 个声母，32 个韵母，4 个声调，有轻声、儿化、连读变调等音变现象且有表达不同的词汇意义和语法意义的作用。26 个声母为：

| | | | | |
|---|---|---|---|---|
| p 布别 | p‘步怕盘 | m 门 | f 飞冯符费 | v 闻围危微午武 |
| t 到道夺 | t‘太同 | n 难女岸脑袄 | | l 兰路吕连 |
| ts 糟祖举增争 | ts‘齐全去曹巢醋从 | | s 旋苏僧丝诗 | z 衣雨 |
| tʂ 招主蒸 | tʂ‘昌潮处虫初锄除 | | ʂ 税扇书声 | ʐ 认绕若闰日然软 |
| tɕ 杰精经节焦 | tɕ‘秋丘权枪桥穷 | ȵ 年严硬 | ɕ 修休玄线 | |
| k 贵跪 | k‘开葵 | ŋ 我 | x 灰红胡化话 | |
| ø 约运言缘远 | | | | |

32 个韵母为：

| | | | |
|---|---|---|---|
| ɿ 资支第地以急踢 | | | |
| ʮ 雨虚欲祖 | | | |
| ʅ 知直日 | | | |
| ʯ 出书 | | u 故鹿木赌母 | |
| ɚ 儿耳 | | | |
| a 爬辣 | ia 架夹 | ua 花刮 | |
| ə 菠婆磨佛窝 | iə 姐野接铁介 | uə 河过合割各郭活 | yo 靴确缺月药 |
| ei 蛇色舌北百倍妹 | | uei 国桂贵 | |
| ɛ 盖 | | uɛ 怪帅 | |
| ɔ 饱保桃烧 | iɔ 条 | | |
| əu 斗丑收 | iəu 绿流 | | |
| æ胆三竿含 | iæ 间衔减连廉 | uæ短酸官关船 | yæ权圆 |
| ə̃ŋ 根庚温翁 | iə̃ŋ 紧林邻灵心星 | uə̃ŋ 魂横红东 | yə̃ŋ 云群琼穷勋胸 |
| ɑ̃ŋ 党桑 | iɑ̃ŋ 讲良 | uɑ̃ŋ 光床 | |

单字调 4 个，不包括轻声。

阴平 [31] 高猪安开抽偏婚伤飞竹出黑割缺说月六麦药

阳平 [24] 穷陈寒神人龙难云急局宅食杂读白合舌俗服

上声 [55] 古展走口草体普好手五女老暖买网有匹属蜀

去声 [33] 近柱坐厚盖帐唱怕送放贱大病树饭让用褥浴

**语音特点** 在声母方面,①平川方言中有三个声母普通话中没有:唇齿浊擦音 v 声母,舌面前浊鼻音 ȵ 声母和舌根鼻音 ŋ 声母。舌根鼻音声母 ŋ,只有一个"我"字,普通话是零声母的合口呼。②古帮组声母字,今平川方言一般读 p、p‘、m 声母,但也有例外,如並母的"步部"读 p‘声母,帮母的"谱"读 p‘声母,滂母的"玻"读 p 声母。③非组非、敷、奉三声母字,今普通话读 f 声母的字,在今平川方言中,一般也读 f 声母,少数字例外,保留了重唇音声母的读法,如"甫脯赴讣抚"等字读 p‘声母。④古端组声母和来母字,今普通话读 t、t‘、l 声母的字,今平川方言中,一般还读 t、t‘、l 声母。少数字例外,如来母的"聋"读 n 声母。⑤古泥母字,今普通话读 n 声母的字,平川方言多数也读 n 声母,也有例外,如,普通话 ni 音节的字,平川方言读 mi 音节;"农嫩"等字读 l 声母。古泥母与古来母字绝大多数在今平川方言里声母不混,但有少数几个字混读,如泥母字"农"读[ ꜀luə̃ŋ]、"嫩"读[lyə̃ŋ꜄ ],来母字"聋"读[ ꜀nuə̃ŋ] 。⑥古精组声母字,今平川方言中,洪音前是 ts、ts‘、s 声母,细音(包括齐齿呼和撮口呼韵母)前是 tɕ、tɕ‘、ɕ 声母。古见、溪、群母和晓组,平川方言洪音前读 k、k’、x,细音前读 tɕ、tɕ‘、ɕ 声母字。古精组和古见、晓组来的 tɕ、tɕ‘、ɕ 声母合流,但有些在普通话中是 i、y 韵母的字,平川方言读相应的 ts、ts‘、s 声母,如"基期希"、"举渠虚";还有些在普通话中是 i-起头的韵母的字,平川方言读相应的 k、k’、x 声母,如:街、芥、解、敲、腔、瞎、下、吓、鞋、咸、巷、项,这些字都是古来的二等字。⑦古开口二等字知组和庄组与古精组合流、止摄开口三等字章组跟古精组合流,读 ts、ts‘、s 声母。如:柴=才[ts‘ɛ],站=蘸=赞 [tsæ̃],馋=蚕[ts‘æ̃]≠缠[tʂ‘æ̃],争=增[tsə̃ŋ],生=僧[sə̃ŋ]≠声[ʂə̃ŋ],紫=纸[tsɿ],刺=翅[ts‘ɿ],私=尸[sɿ]。这样就造成了普通话拼开口呼韵母的 tʂ、tʂ‘、ʂ 声母的一部分字平川方言读相应的 ts、ts‘、s 声母的现象(近年来,由于普通话的强势影响,有趋同于普通话的倾向)。但普通话拼合口呼韵母的 tʂ、tʂ‘、ʂ 声母的字也读相应的 tʂ、tʂ‘、ʂ 声母。不过也有例外,如普通话读 tʂ 声母的"常尝船",今平川方言老派是 ʂ 声母。⑧古微母、明母、影母、疑母(除果摄开口一等的"我"字),普通话是零声母合口呼的字,今平川方言是 v 声母。如:[v]屋五午乌戊,[va]瓦挖蛙,[və]卧窝物沃,[vɛ]外歪,[vei]危位魏,[væ̃]玩碗万,[və̃ŋ]问稳翁,[vɑ̃ŋ]王忘汪。⑨古疑母和影母,普通话是零声母齐齿呼的一部分字,今平川方言是 ȵ 声母拼齐齿呼,例如,压[ȵia],疑 [ȵi],咬[ȵiɔ],眼[ȵiæ̃],业[ȵie],硬[ȵiəŋ]。普通话是零声母开口呼的字,今平川方言是 n 声母,例如,[nuə]饿鹅,[nɛ]爱挨艾,[nɔ]傲熬,[nəu]呕欧偶,[næ̃]安岸案,[nə̃ŋ]恩。⑩今平川方言零声母字中,齐齿呼、撮口呼的字较多,开口呼的字较少,无合口呼的字。如:[a]阿啊,[ɚ]儿耳二,[ia]丫鸦芽,[iə]野噎,[iɔ]要姚摇妖,[iəu]有油右,[iæ̃]烟盐演颜,[iə̃ŋ]音影,[iɑ̃ŋ]样养羊扬,[yo]月约,[yæ̃]元远院,[yə̃ŋ]云用。⑪平川方言也有少数普通话中不送气声母的字读相应的送气声母(主要是古来的全浊声母仄声字),如“舵步部簿败火着败了倍悲鄙庇痹避沓抖规规程歼浸圈撞噪躁燥”。这种现象在种田话中比较普遍。

在韵母方面,①果摄字和山、臻、宕、江、曾五摄入声字,今普通话读 o 韵母的字,在平川方言中为 ə 韵母。例如:[pə]菠拨饽博剥,[p‘ə]婆泼勃泊,[mə]磨抹没摸陌,[fə]佛。②果摄、山摄、宕摄、曾摄开口一等入声见系声母字,今普通话 ɤ 韵母,平川方言读 uə 韵母。如“哥可我科颗课棵何贺割喝各鹤恶。③果、遇二摄,山、宕、江、曾、梗、通六摄入声字,普通话读 uo 韵字,平川方言读 uə 韵,个别字例外,如“做”读[tsəu],“国”读[kuei] ,“或”读[xuei],“沃”读[və]。④假、咸、山摄开口三等,曾摄开口一、三等,梗摄开口二等,今普通话ɤ韵母字,平川读 ei 韵母,如“遮车蛇褶摄哲彻舌德特勒则塞刻侧色泽格客责策革”。⑤止摄开口三等帮组声母,今普通话读 ei 韵母的部分字,平川方言读 ʅ 韵母,如“碑被眉梅梅花儿寐媚备”;今北京话读 i 韵母的“披丕”字,平川方言读[p‘ei]。⑥梗摄开口二等入声陌韵和麦韵字,今普通话读 ai 的部分字,平川方言读 ei 韵母,如“百迫拍白掰麦脉摘”。⑦蟹摄合口一等、止摄合口三等泥组声母,今普通话读 ei 韵母的字,平川方言读 uei 韵母,如“雷儡累垒类泪内”。⑧宕摄开口三等入声药韵、江摄开口二等入声觉韵,今普通话读 ao、iao 韵母的部分字,如“烙凿勺着睡着”等字平川方言读 uə,“药脚角”等字读 yo;今普通话读 yɛ 韵母的一部分字,平川方言读 iao 韵母,如“雀鹊”。⑨从深、臻、曾、梗、通五摄来的舒声字,今普通话读 en 组韵母和 eng 组韵母字,平川方言中合流了,读[ə̃ŋ、iə̃ŋ、uə̃ŋ、yə̃ŋ]韵母,例如,深=身=升=声[꜀ʂə̃ŋ] | 林=邻=陵=领[꜁liə̃ŋ] | 魂=弘=红[꜁xuə̃ŋ] | 匀=荣=容[꜁yə̃ŋ]。⑩宕、江摄舒声字,平川方言今韵母,跟普通话的分合一致,读为ɑ̃ŋ、iɑ̃ŋ、uɑ̃ŋ 。

在声调方面,①平川方言四个单字调类,与普通话有严整的对应关系。古清声母平声字今读阴平;古浊声母平声字今读阳平;古清,次浊上声字今读上声;古全浊上声字和所有去声字今读去声。清声母、次浊声母古入声字归阴平,古全浊入声字今归阳平。②阴平为降调,阳平为升调,上声和去声都是平调。

**音变** 变调有两种,一种由音的环境决定,叫做连读变调,不影响意义。另一种变调不由音的环境决定。这种变化往往影响意义,即声调变了,意思也不相同了。普通话的上声跟阴平、阳平、去声、轻声相连变半低降调[21]和上声跟上声相连第一个上声字变阳平的现象就属于前一种,如“老虎”连读时,“老”读成“劳”的音,听起来像“劳虎”,但人们知道意思还是“老虎”。平川方言里,“奶奶”有三种连读法,每一种读法都是一个不同的意思:一如果读[$\text{nɛ}^{55}\text{nɛ}^{21}$ ]是祖母的意思,二如果读[$\text{nɛ}^{55\text{-}211}\text{nɛ}^{55}$ ]是乳房的意思,三如果读[$\text{nɛ}^{55}\text{nɛ}^{55}$ ]是喂乳的意思。这种现象属于后一种变调。平川方言声调的变化,不一定跟普通话一样,各有各的规律。平川方言的连读变调,这里主要记述两字组的变调情况。平川方言两字组，可分为后字非儿化韵和后字儿化韵两类，每类又可分为“重重型”和“重轻型”两种情况。后字儿化韵又可按声调分为两组，单字为非上声字，儿化后不变调，单字为上声字，儿化后变为[31]调，跟阴平的调值相同，如“眼儿 ȵiɐ̃r$^{55-31}$、雀儿tɕ‘iɔr$^{55-31}$、脸儿 liɐ̃r$^{55-31}$”等。两字组“重重型”变调规律具体如下：

①阴平、阳平作前字变[211]，去声作前字微升，我们以不变看待，例如：

花生 xua$^{31-211}$sə̃ŋ$^{31}$　　药方儿 yo$^{31-211}$fɑ̃r$^{31}$

花茶 xua$^{31-211}$ts‘a$^{24}$　　药丸儿 yo$^{31-211}$vɐ̃r$^{24}$

花脸 xua$^{31-211}$liæ̃$^{55}$　　药片儿 yo$^{31-211}$p‘iɐ̃r$^{31}$

花市 xua$^{31-211}$sɿ$^{33}$　　药面儿 yo$^{31-211}$miɐ̃r$^{33}$

石灰 ʂʅ$^{24-211}$xuei$^{31}$　　油花儿 iəu$^{24-211}$xuɐr$^{31}$

石棉 ʂʅ$^{24-211}$miæ̃$^{24}$　　油门儿 iəu$^{24-211}$mə̃r$^{24}$

石板 ʂʅ$^{24-211}$pæ̃$^{55}$　　油水儿 iəu$^{24-211}$ʂuər$^{31}$

石料 ʂʅ$^{24-211}$liɔ$^{33}$　　油渍儿 iəu$^{24-211}$tsər$^{33}$

上工 ʂɑ̃ŋ$^{33}$kuə̃ŋ$^{31-31}$　　上班儿 ʂɑ̃ŋ$^{33}$pɐ̃r$^{31}$

上联 ʂɑ̃ŋ$^{33}$liæ̃$^{24-31}$　　上联儿 ʂɑ̃ŋ$^{33}$liɐ̃r$^{31}$

上手 ʂɑ̃ŋ$^{33}$ʂəu$^{55-31}$　　上等儿 ʂɑ̃ŋ$^{33}$tə̃r$^{31}$

上算 ʂɑ̃ŋ$^{3}$suæ̃$^{33-31}$　　上面儿 ʂɑ̃ŋ$^{33}$miɐ̃r$^{33-31}$

②上声在非上声前不变调，在上声前变调。例如：

表兄 piɔ$^{55}$ɕyə̃ŋ$^{31}$　　小葱儿 ɕiɔ$^{55}$ts‘uə̃r$^{\underline{21}}$

表侄 piɔ$^{55}$tʂʅ$^{24}$　　小人儿 ɕiɔ$^{55}$ʐə̃r$^{24}$

表弟 piɔ$^{55}$tɿ$^{33}$　　小辈儿 ɕiɔ$^{55}$pər$^{\underline{21}}$

表姐 piɔ$^{55-211}$tɕiə$^{55-31}$　　小姐儿 ɕiɔ$^{55-31}$tɕiər$^{\underline{21}}$

表演 piɔ$^{55-211}$iæ̃$^{55}$　　小鬼儿 ɕiɔ$^{55-31}$kuər$^{\underline{21}}$

③去声后的阴平、阳平、上声、去声都变调读[31]调，例见①“上”作前字例。

④后字为非儿化韵两字组里，一部分阳平后的阴平、阳平、上声、去声字读55调。但后字为儿化韵两字组里，一部分阳平后的阴平、阳平、上声字读21调，去声在阳平后不变。例如：

学生 ɕyo$^{24-211}$sə̃ŋ$^{31-\underline{55}}$　　前日儿 tɕ‘iæ̃$^{24-211}$ʐər$^{\underline{21}}$

桐油 tuə̃ŋ$^{24-211}$iəu$^{24-\underline{55}}$　　媒婆儿 mei$^{24-211}$p‘ər$^{\underline{21}}$

羊奶 iɑ̃ŋ$^{24-211}$nɛ$^{55-\underline{55}}$　　油饼儿 iəu$^{24-211}$piə̃r$^{\underline{21}}$

同岁 tuɑ̃ŋ$^{24-211}$tsuei$^{33-\underline{55}}$　　门洞儿 mə̃ŋ$^{24-211}$tə̃r$^{33}$

轻声是口语中出现的一种特殊的变调现象。由于它长期处于轻读音节的地位，失去了原有声调的调值,又重新构成自身特有的音高形式,听感上明显跟单字调不同。轻声音节特性是由音高和音长这两个比较重要的因素构成的。从音高上看,轻声音节失去原有的声调调值,变为轻声音节特有的音高形式,构成轻声调值。从音长上看,轻声音节一般短于正常重读音节的长度,甚至大大缩短。尽管轻声音节音长短,但它的调形仍然可以分辨,并在辨别意义时起着不可忽视的作用。

平川方言的轻声有两种,一种读得轻而短,调值为 $\underline{21}$,出现在阴平和上声后;一种读得重而长,出现在阳平后的调值是 $\underline{55}$,出现在去声后的调值是 31。出现在阳平后的轻声跟上声调值差不多,但比上声的 55 稍短;出现在去声后的轻声跟阴平调值差不多,但比阴平的 31 稍短。

先举读得轻而短的轻声的例子。“阴平+阴平”的“八百”pa$^{31}$ pei$^{\underline{21}}$、“阴平+阳平”的“今年”tɕiə̃ŋ$^{31}$ ȵiæ̃$^{\underline{21}}$、“阴平+上声”的“安稳”næ̃$^{31}$ və̃$^{\underline{21}}$、“阴平+去声”的“天气”t‘iæ̃$^{31}$ ts‘ʅ$^{\underline{21}}$,“阴平+阴平”重叠形式的“公公”kuə̃ŋ$^{31}$ kuə̃ŋ$^{\underline{21}}$ 夫之父;“上声+阴平”的“水车”ʂuei$^{55}$ tʂ‘ei$^{\underline{21}}$、“上声+阳平”的“里头”ləu$^{55}$ t‘əu$^{\underline{21}}$、“上声+上声”的“小暑”ɕiɔ$^{55}$ ʂɥ$^{\underline{21}}$、“上声+去声”的“板凳”pæ̃$^{55}$ tə̃ŋ$^{\underline{21}}$,“上声+上声”重叠形式的“奶奶”nɛ$^{55}$ nɛ$^{\underline{21}}$ 祖母。其中“上声+上声”还有一种前字变[31]而后字读轻声的格式,如“老鼠”lɔ$^{55-31}$tʂ‘ɥ$^{\underline{21}}$、“小姐”ɕiɔ$^{55-31}$ tɕiə$^{\underline{21}}$、“买主”mɛ$^{55-31}$ tʂɥ$^{\underline{21}}$、“雨水”zɥ$^{55-31}$ ʂuei$^{\underline{21}}$ 、“打手”ta$^{55-31}$ ʂəu$^{\underline{21}}$ 名词。

再举读得重而长的轻声的例子。“阳平+阴平”的“拳脚”tɕ‘yæ̃$^{24-211}$ tɕyo$^{\underline{55}}$、“阳平+阳平”的“男人”næ̃$^{24-211}$ ʐə̃ŋ$^{\underline{55}}$、“阳平+上声”的“人口” ʐə̃ŋ$^{24-211}$ k‘əu$^{\underline{55}}$、“阳平+去声”的“年代”niæ̃$^{24-211}$ tɛ$^{\underline{55}}$;“去声+阴平”的“阵脚”tʂə̃ŋ$^{33}$ tɕyo$^{31}$、“去声+阳平”的“大人”ta$^{33}$ ʐə̃ŋ$^{24-31}$、“去声+上声”的“户口”xu$^{33}$ k‘əu$^{55-31}$、“去声+去声”的“上代”ʂɑŋ$^{33}$ tɛ$^{33-31}$。轻声后的这类轻声字,虽然说得重而长,但如果跟出现在阴平和上声后的或出现在阳平后的比较,就会发现它们都是轻声。这类轻声有学者称为“调类的轻声”。试比较“交代”、“年代”、“古代”、“上代”的念法,没有一个念去声本调的。

有些两字组变调后,调形相同了。例如:

收表(31+55 → 211+55)　　手表(55+55→ 211+55)

后推(33+31 → 33+31)　　后腿(33+55 → 33+31)

劲道(33+33 → 33+31)　　净刀(33+31 → 33+31)

有些两字组,由于连续变调的型式不同,意思也不同。如:

奶奶:211+55 乳房　　55+轻声 祖母　　55+55 喂乳

上房:33+31 正房　　33+24 动宾型,上到房上

打手:55+55 动宾型　　31+轻声 名词

平川方言的两字组的连续变调,基本上跟今音的语音环境有关。所谓今音的语音环境指的是处在什么单字调调类之前或之后。如阴平字在非轻声的其他调类前变 211 调,在轻声前不变调。平川方言的两字组的连续变调,有些也跟语法结构有关,但规律性不强。

儿化现象是北方话的特点之一,它主要由词尾“儿” 变化而来。词尾“儿”本是一个独立的音节,由于口语中处于轻读的地位,长期与前面的音节流利地连读而产生音变,“儿”(er)失去了独主立性,“化”到前一个音节,只保持一个卷舌动作,使两个音节融合成为一个音节,前面的音节或多或少地发生变化。这种语音现象就是“儿化”。我们把这种带有卷舌色彩的韵母称作“儿化韵”。从词汇现象的角度来看,我们把带有“儿”缀的词可以叫“儿尾”词。

平川话“儿化”的作用主要是:一表示温和、喜爱的感情色彩,例如:羊羔儿、猪娃儿、耍头儿、慢慢儿;二形容细小、轻微的状态和性质,例如:洋火棍棍儿、面片儿、门缝儿、一阵儿;三确定名词词性,兼作动词、名词或兼作形容词、名词的词,儿化后确定为名词词性,例如:盖儿、画儿、尖儿;四区别词义,例如:头(脑袋),头儿(带头的、领导人);五帮助完词,如果不加“儿”尾,就不能成词,例如:猪儿(“猪”单说不成词)、燕子儿(“燕子”单说不成词)。

儿化音变的基本性质是使一个音节的主要元音带上卷舌色彩(-r 是儿化韵的形容性符号,不把它作为一个音素看待)。儿化韵的音变条件取决于是否利于卷舌动作。

平川话 32 个韵母,除本身已是卷舌韵母的[ɚ]外,理论上都可以儿化。韵母表中列出的 32 个韵母我们可以称为“基本韵母”,加卷舌动作“儿”以后的韵母我们称为“儿化韵”。基本韵母中的鼻韵母,虽然带有一个鼻音尾,但其音值实际为鼻化元音,ə̃ŋ 组 ɑŋ 组分别为 ə、ɑ 的鼻化音,儿化后就变成了[ə̃r]、[ɐ̃r]。æ̃ 组是纯粹的鼻化元音韵母,儿化后[æ̃]就变为[ɐr]了。

平川话儿化韵母二十五个,下面列表举例说明。“<”表示前者儿化韵由后者基本韵母变来。基本韵母后圆括号中的声母是变化的条件。如[ər]由 ɤ、ɛ、ei 三个韵母变来,ɿər 由 ɿ 韵母变来,并且是只拼 p、p‘、m 三个声母的 ɿ。平川方言的儿化韵属拼合型,指合音以后儿尾成为儿化韵的韵尾,儿尾直接变成韵尾或取代前邻语素韵母的韵尾,儿尾与前邻语素的韵腹元音前后拼合在一起,二者可以明显地区分开来。平川方言的儿化韵实际只有六类,由于介音的不同分为二十五个儿化韵母。

ər<ɤ、ɛ、ei 、媒婆儿 mei$^{24-211}$ p‘ər$^{24-31}$、指甲盖儿 tsɿ$^{31}$ tɕia$^{31-21}$ kər$^{33}$、存折儿 ts‘uə̃ŋ$^{24-211}$ tʂər$^{31}$

ɿər<ɿ(p p‘m)小米儿 ɕiɔ$^{55-31}$mɿər$^{55-21}$

ʅər<ʅ 前日儿 tɕ‘iæn$^{24-211}$ʐʅər$^{31}$

ɥər<ɥ(ts ts‘s z)、uə(ts ts‘s)、uei(ts ts‘ s) 带鱼儿 tɛ$^{33}$zɥər$^{24-31}$、尻坐儿 kəu$^{31-211}$tsɥər$^{33}$、烟嘴儿 iæ̃$^{31-211}$tsɥər$^{55-31}$

ʯər<uə(tʂ tʂ‘ ʂ ʐ)、uei(tʂ tʂ’ ʂ ʐ)漏勺儿 lu$^{33}$ ʂʯər$^{24-31}$、醋水儿 ts‘ɥ$^{33}$ ʂʯər$^{55-31}$

uər<ɥ(n l)、u、uɛ(k k‘ x)、uə(t t‘ n l k k‘ x)毛驴儿 mɔ$^{24}$ luər$^{24}$、小姑儿 ɕiɔ$^{55-31}$ kuər$^{31-21}$、拐拐儿 kuɛ$^{55}$ kuər$^{55-21}$、唱歌儿 tʂ‘ɑŋ$^{33}$ kuər$^{31}$

yer<yo 韭菜角儿 tɕiəu$^{55}$ts‘ɛ$^{33-21}$ tɕyer$^{31}$

ɐr<a 刀把儿 tɔ$^{31}$ par$^{33}$

ɥɐr<ua(tʂ　tʂ‘　ʂ　ʐ)一抓儿 zɿ$^{31-211}$ tʂɥɐr$^{31}$

iɐr<ia 豆芽儿 təu$^{33}$ iɐr$^{24}$

uɐr<ua(k　k‘　x)野花儿 iə$^{55}$ xuar$^{31}$

ɔr<ɿ(ts　ts‘　s　z　t　t‘　l)、ɔ、əu 瓜子儿 kua$^{31}_{211}$ tsɔr$_{31}$ 、碗底儿 væn$^{55}$ tɔr$_{31}$、红桃儿 xuəŋ$^{24}$ thɔr$^{24}$、袖口儿 ɕiəu$^{33}$ kɔr$_{31}$

iɔr<iə、iɔ、iəu 菜碟儿 ts‘ɛ$^{33}$ tiɔr$^{24}$、雀儿 tɕ‘iɔr$^{55-31}$、牛九儿 ȵiəu$^{24}$ tɕiɔr$^{55-31}$

ə̃r<ə̃ŋ 蜜蜂儿 mɿ$^{31}$ fə̃r

ɥə̃r<uə̃ŋ(ts　ts‘s )小葱儿 ɕiɔ$^{55}$ ts‘ɥə̃r$^{31-21}$

ɥə̃r<uə̃ŋ(tʂ　tʂ‘ʂ　ʐ)虫虫儿 tʂ‘uə̃ŋ$^{24-211}$ tʂ‘ɥə̃r$^{24-31}$

iə̃r<iə̃ŋ 油饼儿 iəu$^{24-211}$ piə̃r$^{55-31}$

uə̃r<uə̃ŋ(t　t‘n　l　k　k‘x)炮筒儿 p‘ɔ$^{33}$ t‘uə̃r$^{55-31}$、抽空儿 tʂ‘ə̃u$^{31-211}$ k‘uə̃r$^{33}$

yə̃r<yə̃ŋ 裙裙儿 tɕ‘yə̃ŋ$^{24-211}$ tɕ‘yə̃r$^{24-31}$

ɐ̃r<æ̃、aŋ 药丸儿 yo$^{31-211}$ vɐ̃r$^{24}$、药方儿 yo$^{31-211}$ fɐ̃r$^{31}$

ɥɐ̃r<uæ̃(ts　ts‘s)双旋儿 ʂuɑŋ$^{31-211}$ sɥɐ̃r$^{24}$

ɥɐ̃r<uæ̃(tʂ　tʂ‘　ʂ　ʐ)、uɑŋ(tʂ　tʂ‘　ʂ)风风转儿 fə̃ŋ$^{31-211}$ fə̃ŋ$^{31-21}$tʂɥɐ̃r$^{33}$、单双儿 tæ̃$^{31-211}$ʂɥɐ̃r$^{31}$

iɐ̃r<iæ̃、iɑŋ 门帘儿 mə̃ŋ$^{24-211}$ liɐ̃r$^{24-31}$、吉祥儿 tsɿ$^{31-211}$ɕiɐ̃r$^{24}$

uɐ̃r<uæ̃(t　t‘　l　k　k‘x)、uɑŋ(k　k‘x)钢管儿 kɑŋ$^{31-211}$ kuɐ̃r$^{55-31}$、韭黄儿 tɕiəu$^{55}$ xuɐ̃r$^{24}$

yɐ̃r<yæ̃项圈儿 xɑŋ$^{33}$ tɕ‘yɐ̃r$^{31}$

**平川区方言与普通话的对应关系及规律**　普通话和各方言的来源是共同的,它们都是由古代汉语分化而成的。平川方言有平川方言的演变规律,普通话有普通话的演变规律。由于演变规律不同就造成了普通话和平川方言之间的差异,可以从音类和音值两方面来看。音类是字音的归类。字音由声母、韵母、声调三个要素构成,所以音类也就从三个方面来看。平川方言有 26 个声类,有 32 个韵类,有 4 个调类。音值是各个音类的实际读音。普通话和平川方言之间,在语音方面存在的有规律的关系,叫平川方言与普通话的语音的对应关系。研究这种语音对应关系得出的规律叫做平川方言与普通话的语音对应规律。懂得了这些关系和规律,就能全面、系统地发现平川人在学习普通话语音方面的难点,找出克服难点的方法。例如,“五、瓦、卧、外、喂、万、王、文、翁”等字,在平川方言是[v]拼开口呼韵母;在普通话中是零声母[Ø]拼合口呼韵母,只要掌握了这条规律,就能掌握这些字的发音,不必一个一个地死记。那么,在按照普通话语音改变自己的语音习惯时,就可以一类一类的改,一批一批的改,这就省力多了。

平川方言和普通话语音的对应关系和规律大体上可以从以下四个方面来分析归纳：甲、音值相同，是说平川方言有这个音，普通话也有这个音。如平川方言有[p‘]这个音类，普通话也有，但是，平川方言的[p‘]声母除了辖“婆撇皮谱排配跑票盘片盆聘胖捧平”等字外还辖有“步部倍”等字，即音值相同音类不同。乙、音值不同，是说平川方言有这个音，普通话没有这个音。比如平川方言有[ŋ]，普通话没有。丙、音类相同，平川方言读为相同一类音的字，在普通话里也读为相同一类音。比如平川方言“马馍灭米木买妹毛妙谋满面门民忙梦命”这些字的声母相同，都念[m]，普通话里也念 m。丁、音类不同，平川方言读为相同一类音的字，在普通话里不读为相同一类音。比如下面所举的每一对字在平川方言里都是同音的，都是[əŋ]韵母：盆——蓬 门——蒙 真——正 臣——成 身——声，可是在普通话里每一对都不同音，“盆门真臣身”韵母为一类，“蓬蒙正成声”韵母为一类。

## 平川方言与普通话声母对照表

表 6–6

| 例字 | 平川话 | 种田话 | 普通话 | 例字 | 平川话 | 种田话 | 普通话 |
|---|---|---|---|---|---|---|---|
| 巴 | p | p | b | 怒 | n | l | n |
| 怕 | p‘ | p‘ | p | 农 | l | l | n |
| 步 | p‘ | p‘ | b | 年 | ȵ | ȵ | n |
| 门 | m | m | m | 女 | ȵ | ȵ | n |
| 木 | m | m | m | 严 | ȵ | ȵ | 零声母 |
| 谬 | ȵ | ȵ | m | 兰 | l | l | l |
| 飞 | f | f | f | 路 | l | l | l |
| 武 | v | v | 零声母 | 聋 | n | l | l |
| 围 | v | v | 零声母 | 连 | l | l | l |
| 到 | t | t | d | 吕 | l | ȵ | l |
| 同 | t‘ | t‘ | t | 子 | ts | ts | z |
| 多 | t | t | d | 瓷 | ts‘ | ts‘ | c |
| 夺 | t | t‘ | d | 私 | s | s | s |
| 低 | t | t | d | 二 | ø | ø | 零声母 |
| 点 | t | t | d | 制 | tʂ | tʂ | zh |
| 梯 | t‘ | t‘ | t | 指 | ts | ts | zh |
| 天 | t‘ | t‘ | t | 竹 | tʂ | tʂ | zh |
| 难 | n | l | n | 超 | tʂ‘ | tʂ‘ | ch |

续表 6-6

| 例字 | 平川话 | 种田话 | 普通话 | 例字 | 平川话 | 种田话 | 普通话 |
|---|---|---|---|---|---|---|---|
| 抄 | ts‘ | ts‘ | ch | 祖 | ts | ts | z |
| 出 | tʂ‘ | tʂ‘ | ch | 主 | tʂ | tʂ | zh |
| 世 | ʂ | ʂ | sh | 举 | ts | tɕ | j |
| 是 | s | s | sh | 粗 | ts‘ | ts‘ | c |
| 书 | ʂ | ʂ | sh | 初 | tʂ‘ | tʂ‘ | ch |
| 勺 | ʂ | ʂ | sh | 曲 | ts‘ | tɕ‘ | q |
| 水 | ʂ | ʂ | sh | 苏 | s | s | s |
| 人 | ʐ | ʐ | r | 梳 | ʂ | ʂ | sh |
| 润 | ʐ | ʐ | r | 虚 | s | ɕ | x |
| 弱 | ʐ | ʐ | r | 贵 | k | k | g |
| 柔 | ʐ | z | r | 跪 | k | k | g |
| 褥 | ʐ | ʐ | r | 开 | k‘ | k‘ | k |
| 精 | tɕ | tɕ | j | 话 | x | x | h |
| 经 | tɕ | tɕ | j | 胡 | x | x | h |
| 巧 | tɕ‘ | tɕ‘ | q | 街 | k | k | j |
| 雀 | tɕ‘ | tɕ‘ | q | 该 | k | k | g |
| 线 | ɕ | ɕ | x | 敲 | k‘ | k‘ | q |
| 现 | ɕ | ɕ | x | 糠 | k‘ | k‘ | k |
| 绝 | tɕ | tɕ‘ | j | 咸 | x | x | x |
| 决 | tɕ | tɕ | j | 寒 | x | x | h |
| 全 | ts‘ | tɕ‘ | q | 儿 | Ø | Ø | 零声母 |
| 权 | tɕ‘ | tɕ‘ | q | 岸 | n | k | 零声母 |
| 旋 | s | ɕ | x | 袄 | n | k | 零声母 |
| 玄 | ɕ | ɕ | x | 衣 | z | Ø | 零声母 |
| 鸡 | ts | tɕ | j | 眼 | ȵ | ȵ | 零声母 |
| 起 | ts‘ | tɕ‘ | q | 鱼 | z | Ø | 零声母 |
| 洗 | s | ɕ | x | 我 | ŋ | k | 零声母 |

## 平川方言与普通话韵母对照表

表 6-7

| 例字 | 平川话 | 种田话 | 普通话 | 例字 | 平川话 | 种田话 | 普通话 |
|---|---|---|---|---|---|---|---|
| 爬 | a | a | ɑ | 低 | ʅ | ʅ | i |
| 架 | ia | ia | iɑ | 衣 | ʅ | i | i |
| 花 | ua | ua | uɑ | 竹 | ʮ | u | u |
| 抓 | ua | ua | uɑ | 古 | u | u | u |
| 耍 | ua | ua | uɑ | 路 | u | u | u |
| 瓦 | a | a | uɑ | 怒 | u | u | u |
| 婆 | ə | ɤ | o | 女 | ɥ | y | ü |
| 墨 | ei | E | o | 雨 | ɥ | y | ü |
| 锅 | uə | uə | uo | 飞 | ei | ei | ei |
| 多 | uə | ɤ | uo | 眉 | ʅ | ʅ | ei |
| 桌 | uə | uə | uo | 雷 | uei | uei | ei |
| 说 | uə | uə | uo | 对 | uei | uei | uei |
| 窝 | ə | ɤ | uo | 水 | uei | uei | uei |
| 写 | iə | iə | ie | 位 | ei | ei | uei |
| 缺 | yo | yɤ | üe | 毛 | ɔ | ɔ | ɑo |
| 确 | yo | yɤ | üe | 脚 | yo | iə | iɑo |
| 学 | yo | iə | üe | 苗 | iɔ | iɔ | iɑo |
| 雪 | yo | yɤ | üe | 豆 | əu | əu | ou |
| 哥 | uə | ɤ | e | 某 | u | u | ou |
| 课 | uə | ɤ | e | 秀 | iəu | iəu | iou |
| 客 | ei | E | e | 白 | ei | E | ɑi |
| 鹅 | uə | uə | e | 开 | ɛ | E | ɑi |
| 车 | ei | ɤ | e | 怪 | uɛ | uei | uɑi |
| 色 | ei | E | e | 帅 | uɛ | uei | uɑi |
| 特 | ei | ɛ | e | 歪 | ɛ | E | uɑi |
| 儿 | ɚ | ɚ | er | 南 | æ̃ | æ̃ | ɑn |
| 紫 | ʅ | ʅ | i | 面 | iæ̃ | iæ̃ | iɑn |
| 织 | ʅ | ʅ | i | 端 | uæ̃ | uæ̃ | uɑn |
| 纸 | ʅ | ʅ | i | 砖 | uæ̃ | uæ̃ | uɑn |
| 皮 | ʅ | ʅ | i | 拴 | uæ̃ | uæ̃ | uɑn |
| 急 | ʅ | i | i | 碗 | æ̃ | æ̃ | uɑn |

续表 6-7

| 例字 | 平川话 | 种田话 | 普通话 | 例字 | 平川话 | 种田话 | 普通话 |
|---|---|---|---|---|---|---|---|
| 圆 | yæ̃ | yæ̃ | üɑn | 鹰 | iə̃ŋ | iən | ing |
| 帮 | ɑ̃ŋ | ɑ̃ŋ | ɑng | 英 | iə̃ŋ | iən | ing |
| 江 | iɑ̃ŋ | iɑ̃ŋ | iɑng | 魂 | uə̃ŋ | uə̃ŋ | uen |
| 光 | uɑ̃ŋ | uɑ̃ŋ | uɑng | 红 | uə̃ŋ | uə̃ŋ | ong |
| 装 | uɑ̃ŋ | uɑ̃ŋ | uɑng | 春 | uə̃ŋ | uə̃ŋ | uen |
| 双 | uɑ̃ŋ | uɑ̃ŋ | uɑng | 冲 | uə̃ŋ | uə̃ŋ | ong |
| 王 | ɑ̃ŋ | ɑ̃ŋ | uɑng | 温 | ə̃ŋ | ə̃ŋ | uen |
| 深 | ə̃ŋ | ə̃ŋ | en | 翁 | ə̃ŋ | ə̃ŋ | ueng |
| 身 | ə̃ŋ | ə̃ŋ | en | 润 | uə̃ŋ | uə̃ŋ | uen |
| 升 | ə̃ŋ | ə̃ŋ | eng | 荣 | yə̃ŋ | yə̃ŋ | ong |
| 声 | ə̃ŋ | ə̃ŋ | eng | 轮 | yə̃ŋ | yə̃ŋ | uen |
| 今 | iə̃ŋ | iə̃ŋ | in | 群 | yə̃ŋ | yə̃ŋ | ün |
| 斤 | iə̃ŋ | iə̃ŋ | in | 穷 | yə̃ŋ | yə̃ŋ | iong |

## 平川方言与普通话声调对照表

表 6-8

| 例字 | 平川话 | 种田话 | 普通话 | 例字 | 平川话 | 种田话 | 普通话 |
|---|---|---|---|---|---|---|---|
| 高 | 阴 | 平 | 阴 | 丑 | 上 | 上 | 上 |
| 安 | 阴 | 平 | 阴 | 好 | 上 | 上 | 上 |
| 开 | 阴 | 平 | 阴 | 手 | 上 | 上 | 上 |
| 天 | 阴 | 平 | 阴 | 五 | 上 | 上 | 上 |
| 婚 | 阴 | 平 | 阴 | 女 | 上 | 上 | 上 |
| 飞 | 阴 | 平 | 阴 | 老 | 上 | 上 | 上 |
| 穷 | 阳 | 平 | 阳 | 有 | 上 | 上 | 上 |
| 平 | 阳 | 平 | 阳 | 近 | 去 | 去 | 去 |
| 寒 | 阳 | 平 | 阳 | 柱 | 去 | 去 | 去 |
| 扶 | 阳 | 平 | 阳 | 厚 | 去 | 去 | 去 |
| 人 | 阳 | 平 | 阳 | 父 | 去 | 去 | 去 |
| 麻 | 阳 | 平 | 阳 | 盖 | 去 | 去 | 去 |
| 古 | 上 | 上 | 上 | 正 | 去 | 去 | 去 |
| 展 | 上 | 上 | 上 | 爱 | 去 | 去 | 去 |
| 口 | 上 | 上 | 上 | 抗 | 去 | 去 | 去 |

续表 6-8

| 例字 | 平川话 | 种田话 | 普通话 | 例字 | 平川话 | 种田话 | 普通话 |
|---|---|---|---|---|---|---|---|
| 唱 | 去 | 去 | 去 | 黑 | 阴 | 平 | 阴 |
| 汉 | 去 | 去 | 去 | 福 | 阴 | 平 | 阳 |
| 世 | 去 | 去 | 去 | 割 | 阴 | 平 | 阴 |
| 共 | 去 | 去 | 去 | 百 | 阴 | 平 | 上 |
| 大 | 去 | 去 | 去 | 缺 | 阴 | 平 | 阴 |
| 害 | 去 | 去 | 去 | 铁 | 阴 | 平 | 上 |
| 饭 | 去 | 去 | 去 | 说 | 阴 | 平 | 阴 |
| 岸 | 去 | 去 | 去 | 发 | 阴 | 平 | 阴 |
| 怒 | 去 | 去 | 去 | 月 | 阴 | 平 | 去 |
| 急 | 阳 | 平 | 阳 | 肉 | 阳 | 去 | 去 |
| 竹 | 阴 | 平 | 阳 | 局 | 阴 | 平 | 阳 |
| 笔 | 阴 | 平 | 上 | 食 | 阳 | 平 | 阳 |
| 一 | 阴 | 平 | 阴 | 白 | 阳 | 平 | 阳 |
| 出 | 阴 | 平 | 阴 | 合 | 阳 | 平 | 阳 |
| 匹 | 上 | 上 | 上 | 俗 | 阳 | 平 | 阳 |

## 平川方言与普通话语音声母对应规律表

| 平川声母 | 北京声母 | 例字 |
|---|---|---|
| p | b | 罢憋比布拜辈保表板边本宾帮蹦丙 |
| p‘ | p | 婆撇皮谱排配跑票剖盘片盆聘胖捧平 |
| | b | 拔白败绊伴棒倍鼻鄙庇痹辫避别病脖薄步部(种田话全部) |
| | F | 甫脯赴 |
| m | m | 马馍灭米木买妹毛妙谋满面门民忙梦命 |
| f | f | 法佛福飞否饭分房风 |
| v | Ø | 五娃窝外围万文王翁 |
| t | d | 大德多跌低赌带得对到钓豆丢单店短扽蹲当灯定东 |
| t‘ | t | 踏特脱贴梯土台腿桃跳头坛天团屯汤疼听通 |
| | d | 淡道提地笛垫碟叠抖毒独读肚杜(种田话全部) |
| n | n | 拿挪怒奶内闹耨南暖嫩攮能农(种田话全读l[1]声母) |

| | | |
|---|---|---|
| | ø | 饿爱袄沤安恩(种田话全读ɡ[k]声母) |
| l | l | 拉肋锣裂掠里路吕来雷老料楼六蓝连乱林轮淋郎良冷零龙(种田话“吕”字读 n[ȵ]声母) |
| ts | z | 砸责左子租栽贼嘴早走攒钻怎尊脏增总 |
| | zh | 渣纸债找皱站 |
| tsʻ | c | 擦测错刺醋才捽摧草凑蚕窜岑存仓层从 |
| | z | 皂噪躁燥造贼自字在坐(种田话全部) |
| | ch | 茶齿柴抄产衬 |
| s | s | 洒涩锁四酥赛随扫搜三酸森孙桑僧送 |
| | sh | 沙时谁稍山生 |
| z | [ø] | 衣雨余 |
| tʂ | zh | 蔗治照周展真张正主抓桌拽追转准庄 |
| tʂʻ | ch | 车池超稠缠陈场城出戳揣吹喘春闯 |
| | zh | 重住撞赵知丈(种田话全部) |
| | sh | 舌石少手善神上升书刷说睡涮顺双 |
| ʐ | r | 热日绕肉染人让仍褥瑞软润 |
| tɕ | j | 家结决鸡句叫九见卷斤军江劲窘 |
| tɕʻ | q | 掐茄缺起渠巧球欠权勤群强庆穷 |
| | j | 贱件匠妗净集就局圈(种田话全部) |
| ȵ | n | 你捏尿牛年娘宁女 |
| | ø | 压业咬严眼仰硬 |
| ɕ | x | 夏血学希虚效朽现悬欣训香兴熊 |
| k | ɡ | 尕瓜个过古改怪给高沟甘关根滚缸光埂公 |
| | j | 街解~开芥 |
| kʻ | k | 喀夸可阔库开快抠靠口看宽啃困康筐坑空 |
| | ɡ | 柜规跪 |
| | q | 敲腔胸~ |
| ŋ | ø | 我(种田话读ɡ[k]声母) |
| x | h | 哈花禾火户害怀黑好后汉换狠魂夯黄衡红 |
| | x | 下瞎鞋咸项巷杏 |
| ø | [ø] | 阿芽爷月儿要有盐远银云羊迎用 |

## 平川方言与普通话语音韵母对应规律表

| 平川韵母 | 北京韵母 | 例字 |
|---|---|---|
| ɿ | -i[ɿ] | 紫刺丝 |
| | -i[ʅ] | 纸齿史 |
| | i | 比皮米低体泥利鸡棋洗衣 |
| | ei | 备卑碑被~子眉媚寐 |
| ʅ | -i[ʅ] | 制吃食日 |
| ɚ | er | 儿耳二 |
| u | u | 布普木服五堵图努路组醋酥主出数如古苦户 |
| | ou | 谋否楼轴 |
| ʮ | ü[y] | 女吕举取虚雨 |
| a | ɑ | 八怕妈发达塔拿拉砸擦洒闸杈沙尕咯哈阿 |
| | uɑ | 挖娃瓦袜 |
| | iɑ | 下瞎吓 |
| ia | iɑ | 家掐夏鸭 |
| ua | uɑ | 抓耍挼瓜夸画 |
| ə | o | 脖婆磨佛 |
| | uo | 窝卧 |
| iə | ie | 憋撇灭碟贴捏裂姐切写野 |
| uə | uo | 多拖挪箩左错锁桌戳说弱锅阔火我 |
| | e[ɤ] | 哥割各科颗磕课合和河鹅恶乐喝 |
| yo | üe[ye] | 略绝瘸学月(种田话部分字读[yɤ],部分字读[iə]) |
| | iɑo | 脚角雀药(种田话部分字读[yɤ],部分字读[iə]) |
| ɛ | ɑi | 拜派卖代抬耐来在菜腮改开害爱 |
| | uɑi | 歪外 |
| | e[ɤ] | 额 |
| | ie | 街解芥鞋 |
| uɛ | uɑi | 拽揣甩怪筷坏 |
| ei | ei | 贝配妹飞得贼谁给黑 |

| | | |
|---|---|---|
| | uei | 微围委位 |
| | ɑi | 白掰百柏伯拍迫麦脉塞色窄摘择 |
| | o | 伯魄迫墨默 |
| | e[ɤ] | 得德特勒则择侧测责册色涩塞革隔刻哲车设热隔克 |
| uei | uei | 对退最催随追吹水瑞贵愧悔 |
| | ei | 内雷类垒泪 |
| ɔ | ɑo | 包跑毛岛套脑老早草嫂照潮少绕高烤好袄 |
| | iɑo | 敲 |
| iɔ | iɑo | 表飘苗钓条尿料叫桥笑要 |
| əu | ou | 斗头耨走凑搜州臭收肉沟口后偶 |
| iou | iou | 丢牛流九秋秀有 |
| æ̃ | ɑn | 半盘满饭单滩南兰赞蚕三战颤扇然敢看旱暗 |
| | uɑn | 湾完碗万 |
| | iɑn | 涎咸 |
| iæ̃ | iɑn | 变骗面点天年连见钱鲜燕 |
| uæ̃ | uɑn | 短团暖乱钻蹿酸砖穿拴软关宽欢 |
| yæ̃ | üɑn[yan] | 卷权选元 |
| ɑ̃ŋ | ɑng [ɑŋ] | 帮旁忙方当堂攮狼脏仓嗓张厂商让钢糠夯昂 |
| | uɑng | 汪王网望 |
| | iɑng | 腔~子项巷~子 |
| iɑ̃ŋ | iɑng | 娘良江枪象羊 |
| uɑ̃ŋ | uɑng | 庄窗双光框黄 |
| ə̃ŋ | en[ən] | 奔盆门分怎森真陈身人根肯恨恩 |
| | eng[əŋ] | 崩碰风灯疼能冷增层僧正成生仍更坑衡 |
| | uen[uən] | 吞温文稳问 |
| | ueng[uəŋ] | 翁瓮 |
| iə̃ŋ | in[in] | 宾贫民您邻近亲心音(种田话读 in[iə̃n]) |
| | ing[iŋ] | 冰平明定听宁陵敬请杏形迎(种田话读 in[iə̃n]) |
| uə̃ŋ | uen[uən] | 吨屯轮尊村孙准纯顺润滚昆魂 |
| | ong[uŋ] | 东通农龙总从送终冲绒工空红 |
| yə̃ŋ | ün[yn] | 军裙训运 |

en[ən]　　嫩

ionɡ[yŋ]　　窘穷熊用

onɡ[uŋ]　　荣融容

## 平川方言与普通话语音声调对应规律表

| 平川方言 | | | 例　字 | 普通话 | | |
|---|---|---|---|---|---|---|
| 调类 | 调型 | 调值 | | 调类 | 调型 | 调值 |
| 阴平 | 平调 | 31 | 高猪开天婚伤三飞黑说曲 | 阴平 | 降调 | 55 |
| 阳平 | 升调 | 24 | 穷陈神娘人麻急得食白服 | 阳平 | 升调 | 35 |
| 上声 | 平调 | 55 | 古展口丑好手五老女粉匹 | 上声 | 降升调 | 214 |
| 去声 | 平调 | 33 | 近盖抗汉害岸怒帽让肉玉 | 去声 | 降调 | 51 |

| 种田话 | | | 例　字 | 普通话 | | |
|---|---|---|---|---|---|---|
| 调类 | 调型 | 调值 | | 调类 | 调型 | 调值 |
| 平声 | 降升调 | 213 | 高猪开婚天伤三飞黑说曲 | 阴平 | 平调 | 55 |
| | | | 穷陈神娘人麻急得食白服 | 阳平 | 升调 | 35 |
| 上声 | 降调 | 53 | 古展口丑好手五老女粉匹 | 上声 | 降升调 | 214 |
| 去声 | 平调 | 44 | 近盖抗汉害岸怒帽让肉玉 | 去声 | 降调 | 51 |

## 平川区方言分类词汇表

### 0 自然

#### 01 天体

天爷 t‘iæ̃$^{31}$ iə$^{24-\underline{21}}$ 天

阳婆 iŋ$^{24-211}$ p‘ə$^{24-55}$ 太阳或太阳光

光 kuãŋ$^{31}$

月亮 yo$^{31}$ liãŋ$^{\underline{21}}$

天狗吃月亮 t‘iæ̃$^{31-211}$ kəu$^{55}$ tʂ‘ʅ$^{\underline{21}}$ yo$^{31}$ liɑ̃ŋ$^{\underline{21}}$ 月蚀

星星 ɕiə̃ŋ$^{31}$ ɕiə̃ŋ$^{21}$

扫帚星 sɔ$^{33}$ tʂʯ$^{\underline{21}}$ ɕiə̃ŋ$^{\underline{21}}$ 彗星

贼星 tsei$^{24-211}$ ɕiə̃ŋ$^{31-\underline{55}}$ 流星

#### 02 气象

天气 t‘iæ̃$^{31}$ts‘ɿ$^{\underline{21}}$ 气候或气温

云 yə̃ŋ$^{24}$

雷 luei$^{24}$ 雷

风 fə̃ŋ$^{31}$

风婆婆 fə̃ŋ$^{31}$p‘ə$^{\underline{21}}$ p‘ə$^{\underline{21}}$ 风神,换喻指风

雨 zʯ$^{55}$

虹 tɕiãŋ$^{33}$

雪 ɕyo$^{31}$

冷子 lə̃ŋ$^{55}$tsɿ$^{21}$ 冰雹

霜 ʂuãŋ$^{31}$

露水 lu$^{211}$ ʂuei$^{31}$

雾 vu$^{33}$

冰 piə̃ŋ$^{31}$

## 03 时令

时间 sɿ$^{24-211}$ tɕiæ̃$^{\underline{31-55}}$

今儿 tɕiər$^{31}$ 今天

夜来 ie$^{33}$ lɛ$^{24-31}$ 昨天

前日儿 tɕʻiæ̃$^{24-211}$ ʐʅər$^{31}$ 前天

大前儿 ta$^{33}$tɕʻiæ̃$^{24-211}$ʐʅər$^{31}$ 大前天

明儿 miər$^{24}$ 明天

后儿 xər$^{33}$ 后天

外后儿 vɛ$^{33}$xər$^{31}$ 大后天

黑唻 xei$^{311}$ɛ$^{21}$ 晚上

一天 zɿ$^{31-211}$tʻiæ̃$^{31}$ 白天

干早上 kæ̃$^{31-211}$tsɔ$^{55}$ʂʻãŋ$^{\underline{21}}$ 早晨

大饭罢 ta$^{33}$fæ̃pa$^{33-31}$ 中午

后晌会 xəu$^{33}$ʂãŋ$^{31}$xuei$^{\underline{21}}$ 下午

一黑来 zɿ$^{31-211}$xei$^{31}$lɛ$^{\underline{21}}$ 整夜

后半夜 xəu$^{33}$pæ̃$^{33-31}$iə$^{\underline{21}}$ 凌晨

相属 ɕiãŋ$^{33}$ʂʮ$^{55-31}$ 属相

子 tsɿ$^{55}$

鼠大 tʂʻʮ$^{55}$ta$^{33}$

丑 tʂʻəu$^{55}$

牛二 ȵiəu$^{24-211}$ər$^{33}$

寅 iə̃ŋ$^{24}$

虎三 xu$^{55}$sæ̃$^{31}$

卯 mɔ$^{55}$

兔四 tʻu$^{33}$sɿ$^{33}$

辰 tʂʻə̃ŋ$^{24}$

龙五 luə̃ŋ$^{24-211}$vu$^{55}$

巳 sɿ$^{33}$

蛇六 ʂei$^{24-211}$liəu$^{31}$

午 vu$^{55}$

马七 ma$^{55}$tsʻɿ$^{31}$

未 vei$^{33}$

羊八 iãŋ$^{24-211}$pa$^{31}$

申 ʂʻə̃ŋ$^{55}$

猴九 xəu$^{24-211}$tɕiəu$^{55}$

酉 iəu$^{55}$

鸡十 tsɿ$^{31-211}$ʂʅ$^{24}$

戌 sʮ$^{31}$

狗十一 kəu$^{55}$ ʂʅ$^{24-211}$ zɿ$^{31}$

亥 xɛ$^{31}$

猪儿十二 tʂʮ$^{31}$ ʅ$^{24-211}$ ər$^{33}$

大象不合 ta$^{33}$ ɕiãŋ$^{33}$ pu$^{31-211}$ kuə$^{31}$ 属相不合

初一儿 tʂʻʮ$^{31}$ zɿər$^{21}$ 初一

初二 tʂʻʮ$^{31-211}$ ɚ$^{33}$ 初二

月 yo$^{31}$

正月 tʂə̃ŋ$^{31}$ yo$^{\underline{21}}$ 一月

腊月 la$^{31}$ yo$^{\underline{21}}$ 十二月

月头 yo$^{31-211}$ tʻəu$^{24}$ 月初

月底 yo$^{31-211}$ tɿ$^{55}$

年 ȵi$^{24}$

今年 tɕiə̃ŋ$^{211}$ ȵiæ̃$^{31}$

年时 ȵiæ̃$^{24}$ sɿ$^{24-55}$ 去年

打头儿 ta$^{31-211}$ tʻɔr$^{24}$ 开始

刚打头儿 tɕiãŋ$^{24}$ ta$^{21}$ tʻɚ$^{24}$ 刚开始时

节气 tɕiə$^{31-211}$ tsʻɿ$^{33}$

立春 lɿ$^{31-211}$ tʂ‘uə̃ŋ$^{31}$

雨水 zʮ$^{55-31}$ ʂuei$^{55-21}$

惊蛰 tɕiə̃ŋ$^{31-21}$ tʂei$^{24}$

春分 tʂ‘uə̃ŋ$^{31}$ fə̃ŋ$^{21}$

清明 tɕ‘iəu$^{31}$ miə̃ŋ$^{21}$

谷雨 ku$^{31-211}$ zʮ$^{55}$

立夏 lɿ$^{31-211}$ ɕia$^{33}$

小满 ɕiɔ$^{55}$ mæ̃$^{55}$

芒种 mɑ̃ŋ$^{24-211}$ tʂuə̃ŋ$^{33}$

夏至 ɕia$^{33}$ tsɿ$^{33}$

小暑 ɕiɔ$^{55}$ ʂʮ$^{55-21}$

大暑 ta$^{33}$ ʂʮ$^{55-31}$

立秋 lɿ$^{31-21}$ tɕ‘iəu$^{31}$

处暑 tʂ‘ʮ$^{55}$ ʂʮ$^{55-21}$

白露 pei$^{24-211}$ lu$^{33-55}$

秋分 tɕ‘iəu$^{31}$ fə̃ŋ$^{21}$

寒露 xæ̃$^{24-211}$ lu$^{33-55}$

霜降 ʂuɑ̃ŋ$^{31}$ tɕiɑ̃ŋ$^{33-21}$

立冬 lɿ$^{31-211}$ tuə̃ŋ$^{31}$

小雪 ɕiɔ$^{55}$ ɕyo$^{21}$

大雪 ta$^{33}$ ɕyo$^{31}$

冬至 tuə̃ŋ$^{31-211}$ tsɿ

小寒 ɕiɔ$^{55}$ xæ̃$^{24}$

大寒 ta$^{33}$ xæ̃$^{24}$

伏呢 fu$^{24-211}$ ȵiə$^{55}$ 伏天

九呢 tɕiəu$^{55-211}$ ȵiə$^{55}$ 入九天

**04 水、火**

水 ʂuei$^{55}$

河 xuə$^{24}$

涝坝 lɔ$^{33}$ pa$^{33-31}$ 水塘

沟 kəu$^{31}$ 水沟、山沟

窖 tɕiɔ$^{33}$

泉水 ts‘uæ̃$^{24-211}$ ʂuei$^{55}$

火 xuə$^{55}$

烟 iæ̃$^{31}$

气 ts‘ɿ$^{33}$

死烟子 sɿ$^{55}$ iæ̃$^{31-21}$ tsɿ$^{21}$ 煤烟

**05 地貌、土石**

地 tɿ$^{33}$

地势子 tɿ$^{33}$ ʂɿ$^{31}$ tɿ$^{21}$ 地面

山 sæ̃$^{31}$

屲 va$^{33}$ 山间低陷的地貌

崖 nɛ$^{24}$ 悬崖

坑 k‘ə̃ŋ$^{31}$

路 lu$^{33}$

坝 pɛ$^{55}$ 堤坝或水渠的护岸，

土 t‘u$^{55}$

绵绵土儿 miæ̃$^{24-211}$ miæ̃$^{24-55}$ t‘uər$^{55-31}$ 颗粒很细小的土

塘土 t‘ɑ̃ŋ$^{24-211}$ t‘u$^{55}$ 颗粒很细小的成片的干土

水地 ʂuei$^{55}$ tɿ$^{21}$ 可浇灌的田地

旱地/旱田 xæ̃$^{33}$ tɿ$^{31}$/xæ̃$^{33}$ t‘iæ̃$^{24-31}$ 无水源浇灌的田地

石头 ʂɿ$^{24-211}$ t‘əu$^{55}$

石子儿 ʂɿ$^{24-211}$ tsɿər$^{31}$ 小的鹅卵石

泥 mɿ$^{24}$ 泥巴

焦泥 tɕiɔ$^{31}$ mɿ$^{21}$ 红褐色粘土

**06 矿物**

金子 tɕiə̃ŋ$^{31}$ tsɿ$^{21}$

银子 iə̃ŋ$^{24-211}$ tsɿ$^{55}$

铜 t‘uə̃ŋ$^{24}$

铁 t‘iə̃$^{31}$

锡 sɿ$^{31}$

锈 ɕiəu$^{33}$

铝 lɥ$^{55}$

煤 mei$^{24}$

炭 t‘æ̃$^{33}$

硫黄 liəu$^{24}$xuɑ̃ŋ$^{24}$

**07 区划格局**

地方 tɿ$^{33}$fɑ̃ŋ$^{31}$

街 kɛ$^{31}$ 街

庄子 tʂuɑ̃ŋ$^{31}$tsɿ$^{21}$ 村庄

人庄子 ʐə̃ŋ$^{24-211}$tʂuɑ̃ŋ$^{31}$tsɿ$^{21}$ 泛称村庄

人家子 ʐə̃ŋ$^{24-211}$tɕia$^{31}$tsɿ$^{31}$ 人家

牢 lɔ$^{24}$ 监狱

庙 miɔ$^{33}$ 寺庙的总称

桥 tɕ‘iɔ$^{24}$

**08 方位**

眼前头 ȵiæ̃$^{55}$tɕ‘iæ̃$^{24-211}$t‘əu$^{24-55}$ 前面

尻子后头 kəu$^{31}$tsɿ$^{21}$xəu$^{24-31}$ 后面

左手 tsuə$^{55-31}$ʂəu$^{55-21}$ 左边

右手 iəu$^{33}$ ʂəu$^{55-31}$ 右边

上手 ʂɑ̃ŋ$^{33}$ ʂəu$^{55-31}$ 左边

下手 xa$^{33}$ʂəu$^{55-31}$ 右边

上面子 ʂɑ̃ŋ$^{33}$miæ̃$^{33}$tsɿ$^{55-31}$ 正位

东面子 tuə̃ŋ$^{31}$miæ̃$^{21}$tsɿ$^{21}$ 东边

南面子 næ̃$^{24-211}$miæ̃$^{33-55}$tsɿ$^{21}$ 南边

**1 生物**

**11 植物**

树 ʂɥ$^{33}$

树枝子 ʂɥ$^{33}$ts‘ɿ$^{55}$tsɿ$^{21}$ 树枝

花 xuɐr$^{31}$ 花

果核儿 kuə$^{55}$xuər$^{24}$

芽儿 iɐr$^{24}$

花苞子 xua$^{31}$pɔ$^{21}$tsɿ$^{21}$ 蓓蕾

**12 庄稼**

果子 kuə$^{55}$tsɿ$^{21}$ 水果的统称

桃儿 tɔr$^{24}$ 桃子

毛桃儿 mɔ$^{24}$tɔr$^{24}$ 表皮有茸毛的桃子

大果子 ta$^{33}$kuə$^{55-31}$tsɿ$^{21}$ 冬果梨

火罐罐 xuə$^{55}$ɡuæ̃$^{21}$ɡuæ̃$^{21}$ 柿子

核桃 xei$^{31-211}$tɔ$^{24-55}$

庄稼 tʂuɑŋ$^{31}$tɕia$^{21}$

粮食 liɑ̃ŋ$^{24-211}$ʂɿ$^{24-55}$

稻子 tɔ$^{55}$tsɿ$^{21}$ 水稻

糯米 nuə$^{33}$mɿ$^{55-31}$ 糯米

麦 mei$^{31}$

荞麦 tɕ‘iɔ$^{24-211}$mei$^{31-55}$

苞谷 pɔ$^{31}$ku$^{21}$ 玉米

小米子 ɕiɔ$^{55-31}$mɿ$^{55}$tsɿ$^{21}$

棉花 miæ̃$^{24-211}$xua$^{31-55}$

菜蔬 ts‘ɛ$^{33}$ʂɥ$^{55-31}$ 蔬菜

萝卜 luə$^{24-211}$pu$^{55}$

辣子 la$^{33}$tsɿ$^{31}$

农葱 luə̃ŋ$^{24-211}$ts‘uə̃ŋ$^{31}$ 红葱

白葱 pei$^{24-211}$ts‘uə̃ŋ$^{31}$ 大葱

蒜 suæ̃$^{33}$

姜 tɕiɑ̃ŋ$^{31}$

洋芋 iɑ̃ŋ$^{24-211}$zɥ$^{33}$ 马铃薯

瓜 kua$^{31}$

黄瓜 xuɑ̃ŋ$^{24-211}$kua$^{31-55}$

豆子 təu$^{33}$tsɿ$^{55-31}$

黄豆 xuɑ̃ŋ$^{24-211}$təu$^{33-55}$ 大豆

大豆 ta$^{33}$təu$^{33-31}$ 蚕豆

豌豆 vǣ$^{31}$ təu$^{\underline{21}}$

花生 xua$^{31-211}$ sə̃ŋ$^{31}$

芝麻 tsɿ$^{31}$ ma$^{\underline{21}}$

**13 花草苔菌**

草 ts'ɔ$^{55}$

灰藋 xuei$^{31}$ t'iɔ$^{\underline{21}}$

蘑菇菇 mɔ$^{24-211}$ ku$^{31-55}$ ku$^{\underline{21}}$ 蘑菇

木耳 muər$^{31}$

狗尿苔 kəu$^{55}$ ȵiɔ$^{33}$ tɛ$^{31}$ 成熟过度而转向腐败的黑色蘑菇,呈伞盖破裂形。有毒。

**14 竹木**

杨柳 iɑ̃ŋ$^{24-211}$ liəu$^{55}$

白杨 pei$^{24-211}$ iɑ̃ŋ$^{24-55}$

松树 suə̃ŋ$^{31-211}$ ʂʮ$^{33}$

柏树 pei$^{31-211}$ ʂʮ$^{33}$

竹子 tʂʮ$^{31}$ tsɿ$^{21}$

**15 畜兽**

牲口 sə̃ŋ$^{31}$ k'əu$^{55-21}$ 牲畜的总称

头口 t'əu$^{24-211}$ k'əu$^{55}$ 同上

马 ma$^{55}$

儿马 ɚ$^{24-211}$ ma$^{55}$ 种公马

骒马 k'uə$^{33}$ ma$^{55-31}$ 母马

骟马 ʂǣ$^{33}$ ma$^{55-31}$ 阉割过的公马

牛 niəu$^{24}$

公牛 kuə̃ŋ$^{31}$ niəu$^{\underline{21}}$

母牛 mu$^{55}$ niəu$^{24}$

驴 lʮ$^{24}$

叫驴 tɕiɔ$^{33}$ lʮ$^{24-31}$ 种公驴

草驴 ts'ɔ$^{55}$ lʮ$^{24-21}$ 母驴

骡子 luə$^{24-211}$ tsɿ$^{55}$

驴骡子 lʮ$^{24-21}$ luə$^{55}$ tsɿ$^{\underline{21}}$ 马父驴母的骡子

马骡子 ma$^{55}$ luə$^{\underline{21}}$ tsɿ$^{\underline{21}}$ 驴父马母的骡子

羊 iɑ̃ŋ$^{24}$

绵羊 miǣ$^{24-211}$ iɑ̃ŋ$^{24-55}$

羯羊 tɕiə$^{31-211}$ iɑ̃ŋ$^{24}$ 公羊

母羊 mu$^{55}$ iɑ̃ŋ$^{24-21}$

羝羊 tɿ$^{31}$ iɑ̃ŋ$^{24-\underline{21}}$ 种公绵羊

驹驴 tsʮ$^{31}$ lʮ$^{21}$ 山羊

骚狐 sɔ$^{31}$ xu$^{\underline{21}}$ 种公山羊

羊羔子 iɑ̃ŋ$^{24-211}$ kɔ$^{55}$ tsɿ$^{\underline{21}}$

狗 kəu$^{55}$

牙狗子 ia$^{24-211}$ kəu$^{55}$ tsɿ$^{\underline{21}}$ 公狗

草狗子 ts'ɔ$^{55-31}$ kəu$^{21}$ tsɿ$^{\underline{21}}$ 母狗

狗娃子 kəu$^{55}$ va$^{24-21}$ tsɿ$^{\underline{21}}$ 小狗

猫儿 mɔr$^{24}$ 猫

郎猫儿 lɑ̃ŋ$^{24-211}$ mɔr$^{24-31}$ 公猫

女猫儿 mɿ$^{55}$ mɔr$^{\underline{21}}$ 母猫

猫娃子 mɔr$^{24}$ va$^{211}$ tsɿ$^{55}$ 小猫

猪儿 tʂuər$^{31}$ 猪

牙猪子 ia$^{24-211}$ tʂu$^{31}$ tsɿ$^{\underline{21}}$ 公猪

母猪儿 mu$^{55}$ tʂuər$^{\underline{21}}$

角猪子 tɕyo$^{31}$ tʂu$^{21}$ tsɿ$^{\underline{21}}$ 种公猪

癞母猪 lɛ$^{33}$ mu$^{55}$ tʂu$^{\underline{21}}$ 能繁殖小猪的母猪

畜生 tʂ'u$^{31}$ sə̃ŋ$^{\underline{21}}$ 对兽类的总称

狗熊 kəu$^{55}$ ɕyə̃ŋ$^{24}$ 熊

狮子 sɿ$^{31}$ tsɿ$^{\underline{21}}$

老虎 lɔ$^{55-31}$ xu$^{55-\underline{21}}$

母老虎 mu$^{55}$ lɔ$^{\underline{21}}$ xu$^{\underline{21}}$ 转喻也指泼妇

狼 lɑ̃ŋ$^{24}$

猴儿 xɔr$^{24}$ 猴子

豹子 pɔ$^{33}$ tsɿ$^{31}$

野狐子 iə$^{55}$ xu$^{24-\underline{21}}$ tsɿ$^{\underline{21}}$ 狐狸

鹿儿 luər$^{31}$ 鹿

兔儿 t‘uər$^{33}$ 兔子

老鼠 lɔ$^{55-31}$ tʂ‘ɥ$^{55-21}$

刺猬 ts‘ɿ$^{33}$ vei$^{31}$

彖猪子 t‘uæ̃$^{31}$ tʂu$^{21}$ tsɿ$^{21}$ 野猪

夜蝙蝠 iə$^{33}$ piə$^{31}$ fə̃ŋ$^{21}$ 蝙蝠

**16 禽鸟**

鸡儿 tsɿər$^{31}$ 鸡

公鸡儿 kuə̃ŋ$^{31}$ tsɿər$^{21}$ 公鸡

母鸡儿 mu$^{55}$ tsɿər$^{21}$ 母鸡

鸡娃子 tsɿ$^{31}$ va$^{21}$ tsɿ$^{21}$ 小鸡

罩窝鸡儿 tsɔ$^{33}$ və$^{31}$ tsɿər$^{31}$ 孵蛋期的母鸡

鸭子 ia$^{31}$ tsɿ$^{21}$

鹅 nuə$^{24}$

鸟鸟子 ȵiɔ$^{55}$ ȵiɔ$^{21}$ tsɿ$^{21}$ 鸟类的通称

雀儿 tɕ‘iɔr$^{31}$ 麻雀的通称

老鸦 lɔ$^{55}$ va$^{21}$ 乌鸦

喜鹊哥 sɿ$^{55}$ tɕ‘iɔ$^{21}$ kuə$^{21}$ 喜鹊

燕子儿 iæ̃$^{33}$ tsɿər$^{24}$ 燕子

咕噜雁 ku$^{55}$ lu$^{21}$ iæ̃$^{33}$ 大雁

扑鸽 p‘u$^{31-211}$ kuə$^{55}$ 鸽子

鹞子 iɔ$^{33}$ tsɿ$^{31}$ 鹰的一种

老鹰 lɔ$^{55}$ iə̃ŋ$^{31}$

**17 昆虫**

虫 tʂ‘uə̃ŋ$^{24}$ 昆虫的通称

蚕儿 ts‘ɐr$^{24}$ 蚕

蛛蛛 tʂɥ$^{31}$ tʂɥ$^{21}$ 蜘蛛

蚍蜉蚂儿 p‘ɿ$^{33}$ fə̃ŋ$^{33}$ mɐr$^{31}$ 蚂蚁

地蝼蝼 tɿ$^{33}$ lu$^{31}$ lu$^{21}$ 蝼蛄

毛蚰蜒 mɔ$^{24}$ iəu$^{24-211}$ iæ̃$^{55}$ 蚰蜒

屎爬牛 sɿ$^{55}$ p‘a$^{24-21}$ ȵiəu$^{24}$ 屎壳郎

蝎蝎 ɕiə$^{31}$ ɕiə$^{21}$ 蝎子

腻虫 mɿ$^{33}$ tʂ‘uə̃ŋ$^{24-31}$ 蚜虫

苍蝇 ts‘ɑŋ$^{31}$ iə̃ŋ$^{21}$

绿头苍蝇 liəu$^{31-211}$ t‘əu$^{24}$ ts‘ɑŋ$^{31}$ iə̃ŋ$^{21}$ 苍蝇的一种

蚊子 və̃ŋ$^{24-211}$ tsɿ$^{55}$

倒栽子 tɔ$^{33}$ tsɛ$^{31}$ tsɿ$^{21}$ 蚊子的幼虫

虱 sei$^{31}$ 虱子

虮子 tsɿ$^{55}$ tsɿ$^{21}$ 虱子的幼虫

虼蚤 kei$^{31}$ tsɔ$^{21}$ 跳蚤

蚂蚱 ma$^{31}$ tsa$^{21}$ 蝗虫

推磨驴儿 t‘uei$^{31-211}$ mə$^{33}$ luər$^{24}$ 中华蚱蜢

秋蝉儿 tɕ‘iəu$^{31}$ ʂɐr$^{21}$ 知了

蜜蜂儿 mɿ$^{31}$ fə̃r$^{21}$ 蜜蜂

夹板子 tɕia$^{311}$ pæ̃$^{21}$ tsɿ$^{21}$ 蜻蜓的幼虫

鞋底板 xɛ$^{24-211}$ t‘ɿ$^{55}$ pæ̃$^{21}$ 草履虫，也叫“鼠妇”

树蠖儿 ʂu$^{33}$ xuər$^{31}$ 尺蠖

蛆儿 ts‘ɥər$^{31}$ 蛆

蛾蛾子 nuə$^{24-211}$ nuə$^{24-55}$ tsɿ$^{21}$ 飞蛾的通称

**18 鱼类与水生软体类**

鱼儿 zɥər$^{24}$

绵鱼儿 miæ̃$^{24-211}$ zɥər$^{31}$ 鲶鱼

鱼儿甲 zɥər$^{24}$ tɕia$^{31}$ 鱼鳞

癞呱子 lɛ$^{33}$ kua$^{211}$ tsɿ$^{55}$ 蟾蜍、青蛙的统称

**19 爬行类**

长虫 tʂ‘ɑ̃ŋ$^{24-211}$ tʂ‘uə̃ŋ$^{24-55}$ 蛇

蝎虎螂了 ɕiə$^{31}$ xu$^{21}$ lɑ̃ŋ$^{33}$ lɿ$^{31}$ 壁虎

长虫舅舅 tʂ‘ɑ̃ŋ$^{24-211}$ tʂ‘uə̃ŋ$^{24-55}$ tɕiəu$^{33}$ tɕiəu$^{31}$ 麻灰色的小型蜥蜴

蜗蜗牛儿 kua$^{33}$ kua$^{33}$ ȵiər$^{24}$ 蜗牛

**2 人体、人品**

## 21 身体

体子 t'ɿ$^{55}$ tsɿ$^{\underline{21}}$ 身体

头 t'əu$^{24}$

多罗 tuə$^{31}$ luə$^{\underline{21}}$ 头，说“倒多罗”

头发 t'əu$^{24-211}$ fa$^{31-55}$

帽辫子 mɔ$^{33}$ piæ̃$^{33}$ tsɿ$^{31}$ 辫子

额颅 nɛ$^{31}$ lu$^{\underline{21}}$ 额头

眉毛 mɿ$^{24-211}$ mɔ$^{24-55}$

眼睛 ȵiæ̃$^{55}$ tɕiəŋ$^{\underline{21}}$

鼻子 pɿ$^{24-211}$ tsɿ$^{55}$

耳朵 ɚ$^{55}$ tuə$^{\underline{21}}$

脸 liæ̃$^{55}$

脸势 liæ̃$^{33}$ ʂʅ$^{33}$ 脸色

哭腮 k'u$^{31}$ sɛ$^{31}$ 腮

嘴 stuei$^{55}$

嘴唇子 tsuei$^{55}$ ʂuə̃ŋ$^{24-211}$ tsɿ$^{55}$ 嘴唇

胡子 xu$^{24-211}$ tsɿ$^{55}$

下巴子 xa$^{33}$ pa$^{31}$ tsɿ$^{55}$ 下巴

脖子 pə$^{24-211}$ tsɿ$^{55}$

板筋 pæ̃$^{55}$ tɕiə̃ŋ$^{\underline{21}}$ 项

脑勺把子 nɔ$^{55}$ ʂuə$^{24-21}$ pa$^{33}$ tsɿ$^{31}$ 后脑勺

小气窝窝 ɕiɔ$^{55}$ ts'ɿ$^{33}$ və$^{31}$ və$^{\underline{21}}$ 同上

胛子 tɕia$^{31}$ tsɿ$^{21}$ 肩膀

脊背 tsɿ$^{31}$ pei$^{21}$

腔子 kɑ̃ŋ$^{31}$ tsɿ$^{\underline{21}}$ 胸部

奶奶 nɛ$^{55-211}$ nɛ$^{55}$ 乳房

奶 nɛ$^{55}$ 奶汁

肚子 tu$^{33}$ tsɿ$^{31}$ 人腹

肚子 tu$^{55}$ tsɿ$^{21}$ 动物的胃

肚脐眼子 tu$^{33}$ ts'ɿ$^{55}$ ȵiæ̃$^{55}$ tsɿ$^{21}$ 肚脐

腰 iɔ$^{31}$

尻子 kəu$^{31}$ tsɿ$^{\underline{21}}$ 屁股

大腿 ta$^{33}$ tuei$^{31}$

膊棱盖子 pə$^{31}$ ləŋ$^{21}$ kɛ$^{33}$ tsɿ$^{31}$ 膝盖

猪娃子 tʂʮ$^{31}$ va$^{\underline{21}}$ tsɿ$^{\underline{21}}$ 小腿肚子

脚 tɕyo$^{31}$

拐核儿 kuɛ$^{55}$ xuər$^{24}$ 脚踝

胳膊 kei$^{31}$ pə$^{\underline{21}}$

胳锤子 kei$^{31}$ tʂ'uei$^{21}$ tsɿ$^{\underline{21}}$ 肘

手 ʂəu$^{55}$

手腕子 ʂəu$^{55}$ væ̃$^{33}$ tsɿ$^{31}$ 手腕

指头子 tsɿ$^{31}$ t'əu$^{\underline{21}}$ tsɿ$^{\underline{21}}$ 手指

大拇指 ta$^{33}$ mu$^{31}$ tsɿ$^{31}$ 拇指

中指儿 tʂuə̃ŋ$^{211}$ tsɿr$^{55}$ 中指

小拇尕儿 ɕiɔ$^{55}$ mu$^{211}$ gɐr$^{24}$ 小指

指甲 tsɿ$^{31}$ tɕia$^{\underline{21}}$

捶头子 tʂ'uei$^{24-211}$ t'əu$^{24-55}$ tsɿ$^{21}$ 拳头

尻眼门子 kəu$^{31-211}$ ȵiæ̃$^{55}$ məŋ$^{24-211}$ tsɿ$^{55}$ 肛门

尿 tɕ'iəu$^{24}$ 男阴

脬子 p'ɔ$^{31}$ tsɿ$^{\underline{21}}$ 阴囊

屄 p'ɿ$^{31}$ 女阴

血 ɕiə$^{31}$

筋 tɕiə̃ŋ$^{31}$

脑髓 nɔ$^{55-31}$ suei$^{\underline{21}}$

骨嘟 ku$^{31}$ tu$^{\underline{21}}$ 骨头

肋巴枝子 lei$^{31}$ pa$^{21}$ ts'ɿ$^{55}$ tsɿ$^{21}$ 肋骨

牙 ia$^{24}$ 牙齿

牙花子 ia$^{24-211}$ xua$^{55}$ tsɿ$^{\underline{21}}$ 牙龈

舌头 ʂei$^{24-211}$ t'əu$^{24-55}$

嗓洞眼子 sɑ̃ŋ$^{55}$ t'uə̃ŋ$^{21}$ ȵiæ̃$^{55}$ tsɿ$^{21}$ 喉咙

尸首 sɿ$^{55-31}$ ʂəu$^{\underline{21}}$ 尸体

命 miə̃ŋ$^{33}$ 生命

### 22 器官

肺 fei$^{33}$

心 ɕiə̃ŋ$^{31}$ 心脏

肝子 kæ̃$^{31}$ tsɿ$^{21}$ 肝

腰窝 iɔ$^{31}$ və$^{21}$ 肾

苦胆 k'u$^{55-31}$ tæ̃$^{55-21}$ 胆

胃 vei$^{33}$

肠子 tʂ'ɑ̃ŋ$^{24-211}$ tsɿ$^{55}$

尿脬 ȵiɔ$^{33}$ p'ɔ$^{31}$ 膀胱

### 23 分泌物

屎 sɿ$^{55}$

尿尿 ȵiɔ$^{55}$ ȵiɔ$^{33-31}$ 小便

怂 suə̃ŋ$^{24}$ 精液

屁 p'ɿ$^{33}$

汗 xæ̃$^{33}$

痰 tæ̃$^{24}$

酣水 xæ̃$^{31}$ ʂuei$^{55-21}$ 口水

鼻 pɿ$^{24}$ 鼻涕

眼泪 ȵitæ̃$^{55}$ luei$^{21}$

脓 nuə̃ŋ$^{24}$

垢痂 kəu$^{55}$ tɕia$^{21}$ 污垢

声气 ʂə̃ŋ$^{31}$ tɕ'ɿ$^{21}$ 声音

### 24 分类、品性

人 ʐə̃ŋ$^{24}$

大人 ta$^{33}$ ʐə̃ŋ$^{24-31}$ 成年人

娃娃 va$^{24-211}$ va$^{24-55}$ 小孩儿

月里娃子 yo$^{31}$ liəu$^{21}$ va$^{21}$ tsɿ$^{21}$ 婴儿

老汉 lɔ$^{55}$ xæ̃$^{21}$ 老头儿

老婆子 lɔ$^{55}$ p'ə$^{24-21}$ tsɿ$^{21}$ 老太太

男人 næ̃$^{24-211}$ ʐə̃ŋ$^{24-55}$ 男人

婆娘 p'ə$^{24-211}$ ȵiɑ̃ŋ 妇女

小伙子 ɕiɔ$^{55-31}$ xuə$^{21}$ tsɿ$^{21}$ 小伙子

女子 nʮ$^{55}$ tsɿ$^{21}$ 姑娘

### 25 身份

百姓 pei$^{31}$ ɕiə̃ŋ$^{21}$

农民 luə̃ŋ$^{24}$ miə̃ŋ$^{24}$

大夫 tɛ$^{33}$ fu$^{31}$ 医生

和尚 xuə$^{24-211}$ ʂɑ̃ŋ$^{33-55}$

姑姑子 ku$^{31}$ ku$^{21}$ tsɿ$^{21}$ 尼姑

神婆儿 ʂə̃ŋ$^{24}$ p'ər$^{24}$ 巫婆

角子 tɕyo$^{31}$ tsɿ$^{21}$ 巫觋

要搞吃 iɔ$^{33}$ kɔ$^{31}$ tʂ'ʅ$^{21}$ 乞丐

贼 tsei$^{24}$

贼匪 tsei$^{24-211}$ fei$^{31}$ 强盗

仇人 ʂəu$^{24-211}$ ʐə̃ŋ$^{24-55}$

朋友 pə̃ŋ$^{24-211}$ iəu$^{55}$

死皮 sɿ$^{55}$ p'ɿ$^{24}$ 无赖

### 26 残疾

瞎子 xa$^{31}$ tsɿ$^{21}$ 盲人

跛子 pə$^{55}$ tsɿ$^{21}$

聋子 nuə̃ŋ$^{24-211}$ tsɿ$^{55}$

秃子 t'u$^{31}$ tsɿ$^{21}$

麻子 ma$^{24-211}$ tsɿ$^{55}$

背锅子 pei$^{31}$ kuə$^{21}$ tsɿ$^{55}$ 驼背

超子 tʂ'ɔ$^{31}$ tsɿ$^{21}$ 傻子

哑巴子 ia$^{55}$ pa$^{21}$ tsɿ$^{21}$ 哑巴

### 27 亲属关系

先人 ɕiæ̃$^{31}$ ʐə̃ŋ$^{21}$ 祖宗

爷 iə$^{24}$ 祖父

奶奶 nɛ$^{55}$ nɛ$^{21}$ 祖母

达 ta$^{24}$ 父亲

妈 ma$^{31}$ 母亲

儿子 ɚ$^{24-211}$ tsɿ$^{55}$

媳妇儿 sɿ$^{55}$ fər$^{21}$ 儿媳妇

女儿 nɥər$^{31}$

女婿 nɥ$^{55}$ sɥ$^{\underline{21}}$

孙子 suə̃ŋ$^{31}$ tsɿ$^{\underline{21}}$

孙女儿 suə̃ŋ$^{31-211}$ nɥər$^{31}$ 孙女儿

哥 kuə$^{24}$ 哥哥

姐 tɕiə$^{31}$ 姐姐

兄弟 ɕyə̃ŋ$^{31}$ tɿ$^{\underline{21}}$ 弟弟

妹妹 mei$^{33}$ mei$^{33-31}$

大达 ta$^{33}$ ta$^{24-31}$ 伯父

妈妈 ma$^{33}$ ma$^{31}$ 伯母

爸爸 pa$^{24-211}$ pa$^{24-55}$ 叔父

侄儿子 tʂʅ$^{24-211}$ ɚ$^{24-55}$ tsɿ$^{\underline{21}}$ 侄子

姊儿妹子 tsɿər$^{31}$ mei$^{33}$ tsɿ$^{31}$ 兄弟姐妹的统称

嫂子 sɔ$^{55}$ tsɿ$^{\underline{21}}$

舅舅 tɕiəu$^{33}$ tɕiəu$^{33-31}$

妗子 tɕiə̃ŋ$^{33}$ tsɿ$^{31}$ 舅母

姨夫 zɿ$^{24-211}$ fu$^{55}$

姨 zɿ$^{24}$ 姨母

姑父 ku$^{31}$ fu$^{\underline{21}}$

姑姑 ku$^{31}$ ku$^{\underline{21}}$

亲戚 tɕʻiə̃ŋ$^{31}$ tsʻɿ$^{\underline{21}}$

丈人 tʂɑ̃ŋ$^{33}$ ʐə̃ŋ$^{24-31}$ 岳父的引称

丈母娘 tʂɑ̃ŋ$^{33}$ mu$^{31}$ ȵiɑ̃ŋ$^{\underline{21}}$ 岳母的引称

男人 næ̃$^{24-211}$ ʐə̃ŋ$^{24-55}$ 丈夫

女人 nɥ$^{55-31}$ ʐə̃ŋ$^{\underline{21}}$ 妻子

后妈 xəu$^{33}$ ma$^{31}$ 继母

后达 xəu$^{33}$ ta$^{24-31}$ 继父

寡妇 kua$^{55}$ fu$^{\underline{21}}$

爷儿父子 zɿ$^{31}$ ɚ$^{24}$ fu$^{33}$ tsɿ$^{31}$ 父子

## 3 饮食烹饪

### 31 食品

米饭 mɿ$^{55}$ fæ̃$^{21}$

糁饭 sæ̃$^{55}$ fæ̃$^{21}$ 在米饭快熟时加入适量面粉并迅速搅拌做成的米加面的一种饭食

甜米瓦坨子 tʻiæ̃$^{24-211}$ mɿ$^{55}$ va$^{55}$ tʻuə$^{21}$ tsɿ$^{\underline{21}}$ 黄米面馍馍

酒醅子 tɕiəu$^{55}$ pei$^{21}$ tsɿ$^{\underline{21}}$ 甜醅

甜饭 tʻiæ̃$^{24-211}$ fæ̃$^{33}$ 八宝饭

米汤 mɿ$^{55}$ tʻɑ̃ŋ$^{\underline{21}}$ 粥(稀饭)

捋面 lɥ$^{55}$ mʻiæ̃$^{\underline{21}}$ 拉面

长面 tʂʻɑ̃ŋ$^{24-211}$ miæ̃$^{33}$ 长面条

酸汤面 suæ̃$^{31-211}$ tʻɑ̃ŋ$^{31}$ mʻiæ̃$^{33}$

面片子 miæ̃$^{33}$ pʻiæ̃$^{31}$ tsɿ$^{\underline{21}}$ 面片

旗花子 tsʻɿ$^{24-211}$ xua$^{31-55}$ tsɿ$^{\underline{21}}$ 一种汤面，面的形状是长条的菱形。

灰豆儿饭 xuei$^{31}$ tər$^{21}$ fæ̃$^{33}$ 一种用扁豆加食用碱炒后煮熟的汤为黑红色的面条

搅团 tɕiɔ$^{55}$ tuæ̃$^{\underline{21}}$ 将面粉加入沸水中并一直搅拌到熟的面食

搛疙瘩 tɿ$^{31}$ kei$^{\underline{21}}$ ta$^{\underline{21}}$ 用水将面粉调成糊状并分成小疙瘩滴入沸水中煮熟的面食

馍馍 mə$^{24-21}$ mə$^{24-55}$ 对馒头、包子类面食的总称

油饼子 iəu$^{24-211}$ piə̃ŋ$^{55}$ tsɿ$^{\underline{21}}$ 饼

### 32 佐料

猪油 tʂɥ$^{31-211}$ iəu$^{24}$

清油 tɕʻiə̃ŋ$^{31-211}$ iəu$^{24}$ 植物油

酥油 sɥ$^{31}$ iəu$^{\underline{21}}$

花椒 xua$^{31}$ tɕʻiɔ$^{\underline{21}}$

碱面子 tɕiæ̃$^{55}$ miæ̃$^{33}$ tsɿ$^{31}$ 食用碱

黑糖 xei$^{31-211}$ tʻɑ̃ŋ$^{24}$ 红糖

大料 ta$^{33}$ liɔ$^{33}$ 对各种调料的总称

苦豆子k ʻu$^{55}$ təu$^{33}$ tsɿ$^{31}$　一种添加在面点中的香料

**33 饮品**

茶 tsʻa$^{24}$

酒 tɕiəu$^{55}$

啤酒 pʻɿ$^{24-211}$ tɕiəu$^{55}$

汽水儿 tsʻɿ$^{33}$ ʂʮər$^{31}$ 汽水

**34 药品**

阿胶 və$^{31}$ tɕiɔ$^{21-21}$ 也叫“驴皮胶”

黄檗 xuɑ̃ŋ$^{24-211}$ pɛ$^{31}$ 黄檗

白术 pɛ$^{24-211}$ tʂʮ$^{31}$ 白术

苍术 tsʻɑ̃ŋ$^{31}$ tʂʮ$^{21}$ 苍术

**35 烟、毒品、烟具**

烟 iæ̃$^{31}$ 烟草的总称

大烟 ta$^{33}$ iæ̃$^{31}$ 鸦片

烟锅子 iæ̃$^{31}$ kuə$^{31-21}$tsɿ$^{21}$ 烟具

纸烟 tsɿ$^{55}$ iæ̃$^{31-21}$ 香烟

旱烟 xæ̃$^{33}$ iæ̃$^{31}$ 自制的土烟

卷烟 tɕyæ̃$^{55}$ iæ̃$^{21}$ 雪茄

**36 厨具**

碗 væ̃$^{55}$

洋瓷碗 iɑ̃ŋ$^{24-211}$ tsʻɿ$^{24-55}$ væ̃$^{55}$ 搪瓷碗

碟子 tiə$^{24-211}$ tsɿ$^{55}$

洋瓷碟子 iɑ̃ŋ$^{24-211}$ tsʻɿ$^{24-55}$ tiə$^{24-211}$ tsɿ$^{55}$ 搪瓷碟子

勺 ʂuə$^{24}$ 对较大勺子的总称

勺儿 ʂʮər$^{24}$ 对较小勺子的总称

勺勺儿 ʂuə$^{24-211}$ ʂʮər$^{24-31}$ 调羹

漏勺子 lu$^{33}$ ʂuə$^{24-31}$ tsɿ$^{21}$ 漏勺

铁勺 tʻiə$^{31}$ ʂuə$^{21}$ 一种长柄的大勺子，通体黑色，常用来熟油泼葱花

马勺 ma$^{55}$ ʂuə$^{21}$ 舀水用的勺子

炒菜勺儿 tsʻɔ$^{55}$ tsʻɛ$^{33}$ ʂʮər$^{24}$　炒菜用的带柄的锅具

案板 næ̃$^{33}$ pæ̃$^{55-31}$ 砧板

刀板子 tɔ$^{31}$ pæ̃$^{55-21}$ tsɿ$^{21}$ 较小的案板

铡刀子 tsa$^{55}$ tɔ$^{31-21}$ tsɿ$^{21}$ 切菜刀

草圈子 tsʻɔ$^{55}$ tɕʻyæ̃$^{31-21}$ tsɿ$^{21}$ 用麦草扎成的圈体，放置在大铁锅内沿上，阻止蒸汽从锅沿流失

铁锅 tʻiə$^{31-211}$ kuə$^{31}$ 铁质锅具

铝锅 lʮ$^{55}$ kuə$^{31}$ 铝质锅具

烙馍馍锅 luə$^{31-211}$ mə$^{24-211}$ mə$^{24-55}$ kuə$^{31}$ 用来烙饼的锅具

锅锅子 kuə$^{31}$ kuə$^{31-21}$ tsɿ$^{21}$ 对较小的锅的总称

夹叶子 tɕia$^{31}$ iə$^{31-21}$ tsɿ$^{21}$ 也说“夹舀子”锅铲子

蒜槌子 suæ̃$^{33}$ tʂʻuei$^{24}$ tsɿ$^{21}$ 捣蒜的杵

蒜窝子 tɕiɑ̃ŋ$^{31}$ və$^{31-21}$ tsɿ$^{21}$ 捣蒜的容器

姜铃儿 tɕiɑ̃ŋ$^{31-211}$ liər$^{24}$ 捣姜片的杵

姜窝子 tɕiɑ̃ŋ$^{31}$ və$^{31-21}$ tsɿ$^{21}$ 捣姜片的容器

缸 kɑ̃ŋ$^{31}$ 用于盛水的容器，圆筒状，底小口大，往往用陶土烧制而成

条缸子 tʻiɔ$^{24-211}$ kɑ̃ŋ$^{31-55}$ tsɿ$^{21}$ 细二长的缸

坛 tʻæ̃$^{24}$ 口小肚大的陶器

罐 kuæ̃$^{33}$ 盛东西或汲水用的瓦器，亦泛指各种圆筒形的盛物器皿

**37 烹饪**

煮 tʂʮ$^{55}$ 把东西放在有水的锅里加热使熟

卤 lu$^{55}$ 用五香咸水或酱油等浓汁制作食品

炒 tsʻɔ$^{55}$ 把食物或其他东西放在锅里加热翻动使熟或使干，一般先要放少量的食油

㴸 læ̃$^{24}$ 一种做酱或腌制猪肉的工序，高温持

续加热。

焯 tʂ‘uə$^{31}$ 把东西放开水里过一遍

掠 lyo$^{55}$ 把东西放开水里过一遍

揉 ʐəu$^{24}$ 将生韭菜或沙葱等蔬菜加盐并挤压揉搓成凉菜的方式

拌 pæ̃$^{33}$ 搅拌

烙 luə$^{31}$ 把面食放在烧热的铛或锅上加热使熟

焙 pei$^{33}$ 用微火烘烤

烤 k‘ɔ$^{55}$ 把东西放在火的周围使干或使熟

熬 nɔ$^{24}$ 把蔬菜等放在水里煮

蒸 tʂɔ̃ŋ$^{31}$ 用水蒸气的热力把东西加热或使熟

## 04 服饰用具

### 41 衣服

线 ɕiæ̃$^{33}$ 用丝、棉、麻、金属等制成的细长可以任意曲折的东西

布 pu$^{33}$ 棉、麻及棉型化学短纤维经纺纱后的织成物

丝 sɿ$^{31}$ 蚕丝制成的织物

绸子 tʂ‘əu$^{24-211}$ tsɿ$^{55}$ 丝织物之通称。

缎子 tuæ̃$^{33}$ tsɿ$^{55-31}$ 质地较厚、一面平滑有光彩的丝织品

呢子 mɿ$^{24-211}$ tsɿ$^{55}$ 一种较厚密的毛织品，多用来做制服、大衣等。

衣裳 zɿ$^{31}$ ʂɑ̃ŋ$^{21}$ 衣服

领豁 liɔ̃ŋ$^{55}$ xuə$^{21}$ 领口

袖子 ɕiəu$^{33}$ tsɿ$^{55-31}$ 衣袖

前襟子 tɕ‘iæ̃$^{24-211}$ tɕiɔ̃ŋ$^{31}$ tsɿ$^{21}$ 上衣前面的部分。

裌裌子 tɕia$^{33}$ tɕia$^{31}$ tsɿ$^{21}$ 马夹

夹裹肚子 tɕia$^{31-211}$ kuə$^{55}$ t‘u$^{33-21}$ tsɿ$^{21}$ 棉袄

皮袄 p‘ɿ$^{24-211}$ nɔ$^{55}$ 兽皮做的上衣

汗袒子 xæ̃$^{33}$ t‘æ̃$^{31}$ tsɿ$^{21}$ 背心

二毛子 ər$^{33}$ mɔ$^{24-31}$ tsɿ$^{21}$ 羊皮袄的一种，内侧无衬里

纽子 ȵiəu$^{55}$ tsɿ$^{21}$ 扣子

裤子 k‘u$^{33}$ tsɿ$^{21}$ 穿在腰部以下的衣服，有裤腰、裤裆和两条裤腿

裙子 tɕ‘yɔ̃ŋ$^{24-211}$ tsɿ$^{55}$ 一种围在腰部以下的服装。

头巾 t‘əu$^{24-211}$ tɕiɔ̃ŋ$^{31-55}$ 头帕

帽子 mɔ$^{33}$ tsɿ$^{55-31}$ 戴在头上保暖、防雨、遮日光或装饰的用品。

裤带 k‘u$^{33}$ tɛ$^{33}$ 腰带

裹腿 kuə$^{55-31}$ t‘uei$^{55-21}$ 缠在裤子外边小腿部分的布条，旧时士兵行军时多打裹腿。

袜子 va$^{31}$ tsɿ$^{21}$

鞋 xɛ$^{24}$ 鞋子

牛眼窝儿 ȵiəu$^{24-211}$ ȵiæ̃$^{55}$ vɚ$^{21}$ 手工布鞋的一种样式

窝窝 və$^{31}$ və$^{21}$ 手工棉鞋

靴子 ɕyo$^{31}$ tsɿ$^{21}$

梳子 ʂʮ$^{31}$ tsɿ$^{21}$

耳坠子 ər$^{55}$ tʂuei$^{33-21}$ tsɿ$^{21}$ 耳环

项链儿 xɑ̃ŋ$^{33}$ liæ̃r$^{31}$ 项链

戒指儿 tɕiə$^{33}$ tsɿər$^{31}$ 戒指

镯子 tsuə$^{24-211}$ tsɿ$^{55}$ 手镯

### 42 梳妆

雀儿尾巴 tɕ‘iɔr$^{55-31}$ zɿ$^{55}$ pa$^{21}$ 在头部后方扎一个较短的辫子

冒冒天 mɔ$^{33}$ mɔ$^{33}$ t‘iæ̃$^{31}$ 在头部正上方扎一个较短的辫子

气死毛儿ts‘ɿ$^{33}$ sɿ$^{55}$ mɔr$^{24}$ 后脑勺处的一撮头发

篦子 pɿ$^{33}$ tsɿ$^{55-31}$ 用竹子制成的梳头用具，中间有梁儿，两侧有密齿。

淡(嘴唇)tæ̃$^{33}$ 涂口红

染(指甲)ʐæ̃$^{55}$ 给指甲染色

胰子 zɿ$^{33}$ tsɿ$^{55-31}$ 皂类的总称

**42 家具**

先人桌子 ɕiæ̃$^{31}$ ʐə̃ŋ$^{24-21}$ tʂuə$^{31}$ tsɿ$^{21}$ 摆放在正房正中，供奉有祖先牌位的桌子

五斗橱 vu$^{55-211}$ təu$^{55}$ tʂ‘ʮ$^{24}$ 亦叫“五屉柜”。装有五个抽屉的柜子。

立柜 lɿ$^{31-211}$ kuei$^{33}$ 一种直立的较高的柜子，前面开门，有的装有隔板或若干抽屉，多用来存放衣物等。

茶几 ts‘a$^{24-211}$ tsɿ$^{31}$ 放茶具等用的小桌

炕桌子k‘ɑ̃ŋ$^{33}$ tʂuə$^{31}$ tsɿ$^{21}$ 使用时放在炕上的小桌子

柜 kuei$^{33}$ 专指老式的盖子在上面的储物家具

**43 农具**

耧 lu$^{24}$ 播种用的农具

桄子 kuɑ̃ŋ$^{55}$ tsɿ$^{21}$ 犁

耱 muə$^{33}$ 平正土地用的农具

铁杴 t‘iə$^{31}$ ɕiæ̃$^{21}$ 铁锹

木杴 mu$^{31}$ ɕiæ̃$^{21}$ 扬场用的木制农具

镢头 tɕyo$^{31}$ t‘əu$^{24-21}$ 一种形似镐的刨土农具

铲子 ts‘æ̃$^{55}$ tsɿ$^{21}$ 用来除草的铁制农具

镰刀 liæ̃$^{24-211}$ tɔ$^{31-55}$ 收割庄稼和割草的农具，由刀片和木把构成，有的刀片上带小锯齿。

刃镰架子 ʐə̃ŋ$^{33}$ liæ̃$^{24-31}$ tɕia$^{33}$ tsɿ$^{55-31}$ 木质的架子，上有铁钉，称“蚂蟥”，用于固定刃镰片子

刃镰片子 ʐə̃ŋ$^{33}$ liæ̃$^{24-31}$ p‘iæ̃$^{55}$ tsɿ$^{21}$ 长条形的大刀刃，与刃镰架子组合成一种镰刀

碾子 ȵiæ̃$^{55}$ tsɿ$^{21}$ 碾轧东西的器具

耙 p‘a$^{33}$ 聚拢谷物或平土地用的用具

锄 tʂ‘ʮ$^{24}$ 弄松土地及除草的工具

扁担 piæ̃$^{55}$ tæ̃$^{33-21}$ 放在肩上挑东西或抬东西的工具，用竹子或木头制成，扁而长

**44 量具**

称 tʂə̃ŋ$^{33}$ 同“秤”，用来度量物体重量的度量衡

磅称 pɑ̃ŋ$^{55}$ tʂə̃ŋ$^{33}$ 用金属制成，底座上有承重金属板的台秤。

斗 təu$^{55}$ 中国市制容量单位，十升为一斗，十斗为一石

卷尺 tɕyæ̃$^{55}$ tʂʅ$^{21}$ 可以卷起来的软尺

**45 工具**

三脚儿架 sæ̃$^{31-211}$ tɕyɚ$^{31}$ tɕia$^{33}$

火钳子 xuə$^{55}$ tɕ‘iæ̃$^{24-211}$ tsɿ$^{21}$ 用来夹火炭的钳子

火箸 xuə$^{55}$ tʂʮ$^{21}$ 火筷子

针 tʂə̃ŋ$^{31}$

锥子 tʂuei$^{31}$ tsɿ$^{21}$

钉子 tiə̃ŋ$^{31}$ tsɿ$^{21}$

剪子 tɕiæ̃$^{55}$ tsɿ$^{21}$ 剪刀

顶针子 tiə̃ŋ$^{55}$ tʂə̃ŋ$^{31-21}$ tsɿ$^{21}$

梯子 t‘ɿ$^{31}$ tsɿ$^{21}$

伞 sæ̃$^{55}$

锁子 suə$^{55}$ tsɿ$^{21}$

钥匙 yo$^{31}$ sɿ$^{21}$

棍棍子 kuə̃ŋ$^{33}$ kuə̃ŋ$^{33-31}$ tsɿ$^{21}$ 小棍子

改锥 kɛ$^{55}$ tʂuei$^{31-21}$

马叉子 ma$^{55}$ ts'a$^{33}$ tsɿ$^{31}$ 马嚼子

马镫子 ma$^{55}$ tə̃ŋ$^{31}$ tsɿ$^{21}$

扼头子 nɛ$^{31-211}$ t'əu$^{24-55}$ tsɿ$^{21}$ 帮在牛角上以防牛顶人的横木

船 ʂuæ̃$^{24}$

架子车 tɕia$^{33}$ tsɿ$^{55-31}$ tʂ'ei$^{31}$

锤 tʂ'uei$^{24}$

凿子 tsuə$^{24-211}$ tsɿ$^{55}$

锯子 sɥ$^{33}$ tsɿ$^{55-31}$

锉 tsuə$^{31}$

推刨子 t'uei$^{31}$ pə$^{21}$ tsɿ$^{21}$ 推刮木料的工具

筛子 sɛ$^{55}$ tsɿ$^{21}$

笼笼子 luə̃ŋ$^{55}$ luə̃ŋ$^{21}$ tsɿ$^{21}$ 篮子

笸篮 p'u$^{24-211}$ læ̃$^{24-55}$ 一种用竹子编织的扁平的圆形容器

簸箕 pə$^{55}$ tɕiə$^{21}$

背斗 pei$^{33}$ təu$^{55-31}$ 背篓

### 05 建筑

房子 fɑ̃ŋ$^{24-211}$ tsɿ$^{551}$ 房屋

房顶 fɑ̃ŋ$^{24-211}$ tiəŋ$^{55}$ 房屋顶部

廊檐 lɑ̃ŋ$^{24-211}$ iæ̃$^{24-55}$ 廊顶突出在柱子外边的部分

厨房 tʂ'ɥ$^{24-211}$ fɑ̃ŋ$^{24-55}$ 用来做饭的房间

楼房 lu$^{24}$ fɑ̃ŋ$^{24}$

上房 ʂɑ̃ŋ$^{33}$ fɑ̃ŋ$^{24-31}$ 正房

耳房子 ər$^{55}$ fɑ̃ŋ$^{24-21}$ tsɿ$^{21}$ 正房两侧的房间

隔间子 kei$^{31}$ tɕiæ̃$^{31-21}$ tsɿ$^{21}$ 套间

鸡儿窑窝子 tsɿər$^{31}$ iɔ$^{24-211}$ və$^{31-55}$ tsɿ$^{21}$ 鸡舍

羊圈 iɑ̃ŋ$^{24-211}$ tɕyæ̃$^{33}$ 羊舍

后圈 xəu$^{33}$ tɕyæ̃$^{33-31}$ 厕所

砖 tʂuæ̃$^{31}$

苫子 ʂæ̃$^{31}$ tsɿ$^{21}$ 简易的建筑物，往往用于储存柴草或停放车辆

胡墼 xu$^{24-211}$ tsɿ$^{55}$ 用土打成的类似于砖块的建筑材料

胡堺 xu$^{24-211}$ tɕiə$^{55}$ 同上

瓦 va$^{55}$

墙 tɕiɑ̃ŋ$^{24}$

椽 tʂuæ̃$^{24}$

梁 liɑ̃ŋ$^{24}$

柱子 tʂɥ$^{33}$ tsɿ$^{55-31}$

门 mə̃ŋ$^{24}$

门槛 mə̃ŋ$^{24-211}$ k'ɑ̃ŋ$^{55}$ 门框下部挨着地面的横木

街门 kɛ$^{31}$ mə̃ŋ$^{24-21}$ 临街的大门

炕 k'ɑ̃ŋ$^{33}$

炕眼门子 k'ɑ̃ŋ$^{33}$ ȵiæ̃$^{55-31}$ mə̃ŋ$^{24-21}$ tsɿ$^{21}$ 往炕里添草的洞口

### 06 社会文化

### 61 生产

放羊 fɑ̃ŋ$^{33}$ iɑ̃ŋ$^{24}$

捞鱼儿 lɔ$^{24}$ zɥər$^{24}$

拔草 pa$^{24-211}$ ts'ɔ$^{55}$

### 62 交际

吃宴席 tʂɿ$^{31}$ iæ̃$^{24-211}$ sɿ$^{24-55}$ 吃酒席

应承 iəŋ$^{33}$ tʂ'əŋ$^{24-31}$ 答应

奔望 pə̃ŋ$^{33}$ vɑ̃ŋ$^{33}$ 投奔

结拜弟兄 tɕiə$^{31}$ pɛ$^{33}$ tɿ$^{24-55}$ ɕyə̃ŋ$^{31}$ 拜把子兄弟

### 63 管理

办造 pæ̃$^{33}$ tsɔ$^{33-31}$ 办理

当掌柜的 tɑ̃ŋ$^{31}$ tʂɑ̃ŋ$^{55}$ kuei$^{33}$ tiə$^{21}$ 主持事务

拉娃娃 la$^{31}$ va$^{24-211}$ va$^{24-55}$ 抚育子女

打官司 ta$^{55}$ kuæ̃$^{31}$ sɿ$^{21}$ 诉讼

## 64 经济

做生意 tsəu$^{33}$ sə̃ŋ$^{31}$ sɿ$^{33-21}$

营生 iə̃ŋ$^{24-211}$ sə̃ŋ$^{31}$

赁 liə̃ŋ$^{33}$

钱财紧 tɕʻiæ̃$^{24}$ tsʻɛ$^{33}$ tɕiə̃ŋ$^{55}$ 吝啬

驴打滚儿 lʮ$^{24}$ ta$^{55-211}$ kuə̃r$^{31}$

货款 tɛ$^{33}$ kʻuæ̃$^{55}$

算盘 suæ̃$^{33}$ pʻæ̃$^{24-31}$

## 65 文教

转智 tʂuæ̃$^{33}$ tʂʅ$^{33-31}$ 智力；头脑

念书 ȵiæ̃$^{33}$ ʂʮ$^{31}$

一颗儿字 zɿ$^{31-211}$ kʻuər$^{31}$ tsɿ$^{33}$

铅笔盒儿 tɕʻiæ̃$^{31}$ pɿ$^{21}$ xuər$^{24}$

字画儿 tsɿ$^{33}$ xuɐr$^{33}$

古董 ku$^{55-211}$ tuə̃ŋ$^{55}$

## 66 文体

唱歌儿 tʂʻɑ̃ŋ$^{33}$ kuər$^{31}$

扭秧歌 ȵiəu$^{55}$ iɑ̃ŋ$^{33}$ kər$^{31}$

唱戏 tʂʻɑ̃ŋ$^{33}$ sɿ$^{33}$ 演戏

下棋 ɕiə$^{33}$ tsʻɿ$^{24}$

耍水 ʂua$^{55}$ ʂuei$^{55}$ 游泳

练拳 liæ̃$^{33}$ tɕyæ̃$^{24}$ 打拳

## 67 婚育

赍发 tsɿ$^{31}$ fa$^{21}$　嫁女儿

娶媳妇儿 tsʻʮ$^{55}$ sɿ$^{31}$ fuər$^{21}$

养娃娃 iɑ̃ŋ$^{55}$ va$^{24-211}$ va$^{24-55}$ 生育

过寿 kuə$^{33}$ ʂəu$^{33}$

## 68 丧葬

白事 pei$^{24-211}$ sɿ$^{33}$

老百年 lɔ$^{55}$ pei$^{21}$ ȵiæ̃$^{24-21}$ 讳称死

下葬 ɕia$^{33}$ tsɑ̃ŋ$^{33}$

寿齐 ʂəu$^{33}$ tsʻɿ$^{24}$　棺材

## 69 信仰

先人 ɕiæ̃$^{31}$ ʐə̃ŋ$^{24-21}$ 祖先

老儿家 lɔr$^{55-31}$ tɕia$^{21}$ 对神佛的敬称

鬼 kuei$^{55}$

妖精 iɔ$^{31}$ tɕiə̃ŋ$^{21}$ 妖怪

上香磕头 ʂɑŋ$^{33}$ ɕiɑŋ$^{31}$ kʻuə$^{31}$ tʻəu$^{24}$ 祭拜

算卦 suæ̃$^{33}$ kua$^{33}$

好日子 xɔ$^{55}$ ʐʅ$^{31-21}$ tsɿ$^{21}$ 黄道吉日

请轿轿子 tɕʻiə̃ŋ$^{55}$ tɕiɔ$^{33-31}$ tsɿ$^{21}$ 乩箢

庙会 miɔ$^{33}$ xuei$^{33}$

# 07 动作行为

## 71 全身动作

躺 tʻɑŋ$^{55}$

侧棱子 tsɛ$^{31}$ lə̃ŋ$^{24-21}$ tsɿ$^{21}$ 侧卧

爬扑子 pʻa$^{24-211}$ pʻu$^{31-55}$ tsɿ$^{21}$ 向前扑倒

仰板子 iɑ̃ŋ$^{55}$ pæ̃$^{55-21}$ tsɿ$^{21}$ 向后仰躺

坐蹲子 tsuə$^{33}$ tuə̃ŋ$^{31}$ tsɿ$^{21}$ 向下蹲坐

蜷 tɕʻyæ̃$^{24}$ 全身缩做一团的动作

缠三五四 tʂʻæ̃$^{24-211}$ sæ̃$^{31}$ vu$^{55}$ sɿ$^{33}$ 三番五次地纠缠

丢底卖臊 tiəu$^{31-211}$ tɿ$^{55}$ mɛ$^{33}$ sɔ$^{33}$ 丢脸

折打过手 tʂei$^{31}$ ta$^{55-21}$ kuə$^{33}$ ʂəu$^{55}$ 折腾掉、弄死、弄坏

扛骚 kɑ̃ŋ$^{55}$ sɔ$^{33}$ 耍无赖

蛊人 ku$^{55}$ ʐə̃ŋ$^{24}$ 要挟人

顾缠 ku$^{33}$ tʂʻæ̃$^{24-31}$ 照顾

打捶 ta$^{55}$ tʂʻuei$^{24}$ 打架

撵 ȵiæ̃$^{551}$ 追

断 tuæ̃$^{33}$ 赶

改心慌 kɛ$^{55}$ ɕiə̃ŋ$^{31-211}$ xuɑ̃ŋ$^{31}$ 祛除无聊感

誊印印儿 t‘ə̃ŋ$^{24-211}$ iə̃ŋ$^{33}$ iər$^{31}$ 腾出地方

填还 t‘iæ̃$^{31-211}$ xuæ̃$^{24-55}$ 额外的返还，往往指出嫁了的女儿给娘家好处

瓦 va$^{55}$ 迅速地跑

董搭 tuə̃ŋ$^{55}$ ta$^{31-21}$ 制造、招惹灾祸或浪费东西

**72 头部动作**

仰 ȵiɑ̃ŋ$^{55}$

瞪 tə̃ŋ$^{33}$

窝 və$^{31}$ 眼珠从下至上转半周，有憎恨、轻视、警告的承受者意味

瞅 ts‘əu$^{55}$ 看

剜 væ̃$^{31}$ 眼珠从上至下转半周，有憎恨、轻视、警告的承受者意味

擤 ɕiə̃ŋ$^{55}$

削 ɕyo$^{55}$ 吃，侧重吃的速度快

咥 tiə$^{24}$ 吃，侧重吃的量的多

扎 tsa$^{55}$ 吃，侧重吃的频率

日囊 ʐʅ$^{31}$ nɑ̃ŋ$^{21}$ 吃，侧重吃时的盲目

胀 tʂɑ̃ŋ$^{33}$ 吃，侧重吃时的无厌

吃饱扎硬 tʂʅ$^{31-211}$ pɔ$^{55}$ tsa$^{211}$ ȵiə̃ŋ$^{33}$ 吃十分饱，为接下来的事情做准备

尝 ʂɑ̃ŋ$^{24}$

泯 miə̃ŋ$^{55}$ 喝水或酒饮时，仅喝一点

翻眉吊眼 fæ̃$^{31}$ mɿ$^{24-21}$ tiɔ$^{33}$ ȵiæ̃$^{55}$ 指孩子不规矩、不听话

掇脸 tʂ‘uə$^{55}$ liæ̃$^{55}$ 不高兴，甩脸子

浪 lɑ̃ŋ$^{33}$ 逛

**73 肢体动作**

抓 tʂua$^{31}$

抓挖 tʂua$^{31}$ va$^{31-21}$ 下手去做

挖 va$^{33}$ 翻找或近似于抠但程度更深

抠 k‘əu$^{31}$ 用手指或细小的东西挖

捏 ȵiə$^{31}$

掰 pei$^{31}$

攥 tsuæ̃$^{33}$

拽 tʂuei$^{33}$

扽 tə̃ŋ$^{33}$ 拉

搡 sɑ̃ŋ$^{55}$ 向前推

搊 ts‘əu$^{31}$ 向上推

掠 lyo$^{55}$ 打，持续时间短，程度轻

熟 ʂʮ$^{24}$ 打，强调打的过程长

揍 tsəu$^{33}$ 打

踢 t‘ɿ$^{31}$

发 fa$^{31}$ 踢

蹬 tə̃ŋ$^{31}$ 腿和脚向脚底的方向用力

踏 t‘a$^{24}$ 用脚踩

跳湍 t‘iɔ$^{24-211}$ t‘uæ̃$^{55}$ 挣扎或不安分

戳 tʂ‘u$^{55}$ 打

鄙薄人 p‘ɿ$^{24}$ pə$^{24}$ ʐə̃ŋ$^{24}$ 轻视别人

骚搅 sɔ$^{33}$ tɕiɔ$^{55-31}$ 捣乱

卻摸 tɕ‘yo$^{55}$ mə$^{21}$ 偷偷地谋算

**74 言语活动**

谝传 p‘iæ̃$^{55}$ tʂ‘uæ̃$^{24}$ 吹牛、说大话

扯磨 tʂ‘ei$^{55}$ mə$^{31}$ 说无根据的话

胡吹冒聊 xu$^{24-211}$ tʂ‘uei$^{31}$ mɔ$^{33}$ liɔ$^{33}$ 毫无根据地胡乱吹牛

捣是非 tɔ$^{55}$ sɿ$^{33}$ fei$^{31}$

喧慌 ɕyæ̃$^{31-211}$ xuɑ̃ŋ$^{31}$ 聊天

喊 xæ̃$^{55}$

吼 xəu$^{55}$

编谎溜皮 piæ̃$^{31-211}$ xuɑ̃ŋ$^{55}$ liəu$^{33}$ p‘ɿ$^{24}$ 说谎

言喘 iæ̃$^{24-211}$tʂ‘uæ̃$^{55}$ 吭声

泛 fæ̃$^{33}$ 对答，回应

嚼牙碴 tɕyo$^{24}$ia$^{24-21}$ts‘a$^{\underline{55}}$ 搬弄是非

搞磨 kɔ$^{55}$mə$^{\underline{21}}$ 哄某人高兴、情愿

嚷黄 ʐə̃ŋ$^{55}$xɑ̃ŋ$^{24-21}$ 叫嚷着要做某事

嚷仗 ʐə̃ŋ$^{55}$tʂɑ̃ŋ$^{33}$ 骂仗

**75 生理现象**

呻唤 ʂə̃ŋ$^{31}$xuæ̃$^{33-21}$ 因劳累、痛苦而呻吟

扯呼 tʂ‘ei$^{55}$xu$^{31}$ 打呼噜

饿 nuə$^{33}$

胀 tʂɑ̃ŋ$^{33}$

巴 pa$^{55}$ 拉屎

尿 ȵiɔ$^{33}$ 撒尿

痒 ȵiɔ$^{55}$

**76 心理活动**

爱 nɛ$^{33}$ 喜欢

爱好 nɛ$^{33}$xɔ$^{55}$ 喜欢或爱好

畅快 tʂ‘ɑ̃ŋ$^{55}$k‘uɛ$^{33-\underline{21}}$

胀气 tʂɑ̃ŋ$^{33}$ts‘ɿ$^{33}$ 生气

叵烦 p‘ə$^{31}$fæ̃$^{24-\underline{21}}$ 心烦

憎恶 tsə̃ŋ$^{33}$vu$^{33}$ 极其讨厌

日眼 ʐʅ$^{31-211}$ȵiæ̃$^{55}$ 讨厌

泪肠 luei$^{33}$tʂ‘ɑ̃ŋ$^{55-31}$ 极其悲伤、无奈

能成 nə̃ŋ$^{24}$tʂə̃ŋ$^{24}$ 同意、赞成

**77 情态**

要 iɔ$^{33}$ 应该

敢 kæ̃$^{55}$ 能

一定 zɿ$^{31-55}$tiə̃ŋ$^{33}$ 必须

划着 xua$^{24}$tʂ‘uə$^{31-55}$ 值得

**08 性状数量**

**81 外形**

长 tʂ‘ɑ̃ŋ$^{24}$

短 tuæ̃$^{55}$

驮 t‘uə$^{55}$ 壮实

矬 ts‘uə$^{24}$

直 tʂʅ$^{24}$

弯 væ̃$^{31}$

**82 色味**

白花花 pei$^{24-211}$xua$^{\underline{55}}$xua$^{\underline{21}}$ 白亮

白囊囊 pei$^{24-211}$nɑ̃ŋ$^{\underline{55}}$nɑ̃ŋ$^{\underline{21}}$ 形容肥肉或菜无味，带贬义

白刮刮 pei$^{24-211}$kua$^{\underline{55}}$kua$^{\underline{21}}$ 形容布料颜色浅淡难看

黑楚楚 xei$^{31}$tʂ‘ʮ$^{\underline{21}}$tʂ‘ʮ$^{\underline{21}}$ 黑的程度深

红艳艳儿(的)xuə̃ŋ$^{24-211}$iæ̃$^{33-\underline{55}}$iɐr$^{\underline{21}}$ 形容大红色纯正

蓝艳艳儿(的)læ̃$^{24-211}$iæ̃$^{33-\underline{55}}$iɐr$^{\underline{21}}$ 形容蓝色纯正

黄朗朗儿(的)xuɑ̃ŋ$^{24-211}$lɑ̃ŋ$^{55}$lɐ̃r$^{\underline{21}}$ 黄得艳丽明亮

绿兹兹 liəu$^{31}$tsɿ$^{31-\underline{21}}$tsɿ$^{31-\underline{21}}$ 绿得不明艳

粉 fə̃ŋ$^{55}$xuə̃ŋ$^{24-\underline{21}}$

桃红 t‘ɔ$^{24-211}$xuə̃ŋ$^{24-\underline{55}}$

灰楚楚 xuei$^{31}$tʂ‘ʮ$^{\underline{21}}$tʂ‘ʮ$^{\underline{21}}$ 灰得暗淡、难看

甜丝丝 t‘iæ̃$^{24-211}$sɿ$^{\underline{55}}$sɿ$^{\underline{21}}$ 甜爽的口感

苦兹兹 k‘u$^{55}$tsɿ$^{31-\underline{21}}$tsɿ$^{31-\underline{21}}$ 苦涩的口感

酸兹兹 suæ̃$^{31}$tsɿ$^{31-\underline{21}}$tsɿ$^{31-\underline{21}}$ 酸涩

麻簌簌 ma$^{24-211}$sʮ$^{55}$sʮ$^{\underline{21}}$ 麻而涩

辣哇哇 la$^{33-31}$va$^{\underline{21}}$va$^{\underline{21}}$ 辣而难受

辣齁齁 la$^{33-31}$xəu$^{55-21}$xəu$^{55-21}$ 辣而呛人

咸兹兹 xæ̃$^{24-211}$tsɿ$^{31-\underline{21}}$tsɿ$^{31-\underline{21}}$ 咸涩

涩兹兹 sei$^{31}$tsɿ$^{31-\underline{21}}$tsɿ$^{31-\underline{21}}$ 涩

腥气 ɕiə̃ŋ$^{31}$ts‘ɿ$^{31-\underline{21}}$ 腥味

腻 mɿ$^{33}$ 油腻的触感

油碾碾 iəu$^{24-211}$ ȵiæ̃$^{55}$ ȵiæ̃$^{55-21}$ 油乎乎，本字当写“油然然”

**83 性质**

好做 xɔ$^{55}$ tsəu$^{33}$ 容易

冷 lə̃ŋ$^{55}$ 温度低

热 ʐei$^{31}$ 温度高

贵 kuei$^{33}$ 价格高

便宜 p'iæ̃$^{24-211}$ ʐʅ$^{33-55}$ 价格低

机钻 tsɿ$^{31}$ tsuæ̃$^{31-21}$ 机灵

蒙 mə̃ŋ$^{33}$ 笨

宽展 kuæ̃$^{31}$ tʂæ̃$^{21}$ 宽阔、有剩余

癯 tɕ'yo$^{33}$ 瘦而不精神

拿人 na$^{24}$ ʐə̃ŋ$^{24}$ 为难人

窄 tsei$^{31}$

窄狭 tsei$^{31}$ tɕ'ia$^{31}$ 狭窄

黠 xa$^{31}$ 人或物品质不好

厚 xəu$^{33}$

夯 xɑ̃ŋ$^{33}$ 蠢

猴 xəu$^{24}$ 指女孩子不安分、行为招摇。

奸 tɕiæ̃$^{31}$ 奸猾

亮豁 liɑ̃ŋ$^{33}$ xuə$^{31}$ 事情办得好或人长得好

薄 pə$^{24}$

囊 nɑ̃ŋ$^{55}$ 生活富裕或衣服穿得多而厚

单 tæ̃$^{31}$ 人丁少或衣服穿得少而薄

深 ʂə̃ŋ$^{31}$

浅 tɕ'iæ̃$^{55}$

满 mæ̃$^{55}$

空 k'uən$^{31}$

攒劲 tsæ̃$^{55}$ tɕiə̃ŋ$^{33}$ 指人有精神

领尽 liə̃ŋ$^{55}$ tɕiə̃ŋ$^{33-21}$ 指彻底完结

美实 mei$^{55}$ ʂʅ$^{24-21}$ 非常好、非常大

暮囊 mu$^{33}$ nɑ̃ŋ$^{31}$ 邋遢、脏而乱

泼实 p'ə$^{31}$ ʂʅ$^{24-21}$ 人干活很卖力

帕 p'a$^{31}$ 纺织品不细密且质量差

曲曲儿多 ts'ɥ$^{31}$ ts'ɥər$^{31-21}$ tuə$^{31}$ 指人的小心眼儿多

洋三混四 iɑ̃ŋ$^{24-211}$ sæ̃$^{31}$ xuə̃ŋ$^{33}$ sɿ$^{33}$ 指记忆混乱

全缓 ts'uæ̃$^{24-211}$ xuæ̃$^{55}$ 完整

汪 vɑ̃ŋ$^{31}$ 油腻的口感

迂弯 zɥ$^{31}$ væ̃$^{31-21}$ 啰嗦

展拓 tæ̃$^{55}$ t'uə$^{31-21}$ 放松、大方、不拘谨

展刮 tʂæ̃$^{55}$ kua$^{21}$ 开阔、无阻碍

奘 tʂuɑ̃ŋ$^{55}$ 粗

心疼 ɕiə̃ŋ$^{33-211}$ t'ə̃ŋ$^{24}$ 漂亮、可爱

扑起起 p'u$^{31-211}$ tsɿ$^{55}$tsɿ$^{55-31}$ 来势汹汹的样子

瘪 pɿ$^{55}$ 不饱满，凹下

多 tuə$^{31}$ 数量大

少 ʂɔ$^{55}$ 数量小

平 p'iə̃ŋ$^{24}$

搐搐 tʂɥ$^{31}$ tʂɥ$^{31-21}$ 皱

端 tuæ̃$^{31}$ 准；直

偏 p'iæ̃$^{31}$ 歪，不在中间

歪 vɛ$^{31}$ 斜或指人厉害

歪六七八 vɛ$^{31}$ liəu$^{31-21}$ ts'ɿ$^{31-21}$ pa$^{31-21}$ 形容弯弯曲曲的样子

斜扭巴抽 ɕiə$^{24-211}$ ȵiəu$^{55}$ pa$^{31-211}$ tʂ'əu$^{31-21}$ 形容衣服穿得不周正或字写得不周正

嚎 ɕyo$^{24}$ 横（横的）

顺 ʂuə̃ŋ$^{33}$ 竖（竖的）

暗 næ̃$^{33}$ 不亮，没有光

早 tsɔ$^{55}$ 时间靠前

迟 tsʻʅ$^{24}$　时间靠后

利 lʅ$^{33}$ 锋利

老 lɔ$^{55}$ 年老

清 tɕiə̃ŋ$^{31}$ 浓度低

稠 tʂʻəu$^{24}$　浓度高

肥 fei$^{24}$　土地肥沃

瘦 səu$^{33}$　土地贫瘠

朗 lɑ̃ŋ$^{55}$　多指汤饭里的汤多饭少

硬 ȵiə̃ŋ$^{33}$　坚固，与软相对

软 ʐuæ̃$^{55}$　柔软，与硬相对

粘 ʐæ̃$^{24}$　黏度高

光 kuɑ̃ŋ$^{31}$　表面平滑

粗 tsɥ$^{31}$　表面粗糙

酥 sɥ$^{31}$　脆

牢实 lɔ$^{55-211}$ ʂʅ$^{24-55}$　物体结实耐用

瓷实 tsʻʅ$^{24-211}$ ʂʅ$^{24-55}$　人身体结实

好 xɔ$^{55}$　优点多或使人满意的

坏 xuɛ$^{33}$　缺点多或使人厌恶的

老 lɔ$^{55}$　植物老

嫩 lyə̃ŋ$^{33}$ 植物嫩

粘甲甲 ʐæ̃$^{24-211}$ tɕia$^{31-55}$ tɕia$^{31-21}$　黏腻的感觉，贬义

粘焦焦儿 ʐæ̃$^{24-211}$ tɕiɔ$^{31-55}$ tɕiɔr$^{31-24}$ 黏而有嚼劲的口感

清楚 tɕiə̃ŋ$^{31-211}$ tʂɥ$^{55}$　易了解和辨认

赶嘛 kæ̃$^{55-211}$ ma$^{55}$　急忙

花 xua$^{31}$　颜色丰富而错杂

笨怂 mə̃ŋ$^{33}$ suə̃ŋ$^{24}$　蠢笨的人

老实 lɔ$^{55}$ ʂʅ$^{24-21}$　规规矩矩、诚实

滑 xua$^{24}$ 狡猾

心细 ɕiə̃ŋ$^{31-211}$ sʅ$^{33}$ 细心

砝码 fa$^{31-211}$ ma$^{55}$ 厉害

搬扯 pæ̃$^{31}$ tʂʻei$^{55-21}$　半推半就

死涩 sʅ$^{55}$ sei$^{31-21}$　不灵活

啬皮 sei$^{31-211}$ pʻʅ$^{24}$　吝啬

勤苦(顾) tɕʻiə̃ŋ$^{24-211}$ ku$^{55}$　勤快

捋顺 lɥ$^{55}$ ʂə̃ŋ$^{33-21}$　乖(乖孩子)

惜苦 sʅ$^{31-211}$ kʻu$^{55}$　努力

吃力夯棒 tʂʅ$^{31-211}$ lʅ$^{31}$ xɑŋ$^{55}$ pɑ̃ŋ$^{33}$　指费了很大的劲做某事

气肠百断 tsʻʅ$^{31}$ tʂʻɑ̃ŋ$^{24-31}$ pei$^{31-211}$ tuæ̃$^{33}$　指受了很大的气

跌死跸活 tiə̃$^{31-211}$ sʅ$^{55}$ pæ̃$^{31}$ xuə$^{24}$　十分努力，拼死拼活的样子

浮皮缭绕 fu$^{24}$ pʻʅ$^{24}$ liɔ$^{24-211}$ ʐɔ$^{55}$　形容做事情不认真，敷衍了事

瓜模鼠眼 kua$^{31}$ mu$^{24-21}$ tʂʻu$^{55}$ ȵiæ̃$^{55}$　形容人呆蠢的样子

摞怜 luə$^{55}$ liæ̃$^{21}$　可怜

零三五四 liə̃ŋ$^{24-211}$ sæ̃$^{31}$ vu$^{55}$ sʅ$^{33}$　形容东西散落得到处都是或琐碎的事情特别多

乱家咕沌 luæ̃$^{33}$ tɕia$^{31}$ ku$^{21}$ tuə̃ŋ$^{21}$　十分杂乱

忙三赶四 mɑ̃ŋ$^{24-211}$ sæ̃$^{31}$ kæ̃$^{55}$ sʅ$^{33}$　很赶时间的样子

眼睛有水 ȵiæ̃$^{55}$ tɕiə̃ŋ$^{31-21}$ iəu$^{55}$ ʂuei$^{55}$　比喻人有眼色

爬沟溜渠 pʻa$^{24-211}$ kəu$^{31}$ liəu$^{33}$ stʻɥ$^{24}$　指偷鸡摸狗的勾当

耍打流势 ʂua$^{55}$ ta$^{55-21}$ liəu$^{21}$ ʂʅ$^{21}$　做事不认真

打耍耍儿 ta$^{55}$ ʂua$^{55}$ ʂuɐr$^{55-21}$　因没有认真对待而将正事办砸了

猛不溜溜 mə̃ŋ$^{55}$ pu$^{31-21}$ liəu$^{21}$ liəu$^{21}$　突然地，出

乎意料的

死声哇快 sɿ$^{55}$ ʂə̃ŋ$^{31-21}$ va$^{31}$ k'uɛ　因受到刺激而大声地乱叫

死人 sɿ$^{55}$ ʐə̃ŋ$^{24-21}$　比喻人死板,不善交际

花泛 xua$^{31}$ fæ̃$^{21}$　指人热情、大方,善于交际

索零挂拉 suə$^{31-211}$ liə̃ŋ$^{24-55}$ kua$^{33}$ la$^{31}$　形容装饰物多而繁琐的样子

五麻六道 vu$^{55}$ ma$^{24-21}$ liəu$^{31}$ tɔ$^{33}$　花,斑驳、杂乱

着急二忙 tʂuə$^{24-211}$ tsɿ$^{24-55}$ ɚ$^{33}$ mɑ̃ŋ$^{24}$ 很着急

着着老实 tʂuə$^{24-211}$ tʂuə$^{24-55}$ lɔ$^{55}$ ʂʅ$^{21}$　极其认真

膀肩 pɑ̃ŋ$^{55-211}$ tɕiæ̃$^{31}$　差不多

背扇 pei$^{33}$ ʂæ̃$^{31}$　糊涂

吃劲 tʂʅ$^{31-211}$ tɕiəŋ$^{33}$　受欢迎,得势

瓷耿耿儿 ts'ɿ$^{24-211}$ kə̃ŋ$^{24-55}$ kə̃r$^{24}$　不活泼,没反应

打硬 ts$^{55}$ ȵiə̃ŋ$^{33}$　能力强

怪势 kuɛ$^{33}$ ʂʅ$^{33}$　不好意思

麻利 ma$^{24-211}$ lɿ$^{33}$　聪明伶俐

蹿活 ts'uæ̃$^{33}$ xuə$^{24-31}$　手脚利索

后心胀 xəu$^{33}$ ɕiə̃ŋ$^{31}$ tʂɑ̃ŋ$^{33}$　后悔莫及

立候候儿的 lɿ$^{31-211}$ xəu$^{55}$ xər$^{24}$ tiə$^{21}$　立即、马上

瓤欠 ʐɑ̃ŋ$^{24-211}$ tɕ'iæ̃$^{33}$　弱

晦 ʂuə̃ŋ$^{3124}$　倒霉

窝耶 və$^{31-211}$ iə$^{55}$　合适、如意

焐苏 vu$^{55-211}$ sʮ$^{55}$　心情烦躁

## 第三节　语　法

### 词　法

平川方言里的词从语音的角度可分为单音节词和复音节词。单音节词都是单纯词,复音节词大部分都是合成词。合成词跟普通话构词方式基本一致,不外乎是用复合式、附加式和重叠式构成的。用什么材料构成词呢?西方的语言学里讲是用语素,但解释汉语的现象有局限。根据汉语的情况,认为汉语的词是由“字”构成的,因为汉民族人嘴里说的和纸上写的构成句子的最小单位都可以叫“字”。

平川方言组“字”成词的规则跟普通话的大致差不多,比如,“地动”就是“地震”的意思,构词的手段还是“地”加在“动”的前面构成主谓结构,表达的语法意义还是陈述和被陈述的关系;“唱歌”还是表关涉、支配动作的“唱”在前,表关涉、支配的对象“歌”在后,构成的还是动宾结构。其他语法关系的表达也差不多,如“兄弟”是并列结构、“木匠”是偏正结构、“抓紧”是动补结构,“宿宿”是“星星”的意思,是重叠式合成词,“初九、桌子、砖头、雀儿”等都是附加式合成词。总之,从构词的方式看,不外乎也就是直接组合。但对各种构词手段的使用,平川方言跟普通话还是有不同的地方,主要表现在构词手段的使用频率和造词心理等方面。

**一、重叠手段使用的频率比较高,造成的词也比普通话多。**“重叠”的意思,就是把相同的

东西一层层的堆叠在一起。普通话里能够重叠的词类主要有动词、形容词、量词、副词，也有少数单音节名词，另外还有少数数词。如：看看、研究研究、高高(的)、干干净净(的)、个个、刚刚、天天、哥哥、三三两两、千千万万。名词和量词重叠表示“每”的意思，动词重叠表示动作行为短暂或反复或这样做做试试之类的意思，形容词重叠有加重程度的作用。

平川方言里，重叠手段的使用频率比普通话高，尤其是构成的名词比普通话多。如一些指物的单字名词，平川方言里可以重叠，如“车车、树树、刀刀、碗碗、勺勺、桶桶、蛋蛋、洞洞(小窟窿)、豆豆、柜柜、板板、底底、垫垫、套套、本本、绳绳”等，这类重叠形式一般不能单用，后面要加“儿”尾或“子”尾才能使用。加“儿”尾的话，表小称、可爱、亲昵的色彩。所以，一些所指不可能小的名称一般不能重叠，如一般不说“山山、楼楼”等。但有些重叠形式不加“儿”尾或“子”尾可以单独成词使用，例如，“姐姐”“奶奶”“姥姥”“宿宿”(星星)、“柔柔”(比较柔软的锅巴)、“呱呱”(锅巴)、“囷囷”(一种用干杂粮面包裹榆钱、洋芋小块儿、蔬菜叶子等闷蒸的面食)等。

平川方言里单音节动词也可以重叠，重叠后加“子”尾或“儿”尾都变成名词了，如“刷刷(刷子)、铲铲(铲子)、盖盖(盖子)、圈圈(圈儿)、带带(带子)”，一般有小称的意味。

平川方言里量词也能重叠，例如“一缸缸茶、一碟碟菜、一桶桶水、一筐筐果子、一碗碗汤、一勺勺蜂蜜、一罐罐油、一串串辣子、一辫辫蒜、一伙伙人、一把把沙子、一堆堆土”等。平川方言里量词的重叠并不像普通话那样含有“每一”或“逐一”的意思，它的功能首先在于体现名词所指事物的物质性。

平川方言名词和量词重叠后还可以分别加“子”尾和“儿”尾，形成“××子”、“××儿”两式。但两式有较为明显的不同，关键在“子”和“儿”的区别上，词尾“子”往往具有中性色彩，有时也体现贬义色彩；词尾“儿”则具有褒义色彩的倾向。“子”尾和“儿”尾，平川方言里须遵守变调规则。平川方言“子”尾和“儿”尾共用，这是平川方言比较有特色的一个表现。

平川方言里形容词也有重叠形式，如“尕尕(的)、黑黑(的)、红红(的)、好好(的)、热热(的)、红丢丢的、白生生的、胖敦敦的、黄楞楞的、脏哇哇的”等等，也表达性质状态程度的加深。

**二、附加手段构成的词比普通话也多，从一些类词缀的词汇意义上可以看出平川方言里的造词心理。**“附加”是构造合成词的一种手段，由附加法造成的词叫附加式合成词。这类词是由词根和词缀组成的合成词，有两种情形：一是“前缀+词根”，词缀在前，词根在后。例如“老师” “老虎”“老百姓”“阿姨”“阿哥”“阿妹”“第一”“第二”“初一”“初二”等。二是“词根+后缀”，词根在前，词缀在后。例如“扣子”“桌子”“现代化”“甜头”“作者”“自觉性”“风儿”“突然”“忽然”“邮递员”“酸溜溜”“黑乎乎”等。

同样是词缀，构词的情形并不完全相同，有些如“老师”“老百姓”中的“老”，“桌子”“石头”中的“子”“头”没有什么词汇意义，主要陪衬音节。有些有一定的附带意义，如“第一”“初二”中的“第”“初”表示次第的意义，“酸溜溜”“黑乎乎”中的“溜溜”“乎乎”带有某种强化的意义。还有些词缀表示一定的语法意义。如“扣子”“想头”中的“子”和“头”将动词“扣”和“想”变成了名词。此外，同样一个成分，可能属于不同性质的“字”。如“老”，在“老者”“老人”“长老”“王老”等词中，是词根，在“老师”“老鼠”“老虎”“老百姓”等词中，是词缀。

平川方言里的附加式合成词也不少，有些跟普通话用的词缀一样，如“子”尾、“头”尾、“儿”尾等，有些具有鲜明的地方特色，如“俶”词缀、“人”尾词缀等。

试看平川方言里的一些带“子”尾的表生活用具的词：炉子、炉筒子（烟囱）、洋火匣子（火柴盒）、水舀舀子（瓢）、铁箅箅子（铁制簸箕）、夹叶子（锅铲子）、铁勺子（饭勺）、勺勺子（调羹儿）、洋瓷碟子（铁制的菜盘子）、瓦渣碟子（陶瓷的菜盘子）、半截缸缸子（陶瓷制的小水缸）、蒜窝子、蒜臼子、蒜槌子、漏勺子、托笼子（笼屉）、草圈子（草制的篼子）、粑粑子、夹夹子（马甲）、半截袖子（短袖衬衣）、汗袒子（单上衣）、半截裤子（外穿的短裤）、裹肚子（棉袄）、二毛子、匣匣子（盒子）、炕桌子、地桌子、马扎子、棍棍子、棒棒子。

一般情况，加“子”“儿”“头”三个词尾构成的都是名词。平川方言里，重叠式的合成词还可以加“子”“儿”词尾构成附加式的词。如“车车子/儿、树树子/儿、刀刀子/儿、碗碗子/儿、勺勺子/儿、桶桶子/儿、蛋蛋子/儿、洞洞子/儿（小窟窿）、豆豆子/儿、柜柜子/儿、板板子/儿、底底子/儿、垫垫子/儿、套套子/儿、本本子/儿、绳绳子/儿、一缸缸子/儿茶、一碟碟子/儿菜、一桶桶子/儿水、一筐筐子/儿果子、一碗碗子/儿汤、一勺勺子/儿蜂蜜、一罐罐子/儿油、一串串子/儿辣子、一辫辫子/儿蒜、一伙伙子/儿人、一把把子/儿沙子、一堆堆子/儿土”等。这些附加形式，大多不一定在同一个方言并存，或有“子”尾没有“儿”尾，或有“儿”尾没有“子”尾，但平川方言里却可以并存。

平川方言里的“俶”词缀，带有贬义色彩，其构词能力比较强。“俶”的本义是精液，平川方言里，人们通过隐喻的认知方式构成了“坏俶”“黠（音“哈”）俶”“鬼子俶”“悭（音“看”阳平）俶”“瓤俶”“俶样子”“俶劲”“俶龊子”等。

另外，“人”也可以做后缀构成表示人的种种心理感受的一些词。例如：急人（也说“急躁人”。表急躁不安的感受）、挖人（在没有进食的状态下吃了刺激品的一种感受）、渗人（在阴森森的环境下的一种感受）、呛人（异味刺激的感觉）、挣人（很吃力地感觉）、咬人（皮肤瘙痒的感觉）等。

平川方言里也有一些前缀，除了跟普通话一样的，还有“二”“洋”等准前缀。

“二”用于构成名词，多数都含有蛮横无理的意思。例如：“二流子”（游手好闲、不务正业的人）、“二杆子”（脾气暴躁、蛮不讲理的人）、“二货”（相当于“二杆子”。也说“二”“二”等）。“二”在有的词中表示该事物两属于不同的事物类别。例如：“二尾子”指阴阳人，即两性人。）“二转子”（杂交的动物）

“洋”也用来构成名词。原指从国外进口的货物，现渐渐失去词汇意义，成为准词缀。例如：“洋碱”（老派说法，即碱面。今渐不用此名，改称碱面子）、“洋铁皮”（铁皮。今多称铁皮）、“洋戏匣子”（唱机。今因唱机少见而渐失此名）、“洋灰”（今多称水泥）、“洋火”（今多称火柴）、“洋钉子”（机制的铁钉，区别于铁匠打制的钉子。今多不带“洋”字）、“洋瓷缸子”（搪瓷缸子。另有洋瓷碟子、洋瓷碗、洋瓷盆子等）、“洋芋”（马铃薯）、“洋钩”（十字镐。与镢头不同。镢头为单向，横向扁刃；洋钩为双向，其刃一尖一扁）。

**三、虚词**

虚词是汉语表达语法意义的主要手段。平川方言的虚词也比较丰富，这里我们只简略性的记述副词、代词、介词、助词、连词等几类。

**副词**　副词是副谓词的，在句子里一般做状语，也有少数的可以做补语。平川方言里的“很”和“甚”就比较特殊。在用法上，“很”一般只作补语不做状语，做补语前面加助词“得”，合音说“腾（上声）t‘ə̃ŋ$^{55}$”，如“好 t‘ə̃ŋ$^{55}$”。“甚”一般只做状语不做补语。“甚”还有一个特点是用在否定句中，出现在否定副词前。比如“甚不好”表示不太好，“听得甚不清楚”指听得不太清楚。下面列举一些副词。

一老 zʅ$^{31-211}$ lɔ$^{55}$　经常

原 yæ̃$^{24}$　仍旧；还是

从 ts‘uə̃ŋ$^{24}$　重新

不了 pu$^{31}$ liɔ$^{21}$ 不要

带过 tɛ$^{33}$ kuə$^{33}$　顺便

满世界 mæ̃$^{55}$ ʂʅ$^{33}$ tɕiə$^{33}$ 到处

真个 tʂə̃ŋ$^{31-211}$ kuə$^{24}$　的确

得利故儿 tei$^{31-211}$ lʅ$^{33}$ kuər$^{31}$　故意

搭根儿 ta$^{31-211}$ kər$^{31}$　原先，原来

可价 k‘uə$^{31}$ tɕia 已经

着着儿的 tʂɔ$^{24}$ tʂɔr$^{24}$ tiə$^{21}$　恰好

噱微 ɕyo$^{24-211}$ vei$^{33}$　稍微

**代词**　代词是能代替或指称别的词的词。代替名词性词的叫“代名词”，代替谓词性的叫“代谓词”。代词一般分为三类：人称代词、指示代词、疑问代词。人称代词是代替说话的人或听话的人的词儿；指示代词是指代说话时提到的人或物的词儿；疑问代词是对说话时提到的有疑惑或不明白的人或物能代替的词儿。

平川方言人称代词分一、二、三身，每身又分为单数和多数。多数的形式是在单数变调的

基础上加“们”(读轻声)构成。第一身多数有包括式“咱们”和排除式“我们”的区别。第三身代词有两套,“茶 ȵiə$^{24}$”可能是“人家”的合音变来的。

| | | | |
|---|---|---|---|
| 第一身: | 我 ŋuə$^{55}$ | 我们 ŋuə$^{55-31}$ mə̃ŋ$^{21}$ | 咱们 tsa$^{24-211}$ mə̃ŋ$^{24-55}$ |
| 第二身: | 你 ȵiə$^{55}$ | 你们 ȵiə$^{55-31}$ mə̃ŋ$^{21}$ | |
| 第三身: | 他 t‘a$^{31}$ | 他们 t‘a$^{31}$ mə̃ŋ$^{21}$ | |
| | 茶 ȵiə$^{24}$ | 茶 ȵiə$^{24-211}$ mə̃ŋ$^{24-55}$ | |

平川方言的反身代词是“各人”([kuə$^{31-211}$ ʐə̃ŋ$^{24-55}$])和“各家”([kuə$^{31-211}$ tɕia$^{31-55}$]),相当于普通话里的“自己”。

平川方言的指示代词基本形式有 “致”[tʂʅ$^{33}$]、“奈”[nɛ$^{33}$]、“偶”[əu$^{33}$](这个音是借用普通话里的音折合的,本字似可写“兀”)三种,分别为近指、远指和更远指。平川方言指示代词都读去声,都由古汉语的指示代词演变而来,在演变过程中读音发生了不小的变化。“奈”就是“那”的上古音的读音形式,“致”可能就是“之”的音变形式,“偶”应该就是近代汉语里的“兀”的音变。指示代词可以单用,也可以跟一些字结合起来指人、物、地点、时间、方式、程度等。下面举例记述(不同的形式直接标实际读音,不分本调变调):

| 指示代词基本形式 | 致 | 奈 | 偶(兀) |
|---|---|---|---|
| 指人物 | 致个 tʂʅ$^{33}$ kə$^{31}$ | 奈个 nɛ$^{33}$ kə$^{31}$ | 偶个 əu$^{33}$ kə$^{31}$ |
| 指地点 | 致搭 tʂʅ$^{33}$ ta$^{31}$ | 奈搭 nɛ$^{33}$ ta$^{31}$ | 偶搭 əu$^{33}$ ta$^{31}$ |
| | 扎儿 tʂɐr$^{31}$ | | 挖儿 vɐr$^{31}$ |
| 指时间 | 致会儿 tʂʅ$^{33}$ xuɔr$^{31}$ | 奈会儿 nɛ$^{33}$ xuɔr$^{31}$ | 偶会儿 əu$^{33}$ xuɔr$^{31}$ |
| 指方式程度 | 致猛 tʂʅ$^{33}$ mə̃ŋ$^{55}$ | 奈猛 nɛ$^{33}$ mə̃ŋ$^{55}$ | 偶猛 əu$^{33}$ mə̃ŋ$^{55}$ |

指地点的一类里,有两种形式,都常用,但配合上不平衡。

疑问代词也有不同的组合形式。问人的是“谁”[sei$^{24}$],问物的是“啥”[sa$^{33}$],问地点的是“哪搭”[na$^{31}$ta$^{21}$],问时间的是“多会儿”[tuə$^{31}$xuɔr$^{21}$] /“ 啥会儿”[sa$^{33}$xuɔr$^{31}$],问方式的是“咋猛”[tsa$^{31}$mə̃ŋ$^{21}$](相当于普通话的“怎么”),问程度的是“多 + 形容词”(多大? 多快? ),问数量的是“多少[tuə$^{31}$ʂɔ$^{21}$]。

介词　介词是把它所带的成分介绍给动词的词,具有引介的功用。普通话的介词有表示时间、处所、方向的,如“从、到、在、由、向、趁、沿着、顺着”等;有表示方式、方法、依据、工具、比较的,如“按、靠、本着、用、根据、据、以、凭、拿”等;有比表示原因、目的的,如“因为、由于、为、为了”等;有表示施事、受事的,如“被、给、把、叫、让、由”等;有表示关涉对象的,如“对、关于、跟、和、给、替、同、向、除了”等。平川方言的介词跟普通话的大同小异,也很有特色。下面举例记述:

带 $tɛ^{33}$　我带小就没见过。(我打小就没见过。)

投打 $t'əu^{24-211}ta^{55}$　投打你来看赶上。(到你来刚好赶上。)

打 $ta^{31}$　从(打门上出来就寻不着了。)

当住 $tã\eta^{31}$ $tʂ'ʮ^{21}$　当着(他当住娃娃就骂人开了。)

沿住 $iæ̃^{24-211}tʂ'ʮ^{21}$　顺着(你沿住大路往前走就到了。)

吸 $sɿ^{31}$ /吸住 $sɿ^{31}$ $tʂ'ʮ^{21}$　对着(吸住人不要吐唾沫!)

叫 $tɕiɔ^{31}$　依(叫我说的话,不成。)

连 $liæ̃^{24}$　用　他会连生活写字。(他会用毛笔写字。)

给 $kei^{31}$　我给$_{介}$你二妈给$_{动}$给$_{助}$了。

赶 $kæ̃^{55}$　比　你赶我大不了几岁吧。

就 $tsəu^{33}$ 只　咱们光就你打捶事情说。(咱们只就你打架的事儿来说。)

**连词**　平川方言口语中的连词,常用的有“连”(我连你),“但”(你奈一天但来就好了。)等。一般不用“与、同、及”等。

**助词**　助词是辅助其他词表达某种语法关系的一类词。平川方言的助词跟普通话的分类也差不多,当然也有独特性的。结构助词主要是“的”,读[tiə],在不同的声调后有不同的变调。意义及用法与普通话基本一致。动态助词主要有“的、得、了、过、掉、上”等。

## 句　法

平川方言的造句规则,跟普通话的也差不多。如从句子的性质方面来说,也有陈述句、疑问句、祈使句、感叹句;从句型方面看,句子的构造形式,无非也就是主谓句和非主谓句。但是,一些常见的句式,平川方言跟普通话有细微的差异,主要表现在语序方面。“语序”是构成句子的主要手段。一般来说,汉语普通话里,主谓句,主语在前,谓语在后,就是“主语+谓语”的格式。如果谓语带宾语,就是“谓语+宾语”的格式。偏正结构,修饰限定语在前,中心语在后;动补结构,中心语在前,补充说明成分在后。除此之外,一些虚词的使用也较有特色。

**一、“把”字句**　平川方言的“把”字句式,跟普通话一样,也有表达一种处置的意思的用法,如“小王把一只花瓶打碎了”。但平川方言里的“把”字句除了可以表示处置的意思,又有不表示处置的意思,如“有一阵子没见你了,我们把你想死了”。

普通话的“把”字句里,如果有否定状语或能愿动词状语,一般不能放在“把”字词组和谓语中间,但平川方言里却可以,如普通话说“我们没有把他放在眼里”,平川方言说“我们把他没有放在眼睛里”。再如普通话说“我们愿意把那块地送给他们吗?”平川方言说“我们把偶一块子地情愿送给他们吗? ”否定状语“没有”和能愿动词状语“情愿”的语序位置不同。

普通话里“把”字介绍的对象必须是有确定指称的,没有确定指称的名词不能跟“把”组合成“把”字词组。但在平川方言里没有确定指称的名词也可以跟“把”组合,如普通话说“把那个人得罪了”,平川方言说“把人得罪了”。

普通话“把”字句的动词不能是单字动词,而平川方言动词可以为单字动词,可能是由于说话人对用介词“把”字提前的对象表示强烈不满造成的。平川方言里这样表达,一般是一种命令句式,所以用复杂形式的动词不便于表达较强硬口气。如:

把你的觉睡!(你睡你的觉!)

把你的路走!(你走你的路!)

把你的饭吃!(你吃你的饭!)

这种句式都是命令别人干自己的事,不要管闲事或不要做其他事情。

普通话把字句的动词是表示强烈性动作的动词,但平川方言里,动作性强与不强都可用在把字句里。如“打”是一个表示强烈性动作的动词,平川方言和普通话里都用,如“他把我打了。”但平川方言里像“想”“忘”“记”“说”“死”等这些动作性不强的动词也可用在把字句里,如:

把你想的差大了。(很想你。)

把啥忘了。(把什么事忘记了。)

偶个娃娃孽障的,把妈死了。(那个可怜的小孩,死了妈妈。)

平川方言里不及物动词也可以用在把字句里。“把”字有“使动”的意义,“把”字相当于“使”、“让”,如:普通话说“让你来了”,平川方言说“把你来了”。“把”字还可以表示动作行为的对象,一般“把”字后的名词不能变换到动词后,如:

把他不好。(对他不好。)

把人不当人。(拿人不当人。)

把事情没当事。(对事情没当事。)

把话说尽了。(好话说完了。)

把事情做绝了。(对事情做绝了。)

**二、被动句** 平川方言口语中没有介词“被、让”,与之对应的是“叫”,因此被动句是使用介词“叫”字的句子,有时还可省略“叫”字后的宾语。如:

老大叫乡长喊上开会去了。

娃娃叫(他爷)惯得不成样子了。(“他爷”可省略)

把狗拴牢实,不了叫扎脱(挣脱)跑掉了。

**三、疑问句**　平川方言的疑问句跟普通话比较，有一定的差异。主要表现是：一是类型不同，只有特指问句、正反问句和选择问句三种类型，没有是非问句。二是疑问语气词不同。由于自然地理与人文环境的原因，平川方言表示疑问的语气词较多，不同的方言点有不同的语气词，或者本来是一个语气词，在不同的方言点表现为读音不同或语用环境不同。

**1. 特指问句**

谁来了？

你咋了些？（你怎么了呀？）

王志在班上是多少名？（王志在班上是多少名？）

他们在说啥着呢？（他们在说什么呢？）

你咋门致么家做事情着呢？（你怎么这么做事情呢？）

区上人啥时节来呢？（区上什么时候来人呢？）

**2. 正反问句**

你去呢吗不去？（你去不去呀？）

小王上街去了吗没有？（小王上街去了没有？）

你上得去？（你能不能上去？）

致个人交道好打吗不好打？（这人好不好打交道？）

普通话的是非问句，在平川方言中也要用正反问形式来说。比较：

| 普通话 | 平川方言 |
|---|---|
| 你是学生吗？ | 你是学生吗不是？ |
| 你去吗？ | 你去呢吗不(去)些？ |
| 你说的不是这个人吧？ | 你说的不是致个人吗就是的？ |
| 孩子不爱玩游戏吗？ | 娃娃不爱耍游戏吗爱耍呢？ |

平川方言的这类问句，除了判断疑问句外，凡动词疑问句在否定词后面都可以省略动词，如“小王上街去了吗没？”“你来咧吗不？”等。

**3. 选择问句**

选择问句是要求在几种选择对象中确定取舍。普通话的选择问句采用选择复句的格式，用两个或两个以上的分句来表达，分句间一般可以有停顿。平川方言的选择问句与普通话有明显的差别：一是不用“是……(呢)，还是……(呢)”的格式，而用“……呢吗……呢”或“……吗……”的格式。二是选择问句中间一般没有停顿，连得较紧。

你吃米饭呢吗吃面呢？（你吃米饭还是吃面条呢？）

想当干部呢吗想捋牛尾巴(耕地)呢？（想当干部还是想当农民？）

你岁数大吗我岁数大？（你的年龄大还是我的年龄大？）

选择问句的选择项如果超过两项前两项选择问的格式不变，第三个选择项就要使用“还是”，“还是”之前必须要有停顿。普通话中如果有三个选择项，必须至少分为两个疑问句来说，而在平川方言里依然包含在一个疑问句中说，“还是”前面没有疑问语气，停顿较短，第三个选择项列举完以后才出现疑问语气。例如：

晚上吃米饭呢吗吃面条子呢，还是吃饺子呢？（晚上吃米饭还是吃面条？还是吃饺子呢？）

**四、“给”字句** “给”字，在平川方言里有动词、介词、助词等用法。我们把平川方言里用了“给”字的句式，称为“给”字句。如：“你把钱给$_{介}$偶个人给$_{动}$给$_{助}$些。”“钱给$_{动}$给$_{助}$了。”“给$_{介}$”表示是介词，“给$_{动}$”表示是动词，“给$_{助}$”表示是助词。在句子里，“给$_{介}$”主要是介绍或引进动作行为关涉的对象，“给$_{动}$”表示给予的意思，“给$_{助}$”帮助表达一些比较复杂的语法意义。

汉语各地方言里都有“给”字句，一般情况，像“给$_{介}$偶个人”这样的“给+名词”形式，既可用在动词前，也可以用在动词后。如北京话“给王老师写了一封信”/“写给王老师一封信”；太原话“小王给咱们借把钳子”/“借给我钳子用一下”；乌鲁木齐话“你到咧上海可得给我写信”/“交给我一封信”。然而，与此不同的是，平川方言里的“给+名词”形式，却只能出现在动词前，而绝不用在动词后，如：

| | | |
|---|---|---|
| 给$_{介}$我把钳子拿来 | 不说 | 把钳子拿给$_{介}$我来 |
| 老张给$_{介}$我借了些钱。 | 不说 | 老张借给$_{介}$我钱。 |
| 你给$_{介}$我秤上二斤肉。 | 不说 | 你秤给$_{介}$我二斤肉。 |
| 给$_{介}$亲戚提着礼物。 | 不说 | 提给$_{介}$亲戚礼物。 |
| 给$_{介}$你二达把烟点上。 | 不说 | 点给$_{介}$你二达烟。 |
| 人家给$_{介}$我抓了一付药。 | 不说 | 抓给$_{介}$我一付药。 |

平川方言使用“把”字句比较自由频繁，普通话双宾语句子动词后面的直接宾语名词，在白银市境内方言里一般用“把”字提到动词前面；普通话双宾句动词后的间接宾语名词，在白银市境内方言里是用“给$_{介}$”字提到动词前。所以，普通话“动词+名词”，甘肃方言“给”字的句式里实际没有这种形式，而经常是以“把+名词+给$_{介}$+名词’+动词”的形式出现。当然，“把+名词”和“给$_{介}$+名词”顺序较为灵活，如：

你给$_{介}$我把鸡蛋买下盏！/你把鸡蛋给$_{介}$我买下！

把好苹果给$_{介}$我留上些。/给$_{介}$我把好苹果留上些。

“给”字的句式里经常出现“给$_{介}$我”和“给$_{介}$他”的组合形式，有时会有一些特殊的语法意义。当一个句子里的动词是一个关涉两个事物对象或者三个事物对象的动词时，“给$_{介}$”是引进动词涉及的对象，“给$_{介}$”相当于“为”、“替”、“对”等介词的用法，如：

你给$_{介}$我借一个自行车。

你咋把偶个事情给$_{介}$我瞒着来？（你怎么对我隐瞒了这件事？）

当命令句、祈使句中的动词是单向动词时，“给$_{介}$”就失去了介词的作用和意义，“给我”在句中起加强语气的作用，表示说话人一种强硬的语气和态度，如：

你给我坐下！

从语法结构成分的角度说，“给我”虽然能作为状语修饰动词“坐”，但他只是传达一种语气，甚至可以游离于句外，如：

你坐下，给我！

你给我走！

你给我不学好，看我把你捶扁不！

“给他”也往往表达说话人的一种出人意外的建议、提议和出谋划策的口气，如：

来！我们给他缓卡$_{歇一歇}$了干。（本不该歇）

脸势难看$_{受气}$了你给他就不来了会。（本不该不来）

平川方言里的“给$_{动}$”，是一个表示“给予”义的动词。在语义上“给$_{动}$”可以跟施动者、受动者和相关者都发生关系。跟普通话动词“给”的最大不同是：普通话的受动者名词和相关者名词，可以同时放在“给”后而构成所谓的双宾句“给+名词1+名词2”，但不能同时把名词1和名词2都放在“给”之前。如普通话里只能说“我给他一支铅笔”，而不说“我把一支铅笔给他了”。跟普通话恰好相反，平川方言里通常是“(把+名词2)+(给+名词1)+给$_{动}$+给$_{助}$”或“(给+名词1)+(把+名词2)+给$_{动}$+给$_{助}$”的句式，名词1和名词2绝不同时出现在“给$_{动}$”之后。 如说“我把铅笔给他给给了”或“给他把铅笔给给了”。

但平川方言里名词1和名词2一个在前一个在后的句式还是经常用的，如“你把钳子给我。”“他把银行存折给我了。”不过例句里 “给$_{动}$”是有歧义的。

平川方言里助词较为丰富，但像“给$_{助}$”依附于动词之前的却是不多。“给$_{助}$”的来源尚难考定。有的方言动词前表被动义的助词“给”据说是使用在动词前引进施动者的介词“给”，因省略施动者，久而久之所致。但平川方言里用在动词前引进施动者的是另一个介词“着”而不是“给$_{介}$”。甘肃方言被动句最常见的句式是前边用“着”引入施动，后边再用“给$_{助}$”，说成“我着zhao人家给打了一顿”。所以，“给$_{助}$”的来源不是“给$_{介}$”。“给$_{助}$”在句中的使用没有什么大的变化，只是他用在动词前可以表示多种语气情态，较为特殊。

“给$_{助}$”表示被动。平川方言的被动句，有时不需要施动者出现，则用“给$_{助}$”。这时“给$_{助}$”与古汉语里表被动而不能引进施功者的助词“见”的作用一样。如：

钱给偷着走了。

收音机给反乱坏了。

将当了两天队长给抹了。

这一句式表达的语法意义是受动者遭受损失、破坏或不好的事情。动词是双向的,施动者都可以用“着”补出来,如“钱给偷着走了”可以说“钱着贼娃子给偷着走了”。

“给$_{助}$”传达说话人意外、惊叹的口气,如:

把几个人给挑选上了!

你给来了!(对“你”的来表示惊喜)

花盆给跌下来了。

给下下雪了。

“你给来了”,不用“给”字,是一般的陈述句,但加上“给”字,说话人诧异、事出意外的惊喜口气和情态就传达出来了。说话人期待或所料之中的人没有来,结果是“你”来了,就必须用“给”。

“给$_{助}$”表示说话人对不幸事情、遭遇的一种漠然,甚或幸灾乐祸、不以为然的语气,如:

那个人着110给拉走了。

着人家给骂了一顿。

以上句子去掉“给$_{助}$”是一种客观的陈述,没有说话人的感情色彩。加上“给$_{助}$”以后,所传达的感情复杂多样,虽然主要是因为说话人与说话对象之间的关系、情势、说话场合及说话动机不同而有别,但在句中却都主要是靠“给$_{助}$”字表示的。

“给$_{助}$”表示说话人对所述事实的真实性的确认、肯定,如:

给把话说了。

给把饭做哈了。

给把人走光尽了。

给把衣裳扯烂破了。

当然,“给$_{助}$”也可以直接加在动词前边,如“给把话说了”可以说“把话给说了”。加在动词前与游离于动词似乎没有什么语义差别,只是“给$_{助}$”游离于动词,对所述事实的真实性的肯定意味就更加重了。

“给$_{助}$”依附在动词之后,构成“动词+给$_{助}$”的形式。跟动词前面的“给$_{助}$”相比,后面的“给$_{助}$”依附性更强。后面的“给$_{助}$”不能游离于“动词+给$_{助}$”,并且中间也绝不能插入其他什么成分。

当动词是一个关涉三个事物对象的动词时,具有“给与”“交付”或“递接”意义时,“给$_{助}$”的主要作用是用在动词后边,表示“给予”“交付”“递接”的对象,以及表示间接宾语名词转移、传递的方向:

你把钱给给人家！

你把信给人家给给给！

你把碗碗给拿给。

把礼物送给了。

当动词是关涉两个事物对象的动词时，动词只表示一般的动作行为，没有“给与”“交付”或“递接”的意义，因而动词也就不能使受动宾语名词传递、转移。如“切一牙子西瓜”，只是说“切瓜”，不表达所切之瓜转移、传递。但如果用了“给$_{助}$”，说“切给$_{助}$一牙子西瓜”，就不仅有“切”这一动作，而且还表示“切”的后果，切之后瓜传递、转移的方向。再如：

你挖给一碗面。

给人家调给了一碗酿皮子。

打给了一巴掌。

你把人家踢给一脚着咋哩？

“给$_{助}$”不仅标志动作行为的实现，更着重表示动作行为的后果状态、动作行为以及受动宾语的转移。当然，有些二向动词的受动者不能转移、传递，这类动词也就不能加“给$_{助}$”。比如“调给了一碗酿皮子”，“调”的结果“一碗酿皮子”可以由甲传到乙，“吃了一碗酿皮子”，“吃”的结果“一碗酿皮子”就再不能转移。这类动词如果后边加“给$_{助}$”，语法意义也就变了。

当动词是单向动词时，“给$_{助}$”表示动作行为已经完成，并传达说话人对动作行为的完成确信不疑，如：

我缓给了一阵。

北京我没去过，才给走给了一回。

娃娃睡给了一阵。

一个人在致搭站给了半天。

**五、趋向动词“上”“下”作补语**

趋向动词“上、下”可用在动词后面作补语，一般读轻声，“下”读 xa 音。“上”有设想、祈使的意味，“下”有备办成功的意思。如：

买上些洋芋，明儿做一顿洋芋搅团。（“上”“下”均可用）

致$_{这}$一月能挣上五千块钱，我就换个摩托。（“上”“下”均可用）

“上”“下”有时同普通话的“着”，如：

戴上个眼镜子装斯文着呢。

光下身子睡觉爱感冒得很。

“上”又可表示结果。

有钱儿没钱儿,剃上个光头儿过年。

“上”还可表假设。

有上两个钱儿一趟全部就耍上赌博了。

养上个狗了还摇尾巴呢,养下你能做啥?(“上”可替换为“下”)

“上”可用在时间补语的前面。如:

致猛这么个尕事,还得把你求上半天。

发快好了,你再浪上一转子了来。

“下”除了上面已标示的可与“上”字换用的几种情况以外,还可表停驻,如:今黑唻晚上站住下,明儿了再走。

还可用在形容词的后面表示某种变化,如:

这回的马老大可好下了。(一般用作反语,意谓“糟了”)

毛衣一洗咋小下了?

多余下好说,短下就麻搭麻烦了。

有时用在动词和数量词语之间,表示数量很大,有“竟然”之意。如:

我儿子一天要卖下三千块钱呢!

又可表示目标的实现。

一个炕上睡得下十个人?

我咋多少认不下人?

单位上事情多得很,我怕去不下去不了。

“上、下”表示的意思有时截然不同,不可互换,如:

1. ① 夜来昨天给你说下的个那个题记上了吗?(“记”指记录)

② 夜来昨天给你说下的个那个题记下了吗?(“记”指记忆或记录)

2. ① 儿子娃娃,娶上个媳妇学就学乖了。 (表未来)

② 奈会儿那时候要是念下个书就好了。 (表完成)

## 第四节 熟语 童谣 民歌 民间故事

### 熟 语

**一、农谚**

白露糜谷不勾头,拔了喂老牛。

春雪拉开沟,十种九不收。

清明前后,点瓜种豆。

重阳不下看十三，十三不下一冬干。

干冬湿年，石头上种田。

秋风在社前，糜谷仓仓满；

秋风在社后，糜谷熟不透。

秋风糜子白露谷。

九九有雪，伏伏有雨。

九至十月三场霜，来年猪狗不吃糠。

立夏不种夏，立秋不种秋。

狗卧灰堆蛇过道，牛打喷嚏大雨到。

瓦砟云，晒死人，钩钩云，泡塌城。

立夏响雷三伏旱，立秋响雷草无面。

糜谷发根旺，秋季雨必降。

头伏萝卜二伏菜，三伏里面扬黄芥。

三月响雷麦谷堆。

三九不冻夏不收，伏里不热秋不收。

十月暖，叫花子丢了碗。

谷子倒了一堆糠，胡麻倒了没处装。

立夏种胡麻，十月绿疙瘩。

马粪热，牛粪凉，羊粪啥地都能上。

麦见芒，四十五天收上场。

深谷子，浅糜子，胡麻种在浮皮子。

墒好种糜，墒差种谷。

天旱要锄深，天涝要锄浅。

头伏萝卜末伏菜。

枣树发芽，收拾种棉花。

枣儿塞鼻子，收拾种糜子。

种在九里，吃在口里。

针扎胡麻卧牛谷，麻子地里留车路。

不怕炸雷响破天，就怕闷雷挤磨眼。

大暑小暑，灌死老鼠。

黑云接太阳，等不了三天两后晌。

黑云黄梢子，必定下雹子。

黄家洼山戴了帽，三天以内大雨到。

惊蛰寒，冷半年。

开门风，闭门站，闭门不站两天半。

立夏不止风，必定是年馑。

立春不下月月雨，立春下雨旱到底。

冷不过三九，热不过中伏。

雷响一百八，必定黑霜杀。

猛晴没好天，等不到鸡叫唤。

上云不下回云下。

四九雾，冻死跑山的兔。

下雪不冷，消雪冷。

小满山头雾，小麦变成糊。

云朝南，搬倒坛；云朝北，晒死麦。

旱蒜水辣子，茄子地里养鸭子。

头九二九，关门闭口；

三九四九，冻破碴口；

五九六九，精尻子娃娃拍手；

七九鸭子八九雁，九九犁铧遍地窜。

**二、常言俗语**

八十岁老子放心不下六十岁儿。

白吃枣儿嫌核大。

背着猪头寻不着庙门。

备桌容易请客难。

本事不是假装的，挂面不是上香的。

病人床上睡，死人街上行。

簸箕大的手，掩不住众人口。

不是一家人，不进一家门。

不用的人用三次，不走的路走三遭。

不痛的指头往磨眼里塞。

不怪自家麻绳短，只怪他家水井深。

不生孩子不知道肚子疼。

馋人做媒,痴人做保。

唱戏的不瞒打锣的。

炒下豆子众人吃,打烂砂锅一人赔。

吃酒的还席,吃土的还泥。

吃官饭放私骆驼。

重搭台子重唱戏。

出家容易归家难。

出门门槛低,进门门槛高。

吹风下雨是贼狼的节。

从小没娘,到大话长。

矬人计多,蔫驴屁多。

打墙板,上下翻。

打柴的拼不住放羊的。

打烂碗说碗,打烂碟说碟。

大人怕的是没人管,娃娃怕的是由各家。

大不过阿(ya)伯子,小不过弟媳妇。

淡淡长流水,酽酽不到头。

当家三年狗也嫌。

刀快不怕脖子粗。

道路不平旁人铲。

盯住盘馒头不领羊。

儿要己养,谷要己种。

房是招牌地是害,挣下银钱要命债。

肥猪哼哼,瘦猪也哼哼。

分银子也会有人骂。

富死不要睡下吃,穷死不要跪下吃

干啥的把啥干,做油饼的把眼眼钻。

刚丢打狗棍,便骂讨饭人。

隔日的金子抵不上当日的铜。

各开门儿另搭锅。

跟个好媳妇,喝碗好水。

狗皮袜子无反正。

谷贵饿农,谷贱伤农。

光棍害怕的三交待。

过头饭能吃,过头话莫说。

喊雀的不管驴吃糜子。

行家一伸手,便知有没有。

蒿柴棍棍挡倒人。

好汉子怕的是三泡屎。

好汉不赶乏兔子。

好男不吃分家饭,好女不穿嫁时衣。

好酒的不进茶房。

黑眼睛见不得白银子。

红皮萝卜紫皮蒜,仰脸老婆低头汉。

话说三遍比屎臭。

皇天不杀命穷人。

会当媳妇两头瞒,不会当媳妇两头传。

会水的鱼儿浪打死。

会疼的疼媳妇,不会疼的疼闺女。

活不安生,死不利索。

活人眼里硬插柴。

见不得穷人家烟囱冒烟。

胶多了不粘,蜜多了不甜。

姐姐穿的妹妹鞋。

借债要忍,还债要狠。

进了谁家门,就向谁家人。

家鸡打不散,野鸡养不恋。

开的这个门,惹的这个人。

孔明能掐会算,不如司马懿洪福齐天。

宽打地脚窄垒墙。

廊檐水照窝窝滴。

老子不死儿不大。

老婆是旁人的好,孩子是自己的亲。

老驴不推磨,双方都有过。

冷手抓了个热馒头。

两口子一样,睡不到天亮。

麻婆娘怕的是三打扮。

卖面的见不得粜石灰的。

米面夫妻,酒肉朋友。

命苦人走到蜜州不甜。

命里一碗,吃不上碗半。

宁愿邻居下骡子,不愿邻居出秀才。

宁愿死个当官的老子, 不愿死个叫花子娘。

牛耕田,马吃谷。

七拧八翘,倒了锅灶。

妻贤夫祸少,子孝父心宽。

穷人无病抵半富。

穷人的饭拿命换。

拳是功夫酒是量。

人不亲的行亲。

人有鬼鬼心,山有盘盘路。

人一亏的天一补。

人爱富的,狗咬穷的。

蛇走的路蛇知道。

十个说客不如一个戳客。

拾银钱不在起得早。

谁喂下的狗咬的谁。

天下老,偏的小。

天打火烧当日穷。

跳过肉案吃豆腐。

听风的买卖跑死马。

碗大勺有数。

万物是真的,出气是假的。

亡人不吃饭,家业分一半。

喜欢的事情爱说,疼的地方爱摸。

学好三年,学坏三天。

要知父母恩,怀中抱儿孙。

一把萝卜不零卖。

一个槽上拴不住两头叫驴。

一个鬼背来没换肿子。

用时拉到怀里,不用掀到崖里。

由了麻雀还想长成扑鸽大。

有钱的药挡,没钱的命抗。

在手的鹌鹑不捉,满天捉鹞子。

折折有戏,本本不全。

只愁养,不愁长。

**三、歇后语**

半夜里摘茄子——老嫩不分

不吃凉粉——把板凳腾下

棒槌打娃娃——手里有轻重

冰棍顶门——冷撑

炒面捏娃娃——熟人

厕所里说笑话——臭逗

磁窑人搬家——有罐罐

吹唢呐打盹——把事(戏)没当事

大腿上扎刀子——离心太远

大风底下吃炒面——难张嘴(进不了嘴)

大风底下烧纸钱——指(纸)不住

大戏台上卖豆腐——生意不大架子不小

打肿脸装胖子——死爱面子活受罪

肚脐眼说话——谣(腰)言

二八月借债——两黄不接

狗抬庙门——没敬神之意,有嗍腊之心。
狗咬石匠——寻着挨錾
狗咬鸭子——呱呱叫
割了糜子叫雀儿——领的空头情
挂面调醋——有言(盐)在先
红萝卜拌辣子——吃出没看出
揪住耳朵擤鼻——差窍
拉旁人家娃娃喂狼——心不疼
六月的萝卜——少教(窖)
六月天穿皮袄——有啥的要啥
老驴啃板筋——工变工
老令公数儿——越数越少
老鼠的尾巴肿了——挟不下多奘的活
老虎吃天爷——没处下爪
老虎不发威——别当病猫
狼借猪娃子——只借不还
狼不吃野狐子——都是个跑山的
麻杆打狼——两怕
麻袋装钉子——都想露头
门缝里看人——把人看扁
卖了儿子招女婿——反反行事
木匠吊线——睁一眼闭一眼
拿的秤杆吹笛——没眼眼,终点点
牛进了谷子地——摸了几岁(穗)
牛吸长虫——气鼓圆了
泣雀子叫鸣——不是个好鸟
石灰厂开张——白手起家
手心里的汗——没多少
砂锅捣蒜—— 一锤子的卖买
三十晚上捉了个野狐子——有他没他的过年哩
上梁请石匠——请错了人
水仙不开花——装蒜
提的磨扇打月亮——掂不住轻重高低
讨吃子进了万寿宫——户大家虚
土地爷的拐棍——神棍棍
提的刀子叫狗——越叫越远
肉包子打狗——有去无回
正月十五贴门神——迟了半个月
瓦砟子割尻子——利碴
胸前挂棒槌——打心锤锤
羊群里跑出个驴娃子——大家伙
烟洞里掏雀儿——黑摸
鸭子爪爪——连手
杨五郎剃头——半路出家
枣核儿改板——两句(锯)半
针尖上放芝麻——难顶带(戴)
庄稼汉养脬牛——谋心不善(骟)

## 童 谣

**咕噜雁**

咕噜雁,
扯长线,
一扯扯到马家院。
马家女儿会擀饭,
擀了两碗好长面。
下到锅里莲花转,
捞到碗里一根线。

你一碗，

我一碗，

你把花碗跰掉我不管。

**扯罗罗**

扯罗罗，罗面面。

舅舅来了擀饭饭。

擀白面，舍不得。

擀黑面，羞人呢。

杀母鸡，下蛋呢。

杀公鸡，叫鸣呢。

杀猪呢，过年呢。

杀狗呢，看门呢。

杀驴呢，舅舅走开就骑呢。

## 民 歌

### 一、拜堂歌

1. 火把往前照，红光亮大道。礼炮声声响，喜迎淑女到！

2. 天上一朵彩云开，俊男秀女下楼台。

新人出新房，怀抱笔文章。步步升荣贵，来到登科场。

郎才女貌配成双，海誓山盟好鸳鸯。

抱玉斗，上高香，化金表，拜花堂。

新郎新娘，面向禧神方。

先拜天，天官赐福；后拜地，地久天长。

一拜东方，一路清香；夫妻双双，儿女满床。

二拜南方，二人寿长；长命富贵，永保安康。

三拜西方，金玉满堂；三星高照，龙凤呈祥。

四拜北方，世代刚强；四季吉庆，四海名扬。

五拜中央，五世同堂；五子登科，状元儿郎。

拜罢五方，再拜灶房；上天言好事，回宫降吉祥。

来拜爹妈，祝福插花。

左插花，富婆家；右插花，富娘家；

左右插花，富大家！

拜亲友，多天帮忙，大事告成，喜气洋洋。

夫妻对拜，爱情长在，夫唱妇随，振兴家邦。

相亲相爱，同入洞房！

3. 铺红毡，步步红。

一步金，二步银，三步抱上聚宝盆。

吉年利月配成双，早生儿女享安康。

生儿状元郎，生女金凤凰。

倒毡倒毡，一世平安，欢天喜地，万事如意！

**二、财门上梁歌**

1. 鸣花炮，声声道喜；起大梁，步步登高。

瑞气盈门大吉祥，财宝招到大门上。

荣华富贵年年享，祖祖辈辈美名扬！

2. 福气盈门四季祥，财源茂盛福寿长。

合家吉庆人丁旺，万事如意永安康！

3. 盖财门，上宝梁，宝梁头上闪金光。

撒面豆，粮满仓，撒金钱，财源广。

撒枣儿，红满堂。撒核桃，儿孙旺。

金钱撒在福禄地，荣华富贵万代长！

4. 新盖财门聚宝盆，财源茂盛全家荣。

男女老少常安康，加福添寿事事成！

5. 前撒砖木结构琉璃瓦，后撒摩托卡车桑塔纳。

左撒满库金银，右撒五谷丰登，中撒百业兴隆……

时来运转年年好，心想事成代代荣！

## 民间故事

### 吃人的毛野狐[①]

那会儿[②]，在一座大山里头住着老两口，他们养了五个女儿。大女儿叫个顶针，二女儿叫个碗碗，三女儿叫个碟碟，四女儿叫个环环，五女儿叫个灯柱。五个女儿当中，除了五女儿灯柱有些嘲[③]傻外，再的四个都生得像天仙女一样，既聪明，又麻利。可不幸的是老汉几年前叫山里的野兽吃掉了，丢下老婆儿和五个女儿艰难地过活着。

一天黑来[④]，老婆儿对五个女儿说：“自打你们的大[⑤]死后，我一共[⑥]没回过娘家看你姥姥了，不知道她在[⑦]咋们个[⑧]？明儿早上我想看她一趟，可不放心的是咱们这达[⑨]常有虎狼和毛野狐，你们千万要蹴[⑩]在屋里头，把门上好，不要叫毛野狐拉去吃掉！”五个女儿点头答应了。

第二天将亮[⑪]，老婆儿起来，炸了一大笼子[⑫]油饼子，叫大女儿给她梳光了头，穿了一套新衣裳。又再三安顿了女儿关牢门的事，然后上路去娘家了。

从她家去娘家有八九里的路程，要路过一片啦[13]茂密山林和一些阴森森的山洞。尤其是那些山洞，黑沌沌的，奇形怪状，给人一种阴森可怕的感觉。每回路过这达时，老婆儿总有一种头皮子发麻的心理。今儿当她走到这达时，两腿发软，迈不开脚步。她尽量壮着胆子，硬着头皮子用眼斜觑了一下山洞。只见一个黑乎乎的怪兽，浑身长着又长又黑的长毛，孤拐脸上有很多绉绉，像个七八十岁的老婆儿，红哈哈的大嘴，下嘴皮子还朝前凸出。牙像锯牙子，眼像灯盏，正在用爪子往嘴里塞生肉。"啊"，这正是当地人叫的吃人的毛野狐。她一下被吓得魂飞魄散，转身就跑。洞中毛野狐被惊动，立马从洞里跳了出来，一把抓住老婆儿的手，"哈哈哈"地笑的不停。老婆儿被吓得瘫软在地上。毛野狐却高兴地问："姐姐，你这是走那达去呢？""我……我去娘家看我妈。"老婆儿语无伦次地回答。"那你给你妈拿的啥？""拿了一笼笼[14]油饼子。""我这会儿肚子正饿得发慌，给我吃几个吧！"它一边说一边用爪子从笼笼子里头翻出油饼子，有滋有味地吃起来。吃完后，它又问："姐姐，你家里头还有啥人？""有五个女儿。""她们都叫啥名字？"老婆儿由于害怕，只好一个一个说了。这时，毛野狐用贪婪的目光，从头至脚看了看老婆儿，说："姐姐，你头上咋跑着牛大的个虱子？"老婆儿说："我出门时大女儿千梳子、万篦子梳得又光又净，哪有啥虱子？是不是你眼花了？""你不信我捉给你看！"老婆儿不知是计，只好把头递过去让它捉。毛野狐立马使出全身的劲，用它那双尖利的爪子，把老婆儿的脑门盖子揭掉了，一下白囊囊的脑子和血红堂堂的血淌了一大滩。毛野狐高兴地嚎叫道："金指甲，银指甲，掐得姐姐头上白嗒嗒！"它又扒去老婆儿身上的衣裳，像饿狼样的扑上去，没命地吞噬老婆儿身上的肉，不大一阵子就只剩下一副骨头架子了。它吃罢了，用前爪背擦了一下嘴边的血丝，穿上老婆儿的衣裳，朝老婆儿来时的路上寻找去了。

毛野狐伤害老婆儿的情景，叫树上一只花喜鹊看见了，善良的花喜鹊拍着膀子[15]着急地飞去向老婆儿的五个女儿报信。它落在了老婆儿屋前的一棵大树上，不住地叫："喳喳喳、喳喳喳，你妈叫毛野狐吃掉了，赶快把门关牢……"

那个女儿听到喜鹊的报信后，吓得胆颤心惊，淌着眼泪。把门用木棒顶了又顶。不一会儿，毛野狐着实[16]来了，它穿着老婆儿的衣裳，学着老婆儿的口气叫门："顶针、顶针，你给妈把门开开。"顶针说："你不是我妈，我妈叫毛野狐吃掉了。"毛野狐又叫："碗碗，碗碗，你给妈把门开开。"碗碗照着顶针的话回绝了。毛野狐又叫："碟碟，碟碟，你给妈把门开开。"碟碟说："你说话的声音不像我妈，我不能开门。"毛野狐又叫："环环，环环，你给妈把门开开。"环环说："三姐说你的声音不像我妈，我不敢开门。"毛野狐又叫："灯柱，灯柱，你给妈把门开开。"嘲傻的灯柱正要开门，却被四个姐姐拦住了。毛野狐见叫不开门，又想了一个奸猾[17]的计策，说："灯柱，灯柱，妈从你姥姥家拿来了一副金镯子，给谁都不给，只给我听话的灯柱给。乖娃，快给妈把门开开。”嘲傻的灯柱说:“姐姐们都说你不是我妈,是毛野狐!”“我的娃,你不要信她们的话,快把门开开!”“她们不叫开!”“那你把手从门缝里伸出来,妈给你戴金镯子。”嘲傻的灯柱将把手伸出门缝,毛野狐猛的一嘴咬住手,恶狠狠地说:“再不开门,我就把你的手咬断呢!”灯柱疼得直跳蹦子,只好把门开了。

毛野狐窜进了屋里,姐妹五个一看那个凶恶狰狞的毛野狐相,吓得浑身发抖,抱成了一团。到了做黑饭的时候,毛野狐说:“我一天没吃没喝了,快做饭!顶针做饭,碗碗烧火,再的拣菜。”顶针战兢兢地问:“妈、妈,做啥饭?”毛野狐说:“你给妈做顿糁饭吃。”顶针儿又问:“妈、妈,下多少米?”“有多没少都下上!”“糁多少面?”“有多少都糁上。”顶针把一大锅饭做熟了,又问:“妈妈,这么多的饭往哪舀呢?”“盆里、碗里、水缸里都舀上。”“装不下!”“剩下的刮到猪食槽里去。”姐妹五个看着毛野狐一阵猛吃,把盆里,碗里,缸里和猪食槽里的饭都吃了。

到了黑来睡觉时,毛野狐说:“孩儿们,谁胖谁睡在妈跟前揣奶头,瘦的往炕里头睡。”没人敢应声。它又说:“顶针,顶针,你睡在妈跟前。”“妈,我瘦得像根针,”顶针害怕地说。“碗碗,碗碗,你睡在妈跟前。”“妈,我瘦得像根拨灯棍棍,”碗碗答道。碟碟、环环接着说,一个瘦得像根麻杆儿,一个瘦得肚皮贴到脊梁杆[18]上了。只有嘲傻的灯柱说:“妈,我肥得像腊月里的大肥猪。”毛野狐高兴地说:“只有我灯柱最乖。来,你睡在我怀里揣奶奶。把他们都叫夜猫子拉去!”

姐妹四个战战兢兢抱在一起未敢合眼,到后半夜时分,隐隐约约听得毛野狐“咯噔,咯噔”地在嚼着吃啥。大女儿大着胆子问:“妈,妈,你吃的啥?”“我打你姥姥家拿来几颗大豆。”“给我几颗。”“驾,就剩这一颗了。”大女儿接过一揣,吓了一跳,“啊,咋是一截人手指头。她传给二女儿,二女儿传给三女儿……她们全明白了,灯柱已经叫毛野狐吃掉了。她们偷偷地商量起逃跑的办法来。”

过了一阵子,大女儿说:“妈,妈,我要尿尿[19]呢。”“炕上尿!”“炕神爷打呢。”“地下尿去!”“地神爷打呢。”“那过来,我用绳子把你拴住,到门外尿去。快去快来!”大女去了。二女儿,三女儿又要尿尿,毛野狐都一一拴住后才让她俩去了。剩下四女儿一人了,她着急地说:“妈,妈,我尿尿快胀破尿泡了。”毛野狐不耐烦地骂道:“你们这些骚驴日的,今黑来是反了夜了?放下好觉不睡,折腾啥的呢?”用脚使劲一蹬,“去!”姐妹四个出门后,叫没拴的环环改开[20]了绳子,又把鸡窝里的鸡抓了五六只,拴在绳子上,她们一个一个爬上了门前头的大树上了。

毛野狐在炕上睡着,等了一阵,咋不见四个女儿进屋来,就把绳子用力拽了一下,只听窗外“呱呱呱”的叫,却不见人进来,生气地骂道:“骚驴日的,尿罢了还不进来睡觉,在外面要笑啥的呢?”又拽了拽绳子,还是听到“呱呱呱”的叫声,不见应声。它觉得不对劲儿,立马翻身朝窗外一瞅,嘿,那呢还有四个女儿的影子!月亮底下绳子上拴的是一串子鸡,它赶麻跑出屋子去寻找。毛野狐在院里院外搜了一大圈子,没寻着一个女儿。抬头一看,四个女儿都在树上头蹴着，她焦急地问："你们放下好觉不睡，蹴在树上做啥呢？快下来跟妈睡觉去！""我妈叫你吃掉了，你还想吃我们，你想得到美！"毛野狐没办法，又问："我的好女儿，你们是咋上去树的？"大女儿说："我们东家借一碗油，西家借一碗醋，泼的泼的上来的。"毛野狐以为泼上油和醋就能上了树，转身走了。不多一会儿，借来了油和醋，边泼边往上爬。谁知油泼在树上，滑得搭不住手了。它知道上当了，拿来刚才拴女儿们的绳子，又恳求道："顶针，顶针，你用绳子把妈吊上树吧？"大女儿拉起绳子说："妈，你可要攥紧，我吊你。"当吊到八九尺高时，她一松手，只听"嘭"的一声，毛野狐重重地跌在了地上。二女儿说："大姐，你不会吊，把妈跸[21]坏了，你过去拿我吊。"刚吊到快一丈高时，她手一松手，毛野狐又重重挨了一跸子。接着三女儿、四女儿照旧吊起又松手，直到跸得毛野狐直挺挺地躺在地上不动弹了。天亮了，太阳出来了，姐妹四个还不敢下树。一会儿，一个羊户长[22]吆着一群羊打树旁走过，姐妹们大声喊："放羊哥，放羊哥，你看树底下的毛野狐死掉了吗？"羊户长走到毛野狐跟前，手搭在鼻上一摸，说："还有一口冷气。"又过了一会儿，一个放牛的人打树旁走过，姐妹们又喊道："放牛哥，放牛哥，你看毛野狐死掉了吗？"放牛人走到毛野狐跟前，用脚踢了两下，说："死得硬硬了！"

姐妹四个从树上下来，烧了一锅滚水[23]，浇在了毛野狐身上，报了她妈、五妹妹的仇。又在树下挖了一个大坑，把凶残的毛野狐埋掉了。

**注释：**

① 传说中的猩猿类动物。　② 很早很早以前。　③ 痴傻。　④ 晚上。
⑤ 爸、父亲。　⑥ 一直。　⑦ 现在。　⑧ 怎么样了。
⑨ 这里。　⑩ 待，蹲。　⑪ 刚亮。　⑫ 大篮子。
⑬ 一大片。　⑭ 篮子。　⑮ 翅膀。　⑯ 真的。
⑰ 狡猾。　⑱ 脊椎骨。　⑲ 小便。　⑳ 解开。
㉑ 摔、跌。　㉒ 放羊人。　㉓ 开水。

# 第七编　人　物

## 第一章　传记人物

（以卒年先后为序）

**高　琳**（1646—1714）　字兰英，原籍陕西米脂县，先祖继云以卫边入籍靖远，凡七世。琳生而英姿魁梧奇伟，精于骑射，谙熟韬略，慨然有大志。年方十七，即从戎固镇王进宝麾下，适值马宏作乱，琳随王进宝进剿，到达黄河边时天已昏黑，琳冒险以皮筏暗渡，孤军深入敌后，战贼数十人，虽身受重创，但大军得以恢复兰、临、秦、巩等地。王进宝录功特荐拔补把总，檄调领兵驻防关山。时值王屏藩、吴之茂据礼县扰乱秦州，连营数十里，气焰逼人。琳毫不畏惧，遵从王进宝将令，率领靖远潼关两处兵丁由连云栈入汉中，大破王吴二部，收复攻克剑门关，恢复汉中、保宁等处，身经数十战，屡建奇功。陕西提督李公咨请拔补本营千总，得到朝廷批准。随即调赴河西肃州驻防，又得委署永安守备。在任训练有方，烽燧无隙，蒙川陕总督席公咨送赴京考验。康熙皇帝在景山亲试马步弓箭，询问其历年功苦及边情事宜，高琳应对称旨。康熙嘉其忠勇，赐以佩刀一把，貂皮两张，驿马一匹，驰赴直隶以守备即用，任古北口潘家口守备。康熙东行狩猎，琳接驾试射，无不如意，复蒙赏赐，诰封明威将军，殊恩异绩，一时称羡。身劳王事五十余载，于康熙五十三年（1714 年）卒，享年六十八岁。

**贺　福**　字以介，清恩贡生。康熙三十六年（1697 年）靖远首创培风书院时任主讲，精心治学，摘录紫阳书院学规及宋明诸儒规言懿训张贴于室，立身严谨，教学有方，有声于时。参编《靖远卫志》，兼增正。博学鸿文，著有《从吾诗文集》。崇文修德，功不可没。

**李笃庆**（1809—1890）　水泉镇黄湾中村人。清咸丰壬子（1852 年）陕西乡试中式二十三名举人。同治元年（1862 年）大挑二等，四年（1865 年）诠甘州府山丹县教谕，因战乱至光绪元年（1875 年）到任。十年后迁升凉州府学教授。诰封奉直大夫、钦加盐提举衔（从六品）。

**罗起德**（1850—1913）　原籍靖远县老龙湾常窑子（现属景泰县辖）。清拔贡，例授徵仕郎直隶州州判候选教。多年在今景泰、平川沿黄河一带设塾馆教授士子。清同治战乱后，区境陡城民众自黄湾特聘创办私塾，相继培养出多名贡生及文武廪、监生员。后定居陡城。

**吴月英**（1911—1976）　女，字松月，出身兰州名门望族。20 世纪 30 年代初于兰州女子高级师范毕业后，先后任教于景泰小学、兰州颜家沟小学、临夏积石山县魁峰中学。1950 年随丈夫贺连捷回靖远县陡城省亲,旋即于大营水、磁窑、陡城、大坝等地任教,执教有方,名著一时。1963年退休。连捷、月英夫妇终身教书育人,开创靖平地区夫妇从教先例和女性执教先河。月英兼擅刺绣绘画,为著名刺绣大师张品曾亲传弟子,作品在甘肃省展览中获一等奖。

**白富官**(1918—1979) 又名白红官,四川省巴中县光辉乡米兴村别家河人。1933年7月参加中国工农红军,在红四方面军9军25师73团3营7连当战士。1934年9月任红九军后勤部后方粮站战士、班长,筹粮运粮。红军长征到甘肃后,随红四方面军到河西,1936年12月在甘肃河西倪家营子战斗中失散,后在张掖、武威等地讨饭。1937年9月至1953年6月在兰州以卖水、当杂工、理发为生。1953年7月在阿干镇煤矿参加工作。1958年2月后在靖远矿区大水头煤矿当工人。1979年10月在靖远矿区病逝。1982年3月16日被巴中县人民政府追认为烈士,并载入《四川省巴中县烈士英名录》。

**贺连甲**(1904—1985) 字鼎三,水泉镇陡城村人。1924年毕业于兰州师范学校,1941年执教靖远敷文学校及县立简易乡村师范学校。平生思想进步,重视教育。创办东湾小学、陡城小学。万良才、张生强、张复基等均为其弟子。连甲世代业医,家富古籍,深研张仲景经方及傅青主妇科等名著,研读参悟别有心会。性慷慨仁慈,乐善好施,自设药部,每无偿施医。1981年,被靖远县卫生局授予"名老中医"称号。

**李德荣**(1939—2001) 辽宁省开源县人。1958年8月抚顺煤矿学校毕业后分配包头矿务局第一建井工程处任技术员,1964年9月调山西晋城任煤炭部第十一工程处技术员,1966年8月任处副总工程师,1971年9月随煤炭部第十一工程处到甘肃靖远矿区任甘肃省煤炭第二工程处生产组长、工程科长,1974年9月任靖远矿区指挥部副指挥、党委常委,1979年2月任甘肃煤炭基本建设工程公司副经理,1983年5月任经理。1986年5月任中共甘肃煤炭基本建设工程公司委员会书记,10月任中共靖远矿务局委员会书记。1993年9月任靖远矿务局咨询委员会副主任。

**顾　正**(1918—2001) 宝积乡响泉村人。早年入北京师范大学,受业于刘眄遂、黎锦熙诸名师。后任靖远师范学校教师,兰州大学中文系教授。长期从事语言学、古汉语、文字学等课程的教学与研究工作。国学造诣精深,颇多创见。主要著述有《四角号码说文解字索引》《兰大善本书目提要》《文字学》。《文字学》曾作为中文系教材,在学术界有一定影响。

**贝玉琨**(1943—2002) 共和镇毛卜拉村人。1960年加入中国共产党。历任毛卜拉大队七社队长、大队党支部副书记、共和公社革委会副主任。1979年任毛卜拉村党支部书记直至去世。秉性耿直,为人豪爽,胸怀坦荡,任劳任怨,兴修水利,建设学校,善抓机遇,不计个人得失,深得村民敬重。1988年获白银市劳动模范称号,1990年被市科委、市科协授予科技脱贫致富先进个人称号。当选为省第七次党代会代表,1998年参加人民大会堂国庆劳模招待会。

**汉　焕**(1941—2005)　榆中县城关镇人。1966年毕业于兰州大学中文系,后分配靖远矿务局一中任教。1981年后,历任靖远矿务局一中教导主任,靖远矿务局教育处副处长兼教研室主任,区政协一、二、三届副主席,市政协一、二、三届常委,省政协第七届委员。在教学与教育行政岗位上鞠躬尽瘁,呕心沥血,卓有建树,有关论文被国家刊物刊登。

**庞效统**(1941—2006)　通渭县人。1958年参加工作,历任宝积山矿党办干事,靖远煤矿行政办公室秘书,靖远煤矿基建队、地质钻探队政工组长,红会二矿、王家山矿办公室副主任。1985年3月任平川区筹建办公室副主任,1986年3月任平川区总工会主席,1998年4月任区总工会党支部书记,2000年1月任区委助理调研员。

**白天星**(1944—2007)　水泉镇下村人。1967年甘肃师范大学历史系毕业,先后在靖远县兴隆中学、北滩中学任教。1980年任兴隆中学副校长,1982年任东湾中学校长,1984年借调靖远县志办公室工作,1986年调白银公司培训中心电大部执教,1989年调平川区地方志办公室。《中华武术大辞典》(1987年出版)重要撰稿人之一,《广河县志》(1993年出版)《白银市志》(1999年出版)《平川区志》(2000年出版)《白银古代史略》主编,《靖远旧志集校》《靖远会宁红水县志集校》总校注,在方志界有一定的影响。《广河县志》《平川区志》获甘肃省史志优秀成果一等奖。2004年被评为甘肃省地方史志先进工作者。2006年创建白银市民间民俗研究会。

**李强国**(1945—2008)　靖远县东湾镇人。1964年任大坝公社革委会副主任、团支部书记。1968年任大坝支部书记,1971年任永新公社团委书记。1972年任高湾公社组织干部。1975年任共和乡(公社)副主任、副乡长。1982年任靖远县农电所所长。1985年后任平川区共和乡乡长、书记。1992年任平川区政府副区长。1997年任中共平川区委副书记。2003年离职,2005年6月任平川区慈善会会长。

**张有发**(1942—2008)　共和镇兄弟村人。1962年8月任兄弟村会计,1970年在打拉池小学任教,1980年后任兄弟村联办一矿矿长。1996年响应国家关井压产政策,创办白银雄征酒业公司,任董事长。兴建枣盛肉牛养殖场。甘肃省劳动模范,曾被甘肃省人民政府授予捐资助学先进个人称号。

**张仁兰**(1926—2009)　共和镇小水村人。幼年丧父,历尽艰辛。其后念及地方缺医少药,婴幼儿存活为难,遂不耻下问,潜心研习,学习针灸之术,搜集偏方、验方。义务诊治30余年,治愈3000多人,起死回生者亦有多例。采药自治丸散,慷慨施于家境困难者。

**张国效**(1940—2009)　靖远县双龙乡人。1964年参加工作,历任靖远县石门供销社主任,靖远县农副公司经理、党支部书记,靖远矿区商业局局长、党总支书记。1987年任平川区物价局局长,1990年任平川区审计局局长。1999年12月任区政府助理调研员。

**金　涛**(1946—2010)　共和镇打拉池人。教授级高级工程师,1969年7月中国石油大学石油地质专业毕业,先后在石油工业部胜利油田、长庆油田任技术员。1973年1月调靖远县工作,先后担任县革委会秘书组组长,县政府办公室副主任,东湾公社副书记,副县长、县委副书记、县长、县委书记。1986年10月任会宁县委书记、县武装部第一政委。1989年11月任省引大入秦工程指挥部副总指挥,1993年兼任省引洮工程筹备处主任。1995年4月后历任省水利厅副厅长、党组副书记,先后兼任省引洮筹备处主任,省南阳渠建管局局长、党委书记,省引洮工程领导小组办公室主任。主编《甘肃省水利水电工程建设文件汇编》。

**罗崇泰**(1964—2011)　水泉镇陡城村人。五一〇所党委书记兼副所长、研究员、博士生导师、真空低温技术与物理国家重点试验室主任,甘肃省科技领军人才、甘肃省第十届政协委员。1995年8月加入中国共产党。参加工作以来,长期从事表面工程技术、空间环境效应技术研究等科研工作,负责五一〇所承担的导航卫星、探月工程、通行卫星等宇航型号和国防重点武器装备产品的开发及科研生产综合管理工作,先后负责完成20多项国家任务。获得国家“首次月球探测工程突出贡献者”等20多项个人荣誉。2011年4月因车祸遇难。

**马荫芳**(1930—2011)　水泉镇下村人。1951年吸收为积极分子参加土改。1953年后历任九区团委副书记、书记,川口区副区长,三滩乡总支书记。1958年在引洮工程靖远工区一大队任副书记、大队长。1961年后历任中滩公社党委书记,川口区委书记、区革委会主任,北滩公社书记,面粉厂厂长、书记,东湾公社书记,靖远县委委员。1975年任临洮县委常委、组织部长、县革委会副主任。1980年任定西地区农科所所长。1984年任兴电工程指挥部纪委书记。1985年任平川区人大常委会副主任。

**孙正信**(1939—2011)　王家山镇井儿川村人。1961年定西师专肄业,先后在石门乡、井儿川小学任教,1964年调靖远县医院工作,1986年任平川区医药公司经理,1993年任平川区城建局局长,1997年10月任区政府助理调研员。

# 第二章　简介人物

(以生年先后为序)

## 第一节　党政军警界

### 一、地师级

**孙兴辉**　1955年5月生,水泉镇水泉村人。中央党校函授学院经济管理本科毕业,高级审计师。1976年2月后在00281部队、00289部队服役。1986年1月调核工业部西南局财务处工作。1987年1月调甘肃省审计厅工作,历任固定资产投资审计处科员、副主任科员、主任科员。2001年4月任农业与资源环保审计处副处长。2004年4月任处长。2006年4月任省审计厅办公室主任。2010年9月任省纪委驻省民委纪检组长。

**郭建中**　1956年10月生,复兴乡人。中央党校函授经济管理专业毕业。1976年12月在白银监狱工作,先后任科长、团委书记。1985年5月后在甘肃省监狱局工作,历任主任科员、教育改造处副处长、宣传教育处处长兼培训中心主任、狱政处处长。2006年8月后任甘肃省监狱管理局副局长、省司法厅副巡视员。

**李志荣**　1956年12月生,宝积乡人。研究生学历。1973年在宝积乡魏家地学校任民办教师,1975年入西北师大政治系学习,1977年后在靖远县文教局、靖远二中工作。1981年1月在甘肃省委党校任教务科长、讲师。1987年11月在中共甘肃省委政研室工作,1991年4月任处长。1992年10月任中共永靖县委副书记。2004年12月任省委政策研究室副巡视员、秘书一处处长。2006年11月后任省委办公厅副主任、政研室副主任,省政府参事室主任。

**韩国杰**　1959年10月生,水泉镇水泉村人。长安大学毕业,硕士研究生,高级工程师。1982年参加工作,先后在甘肃省公路局、甘肃省交通厅工作,历任总工程师、处长。1985年在长安大学读研究生。1998年任甘肃交通厅副厅长。2003年11月后任中国交通建设集团桥梁公司董事长,中交第一公路工程局有限公司副局长(副总经理)。

**杨有海**　1963年9月生,水泉镇人。教授。1984年兰州铁道学院毕业。1990年获工学硕士学位。先后被评为甘肃省普通高校优秀教务工作者、甘肃省333科技人才、铁道部青年科技拔尖人才等。论文和主持研究项目获甘肃省一等奖3次、二等奖1次、三等奖1次。甘肃省高教学会副秘书长,中国土木合成材料工程协会理事,甘肃省成人教育学会高职高专研究会副会长。历任兰州铁道学院教务处副处长、处长等职。后任甘肃省交通职业技术学院院长。

**张森春**　1964年9月生,共和镇人。兰州大学法律系毕业,中央党校经济学研究生学历。1992年后任省委党校教务科副科长、科长。1996年后任省委党校干部函授学院副院长、函授走读部副主任、机关党委副书记、纪委专职书记。2004年后任省委第四巡视组正处级巡视员。2008年11月任省委巡视机构副巡视员。

**吴　震**　1965年11月生,王家山镇人。九三学社白银市主委,高级农艺师。1982年入甘肃农业大学园艺系果树蔬菜专业学习,1986年7月在白银市农委工作,1992年在以色列耶路撒冷希伯来大学研修,1993年在白银市农技中心园艺站工作,1996年12月任白银市农技中心园艺站副站长,2002年3月后历任平川区人民政府副区长、白银市国土资源局局长。2011年11月任白银市副市长。

**关积珍**　1965年12月生,黄峤乡双铺村人。高级工程师。1987年5月北方交通大学研究生毕业,获工学硕士,留校任教。1999年后任四通智能交通系统集成有限公司总经理。全国智能运输系统标准化技术委员会委员,中国交通运输系统工程学会常务理事、副秘书长,北京交通工程学会常务理事,城市交通北京技术转移中心指导委员会副主任委员,《交通运输系统工程与信息》杂志副主编,中国光学光电子行业协会常务理事,中国光学光电子行业协会LED显示与应用分会副理事长,《现代显示》杂志编委,《国际光电显示》LED专栏顾问。

**刘　军**　1966年6月生,水泉镇中村人。研究生学历,高级工程师。1987年6月毕业于武汉水利电力学院动力设备专业,分配到刘家峡水电厂工作。1999年任副厂长,2002年任厂长。2004年12月任甘肃省电力公司明珠集团分公司董事长。后任山东鲁能集团有限公司副总经理。

**张铁军**　1971年9月生,共和镇小水村人。研究生学历。1996年7月北京大学考古系毕业,分配到北京市东城区检察院工作。后任北京市东城区检察院政治部主任、党组成员。2009年12月任北京市延庆县检察院检察长。

## 二、县团级

**邢万民**　1936年8月生,靖远县人。1952年11月参加工作,先后在靖远县城关区、公安局、甘肃引洮工程靖远工区、靖远县保卫部、大水头派出所工作。1975年4月任红会派出所所长,1980年调县公安局刑侦队工作。1985年7月任平川公安分局主任科员。1996年7月任副调研员。

**罗立功**　1947年11月生,靖远县城关镇人。1962年7月在靖远工交局工作。1978年6月调任靖远县人事局干事。1982年12月任靖远县委组织部副部长。1986年12月任靖远县委农村部部长、交通局局长。1990年8月任中共平川区委常委、组织部部长。1994年7月任中共平川区委副书记、组织部部长。1997年10月任常务副书记。2002年11月任平川区大常委会副主任。

**赵　瑱**　1948年9月生,靖远县东湾镇人。水利高级工程师,九三学社社员。1968年11月甘肃省水利学校毕业,在靖远县水电局工作。1976年6月在兴电工程指挥部工作,1985年3月任工务科科长。1985年11月任平川区农委副主任、水利中心主任。1987年7月任旱坪川电灌工程指挥部副指挥。1994年12月任西格拉滩提灌工程筹备组副组长。1997年4月任平川区水利局局长。2000年3月任平川区副区长。2002年3月任平川区人大常委会副主任。曾任九三学社白银市委员会副主任委员。

**黄天佈**　1951年9月生,平川区水泉镇牙沟水村人。中学高级教师。1972年担任小学教师。1974年入西北师范大学学习。1977年毕业后分配到靖远一中工作,先后任校团委书记、教导主任,1990年任副校长。1993年1月调任平川区教育局局长,1994年5月任党支部书记。

2000年2月任平川中学党支部书记，兼任平川实验中学筹建办主任。2002年3月任平川区人大常委会副主任。

**宋昌其**　1952年2月生，甘谷县盘安乡人。工程师。1975年10月毕业于天津大学工业自动化系自动化仪表专业，分配到国营兰州新兰仪表厂工作。1985年10月任平川区副区长。1985年12月至1986年6月任厦门市思明区区长助理。1993年1月任平川区政协副主席。2007年1月任区人大常委会副主任。

**张福海**　1952年2月生，河北省阜城县人。1968年参加工作，先后在靖远矿务局红会四矿纪委经打办公室、王家山矿武保科工作，任科长。1985年10月任平川区人民法院副院长。1996年3月任平川区人民检察院检察长、党组书记。2006年2月任平川区政协副主席。

**马　锐**　1952年7月生，靖远县曹岘乡人。1971年10月后在靖远县机械厂、靖远供销社工作。1985年10月任平川区经计委副主任。1990年5月任区政府办主任。1996年中央党校函授学院毕业。1996年6月任区财政局局长。1997年12月任平川区人大常委会副主任。2007年1月任区政协副主席。

**张生才**　1952年7月生，榆中县人。1974年10月在榆中县青城公社工作。1975年2月任青城公社革委会副主任。1980年9月任榆中县连川公社党委副书记、书记。1983年3月任水川乡乡长、党委书记。1988年11月任白银区四龙路街道办事处主任、党委书记。1997年12月任中共白银区委常委、纪委书记。1998年甘肃省委党校法律专业毕业。2002年3月任中共平川区委副书记、纪委书记。

**马生礼**　1953年1月生，靖远县人。1975年甘肃工业大学化工机械专业毕业，先后在靖远县计委、统计科、靖远矿区商业局工作。1983年至1985年先后任靖远矿区食品公司副经理、靖远矿区商业局副局长。1986年1月任平川区商业局局长、党总支书记。1995年9月任区地矿局局长。2002年3月任区政协副主席。

**陈　忪**　1953年6月生，靖远县城关镇人。1969年起先后在共和、种田、复兴工作，历任团委副书记、文书、党委秘书。1982年后历任靖远县委办公室秘书、宝积乡党委副书记。1986年1月任宝积乡乡长。1990年5月任平川区委办公室主任。1996年5月任中共平川区委常委、宣传部部长。1997年5月兼任区文联党组书记。2002年1月任中共平川区委常委、纪委书记。

**杜世润**　1953年10月生，靖远县人。1973年12月入伍，历任班长、排长、指导员。1981年6月转业，先后在江苏大屯煤田公司、靖远县纪委工作。1988年5月后历任靖远县纪委检查科副科长、纪委副书记，县委组织部部长、中共靖远县委常委。1995年参加中央党校领导干部函授班经济管理专业学习，本科毕业。1997年10月任平川区副区长。2002年1月任中共平川区委副书记。2006年11月任平川区人大常委会党组副书记。2007年1月任区人大常委会主任。

**陆　共**　1954年10月生,庆阳市人。1972年在永登县柳树乡劳动锻炼。1975年在中国科学院兰州高原大气所工作,历任技术员,政治处干事,党委办公室秘书、副主任、党委办公室党政办公室副主任,纪委副书记。1995年至2000年先后任中科院兰州大气所人事处长,中科院寒区旱区环境与工程研究所处长。2000年12月任平川区政府副区长。2000年中央党校领导干部班本科毕业。

**张志荣**　1955年4月生,庆阳市人。中国科学院管理干部学院毕业。1973年在庆阳县土桥乡任教。1975年在中国科学院兰州冰川冻土沙漠研究所工作。1978年在中国科学院冰川冻土所工作,先后任保卫科科长、老干部办公室主任、综合处副处长。1999年在中国科学院寒区旱区环境与工程所工作,先后任党政办主任兼保卫处处长,纪检组副组长、机关支部书记。2004年任平川区政府副区长。

**郝进义**　1955年8月生,靖远县东升乡人。1974年12月入伍,在空军雷达兵51团服役,历任技师、排长、副连长、军训参谋等职。1979年在空军武汉雷达学院进修。1987年转业到平川区委组织部工作,1993年5月任组织员,1995年10月任副部长。1997年10月任中共平川区委常委、组织部部长。2002年3月任中共平川区委副书记。1995年中央党校函授学院经济管理专业本科毕业。2007年1月任区政协主席。

**张忠祥**　1955年11月生,宁夏中宁县人。1973年2月在靖远县五合信用社参加工作,先后在农行靖远县支行、农行平川区办事处工作。1986年3月任农行平川办事处主任。1997年3任农行白银市分行资金组织科科长。1997年8月后历任平川区乡镇企业管理局局长、财政局局长,平川区政府副区长等职。2006年10月任中共靖远县委常委、副县长。2009年12月任平川区人大常委会副主任。

**李连生**　1955年11月生,河北深县人。1972年12月在兰州市公安局白银公安分局工作。1985年后历任白银公安分局治安队副队长,派出所副所长、所长,副局长。2001年8月任平川公安分局局长。

**关忠民**　1956年1月生,白银区人。1976年6月参加工作,先后在白银区水川公社、皋兰县公安局、白银市政法委、白银市公安局、白银市综治办工作。1992年5月后历任白银市综治办工作科副科长、科长,综合科科长,白银市政法委综合协调科科长。2003年3月任平川公安分局副局长。

**王连忠**　1956年7月生,靖远县人。1978年8月靖远师范学校毕业,分配到靖远师范附属小学任教。1980年8月起先后在靖远县广播站、平川区文教局、平川区文化广播站工作。1987年11月任平川区广播站站长。1990年5月任平川区文化广播电视局副局长。1996年3月任区广电局局长。2000年6月任区委宣传部副部长、区广电局局长、电视台台长。2002年6

月任区发展计划局局长。2005年3月任区发展和改革局局长。2010年1月任区政协副主席。2011年10月任区人大副主任。

**贺廷志** 1956年8月生,平川区宝积乡人。1977年靖远师范学校毕业,先后在靖安中学、东升中学、共和中学任教。1984年7月至1985年7月在靖远县总工会、刘川工程指挥部工作。1985年8月调平川区筹备组工作,历任区经计委副主任、党支部书记,工商联合会执委,区计划委员会主任、党支部书记。2000年3月任中区管委会主任兼区计划委员会主任。2004年3月任区人大常委会副主任。甘肃省以工代赈扶贫建设先进工作者。

**韩宝成** 1956年9月生,会宁县人。1976年10月在会宁县刘寨公社工作。1982年7月在会宁县委办公室工作。1984年12月任会宁县委机要室副主任。1986年5月任靖会电灌工程管理处党办副主任。1987年3月任平川区劳动人事局副局长。1990年5月任区劳动人事局副局长、编办主任。1993年8月任区直机关党委书记、组织部副部长。1997年12月任王家山镇党委书记、人大主席。1998年11月任区城市建设管理委员会办公室主任、区城建局党支部书记。2000年6月任区纪委副书记、监察局局长。2002年3月任中共平川区委常委、宣传部部长。2006年10月任区人大常委会副主任。2007年4月兼任区总工会主席。

**冯玉乾** 1957年7月生,靖远县东湾镇人。1981年8月甘肃省林业学校林业专业毕业,先后在甘肃省林业科学研究所、靖远县人大常委会、平川区筹备组工作。1986年1月任平川区人大常委会办公室副主任。1990年5月任区人大常委会办公室主任。1996年5月任区土地管理局局长。2002年9任区国土资源局局长。2005年10月任白银市国土资源局平川分局局长。2010年1月任白银市国土资源局副调研员、平川分局局长。2010年6月任市国土局副调研员、平川分局书记。

**贺　刚** 1957年11月生,平川区王家山镇大营水村人。1981年7月甘肃省定西卫生学校毕业,在靖远县卫生防疫站工作。1983年7月任副站长。1985年12月任平川区防疫站站长。1998年3月任区卫生局局长。2003年8月任区城建局局长。2010年1月任区政协副主席。

**万治贵** 1957年12月生,靖远北滩乡人。1976年在部队服役。1980年1月在靖远县人事局工作。1983年8月任水泉乡副乡长,1986年6月任靖远县委农村工作部副部长,1987年7月任北湾乡党委书记。1988年8月后历任白银市纪委检察科长、审理科长、纪检二室主任、副县级纪检监察员。1995年9月任平川区副区长。1997年12月任中共平川区委常委、副区长,2000年3月任中共平川区委副书记、区长。2002年3月任中共平川区委书记。后任白银市公安局局长,平凉市副市长、市公安局局长,省司法厅副厅长、监狱管理局局长。

**马俊明** 1958年1月生，白银区人。1983年西北师范大学中文系毕业。1983年7月至1987年12月先后在兰州市白银区委宣传部、白银市白银区委办公室工作。1987年12月任白银区委办公室副科级秘书,1988 年 5 月任白银区委办公室副主任,1989 年 11 月任白银区委办公室副主任、党史办主任,1990 年 9 月任白银区政府办公室主任,1996 年 8 月任中共白银区委宣传部部长。1997 年 12 月任中共白银区委常委、宣传部部长。2002 年 11 月任中共平川区委副书记。

**张树云** 1958 年 3 月生,靖远县人。1976 年 12 月参加工作,先后在靖远县公安局、矿区公安分局、白银市公安局工作,历任刑警队副队长、指导员、队长、侦察员,白银市公安局办公室主任。2001 年 8 月任白银市公安局政治部主任。2007 年 5 月任平川公安分局政委。

**卜发生** 1958 年 10 月生,民乐县人。1982 年 8 月张掖农校毕业,在民乐县农村工作部工作,1983 年 10 月任民乐县民联乡党委副书记,1985 年 3 月任民乐县新天乡党委书记。1989 年 10 月任中共民乐县委宣传部部长。1992 年 10 月任高台县副县长,1997 年 10 月任中共高台县委常委、副县长。2000 年 9 月至 2002 年 10 月任中共临泽县委副书记、县长(期间在深圳市宝安区挂职半年,任区长助理)。2002 年 10 月任中共平川区委书记。后任白银市副市长。

**刘海平** 1958 年 10 月生,山西平鲁人。1977 年参加工作,1979 年在白银公安分局刑侦队工作。1987 年后历任白银市公安局治安大队、刑侦大队队长。1998 年 7 月任平川公安分局局长、党委书记。

**张生义** 1958 年 12 月生,景泰县人。四级高级法官。1981 年兰州工业学校毕业,分配到景泰县人民法院工作,历任书记员、助审员。1985 年 5 月任景泰县人民法院审判员。1986 年 1 月任白银市中级人民院助理审判员,1986 年 6 月任审判员,1994 年 6 月任刑一庭庭长、审判委员会委员。2000 年 9 月任平川区人民法院党组书记、副院长、代院长,2001 年 3 月任院长。

**张学梅** 女,1959 年 8 月生,平川区人。1976 年 3 月参加工作,先后在靖远县计生委、水泉乡、宝积乡和平川区土地局工作。1994 年 12 月任区土地估价所所长,1996 年 5 月任区土地局副局长。1998 年 3 月任电力路街道办事处党委书记。2002 年 6 月任中区管委会工委书记。2007 年 1 月任区政协副主席、统战部部长。

**袁　辉** 1959 年 11 月生,平川区水泉镇人。1983 年西北师大数学系毕业,后在白银市第五中学任教,1990 年任市五中党支部副书记。1995 年任平川中学副校长,2005 年任平川中学校长。省级中学骨干教师、学科带头人,全国优秀教师,甘肃省“园丁奖”获得者。

**李家庆** 1959 年 11 月生,景泰县人。1978 年 2 月陆军第 47 集团军高炮团服役,1985 年 1 月任指挥部参谋,1985 年 9 月任高炮旅四营十连连长,1985 年 10 月任正连职参谋。1988 年 10 月后在平川区委组织部、平川区委办公室工作。1990 年 3 月任区委办公室副主任兼政研室副主任。1996 年 5 月任区人事局局长。2000 年 6 月任区经济贸易局局长。2005 年 3 月任区扶贫开发办公室主任。2007 年 9 月任区财政局局长。2011 年 10 月任区人大常委会副主任、区总工会主席。

**崔巧玲** 女,1960年2月生,陕西蓝田人。1976年4月在靖远县水泉公社陡城大队当知青。1979年11月经定西地委组织部批准选拔为靖远县宝积区计生专职干部。1985年10月调平川区计生委工作。1995年10月任宝积乡副乡长。1998年2月任区计生局党支部书记、副局长。2000年5月任宝积路街道办事处党委副书记、办事处主任。2005年2月任兴平路街道办事处党委书记。2011年1月任区政协副主席。

**王小平** 1960年5月生,陕西乾县人。1978年在兰州军区守备师炮团服役。1980年入西安陆军学院学习。1981年后在陆军五十七师历任排长、副连长、连长。1985年入西北师范大学中文系学习。1987年后历任四一二团连长、通信股长、营长。1998年1月任青海海西军分区军务动员科长。2001年4月任平川区人民武装部政委。

**包 润** 1960年8月生,靖远县人。1979年9月入甘肃省农业机械化学校学习。1982年7月参加工作,先后在靖远县公安局、平川公安分局工作。1992年2月后历任平川公安分局政工科科长、大水头派出所所长、旱坪川派出所所长。2005年9月任白银市公安局副县级侦察员、平川公安分局旱坪川派出所所长。2009年12月任平川公安分局副局长。

**刘永聪** 1960年10月生,靖远县石门乡人。中央党校法律函授本科学历。1977年3月参加工作,先后在白银市第五中学等校任教。后历任平川区纪委办公室副主任、王家山镇党委副书记、镇长、水泉乡党委书记。2002年6月任区教育局局长。2004年2月任平川中学党委书记。

**张志明** 1960年12月生,甘肃泾川县人。河北宣化炮兵指挥学院毕业。1978年在反坦克412团服役,历任班长、排长、副连长、连长、股长等职。1994年在白银军分区白银区人民武装部工作,历任军事科长、军务科长、军务动员科长。2002年3月任平川区人民武装部部长。

**朱克侠** 1962年5月生,古浪县人。1981年甘肃玉门石油管理局技工学校毕业,分配到古浪县劳动局服务公司工作。1985年后在武威市公安局武南派出所、白银市公安局白银分局工作。1994年任靖远县石门乡副书记(挂职)。1998年后历任白银市公安局白银分局法制科科长、四龙路派出所所长、白银市公安局经济犯罪侦察支队支队长。2006年9月任中共平川区委常委、政法委书记、平川公安分局局长。

**王云命** 1962年6月生,景泰县人。1980年参加工作,先后在景泰县草窝滩乡、景泰县公安局、景泰县纪检委、白银市政法委、白银市社会治安综合委员会工作。1992年后任白银市社会治安综合治理委员会办公室综合科副科长、科长。1998年后历任白银市委政法委办公室主任、执法监督室主任。2006年9月任平川区人民检察院党组书记、副检察长、代检察长,2007年1月任检察长。

**张　福**　1962年7月生,平川区人。中央党校函授学院经济管理专业毕业。1979年8月在靖远县宝积区参加工作。1981年1月调高湾乡工作。1983年6月任靖远县高湾乡副乡长,1988年6月后历任平川区扶贫办副主任,复兴乡乡长、党委书记,共和乡党委书记。2000年3月任平川区副区长。2004年6月任中共平川区委常委、副区长。2009年12月任中共平川区委副书记。2011年10月任平川区人大副主任。后任平川区人大主任。

**王万龙**　1962年7月生,景泰县人。1984年7月在景泰县草窝滩乡参加工作。1985年9月经武威地区行政公署人事处批准录用为国家干部。1989年3月后历任草窝滩乡副乡长,中泉乡党委副书记、乡长、党委书记,县林业局局长。2004年2月任景泰县上沙沃开发区管委会主任。2006年10月任景泰县副县长。2008年4月在甘肃省卫生厅挂职,任农村卫生管理处副处长。2008年11月任平川区副区长。2009年12月任中共平川区委常委,副区长。

**杨万勤**　1962年9月生,靖远县人。1980年入甘肃农业大学农学系学习,1984年7月在省委党校选调生培训班学习。1984年8月在会宁县郭城驿乡工作,1985年5月任副乡长。1987年2月任会宁县河畔乡党委副书记,1988年8月任党委书记。1994年11月任白银市农建办、扶贫办、移民办主任。1995年6月任白银市农业科学研究所副所长,1998年4月任所长。2002年3月任中共平川区委副书记、区长。后任市财政局局长,中共景泰县委书记,景电工程管理局副局长。

**马凯翔**　1963年1月生,景泰县人。1976年在兰州军区第二通信总站服役。1979年在西安陆军学校学习。先后任兰州军区后勤部28分部司令部机要科正排、副连职参谋。1985年任兰州军区汽车第十四团三营五连指导员。1987年入西安政治学院刑事侦查专业学习。1990年10月后历任甘肃省军区保卫处副营、正营、副团职干事。2001年任白银军分区陆军预备役防化团政委。2006年3月任平川区人民武装部政委,7月任中共平川区委常委、人民武装部政委。

**王扶东**　1963年2月生,景泰县人。1981年8月武威师范学校毕业,先后在景泰县大安乡福禄中学、马莲学校、大安乡政府、县纪委、白银市纪委工作,历任市纪委副科级纪检员、正科级纪检员、信访室主任。1999年5月任市纪委党风廉政建设办公室(市纠正行业不正之风办公室)主任。2006年1月任平川区人民检察院党组书记、副检察长、代检察长。

**蔡红梅**　女,1963年4月生,会宁县人。1981年在会宁县草滩乡政府工作。1985年入甘肃省委党校政治理论专业脱产学习。1987年在会宁县妇联工作,先后任副主任、主任。1991年调白银市妇联工作,历任办公室主任、宣教部部长。2001年5月任平川区副区长。2002年3月任中共平川区委常委、组织部部长。

**徐　智**　1963年5月生,靖远县人。1984年定西地区临洮农校毕业,先后任共和乡文书、平川区政府办公室秘书。1993 年 5 月任平川区政府办公室副主任。1998 年 3 月任红会路街道办事处党委书记。2000 年 6 月任宝积乡党委书记。2004 年 3 月任平川中区经济开发管理委员会主任。

**贾汝昌**　1963 年 5 月生，靖远县人。大学学历，农学学士。1987 年 7 月甘肃农业大学农机系农业机械化专业本科毕业，分配白银市白银区农建办工作。1992 年 2 月任白银区农业办公室副主任、农建办副主任。1992 年 11 月任王岘乡副乡长、示范工业小区管委会副主任。1995 年 11 月任王岘乡党委副书记、示范工业小区管委会副主任。1996 年 8 月任王岘乡代乡长。1996 年 11 月任王岘乡乡长。1997 年 5 月任示范工业小区管委会主任。1998 年 3 月任王岘乡党委书记，示范工业小区管委会主任、党工委书记。2000 年 5 月任王岘乡党委书记、示范工业小区党工委书记。2001 年 11 月任中共会宁县委常委、常务副县长。2006 年 1 月任中共会宁县委副书记、县长。2009 年 12 月任中共会宁县委书记。2011 年 9 月任中共平川区委书记。后任白银市副市长。

**马　勤**　1963 年 7 月生，靖远县刘川乡人。1984 年定西地区农校农学专业毕业，先后任平川区水泉乡文书、区城建局土地管理站站长。1989 年 1 月后任区土地管理局副局长、局长、党支部书记。1995 年 11 月任共和乡党委副书记、乡长。1997 年 5 月任黄峤乡党委书记。1997 年 12 月任平川区副区长。2000 年 7 月至 12 月在省科技厅挂职，任政策法规与体制改革处副处长。2002 年 3 月任中共平川区委常委、副区长。2004 年 6 月任中共平川区委副书记、代区长，12 月任中共平川区委副书记、区长。后任市政府秘书长，市财政局局长。

**高云翔**　1963 年 8 月生，白银区人。大学学历，法学学士。1985 年 8 月在白银市委宣传部参加工作。1989 年 12 月任市委宣传部教育科副科长，1992 年 12 月任市委宣传部理论教育科科长，1994 年 12 月任市委宣传部办公室主任。1998 年 4 月任市委讲师团团长。1999 年 4 月任市委组织部副县级组织员、干部一科科长，2002 年 8 月任市委组织部副部长，2004 年 9 月任市委人才办主任，2006 年 7 月任市委组织部常务副部长。2009 年 3 月任中共平川区委副书记、区长。后任中共平川区委书记。

**史文中**　1963 年 8 月生，靖远县人。1980 年入甘肃省畜牧学校学习。1983 年在靖远矿区商业局工作。1986 年在平川区商业局工作，先后任副局长、局长。1998 年 3 月任区粮食局局长。2000 年 6 月任区人事局局长。2002 年 6 月任区人事劳动和社会保障局局长。2004 年 2 月任平川区副区长。

**甘孝礼**　1963 年 9 月生，永登县人。1983 年西北师范大学政法系毕业。1983 年至 1988 年先后在永登师范学校、永登县司法局工作。1988 年 12 月至 2002 年 7 月在甘肃省社会主义学院工作，1993 年 6 月任副处长，1998 年 9 月任处长。2002 年 7 月任中共平川区委副书记。

**刘　军**　1963年9月生,靖远县人。1981年1月参加工作。先后在靖远县刘川乡、靖远县统计局、白银市供销合作联社、白银市工商行政管理局工作。1994年6月任白银市工商行政管理局生产资料市场管理所副所长,2000年10月任市工商行政管理局办公室主任。2004年5月任市工商行政管理局副调研员兼平川分局党组书记、局长。

**宋玉奎**　1963年10月生,靖远县五合乡人。1982年靖远师范学校毕业,先后在靖远县贾寨柯学校、东湾中学任教。1992年调平川区委党校工作,1996年6月任副校长。1998年3月后历任宝积路街道党委书记、共和乡党委书记、共和镇党委书记。2006年9月任中共平川区委常委、纪委书记。2010年10月任中共平川区委常委、副区长。

**刘同林**　1963年10月生, 山东平度人。1982年10月甘肃省人民警察学校公安专业学习。1984年8月分配景泰县公安局工作。1987年8月调白银市公安局工作。2000年5月任白银市公安局刑侦支队一大队副队长,2005年6月任队长。2005年12月任白银分局人民路派出所所长。2011年10月任平川公安分局副局长。

**李伯亮**　1963年12月生,靖远县人。省委党校研究生学历。1985年定西地区临洮农业学校农学专业毕业,在定西地区行署农业处工作。1986年后历任平川区政府办公室秘书、副主任,共和乡经委主任,区政府办主任,区房产局局长,黄峤乡党委书记。2006年9月任中共平川区委常委、区委办公室主任。2009年6月任中共平川区委常委、区政法委书记。

**金洪民**　1964年3月生,靖远县人。主治医师。1983年7月甘肃省定西卫校医师专业毕业,分配到靖远县刘川乡工作。1985年4月调平川区精神病医院工作,1991年5月任副院长。1996年12月任区人民医院副院长。2001年8月任区精神病医院院长。2003年8月任区卫生局局长。2009年3月任白银市精神卫生中心主任。

**白小鸣**　1964年5月生,甘肃榆中县人。1986年7月兰州师专中文系中文专业毕业,先后在白银市第五中学、景泰县委宣传部、平川区宝积镇、平川区委组织部工作。1996年5月任平川区委副科级组织员,1999年8月任平川区委组织部副部长。2007年3月任平川经济开发区管委会工委书记。

**于　玫**　女,1964年6月生,黑龙江双城人。九三社员。1982年7月甘肃省卫生学校护士专业毕业,分配银光化学工业公司职工医院工作。1985年12月调白银市中级人民法院工作。1995年6月任白银市中级人民法院助理审判员。2002年8月任白银市中级人民法院民事审判第二庭副庭长、审判员。2007年7月任白银市中级人民法院国家赔偿委员会办公室主任。2010年8月任白银市禁毒委员会办公室副主任。2010年11月任平川区政府副区长。

**杨忠诚**　1965年2月生,河北崇礼县人。1983年10月在乌鲁木齐军区电子对抗雷达教导队服役。1985年8月在乌鲁木齐陆军学校学习。1992年9月后历任兰州军区第二电子对抗团后勤处财务股正连职助理员、股长、副处长、处长。2003年3月后历任兰州军区司令部第一技术侦查局后勤部营房科副科长、副团职政治协理员、科长。2007年1月任景泰县人民武装部部长。2011年5月任平川区人民武装部部长。

**李树强**　1965年2月生,景泰县人。1981年10月在青海省海西军分区服役。1984年10月转业到银光化学工业公司工作。1985年5月调白银公安分局工作,1996年12月后历任内保科副科长、经侦大队队长、治安科科长。2007年2月任平川公安分局副局长。

**金建全**　1965年3月生,靖远县人。1984年10月在甘肃省人民警察学校公安管理专业学习。1986年7月在平川公安分局工作,1996年12月后历任巡警队队长、缉毒队队长、红会路派出所所长。2005年9月任平川公安分局副局长。

**赵玉国**　1965年3月生,靖远县人。省委党校研究生学历。1985年6月在临洮县八里铺乡参加工作,曾任经委副主任。1989年11月调任平川区水泉乡经委副主任。1993年6月后历任王家山镇副镇长、经委主任,宝积路街道办事处党委副书记、主任,红会路街道办事处党委书记,王家山镇党委书记。2003年8月任区人口和计划生育局局长。2010年5月任区城乡建设局局长。2011年6月任平川经济开发区管委会主任。

**李　鹏**　1965年7月生,陕西乾县人。1980年在总后输油管线管理团服役。1983年入重庆理工学院油料系学习。1985年在总后输油管线管理团工作,历任排长、副营长、副站长、站长、教导队副队长。1995年任兰州军分区司令部副营职助理员、永登县后勤科长。1999年任甘肃陆军预备役高射炮兵师管理科副科长、科长。2006年3月任平川区人民武装部部长。

**张拉新**　1965年9月生,陕西岐山人。1986年9月在甘肃工业大学机械工程系机械设计与制造专业学习。1990年7月在白银市经计委工作,先后任以工代赈科副科长、科长、办公室主任。2003年2月任白银市经济贸易委员会纪检组长。2004年9月任白银市经济委员会纪检组长。2008年10月任白银市经济委员会副主任。2009年12月任中共平川区委常委、副区长。

**侯明琦**　1965年10月生,陕西扶风人。上校。1983年10月入伍。1987年7月毕业于西安陆军学院。历任战士、排长、副连长、指导员、干事、科长。2004年3月任平川区人民武装部政委。

**王家传**　1965年10月生,四川仪陇人。上校。首都师范大学研究生学历。1981年10月入伍,历任作战排长、连政治指导员、副营职助理员、正营职助理员、副团职助理员和正团职助理员。1985年至1987年参加对越自卫反击战,荣立二等功一次。2005年3月任新疆军区边防二团团长。2006年2月任兰州市西固区人民武装部政委。2007年4月任平川区人民武装部政委。

**陈其银**　1965年11月生,靖远县人。1984年7月靖远师范学校毕业后分配到靖远县大芦乡工作。1985年3月调任靖远县委办公室机要员、秘书。1988年5月任靖远县委办公室副主任。1989年6月任白银市委办公室秘书科副科级干部,12月任副科级秘书。1994年12月任市委办公室秘书一科正科级秘书。1999年4月任市委办公室副主任。2002年3月任市委副秘书长、办公室副主任。2004年3月任市委副秘书长、办公室副主任。2006年8月任市政府秘书长、党组成员、办公室党组书记。2007年7月兼任市政府新闻办公室主任。2009年3月任中共平川区委书记。后任白银市副市长。

**蒙占元** 1965年12月生,景泰县人。1984年武威师范学校毕业,先后在景泰县一中、县人事局、县委办公室工作。1996年10月后历任景泰县委办公室副主任、保密局局长、八道泉乡党委书记、县委组织部副部长。2006年9月任中共平川区委常委、组织部部长。

**顾克伟** 1966年3月生,白银区人。民革党员。1984年9月在兰州市商业学校企业管理专业学习。1986年7月在兰州市粮食局参加工作。1988年5月后调民革白银市委工作,历任民革白银市委副主任科员、秘书长兼民革白银市直支部主委、兼职副主委、秘书长、专职副主委。2009年8月任平川区副区长。

**展天宝** 1966年3月生,平川区宝积乡鸾沟村人。1986年7月靖远师范学校普师专业毕业,先后在平川中学、区教育局、区政府办公室工作。1998年3月后历任宝积路街道办副主任,区城管办副主任,共和乡党委副书记、乡长,红会路街道党委书记,红会镇党委书记,水泉乡党委书记,水泉镇党委书记。2006年10月任平川区区长助理。2007年9月任平川区区长助理兼区城市开发办主任、城投公司董事长。2010年11月任平川区副区长。

**杨　成** 1966年3月生,甘肃皋兰人。1984年10月参加工作。先后在武警青海省总队二支队、白银市公安局平川分局交警队、白银市公安局、白银市公安局白银分局工作。1994年8月任白银分局刑侦二大队科员。2000年5月任白银分局人民路派出所副所长。2002年9月任白银分局缉毒队副队长。2005年12月任白银分局缉毒队教导员。2007年12月任白银分局治安科科长。2009年4月任白银分局治安管理大队队长。2010年12月任白银市公安局平川分局副局长。

**何朝霞** 女,1966年5月生,靖远县人。1985年10月参加工作,先后在靖远县人民法院、白银市公安局白银分局工作,先后任白银分局政工科副科长、人民路派出所副教导员。2005年4月任白银市妇联副主席。2006年9月任中共平川区委常委、宣传部部长。

**王新生** 1966年6月出生,陕西眉县人。上校。1984年9月入伍。1988年7月毕业于合肥炮兵学院。历任学员、排长、副连职干事、指导员、股长、教导员、副主任、主任。2005年3月任平川区人民武装部政委。

**纪秀兰** 女,1966年8月生,辽宁建平县人。1990年6月毕业于甘肃农业大学植保系,分配到平川区宝积乡工作。1998 年 10 月后历任区科技局副局长,种田乡党委副书记、乡长,种田乡党委书记,区民政局局长。2010 年 1 月任平川区人大常委会副主任。

**王志华** 1966 年 11 月生,靖远县人。1990 年 7 月西北政法学院经济法系毕业,在白银市对外经济贸易公司任法律顾问。1994 年 9 月调白银市委政法委工作,历任研究室副主任、综治基层科科长、执法监督室主任。2007 年 5 月任执法监督室主任。2011 年 3 月任中共平川区委常委、政法委书记。

**姚立群** 1966 年 12 月生,陕西三原县人。中国人民公安大学毕业。1985 年 12 月参加工作。先后在白银市公安局白银分局任治安科副科长、工农路派出所所长、分局副局长。2004 年 9 月任白银市公安局平川分局党委书记、局长。2005 年 10 月任中共平川区副区长。

**张 侃** 1967 年 7 月生,会宁县人。1986 年 9 月西北师范大学中文系学习。1990 年 8 月白银市平川中学任教。2000 年 6 月任平川中学教导处副主任。2005 年 3 月任平川中学副校长。2006 年 3 月任平川二中校长。2011 年 10 月任区政协副主席。

**张文玲** 女,1967 年 11 月生,江苏盐城市人。工商管理硕士,高级政工师。1985 年入四川建材工业学院电气自动化专业学习。1989 年至 2003 年先后在兰州平板玻璃厂、兰州蓝天浮法玻璃股份有限公司工作。2003 年 4 月任平川区副区长。2006 年 10 月任中共平川区委常委、副区长。

**李世春** 1968 年 2 月生,景泰县人。1986 年武威师范学校毕业,先后在景泰正路中学、景泰县文教局、团景泰县委工作。1989 年参加兰州大学成人自学考试汉语言文学专业在职学习。1993 年 3 月后历任景泰县团委副书记、书记,四个山乡乡长,中泉乡党委书记。2002 年 11 月任中共平川区委常委、统战部部长。

**曾华辉** 1968 年 6 月生,四川简阳市人。在职研究生学历,企业管理学硕士。1992 年甘肃工业大学机械工程系热处理专业毕业,先后任甘肃工业大学学报编辑部编辑、学生处勤工助学服务中心副主任、团委副书记、校董会秘书处办公室主任、校长办公室副主任、高新技术实业总公司副总经理。2002 年 1 月后历任兰州理工大学对外联络处副处长、校董会办公室主任。2006 年 8 月任中共平川区委常委、副区长(挂职)。

**胡朝生** 1968 年 9 月生,白银区人。1988 年 12 月在白银市白银区强湾乡政府工作。1992 年 4 月调白银区农业办工作。1994 年 12 月任白银区小康办公室副主任。1998 年 11 月任白银区机构编制委员会办公室主任。2004 年 7 月任白银区委办公室主任。2006 年 9 月任中共白银区委常委、办公室主任。2008 年 5 月挂职任省直机关工委宣传部副部长、文明办副主任。2008 年 9 月任中共白银区委常委、办公室主任。2010 年 11 月任中共平川区委常委、纪委书记。

**秦俊山** 1968 年 11 月生,靖远县东升乡人。1988 年 7 月陇西师范学校普师专业毕业,分配靖远县石门中学任教。1990 年 11 月调共青团白银市委办公室工作,先后任学校部副部长、组织部部长、副书记。2006 年 11 月借调白银市委组织部工作。2007 年 3 月任白银市劳务管理办公室主任。2007 年 12 月任白银市劳动和社会保障局劳务管理办公室主任。2008 年 12 月任中共景泰县委常委、组织部部长。2010 年 11 月任中共景泰县委常委、副县长。2011 年 9 月任中共平川区委常委、副区长。

**肖生宝** 1969 年 1 月生, 平川区宝积乡响泉村人。1990 年 7 月西北师范大学地理系毕业,在白银市第五中学任教。1992 年 8 月平川中学任教,历任团委书记、教导处副主任。1999 年 9 月任平川区监察局副局长。2003 年 5 月任区政府办公室主任。2007 年 8 月任区委办公室主任。2009 年 12 月任中共平川区委常委、区委办主任。2011 年 10 月任中共平川区委常委、政法委书记。

**胡建伟** 1969 年 3 月生,河北保定市人。工程师。1991 年西安冶金建筑学院矿产资源工程系选矿工程专业毕业,分配到白银有色金属公司选矿厂工作,先后任车间技术员、宣传部干事、团委副书记、宣传部部长、副厂长。2001 年 7 月任白银有色金属公司宣传部部长,11 月任共青团白银市市委书记。2006 年 9 月任中共平川区委副书记。后任市商务局局长,市工信委主任,中共平川区委副书记、区政府区长。

**高启福** 1969 年 3 月生,白银区人。1990 年 7 月靖远师范学校普师专业毕业,分配甘肃省第一劳教所工作。1994 年 10 月调白银西区经济开发区管理委员会工作。1998 年 6 月借调白银市委组织部工作,先后任副科级组织员、干部监督科科长、干部二科科长、干部一科科长。2009 年 10 月任靖远县副县长。2011 年 9 月任中共平川区委常委、组织部部长。

**魏正武** 1969 年 7 月出生,甘肃白银人。1989 年 2 月在白银区人民检察院工作,任书记员、助理检察员。1995 年 3 月任检察员。1996 年 8 月任起诉科副科长。2001 年 5 月任公诉科科长、检察员。2006 年 4 月任副检察长、党组成员、检委会委员。2008 年 1 月挂职任白银市人民检察院反贪污贿赂局局长助理。2009 年 8 挂职任甘肃省人民检察院公诉办主任助理。2010 年 12 任平川区人民检察院党组书记、检察员、检察委员会委员、副检察长、代理检察长。2011 年 3 月任平川区人民检察院检察长。

**王振军** 1971 年 5 月生,会宁县人。1989 年 3 月在新疆军区边防第十一团特务连服役。1991 年 9 月在乌鲁木齐陆军学院学习。1999 年 7 月任景泰县人民武装部正连职干事。2000 年 3 月后历任白银军分区后勤部战勤科副营职参谋、正营职参谋、正营职助理员。2006 年 3 月任靖远县人民武装部副部长。2007 年 3 月任白银军分区后勤部副团职助理员。2010 年 4 月任金昌军分区后勤部部长。2012 年 1 月任平川区人民武装部政委。

**李常锋** 1971 年 10 月生,会宁县人。1995 年 6 月甘肃工业大学机械一系模具专业毕业,任甘肃工业大学管理工程系辅导员。1996年7月后任甘肃工业大学学生处就业指导中心办公室干事、副主任、主任。2000年3月任兰州理工大学材料科学与工程学院党总支副书记兼副院长。2005年3月任兰州理工大学研究生部副部长,2005年11月任党总支副书记、副部长。2008年1月任兰州理工大学研究生学院党总支书记。2010年3月任兰州理工大学党委研究生工作部部长兼研究生学院副院长。2010年10月任中共平川区委常委、副区长(挂职)。

**张　莉**　女,1973年4月生,吉林榆树人。1993年7月无锡轻工业学院自动化系电气技术专业毕业，分配白银纺织机械针布厂技术科工作。1994年8月调白银市委组织部工作。2000年12月任白银市委组织部副科级组织员。2001年11月任团市委组织部部长。2006年12月任团市委副书记。2007年7月任团市委副书记、市青联主席。2009年2月任团市委书记、党组书记、市青联主席。2011年9月任中共平川区委副书记。

**刘晓非**　1973年6月生,吉林人。研究生,工学博士。1990年9月南京理工大学高分子材料专业学习,获工学学士学位。1994年7月天津大学高分子化工专业学习。1997年3月在天津大学生物医学工程专业学习,获工学博士学位。2000年6月后在天津大学材料学院任教,其间获南开大学生命科学学院生物活性材料重点实验室博士后。2009年12月任平川区人民政府副区长(挂职)。

**陶丽莉**　女,1974年7月生,靖远县人。1991年9月入甘肃政法学院学习。1993年7月后任白银市中级人民法院书记员、助理审判员。2003年8月任白银市中级人民法院助理审判员。2005年12月任白银市中级人民法院审判员、副庭长。2010年12月任平川区人民法院审判员、审判委员会委员委员、副院长、代院长。2011年1月任平川区人民法院院长。

**吴　丽**　女,1976年2月生,甘肃庆阳人。1997年7月庆阳师专中文系汉语言文学专业毕业。1997年6月参加甘肃省委组织部选调生培训班学习。1997年7月兰州市城关区委党史办公室工作。2002年10月调甘肃省委老干部工作局工作。2003年11月任省委老干部工作局调研处副主任科员。2006年1月任省委老干部工作局政治待遇处主任科员。2010年11月任省委老干部工作局政治待遇处副调研员。2011年8月任平川区人民政府副区长(挂职)。

**朱守勋**　1977年10月生,白银区人。1995年9月靖远师范学校普师专业毕业后在白银区第十一小学(原白银公司五校)参加工作。1997年10月调白银公司铝厂党委办公室和党委组织部工作。2000年5月任白银公司铝厂团委副书记。2001年6月任白银公司教培中心团委副书记。2003年3月任白银公司教培中心团委书记。2005年1月任白银区第十二小学校长。2008年11月任共青团白银区委书记。2011年8月任白银区四龙路街道党委副书记、办事处主任。2011年9月任中共平川区委常委、宣传部部长。

**薛丞忠**　1979年5月生,靖远县东升乡人。甘肃省委党校大学学历。1998年7月天水农业学校农学专业毕业。1999年3月分配靖远县东升乡政府工作。2002年1月任靖远县东升乡副乡长。2006年9月任靖远县兴隆乡党委副书记。2006年12月任靖远县兴隆乡党委副书记、乡长。2010年12月任靖远县五合乡党委副书记、乡长。2011年6月任靖远县刘川乡党委书记、刘川工业集中区管委会副主任。2011年9月任平川区人民政府副区长。(以上在平川区任职)

**黄　忠**　1920年12月生,水泉镇牙沟水村人。靖远师范学校毕业。1949年3月入党,同年9月参加工作。1950年后历任靖远县打拉池区副区长、区长、区委书记。1958年被错划为右派,1979年平反。1982年离休,1983年7月定西地区批准享受副县级待遇。

**王仁勇**　1922年8月生，王家山镇于大川村人。1946年3月国立兰州师范学校毕业。1949年7月参加工作,先后在皋兰石洞寺学校、靖远三滩朝阳小学、西北石油管理局、永昌钻井大队、陕北永坪镇永坪油矿、青海石油管理局钻井处工作。1951年3月在中央燃料工业部干部学校学习半年。离休后享受副处级待遇。

**李　毓**　1926年12月生，水泉镇人。1949年参加工作，同年加入新民主主义青年团。1950年入党。先后任中共静宁县委秘书,第四区代区长,西安灞桥热电厂办公室主任。曾编辑《陕西省电力工业志》《西北电力工业志》《西北电业》《现代企业》等书籍刊物。离休后享受正县级待遇。

**杨　明**　1936年11月生,共和镇人。1954年在宁夏固原县头营小学任教。1958年在宁夏大学政治历史专业学习。1962年毕业留校工作,先后在人事处、保卫部、北京培训部、科研部、总务处任干事、科长、副主任、副处长、处长、党总支书记等职。1987年任西北高校管理研究会常务理事。1989年任宁夏高校后勤管理研究会秘书长。

**刘兴发**　1946年3月生，水泉镇下堡村人。1964年高中毕业后考入解放军军需大学读书。1968年大学毕业,分派到福州军区后勤部工作。1975年后在福州军区军事医学研究所、兰州军区军事医学研究所从事医学研究工作,历任研究实习员、助理研究员、副研究员、研究员,行政职务历任主任、生物军事研究所所长。文职三级,技术六级。获全国科学大会奖2项,获军队科技进步三、四等奖16项,获兰州市科技进步一等奖1项。因科研成绩突出,立三等功一次。曾任兰州军区医药卫生科学技术委员会委员、科技进步奖评审专家库专家。

**邓　铎**　1946年10月生,宝积乡响泉村人。1973年在靖远二中任教。1978年入西北师范大学化学系学习,毕业后在靖远师范学校任教,历任副校长、党总支委员。1990年任甘肃省引大入秦指挥部办公室副主任、部党委秘书。1993年任甘肃省引洮工程筹备处副主任、党支部书记。2000年任甘肃省水利厅水利管理局党委书记,厅直机关党委委员、纪委委员。

**李　升**　1948年6月生,水泉镇野麻村人。先后就读于兰州大学历史系、中央党校函授学院党政管理专业。1976年8月后在靖远县委宣传部、定西地委宣传部工作,历任定西报社副总编辑、总编辑，白银广播电台筹备处主任、中波转播台长、广播电视局副局长，白银日报社党委书记、社长、总编辑、高级记者，白银市文联主席。出版散文集《梦中的小船》、小说集《天外来妹》等。

**张仕儒**　1950年9月生，共和镇人。1970年后在红沟学校、宝积贸易公司、靖远农副公司工作。1980年后在靖远县民政局、县政府办公室工作，历任县政府办公室秘书、副主任。1983年8月至1985年6月在甘肃省委党校脱产学习。1985年10月后任靖远县副县长、中共靖远县委副书记。1992年10月任白银烟草专卖分局副局长、局长。1999年5月任定西烟草专卖分局(公司)局长(经理)、党组书记，2001年6月任甘肃省烟草专卖处处长。2004年6月任武威烟草专卖分局(公司)局长(经理)、党组书记。

**张　德**　1951年7月生，共和镇人。1972年10月后在定西地区医药公司、财贸办公室、行政干校、行政公署办公室工作。1987年4月任定西地区商业处副处长。1990年9月任定西地区乡镇企业管理处副处长。1996年7月任定西地区外经委主任、党组书记。1999年8月任定西地区贸易经济合作处党组书记。2002年7月任定西市商务局党组书记。

**李锦宣**　1951年9月生，宝积乡响泉村人。中央党校经济管理专业本科毕业。1970年12月参加工作。历任士兵、司务长、团财务部助理员、股长、科长。1992年2月后任中铁十八局三处总经济师、副处长、副总经理。2005年3月任常务副总经理。

**王得瑄**　1952年10月生，黄峤乡人。经济师。1971年10月参加工作，先后任共和农具厂会计，共和信用社主任，靖远农行信用合作社股长，靖远农行会计股股长、副行长、行长。1987年入湖南财经学院金融专业学习。1991年5月后历任农行白银市分行总稽核、副行长、调研员。2001年7月被中国农业银行评为“全国优秀稽核工作者”。

**吴　荣**　1953年3月生，水泉镇下堡村人。1972年12月在解放军二十师六十团服役，历任班长、排长、参谋连长、作训股长、营长。1984年7月入解放军陆军指挥学院学习。1987年7月任银南预备役团参谋长。1993年后历任甘肃省高级人民法院法警总队副队长、政委、总队长。

**简俊宝**　1954年2月生，复兴乡人。1973年任教员。1974年任乡放大站广播员。1981年后历任靖远县革委会办公室秘书、县团委副书记、水泉乡党委书记、县纪检委副书记、县委政研室主任。1988年10月调白银市委政研室工作，1989年12月任政工调研科科长，1994年7月任副调研员。1999年4月任白银市委督察室主任。

**李　刚**　1955年8月生，水泉镇野麻村人。大学本科，高级政工师。1972年12月入伍。1973年11月入党。1972年至1986年12月在兰州军区守备一师第六十团服役，历任班长、排长、连长、副营长等职。先后六次荣立三等功，多次受到上级嘉奖。1987年1月转业到兰州生物制品研究所工作。2002年8月任兰州生物制品研究所人力资源部部长。

**李发政** 1955年8月生,水泉镇下堡村人。在职研究生。1973年1月在水泉学校任民办教师。1973年12月在北京某部队服役,历任统计员、施工员、助理技术员、技术员等职。1979年立三等功一次。1982年12月转业甘肃省委办公厅工作。1985年7月后历任办公厅房产处基建办副主任、主任、副处长,机关党委办公室调研员、办公室支部书记、机关党委负责人、专职副书记、保卫处处长。省直机关优秀党务工作者和优秀党员。

**黄仲文** 1956年12月生,黄峤乡马饮水村人。乌鲁木齐陆军学院进修政治专业毕业。1976年在新疆军区工建第137团技术营服役,历任班长、指挥排长。1983年后历任新疆军区维护营指导员、党支部书记、党委委员。1991年后历任新疆军区工兵第九团一四营营党委委员、营团总支部书记,五营教导员,兼任军区警卫维护大队教导员、队党委书记、团党委委员。1995年任新疆军区36025部队政治处主任、团党委常委。1999年任新疆军区自治区体委(体育局)政治处(组织人事处)调研员、兼委(局)保卫科长。2004年6月任新疆足球管理中心党委书记、副主任。

**张思忠** 1958年3月生,共和镇小水村人。中学高级教师。1985年西北师大教育系进修毕业。1984年至1993年先后任靖远师范学校办公室干事、团委书记、教务副主任、学生科科长等职。1995年任平川中学校长。2000年任平川中学校长。2004年任白银市电大书记、副校长,2008年任校长。

**陈士发** 1958年6月生,王家山镇人。1976年12月在靖远县组织部工作。1977年6月在共青团定西地委、定西地委秘书处工作。1985年5月任定西地委秘书处正科级秘书。1987年8月任定西地区体改办副主任。1988年9月任定西地委宣传部副部长。1990年3月任省冶金厅办公室副主任、人教处副处长。1997年7月任山丹焦化厂党委书记兼厂长。2000年6月任省冶金厅后勤中心主任。2001年7月任省冶金有色办调研员。2005年7月任省冶金有色工业协会秘书长兼办公室主任。

**杨　龙** 1958年11月生,共和镇中和村人。1976年11月在汽车第七十六团服役,历任连长、政治教导员。1987年评为全军优秀班长。1997年8月转业到甘肃省运输管理局工作,先后任总务科科长、运政处副处长,2005年8月任运政大厅主任。2000年5月评为全省交通系统安全生产先进个人。立二等功、三等功各一次。青海省第七届人民代表大会代表。

**金巨华** 女,1959年10月生,水泉镇下堡村人。在职研究生。1975年9月在兰州柴油机厂参加工作。1991年9月在甘肃省人大常委会工作,历任研究室副主任科员、主任科员。1996年任省人大机关党委主任科员、1997年6月任机关纪委副书记。2002年11月任省人大机关党委委员、纪委书记。2011年被评为全省优秀纪检监察干部。

**周有贵** 1961年7月生，王家山镇人。工程师。1979年在兰州市红古公安分局工作。1982年入武警专科学校学习。1985年9月任兰州市消防支队宣传科科长。1993年后历任甘肃省消防总队专业刊物编辑、工程师、技术处处长。

**刘振新** 1962年生，红会路人。1980年在石家庄陆军学院上学。1983年至1989年在北京卫戍区武警总队服役，历任排长、连长、干部处干事、副处长。1994年任武警总部干部处干事。2000年任武警总部任免处处长。2004年任武警山东省总队政治部主任。

**万国利** 1962年1月生，水泉镇下堡村人。1989年毕业于北京钢铁学院，同年考取该院硕士研究生，1992年毕业后分配到国家黄金局工作，后任机动处处长。

**刘兴仁** 1962年12月生，宝积乡人。1979年12月入伍，在36182部队服役。1982年毕业于中国人民解放军国防科大长沙工程兵学院。1985年8月随兰州军区第八侦察大队参加自卫反击战，任工兵参谋，参加战斗11次。1986年后在新疆军区工兵九团服役，历任连长、副营长、营长。1998年任南疆军区六师副团长。2000年4月任副团职参谋。2002年12月在69098部队任团长。立三等功五次。

**王禄邦** 1963年3月生，共和镇人。甘肃省临洮师范学校毕业，中央党校在职本科学历，中国人民大学研究生课程进修班结业。先后在靖远县高湾中学、靖远县纪委、景泰县委和白银市纪委工作。1994年任白银市纪委副县级纪检监察员，1997年任市纪委常委、市监察局副局长、市纠风办主任。2001年任中共景泰县委副书记。2004年后任白银市纪委副书记、市监察局局长，市发改委主任。2004年被市委、市政府聘为白银市社会科学优秀成果评奖委员会委员。中共白银市委党校特聘教授。

**李守泉** 1963年7月生，水泉镇野麻村人。工商管理硕士研究生，经济师。1985年毕业于长庆石油学校。参加工作后任长庆石油勘探局钻井三处6042钻井队技术员、干事、党委办公室秘书。1995年1月起历任钻井三处办公室主任、组织科科长。2001年1月起历任钻井工程总公司人事劳资部(党委组织部)主任(部长)、党群工作部主任。2002年4月后历任长庆石油勘探局巡视办公室副处级巡视员、巡视办公室副主任等职。

**张　林** 1963年8月生，共和镇小水村人。本科学历。曾就读于靖远师范学校，后进修于甘肃省教育学院政教专业、中央党校函授学院区域经济专业。1981年8月参加工作，先后在平川区共和学区、区教育局工作。1996年任区教育局教育股长、区职教中心主任。1999年8月任区政府办公室主任。2002年10月任区委办公室主任。2005年8月任白银市对外联络处副处长。2007年3月后任白银人民政府副秘书长、市政府办公室副主任、市机关事务管理局书记。

**王　强** 1964年2月生，黄峤乡马饮水人。高级工程师。1985年7月毕业于成都气象学院气象系,分配到兰州中心气象台担任预报员。1993 年 4 月后历任兰州中心气象台预报科副科长,甘肃气象影视中心主任,兰州中心气象台台长助理、副台长,甘肃省专业气象台副台长、台长,甘肃省气象局科技发展处处长。

**张　清**　1964 年 6 月生,水泉镇中村人。研究生学历。1982 年 6 月陇西师范学校毕业参加工作,历任白银市第五中学副校长、校长。1997 年后历任省农委主任科员,中共平川区委办公室副主任、主任,区政研室主任。2002 年 11 月任中共景泰县委常委、统战部部长。2004 年 3 月任中共景泰县委宣传部部长兼统战部部长。2006 年 10 月任中共会宁县委常委、组织部部长。2009 年后历任中共会宁县委副书记,市农办主任,市政府副秘书长、市政府办公室主任。

**高　中**　1964 年 9 月生,共和镇中和村人。中学高级教师。1987 年西北师范大学生物系毕业,分配到靖远一中任教。1995 年调白银市实验中学工作,历任团委书记、办公室主任。2004 年任白银市实验中学副校长。后任甘肃省靖远师范学校党委书记。

**张　楫**　1964 年 10 月生,共和镇人。1983 年在蚌埠坦克学院上学。1987 年在陆军第十三集团军坦克旅服役,历任排长、政治指导员、政治部干事、营教导员。2000 年 10 月任四川省军区阿坝军分区金川县人民武装部政工科长。2003 年 4 月任四川省军区阿坝军分区壤塘县人民武装部副部长,2006 年 4 月任政委。荣立三等功四次。

**尚　孝**　1964 年 12 月生,共和镇人。1985 年 7 月西北师范大学中文系毕业,在甘肃省委党校选调生培训班学习。1985 年 8 月后在国营敬东电视机厂、白银市委统战部工作,历任对台工作办公室副主任、干部科科长、助理调研员等职。2005 年 12 月后历任白银市民族宗教事务局副局长、市人大教科文卫委员会副主任。

**刘崇辉**　1965 年 9 月生,电力路人。1984 年在四川交通武警三支队服役,1987 年任排长,1990 年任连长,1992 年任营长兼办公室主任,2001 年任副团长兼政委。

**刘　春**　1965 年生,水泉镇水泉村人。副教授。1986 年 9 月兰州商学院金融系毕业,分配到白银区财政局工作。1991 年调南方理工大学任教,后任南方理工大学财务处副处长。

**白作明**　1965 年 11 月生,王家山镇人。兰州大学经济管理学院工商企业管理毕业,研究生学历。1984 年 7 月在靖远陶瓷厂学校任教。1986 年 9 月后在白银市工商行政管理局工作,历任办公室秘书、经济检查分局副局长、企业科科长、市局党组副书记、副局长。2009 年任平凉市工商局党组书记、局长。

**张云德**　1965 年 12 月生,水泉镇牙沟水村人。研究员。1982 年 9 月就读于西北农业大学兽医系。1987 年 8 月毕业后分配到中国农业科学院兰州兽医研究所工作。1987 年 8 月后在兰州兽医研究所家畜传染病研究室、科研管理处、所办公室和市场部工作。1994 年 4 月任所办公室副主任,2000 年 3 月任所办公室主任,2001 年 9 月任所市场部主任。1999 年 10 月至

2001年7月在兰州大学经济管理学院学习，获EMBA学位。2006年3月在甘肃农业大学攻读预防兽医学博士学位。2006年1月任中农威特生物科技股份公司副总经理。主编《现代企业绩效管理》一书。

**顾万军**　1966年2月生，黄峤乡玉湾村人。研究生学历，副主任医师。毕业于第四军医大学吉林医学院临床医学专业。1989年分配到空军装备部西宁训练团卫生所工作。1993年任93987部队医院院长。

**张临政**　1966年5月生，共和镇毛卜拉村人。1983年10月在空军第十六航空学校学习。1986年9月在空军后勤学院学习。1988年7月后历任兰空后勤部汽车营排长、副连长、指导员。1997年3月后历任空军招收飞行学员工作局兰州选拔中心副营、正营、副团职干事，科长，正团职研究员。

**张继武**　1966年9月生，共和镇毛卜拉村人。高级工程师。1988年7月毕业于北方工业大学建筑专业，分配到二十一冶建设有限公司工作，历任技术员、施工副主任、主任、项目副经理、项目经理等职。2005年11月任二十一冶建设有限公司第四分公司经理。

**徐　岗**　1966年10月生，水泉镇贾庄村人。1990年7月陕西师范大学体育系毕业，分配到白银市体委工作。1992年12月调西安市体委，历任训练处处长助理，西安市青少年体育学校副校长，助理调研员等职。2002年7月任西安市体育局办公室副主任。2006年1月任西安市体育局政策法规处处长。

**刘兴勤**　水泉镇下村人，1967年1月生。1985年考入武汉化工学院学习，1989年毕业分配到兰州石油化工学校工作，历任学生处副处长、处长。后任永靖县副县长。

**周治新**　1967年5月生，共和镇毛卜拉村人。北京农业大学（现中国农业大学）毕业。1989年8月在金昌市环保局工作。1992年1月在金昌市委组织部工作，历任副主任科员、科长。2002年4月任金昌市教育局党委副书记、纪委书记。

**茹进军**　1967年11月生，复兴乡人。1990年7月兰州理工大学工业会计专业毕业，先后在甘肃省审计厅工交处、机关党委、办公室工作。1998年3月后历任办公室副主任科员、秘书科科长、办公室副主任。2003年8月任省审计厅财政处副处长。2005年12月后历任省审计厅法制处副处长、处长。

**刘再聪**　1967年生，水泉镇下村人。2003年厦门大学毕业，历史学博士，教授。西北师范大学历史文化学院副院长。中国魏晋南北朝史学会、中国唐史学会、中国敦煌吐鲁番学会会员。在《光明日报》《史学月刊》《读书》等刊物发表学术文章20余篇，参加国家社科基金、教育部人文社科基金等项目多项，参编、主编学术专著3部。

**常正鲜**　1968年10月生，共和镇常崖村人。1989年7月毕业于兰州师范专科学校（现兰州城市学院)物理系。1989年8月后在白银磷盐化工厂技术开发科、区经协办、区政府办公室工作,历任副科级秘书、正科级秘书。2000年5月调任白银市政府办公室秘书科正科级秘书。2007年7月任中国科学院白银高技术产业园管委会产业园综合办公室主任。

**牛志刚** 1969年10月生,黄桥乡马饮水村人。1989年7月考入中国人民解放军西安陆军学院。1993年7月任新疆军区69340部队排长、司令部参谋。1994年12月任新疆阿泰军分区司令部作训科参谋。2001年7月后历任新疆军区69344部队营长、副参谋长、参谋长。2008年1月后历任新疆阿勒泰军分区司令部作训科科长、军分区副参谋长、正团职副参谋长。

**刘　权** 1971年12月生,王家山镇万庙村人。法律硕士。1994年甘肃政法学院法律专业毕业,分配到甘肃省人民检察院兰州铁路运输分院工作,历任渎职侵权监察处处长、法纪处处长、反渎职侵权局局长。

**肖进银** 1972年11月生,宝积乡响泉村人。九三学社社员。1994年6月甘肃农业大学畜牧系毕业。1997年1月任平川区菜篮子渔场场长。1998年2月任中区开发办公室副主任、中区开发有限责任公司副总经理。2000年6月任平川区中区管委会副主任,九三学社平川第一支社主委。2008年1月任景泰县副县长。

**徐志强** 1974年3月生,宝积路人。甘肃政法学院法学专业毕业。1996年7月任兰州军区后勤部建筑工程总队办公室秘书。1997年8月在省委政法委办公室工作。2007年1月参加省中青年领导干部赴国外中长期培训学习,在瑞士西北应用科技大学完成ECBA经济商务管理专业学习。2008年12月任省委政法委办公室副主任。(以上在平川区外任职)

## 第二节　教育科技文化卫生界

### 一、教育系统

**魏振楷** 1928年7月生,靖远县东湾镇南头村人。1954年毕业于靖远师范学校,先后在靖远师范附属小学、大庙学校、靖远二中、靖远三中、糜滩中学、朝阳中学、水泉中学(白银市第五中学)、共和中学任教,历任白银市第五中学校长、共和中学校长。退休后任白银市教协常务理事。

**唐永明** 1936年生,靖远县东湾镇人。中学一级教师。1954年毕业于靖远师范学校,先后在宁夏西吉县吉滩小学、蒙定小学、兴隆小学、新营小学、西吉二中、海原兴仁中学、海原回民中学任校长。1987年后任平川区教育局党支部书记、副局长(主持工作),兼任督导室主任。1984年获共青团中央先进工作者奖,1996年获甘肃省“园丁奖”。

**赵自新** 1937年生,平川区宝积乡窎沟村人。中学高级教师,民盟会员。1956年毕业于靖远师范学校。1960年毕业于西北师范大学中文系。1960年至1984年在靖远二中任教。1984年调入平川区宝积中学任教。

**朱永寿** 1940年生,靖远县永新乡人。1965年毕业于甘肃师范大学教育系,分配到黑龙江省宾县工作。1969年调回靖远县工作。1978年后历任靖远县卫生局党支部书记、东湾乡党委副书记。1985年后历任平川区文教局局长、区党史办主任、区人大常委会教文委主任等职。

**魏其晋** 1943年生,靖远县人。中学高级教师。1966年甘肃师范大学数学系毕业。1968年分配到靖远矿务局一中任教。1984年后历任靖远矿务局二中校长、教育处教研室副主任、教育处副处长兼二中校长、党支部书记、教育处督导室副主任。获甘肃省"园丁奖"。

**吴正泰** 1943年7月生,靖远县人。中学高级教师。1966年甘肃师范大学化学教育专业毕业。1968年9月分配到靖远矿务局一中任教,历任教导处副主任、主任、副校长、校长。1994年9月获甘肃省"园丁奖"。

**张进祖** 1944年3月生,平川区共和镇人。中学高级教师。1961年靖远师范学校毕业。1985年定西教育学院中文函授专科毕业。先后在靖远乌兰小学、贾寨柯小学,平川区小水小学、牛埘小学、共和中学、宝积中学、平川中学任教。

**张仁炎** 1947年1月生,平川区水泉镇下村人。中学特级教师,全国优秀教师。1970年毕业于兰州大学化学系。先后在渭源二中、靖远师范学校、水泉中学(白银市第五中学)任教。历任白银市第五中学教导主任、副校长、校长兼党支部书记,平川中学党支部书记,平川区职教中心筹备组组长等职。获甘肃省"园丁奖"。

**白文虎** 1947年1月生,榆中县人。甘肃省特级教师,中学高级教师。1969年后在会宁县甘沟中学、会宁二中、靖远矿务局一中任教。长期从事教学及教材教法研究,先后有30多篇论文发表,参与编辑《青少年化学之友》丛书和《高中教学思路、方法、技巧》丛书。《SO2-4鉴定最佳程序》《对现行中学课本中克当量浓度表达式的不同看法》《怎样定义化学锈蚀》《怎样正确表达离子方程式表达的化学反应类型》等文章对当时统编教材有关内容提出看法,得到采纳。获甘肃省"园丁奖"、甘肃省优秀教师标兵等。

**高选阳** 1947年生,平川区水泉镇砂流水村人。中学高级教师。1967年毕业于靖远师范学校,先后在靖远县永新农中、陡城小学等校任教。水泉中学初建时任负责人。后历任北滩中学副校长,靖安中学、东升中学校长兼党支部书记。1987年调白银市教育科学研究所工作,1998年任副所长,2002年主持工作。兼任白银市教育学会秘书长。参与实施、研究的课题分别获省基础教育教学优秀科研成果一等奖、第二届省"基教"优秀成果一等奖。

**张明清** 1947年9月生,平川区水泉镇下村人。中学高级教师。1980年6月毕业于天水师范学院中文系。先后在靖远县东升中学、白银市第五中学、平川中学、平川区教研室工作,历任白银市第五中学、平川中学教导主任,白银市第五中学副校长、校长兼党支部书记。甘肃省“园丁奖”获得者。在省市教育刊物上发表教研论文多篇,著有《指印足痕》一书。离岗后任平川区传统文化与民俗研究协会主席,致力于地方历史地理研究,在省市刊物上发表数篇论文。先后主编《白银市平川区教育志》《北武当史话》等。

**冯新民** 1948年12月生,宁夏海原县人。中学高级教师。1980年兰州师范专科学校数学系毕业,先后在共和中学、白银市第五中学、平川中学任教。2000年被评为甘肃省优秀教师,获省“园丁奖”。

**马宗信** 1948年12月生,会宁县人。中学高级教师。1968年靖远师范学校毕业,先后在会宁县土门中学、新塬中学任教。1974年任会宁县头寨中学教育专干。1978年至1987年历任会宁县新庄中学副校长、校长兼党支部书记。1987年9月后历任平川区宝积中学副校长、校长、党支部书记。

**李映仁** 1949年11月生,靖远县东湾镇砂梁村人。1971年3月任教。1985年毕业于甘肃省教育学院。先后任靖远一中团委书记,靖远县东湾中学党支部书记兼副校长,平川区宝积中学校长兼党支部书记,平川教育局副局长、党总支书记,平川区督学。曾获甘肃省“园丁奖”、甘肃省关心下一代先进个人称号。

**尹　伊** 1950年8月生,平川区复兴乡人。中学高级教师。1970年至1978年在复兴公社汉口小学任民办教师。1980年甘肃庆阳师范专科学校物理专业毕业。1980年后在复兴中学任教。

**张仁民** 1951年8月生,靖远县石门乡人。中学高级教师。1975年6月毕业于甘肃师范大学数学系。先后任白银市第五中学教导主任、副校长等职。

**高国香** 女,1951年11月生,靖远县人。中学高级教师。中央党校函授学院毕业。先后在贺家川学校、靖远矿务局二小、平川二中任教。

**张照西** 1953年6月生,平川区人。中学高级教师。1974年靖远师范学校毕业,先后在种田拉排学校、复兴中学任教。1982年3月在复兴学区工作,1990年任复兴学区校长。1998年任复兴中学校长。2002年任宝积中学校长。2000年获“甘肃省特级教师”称号,享受政府特殊津贴。

**李其叶** 女,1954年6月生,靖远县人。中学高级教师。1976年毕业于西北师范大学体育系。先后在靖远一中、靖远县体委、平川区教研室工作。获甘肃省业余体育训练成绩突出奖。

**姜映泉** 1955年10月生。会宁县人。中学高级教师。1982年毕业于甘肃师范大学数学系。先后在会宁县郭城中学、白银市第五中学、平川中学任教。

**张金福** 1956年3月生,靖远县五合乡人。中学高级教师。1979年甘肃师范大学毕业,先后在靖远师范学校、五合中学、宝积中学、平川中学工作。后任平川中学工会主席。

**张　旭**　1956年4月生，平川区共和镇小水村人。中学高级教师。1978年毕业于甘肃师范大学化学系，分配到白银区四龙中学任教。1984年调靖远矿务局宝积山煤矿学校，后任校长、党支部书记。1995年调任平川区教研室副主任。

**高昨阳**　1956年6月生，靖远县人。中学高级教师。1979年靖远师范学校毕业。1988年兰州师范专科学校进修毕业。先后在靖远师范附属小学、靖远一中任教。1993年任平川小学校长。1996年任平川中学副校长。2000年任平川区职教中心筹建领导小组副组长。2002年任白银市第五中学校长。

**邓世成**　1956年8月生，平川区人。中学高级教师。1978年靖远师范学校毕业。在白银市第五中学任教。后在西北师范大学自考英语大专毕业。

**黄殿申**　1957年10月生，河南许昌人。中学高级教师。1980年靖远师范学校毕业后在会宁县北关小学任教。1990年任会宁县东关小学校长。1996年任平川区第一小学校长。2006年4月任平川区教育局书记兼副局长。1994年获“甘肃省特级教师”称号。2000年被评为甘肃省骨干教师和学科带头人。

**张　俭**　1957年12月生，平川区人。中学高级教师。1979年靖远师范学校毕业后在永新中学任教。1983年于定西教育学院进修。1985年后在白银市第五中学任教。

**刘相补**　1958年2月生，甘肃西和县人。中学高级教师。1977年12月参加工作，在靖远矿务局水电处当工人。1978年11月后在靖远矿务局第三中学、靖远矿务局职业高中任教。1991年9月任靖远矿务局第一小学党总支书记。1998年3月任靖煤公司教育处教研室副主任。2001年9月任靖煤公司教育处副处长。2008年1月任白银市第九中学副校长。

**常　银**　1959年11月生，平川区人。中学高级教师。定西教育学院生物系毕业，先后在水泉学区、通渭县太山中学任教。1981年在白银市第五中学任教。2002年8月任水泉镇教育管理中心主任。

**孙维祖**　1960年3月生，会宁县人。中学高级教师。1980年靖远师范学校毕业后在共和中学任教。1983年定西教育学院英语专业进修毕业。1986年起在平川中学任教。2003年3月任平川二中副校长。2006年3月任平川中学副校长。

**张国本**　1960年7月生，靖远县人。中学高级教师。1982年河西学院数学系毕业，先后在靖远县石门中学、白银市第五中学任教。1998年任白银市第五中学教导主任，2002年任副校长。1997年、1998年两度获得全国高中数学联赛甘肃赛区优秀指导教师奖。

**王长旺**　1960年10月生，甘肃宁县人。中学高级教师。西北师范大学数学系毕业。1980年至1993年在华池县一中任教。1993年任华池县二中校长兼书记。1996年任华池县职业中专副校长。2005年任平川中恒学校校长。

**李守明** 1960年12月生，平川区人。中学高级教师。定西教育学院数学系毕业。先后在水泉乡野麻学校、通渭县石关学校、白银市第五中学、平川区教育局工作。

**刘再串** 1961年2月生，平川区水泉镇下村人。民进会员，中学高级教师。1981年6月陇西师范学校英语班毕业后在兴隆中学任教。1984年8月在靖远二中任教。1988年8月后在靖远一中任教。1994年于甘肃教育学院英语系进修。

**石生文** 1961年7月生，靖远县人。中学高级教师。1978年在石门乡二合小学任民办教师。1982年入靖远师范学校学习。1984年到靖远石门中学任教。1987年考入西北师范大学函授部学习。1990年调五合中学任教。1996年后在平川中学、平川二中任教。2003年兰州大学汉语言文学专业自考本科毕业。

**魏小武** 1962年3月生，靖远县人。中学高级教师。1984年庆阳师范专科学校物理系毕业。先后在共和中学、白银市第五中学任教。

**刘进珍** 1962年4月生，平川区人。中学高级教师。1982年于庆阳师范专科学校毕业后在种田中学任教，历任教导主任、副校长、校长。

**王孝杰** 1962年5月生，平川区人。中学高级教师。宁夏教育学院毕业，先后在宁夏海原县中学、平川中学任教。教育教学论文分别获省化学学会、全国中学化学论文大奖赛一等奖。

**邱双来** 1962年5月生，甘肃永登县人。中学高级教师。1981年7月张掖师专中文系毕业后分配到靖远矿务局第二中学任教。1986年10月任副校长。1992年1月任靖远矿务局教育处办公室主任。1998年3月任矿务局教育处副处长。2001年9月任白银市第九中学副校长。2010年9月任白银市第九中学校长。

**郑仁福** 1962年7月生，靖远县人。中学高级教师。1983年西北师范大学物理系毕业。先后在白银市第五中学、平川中学任教。

**曹文虎** 1962年8月生，陕西省人。中学高级教师。1982年庆阳师范专科学校毕业后分配到靖远二中任教。1992年甘肃教育学院英语系毕业。1996年后在平川中学任教。

**宿增发** 1962年12月生，会宁县人。中学高级教师。1986年庆阳师范专科学校中文系毕业后分配到平川中学任教。1995年西北师大汉语言文学专业函授毕业。

**高登奎** 1963年1月生，平川区种田乡人。中学高级教师。1980年入靖远师范学校学习。1982年在复兴中学任教。期间在定西教育学院进修。2004年后在平川中学任教。

**王东方** 1963年2月生，宁夏海原县人。中学高级教师。1982年固原师范专科学校毕业后先后在城关中学、海原中学、海原第一中学、平川职业技术学校任教。1985年于宁夏教育学院化学教育专业进修。

**吕文林**　1963年2月生,靖远县人。中学高级教师。1983年入西北师范学院物理系学习。1987年在靖远一中任教。1990年后在平川中学任教。

**曾继承**　1963年9月生,靖远县人。中学高级教师。1981年庆阳师范专科学校物理系毕业,先后在靖远县刘川中学、甘肃稀土中学、平川职业技术学校任教。

**张旭成**　1963年10月生,平川区人。中学高级教师。1980年入固原师范专科学校化学系学习,毕业后在海原县杨坊中学任教。1994年在平川区复兴中学任教。2004年后在平川区第二中学任教。

**孙占师**　1964年5月生,会宁县人。中学高级教师。1984年入西北师范大学政治系学习。1988年毕业后在平川中学任教。

**魏　明**　1964年9月生,宁夏海原县人。中学高级教师。1982年固原师范专科学校毕业。1999年入陕西师范大学英语系学习。先后在海原县一中、平川职业技术学校任教。

**雷锡金**　1964年9月生,靖远县人。中学高级教师。1983年入兰州师范专科学校学习,先后在靖远县平堡中学、靖远二中任教。1995年入甘肃省教育学院数学系学习。2005年调平川职业技术学校任教。

**陈扶银**　1965年2月生,靖远县人。中学高级教师。1985年入西北师范大学物理系学习。1989年在甘肃稀土公司中学任教。2005年后在平川职业技术学校任教。

**张永恭**　1965年4月生,靖远县人。中学高级教师。省、市中学骨干教师。1988年7月西北师范大学物理系毕业后分配到靖远矿务局第一中学任教。1998年9月任政教处副主任。2001年9月任副校长。2009年6月任白银市第九中学党总支书记。

**林　校**　1965年4月生,靖远县人。中学高级教师。1984年入西北师范大学学习。1988年在平川中学任教。2005年任平川中学副校长。先后被评为甘肃省学生军事训练工作先进个人,甘肃省骨干教师,甘肃省第三批省级学科带头人。

**姜学军**　1965年7月生,平川区人。中学高级教师。1986年西北师范学院化学系毕业分配到平川区共和中学任教。1990年后在白银市第五中学任教。

**李永军**　1965年9月生,靖远县人。中学高级教师。1988年西北师范大学中文系毕业后分配到靖远师范学校任教。1995年调平川区教育局工作。2003年任区职教中心副主任。2006年任区教育局党总支副书记。

**陈陆军**　1965年10月生,靖远县人。中学高级教师。1984年入兰州师范专科学校中文系学习。1987年到共和中学任教。1989年调靖远二中任教。1993年至1996年在西北师范大学中文系学习。2005年8月后在平川职业技术学校任教。

**赵中刚**　1966年3月生,甘肃会宁县人。中学高级教师。1990年8月天水师专政教专业毕业,先后在平川区教育局、区招办工作。白银市先进教育工作者,省招生先进个人。1999年后历任平川区招办副主任、主任、区科协主席。

**韩夏辉**　1966年5月生,陕西洛南县人。中学高级教师。1985年入福建师范大学数学系学习,1989年毕业先后在和政县一中、靖远煤业公司一中、平川中学任教。

**张双十**　1966年10月生,甘肃静宁县人。中学高级教师。省级骨干教师,市"十佳"高中教师。1989年6月西北师范大学化学教育专业毕业后分配到靖远矿务局第一中学任教。1998年9月任政教处副主任。2001年9月任副校长。2008年1月任白银市第九中学副校长。

**漆世海**　1966年10月生,秦安县人。中学高级教师。1981年入天水师范专科学校化学系学习。2002年西北师大化学系函授毕业。1983年后在陇南市康县三中、康县一中,平川职业技术学校任教。

**刘养彬**　1968年11月生,甘肃镇原县人。中学高级教师。1989年入西北师范大学外语系学习。1993年在兰州市西北铁合金厂子弟中学任教。2005年8月后在平川职业技术学校任教。

**李宗文**　1968年12月生,会宁县人。中学高级教师。1991年西北师范大学毕业分配到西北铁合金厂子弟中学任教。2005年后在平川职业技术学校任教。

## 二、农业系统

**林　刚**　1946年11月生,靖远县人。高级工程师。1967年甘肃省林业学校毕业。先后在白龙江林管局白水江林业局洛塘林场、白马河林场、博峪林场、松坪林场、营林科工作。1987年后在平川区林业局工作。

**王　海**　1949年2月生,平川区水泉镇陡城村人。高级工程师。1968年毕业于甘肃临洮农校。1968年12月至1972年11月在靖远县水泉公社下乡锻炼。1972年12月至1985年12月在靖远县农业局工作。1986年1月调平川区农委工作,历任区农业机械综合服务中心副主任、主任,区农业机械管理局局长等职务。1990年被省农机局评为1987—1989年度"全省农机管理先进工作者",1991年被评为"甘肃省农业机械化推广先进工作者"。

**舒　鸿**　1950年10月生,靖远县人。高级兽医师。甘肃农业大学动物医学院牧医专业毕业。先后在靖远县农业局、平川区畜牧服务中心工作。

**古兴忠**　1959年2月生,定西县人。高级兽医师。甘肃农业大学兽医系毕业。1983年7月参加工作,先后在定西县农牧局、平川区农委、平川区畜牧中心工作。被评为"甘肃省消灭牛肺疫先进个人""甘肃省布病防治先进个人""1997年甘肃省畜禽疫病防治先进个人"。

**王光英**　女,1962年2月生,庆阳市华池县人。高级农艺师。甘肃农业大学农学专业毕业。1980年1月在华池县农技站工作。1986年5月调平川区农技中心工作,1993年3月任区农技中心副主任。1998年9月任区农业局局长。2003年2月后任区农技中心主任。

**常聚新** 1963年4月生,平川区水泉镇中村人。高级工程师。1983年甘肃农业大学农田水利工程专业毕业,分配到白银市兴电工程管理处工作。1987年后历任平川区水利局副局长、旱坪川电灌工程管理局局长、平川区水务局局长、区委办主任。

**丁桂芳** 女,1964年12月生,会宁县人。高级畜牧师。甘肃农业大学畜牧系毕业。1990年7月后在平川区畜牧中心工作。参加完成的"矿物质营养特征及对策研究项目"获甘肃省科技进步三等奖。

**李云祥** 1967年4月生,河南省虞城人。高级农艺师。甘肃省劳动模范。甘肃农业大学农学专业毕业。1988年7月在甘南藏族自治州农技站从事农技推广工作。1997年5月后在平川区农技中心工作,后任副主任。

**刘再明** 1967年8月生,平川区水泉镇下村人。研究生,高级畜牧师。1986年毕业于甘肃农业大学畜牧系。历任平川区水泉乡副乡长,区畜牧局副局长、局长,区森林公安局政委,区党史办主任。1987年发现野麻黄河岩画,被中央电视台《新闻联播》栏目、新华社等媒体多次报道。论文《稻田养鱼操作规程》被农业部制定《稻田养鱼技术规范》国家行业标准索引。2005年获全省农牧系统"先进工作者"称号。

**薛世强** 1967年12月生,会宁县人。高级畜牧师,甘肃农业大学畜牧系毕业。1992年7月后在平川区畜牧中心工作。1999年获"甘肃省动物防疫监督工作先进个人"称号,2002年获"甘肃省动物检疫防疫监督工作先进个人"称号。

**刘 荟** 女,1969年2月生,平川区水泉镇中村人。高级工程师。1986年入甘肃农业大学林学院学习。1990年后在平川区林业局工作。

**展军礼** 1969年生,靖远县东湾镇人。林业高级工程师。1992年西北林学院林学系毕业,分配到平川区林业局工作。1999年8月任区科协副主席。2003年3月任区林业局总工程师。2004年7月任区林业局副局长。

**梁仲翠** 女,1969年12月生,靖远县北滩乡人。高级畜牧师。甘肃农业大学草原系毕业。1991年7月后在平川区畜牧中心工作。被评为"2005年度甘肃省畜牧兽医先进工作者"。

## 三、卫生系统

**张文蔚**(1880— ) 贡生,民国18年(1929年)为赈济时荒,开始自办药房。

**陈俊得**(1886—1964) 字仲山,祖籍山西,清同治后迁居打拉池。中年习医,晚岁益精,乡民求诊不辞路遥艰危,人称"善人"。

**寇世铎**(1889—1937) 字震声,号乌兰散人。平川区水泉镇中村人。多才多艺,尤以绘画、秦腔见长,曾协助陇东名画师马自祥完成北武当山“祖师殿”与“娘娘庙”的彩塑。又自开草药店一所,为陡城、水泉、黄湾三地最早行医之人。

**陈世祥**( —1966) 平川区打拉池人,北京大学医学系毕业,曾参加中国学生联合会,投身“五四”运动。打拉池会师时,受到朱德、彭德怀接见。1956年后在家乡行医,医道高超,推为儒医。

**周治权**(1904 —1982) 字鼎山,平川区宝积乡响泉村人。农耕出身,在私塾学习五六年。十三四岁辍学流落兰州,曾到兰州中山医院普外科学习,后在冯玉祥部担任军医官,被授予上校军衔。1935年在民勤县任卫生院院长兼看守所所长。期间配合民勤县地下党组织成功营救出多名共产党员和民主进步人士。中华人民共和国成立后,被民勤县人民政府授予“爱国开明人士”。1950年返回原籍。1953年被宝积山私营煤矿矿主徐汉祯聘任为医院院长。1955年10月公私合营后继续担任院长。在此期间培养了大量的医护人员,为平川地区的医疗事业做出了突出贡献。

**李毓华**(1906—1980) 字君实,平川区水泉镇中村人。早年就读兰州中学,创办黄湾学校。后专攻中医,擅长内科、儿科,晚年自制中药丸散,对刀伤及跌打外出血疗效甚佳。著有《临床医案》《小儿消化不良的捏脊治疗手法》及《胃病的中医辨证论治》等著述。自创治疗“胃脘胀痛”、“副鼻窦炎”秘方。

**周朝贤**(1906—1988) 字德臣,平川区水泉镇水泉村人。初为农夫,中年后潜心学医,自开门诊为邻里治病。

**罗德贤**(1921—1993) 祖籍会宁。民国33年(1944年)迁居种田乡百丰河,在刘家井教学,因当地乡民就医极难,遂立志攻读医术,开设“庆和堂诊所”。1958年种田乡卫生院成立时任院长。有60余万字的《杏林治验》在台湾出版。

**陈　珍** 1921年生,平川区共和镇人。自学中医,1956年后行医治病。1983年获“甘肃省卫生先进工作者”称号。爱好书法。

**郭敏心**(1922—2002) 江西宜春人。出身中医世家,1952年入江西中医进修班学习。1953年在甘肃省卫生厅民族医疗队工作。1956年入兰州市中医学校学习,得名老中医李子质真传。1965年支援靖远矿区,后于职工总医院退休。其《小柴胡汤新用》、《伤科一帖散》得到医界好评。1984年被甘肃省人民政府授予“名老中医”称号。1989年5月当选为民盟白银市平川区支部主委。

**张宗孝** 1934年12月生,甘肃省庄浪县人。靖远矿务局一处医院外科医师。早年自学成才,后得冯玉祥私人医生逯亚东亲授家传六脉秘法及断病口诀,于传统医道传承颇多,通医家

“宝葫芦”气功及内八卦，善治疑难杂症，著有《宗孝医话》一部。

**俞友铭** 1937年9月生，广东省梅县人。大学学历，骨科主任医师。1960年10月武汉医学院毕业后分配靖远煤矿职工总医院工作，1979年10月后任总医院外科副主任、主任。1985年11月后历任副院长、党委委员、院长。1994年3月任调研员。

**王卫邦** 1940年生，靖远县东湾镇人。内科副主任医师。1962年毕业于靖远二中。1967年毕业于兰州医学院，分配到会宁县土高乡卫生院工作。1979年调入靖远矿务局职工医院。历任总院门诊部副主任及医务科主任、内二科主任兼卫校讲师。擅长诊治危重疑难杂症。在国家级及省级刊物上发表医学论文6篇，其中《多虑平治疗顽固性呃逆》发表在《实用内科杂志》上，后编入《临床常见新疗法》一书，并获优秀论文三等奖。

**马应彪** 1940年11月生，平川区水泉镇中村人。副主任医师。1966年兰州医学院毕业，先后在靖远县北滩卫生院、兴隆卫生院、水泉卫生院工作。1991年任平川区宝积卫生院院长，1992年任水泉卫生院院长。

**冯 岩** 1942年11月生，字泉石，榆中县人。中医副主任医师。曾任靖远煤业公司总医院中医科主任。多年从事中医临床。历时数年编著成《中医内科临床手册》，1982年2月由甘肃科学技术出版社出版发行，获省卫生系统科技优秀论著二等奖。1992年获西南西北地区优秀科技图书三等奖。先后五次再版发行。另有《协定处方即常见方剂》问世。中国楹联学会会员，省书法家协会会员。2000年5月出版《冯岩书法作品集》。

**张思明** 1945年7月生，平川区共和镇人。主任医师。兰州医学院医疗系毕业，曾任靖远煤业总医院科主任。白银市政协委员，九三学社白银市平川支社一、二届主任委员。为《中华医学论文集》副主编、中华医学会甘肃血液学会委员、西柏坡医学院客座教授、中国管理科学研究院特约研究员。在国家级、省级杂志上发表医学论文30余篇。编著有《性·科学与健康》、《非典型性肺炎及其预防》等。

**刘彦斌** 1946年10月生，平川区复兴乡山李村人，原籍秦安县魏店乡。幼承家学，师从父亲刘思健，传承祖业，在临床实践中详细体察，融会贯通，灵活应用，临床经验丰富，擅长治疗内科急危重病和杂病，善针灸，于妇、儿两科亦别有创见。获“甘肃省乡村名中医”称号。其家族为“中医世家”。

**李保洲** 1946年10月生，平川区水泉镇中村人。内科主任医师。1970年兰州医学院毕业，先后担任靖远矿务局、靖煤公司总医院内科主任、医务科主任等职务。在《中华心血管病》杂志等医学专业刊物发表医学专业论文22篇，其中1篇1997年被美国洛杉矶柯尔比科学文化信息中心评为医药优秀论文。

**孙 琳** 1954年2月生，靖远县人。地方病副主任医师。1975年入定西卫生学校学习，

1977年参加工作,先后在靖远县卫生防疫站、平川区疾病预防控制中心专门从事鼠疫及地方病防制工作。2005年任平川区疾病预防控制中心副主任。2000年参与“甘宁两省五县鼠疫联防协作效果研究”,获甘肃省科学技术进步三等奖。2001年被评为全省碘缺乏病防治工作先进个人,2002年被授予全国地方病防治先进个人称号,2003年被评为甘肃省职工职业道德先进个人。

**赵志荣** 1954年4月生,靖远县三滩乡人。内科副主任医师。1978年11月毕业于定西卫生学校临床医学专业,同年12月分配定西地区红旗山煤矿职工医院工作。1996年9月调入平川区人民医院内科工作。论文《眩晕疾病与药物治疗》《阳和汤加味用于内科病的临床体会》发表于《中国社区医师》杂志。

**李怀瑞** 1957年4月生。内科副主任医师。1978年7月毕业于定西卫生学校临床医学专业,同年8月分配到靖远磷盐化工厂工作。1997年9月调平川区人民医院内科工作。

**吴国兰** 1961年3月生,甘肃省秦安县人。在职研究生学历,外科主任医师。1984年8月兰州医学院毕业后分配到靖远矿务局职工总医院工作,历任骨科副主任、主任,总医院副院长。2000年10月任靖煤公司总医院院长。2003年被甘肃省卫生厅、人事厅授予“甘肃省抗击‘非典’先进个人”。2005年被中华医院管理学会评为“百姓放心示范医院”优秀管理者。

**苗辅贵** 女,1962年10月生,景泰县人。神经内科副主任医师。1988年7月兰州医学院临床医学专业毕业后分配到靖煤公司总医院神经内科工作。2004年11月任平川区人民医院副院长。2007年被推选为甘肃省党代表。2010年被评为甘肃省劳动模范。

**胡荣武** 1963年12月生,靖远县刘川乡人。副主任检验师。1984年定西卫生学校检验专业毕业后分配到靖煤公司总医院检验科工作,历任检验科副主任、主任,门诊第一支部书记。主持完成《当归多糖对脐血单个核细胞的体外扩增研究》。2006年1月调平川区人民医院工作,任党支部书记兼副院长。

**孙成生** 1964年4月生,靖远县五合乡人。副主任医师。1988年7月毕业于甘肃中医学院医疗系。先后在靖煤公司总医院、平川区人民医院工作。历任靖煤公司总院中医科主任、区人民医院综合科主任。曾在国家级医学刊物发表论文3篇。

**常兴忠** 1965年生,靖远县东升乡人。胸外科副主任医师。1987年7月毕业于兰州医学院临床医学专业,同年8月分配到靖煤公司总医院检验科工作。1995年9月在北京三〇一医院脑外科进修学习一年。2004年7月任平川区人民医院院长。

**滕学农** 1965年5月生,靖远县东湾镇人。外科主任医师。1986年7月兰州医学院毕业后分配到靖远矿务局职工总医院工作,历任肿瘤脑胸外科副主任、普外科主任。2000年10月任靖煤公司职工总医院副院长。2007年4月任靖煤公司职工总医院党委书记。

**杨荣华** 1965年8月生，甘肃省通渭县人。骨科主任医师。1989年7月兰州医学院毕业，分配到靖远矿务局职工医院工作，先后在总医院泌尿外科、脑外科临床工作。1993年8后历任骨科主治医师、副主任医师，骨科副主任、主任。

**李 普** 1968年2月生，平川区水泉镇野麻村人。在职硕士研究生学历，副主任医师。白银市第二人民医院副院长、儿科主任。兰州大学、甘肃中医学院兼职副教授，白银市“十大杰出青年”。

**黄天明** 1969年生，平川区水泉镇牙沟水村人。副主任医师。1992年7月毕业于兰州医学院临床医学系，分配到靖煤公司总医院工作。2004年调入区人民医院任内科主任。作为第二主持人完成《500例井下工人24小时动态心电图检测分析研究》，通过省级鉴定，获甘肃省煤炭科技进步一等奖。参与完成《心脏起搏器治疗严重心律失常的临床应用研究》，获甘肃省煤炭科技进步三等奖。2003年获团省委防治非典型肺炎优秀共青团员称号。

## 四、地方志人员

**柴华栋** 1959年10月生。兰州市西固区河口乡人。大专学历。1979年8月张掖师范高等专科学校毕业后分配靖远矿务局第二中学教书。1984年10月调平川区文教局工作。1987年10月调平川区地方志办公室工作。历任《平川区志（1996—2005）》《平川年鉴（2010年）》编辑。

**关 勇** 1973年12月生。靖远县五合乡人。省委党校大专学历。1993年10月甘肃省林业学校经济林专业毕业分配平川区水泉乡政府工作。1996年12月调平川区地方志办公室工作，2005年7月任副主任并主持工作。2012年5月任主任。系创修《平川区志》编辑，主编《平川区志（1996—2005）》《平川年鉴（2010年）》《平川年鉴（2011年）》。白银市地方志先进工作者。白银市综合年鉴编纂工作先进个人。

**朱广文** 1974年11月生。会宁县汉岔乡人。本科学历。1996年8月兰州师范高等专科学校毕业后分配平川区共和中学教书，2007年6月调平川区地方志办公室工作。历任《平川区志（1996—2005）》《平川年鉴（2010年）》编辑，《平川年鉴（2011年）》副主编。

## 五、其他行业

**李 江** 1943年4月生，平川区水泉镇野麻村人。1962年高中毕业，任水泉乡文化中心专干。《平川区志》副主编，《甘肃日报》、中央电视台曾专题介绍其先进事迹。先后在省内外报刊发表对联、诗歌、民歌、快板、散文、民间故事、歌词与书画作品590多件。全国文化系统先进工作者。中国楹联学会、中华诗词学会会员。

**关兴益** 1954年生，靖远县人。高中文化，会计师。曾在宁夏石炭井步兵二十师服役，复员后历任平川区食品加工厂厂长、区供销合作社主任兼党总支书记、区装饰陶瓷厂厂长、区房地产管理局书记。酷爱民间文学,收集民间故事、方言、俗语、谚语、笑话及民谣。先后编写出版《常言俗语拾缀》《耳食趣话》《鹑阴方言纂诂》《鹑阴故经述记》和《平川风情颂》。《鹑阴方言纂诂》得到省方言研究所认可。甘肃省方言研究所研究员。

**李发明** 1956年4月生,甘谷县人。高级政工师。1976年11月在白银针布厂参加工作。1985年8月任白银纺织工会主席。1998年3月任平川区工会主席。1993年被全国工总会评选为“优秀工会工作者”,2003年获“全国新建企业工会组建工作先进个人”称号。

**吴守平** 1959年10月生,平川区水泉镇陡城村人。空军上校。1983年解放军乌鲁木齐军区专科学校毕业。1974年在空军7266部队服役。1978年在空军87141部队任正排职军官。1983年在空军乌鲁木齐指挥部后勤部90分队任所长。1986年在空军86381部队历任门诊所副所长,防疫所所长,学校书记。1994年在空军94181部队学校任正团职书记,荣立三等功2次。2002年转业后历任平川区政法委副书记,白银市森林公安局平川分局政委,区政协科教文史资料委员会主任。

**金永文** 1960年11月生,靖远县人。高级讲师。中央党校函授学院经济管理专业毕业。1976年2月参加工作,先后在靖远县北湾公社金园学校、若笠学区、靖远陶瓷厂职工子弟学校、靖远陶瓷厂工作。1998年11月后历任平川区委党校副校长、区运管所所长。

**李翔凌** 1964年9月生,甘肃定西市人。1984年参加工作,曾在甘南藏族自治州夏河中学、白银市平川区宝积中学任教。1997年5月,借调平川区地方志办公室工作,为创修《平川区志》《平川区志(1996-2005)》副主编。2007年任区文联主席。主编有《平川史话》《平川书画作品集》《红色屈吴山》《西部陶都》。中华诗词学会会员,甘肃省诗词学会理事。

**张巧花** 女,1964年生,平川区人。国家一级播音员。1985年在王家山矿参加工作。1988年3月调甘肃省广电局。《梦中的小船》获甘肃播音与主持作品三等奖,广播评论《我区小煤窑乱采滥挖现象为何屡禁不止》获甘肃省优秀广播节目二等奖,《及时雨润泽遍地花》获甘肃广播电视社教奖二等奖。

**李平芬** 女,1967年2月生,靖远县人。研究生,高级讲师。1985年参加工作,先后在靖远县北滩中学、平川区宝积中学任教。1999年被招考为平川区委党校教师,任党校校务委员。后任副校长。

**李富刚** 1967年10月生,会宁县人。高级工程师。1986年入东北大学学习。1990年在西北铁合金厂工作,历任技术员、工程师、质检站站长。1999年后任平川区地震局局长,规化办主任。(以上在平川区工作)

**高登岳** 1927年10月生,平川区人。1954年7月西北师范学院数学系毕业后到陕西师范大学数学系任教,先后任讲师、副教授。主讲高等几何,从事几何方向及中国数学史的研究。先后发表《我国古代几位数学家在几何方面的主要成就》《物不知其数问题的术文剖析》等论文,主编《平面三角解题与思路分析》一书。

**李学梅** 女,1938 年 3 月生,水泉镇人。高级工程师。1964 年毕业于清华大学物理系,供职于中国工程物理研究院。

**万新欧** 1943 年 7 月生,水泉镇人。副教授。1979 年毕业于西北师大政治系,任教于甘肃省交通学校。

**白 林** 1963 年 8 月生,王家山镇井儿川村人。理学博士,教授,兰州城市学院绿色化学实验与教学研究所所长。1984 年 7 月毕业于兰州师范高等专科学校化学系并留校任教。出版《无机化学实验》1 部。在国内外发表学术论文 40 余篇,主持完成并通过省级鉴定科研项目 1 项。合作完成科研课题获 2004 年度甘肃省科技进步二等奖,甘肃省高校科技进步一、二等奖各 1 项。2004 年 9 月被教育部授予"全国优秀教师"称号。

**万 炜** 1964 年 9 月生,水泉镇人。高级工程师。1987 年西安冶金学院毕业后分配到武汉冶金研究院工作。后任武汉金目检测工程技术有限公司总经理。2006 年 6 月获中华人民共和国特种设备检验检测Ⅲ级人员资格证。

**张世彪** 1965 年 2 月生,共和镇小水村人。高级农艺师。1988 年 7 月西北大学毕业,获理学学士学位,分配到省农业勘测设计院工作。先后担任院行政办副主任、土壤改良科科长、院第一党支部书记等职,2000 年 1 月任省农业勘测设计院副院长。2005 年 1 月任省秦王川农业高科技产业开发示范基地管理办公室副主任。后考取中国科学院研究生院,攻读寒区旱区环境与工程博士学位。

**黄兆宏** 1965 年 7 月生,水泉镇牙沟水村人。博士,副教授,硕士生导师。1987 年西北师范学院历史系毕业,分配到兰州通用机械厂子弟中学工作。1992 年在西北师范大学历史系攻读硕士学位。1995 年在西北师范大学历史系工作。2001 年在厦门大学攻读历史学博士学位。2004 年在西北师范大学文学院历史系工作。主要从事隋唐史和西北史研究。

**林广乾** 1965 年 10 月生,水泉镇下堡村人。高级工程师。1988 年武汉中国地质大学毕业。先后在甘肃省地矿局第一探矿队、第三探矿队、第一勘察院工作。2003 年在甘肃地质工程总公司工作。2005 年后在甘肃地质研究院工作。

**王俊卿** 1966 年 9 月生,黄峤乡郎山人。理学博士,副教授。1987 年 6 月兰州大学化学系物理化学专业毕业,在兰州医学院药学系(现兰州大学药学院)从事物理化学和分析化学的教学工作,并从事药物稳定性和药代动力学的研究。1992 年 9 月在兰州大学化学系高分子物理与化学专业学习,攻读功能高分子方向的硕士学位。1999 年 9 月在兰州大学化学系高分子物理与化学专业学习,攻读功能高分子方向的博士学位。2002年10月在中山大学材料科学研究所(博士后流动站)和广东顺德鸿昌化工有限公司博士后科研工作站进行应用性科研工作。2005年3月后在无锡阿科力化工有限公司工作,任总工程师。后被江苏省委组织部确定为江苏省“333高层次人才培养工程”中青年科学技术带头人。

**史崇清** 女,1967年11月生,水泉镇人。教授。1990年毕业于北京协和医科大学,分配到武汉冶金系统卫生学校任教。1999年考入北京协和医科大学护理专业读硕士研究生。2003年毕业分配到武汉科技大学任教。

**石福军** 1967年生,水泉镇人。高级工程师。1990年6月毕业于华北电力学院动力系热动专业。在靖远第二火力发电有限公司运行部工作,从事火力发电厂运行技术研究。主要论文有《氢冷发电机气体置换技术研究》《300MW机组锅炉启动上水加热过程探讨》《300MW机组疏放水及锅炉连排系统的改进》。

**刘 珺** 1968年6月生,水泉镇陡城村人。硕士学位。中央电视台新闻中心驻中纪委首席记者,中国美术家协会会员,中国山水创作院院委,国家一级美术师。先后在靖远县五金厂、甘肃玉门石油管理局工作。1992年入中央工艺美术学院环境设计系学习。1994年任北京电视台新闻部记者。1997年任中央电视台新闻中心记者。2000年12月组织领导古楼兰及小河墓地的探险考察。出版有文学作品集《最后的守望》,绘画作品《故园秋山高》《太行秋高图》《烽火岁月》及《云中居》等。

**冯玉雷** 1968年10月生,宝积乡鸾沟村人。1992年毕业于陕西师范大学中文系。工作于西北师范大学《西北成人教育学报》,从事文化人类学研究、文化小说及散文创作。中国作家协会会员,中国文学人类学学会理事,兰州市作家协会副主席,甘肃省文学院一级签约作家,甘肃省作家协会会员。出版有长篇小说《肚皮鼓》《敦煌百年祭》《敦煌·六千大地或者更远》,与人合著《陇原英烈》《走遍中国甘肃宁夏》,主编《中国西部实力美术家作品集》,创作完成电视剧《敦煌百年祭》《失踪的女神》

**刘再满** 1968年12月生,水泉镇下村人。兰州交通大学副教授,硕士生导师,博士。1991年青岛化工学院毕业参加工作。1991年7月至2001年8月在中国石化公司合成橡胶技术开发中心工作,历任助理工程师、工程师,其间于1999年获兰州大学硕士学位。2001年9月至2004年6月在兰州大学读博士研究生,获得理学博士学位。后在兰州交通大学从事与化工相关专业的教学及科研工作。曾在国外期刊《J Appl Polym Sci》和国内期刊《应用化学》等学术刊物上发表论文多篇。

**贺更行** 1972年生,水泉镇陡城村人。博士,中校,正团职研究员。1990年在中南工业大学思想政治教育专业学习。1994年攻读伦理学专业硕士学位。1999年至2002年在中国人民大学攻读伦理学专业博士学位。先后任北海舰队某部副枪炮长,海军大连舰艇学院政治系教员。后为军事科学院军建部研究员。出版专著《荣辱论》。

**任继荣** 1973年9月生,宝积乡尖山村人。博士,副教授,硕士生导师。1997年毕业于兰州大学物理系。2003年12月获理学博士学位,作为兰州大学"萃英人才建设计划"引进人员留兰大理论物理研究所工作。2004年7月主持国家自然科学基金项目。在国内外发表国际论文近40余篇。美国芝加哥大学访问学者。

**武永卫** 1974年12月生,平川区人。博士。清华大学计算机系统教授、博士生导师,国际学术期刊JOWUA IJNDC编委。主要研究领域是高性能计算和分布式处理系统。曾多次担任国际网络或云计算会议的程序委员会主席或委员,主持过国家863、973、国家自然科学基金、CNGI、欧盟(FP6)、中法国际合作基金、日本大川基金、Intel、HP等课题或子课题。已在国内外著名书刊和学术会议发表学术论文60余篇,申请发明专利6项。后获国家科技进步二等奖。

**张晓玲** 女,1975年生,平川人。2005年获西北师范大学文学硕士学位。2008年获兰州大学文学博士学位。供职于西北师范大学文史学院。曾在《求是》《文艺争鸣》等刊物发表理论文章多篇。

**郭柏鸿** 1978年生,宝积乡响泉村人。副主任医师,博士。兰州大学临床医学院毕业,师承著名泌尿外科专家陈一戎教授,发表论文数篇,参与国家级科研项目3项,主持国家自然科学基金项目1项,研究方向为泌尿系统肿瘤及基因靶向研究。(以上在平川区外工作)

## 第三节 劳动模范

**余凤仪**(1901—1979.9) 河北省交河县人。1949年9月参加工作,先后任甘肃省山寨煤矿、石门沟煤矿机务车间主任。1956年任石门沟煤矿副矿长。1958年8月调靖远煤矿筹建处负责筹建机修厂,后任机修厂厂长。1952年被授予"甘肃省劳动模范"称号。1956年、1962年两次获"甘肃省先进生产者"称号。

**夏善禄**(1917—1989.5) 甘肃省临洮县人。1949年参加工作,为石门沟煤矿架柴工。1952年被授予"甘肃省劳动模范"称号。1958年调靖远矿区大水头、宝积山煤矿工作。1968年起在靖远煤矿电厂、靖远矿区指挥部水电处、矿务局水电处当水泵工。

**张德喜** 1917年2月生,河北省平乡县人。高小文化。1948年3月参加工作,先后在阜新矿务局木厂、北京煤炭洗选公司木厂、山西省煤炭洗选公司介休木厂、煤炭部第十一工程处(晋城)木厂当电锯工。1957年被授予"山西省劳动模范"称号。1969年1月在靖远矿区煤炭第二工程处木材加工厂当电锯工,同年5月任木材加工厂党支部书记。1971年4月任中共靖远矿区指挥部委员会委员。1977年12月当选甘肃省第五届人民代表大会代表。

**郜　昌**　别名郜志希,1920年9月生,陕西省礼泉县人。1949年11月在陕西军区兵工厂参加工作。1950年8月调甘肃铁冶煤矿工作,先后任机修车间技师、副主任。1958年8月后历任靖远煤矿筹建处机修厂副厂长、靖远矿务局机修厂副厂长、红渠五小领导小组副组长、宝积山煤矿机修队队长、靖远矿务局机械制修厂第一副厂长等职。1952年被授予"甘肃省劳动模范"称号。

**王万德**　1925年4月生,宁夏中卫县人。1949年10月参加工作,在宝积山煤矿当采煤工。1952年任矿工会主席。1952年被授予"甘肃省劳动模范"称号。

**冯发元**　原名冯接儿,1931年1月生,甘肃省通渭县人。1958年7月参加工作,在宝积山煤矿当采煤工,后历任班长、排长,采煤四队副队长。1978年出席全国煤炭工业学大庆赶开滦群英会,被授予"全国煤炭工业战线劳动模范"称号。

**欧根元**　1932年2月生,山东省沂水县人。1946年7月在黑龙江省桦南县纹腰金矿当采金工。1952年2月在双鸭山基建工程公司土建队当混凝土工。1957年7月在山西介休洗选建设公司二处当工人。1962年5月在煤炭部第十一工程处(晋城)土建工区任混凝土大组组长。1970年后历任甘肃省煤炭第二工程处土建一队副指导员、指导员、党支部书记,土建队副主任、副队长、党总支书记。1978年出席全国煤炭工业学大庆赶开滦群英会,被授予"全国煤炭工业战线劳动模范"称号。1982年被授予"全国煤炭工业劳动模范"称号,同年被授予"甘肃省劳动模范"称号。

**杨风阶**　1934年7月生,江苏省徐州市人。经济师。1953年8月徐州师范学校毕业后分配到煤炭部甘肃矿务局工作,先后任计划员、专职经济员、组长。1958年调天祝煤矿计划科任计划员、施工员、计划科负责人。1971年调靖远矿区指挥部工作,先后在红会第二煤矿、王家山煤矿任计划科副科长、科长等职。1985年后历任靖远矿务局运销处副处长、处长、经理。1994年4月被授予"甘肃省劳动模范"称号。

**刘宗福**　1935年5月生,甘肃省武威市人。1949年9月参加工作,在石门沟煤矿当井下工人。1958年8月后在靖远煤矿筹建处机修厂、筹备处工作。1963年后历任供水工区班长、连长、临时党支部书记、区长。1986年6月在靖远矿务局水电处当生产保管员。1982年被授予"甘肃省劳动模范"称号,同年被授予"全国煤炭工业劳动模范"称号。

**安忠清**　1940年3月生,甘肃省平凉市人。1969年6月在宝积山煤矿参加工作后当掘进工,先后任掘进三队副班长、班长、副队长。1973年4月后历任红会第三煤矿运输队副队长、开拓二队队长、运输队队长。1989年被授予"甘肃省劳动模范"称号,同年被授予"全国能源工业劳动模范"称号。

**何生旺** 1942年12月生,山西省大同市人。中专文化,高级工程师。1966年8月山西省大同煤校毕业后分配到靖远矿区工作,先后任宝积山煤矿技术员、生产技术科科长,红会第二煤矿生产技术科科长、矿主任工程师,红会第一煤矿四采区区长。1984年1月后历任王家山煤矿总工程师、副矿长兼总工程师、矿长。1996年3月任靖远矿务局总工程师。1988年获全国“五一”劳动奖章,被授予“全国先进科技工作者”称号。1989年被授予“甘肃省劳动模范”称号。

**宋国杰** 1943年7月生,河南省舞阳县人。中学高级教师。1967年7月兰州大学毕业后在兰州军区直属队农场劳动锻炼。1970年4月分配到靖远矿务局第三中学任教,后历任三中教导主任、副校长、校长、党支部书记等职。1992年后历任靖远矿务局教育处教研室副主任、主任。1982年被授予“甘肃省先进工作者”称号,1989年被授予“甘肃省劳动模范”称号。

**程万仁** 1950年2月生,白银区人。1970年10月在宝积山煤矿参加工作后当采煤工,后任采煤一队分队长、队长。1989年11月任矿安检处安检员。1989年被授予“全国能源工业劳动模范”称号。

**黄志龙** 1953年5月生,甘肃省镇原县人。1969年12月在甘肃煤炭第二工程处参加工作后当工人。1973年在靖远煤矿学校学习, 毕业后在甘肃煤炭第二工程处建井二队任技术员、副队长。1985年被授予“全国煤炭工业劳动模范”称号。

**辛铁柱** 1954年3月生,甘肃省静宁县人。1971年3月参加工作,在甘肃煤炭第一工程处当瓦工。1986年后历任甘肃煤炭第一工程公司第一建筑工程处工长、副主任。1991年被甘肃省委授予“优秀共产党员”称号,1994年被授予“甘肃省劳动模范”称号。

**林大祥** 1954年8月生,甘肃省武威市人。1978年4月在红会一矿参加工作,当采煤工。1990年5月后历任机采三队一班班长、副队长。1994年12月被授予“全国煤炭工业特等劳动模范”称号。1995年被授予“甘肃省煤炭工业劳动模范”称号,同年被授予“全国劳动模范”称号。

**许国栋** 原名许民主,1955年7月生,甘肃省古浪县人。1977年7月在窑街矿务局参加工作,当掘进工。1982年9月在靖远矿务局王家山矿四采区开拓三队当工人。1988年4月后任开拓三队队长。1990年12月起历任王家山矿四采区区长、副矿长。2007年5月任靖煤公司安监局驻王家山煤矿安监处处长。1989年被授予“甘肃省煤炭系统劳动模范”称号,同年被授予“全国能源工业劳动模范”称号。

**陈玉仲** 1955年7月生,会宁县人。1972年10月入伍。退伍复员后,1983年1月被红会第一煤矿招为农民协议工,从事采煤工作,1992年1月转为劳动合同制工人。2000年1月调选煤队工作。1989年被授予“甘肃省煤炭系统劳动模范”和“甘肃省劳动模范”称号。

**马 英** 1956年10月生,甘肃省武威市人。1973年11月在武威地区冰草湾煤矿参加工作后当攉煤工。1979年12月在靖远矿务局红会第一煤矿先后任采煤二队班长、副队长、队长、北采区党总支副书记。1988年1月当选甘肃省第七届人民代表大会代表。1985年被授予“全国煤炭工业劳动模范”称号。1986年、1987年被授予“甘肃省煤炭系统优秀共产党员”称号。1987年、1988年被授予“甘肃省煤炭工业双文明建设先进个人”称号。

**李德玺** 1957年5月生,甘肃省灵台县人。在职硕士研究生学历,正高级工程师,国家注册安全工程师,国家注册监理工程师。1982年2月后任甘肃煤炭工业学校矿建教研室主任、地矿科主任。1991年5月后历任靖远矿务局基建处主任工程师、科研设计院副院长、红会一矿副矿长兼总工程师。2002年2月起任靖远煤业公司科研设计院党委书记、院长。2003年被中国煤炭工业技术委员会评为“煤炭工业技术创新优秀人才”“科技进步先进企业作出突出贡献者”“企业科技进步有功人员”等。

**房 忠** 1964年生,平川区宝积乡响泉村人。大学学历,高级工程师,取得清华大学高级职业经理资质证书。历任工程队队长、项目经理、平川二建公司副经理、白银市平川中区房地产开发有限公司经理,出资组建甘肃忠恒房地产开发集团有限公司。任甘肃省政协委员、甘肃省工商联执委、甘肃省乡镇企业副会长、白银市政协常委、平川区政协常委、白银市工商联副会长、平川区工商联会长、平川区慈善会会长、宝积乡响泉村委会主任。建设屈吴山红军纪念馆投资8000多万元。曾被授予“全国农村青年创业致富带头人”“全国创业之星”“全国乡镇企业家”“中华慈善人物”“2009年全国十大创新经济新闻人物”“2009年农村十大致富带头人”,第四、五、六、七届“甘肃省乡镇企业家”“甘肃省劳动模范”“甘肃省十大杰出青年农民”“甘肃省优秀青年”“甘肃省优秀政协委员企业家”“甘肃省优秀青年企业家”“捐资助学先进个人”“2009年甘肃优秀中国特色社会主义事业建设者” 等荣誉称号。2002年、2008年分别受到国务院总理温家宝、国务院副总理回良玉的接见。

**朱海发** 1964年4月生,甘肃省永靖县人。1987年5月被甘肃煤炭第一工程处招为农民轮换工。1996年12月转为劳动合同制工人,在第一建井处先后任班长、施工队副队长、队长、建井一处副主任。1994年12月被授予“全国煤炭工业劳动模范”称号。

**卢兆合** 1965年2月生,甘肃省定西市人。1987年参加工作后,先后担任王家山煤矿采煤队班长、副队长、机电队长,四号井采煤一队队长,四采区综放一队队长。2007年被授予“全国煤炭工业劳动模范”称号。

**许继宗** 1965年6月生,甘肃省陇西县人。硕士,高级工程师。1990年8月西安矿业学院毕业后分配到靖远矿务局魏家地煤矿工作,先后任技术员、副队长、副科长、科长。2000年6月后任宝积山矿总工程师、大水头矿副矿长兼总工程师。2004年8月后任大水头矿矿长兼总工程师。2005年被授予“甘肃省劳动模范”称号。

**高耀权** 1968年1月生,甘肃省通渭县人。省委党校本科学历。1988年在靖远矿务局参加工作后,一直从事井下一线生产和管理工作。2004年11月任魏家地煤矿综放队队长。1998年获甘肃省“职工道德先进个人”荣誉称号,2002年、2004年两次获“全国煤炭工业优秀采煤队长”称号,2004年被授予“甘肃省劳动模范”称号。

**阎生顺** 1969年5月生,平川区共和镇中和村人。白银市平川区屈吴煤矿矿长,平川宾馆有限公司董事长,白银市人大代表。曾被共青团中央评为“致富带头人标兵”,被共青团中央委员会、水利部、农业部、财政部、国家林业局、中华青年联合会授予第十一届“中国杰出青年农民”提名奖荣誉称号,被中国中小企业国际合作促进会评为“中国优秀企业家”,被省委、省政府评为甘肃省“十大杰出青年农民”。

**令耀伟** 1971年3月生, 甘肃省通渭县人。1996年12月被红会一矿招为农民轮换工。2000年10月转为劳动合同制工人,先后任采煤一队班长、副队长,采煤八队副队长,综放一队队长,综放二队队长,二采区副区长兼综放二队队长。2004年在甘肃省煤炭系统青年岗位技能大赛中获采煤工第二名,被授予“甘肃省杰出青年岗位能手”称号。2007年被授予甘肃省“五一劳动奖章”。2008年5月被授予“全国五一劳动奖章”。

**丁玉平** 1975年8月生,回族,平川区共和镇人。甘肃省第十届人大代表,白银市政协委员,白银市工商联常委,平川区工商联副会长,平川区慈善会副会长。1995年后历任区红会煤炭运销公司经理、区四方煤矿矿长、白银市金时潮商贸有限公司执行董事、甘肃银地商贸有限司董事长、白银特澳特番茄制品有限公司董事长、甘肃银地工贸(集团)有限公司董事长。2002年获甘肃省第三届“十大杰出青年农民“称号。2003年被共青团中央、农业部授予“全国农村青年创业致富带头人”称号,同年被评为“白银市十大杰出青年”。2003年获“抗非典突出贡献奖”。

## 第四节 企业人物

### 一、靖远煤业集团有限责任公司

**陈弟楷** 1929年3月生,陕西省城固县人。高级工程师。1951年3月在西北工业学院学习,1954年8月毕业后分配到阿干镇煤矿任技术员。后分别在窑街煤矿、兰州工程处、窑街矿务局任技术员。1960年至1978年先后在窑街矿务局、煤炭部第八十三工程处任工程师。1978年12月任甘肃煤炭第三工程处副总工程师。1979年12月任副处长。1980年12月任处长。1983年5月任甘肃煤炭基本建设工程公司总工程师。1986年10月任靖远矿务局咨询委员会副主任。

**王忠信** 1934年9月生,山西省永寿县人。工程师。1952年初中毕业后被西北军政委员会工业部选派去山东洪山煤矿学校(1953年8月迁至安徽更名为淮南煤矿学校)上学。1955年8月毕业后分配到阿干镇煤矿任技术员,后历任副队长、队长、石门坑口副坑长,1965年任工程师。1966年7月任阿干镇煤矿副矿长。1974年10月任甘肃省煤炭工业安检处副处长。1979年2月任靖远矿务局副局长、党委副书记。1981年9月任中共靖远矿务局委员会书记。1983年12月当选中共甘肃省第六次代表大会代表。1985年10月任靖远矿务局咨询委员会主任。

**马尚伟** 1940年2月生于上海,原籍浙江省湖州市。1956年12月于铜川干校计划统计班学习结业后分配铜川工程公司机修厂任统计员。1957年9月在西安煤矿学校学习,1960年9月毕业后任甘肃煤炭工业局局设计处技术员。1962年4月任窑街建井公司技术员。1965年5月任煤炭部第八十三工程处施工三队副队长。1966年西安矿业学院函授毕业。1968年4月至1975年3月历任煤炭部第八十三工程处、甘肃省煤炭第一工程处施工队技术员、队长、工程师等职。1975年4月后任甘肃省煤炭工程处施工科工程师、副科长。1983年6月任第三工程处副处长兼总工程师。1984年3月任处长。1985年1月任甘肃煤炭基本建设工程公司副经理。

**李波澜** 1943年12月生,河南省济源县人。1968年12月西安矿业学院毕业后分配到煤炭部第八十三工程处任技术员,1979年5月任工程师。1981年3月任甘肃省煤炭第一工程处机电安装队队长。1983年6月任副处长。

**王锦章** 1945年7月生于陕西省勉县,原籍河南省温县。高级工程师。1968年8月毕业于西安矿业学院矿山机电专业,同年12月分配到靖远煤矿基建队工作,先后在宝积山煤矿、靖远矿区指挥部机电处任机电班长、机电队长、机电技术员。1979年3月至1985年在甘肃煤炭基本建设工程公司从事施工技术管理工作,任机电工程师、主任科员。1985年3月任甘肃煤炭第三工程处副处长。1986年8月任甘肃煤炭基本建设工程公司施工处副处长。1987年2月任靖远矿务局机电处副处长。1988年5月任靖远矿务局机电处副总工程师。1996年3月任靖远矿务局副局长。2001年8月任靖煤公司副总经理。2004年8月任靖煤公司副地级调研员。

**罗福乾** 1945年9月生,陕西省富平县人。高级经济师,高级政工师。1970年7月北京矿业学院毕业后分配靖远矿区工作,先后任指挥部供应处副科长、副处长、处长。1985年1月后历任靖远矿务局副局长、纪委书记、党委副书记。1997年10月任靖远矿务局党委书记,11月任局长。2001年6月任靖远煤业有限责任公司党委书记、董事长。

**宝书玉**　1945年10月生,辽宁省朝阳市人。高级政工师。1970年8月毕业于阜新矿业学院采矿系,分配到甘肃华亭矿区筹建处工作。1979年4月任华亭矿务局化验室主任。1981年5月任靖远矿务局供销处供应科科长。1983年3月任矿务局供销处副处长。1986年3月任矿务局供销处处长兼党总支书记。1995年10月任煤炭部进出口公司安口集配站站长,华亭矿区建设管理委员会运销部部长。1996年11月任华亭矿区建设管理委员会党委副书记、纪委书记。2001年6月任靖煤公司党委副书记、副董事长。2004年8月任靖煤公司副地级调研员。

**丁书臣**　1947年10月生,甘肃省榆中县人。1970年1月参加工作,在煤炭部第八十三工程处当工人,先后任青工干事、政工干事、宣传干事。1982年6月始先后任甘肃煤炭第一工程处第一建井队102施工队党支部书记、第一建井队党总支书记。1985年3月任甘肃煤炭第一工程处副处长。1990年11月任甘肃煤炭第二工程公司党委书记。1996年3月任靖远矿务局副局长。1999年10月任靖远矿务局党委书记。

**朱启孝**　1948年2月生,江苏省泰兴县人。测量高级工程师。1971年9月参加工作,先后在靖远矿区指挥部、靖远矿务局地质队、靖远矿务局地测处工作。1978年9月至1982年7月在西安矿业学院学习。1985年9月任靖远矿务局地测处副处长。1987年9月任靖远矿务局王家山矿副矿长,1998年3月任矿长。2001年6月任靖远煤业有限责任公司副总经理。2004年8月任靖远煤业有限责任公司副总经理、党委常委。

**何元纲**　1949年5月生,甘肃省镇原县人。高级工程师。北京煤炭干部管理学院企业管理专业毕业。1969年7月在窑街矿务局三矿参加工作,历任采煤队党支部书记、农场党支部书记、办公室副主任。1984年7月后历任二矿党委书记、机修厂厂长、二矿矿长、矿务局副局长等职。2000年3月任窑街煤电公司董事、党委常委、总经理。2002年4月任华亭煤业集团公司董事长、总经理、党委副书记。2005年6月任靖远煤业有限责任公司党委书记、董事。

**毛鹏茜**　1949年11月生,甘肃省泾川县人。高级经济师,高级政工师。1968年7月参加工作,先后在泾川县商业局、平凉师范学校工作。1971年9月在西北师范大学物理系学习。1976年6月任华亭矿务局安口煤矿科长、纪委书记。1987年7月在华亭矿务局宣教卫生处任副处长、处长。1991年11月任中共华亭矿务局杨家沟矿委员会党委书记。1992年12月任华亭矿务局东峡矿矿长。1995年4月任华亭矿务局副局长。1997年4月任中共华亭矿务局委员会党委书记、副局长。2002年5月任窑街煤电公司党委常委、董事、总经理。2003年1月任窑街煤电公司董事长、总经理、党委副书记。2005年7月任甘肃省煤矿安全生产监督管理局局长、党组书记。2006年9月任靖远煤业有限责任公司董事长、党委书记。2008年12月任甘肃省政协人口资源环境委员会副主任,靖远煤业集团有限责任公司董事长、党委常委。

**李德军**　1952年11月生,河北省武邑县人。高级政工师,高级经济师。1969年1月在新疆军区7975部队服役。1973年3月到靖远矿区地质队工作。1973年8月在中南工业大学工程测量专业学习。1976年8月在靖远矿务局地测处、开拓处工作。1985年4月任靖远矿务局红会三矿党委副书记，1985年9月任党委书记、副矿长。1994年2月任靖远矿务局第一中学校长。1998年3月任靖远矿务局人事处处长。2001年6月任靖远煤业有限责任公司党委副书记、监事会副主席、党委常委。

**程　剑**　1954年10月生，甘肃省庄浪县人。研究生，高级经济师。1971年9月参加工作，先后在靖远矿区大水头矿采煤二队、生产技术科工作。1978年12月后在甘肃煤炭基本建设工程公司施工管理处、调度室工作。1981年10月任靖远矿务局第四中学筹建组副组长。1982年11月起历任甘肃煤炭基本建设工程公司办公室秘书、主任科员、科长、信访室主任等职。1986年11月任靖远矿务局党委办公室秘书科科长。1989年5月至1993年2月任靖远矿务局党委办公室副主任，其间借调甘肃省委宣传部工作。1993年3月任甘肃煤炭第一工程处党委书记兼工会主席。1996年3月任靖远矿务局副局长兼甘肃煤炭建筑安装工程公司总经理。2001年6月任靖远煤业有限责任公司副总经理。2004年8月任靖远煤业有限责任公司党委副书记兼纪委书记。2008年11月任靖远煤业集团有限责任公司党委书记、董事。

**朱亚丽**　女，1956年4月生，河北省唐山市人。党校研究生学历。1972年3月在甘肃煤炭第二工程处参加工作，先后任宣传干事、团委副书记。1982年7月任靖远矿务局团委副书记。1989年1月任靖远矿务局工会办公室主任，1991年2月任工会副主席。1997年8月至2000年7月在省委党校在职研究生班党史党建专业学习。2001年6月任靖煤公司工会主席。2004年4月任甘肃省总工会副主席。1995年被中华全国总工会表彰为“女职工先进工作者”，2002年12月被中共甘肃省委授予甘肃省“先进工会干部”称号。

**田靖安**　1956年7月生，山西省五台县人。美国加州大学工商管理专业毕业，硕士，高级政工师。1972年1月参加工作，先后在靖远矿区指挥部宝积山矿农场、靖远矿务局宝积山矿采煤五队、红会五矿运输队、红会一矿南采区工作。1982年3月任靖远矿务局红会一矿团委书记。1985年9月至1987年7月在兰州大学学习工业企业管理专业。1987年8月至1990年10月历任靖远矿务局红会一矿北采区、四采区副区长兼党支部副书记、党总支书记。1990年11月至1998年2月历任靖远矿务局王家山矿党委副书记、副矿长、矿长。1998年3月至1999年9月任靖远矿务局运销公司经理。1999年10月至2001年5月任靖远矿务局副局长。2001年6月至2006年8月任靖远煤业有限责任公司副总经理、党委常委。

**汉宁明**　1957年5月生，甘肃省榆中县人。硕士，采煤正高级工程师。1981年8月在窑街矿务局三矿采煤队参加工作，任技术员、副队长。1988年7月任窑街矿务局三矿地测科副科长、科长。1991年5月任窑街矿务局三矿副矿长、矿长。1999年9月至2001年7月在兰州大学经济管理学院企业管理研究生班学习。2000 年 3 月起历任窑街矿务局副局长，窑街煤电有限责任公司副总经理，窑街煤电集团有限责任公司董事、副总经理、党委常委。2009 年 7 月任靖远煤业有限责任公司副总经理、董事、党委常委。

**宋永强** 1958 年 3 月生，河北省宁河县人。硕士，机械高级工程师。1975 年 9 月参加工作，先后在靖远矿务局红会一矿、甘肃矿用化工厂、靖远矿务局机械制修厂工作。1979 年 9 月在西安矿业学院机械制造专业学习。1996 年 3 月任靖远矿务局机械制修厂厂长。1998 年 3 月任靖远矿务局物资供应公司经理。2001 年 6 月任靖远煤业有限责任公司副总经理。2004 年 8 月任靖远煤业有限责任公司副总经理、党委常委。

**缪寅生** 1958 年 11 月生，甘肃省渭源县人。1978 年 3 月入靖远煤矿学校采煤专业学习，1980 年 12 月毕业后分配到靖远矿务局红会二矿二队任实习技术员。1982 年 1 月在红会二矿生产科任地质主管技术员。1983 年 1 月任王家山矿生产科采煤主管技术员、组长。1984 年 9 月任王家山矿生产科副科长。1987 年 7 月任王家山矿副矿长。1993 年 4 月任魏家地矿副矿长，1995 年 3 月任代理矿长。1996 年 3 月任靖远矿务局副局长。2001 年 6 月任靖远煤业有限责任公司总经理、董事、党委常委。2004 年 8 月任靖远煤业有限责任公司党委副书记、副董事长、总经理。

**梁习明** 1959 年 5 月生，甘肃省定西市人。西安科技大学矿业工程专业毕业，机电高级工程师。1980 年 12 月后任靖远矿务局红会四矿技术员、技术副队长。1986 年 1 月后历任靖远矿务局机械动力处工程师、主任科员、主任工程师。1993 年 3 月任靖远矿务局魏家地矿副矿长。1998 年 2 月任靖远煤业有限责任公司魏家地矿矿长。2004 年 3 月任靖远煤业有限责任公司副总理。2004 年 7 月任靖远煤业有限责任公司副总经理、党委常委。2006 年选入甘肃省 555 创新人才工程。2008 年 11 月任靖远煤业集团有限责任公司总经理、董事、党委常委。2010 年 9 月任靖远煤业集团有限责任公司董事长、总经理、党委副书记。

**温克珩** 1959 年 11 月生，甘肃省靖远县人。西安科技大学采矿工程专业毕业，高级经济师。1980 年 12 月后历任靖远矿务局大水头矿机电技术员、队长、靖远矿务局大水头矿劳动人事科副科长、科长。1985 年 9 月在北京煤炭管理干部学院企业管理专业学习，获经济学学士学位。1995 年 3 月任靖远矿务局大水头矿副矿长。2001 年 6 月任靖远煤业有限责任公司大水头矿矿长。2004 年 8 月任靖远煤业有限责任公司副总经理、党委常委。

**宋志田** 1961 年 9 月生，甘肃省会宁县人。1985 年 9 月在靖远矿务局职工总医院中医科参加工作。1988 年 3 月任靖远矿务局职工总医院团委负责人。1993 年 4 月任靖远矿务局职工总医院医务科副科长、科长。1998 年 3 月任靖远矿务局环卫处副处长。2001 年 11 月任靖远煤业有限责任公司医保中心副主任兼党支部书记。2007 年 3 月任靖远煤业有限责任公司党委组织部副部长、机关党委书记。2007年12月任靖远煤业集团有限责任公司党委组织部副部长(主持工作)、机关党委书记。2009年5月任靖远煤业集团有限责任公司党委组织部部长。2011年7月任靖远煤业集团有限责任公司党委常委、组织部部长。

**王　军**　1962年1月生，甘肃省泾川县人。西安交通大学管理科学与工程专业毕业，博士，采矿高级工程师。1982年7月参加工作，历任华亭矿务局东峡煤矿技术员、副总工程师、总工程师。1994年8月任华亭矿务局政策研究室副主任。1995年1月后任华亭矿务局安口煤矿代矿长、矿长。1996年11月后历任窑街矿务局副局长，窑街煤电公司副董事长、副总经理。2004年8月任靖远煤业有限责任公司副董事长、副总经理、党委常委。2005年6月任靖远煤业有限责任公司副董事长、总经理、党委常委。

**谢俊文**　1962年2月生，甘肃省甘谷县人。西安科技大学采矿工程专业毕业，采矿高级工程师。1982年7月至1989年6月任靖远矿务局通灭处副主任科员、助理工程师。1989年7月至1993年1月任靖远矿务局魏家地煤矿副总工程师兼通灭科科长。1993年2月至2001年5月任靖远矿务局大水头煤矿总工程师、总工程师兼副矿长、矿长。2001年6月至2004年10月任靖远煤业有限责任公司副总经理兼总工程师、党委常委。

**张炳忠**　1962年8月生，甘肃省华亭县人。硕士，采矿高级工程师。1982年8月在华亭矿务局安口煤矿参加工作，任生产科技术员。1988年2月任华亭矿务局安口煤矿调度室副主任。1991年5月任华亭矿务局安口煤矿党委副书记、副矿长、总工程师。1993年5月任华亭矿务局安口煤矿党委书记、副矿长。1996年12月任华亭矿务局安口煤矿矿长。2000年2月任华亭矿区管委会陈家沟煤矿矿长，2002年5月起兼任华亭煤电股份公司董事。2004年6月任华亭煤业集团煤电股份公司销售运输公司经理、党委副书记。2007年12月任窑街煤电集团有限责任公司副总经理。2011年3月任靖远煤业有限责任公司副总经理、党委常委。

**李俊明**　1963年3月生，甘肃省定西市人。西安矿院采矿工程专业毕业，正高级工程师。1986年7月参加工作，先后在靖远矿务局红会四矿机采队、靖远矿务局红会四矿生产科、靖远矿务局生产处、靖远矿务局王家山矿工作。1998年3月任靖远矿务局王家山矿副矿长兼总工程师。2001年6月任靖远煤业有限责任公司王家山矿矿长。2004年8月任靖远煤业有限责任公司副总经理、党委常委。

**杨先春**　1963年4月生，山东禹城市人。硕士，高级经济师，高级政工师。1982年12月起先后在靖远矿务局王家山矿三采区、王家山矿团委，靖远矿务局监察审计处、纪委监察处、党委组织部工作。2000年5月任靖远矿务局宝积山矿党委副书记兼工会主席。2001年6月任靖远矿务局人事处副处长。2001年7月任靖远矿务局职称改革工作领导小组办公室主任。2001年12月任靖远煤业有限责任公司人力资源部部长、职称改革工作领导小组办公室主任。2004年8

月任靖远煤业有限责任公司工会主席、党委常委、人力资源部部长、职称改革工作领导小组办公室主任。2008 年 11 月任靖远煤业有限责任公司党委副书记、纪委书记、工会主席、董事。

**高小明** 1963 年 7 月生,甘肃省白银市白银区人。硕士研究生。矿建高级工程师。1986 年 7 月参加工作,先后在靖远矿务局魏家地矿筹建处、煤一处、魏家地矿、科研设计院、大水头矿生产部工作。1998 年 3 月任靖远矿务局大水头煤矿副矿长兼总工程师。2002 年 3 月任靖远煤业有限责任公司红会四矿矿长。2002 年 9 月在西安科技大学采矿工程专业硕士研究生班学习。2004 年 8 月任靖远煤业有限责任公司总工程师、党委常委。

**蒲培文** 1965 年 10 月生,甘肃省武都县人。1984 年 7 月参加工作,历任甘肃省政府办公厅科员、副主任科员、主任科员。1995 年 12 月任甘肃省政府办公厅信息处副处长。2001 年 10 月任甘肃省政府办公厅工交处副处长、调研员。2004 年 7 月任甘肃省政府国资委产权管理处处长。2008 年 11 月任靖远煤业有限责任公司副总经理、党委常委。

**陈 虎** 1967 年 8 月生,甘肃省会宁县人。硕士,采矿高级工程师。1986 年 9 月在西安矿业学院采矿工程专业学习。1990 年 8 月在靖远矿务局魏家地煤矿参加工作, 任综放队技术员、党支部书记。1995 年 9 月任靖远矿务局大水头煤矿生产科助理工程师、综放队队长。1999 年被授予"甘肃省劳动模范称号"。2000 年 7 月任靖远矿务局红会一矿副矿长。2004 年 8 月任靖远煤业有限责任公司王家山煤矿矿长。2005 年 6 月任甘肃靖远煤电股份有限公司董事、总经理。2011 年 3 月任靖远煤业有限责任公司副总经理、党委常委。全国劳动模范,全国煤炭工业优秀矿长。

**高宏杰** 1967 年 12 月生,河南省长葛县人。硕士,采矿高级工程师。1987 年 8 月在西安矿业学院采矿工程专业学习。1991 年 8 月在靖远矿务局魏家地煤矿参加工作,任综放队技术员、技术副队长、生产科科长。1998 年 10 月任靖远矿务局魏家地煤矿综放队队长。1999 年被授予"甘肃省劳动模范"称号。2000 年 6 月任靖远矿务局魏家地煤矿副矿长。2003 年 5 月任靖远煤业有限责任公司煤炭运销公司经理。2011 年 3 月任靖远煤业有限责任公司副总经理、党委常委。

## 二、甘肃煤炭工业学校

**张富山**(1928—2003) 山西省长子县人。1947 年 2 月加入中国人民解放军并参加工作。任班长、排长、副连长、连长等职,参加了著名的淮海等战役,在历次战斗中曾荣立二等功 1 次,二等战斗英雄称号 1 次,二等功臣称号 1 次,一等战斗英雄称号 1 次,大功 4 次,特等功 2 次。中华人民共和国成立后,历任甘肃基建队兰州工程处保卫科副科长,兰州工程处第二建井队党支部书记,窑街矿务局第一建井队党总支书记,窑街矿务局副局长,煤炭部八十三工程处副处长、代理处长、革委会副主任,九条岭煤矿党委副书记、革委会副主任。1979 年 4 月任甘肃煤炭工业学校副校长,1984年1月任调研员。1992年4月经中共甘肃省委老干部局批准,享受副地级待遇。

**刘惠恩** 1928年11月生,河北省昌黎县人。1951年7月参加工作,曾任煤炭部干部学校团委书记。1970年2月任天祝煤矿革委会主任。1974年9月后历任甘肃煤炭工业学校筹备组组长、代党委书记。1976年5月任党委书记、革委会主任。1978年12月任校长。1984年1月任调研员。

**王世安**(1935—1996) 靖远县人。硕士,高级讲师。1958年8月西北大学经济系毕业参加工作,1982年6月任甘肃省煤炭工业技工学校校长,1988年8月任甘肃煤炭工业学校党委副书记,1994年6月兼任学校工会主席。

**郭全泰** 1936年8月生,河南省孟津县人。1956年4月参加工作。在山丹煤矿、窑街矿务局工作期间,任秘书科代理科长、经营管理科科长。1984年8月后历任甘肃煤炭基建公司劳资处副处长、劳动人事处处长,靖远矿务局组织部部长、人事处处长、调研员。1993年9月任甘肃煤炭工业学校党委书记。

**韩永安** 1945年11月生,武威市人。高级工程师。1969年7月毕业于西安矿业学院机电系,曾任武威煤矿机械厂厂长兼总工程师。1994年11月任甘肃煤炭工业学校副校长,2000年6月任学校工会主席。1988年独立完成《平板网架结构建筑节点——空心钢球》设计制造,通过省级鉴定,获甘肃省煤炭工业总公司科技进步二等奖。1992年主持开发制造《SGD420/30420/22型刮板输送机》,通过省级鉴定,获甘肃省优秀新产品、新技术成果三等奖。甘肃省煤炭工业优秀企业管理者,省新产品开发优秀管理者。

**马建林** 1946年4月生,临洮县人。高级讲师。1969年9月甘肃师范大学物理系毕业。历任甘肃煤炭第二工程处子弟学校教师、校长,靖远矿务局培训处办公室主任。1988年8月后任甘肃省煤炭工业技工学校副校长、校长。1993年6月任甘肃煤炭工业学校校长,1996年10月任党委书记。全省煤炭系统优秀思想政治工作者,全国煤炭教育先进工作者。

**李卫峰** 1948年7月生,甘谷县人。高级讲师。1975年10月西安矿业学院地质专业毕业,分配甘肃煤炭工业学校工作。1984年9月后历任学校教务科副科长、科长。1991年12月任学校副校长。1997年9月任工会主席。2000年6月任副调研员。

**马玉澍** 1950年6月生,临夏市人。高级政工师。1976年9月甘肃煤炭工业学校采煤专业毕业后留校工作。1979年7月后任学校人事科副科长、党委办公室主任。1991年12月任学校党委副书记兼纪委书记。全国煤炭职教先进个人,全省煤炭系统纪检监察先进个人。优秀共产党员、思想政治工作先进个人,全省优秀工会工作者。

**何绍人** 1951年11月生,临夏市人。高级讲师。1975年10月西安矿业学院矿建专业毕业，分配到甘肃煤炭工业学校工作。1985 年 7 月后任学校教育研究室主任、校长办公室主任，2000 年 6 月任副调研员。1998 年 12 月参编（任副主编）中专统编教材《建筑材料》《建筑施工技术》（中国矿大出版社）。2005 年 5 月负责承担国家“十五”重点课题“信息化进程中的教育技术发展研究”项目中的子课题“中职教育技术管理模式构建”科研工作。全国煤炭职教政研工作先进个人。

**邵军基** 1954 年 5 月生，会宁县人。高级政工师。1978 年 10 月甘肃煤炭工业学校机电专业毕业后留校工作。1988 年 4 月后任学校学生科副科长，党委办公室代理主任、主任。1997 年 9 月任副校长，2010 年 7 月兼任工会主席。全省毕业生分配先进个人，全省煤炭系统优秀党务工作者。

**刘胜利** 1958 年 5 月生，陕西省富平县人。高级讲师。1982 年 1 月西安矿业学院矿山机械专业毕业，分配到甘肃煤炭工业学校工作。1985 年 5 月后任学校教务科副科长、机电科科长、成人教育科科长。1995 年 11 月任副校长，1997 年 9 月任校长。2005 年 5 月负责承担国家“十五”重点课题“信息化进程中的教育技术发展研究”项目中的子课题“中职教育信息技术为当地社会经济发展的实践研究”，被中国教育技术协会评为“优秀子课题”。2004 年以后参编（任副主编）煤炭高职高专《矿山运输与提升设备》教材。主编煤炭中专《矿山机械》《机械制图习题集》《液压传动》《矿山固定机械》教材，已由煤炭工业出版社出版使用。全省煤炭系统先进教师、优秀中青年知识分子，全国煤炭教育先进工作者，甘肃省优秀教育工作者，全省各级领导干部作风建设先进个人，全国职业教育煤炭专业（矿上机械）带头人。

**胡贵祥** 1962 年 5 月生，秦安县人。高级讲师。1982 年 7 月西安矿业学院采矿专业毕业，分配到甘肃煤炭工业学校工作。1989 年 9 月起历任学校地矿科副主任、采矿科主任。2000 年 6 月任副校长。2006 年 12 月任党委书记兼纪委书记。2005 年 5 月负责承担国家“十五”重点课题“信息化进程中的教育技术发展研究”项目子课题“网络环境下的中职教育理论与实践探索”科研工作，被中国教育技术协会评为优秀研究成果。2004 年 12 月参编（任副主编）中专统编教材《采煤概论》（煤炭工业出版社），2005 年 8 月主编《矿井巷道布置》教材（煤炭工业出版社）。全省煤炭系统优秀共产党员，省优秀教师，全国职业教育煤炭专业（采矿技术）带头人。

**张廷刚** 1963 年 6 月生，会宁县人。高级讲师。1984 年 7 月西北师范大学物理系毕业，分配到甘肃煤炭工业学校任教。1994 年 5 月后任学校基础科代理副主任、主任。2001 年任教务科科长。2006 年 12 月任副校长。2005 年 1 月负责承担国家“十五”重点课题“信息化进程中的教育技术发展研究”项目中的子课题“信息技术环境建设与中职教学设计的理论与实践”的科研工作。2005 年以后主编中专统编教材《计算机应用基础教程》（上海交通大学出版社）、《物理》（煤炭工业出版社）。全省煤炭系统学雷锋先进个人、优秀共产党、优秀教育工作者、优秀教师。

**刘　斌**　1965年9月生,会宁县人。高级讲师。1984年7月甘肃煤炭工业学校地质专业毕业后留校任教。1993年12月后任学校团委副书记、团委书记兼学生科副科长。2001年6月后任校办副主任、主任。2010年7月任副校长。2007年8月主编中职统编《语文》(上、下册)教材(煤炭工业出版社)。全省读书自学积极分子、煤炭系统新长征突击手、优秀共青团干部。

## 三、兴堡子电力提灌工程管理处

**赵海鹏**　1952年12月生,会宁县人。高级工程师。定西农学院毕业。先后在甘肃景电工程、会宁县水电局工作。1983年后在白草塬指挥部工作,历任副指挥、指挥。1987年任会宁县水利局局长。1988年在靖会工程管理处工作,历任副处长、副指挥、总工程师、党委书记。2004年7月任兴电工程管理处党委书记。

**万国庆**　1954年10月生,景泰县人。高级工程师。1971年在景泰县水电局工作。1974年入武汉水电学院学习。先后任省景电二期工程工务科科长、白银市水电处水保站站长、白银市靖会工程管理处副处长。1995年5月任兴电工程指挥部指挥、管理处处长。

**关永杰**　1958年11月生,靖远县人。高级工程师。1980年靖远煤矿学校机电专业学习。1982年在兴电工程管理处工作,先后任机电科副科长、科长,副总工程师。2009年1月任靖会工程管理局副局长、党委委员。2011年5月任兴电工程管理局党委副书记、纪委书记。

**张天林**　1962年2月生,平川区人。1984年甘肃省水利学校毕业。1986年在兴电工程管理处工作,先后任灌溉科副科长,五合水管所副所长,东升水管所所长,灌溉科科长兼党支部书记、办公室主任。2000年3月任兴电工程管理处副处长。

**王生全**　1963年10月生,靖远县人。高级工程师。1979年在兴电工程管理处参加工作。先后任总干水管所所长、工程科科长。2001年任兴电工程管理处副总工程师,2004年6月任副处长。

**李云峰**　1965年3月生,会宁县人。1984年在靖会工程管理处参加工作,先后任灌溉科副科长,水管所副所长、所长,多种经营办公室主任。2004年6月任兴电工程管理处副处长。

**杨志广**　1965年11月生,靖远县人。1984年靖远师范学校毕业。先后在靖远县糜滩乡学区、靖远县人大机关工作。1998年后历任靖远县三滩乡乡长、党委书记,北湾镇党委书记。2004年8月任兴电工程管理处副处长。2009年8月任兴电工程管理局局长。2011年3月兼任兴电工程管理局党委书记。

**杨　成**　1968年12月生,靖远县人。1990年白银市建筑工程学校工业与民用建筑专业毕业。1990年7月在兴电工程管理处工作,先后任总干水管所副所长、所长,北干水管所所长、东升水管所所长、水泉供水所所长、副总工程师。2011 年 5 月任兴电工程管理局副局长。

**李明旺**　1973 年 6 月生,白银区人。1996 年甘肃政法学院工商行政管理专业毕业。1996 年 10 月在白银市场建设服务处工作,先后任设施管理科副科长、办公室主任。2010 年 1 月任兴电工程管理局副局长。

## 四、国电靖远发电有限公司

**王爱民**　1952 年 11 月生,河北省阳原县人。中央党校函授学院经济管理专业毕业。1968 年 11 月参加工作。2001 年 6 月任甘肃靖远第一发电有限责任公司党委副书记、纪委书记。2004 年 1 月任国电靖远发电有限公司党委书记。

**焦宪同**　1955 年 1 月生,山东省章丘县人。首都经贸大学金融管理专业毕业,研究生,高级经济师。1972 年 1 月参加工作。1999 年 7 月任甘肃靖远第一发电有限责任公司副总经理。2004 年 1 月任国电靖远发电有限公司副总经理。2006 年 3 月兼任扩建工程筹建处副主任。2006 年 12 月任国电靖远发电有限公司总经理,兼任扩建工程筹建处主任。

**李建平**　1962 年 9 月生,甘肃省武威市人。香港理工大学工商管理专业毕业,研究生,高级工程师。1984 年 2 月参加工作。2004 年 11 月任甘肃电投永昌发电公司副总经理。2010 年 5 月任甘肃电投集团铁路公司总经理助理。2011 年 11 月任国电靖远发电有限公司副总经理。

**李建伟**　1963 年 12 月生,甘肃会宁县人。东北电力学院电厂热能动力工程专业毕业,高级工程师。1987 年 7 月参加工作。1999 年 7 月任甘肃靖远第一发电有限责任公司副总经理。2009 年 9 月任国电靖远发电有限公司副总经理。

**杨文武**　1965 年 10 月生,靖远县人。省委党校国民经济专业研究生函授毕业。1987 年 7 月参加工作。1993 年 3 月后任靖远电厂锅炉二分场副主任、灰水分场主任、一厂检修部副主任、检修部党支部书记。2000 年 11 月兼任白银兴川有限责任公司总经理助理。2001 年 6 月任甘肃靖远第一发电有限责任公司工会主席。2002 年 12 月兼任白银华电投资开发有限公司董事长。2004 年 1 月任国电靖远发电有限公司党委副书记、纪委书记、工会主席。

**李有明**　1966 年 2 月生,甘肃省泾川县人。华北电力学院毕业,高级工程师。1990 年 6 月参加工作。2009 年 9 月任国电靖远发电有限公司总工程师。

**田　万**　1967 年 5 月生,甘肃省通渭县人。陕西师范大学毕业,高级政工师。1989 年 7 月参加工作。2009 年 9 月任国电靖远电有限公司纪委书记、工会主席。

**古世军**　1967 年 12 月生,甘肃省定西县人。西安交通大学电力系统及其自动化专业毕业,高级工程师。1990 年 7 月参加工作。1998 年 9 月后任甘肃靖远电厂运行部副主任、主任,甘肃靖远第一发电有限责任公司生产技术部主任。2003 年 5 月兼任甘肃靖远第一发电有限责任公司副总工程师。2004年7月任国电靖远发电有限公司总工程师。2004年10月任国电靖远发电有限公司副总经理。2006年3月兼任扩建工程筹建处副主任。

**李 沁** 1970年10月生,湖北省武汉市人。西安理工大学工商管理硕士毕业,高级经济师。1992年7月参加工作。2007年5月任国电靖远发电有限公司副总经理

**赵 慷** 1971年8月生,甘肃省定西县人。华北电力大学热动专业毕业。1991年7月参加工作。2011年11月任国电靖远发电有限公司总工程师。

**王贵才** 1973年2月生,甘肃省张掖市人。长沙理工大财务管理专业毕业。1993年7月参加工作。2004年3月任国电靖远发电有限公司副总会计师兼财务与资产管理部主任。2007年2月任国电靖远发电有限公司总会计师。

## 五、靖远第二发电有限公司

**丁永和** 1954年1月生,台北市人。1975年参加工作。先后就职于安达信会计师事务所和摩托罗拉公司,1995年12月任靖远第二发电有限公司副总经理。

**周凤禄** 1964年10月生,甘肃省会宁县人。工商管理硕士,高级工程师。1989年7月参加工作。2002年3月任靖远第二发电有限公司设备技术部经理。2006年3月任靖远第二发电有限公司总经理助理。2009年6月任靖远第二发电有限公司副总经理。

**王维东** 1965年9月生,甘肃省兰州市人。硕士。1987年11月毕业分配至兰州第二热电厂工作。1996年11月调任靖远第二发电有限公司办公室主任。2001年8月任靖远二电副总经理。2002年3月任靖远二电总经理、党委书记。主持完成iPRM系统建设。被评为"全国企业信息化工作优秀领导人"。

**苗承刚** 1965年9月生,甘肃省永登县人。1988年6月毕业于兰州铁道学院机械系,分配靖远电厂工作。1998年11月任靖远第一发电有限责任公司维修部任主任。2002年调任靖远第二发电有限公司任公司副总经理。2006年6月任副总经理,主持公司工作。2006年7月任党委书记。

**马 斌** 1966年7月生,甘肃省成县人。研究生,工商管理硕士,高级工程师。1988年7月参加工作。1995年12月任靖远第二发电有限公司经营策划部经理。2002年3月任靖远第二发电有限公司经营策划部经理。2005年12月任甘肃省投资集团公司经营部副主任、主任。2009年6月任靖远第二发电有限公司党委书记、总经理。

**于云海** 1972年11月生,山东省招远县人。1996年12月参加工作。2006年1月任靖远第二发电有限公司总经理工作部经理。2007年1月任靖远第二发电有限公司董事会秘书。2008年5月任靖远第二发电有限公司总经理助理。2009年6月任靖远第二发电有限公司副

总经理。

## 六、甘肃煤田地质局一三三队

**栗少军**　1955年12月生,河南省清丰县人。1975年在甘肃煤田地质局133队参加工作,先后任组织部副部长、部长、党委委员。2003年3月任党委副书记。

**陈晓渊**　1959年3月生,山西省人。1975年9月在甘肃煤田地质局133队参加工作。期间在浙江长兴煤田职工地质学校学习。1989年任149队供应科副科长、科长。1994年后任149队副队长、副书记。2002年任133队副队长。

**杨光录**　1960年1月生,甘肃省永登县人。长兴煤田地质学校钻探技术及掘进技术专业毕业。1975年9月在甘肃煤田地质局133队参加工作。1986年6月后历任133队生产科技术员,机电科副科长、科长。1996年10月后历任133队副队长、工会主席、纪委书记,甘肃省煤炭资源开发投资有限责任公司白银分公司纪委书记、党委委员、工会主席。

**金进平**　1961年9月生,甘肃省庄浪县人。高级工程师。1978年入西安矿业学院学习。1982年在甘肃煤田地质局145队工作,1996年任总工程师。2001年任133队队长。

**台治明**　1961年11月生,甘肃省庄浪人。高级政工师。1982年8月甘肃煤炭工业学校煤田地质专业毕业。参加工作后在甘肃煤田地质局146队工作,历任146队办公室副主任、宣传部部长、党委副书记、副队长、队长。2008年8月调任133队党委书记。

**吴明俊**　1962年12月生,甘肃省定西市人。高级工程师,国家注册安全工程师。1983年西安矿业学院毕业,先后在甘肃煤田地质局综合普查队、146队工作。1994年任146队副队长。2003年任133队党委书记、副队长。2004年3月任133队党委书记、队长、华良建筑安装有限责任公司董事长。

**任晓明**　1966年2月生,甘肃省秦安人。1988年7月甘肃煤炭工业学校煤田地质专业毕业,9月分配甘肃煤田地质局133队工作。2002年5月后历任办公室副主任、劳动人事科副科长、科长、队长助理、基础公司经理。2010年5月任133队副队长。

**张百禄**　1966年3月生,甘肃省靖远县人。高级工程师。1988年8月参加工作,1989年7月毕业于中国地质大学地层古生物专业,先后任甘肃煤田地质局133队地质科技术员、项目负责、助理工程师、工程师。2004年9月任133队副队长、总工程师。2008年10月后任133队党委委员、队长、甘肃省煤炭资源开发投资有限责任公司白银分公司总经理。

**曹大文**　1968年3月生,四川省荣县人。高级工程师。成都地质学院铀矿地质专业毕业,1989年7月在甘肃煤田地质局149队参加工作,2001年4月任副总工程师。2004年8月调甘肃煤炭地质勘查院工作。2010年6月任133队总工程师。

**武永青** 1974年8月生，甘肃省会宁县人。1997年8月中国矿业大学探矿工程专业毕业，分配甘肃煤田地质局145队历任技术员、工程公司副经理、经理。2006年9月任133队副队长。

### 七、甘肃雪松矿用化工有限责任公司

**宋永平** 1950年5月生，河北省宁河县人。1969年7月参加工作，先后在黑龙江省鹤岗矿务局兴山矿三井、黑龙江省鹤岗矿务局十三厂，甘肃靖远煤矿化工厂一车间、机电科，甘肃靖远煤矿化工厂工作。1975年10月至1978年11月在甘肃工业大学二系化工机械专业上学。1985年4月后历任甘肃矿用化工厂副厂长、党委委员、工程师、计算机室主任。1999年6月任甘肃矿用化工厂厂长兼党委书记。2004年10任甘肃雪松矿用化工有限责任公司董事长、总经理、党委书记、总工程师。

**石万鹏** 1952年6月生，甘肃省靖远县人。1971年3月在甘肃矿用化工厂参加工作，历任办公室副主任、炸药车间主任、工会主席。2004年11月任甘肃雪松矿用化工有限责任公司工会主席、监事会主席。2007年2月任甘肃久联民爆器材有限公司白银雪松分公司党委副书记、纪委书记、工会主席、甘肃久联董事、监事。甘肃省优秀工会工作者。

**吴彦柏** 1953年9月生，甘肃省永昌县人。1970在甘肃矿用化工厂工作，历任技术员、科长、厂长助理、工艺副总工程师。2002年任副厂长。2004任甘肃雪松矿用化工有限责任公司副总经理、党委书记。2007年任甘肃久联民爆器材有限公司白银雪松分公司总经理、党委书记，4月兼任甘肃久联民爆器材有限公司副总工程师。2010年3月兼任甘肃久联民爆器材有限公司董事。

**康根喜** 1957年1月生，甘肃省兰州人。1975年在甘肃靖远煤矿化工厂机电科参加工作。1986年7月甘肃煤炭工业学校机电专业毕业 。1987年后在甘肃矿用化工厂机电科工作。曾任机电动力部部长。2004年任甘肃雪松矿用化工有限责任公司任机电动力部部长。2007年任甘肃久联集团雪松分公司任副总经理。获2006年度甘肃省煤炭工业科技进步一等奖。

**王吉柱** 1965年11月生，天津市人。1987年7月辽宁阜新煤炭工业学校火工专业毕业，在甘肃矿用化工厂参加工作，历任技术员、助理工程师 、部长。2007年2月任甘肃久联民爆器材有限公司白银雪松分公司总工程师。

## 第五节 民间艺人

**李 源**（1900—1980） 原籍景泰县，1945年入居平川区境。1951年被磁窑陶瓷厂聘请为

主匠师，指导陶瓷生产并传授技艺。1960年被王家山井儿川生产队聘请为技术指导，创建井儿川陶瓷厂。创新并生产传统陶瓷近百种。长子李树铭（雅号李灌灌）改革开放初期被水泉公社聘请为扩建井儿川陶瓷厂技术指导，后任主匠师。李氏父子为平川手工陶瓷业奋斗终生，德艺双馨。其弟子贾耀荣、岳鹏程能娴熟驾驭烧窑技术，独立复制全套家用陶瓷。

**张仁铎**　1940年10月生，共和镇小水村人。自幼酷爱雕塑及宗教造像艺术。为陇东著名艺人马自祥再传弟子。先后为屈吴山、龙凤山、接云观等多座庙宇彩绘造像。严谨虔诚，艺技高超。擅长民用物品雕刻，所刻香炉、几案、花瓶、灯台等造型生动，有较高观赏价值。

**张成栋**　1945年12月生，黄峤乡双铺村杨崖湾社人。青年时代即开始研习木工、瓦工、铁艺等技能。后师从白玉玺学习泥塑、彩绘技艺。先后承接修建靖远县西滩龙王庙，靖远红湾道院，平川区屈吴山、全龙山、周家地文昌宫，宁夏海原天都山、城隍庙等众多山场的彩画、雕塑工程。其古建筑彩绘融各家之长，用色庄重，画品精美。

**高维宋**　1950年生，共和镇人。1970年学习木工。1980年开始研究古建筑木工艺术。1988年参与屈吴山潮云寺万佛宝殿建设。后设计修建红山寺纪念亭、接云观等建筑，尤以城区四牌楼为代表，该牌楼集木雕、石雕、砖雕于一体，构思巧妙，宏伟壮观。

**张志忠**　1952年6月生，甘肃省渭源县人。原红会四矿职工。自幼爱好书画，钻研铜雕、铁画、宝剑、铜鼎制作技艺。铁雕、铁画于1992年9月参加首届丝绸之路节展出。1994年8月参加第四届中国艺术节，铁雕观世音菩萨像被收藏，文化部部长高占祥题“神艺”二字表示肯定。

**张书仁**　1955年4月生，字鸿鸟，河北省乐亭县人。甘肃省煤炭地质局133队职工。2001年1月后用3年时间烙成长35米、宽0.9米的《清明上河图》长卷。上海基尼斯总部颁发“最长的纸烙画”基尼斯证书。后烙成长50米的《五百罗汉图》，技艺尤精。烙画作品曾作为礼品赠送美国友人。

**白仲金**　1955年生，水泉镇下村农民。1998年初开始自造飞机。先后赴西安、北京、云南等地航空博物馆和飞机研究所学习参观。从2001年开始，先后耗资20余万元，制造出轻型飞机三架。2004年2月14日在打拉池机场进行试飞获得成功。被甘肃某预备役高炮师航模训练队破格纳编，义务维修部队车辆。被航模队评为科技练兵能手。

**张　斌**　1966年7月生，共和镇人。幼从其父张鸿仪学画，以寺庙彩绘及壁画艺术见长。其壁画技法既潜心师承传统，又有所创新，色彩古艳，兼工带写，层次分明，立体感强，有较强的艺术感染力，代表作品屈吴山万佛殿壁画受到游客好评。

# 第三章 表录人物

## 一、平川区获省、部级以上先进人员表

表 7-1

| 姓名 | 性别 | 出生年月 | 民族 | 籍贯 | 工作单位 | 获奖时间 | 荣誉称号 | 授奖机关 |
|---|---|---|---|---|---|---|---|---|
| 张仁统 | 男 | 1917 | 汉 | 共和镇 | 小水村大队支部 | 1953 | 生产模仿先进社 | 甘肃省革命委员会 |
| 张万录 | 男 | 1921.12 | 汉 | 共和镇 | 平川区共和镇老庄村农民 | 1982.11 | 甘肃省先进生产(工作)者 | 甘肃省人民政府 |
| 薛兆麟 | 男 | 1923 | 汉 | 宝积乡 | | | 司法行政一级金星获得者 | 司法部 |
| 张明太 | 男 | 1927.10 | 汉 | 宝积路 | 靖远陶瓷厂 | 1978.08 | 工业学大庆先进个人 | 中共甘肃省委<br>甘肃省革命委员会 |
| 何仁昌 | 男 | 1931.07 | 汉 | 共和镇 | 定西地委党史办 | | 全国优秀党史工作者 | 中央党史办 |
| 刘兴中 | 男 | 1936.10 | 汉 | 水泉镇 | 平川区粮食局 | 1992.11 | 全国粮食系统购销优秀工作者 | 商业部 |
| 张所德 | 男 | 1937 | 汉 | 水泉镇 | 平川区水泉镇陡城村农民 | 1997 | 全国计划生育先进工作者 | 国家计生委 |
| 赵自庆 | 男 | 1938 | 汉 | | | | 希望工程园丁奖 | 共青团中央 |
| 李国华 | 男 | 1938.08 | 汉 | 共和镇 | 平川区政府 | 1992 | 甘肃省先进工作者 | 甘肃省人民政府 |
| 贾效逵 | 男 | 1939.12 | 汉 | 会宁县 | 平川中学 | 1991 | 全国优秀教师 | 教育部 |
| 厚进全 | 男 | 1940.02 | 汉 | 黄峤乡 | 神木头小学 | 1989<br>1990 | 第一届“烛光奖” | 教育部<br>中华慈善总会 |
| 仇世英 | 男 | 1941.07 | 汉 | 共和镇 | 平川区粮食局 | 1966.04 | 全省六好标兵 | 中共甘肃省委<br>甘肃省人民委员会 |
| 张有发 | 男 | 1942.07 | 汉 | 共和镇 | 平川区慈善协会 | 2005.04 | 甘肃省劳动模范<br>捐资助学先进个人 | 中共甘肃省委<br>甘肃省人民政府 |
| 张自泰 | 男 | 1943 | 汉 | 宝积乡 | 魏家地小学 | 1990 | 全国优秀教师 | 教育部 |
| 邓耀威 | 男 | 1943.04 | 汉 | 宝积乡 | 平川区永宏煤炭运销有限公司 | | 甘肃省尊师重教先进个人 | 甘肃省人民政府 |
| 李　江 | 男 | 1943.04 | 汉 | 水泉镇 | 水泉镇政府 | 2000.02 | 全国文化系统先进工作者 | 人事部<br>文化部 |
| 张明海 | 男 | 1944.04 | 汉 | 水泉镇 | 陡城砖厂 | 1993 | 甘肃省乡镇企业家 | 甘肃省人民政府 |
| 顾克智 | 男 | 1944.11 | 汉 | 宝积乡 | 平川区电力局 | 1992.12 | 甘肃省优秀乡镇企业家 | 甘肃省人民政府 |
| 张　硕 | 男 | 1945 | 汉 | 平川区 | 平川教育局 | | 全国优秀教师 | 教育部 |
| 李玉霞 | 女 | 1946.08 | 汉 | 靖远县 | 水泉镇旱平川中心小学 | 1996 | 全国希望工程园丁奖 | 共青团中央 |
| 周继翰 | 男 | 1946.10 | 汉 | 靖远县 | 平川区林业中心 | 1991 | 全国绿化先进个人<br>全省国土绿化先进个人 | 林业部<br>甘肃省人民政府 |

续表 7-1

| 姓名 | 性别 | 出生年月 | 民族 | 籍贯 | 工作单位 | 获奖时间 | 荣誉称号 | 授奖机关 |
|---|---|---|---|---|---|---|---|---|
| 张仁炎 | 男 | 1947.01 | 汉 | 水泉镇 | 平川中学 | 1989<br>1993 | 全国优秀教师<br>甘肃省园丁奖 | 教育部<br>甘肃省人民政府 |
| 刘仲花 | 女 | 1947.05 | 汉 | 水泉镇 | 平川区水泉镇 | 2000.12 | 全国国防工程军民共管先进个人 | 解放军总参谋部 |
| 李茂文 | 男 | 1950.04 | 汉 | 平川区 | 平川区水务局 | 1997.01 | 甘肃省“121”雨水集流工程先进个人 | 中共甘肃省委<br>甘肃省人民政府 |
| 张秀芳 | 女 | 1950.07 | 汉 | 兴平路 | 靖远陶瓷厂 | 1978.08 | 工业学大庆先进个人 | 中共甘肃省委<br>甘肃省革命委员会 |
| 冯德虎 | 男 | 1950.08 | 汉 | 共和镇 | 平川区政协 | 1996 | 甘肃省“八五”期间有突出贡献的农业科技工作者 | 农业部 |
| 赵廷义 | 男 | 1950.10 | 汉 | 水泉镇 | 平川区旱坪川电灌局 | 1990<br>1990 | 1987—1989 三年度全国乡镇农机站先进站长<br>全省农业科技推广工作成绩优秀奖 | 农业部<br>甘肃省人民政府 |
| 黄天佈 | 男 | 1951.09 | 汉 | 水泉镇 | 平川区人大 | | 全国优秀教育工作者 | 教育部 |
| 李　铎 | 男 | 1952 | 汉 | 靖远县 | 平川二建第七项目工程处 | 2003 | 甘肃省第六届乡镇企业家 | 甘肃省人民政府 |
| 孙　琳 | 男 | 1954.02 | 汉 | 靖远县 | 平川区疾病预防控制中心 | 2002.09 | 全国地方病防治工作先进个人 | 卫生部、国家经贸委、农业部、水利部 |
| 姚素萍 | 女 | 1955.05 | 回 | 河南洛阳 | 平川区宗教局 | 2005.05 | 全省民族团结进步模范个人 | 中共甘肃省委 |
| 李福昌 | 男 | 1955.10 | 汉 | 天水市 | 平川区乡镇局 | 1994 | 甘肃省第二届乡镇企业家 | 甘肃省人民政府 |
| 李发明 | 男 | 1956.04 | 汉 | 甘谷县 | 平川区总工会 | 1993.10<br>2003.8 | 全国优秀工会工作者<br>全国新建企业工会组建工作先进个人 | 中华全国总工会 |
| 张吉祥 | 男 | 1956.06 | 汉 | 四川巴中 | 平川区人武部 | 1985 | 军部“老山优秀政工干部” | |
| 王连忠 | 男 | 1956.07 | 汉 | 靖远县 | 平川区发展和改革局 | 2000.02 | 全国广播电影电视系统先进工作者 | 人事部<br>国家广电总局 |
| 吕尚存 | 男 | 1956.10 | 汉 | 平川区 | 平川区广播电视局 | 2002 | 国家广电光缆干线网运行维护工作先进个人 | 国家广电总局<br>国家广播影视信息中心 |
| 卜斌贤 | 男 | 1956.11 | 汉 | 靖远 | 平川法院 | 2009.11 | 全国政法系统表彰 | 中央政法委 |
| 张聚宝 | 男 | 1957 | 汉 | | | | 希望工程园丁奖 | 共青团中央 |
| 李得湖 | 男 | 1957.06 | 汉 | 靖远县 | 平川区统计局 | 2006.10<br>2000.03 | 2005 年全国 1%人口抽样调查先进个人<br>全省先进档案工作者 | 国务院全国人口抽样调查领导小组<br>中共甘肃省委<br>甘肃省人民政府 |
| 冯玉乾 | 男 | 1957.07 | 汉 | 靖远县 | 白银市国土资源局平川分局 | 2001.10 | 全国土地资产管理工作先进个人 | 国土资源部 |

续表 7-1

| 姓名 | 性别 | 出生年月 | 民族 | 籍贯 | 工作单位 | 获奖时间 | 荣誉称号 | 授奖机关 |
|---|---|---|---|---|---|---|---|---|
| 雷彤莲 | 女 | 1957.12 | 汉 | 靖远县 | 平川区妇联 | 2003.07 | 全国维护妇女儿童权益先进个人 | 中华全国妇女联合会 |
| 万治贵 | 男 | 1957.12 | 汉 | 靖远县 | 平川区人民政府 | 2001.08 | 全国“两基”工作先进个人 | 教育部 |
| 刘胜利 | 男 | 1958.05 | 汉 | 陕西富平 | 甘肃煤炭工业学校 | 1998.11 | 甘肃省优秀教育工作者<br>甘肃省园丁奖 | 中共甘肃省委<br>甘肃省人民政府 |
| 韩国成 | 男 | 1958.07 | 汉 | 平川区 | 平川区交通局 | 1996 | 甘肃省乡镇企业家 | 甘肃省人民政府 |
| 卜发生 | 男 | 1958.10 | 汉 | 民乐县 | 中共平川区委 | 1990<br>2000 | 全国农村电网改造先进个人<br>全国优秀党务工作者 | 中共中央组织部 |
| 袁　辉 | 男 | 1959.11 | 汉 | 水泉镇 | 平川中学 | 2007.09 | 全国优秀教师，<br>甘肃省“园丁奖” | 教育部<br>甘肃省人民政府 |
| 李世林 | 男 | 1960.12 | 汉 | 平川区 | 平川区水泉镇 | 2001 | 甘肃省第五届乡镇企业家 | 甘肃省人民政府 |
| 韩仲科 | 男 | 1961.07 | 汉 | 水泉镇 | 平川红丰饮料厂 | 1995 | 优秀退伍军人 | 中央军委 |
| 杨　德 | 男 | 1961.09 | 汉 | 靖远县 | 平川区司法局 | 2006.06 | “四五”普法先进工作者 | 中共甘肃省委<br>甘肃省人民政府 |
| 刘瑞仁 | 男 | 1961.12 | 汉 | 平川区 | 白银瑞兴腾达工贸有限公司 | 1997 | 甘肃省第三届乡镇企业家 | 甘肃省人民政府 |
| 冯德杰 | 男 | 1962.07 | 汉 | 平川区 | 平川区黄峤乡 | 1992 | 甘肃省乡镇企业家 | 甘肃省人民政府 |
| 韦庆文 | 男 | 1963.04 | 汉 | 靖远县 | 白银市国土资源局平川分局 | 1995.12 | 全国土地调查先进个人 | 国家土地管理局 |
| 张廷刚 | 男 | 1963.06 | 汉 | 会宁县 | 甘肃煤炭工业学校 | 1999.09 | 甘肃省优秀教师<br>甘肃省园丁奖 | 中共甘肃省委<br>甘肃省人民政府 |
| 顾克财 | 男 | 1964 | 汉 | 宝积乡 | 平川区第二建筑公司第六建筑队 | 1996<br>1997 | 甘肃省捐资助学先进个人<br>优秀农民企业家<br>甘肃省乡镇企业家 | 甘肃省人民政府 |
| 张晓财 | 男 | 1964.08 | 汉 | 靖远县 | 平川区第二建筑工程公司 | 2001 | 甘肃省第五届乡镇企业家 | 甘肃省人民政府 |
| 房　忠 | 男 | 1964.12 | 汉 | 宝积乡 | 甘肃忠恒房地产集团 | 2004.12<br>2007.01<br>1999.09<br>2002至2005 | 全国乡镇企业家<br>中华慈善人物<br>甘肃省劳动模范<br>甘肃省乡镇企业家 | 农业部<br>中华慈善总会<br>甘肃省人民政府 |
| 李惠萍 | 女 | 1965 | 汉 | 水泉镇 | 平川区统计局 | 1997.09<br>2005.07 | 全国先进个人<br>第一次全国经济普查先进个人 | 第一次全国基本单位普查办公室<br>国务院第一次全国经济普查领导小组 |
| 杨尚谦 | 男 | 1965.03 | 汉 | 会宁县 | 国电靖远发电有限公司 | 2005.04 | 甘肃省劳动模范 | 中共甘肃省委<br>甘肃省人民政府 |
| 董万宏 | 男 | 1965.10 | 汉 | 辽宁义县 | 平川中学 | 2004 | 全国优秀教师 | 教育部 |

续表 7-1

| 姓 名 | 性别 | 出生年月 | 民族 | 籍 贯 | 工作单位 | 获奖时间 | 荣誉称号 | 授奖机关 |
|---|---|---|---|---|---|---|---|---|
| 张吉平 | 男 | 1966.03 | 汉 | 重庆市开县 | 平川工商分局 | 2000 | 全国工商系统先进个人 | 国家工商总局 |
| 何沛锋 | 男 | 1966.11 | 汉 | 通渭县 | 甘肃煤炭工业学校 | 2002.09 | 甘肃省先进教育工作者<br>甘肃省园丁奖 | 中共甘肃省委<br>甘肃省人民政府 |
| 陈耀先 | 男 | 1967 | 汉 | 复兴乡 | 平川区乐雅小学 | 2009.09 | 全国优秀教师 | 教育部 |
| 张文芳 | 女 | 1968.11 | 汉 | 靖远县 | 平川区长征路街道办事处 | 2004.11 | 全国“科教进社区”活动先进个人 | 中国科协<br>中央文明办 |
| 马耀华 | 男 | 1968.12 | 汉 | 水泉镇 | 平川区水泉镇杨岭村委会 | 2001.04 | 甘肃省第二届优秀青年农民 | 中共甘肃省委<br>甘肃省人民政府 |
| 柳　斌 | 男 | 1969.08 | 汉 | 张家川 | 甘肃煤炭工业学校 | 2004.09 | 甘肃省优秀教师<br>甘肃省园丁奖 | 中共甘肃省委<br>甘肃省人民政府 |
| 刘俊锐 | 男 | 1972.10 | 汉 | 会宁县 | 平川公安分局 | 2006 | 全国优秀人民警察 | 公安部 |
| 丁玉平 | 男 | 1975.03 | 回 | 共和镇 | 白银特澳特番茄制品有限公司 | 2003 | 全国农村青年创业致富带头人 | 共青团中央农业部 |
| 白仲蓓 | 女 | 1975.08 | 汉 | 水泉镇 | 平川区兴平路街道 | 2002.06 | 全国优秀科技服务工作者 | 全国各族农村妇女“双学双比”竞赛活动领导小组 |

## 二、靖远煤业有限责任公司享受副地级干部表录

表 7-2

| 姓 名 | 性别 | 出生年月 | 籍 贯 | 任职 | |
|---|---|---|---|---|---|
| | | | | 时 间 | 职 务 |
| 杨明安 | 男 | 1917 | 沈　阳 | 1972—1980.06 | 靖远矿区指挥部计划处副处长 |
| 于　虹 | 女 | 1919.03 | 陕西省吴堡县 | 1979.12— | 中共靖远矿务局纪律检查委员会副书记 |
| 史居礼 | 男 | 1922 | 江苏省 | 1956—1982 | 853 农场科长，后在靖远矿区矿区农副处工作 |
| 贾德勋 | 男 | 1922.03 | 河北省集源县 | 1982— | 甘肃煤炭技校党委副书记、副校长 |
| 岳德才 | 男 | 1922.07 | 吉林省柳河县 | 1977.02— | 中共甘肃省煤炭第一工程处委员会代理书记、书记、处革命委员会代理主任、主任 |
| 韩太昌 | 男 | 1926.10 | 山东省潍坊市 | 1984— | 靖远矿务局卫生处处长，行政 13 级 |
| 王克忠 | 男 | 1928.03 | 陕西省蒲城县 | 1986.01— | 甘肃省靖远煤矿铁路工程处咨询组组长 |
| 屈可伸 | 男 | 1928.05 | 河北省赵县 | 1976—1984 | 王家山铁路建设指挥部政工组长，靖远矿务局建材厂任副书记，靖远矿务局劳动服务公司经理、书记 |
| 潘金魁 | 男 | 1929.05 | 山西省孟县 | 1983.06—989.12 | 甘肃煤炭基建公司纪委副书记、调研员 |

## 三、靖远煤业有限责任公司正处级干部表录

表 7-3

| 姓名 | 性别 | 出生年月 | 文化程度 | 籍贯 | 任职 | |
|---|---|---|---|---|---|---|
| | | | | | 时间 | 职务 |
| 王辅俊 | 男 | 1913 | 小学 | 山西省沁水县 | 1974.01—1976.03 | 靖远矿区建材厂革委会主任 |
| 王玉璋 | 男 | 1914 | 初中 | 河北省肃宁县 | 1978.12—1983.06 | 靖远矿区指挥部、甘肃煤炭基建公司建筑工程处处长 |
| 杨福春 | 男 | 1919 | 高小 | 辽宁省丰西县 | 1978.12—1983.06 | 局开拓处处长、甘肃煤炭第一工程处处长 |
| 胡德才 | 男 | 1919.12 | 初中 | 陕西省蒲城县 | 1979.09—1982.12 | 供应处党委、党总支书记 |
| 王仲武 | 男 | | | | 1969.09—1974.09 | 靖远矿区指挥部政工组组长、政治部副主任 |
| 郭树林 | 男 | | | | 1969.12—1973.02 | 靖远煤矿革委会主任、党委书记、靖远矿区指挥部办公室代理主任 |
| 张维华 | 男 | | | | 1970.01—1973 | 甘肃省煤炭第二工程处革委会主任、党委书记 |
| 刘步田 | 男 | | | | 1970.02—1972.06 | 水电管理处党支部、党总支、党委书记、革委会主任 |
| 郝晋生 | 男 | | | | 1972.08—1972.11 | 红会煤矿筹建处主任 |
| 吴允生 | 男 | | | | 1973.02—1978.11 | 靖远矿区指挥部政治部副主任 |
| 梁廷义 | 男 | | | | 1973.02—1977.11 | 靖远矿区指挥部政治部组织处处长、政治部副主任 |
| 郝成铭 | 男 | | | | 1973.02—1974 | 靖远矿区指挥部办公室主任 |
| 李树青 | 男 | | | | 1973.03 | 靖远矿区指挥部政治部保卫处处长 |
| 段文玉 | 男 | 1920.12 | 高中 | 陕西省合阳县 | 1973.02—1978.12 | 靖远矿区指挥部安全检查处处长 |
| 龚成文 | 男 | 1920 | 高小 | 甘肃省临洮县 | 1976.04—1978.09 | 井尔川煤矿革委会主任、党委书记 |
| 雷　平 | 男 | | | | 1973.02—1973.07 | 靖远矿区指挥部机关党委书记 |
| 贾承谊 | 男 | | | | 1979.02—1979.05 | 靖远矿务局政治部宣传处处长 |
| 马敬轼 | 男 | | | | 1979.12—1980.12 | 科学技术设计处处长 |
| 蔡春田 | 男 | 1921 | 初中 | 吉林省长春市 | 1979.09—1984.01 | 驻兰州办事处主任 |
| 张　华 | 男 | 1921 | 高小 | | 1970.02—1972.06 | 甘肃省煤炭第一工程处革委会主任、党委书记 |
| 刘　进 | 男 | 1921.09 | 初中 | 山东省沂县 | 1978.01—1982.07 | 靖远矿区指挥部、靖远矿务局行政处处长 |
| 李贵荣 | 男 | 1921.11 | 小学 | 山西省大仁县 | 1978.01—1980.05 | 红会第二煤矿党委书记 |
| 任帮民 | 男 | 1922.01 | 初中 | 陕西省佳县 | 1973.02—1982.07 | 靖远矿区指挥部生产处处长、靖远矿务局科技设计研究所党委书记、所长、组织部长 |
| 李顺奎 | 男 | 1923.02 | 初中 | 河南省定县 | 1978.12—1982.07 | 职工医院党委书记 |
| 王　青 | 男 | 1923.05 | 初中 | 山西省临县 | 1972.06—1982.12 | 水电管理处党委书记、革委会主任、机关党委书记 |

续表 7-3

| 姓名 | 性别 | 出生年月 | 文化程度 | 籍贯 | 任职 | |
|---|---|---|---|---|---|---|
| | | | | | 时间 | 职务 |
| 何博德 | 男 | | | | 1979.02—1980 | 甘肃煤炭基建公司计划处处长 |
| 余自祥 | 男 | 1924 | 初中 | 陕西省武功县 | 1982.02 | 甘肃煤炭基建公司保卫处处长、第四工程处党委书记 |
| 何　谧 | 男 | 1924 | 中专 | 甘肃省会宁县 | 1974.01—1978.12 | 机械制修厂革委会主任、党委书记 |
| 姜占文 | 男 | 1924.07 | 小学 | 河南省汝南县 | 1974.01—1983.06 | 靖远矿区建筑工程处革委会主任、党委书记、甘肃煤炭基建公司建筑工程处党委书记 |
| 段久安 | 男 | 1924.08 | 初中 | 陕西省澄城县 | 1980.04—1983.12 | 运销处处长 |
| 魏世杰 | 男 | 1925.01 | 大学 | 山东省临沂市 | 1978.12—1987.05 | 职工医院院长、卫生处处长、调研员 |
| 李鹿滋 | 男 | 1925 | 初中 | 河北省丰润县 | 1980.05—1987.10 | 甘肃煤炭第二工程处处长、党委书记、调研员 |
| 李光辉 | 男 | 1925.07 | 初中 | 江苏省邳县 | 1974.01—1984.08 | 甘肃煤炭第一工程处革委会主任、党委书记、甘肃煤炭基建公司政治部副主任、党委常委、组织部部长、调研员 |
| 高振鹏 | 男 | 1925.08 | 小学 | 河南省洛阳市 | 1973.02—1987.10 | 靖远矿区指挥部、甘肃煤炭基建公司供应处处长、调研员 |
| 魏振江 | 男 | 1925.08 | 初中 | 黑龙江绥化县 | 1978.01—1983.06 | 甘肃煤炭第三工程处筹建处主任、甘肃煤炭第一工程处党委书记 |
| 尚文治 | 男 | 1926.08 | 高小 | 河南省孟津县 | 1974.03—1986.10 | 红会煤矿书记、主任机械制修厂厂长、甘肃煤炭基建公司机电处第一副处长、调研员 |
| 张海泉 | 男 | 1926.10 | 大学 | 黑龙江双城县 | 1985.11—1988.05 | 局机关党委调研员 |
| 赵国柱 | 男 | 1927 | 初中 | 甘肃省武威县 | 1974.01—1985.03 | 红会第二煤矿革委会主任、党委书记、甘肃煤炭基建公司第三工程处处长兼工会主席、党委书记 |
| 袁金镜 | 男 | 1927 | 初中 | 河北省磁县 | 1983.06—1987.10 | 甘肃煤炭第三工程处处长、调研员 |
| 袁宝振 | 男 | 1927.04 | 初中 | 河北省唐山市 | 1974.01—1987.10 | 大水头煤矿革委会主任、党委书记、调研员 |
| 朱鸿安 | 男 | 1927.05 | 大专 | 甘肃省平凉市 | 1979.03—1988.05 | 靖远矿务局副总工程师 |
| 龚海云 | 男 | 1927.05 | 小学 | 甘肃省临洮县 | 1979.09—1987.10 | 宝积山煤矿矿长、调研员 |
| 张志藩 | 男 | 1927.08 | 小学 | 河北省平山市 | 1974.01—1988.05 | 职工医院革委会主任、党委书记、甘肃煤炭基建公司工会主席、调研员 |
| 徐瑞生 | 男 | 1927.09 | 初中 | 河南省获嘉县 | 1983.06—1988.05 | 甘肃煤炭第五工程处处长、调研员 |
| 张述琛 | 男 | 1927.10 | 初中 | 辽宁省沈阳市 | 1982.02—1987.05 | 财务处处长、调研员 |
| 侯福庆 | 男 | 1927.12 | 中专 | 河北省赵县 | 1976.03—1987 | 矿区指挥部机关副书记、局武装部调研员 |
| 李延祥 | 男 | 1928.02 | 大学 | 辽宁省沈阳市 | 1987.02—1988.07 | 局副总工程师 |
| 石耀宇 | 男 | 1928.03 | 高中 | 河南省林县 | 1985.11—1988.05 | 劳资处调研员 |
| 张德元 | 男 | 1928.05 | 中学 | 甘肃省天祝县 | 1979—1990 | 技工学校党委书记 |

续表 7-3

| 姓名 | 性别 | 出生年月 | 文化程度 | 籍贯 | 任职 | |
|---|---|---|---|---|---|---|
| | | | | | 时间 | 职务 |
| 马宗韵 | 男 | 1928.11 | 大专 | 河北省东鹿县 | 1981.03—1989.12 | 甘肃煤炭基建公司财务处处长、副总会计师、局财务处处长、调研员 |
| 卢　捷 | 男 | 1929 | 初中 | 山东省莱阳县 | 1982.01—1983.05 | 机械制修厂厂长 |
| 朱海峰 | 男 | 1929.03 | 初中 | 吉林省辽源市 | 1985.11—1989.12 | 运销处调研员 |
| 朱　恩 | 男 | 1929.04 | 高小 | 山西省大同市 | 1982.02—1989.12 | 安全质量检查处处长、调研员 |
| 王　盛 | 男 | 1929.08 | 高中 | 陕西省户县 | 1982.07—1989.12 | 计划处处长、调研员 |
| 邢万彩 | 男 | 1929.09 | 小学 | 吉林省扶余县 | 1983.01—1989.12 | 建材厂厂长、调研员 |
| 冯思臻 | 男 | 1929.12 | 中专 | 陕西省延川县 | 1974.01—1979.09 | 宝积山煤矿革委会主任、党委书记 |
| 杨　林 | 男 | 1930.02 | 初中 | 陕西省宜君县 | 1982.02—1990.11 | 教育处处长、调研员 |
| 朱正中 | 男 | 1930.03 | 中专 | 甘肃省临洮县 | 1978.12—1990.11 | 水电管理处党委书记、调研员 |
| 张结生 | 男 | 1930.05 | 初中 | 河南省夏邑县 | 1978.01—1990.11 | 红会第三煤矿革委会主任、党委书记、调研员 |
| 杨　俭 | 男 | 1930.05 | 高中 | 甘肃省会宁县 | 1979.02—1990.11 | 甘肃煤炭基建公司政治部宣传处处长、宣传部部长、机关党委书记、靖远矿务局机关党委副书记、调研员 |
| 程远帆 | 男 | 1930.09 | 中专 | 辽宁省沈阳市 | 1982.02—1990.11 | 生产技术处处长、调度室主任、安全副总工程师、安监局局长、调研员 |
| 刘自耕 | 男 | 1930.12 | 初小 | 四川省资中县 | 1985.11—1990.11 | 武装部调研员 |
| 王庆祥 | 男 | 1931 | 大学 | 浙江省长兴县 | 1985.11—1992.01 | 局副总工程师兼生产处处长、局副总工程师 |
| 赵国良 | 男 | 1931.03 | 大专 | 浙江省绍兴县 | 1973.02—1983.10 | 靖远矿区指挥部、甘肃煤炭基建公司、靖远矿务局劳资处处长 |
| 邓耀洲 | 男 | 1931.03 | 初中 | 甘肃省靖远县 | 1979.09—1990.11 | 宝积山煤矿党委书记、局纪委副书记、调研员 |
| 朱天辉 | 男 | 1931.03 | 大专 | 甘肃省平凉市 | 1983.06—1991.12 | 甘肃煤炭基建公司矿建副总工程师、靖远矿务局基建处处长、调研员 |
| 王鸣钟 | 男 | 1931.04 | 初中 | 陕西省西安市 | 1982.07—1991.12 | 供应处处长、党总支书记、运销公司党委书记、调研员 |
| 展志刚 | 男 | 1931.07 | 高中 | 甘肃省靖远县 | 1985.11—1990.10 | 局工会副主席、调研员 |
| 杜希贤 | 男 | 1931.08 | 中专 | 辽宁县昌图县 | 1983.06—1991.12 | 甘肃煤炭第二工程处处长、甘肃煤炭基建公司、靖远矿务局安监局副局长、调研员 |
| 齐兴波 | 男 | 1932 | 大学 | 辽宁省兴城县 | 1985.11—1986.10 | 环境保护卫生处处长 |
| 谢元盛 | 男 | 1932.01 | 中专 | 广东省蕉岭县 | 1982.07—1993.06 | 机电处处长、局副总工程师 |
| 张　炎 | 男 | 1932.01 | 初中 | 河北省高阳县 | 1983.06—1993.01 | 甘肃煤炭第五工程处党委书记、甘肃煤炭干部中等专业学校党委书记、职工培训处调研员 |
| 洪志诚 | 男 | 1932.07 | 大专 | 浙江省慈溪县 | 1982.07—1992.11 | 水电管理处处长、科学研究处处长、调研员 |

续表 7-3

| 姓名 | 性别 | 出生年月 | 文化程度 | 籍贯 | 任职 | |
|---|---|---|---|---|---|---|
| | | | | | 时间 | 职务 |
| 曾庆楼 | 男 | 1932.09 | 大专 | 广东省大埔县 | 1985.08—1993.06 | 甘肃煤炭基建公司计划合同处处长、局计划处副处长、调研员 |
| 杜文礼 | 男 | 1932.10 | 高小 | 甘肃省兰州市 | 1978.12—1992.11 | 红会第一煤矿党委书记、调研员 |
| 秦耀先 | 男 | 1932.11 | 中专 | 河南省开封市 | 1985.02—1992.11 | 甘肃煤炭第三工程处党委书记、局设备租赁站党总支书记、第五工程处副处长兼安监处处长、调研员 |
| 张光知 | 男 | 1933 | 大专 | 浙江省嘉兴市 | 1978.12—1981.02 | 甘肃煤炭基建公司设计处处长、副总工程师 |
| 裴子安 | 男 | 1933 | 中专 | 甘肃省天水市 | 1982.02—1983.12 | 甘肃煤炭基建公司计划处处长 |
| 温　涛 | 男 | 1933.01 | 中专 | 陕西省岐山县 | 1982.02—1993.06 | 开拓处处长、安监局局长、标准化办公室主任、调研员 |
| 屈承源 | 男 | | | | 1985.11—1986.10 | 职工医院院长 |
| 谈宏升 | 男 | 1933.01 | 高中 | 陕西省泾阳县 | 1985.11—1993.06 | 计划处处长、局副总经济师 |
| 胡连有 | 男 | 1933.03 | 中专 | 河北省山海关市 | 1984.01—1995.03 | 王家山煤矿矿长、局副总工程师、总调度室主任 |
| 高广宪 | 男 | 1933.06 | 初中 | 辽宁省本溪市 | 1974.01—1993.06 | 红会第四煤矿革委会主任、党委书记、局行政办公室主任、职工医院党委书记、劳动服务公司党总支书记、卫生中专学校党总支书记、职工医院党委书记 |
| 王学琛 | 男 | 1933.06 | 高小 | 甘肃省兰州市 | 1981.12—1993.06 | 红会第一煤矿矿长、调研员 |
| 李学智 | 男 | 1933.08 | 初师 | 甘肃省兰州市 | 1982.02—1993 | 教育处党委书记、调研员 |
| 闫应兆 | 男 | 1933.09 | 高中 | 山西省左权县 | 1970.12—1984.10 | 机械制修厂党委书记、矿务局党委组织部部长 |
| 马占海 | 男 | 1933.09 | 高中 | 甘肃省徽县 | 1985.11—1990.11 | 局党委宣传部部长、调研员 |
| 万夫武 | 男 | 1933.10 | 高中 | 甘肃省靖远县 | 1985.11—1993.12 | 局党委办公室主任、教育处党委书记、调研员 |
| 赵慎修 | 男 | 1934 | 小学 | 河北省隆化县 | 1978.12—1987.10 | 红会第二煤矿矿长、供应处党总支书记、调研员 |
| 王永超 | 男 | 1934.02 | 大学 | 安徽省淮南市 | 1983.05—1995.03 | 机械制修厂党委书记、卫生职工中等专业学校党总支书记、培训处党委书记、调研员 |
| 陈尚德 | 男 | 1934.02 | 大学 | 甘肃省定西市 | 1983.05—1987.03 | 机械制修厂厂长、党委书记 |
| 王连壁 | 男 | 1934.02 | 大专 | 河北省丰润县 | 1984.08—1992.11 | 甘肃煤炭基建公司计算处处长、审计处处长、局物资供应公司经理、供应处处长、企业管理处处长 |
| 张惠民 | 男 | 1934.04 | 大专 | 甘肃省兰州市 | 1985.11—1995.03 | 财务处处长、副总会计师 |
| 杨风阶 | 男 | 1934.07 | 大专 | 江苏省徐州市 | 1993.02—1994.10 | 运销公司经理 |

续表 7-3

| 姓名 | 性别 | 出生年月 | 文化程度 | 籍贯 | 任职 | |
|---|---|---|---|---|---|---|
| | | | | | 时间 | 职务 |
| 林显春 | 男 | 1934.07 | 中专 | 山东省汶上县 | 1982.01—1993.06 | 地质测量处党总支书记、处长、卫生职工中等专业学校校长、靖远煤矿学校校长、科学研究设计院党委书记、离退休干部工作处处长 |
| 包世彦 | 男 | 1934.08 | 初中 | 甘肃省靖远县 | 1982.07—1990.11 | 建材厂厂长、党总支书记、局武装部部长 |
| 韦贵忠 | 男 | 1935.01 | 初中 | 甘肃省靖远县 | 1985.11—1987.10 | 基建处处长、调研员 |
| 王有民 | 男 | 1935.02 | 中专 | 陕西省西安市 | 1984.04—1993.06 | 甘肃煤炭基建公司供应处党总支书记、党委书记、靖远矿务局设备租赁站党总支书记 |
| 于海臣 | 男 | 1935.03 | 大专 | 上海市南汇县 | 1985.11—1995.03 | 地测处处长 |
| 裴有义 | 男 | 1935.05 | 高小 | 甘肃省靖远县 | 1980.04—1996.03 | 保卫处处长、公安处处长、党委书记、调研员 |
| 柳文源 | 男 | 1935.05 | 初中 | 甘肃省庄浪县 | 1984.01—1996.03 | 宝积山煤矿矿长、调研员 |
| 鞠　伦 | 男 | 1935.05 | 大专 | 黑龙江木兰县 | 1987.02—1989.05 | 甘肃煤炭第五工程处处长 |
| 吴纪祥 | 男 | 1935.10 | 高中 | 河北省武清县 | 1988.01—1990.11 | 甘肃煤炭第二工程处处长 |
| 张锡勋 | 男 | 1935.11 | 大学 | 湖北省麻城县 | 1988.10—1996.05 | 局副总工程师、代总工程师 |
| 李尊爵 | 男 | 1935.11 | 中专 | 陕西省合阳县 | 1989.01—1996.03 | 监察审计处处长、监察处处长、局土建副总工程师、调研员 |
| 刘双崇 | 男 | 1935.12 | 大学 | 陕西省西安市 | 1985.08—1996.06 | 甘肃煤炭基建公司施工处处长、土建副总工程师、局土建副总工程师 |
| 褚海林 | 男 | 1936 | 中专 | 陕西省长葛县 | 1975.10—1978.01 | 红会第三煤矿革委会主任、党委书记 |
| 肖星耀 | 男 | 1936 | 中专 | 陕西省大荔县 | 1980.08—1984.09 | 红会第四煤矿矿长、党委书记、通灭处处长 |
| 解鹏博 | 男 | 1936.01 | 大专 | 陕西省周至县 | 1982.07—1996.06 | 红会第四煤矿矿长、第一煤矿矿长、局副总工程师 |
| 高振峰 | 男 | 1936.02 | 高中 | 河北省廊坊市 | 1982.02—1996.03 | 甘肃煤炭基本建设工程公司行政处处长、改革办公室副主任、煤一公司党委副书记、调研员 |
| 郑宗玉 | 男 | 1936.04 | 中专 | 河北省丰润县 | 1983.06—1996.12 | 甘煤第一工程处党委书记、调研员 |
| 郭全泰 | 男 | 1936.08 | 初中 | 河南省孟津县 | 1984.08—1993.06 | 甘肃煤炭基建公司劳资处处长、劳动人事处处长、局党委组织部部长、人事处处长、调研员 |
| 梁德成 | 男 | 1936.09 | | 河北省昌黎县 | 1984.06—1990.10 | 建筑工程处党委书记、处长、甘肃煤炭第五工程处党委书记 |
| 张子明 | 男 | 1936.09 | | 河北省遵化县 | 1985.11—1993.06 | 建筑工程处党总支书记、科学设计研究院党委书记、兼副院长、调研员 |
| 贾宝琛 | 男 | 1936.11 | | 北京市 | 1986.04—1988.01 | 甘肃煤炭第二工程处处长 |
| 武存才 | 男 | 1937.01 | | 陕西省富平县 | 1985.03—1996.06 | 王家山煤矿矿长、局安监局局长 |
| 马成良 | 男 | 1937.02 | | 甘肃省永登县 | 1978.12—1996.04 | 红会第四煤矿矿长、开拓处处长、救护大队队长、党总支书记、调研员 |

续表 7–3

| 姓名 | 性别 | 出生年月 | 文化程度 | 籍贯 | 任职 | |
|---|---|---|---|---|---|---|
| | | | | | 时间 | 职务 |
| 王用宜 | 男 | 1937.02 | 初中 | 山东省潍坊市 | 1979.09—1996.09 | 红会第四煤矿矿长、王家山煤矿筹建处主任、党委书记、局工会副主席、行政处处长、公用事业服务公司经理、行政处党委书记、调研员 |
| 林介铭 | 男 | 1937.08 | 初中 | 江苏省昆山市 | 1988.05—1990.06 | 多种经营总公司第一副经理、劳动服务总公司总经理 |
| 俞友铭 | 男 | 1937.09 | 大学 | 广东省梅县 | 1987.07—1996.06 | 职工总医院院长 |
| 朱世才 | 男 | 1937.10 | 中专 | 甘肃省临洮县 | 1987.07—1996.06 | 魏家地煤矿党总支书记、矿长、党委书记、培训处党委书记 |
| 陈继茂 | 男 | 1937.12 | 中专 | 陕西省耀县 | 1984.03—1996.12 | 甘肃煤炭第五工程处处长、靖远矿务局设备租凭站站长、调研员 |
| 展复敏 | 男 | 1937.12 | 大学 | 甘肃省靖远县 | 1994.02—1996.03 | 科学研究设计院院长、调研员 |
| 黄国喜 | 男 | 1938.01 | 中专 | 辽宁省法库县 | 1984.08—1998.05 | 甘肃煤炭基建公司安监局局长、靖远矿区质量监督站站长 |
| 王焕有 | 男 | 1938.01 | 大学 | 山东省诸城市 | 1985.11—1996.06 | 红会三矿矿长 |
| 张鑫彪 | 男 | 1938.01 | 中专 | 河南省巩县 | 1990.11—1998.06 | 红会第一煤矿矿长、调研员 |
| 王法书 | 男 | 1938.02 | 大学 | 河南省林县 | 1984.08—1996.06 | 甘肃煤炭基建公司干校校长、教育处处长、甘肃煤炭干部中等专业学校校长、职工培训处处长、调研员 |
| 武爱善 | 男 | 1938.02 | 高中 | 甘肃省靖远县 | 1984.08—1998.03 | 甘肃煤炭基建公司党委宣传部部长、靖远矿务局党委宣传部部长、局教育处党委书记、调研员 |
| 张宗辉 | 男 | 1938.10 | 大学 | 北京市 | 1984.08—1984.12 | 甘肃煤炭第三工程处党委书记 |
| 王安邦 | 男 | 1938.10 | 初中 | 甘肃省定西县 | 1984.08—1996.06 | 甘肃煤炭基建公司供应处处长、靖远矿务局供应处党委书记、调研员 |
| 马得喜 | 男 | 1938.10 | 高小 | 甘肃处榆中县 | 1990.06—1995.04 | 驻兰办事处主任 |
| 黄崇湖 | 男 | 1938.11 | 初中 | 湖南省常宁县 | 1990.06—1994.02 | 劳动服务总公司、生活服务经营总公司总经理 |
| 赵富才 | 男 | 1938.12 | 中专 | 山西省大同市 | 1990.06—1996.06 | 物资供应处处长、调研员 |
| 王治祥 | 男 | 1938.12 | 大学 | 甘肃省临洮县 | 1984.08—1985.08 | 甘肃煤炭基建公司党委宣传部部长 |
| 南怀毓 | 男 | 1939 | 中专 | 陕西省兴平县 | 1978.12—1979.09 | 宝积山煤矿矿长 |
| 张述满 | 男 | 1939.06 | 中专 | 陕西省咸阳市 | 1984.01—1996.07 | 宝积山煤矿党委书记、调研员 |
| 曹宏达 | 男 | 1939.07 | 大学 | 北京市 | 1984.08—1986.04 | 甘肃煤炭第二工程处处长 |
| 孔祥民 | 男 | 1939.08 | 中专 | 山东处城武县 | 1979.09—1998.05 | 大水头煤矿矿长、党委书记、红会第一煤矿党委书记、红会第四煤矿矿长、矿务局副总工程师 |
| 常明祖 | 男 | 1939.08 | 中专 | 陕西省渭南市 | 1994、10—1998、6 | 清理整顿小煤矿办公室主任 |
| 常玉茂 | 男 | 1939.11 | 初中 | 甘肃省靖远县 | 1988.05—1998.05 | 局党委工作部部长、组织部部长 |

续表 7-3

| 姓名 | 性别 | 出生年月 | 文化程度 | 籍贯 | 任职 | |
|---|---|---|---|---|---|---|
| | | | | | 时间 | 职务 |
| 陈继云 | 男 | 1939.11 | 大学 | 陕西省兴平县 | 1994.10—1998.06 | 通灭处处长 |
| 杨治强 | 男 | 1939.12 | 大专 | 陕西省宝鸡市 | 1985.02—1998.06 | 甘肃煤炭第三工程处处长、魏家地煤矿矿长、党委书记、第五工程处党委书记、设计院党委书记、调研员 |
| 孙太正 | 男 | 1940.01 | 中专 | 河南偃师县 | 1985.11—1998.07 | 机电处处长、机械动力处处长 |
| 刘志坚 | 男 | 1940.03 | 高小 | 山东省胶县 | 1983.06—2000.01 | 甘肃煤炭第一工程处处长 |
| 陈振华 | 男 | 1940.08 | 大学 | 浙江省杭州市 | 1985.11—1998.02 | 设计处处长、科学设计研究院院长、总工程师办公室主任、调研员 |
| 贺廷贤 | 男 | 1940.09 | 初师 | 白银平川 | 1982.02—2000.06 | 职工子弟第一中学党总支书记、地测处党总支副书记、局机关党委书记、调研员 |
| 张作祥 | 男 | 1940.11 | 中专 | 河北省抚宁县 | 1984.01—1993.06 | 红会第三煤矿矿长、局财务处处长、审计处处长 |
| 康献忠 | 男 | 1940.11 | 大专 | 河南省巩义县 | 1998.03—2001.12 | 公司机关正处级调研员 |
| 王章根 | 男 | 1940.12 | 中专 | 浙江省嵊县 | 1985.11—1998.01 | 通灭处处长、局总工办副主任 |
| 江伯盛 | 男 | 1941、1 | 大学 | 四川省盐亭县 | 1988.02—1998.06 | 宝积山煤矿矿长、科学研究设计院院长、调研员 |
| 马积森 | 男 | 1942.01 | 大专 | 安徽省临泉 | 1984.01—2002.04 | 靖远矿务局、靖煤公司工会副主席、调研员 |
| 李建林 | 男 | 1941.02 | 中专 | 陕西省耀县 | 1993.02—1998.06 | 红会一矿矿长、局调度室主任 |
| 李应瑜 | 男 | 1941.06 | 中专 | 广西北流县 | 1985.11—2001.12 | 红会第四煤矿矿长、生产处处长 |
| 党　群 | 男 | 1941.08 | 大学 | 甘肃省平凉市 | 1983.05—1994.02 | 第一中学校长 |
| 苏振河 | 男 | 1941.08 | 高中 | 甘肃省靖远县 | 1984.06—2001 | 局第一中学党总支书记、教育处党委书记、调研员 |
| 安维枢 | 男 | 1941.12 | 初中 | 甘肃省镇原县 | 1989.09—2004.05 | 宝积山煤矿矿长、魏家地煤矿矿长、红会一矿矿长 |
| 贾成安 | 男 | 1942.09 | 大专 | 甘肃省靖远县 | 1985.11—1998.12 | 红会第四煤矿党委书记 |
| 任服膺 | 男 | 1942.10 | 大学 | 四川省南充县 | 1987.07—2002.11 | 局工会副主席、调研员 |
| 宁振东 | 男 | 1942.12 | 大学 | 陕西省乾县 | 1987.07—2002.12 | 水电管理处处长、党委书记、调研员 |
| 古兴德 | 男 | 1943.01 | 大学 | 甘肃省定西县 | 1985.11—2002.03 | 职工医院党委书记、环卫处处长 |
| 赵正宽 | 男 | 1943.01 | 大学 | 陕西省渭南县 | 1987.07—2004.12 | 王家山煤矿党委书记、调研员 |
| 丁世进 | 男 | 1943.06 | 高中 | 甘肃省通渭县 | 1989.10—1991.03 | 机械制修厂党委书记 |
| 毛继翙 | 男 | 1943.07 | 中专 | 陕西省长安县 | 1984.01—1996.03 | 大水头煤矿矿长 |
| 王世超 | 男 | 1943.07 | 大学 | 辽宁省辽阳市 | 1994.03—1996.12 | 职工医院院长 |
| 吴正泰 | 男 | 1943.07 | 大学 | 甘肃省靖远县 | 1998—2000 | 第一中学校长 |
| 王枫林 | 男 | 1943.08 | 中专 | 黑龙江铁力市 | 1995.03—2004.12 | 甘煤第一工程公司经理、调研员 |
| 傅进寿 | 男 | 1943.09 | 中专 | 陕西省蒲城市 | 1994.03—2003.09 | 机电处处长、调研员 |

续表 7-3

| 姓名 | 性别 | 出生年月 | 文化程度 | 籍贯 | 任职 | |
|---|---|---|---|---|---|---|
| | | | | | 时间 | 职务 |
| 程遵碧 | 男 | 1943.10 | 大学 | 四川省重庆市 | 1994.10—1998.02 | 运销公司经理 |
| 栗学武 | 男 | 1943.10 | 大学 | 河南省兰考县 | 1985.08—1990.11 | 甘肃省山丹煤矿党委书记<br>技工学校校长 |
| 张祥仁 | 男 | 1943.12 | 中专 | 山东省长清县 | 1985.11—2003.05 | 劳资处处长、调研员 |
| 赵继祖 | 男 | 1943.12 | 大学 | 河南省巩县 | 1988.05—2002.12 | 基建处处长、基建副总工程师、调研员 |
| 张盛润 | 男 | 1943.12 | 大专 | 甘肃省白银市 | 1996.03—2003.07 | 培训处处长、调研员 |
| 郭生成 | 男 | 1943.12 | 大专 | 甘肃省武威市 | 1998.03—2005.12 | 生活经营总公司总经理、调研员 |
| 陈锦湘 | 男 | 1944.01 | 大专 | 辽宁省北镇县 | 1996.03—2000.03 | 物资供应公司党委书记、调研员 |
| 赵宇辉 | 男 | 1944.03 | 大学 | 山东省蓬莱县 | 1988.09—2004.09 | 安监局局长 |
| 王成德 | 男 | 1944.05 | 高中 | 甘肃省临洮县 | 1994.03—2004.09 | 靖远矿区武装部部长 |
| 程利基 | 男 | 1944.06 | 大学 | 江苏省泗阳县 | 1973.05—1985.07 | 靖远矿区指挥部、靖远矿务局团委书记、红会三矿党委书记 |
| 刘菲古 | 男 | 1944.07 | 大学 | 甘肃省靖远县 | 1998.03—2004 | 教育处党委书记、调研员 |
| 降国樑 | 男 | 1944.10 | 大学 | 山西省太原市 | 1994.10—2005.09 | 机械动力处处长、公司机电副总工程师、调研员 |
| 吴孝全 | 男 | 1944.11 | 大学 | 河南省永城县 | 1990.06—2004.10 | 局纪律检查委员会副书记、魏家地煤矿党委书记 |
| 吴锡兰 | 男 | 1945.02 | 高中 | 广西陆川县 | 1984.08—2002.11 | 甘肃煤炭基建公司纪委书记、副书记、局纪委副书记、设计院党委书记、调研员 |
| 王耀雄 | 男 | 1945.02 | 中专 | 甘肃省平凉市 | 1993.02—2001.09 | 第一中学党总支书记 |
| 魏晋龙 | 男 | 1945.03 | 大专 | 甘肃省榆中县 | 1985.11—2001.09 | 教育处处长 |
| 赵敬文 | 男 | 1945.05 | 中专 | 山东省寿光县 | 1985.11—2005.09 | 计划处处长、局长助理兼外资办主任、调研员 |
| 雷昌发 | 男 | 1945.07 | 大学 | 甘肃省泾川县 | 1983.12—2005.12 | 甘肃煤炭基建公司办公室主任、甘肃煤炭第二工程处党委书记、大水头煤矿党委书记、调研员 |
| 韩履明 | 男 | 1945.08 | 中专 | 辽宁省阜新市 | 1996.03—2002.03 | 科学研究设计院院长、调研员 |
| 王正荣 | 男 | 1945.10 | 中专 | 甘肃省临洮县 | 1990.11—1996.12 | 甘肃煤炭第二工程处处长、甘肃煤炭第二工程公司经理 |
| 王喜成 | 男 | 1945.12 | 大学 | 河南省辉县 | 1996.03—2005.12 | 设备租赁站站长、科研设计院党委书记兼工会主席、调研员 |
| 温丕刚 | 男 | 1945.12 | 大专 | 甘肃省渭源县 | 1996.03—2000.06 | 宝积山煤矿党委书记 |
| 徐菊梅 | 女 | 1946.02 | 大学 | 河南省获嘉县 | 1985.03—1996.12 | 第五工程处党委书记、第一中学副校长 |
| 王好生 | 男 | 1946.02 | 初中 | 甘肃省古浪县 | 1986.02—2002.03 | 救护大队队长、调研员 |
| 马建林 | 男 | 1946.04 | 大学 | 甘肃省临洮县 | 1993.02—1994.02 | 技工学校校长 |

续表 7-3

| 姓名 | 性别 | 出生年月 | 文化程度 | 籍贯 | 任职 | |
|---|---|---|---|---|---|---|
| | | | | | 时间 | 职务 |
| 张仁科 | 男 | 1946.07 | 初中 | 甘肃省武威市 | 1993.02—2004.08 | 劳动服务总公司经理、党委书记、水泥厂党总支书记、调研员 |
| 唐旺亮 | 男 | 1946.10 | 大学 | 河南孟津县 | 1994.03—1998.03 | 技工学校党委书记、调研员 |
| 陈步杰 | 男 | 1946.11 | 大学 | 陕西省商县 | 1998.02—2002.03 | 水电处党委书记、调研员 |
| 王永山 | 男 | 1946.12 | 大学 | 宁夏银川市 | 1989.04—2005.12 | 公安处处长、正处级侦察员 |
| 董宗佑 | 男 | 1947.02 | 大专 | 山西省万荣县 | 1998.02—2005.12 | 公司机关党委书记、工会主席、事务处处长、离退休中心党总支书记、调研员、 |
| 贺仲武 | 男 | 1947.05 | 大学 | 甘肃省灵台县 | 1994.02—2005.12 | 局长办公室副主任、主任、调研员 |
| 李维儒 | 男 | 1947.07 | 大专 | 甘肃省靖远县 | 1994.02—2005.12 | 企业管理处处长、非煤产业部部长、调研员 |
| 安生夫 | 男 | 1947.08 | 高中 | 甘肃省会宁县 | 1993.02—2005.12 | 公安处党委书记、处长、调研员 |
| 檀健身 | 男 | 1947.10 | 大专 | 湖北省枣阳县 | 1985.05—1998.02 | 水电管理处处长、党委书记 |
| 吴轼夫 | 男 | 1947.11 | 大专 | 甘肃省靖远县 | 1989.07—2005.12 | 红会第一煤矿党委书记、培训处党委书记、技工学校党委书记兼校长、调研员 |
| 袁　鸿 | 男 | 1948.05 | 大专 | 吉林省长春市 | 1990.11—2003.05 | 魏家地煤矿矿长、生活服务经营总公司总经理、驻兰办事处主任、调研员 |
| 史超林 | 男 | 1948.08 | 大专 | 河北省任丘市 | 1996.03—1998.03 | 物资供应公司经理、代理党委书记、调研员 |
| 魏世明 | 男 | 1948.11 | 初中 | 甘肃省渭源县 | 1985.03—2005.12 | 大水头煤矿党委书记、宝积山煤矿副矿长、救护大队总支书记、红会三矿矿长、运销公司党委书记 |
| 张守莘 | 女 | 1949.04 | 高中 | 江苏省南京市 | 1984.09—1985.11 | 局机关党委书记 |
| 魏孔明 | 男 | 1949.07 | 大专 | 甘肃省靖远县 | 2000.12—2005.12 | 职工总医院党委书记兼副院长 |
| 常向东 | 男 | 1949.07 | 大专 | 陕西省米脂县 | 1995.04—1998.02 | 驻兰办事处主任 |
| 李仲凯 | 男 | 1949.08 | 大专 | 河南省开封市 | 1996.03—2000.01 | 甘肃煤炭第二工程公司党委书记 |
| 马福海 | 男 | 1949.12 | 高中 | 甘肃省秦安县 | 1993.02—1996.03 | 宝积山煤矿矿长 |
| 陈进雄 | 男 | 1949.12 | 大学 | 甘肃省临洮县 | 1993.02—1998.03 | 技工学校党委书记、校长 |
| 高贵荣 | 男 | 1950.03 | 大专 | 甘肃省靖远县 | 2002.03—2005.12 | 公司第一中学党总支书记 |
| 曹应武 | 男 | 1950.04 | 大专 | 甘肃省甘谷县 | 1998.06—2005.12 | 公司规划发展部部长 |
| 邓解放 | 男 | 1950.05 | 大专 | 陕西省礼泉县 | 2001.12—2005.12 | 公司工会副主席 |
| 李保华 | 男 | 1950.06 | 大专 | 山东省济南市 | 1991.07—2005.12 | 机械制修厂党委书记兼纪委书记、党委书记兼厂长、党委书记 |
| 刘进学 | 男 | 1950.10 | 大学 | 甘肃省西和县 | 1994.10—2005.12 | 公司机关党委书记、组织部部长 |
| 杨五昌 | 男 | 1950.10 | 初中 | 甘肃省甘谷县 | 1995.03—2005.12 | 红会四矿矿长、公司总调度室主任 |
| 景瑞元 | 男 | 1950.11 | 中专 | 甘肃省正宁县 | 2002.03—2005.12 | 公司纪委正处级监察员、公安处处长兼政委 |
| 郑渭生 | 男 | 1950.12 | 大专 | 山西省忻州市 | 1985.11—2005.12 | 机械制修厂厂长、局劳动服务总公司总经理、公司政研室主任、非煤产业部部长 |

续表 7–3

| 姓名 | 性别 | 出生年月 | 文化程度 | 籍贯 | 任职 | |
|---|---|---|---|---|---|---|
| | | | | | 时间 | 职务 |
| 白全仁 | 男 | 1950.12 | 大专 | 甘肃省静宁县 | 2002.03—2005.12 | 王家山矿党委书记 |
| 李志明 | 男 | 1951.01 | 大专 | 甘肃省武都市 | 1996.03—1996.12 | 设备租赁站党总支书记 |
| 张　杰 | 男 | 1951.05 | 大专 | 甘肃省宁县 | 1992.04—1996.04 | 甘肃煤炭第五工程处党委书记 |
| 冯　兵 | 男 | 1951.06 | 中专 | 河北省邢台县 | 1996.03—2005.12 | 大水头煤矿矿长、红会一矿矿长、职工培训处处长 |
| 史怀峰 | 男 | 1951.08 | 大学 | 甘肃省泾川县 | 1996.03—2005.12 | 水泥厂厂长、调研员 |
| 席永涛 | 男 | 1951.10 | 中专 | 甘肃省会宁县 | 1993.02—2005.12 | 职工医院党委书记、红会四矿党委书记 |
| 李锦玉 | 男 | 1951.10 | 大专 | 陕西省吴堡县 | 1994.10—2005.12 | 物资供应公司、救护大队党委书记兼工会主席、公安处党委书记 |
| 石克明 | 男 | 1951.11 | 大专 | 甘肃省康乐县 | 1996.03—2005.12 | 红会三矿党委书记公司纪委副书记 |
| 高相德 | 男 | 1952.02 | 大专 | 甘肃省秦安县 | 2001.12—2005.12 | 公司董事会秘书处处长 |
| 潘世杰 | 男 | 1952.04 | 大学 | 甘肃省临洮县 | 1993.02—2005.12 | 公司纪委副书记、监察处处长 |
| 司永善 | 男 | 1952.08 | 大专 | 甘肃省秦安县 | 2001.12—2005.12 | 公司审计处处长 |
| 赵卫东 | 男 | 1952.08 | 大学 | 甘肃省西和县 | 1990.05—2005.12 | 公司党委宣传部部长 |
| 窦存新 | 男 | 1952.08 | 大学 | 甘肃省榆中县 | 1996.03—2005.12 | 地测处处长公司生产技术部副部长 |
| 李振军 | 男 | 1952.10 | 大专 | 宁夏中卫县 | 2000.01—2005.12 | 红会三矿矿长、红会煤业公司董事长、总经理 |
| 陈继英 | 男 | 1952.11 | 大学 | 甘肃省甘谷县 | 1993.03—2005.12 | 红会三矿党委书记、离退休中心主任 |
| 关　信 | 男 | 1953.06 | 高中 | 甘肃省白银市 | 1998.02—2005.12 | 公司工会副主席 |
| 李　华 | 男 | 1953.08 | 中专 | 甘肃省定西市 | 1998.03—2005.12 | 通灭处处长、救护大队大队长 |
| 王学清 | 男 | 1953.08 | 大学 | 甘肃省临洮县 | 2000.06—2005.12 | 宝积山矿党委书记、宝煤公司党委书记、副董事长 |
| 柳永才 | 男 | 1953.11 | 大专 | 甘肃省庄浪县 | 1994.02—1996.08 | 局长办公室副主任 |
| 张永生 | 男 | 1954.01 | 中专 | 甘肃省兰州市 | 2003.05—2005.12 | 劳动服务总公司总经理 |
| 朱光远 | 男 | 1954.02 | 大学 | 甘肃省靖远县 | 2000.01—2005.12 | 煤一公司党委书记 |
| 顾正初 | 男 | 1954.03 | 大专 | 上海市 | 1996.03—1996.12 | 宝积山煤矿矿长 |
| 杨耀清 | 男 | 1954.06 | 高中 | 甘肃省通渭县 | 1998.02—2005.12 | 水电处处长 |
| 马仁和 | 男 | 1954.10 | 大学 | 甘肃省临洮县 | 2002.03—2005.12 | 大水头矿党委书记 |
| 史鹏云 | 男 | 1954.10 | 中专 | 甘肃省泾川县 | 2002.03—2005.12 | 公司水泥厂厂长 |
| 朱文科 | 男 | 1954.12 | 大专 | 甘肃省平凉市 | 1998.03—2005.12 | 公司安监局局长 |
| 梁永奇 | 男 | 1955.01 | 大学 | 甘肃省武威县 | 1998.02—2005.12 | 生活经营总公司代理党委书记兼工会主席、党委书记兼工会主席 |
| 赵进社 | 男 | 1955.01 | 大专 | 甘肃省西和县 | 1998.03—2005.12 | 培训处党委书记兼工会主席 |

续表 7-3

| 姓名 | 性别 | 出生年月 | 文化程度 | 籍贯 | 任职 | |
|---|---|---|---|---|---|---|
| | | | | | 时间 | 职务 |
| 谭鹏飞 | 男 | 1955.01 | 大专 | 甘肃省甘谷县 | 1987.07—2005.12 | 局团委书记、党委办公室主任、红会一矿党委书记 |
| 胡定义 | 男 | 1955.04 | 大专 | 甘肃省靖远县 | 2001.09—2005.12 | 教育处处长 |
| 张鸿达 | 男 | 1955.07 | 大学 | 甘肃省景泰县 | 2002.03—2005.12 | 科研设计院院长、党委书记 |
| 续彦余 | 男 | 1955.10 | 大专 | 甘肃省定西县 | 1993.02—1994.10 | 运销公司党委书记 |
| 姜建华 | 男 | 1955.11 | 大专 | 河南省汝南县 | 1992.04—2005.12 | 局团委书记、劳动服务总公司党委书记、运销公司党委书记、水泥厂党总支书记、劳动服务总公司书记 |
| 王兴元 | 男 | 1955.12 | 大专 | 甘肃省正宁县 | 2001—2005.12 | 公司一中校长 |
| 康　秀 | 男 | 1956.01 | 大学 | 甘肃省定西市 | 1989.05—2005.12 | 甘煤五处处长、煤一公司党委书记、煤二公司党委书记、经理、公司综合办公室主任 |
| 金建勋 | 男 | 1956.07 | 大专 | 甘肃省靖远县 | 1996.04—2005.12 | 红会四矿矿长、租赁站站长 |
| 刘少英 | 男 | 1956.08 | 大专 | 甘肃省泾川县 | 1998.03—2005.12 | 公司资产财务部部长 |
| 高矿生 | 男 | 1956.08 | 大专 | 甘肃省榆中县 | 1998.03—2005.12 | 公司房改办主任 |
| 杨友聚 | 男 | 1956.11 | 大学 | 山西省阳城县 | 1998.04—2002.09 | 租赁站站长、总机厂厂长、劳动公司总经理 |
| 刘宝贵 | 男 | 1957.02 | 大专 | 辽宁省黑山县 | 2002.03—2005.12 | 生活经营总公司经理 |
| 张志谦 | 男 | 1957.03 | 大学 | 甘肃省定西县 | 2003.06—2005.12 | 技工学校党委书记、红会三矿党委书记、红煤公司副董事长、党委书记 |
| 李德玺 | 男 | 1957.05 | 硕士 | 甘肃省灵台县 | 2002.03—2005.12 | 科研设计院党委书记、院长 |
| 强成宗 | 男 | 1957.07 | 大学 | 甘肃省会宁县 | 2002.03—2005.12 | 魏家地矿党委书记 |
| 吴晓刚 | 男 | 1957.12 | 大学 | 广西省玉林县 | 2002.04—2005.12 | 水电管理处党委书记、纪委书记、白银洁能公司总经理、党总支书记 |
| 赵宏伟 | 男 | 1958、8 | 大专 | 甘肃省平凉市 | 1992.04—1996.04 | 甘肃煤炭第五工程处处长 |
| 武进国 | 男 | 1958.08 | 大学 | 甘肃省会宁县 | 2000.06—2005.12 | 宝积山矿矿长、宝煤公司副董事长兼总经理、副董事长 |
| 周志声 | 男 | 1958.09 | 中专 | 甘肃省静宁县 | 2002.03—2005.12 | 红会一矿矿长 |
| 程玉锦 | 男 | 1958.10 | 大学 | 甘肃省通渭县 | 2003.05—2005.12 | 技工学校党委书记、工会主席兼副校长 |
| 刘士琦 | 男 | 1958.10 | 中专 | 甘肃省通渭县 | 1996.03—2005.12 | 魏家地煤矿矿长、公司副总工程师 |
| 吴国兰 | 男 | 1961.03 | 大学 | 甘肃省秦安县 | 2000.10—2005.12 | 职工总医院院长 |
| 王晓文 | 男 | 1962.07 | 大学 | 甘肃省泾川县 | 2004.10—2005.12 | 宝煤公司总经理、董事 |
| 梁俊芳 | 男 | 1962.10 | 大学 | 甘肃省泾川县 | 2002.03—2005.12 | 救护大队党委书记 |
| 张万宇 | 男 | 1962.10 | 大学 | 湖北省武汉市 | 2002.03—2005.12 | 公司副总工程师 |
| 刘建新 | 男 | 1962.12 | 大学 | 河南省荥阳县 | 2002.03—2005.12 | 甘肃煤炭第一工程公司经理、公司副总工程师兼基建处处长 |
| 马忠元 | 男 | 1963.01 | 大专 | 甘肃省通渭县 | 2004.07—2005.12 | 红会四矿矿长 |

续表 7-3

| 姓 名 | 性别 | 出生年月 | 文化程度 | 籍 贯 | 任 职 | |
|---|---|---|---|---|---|---|
| | | | | | 时 间 | 职 务 |
| 续彦生 | 男 | 1963.05 | 大学 | 甘肃省定西市 | 2001.11—2005.12 | 华能公司经理兼党委书记 |
| 张亨和 | 男 | 1963.05 | 大专 | 甘肃省通渭县 | 2003.05—2005.11 | 甘肃煤炭第一工程公司经理 |
| 李虎林 | 男 | 1963.08 | 大学 | 甘肃省定西市 | 1997.04—2005.04 | 副总工程师兼生产技术部部长、公司总经理助理兼副总工程师兼生产技术部部长 |
| 梁得庆 | 男 | 1963.10 | 大学 | 甘肃省临夏州 | 2000.02—2005.12 | 红会四矿矿长、运销公司经理、党委书记 |
| 路有成 | 男 | 1964.08 | 大专 | 甘肃省会宁县 | 1998.02—2005.12 | 局团委书记、租赁站党总支书记 |
| 刘汉邦 | 男 | 1965.01 | 大学 | 甘肃省会宁县 | 2004.04—2005.12 | 魏家地矿矿长 |
| 许继宗 | 男 | 1965.06 | 硕士 | 甘肃省陇西市 | 2004.08—2005.12 | 大水头矿矿长兼总工程师 |
| 陈 虎 | 男 | 1965.08 | 硕士 | 甘肃省会宁县 | 2004.08—2005.12 | 王家山矿矿长、兼任靖远煤电股份有限公司总经理 |
| 张进安 | 男 | 1966.p6 | 硕士 | 河南省孟县 | 2002.03—2005.12 | 物资供应公司经理、技工学校校长 |
| 高宏杰 | 男 | 1967.12 | 硕士 | 河南省长葛县 | 2003.05—2005.12 | 运销公司经理 |
| 罗建峰 | 男 | 1973.12 | 大学 | 陕西省富平县 | 2003.05—2005.12 | 物资供应公司经理 |

## 四、平川区籍硕士、博士、留学生名录

表 7-4

| 姓 名 | 性别 | 出生年月 | 籍 贯 | 学历学位 | 工作单位或所在地 |
|---|---|---|---|---|---|
| 温立强 | 男 | 1964 | 宝积乡大湾村 | 硕 士 | 广东省东关区张木头中学 |
| 冯治库 | 男 | 1964 | 宝积乡窎沟村 | 博 士 | 甘肃省科学技术委员会 |
| 张云德 | 男 | 1964 | 水泉镇牙沟水村 | 研究生 | 农科院兰州兽医研究所 |
| 刘再圆 | 男 | 1964 | 水泉镇 | 硕 士 | 加拿大 |
| 黄兆宏 | 男 | 1964 | 水泉镇牙沟水村 | 博 士 | 西北师范大学中文系 |
| 王俊清 | 男 | 1965 | 黄峤乡马饮水村 | 博 士 | 江西省无锡化工集团 |
| 杜 卓 | 男 | 1965 | 水泉镇 | 硕 士 | 上海复旦大学 |
| 王税锋 | 男 | 1965 | 水泉镇 | 硕 士 | 兰州锅炉厂 |
| 岳国仁 | 男 | 1965 | 王家山镇 | 博 士 | 河西学院教务处 |
| 孙 谦 | 男 | 1965 | 平川区扶贫办 | 硕 士 | 西北师范大学 |
| 张 耳 | 男 | 1966 | 共和镇小水村 | 硕 士 | 四川阿坝州军分区琅塘武装部 |
| 张树东 | 男 | 1966 | 水泉镇陡城村 | 博 士 | 山东曲阜师范大学 |
| 齐世萍 | 女 | 1966 | 水泉镇 | 硕 士 | 甘肃省人民检察院 |
| 刘 军 | 男 | 1966 | 水泉镇 | 硕 士 | 甘肃省电力公司明珠集团分公司 |

续表 7-4

| 姓　名 | 性别 | 出生年月 | 籍　贯 | 学历学位 | 工作单位或所在地 |
|---|---|---|---|---|---|
| 张吉旺 | 男 | 1966 | 水泉镇水泉村 | 博　士 | 美国 |
| 刘再聪 | 男 | 1967 | 水泉镇下村 | 博　士 | 西北师范大学 |
| 罗崇泰 | 男 | 1968 | 水泉镇 | 博　士 | 兰州市 510 研究所第 8 研究室 |
| 武　明 | 男 | 1968 | 宝积乡 | 博　士 | 甘肃工业大学 |
| 贺更粹 | 女 | 1969 | 水泉镇陡城村 | 博　士 | 西北师范大学教育学院 |
| 张成海 | 男 | 1970 | 水泉镇 | 博　士 | 中国石油化工总公司 |
| 张文凯 | 男 | 1970 | 共和镇红沟村 | 硕　士 | 酒钢公司能源处 |
| 张惠霞 | 女 | 1970 | 水泉镇陡城村 | 硕　士 | 广州市畜牧技术推广总站 |
| 张学梅 | 女 | 1971 | 共和镇小水村 | 硕　士 | 南京海军指挥学院 |
| 冯中毅 | 男 | 1971 | 黄峤乡马饮水村 | 硕　士 | 兰州城市学院 |
| 刘再满 | 男 | 1971 | 水泉镇下村 | 博　士 | 兰州交通大学 |
| 张铁军 | 男 | 1971 | 共和镇 | 硕　士 | 北京市延庆县检察院 |
| 万　泉 | 男 | 1971 | 水泉镇 | 硕　士 | 加拿大萨斯卡通省研究所 |
| 万学鹏 | 男 | 1972 | 共和镇小水村 | 博　士 | 中国石油天然气勘探<br>开发公司海外研究中心 |
| 雒力静 | 女 | 1972 | 水泉镇水泉村 | 硕　士 | 海南医学院社科部 |
| 贺更行 | 男 | 1972 | 水泉镇陡城村 | 博　士 | 军事科学院军建部研究员 |
| 白耀宇 | 男 | 1973 | 水泉镇下村 | 博　士 | 重庆西南大学农学院 |
| 冯玉升 | 男 | 1973 | 宝积乡鸾沟村 | 硕　士 | 甘肃农业大学 |
| 任继荣 | 男 | 1973 | 宝积路 | 博　士 | 兰州大学理论物理研究所 |
| 胡　敏 | 男 | 1974 | 兴平路 | 硕　士 | 北京国家电子器材总公司 |
| 白仲安 | 男 | 1974 | 水泉镇下村 | 硕　士 | 上海同济大学 |
| 武永卫 | 男 | 1974 | 兴平路 | 博　士 | 清华大学 |
| 万　蕾 | 女 | 1974 | 水泉镇 | 博　士 | 北京理工大学 |
| 张志刚 | 男 | 1975 | 红会路 | 研究员 | 航空航天部第三研究设计院 |
| 刘亭亭 | 女 | 1975 | 兴平路 | 博　士 | 中国科学院 |
| 贺　平 | 男 | 1976 | 水泉镇 | 硕　士 | 北京市兆维集团公司 |
| 徐　睿 | 男 | 1976 | 电力路 | 硕　士 | 四川成都社会科学院 |
| 张双荣 | 男 | 1976 | 水泉镇陡城村 | 硕　士 | 中石油西北销售公司 |
| 李瑞生 | 男 | 1976 | 水泉镇 | 硕　士 | 甘肃理工大学 |
| 韦文录 | 男 | 1977 | 水泉镇贾庄村 | 硕　士 | 西安卫星测控中心装备部 |
| 焦树强 | 男 | 1977 | 共和镇 | 博　士 | 剑桥大学材料与冶金 |
| 王爱慧 | 女 | 1977 | 水泉镇 | | 美国亚历斯纳大学 |

续表 7-4

| 姓　名 | 性别 | 出生年月 | 籍　贯 | 学历学位 | 工作单位或所在地 |
|---|---|---|---|---|---|
| 周灵彬 | 女 | 1977 | 水泉镇水泉村 | 硕　士 | 华北工学院 |
| 雷　涛 | 男 | 1978 | 兴平路 | 博　士 | 上海师范大学 |
| 郭柏鸿 | 男 | 1978 | 宝积乡响泉村 | 硕　士 | 兰大医学院泌尿外科 |
| 陈天娥 | 女 | 1979 | 王家山镇大营水村 | 博　士 | 中国科学院北京医科研究所 |
| 高国军 | 男 | 1979 | 水泉镇砂流水村 | 博　士 | 美国参数技术公司驻上海办事处 |
| 高振赋 | 男 | 1979 | 水泉镇陡城村 | 硕　士 | 清华大学 |
| 张耀强 | 男 | 1980 | 共和镇红沟村 | 硕　士 | 甘肃农业大学 |
| 宋瑜君 | 男 | 1981 | 共和镇中合村 | 硕　士 | 中国科学院长春化学研究院 |
| 魏佳明 | 男 | 1982 | 黄峤乡焦口村 | 硕　士 | 北京设计院 |
| 展翰翔 | 男 | 1982 | 水泉镇牙沟水村 | 硕　士 | 西安交通大学 |
| 徐生波 | 男 | 1983 | 宝积乡大湾村 | 硕　士 | |
| 宋　鹏 | 男 | 1983 | 兴平路 | 博　士 | 天津大学 |
| 张德礼 | 男 | | 共和乡 | | 甘肃驻日本龙江株式会社 |
| 张立刚 | 男 | | 平　川 | | 美国田纳西州中田纳西州立大学 |
| 顾　振 | 男 | | 宝积响泉村 | | 法国(已退休) |
| 金有福 | 男 | | 共和乡 | | 哈萨克斯坦共和国 |
| 刘玉阳 | 男 | | 水泉镇 | 博　士 | 香港理工大学 |

## 五、平川区政法系统立功人员表

表 7-5

| 姓　名 | 性别 | 民族 | 籍　贯 | 出生年月 | 政治面貌 | 立功等级 | 所在单位及立功时间 |
|---|---|---|---|---|---|---|---|
| 王得新 | 男 | 汉 | 靖远县 | 1947.02 | 党员 | 三等功 | 平川公安分局 |
| 罗晓平 | 男 | 汉 | 靖远县 | 1951.03 | 党员 | 三等功 | 平川公安分局 |
| 张福海 | 男 | 汉 | 河北阜城 | 1952.01 | 党员 | 二等功 | 平川区检察院(2002.01) |
| 段其雄 | 男 | 汉 | 靖远县 | 1954.04 | 党员 | 三等功 | 平川公安分局 |
| 王生义 | 男 | 汉 | 平川区 | 1954.05 | 党员 | 三等功 | 平川公安分局 |
| 魏中朴 | 男 | 汉 | 甘肃临洮 | 1958.04 | 党员 | 三等功 | 平川公安分局 |
| 包　润 | 男 | 汉 | 靖远县 | 1960.08 | 党员 | 三等功 | 平川公安分局 |
| 黄登仓 | 男 | 汉 | 靖远县 | 1962.03 | 党员 | 三等功 | 平川公安分局 |
| 胡荣军 | 男 | 汉 | 靖远县 | 1962.08 | 党员 | 三等功 | 平川公安分局 |
| 王　栋 | 男 | 汉 | 靖远县 | 1963.11 | 党员 | 三等功 | 平川公安分局 |

续表 7-5

| 姓 名 | 性别 | 民族 | 籍 贯 | 出生年月 | 政治面貌 | 立功等级 | 所在单位及立功时间 |
|---|---|---|---|---|---|---|---|
| 王万荣 | 男 | 汉 | 靖远县 | 1964.10 | 党员 | 三等功 | 平川公安分局 |
| 金建全 | 男 | 汉 | 靖远县 | 1965.03 | 党员 | 二等功、三等功各一次 | 平川公安分局 |
| 刘 库 | 男 | 汉 | 平川区水泉镇 | 1966.02 | 党员 | 三等功(三次) | 旱坪川电灌局 (1988.10、1989.10、1990.10) |
| 李秉锋 | 男 | 汉 | 平川区 | 1968.01 | 党员 | 三等功 | 平川公安分局 |
| 张德义 | 男 | 汉 | 河南开封 | 1968.02 | 党员 | 三等功 | 平川区法院(2004.02) |
| 高兴明 | 男 | 汉 | 白银区 | 1970.05 | 党员 | 一等功 | 平川区检察院(2005.01) |
| 张俊怀 | 男 | 汉 | 平川区 | 1971.03 | 党员 | 三等功 | 平川公安分局 |
| 张守年 | 男 | 汉 | 白银区 | 1971.07 | 党员 | 三等功 | 平川公安分局 |
| 李克宁 | 男 | 汉 | 靖远县 | 1971.09 | 党员 | 三等功 | 平川公安分局 |
| 刘生秀 | 男 | 汉 | 平川区 | 1972.02 | 党员 | 三等功 | 平川公安分局 |
| 张明攀 | 男 | 汉 | 平川区 | 1972.09 | 党员 | 三等功 | 平川公安分局 |
| 连成信 | 男 | 汉 | 靖远县 | 1972.10 | 党员 | 三等功 | 平川公安分局 |
| 卢克仁 | 男 | 汉 | 会宁县 | 1972.10 | 党员 | 三等功 | 平川公安分局 |
| 王洪涛 | 男 | 汉 | 山东菏泽 | 1974.02 | 党员 | 三等功 | 平川公安分局 |

## 六、靖远煤业有限责任公司获得硕士博士学位、研究生学历人员表

(以获得时间为序)

表 7-6

| 姓 名 | 性别 | 工作单位 | 学历(学位) | 毕业院校及专业 | 毕业时间 |
|---|---|---|---|---|---|
| 郑维强 | 男 | 公司机关 | 工程硕士 | 西安矿业学院<br>工业自动化专业 | 1990 |
| 崔锦霞 | 女 | 广播电视台 | 研究生 | 中共甘肃省委党校<br>区域经济开发史专业 | 1994.06 |
| 武进国 | 男 | 宝煤公司 | 研究生 | 中国社会科学院研究生院 | 2000.06 |
| 程 剑 | 男 | 公司机关 | 研究生 | 中共甘肃省委党校<br>社会科学专业 | 2000.06 |
| 魏玉林 | 男 | 公司机关 | 工商管理硕士 | 中国社会科学院研究生院 | 2002.07 |
| 刘震河 | 男 | 公司机关 | 工商管理硕士 | 中国社会科学院研究生院 | 2002.08 |
| 张汉智 | 男 | 大水头矿 | 工商管理硕士 | 兰州大学(MBA) | 2003.12 |
| 杨先春 | 男 | 公司机关 | 研究生 | 中共甘肃省委党校<br>区域经济开发与研究专业 | 2004.07 |
| 温克珩 | 男 | 公司机关 | 工程硕士 | 西安科技大学 | 2005.07 |
| 李德玺 | 男 | 科研设计院 | 工程硕士 | 西安科技大学 | 2005.07 |
| 张进安 | 男 | 技工学校 | 工程硕士 | 西安科技大学 | 2006.03 |

续表 7-6

| 姓 名 | 性别 | 工作单位 | 学历(学位) | 毕业院校及专业 | 毕业时间 |
|---|---|---|---|---|---|
| 刘昌平 | 男 | 科研设计院 | 工程硕士 | 西安科技大学 | 2006.03 |
| 陈继文 | 男 | 公司机关 | 工商管理硕士 | 西安理工大学 | 2006.04 |
| 王　军 | 男 | 公司机关 | 管理科学与工程博士 | 西安交通大学管理学院 | 2006.06 |
| 田靖安 | 男 | 公司机关 | 工商管理硕士 | 南京师范大学/美国加州大学(MBA)<br>西安理工大学(MBA) | 2006.06 |
| 梁习明 | 男 | 公司机关 | 工程硕士 | 西安科技大学 | 2006.06 |
| 高小明 | 男 | 公司机关 | 工程硕士 | 西安科技大学 | 2006.06 |
| 陈　虎 | 男 | 王家山矿 | 工程硕士 | 西安科技大学 | 2006.06 |
| 许继宗 | 男 | 大水头矿 | 工程硕士 | 西安科技大学 | 2006.06 |
| 王　琳 | 女 | 大水头矿 | 工程硕士 | 西安科技大学 | 2006.06 |
| 焦存福 | 男 | 魏家地矿 | 工程硕士 | 西安科技大学 | 2006.07 |
| 宋永强 | 男 | 公司机关 | 研究生 | 中共甘肃省委党校<br>经济管理专业 | 在读 |
| 高宏杰 | 男 | 运销公司 | 工程硕士 | 西安科技大学 | 在读 |
| 罗建峰 | 男 | 供应公司 | 工程硕士 | 西安科技大学 | 在读 |
| 常　青 | 男 | 公司机关 | 研究生 | 中共甘肃省委党校<br>经济管理专业 | 在读 |
| 朱　锐 | 男 | 公司机关 | 工商管理硕士 | 合肥工业大学 | 在读 |
| 朱　勇 | 男 | 职工培训处 | 研究生 | 中共甘肃省委党校<br>区域经济开发史专业 | 在读 |

## 七、靖远煤业有限责任公司单项荣誉获得者

表 7-7

| 姓 名 | 性别 | 出生年月 | 籍　贯 | 获奖时间 | 学历 | 受奖称号 |
|---|---|---|---|---|---|---|
| 张汝和 | 男 | 1916.10 | 山东平邑 | 1966 | 初小 | 甘肃省先进个人 |
| 李兴隆 | 男 | 1919.05 | 甘肃永登 | 1966 | 初小 | 甘肃省先进个人 |
| 白世仓 | 男 | 1922.01 | 甘肃镇宁 | 1956 | 高小 | 甘肃省先进生产者 |
| 薛德来 | 男 | 1923 | 河南修武 | 1958 | 粗识字 | 甘肃省先进生产者 |
| 王兴武 | 男 | 1925 | 山东惠民 | 1966 |  | 甘肃省先进个人 |
| 王光华 | 男 | 1926.08 | 河南林县 | 1962 | 小学 | 甘肃省先进生产者 |
| 金明贵 | 男 | 1926.09 | 辽宁沈阳 | 1982 | 小学 | 甘肃省先进生产者 |
| 朱鸿安 | 男 | 1927.05 | 甘肃平凉 | 1956 | 大专 | 甘肃省先进生产者 |
| 陈生瑞 | 男 | 1928.11 | 甘肃武威 | 1956 |  | 甘肃省先进生产者 |

续表 7-7

| 姓 名 | 性别 | 出生年月 | 籍 贯 | 获奖时间 | 学历 | 受奖称号 |
|---|---|---|---|---|---|---|
| 黄保林 | 男 | 1930.11 | 山东兖州 | 1978 | 初小 | 甘肃省工业学大庆先进生产者 |
| 何德春 | 男 | 1930.12 | 四川简阳 | 1966 | 初小 | 甘肃省先进个人 |
| 梁生德 | 男 | 1931.06 | 甘肃武威 | 1959 | 小学 | 甘肃省先进生产者 |
| 夏恩兰 | 女 | 1932.04 | 河北滦南 | 1978 | 大学 | 甘肃省工业学大庆先进生产者<br>甘肃省先进科技工作者 |
| 金克超 | 男 | 1933.05 | 浙江上虞 | 1959<br>1960 | 初中 | 甘肃省先进生产者<br>全国煤炭工业标兵 |
| 赵开贤 | 男 | 1933.11 | 甘肃武威 | 1959 | 高小 | 甘肃省先进生产者 |
| 郑瑜勤 | 男 | 1935.04 | 甘肃庄浪 | 1958 | 初中 | 甘肃省先进生产者 |
| 徐映藻 | 男 | 1935.04 | 甘肃甘谷 | 1962 | 初小 | 甘肃省先进生产者 |
| 金保民 | 男 | 1936 | 甘肃靖远 | 1966 |  | 全国“风钻工标兵” |
| 张万增 | 男 | 1938.05 | 甘肃武威 | 1962 | 初中 | 甘肃省先进生产者 |
| 展复敏 | 男 | 1938.12 | 甘肃靖远 | 1983 | 大学 | 甘肃省煤炭科技先进工作者 |
| 毛腾云 | 男 | 1939.07 | 山西平遥 | 1977 | 初小 | 甘肃省工业学大庆先进个人 |
| 蒋梅荣 | 女 | 1940.01 | 河南开封 | 1989 | 中专 | 甘肃省“三八红旗手” |
| 党　群 | 男 | 1941.08 | 甘肃平凉 | 1989 | 大学 | 全国优秀教师 |
| 汉　焕 | 男 | 1941.011 | 甘肃榆中 | 2001 | 大学 | 甘肃省特级教师 |
| 魏其晋 | 男 | 1943 | 甘肃靖远 | 1992 | 大学 | 甘肃省“园丁奖” |
| 吴正泰 | 男 | 1943.04 | 甘肃靖远 | 1994 | 大学 | 甘肃省“园丁奖” |
| 陈锦湘 | 女 | 1944.01 | 辽宁北镇 | 1995 | 大专 | 全国煤炭工业成套设备先进工作者 |
| 韩伟仁 | 男 | 1944.02 | 甘肃渭源 | 1993 | 大学 | 甘肃省优秀教师 |
| 吴孝全 | 男 | 1944.11 | 河南永城 | 2001 | 大学 | 全省优秀党务工作者 |
| 董恕邦 | 男 | 1945.03 | 甘肃靖远 | 1998 | 大学 | 甘肃省优秀教师 |
| 魏晋龙 | 男 | 1945.03 | 甘肃榆中 | 1993 | 大学 | 全国优秀教育工作者 |
| 朱琴英 | 女 | 1945.07 | 甘肃榆中 | 1989<br>1990 | 中专 | 全国优秀教师<br>甘肃省特级教师 |
| 白文虎 | 男 | 1947.01 | 甘肃榆中 | 1988<br>1996 | 大学 | 甘肃省“园丁奖”<br>甘肃省特级教师 |
| 陈秀花 | 女 | 1947.02 | 甘肃武都 | 1977 | 初小 | 甘肃省工业学大庆先进个人 |
| 赵庆芬 | 女 | 1947.09 | 江苏徐州 | 1993 | 大学 | 全国优秀教师 |
| 鲁振中 | 男 | 1950.08 | 浙江绍兴 | 1998 | 大专 | 甘肃省“园丁奖” |
| 白全仁 | 男 | 1950.12 | 甘肃静宁 | 1985 | 大专 | 全省优秀工会工作者 |
| 杨五昌 | 男 | 1951.10 | 甘肃甘谷 | 1982 | 中专 | 甘肃省先进生产者 |
| 白全仁 | 男 | 1950.12 | 甘肃静宁 | 1985 | 大专 | 全省优秀工会工作者 |

续表 7–7

| 姓 名 | 性别 | 出生年月 | 籍　贯 | 获奖时间 | 学历 | 受奖称号 |
|---|---|---|---|---|---|---|
| 杨五昌 | 男 | 1951.10 | 甘肃甘谷 | 1982 | 中专 | 甘肃省先进生产者 |
| 康　秀 | 男 | 1952.01 | 甘肃定西 | 1982 | 大学 | 甘肃省先进生产者 |
| 张生虎 | 男 | 1952.08 | 甘肃武威 | 1982 | 初小 | 甘肃省先进生产者 |
| 包玉清 | 男 | 1953.08 | 甘肃东乡 | 1982 | 小学 | 甘肃省先进生产者 |
| 李　华 | 男 | 1953.08 | 甘肃定西 | 2005 | 中专 | 全国矿山救援工作先进个人 |
| 马启荣 | 男 | 1953.09 | 甘肃临洮 | 1997 | 大专 | 甘肃省优秀教师 |
| 刘占栋 | 男 | 1953.11 | 甘肃靖远 | 1998 | 大学 | 全国煤矿工会先进文化工作者 |
| 张保国 | 男 | 1954 | 上海南汇 | 1977 | 初中 | 甘肃省工业学大庆先进个人 |
| 徐　斌 | 男 | 1954.11 | 甘肃靖远 | 2006 | 中专 | 全省优秀医务工作者 |
| 杜立功 | 男 | 1954.12 | 甘肃靖远 | 1993 | 大学 | 全省先进信访工作者 |
| 谭鹏飞 | 男 | 1955.01 | 甘肃甘谷 | 1996 | 大学 | 全省优秀党务工作者 |
| 朱旭和 | 男 | 1955.02 | 甘肃平凉 | 2002 | 大专 | 全国优秀设备工作者 |
| 胡定一 | 男 | 1955.04 | 甘肃靖远 | 2006 | 大专 | 甘肃省优秀教育工作者 |
| 张鸿达 | 男 | 1955.07 | 甘肃景泰 | 2001 | 大学 | 甘肃省煤炭工业优秀科技工作者 |
| 胡长松 | 男 | 1956.01 | 河北沧州 | 2005 | 高中 | 全国煤炭工业优秀项目经理 |
| 常登宏 | 男 | 1956.02 | 甘肃会宁 | 1978 | 小学 | 甘肃省工业学大庆先进生产者 |
| 郭培生 | 男 | 1956.12 | 山东巨野 | 1998 | 大专 | 甘肃省“园丁奖” |
| 吴晓刚 | 男 | 1957.03 | 广西玉林 | 2002 | 大专 | 全国节能先进工作者 |
| 周发堂 | 男 | 1957.09 | 甘肃靖远 | 2004 | 中专 | 全国煤矿优秀地测管理工作者 |
| 朱德仓 | 男 | 1958.05 | 甘肃会宁 | 1995 | 大学 | 甘肃省“星星火炬奖” |
| 李守业 | 男 | 1958.07 | 甘肃会宁 | 2000 | 大学 | 甘肃省“骨干教师” |
| 马统一 | 男 | 1959.02 | 甘肃会宁 | 1994 | 大学 | 甘肃省优秀教师、全国优秀教师 |
| 张晋高 | 男 | 1961.01 | 山西高平 | 2006 | 大专 | 甘肃省煤炭科技进步奖 |
| 刘　萍 | 女 | 1961.01 | 河北昌黎 | 2006 | 大专 | 甘肃省煤炭科技进步奖 |
| 卫永康 | 男 | 1962.05 | 甘肃古浪 | 1995 | 大学 | 甘肃省优秀教师 |
| 徐志军 | 男 | 1962.09 | 甘肃庄浪 | 2002 | 大专 | 全国煤炭工业优秀采煤队长 |
| 梁俊芳 | 男 | 1962.10 | 甘肃泾川 | 2002 | 大学 | 甘肃省煤炭工业科技进步一等奖 |
| 常振东 | 男 | 1962.10 | 甘肃通渭 | 2003 | 高中 | 全国煤炭工业优秀班组长 |
| 郝永信 | 男 | 1962.12 | 甘肃临洮 | 2001 | 大学 | 全国煤炭工业设备管理优秀工作者 |
| 孙自才 | 男 | 1963.01 | 江苏沛县 | 1998 | 大学 | 甘肃省优秀科技辅导员 |
| 王　德 | 男 | 1963.02 | 甘肃白银 | 2006 | 大专 | 甘肃省优秀共产党员 |
| 张亨和 | 男 | 1963.05 | 甘肃通渭 | 2005 | 大专 | 全国煤炭工业优秀项目经理<br>全国煤炭行业施工企业家 |

续表 7-7

| 姓 名 | 性别 | 出生年月 | 籍 贯 | 获奖时间 | 学历 | 受奖称号 |
|---|---|---|---|---|---|---|
| 张敬恭 | 男 | 1964.01 | 甘肃会宁 | 1996 | 大专 | 全国职工职业道德先进个人 |
| 何 锦 | 男 | 1964.08 | 甘肃白银 | 1999 | 高中 | 甘肃省青年岗位能手 |
| 杨 富 | 男 | 1964.09 | 甘肃靖远 | 2002 | 大学 | 煤炭工业科技进步矿井先进工作者 |
| 常 龙 | 男 | 1964.12 | 甘肃会宁 | 1994 | 大学 | 全国优秀裁判员 |
| 毛锁来 | 男 | 1965.01 | 甘肃通渭 | 2004 | 高中 | 全国煤炭系统优秀采煤机司机 |
| 刘汉邦 | 男 | 1965.10 | 甘肃会宁 | 2005 | 大学 | 全国煤炭优秀矿长<br>甘肃省第七届十大杰出青年 |
| 邵军志 | 男 | 1966.02 | 甘肃定西 | 2004 | 高中 | 全国煤炭工业优秀掘进队长 |
| 李金堂 | 男 | 1966.08 | 甘肃会宁 | 2003 | 大学 | 甘肃省“骨干教师” |
| 高 军 | 男 | 1968.01 | 安徽太和 | 1998 | 高中 | 全国煤矿地质工会建功立业活动先进个人 |
| 肖乃国 | 男 | 1968.02 | 甘肃靖远 | 1991 | 大学 | 甘肃省“职业技术教育先进个人” |
| 牟海强 | 男 | 1968.04 | 甘肃秦安 | 1996 | 大学 | 甘肃省煤炭工业优秀科技工作者 |
| 晁文红 | 女 | 1968.06 | | | 大学 | 全国首届“劳动社杯”技工学校<br>德育大赛说课比赛甘肃赛区一等奖 |
| 罗兴中 | 男 | 1969.03 | 甘肃天水 | 2004 | 大专 | 全国煤炭工业优秀运输队长 |
| 王明飞 | 男 | 1972.03 | 甘肃靖远 | 2004 | 高中 | 甘肃省杰出青年岗位能手 |
| 杨辉清 | 男 | 1973.02 | 甘肃通渭 | 2006 | | 全国煤炭系统优秀群监员 |
| 罗建峰 | 男 | 1973.12 | 陕西富平 | 2003 | 大学 | 全省工业企业销售能手 |
| 曹小军 | 男 | 1975.02 | 甘肃灵台 | 2004 | 高中 | 甘肃省杰出青年岗位能手 |
| 周继刚 | 男 | 1977.03 | 山东莘县 | 2005 | 大专 | 全国职工安全卫生消防知识<br>竞赛获个人二等奖 |
| 张春娃 | 男 | | | 1958 | | 甘肃省先进生产者 |

## 八、靖远煤业有限责任公司高级专业技术人员表

表 7-8

| 姓 名 | 性别 | 出生年月 | 籍 贯 | 工作单位 | 学历 | 最高职称 |
|---|---|---|---|---|---|---|
| 孟传珍 | 男 | 1905 | 山西小阳城 | 靖远煤矿筹建处 | 大学 | 原五级工程师 |
| 宁德茂 | 男 | 1919.12 | 辽宁辽阳 | 大水头矿 | 大专 | 高级工程师 |
| 刘 兰 | 男 | 1920.05 | 陕西澄城 | 职工总医院 | 大学 | 副主任管理医师 |
| 王魁多 | 男 | 1922.03 | 辽宁新民 | 科研设计院 | 大学 | 高级工程师 |
| 郭敏心 | 男 | 1922.11 | 江西宜春 | 职工总医院 | 中专 | 副主任医师 |
| 李顺奎 | 男 | 1923.02 | 河北完县 | 职工总医院 | 大学 | 副主任管理医师 |
| 魏世杰 | 男 | 1925.01 | 山东临沂 | 职工总医院 | 大学 | 副主任医师 |

续表 7-8

| 姓　名 | 性别 | 出生年月 | 籍　贯 | 工作单位 | 学历 | 最高职称 |
|---|---|---|---|---|---|---|
| 陈廷钧 | 男 | 1925.02 | 四川铜梁 | 公司机关 | 大学 | 高级会计师 |
| 施达伟 | 男 | 1926.07 | 安徽太湖 | 甘煤二公司 | 大专 | 高级工程师 |
| 韩太昌 | 男 | 1926.10 | 山东临沭 | 职工总医院 | | 副主任管理医师 |
| 马宗韵 | 男 | 1926.11 | 河北东鹿 | 公司机关 | 大学 | 高级会计师 |
| 朱鸿安 | 男 | 1927.05 | 甘肃平凉 | 公司机关 | 大专 | 高级工程师 |
| 李金双 | 男 | 1927.11 | 山东交口 | 职工总医院 | | 副主任管理医师 |
| 杨钦敏 | 男 | 1929.04 | 山西原平 | 教育处 | 大学 | 中学高级教师 |
| 黄自福 | 男 | 1929.05 | 甘肃兰州 | 科研设计院 | 中专 | 高级工程师 |
| 王作明 | 男 | 1930.02 | 山东黄县 | 甘煤一公司 | 大学 | 高级工程师 |
| 高爱民 | 男 | 1930.03 | 山东胶州 | 公司机关 | 大专 | 高级工程师 |
| 李　敏 | 女 | 1930.05 | 湖南祁阳 | 教育处 | 高中 | 中学高级教师 |
| 程远帆 | 男 | 1930.09 | 辽宁沈阳 | 公司机关 | 中专 | 高级工程师 |
| 李树林 | 男 | 1931.01 | 辽宁阜新 | 公司机关 | 中专 | 高级工程师 |
| 邓耀洲 | 男 | 1931.0 | 甘肃白银 | 公司机关 | 中专 | 高级政工师 |
| 党建道 | 男 | 1931.07 | 甘肃庄浪 | 公司一中 | 大学 | 中学高级教师 |
| 展志刚 | 男 | 1931.07 | 甘肃靖远 | 公司工会 | 初中 | 高级政工师 |
| 张家枢 | 男 | 1931.11 | 安徽凤阳 | 公司机关 | 大专 | 高级工程师 |
| 齐兴坡 | 男 | 1932 | 辽宁兴城 | 职工总医院 | 大学 | 副主任医师 |
| 陈锡生 | 男 | 1932.06 | 江苏常州 | 职工总医院 | 大学 | 副主任医师 |
| 洪志诚 | 男 | 1932.07 | 浙江慈溪 | 公司机关 | 大学 | 高级工程师 |
| 王增民 | 男 | 1932.08 | 河北赵县 | 甘煤一公司 | 中专 | 高级工程师 |
| 李宝根 | 男 | 1932.08 | 江苏武进 | 公司机关 | 大学 | 高级统计师 |
| 曾庆楼 | 男 | 1932.09 | 广东大埔 | 公司机关 | 大专 | 高级经济师 |
| 谭新美 | 男 | 1932.12 | 广东台山 | 培训处 | 大学 | 中学高级教师 |
| 屈承源 | 男 | 1932.12 | 辽宁沈阳 | 职工总医院 | 大学 | 副主任医师 |
| 屈承源 | 男 | 1932.12 | 辽宁沈阳 | 职工总医院 | 大学 | 副主任医师 |
| 温　涛 | 男 | 1933.01 | 陕西岐山 | 公司机关 | 中专 | 高级工程师 |
| 潘春圃 | 男 | 1933.01 | 辽宁沈阳 | 科研设计院 | 大学 | 高级工程师 |
| 金云华 | 女 | 1933.01 | 安徽巢湖 | 公司一中 | 中专 | 中学高级教师 |
| 王贤明 | 男 | 1933.05 | 山东烟台 | 公司机关 | 大学 | 高级工程师 |
| 谢元盛 | 男 | 1933.05 | 广东焦岭 | 公司机关 | 中专 | 高级工程师 |
| 胡连有 | 男 | 1933.06 | 河北山海关 | 公司机关 | 中专 | 高级工程师 |
| 高广宪 | 男 | 1933.06 | 辽宁本溪 | 职工总医院 | 中专 | 高级政工师 |
| 贺持平 | 男 | 1933.07 | 湖南湘乡 | 公司一中 | 大学 | 中学高级教师 |

续表 7-8

| 姓 名 | 性别 | 出生年月 | 籍 贯 | 工作单位 | 学历 | 最高职称 |
|---|---|---|---|---|---|---|
| 张汉如 | 男 | 1933.08 | 辽宁黑山 | 甘煤二公司 | 中专 | 高级工程师 |
| 李学智 | 男 | 1933.08 | 甘肃兰州 | 教育处 | 中专 | 高级政工师 |
| 赵庆范 | 男 | 1933.09 | 河北丰润 | 公司机关 | 中专 | 高级工程师 |
| 马占海 | 男 | 1933.09 | 甘肃徽县 | 公司机关 | 高中 | 高级政工师 |
| 王启良 | 男 | 1933.10 | 黑龙江 | 红会四矿 | 大学 | 高级工程师 |
| 饶恒祜 | 男 | 1933.10 | 江西东乡 | 职工总医院 | 大学 | 副主任医师 |
| 展秀英 | 女 | 1933.11 | 甘肃靖远 | 职工总医院 | 大学 | 副主任医师 |
| 肖玲琪 | 女 | 1933.12 | 江苏镇江 | 培训处 | 大学 | 高级工程师 |
| 王永超 | 男 | 1934.02 | 安徽淮南 | 培训处 | 大学 | 高级工程师、高级政工师 |
| 周大伟 | 男 | 1934.02 | 湖南衡山 | 劳动服务总公司 | 大学 | 高级经济师 |
| 冉继孔 | 男 | 1934.03 | 甘肃通渭 | 劳动服务总公司 | 大学 | 高级会计师 |
| 张惠民 | 男 | 1934.04 | 甘肃兰州 | 公司机关 | 大专 | 高级会计师 |
| 袁汉民 | 男 | 1934.05 | 河南杞县 | 公司机关 | 大学 | 高级工程师 |
| 林显春 | 男 | 1934.07 | 山东汶上 | 公司机关 | 中专 | 高级工程师 |
| 万联珠 | 女 | 1934.10 | 福建浦城 | 甘煤一公司 | 大学 | 高级工程师 |
| 蒋锡香 | 女 | 1934.12 | 江苏丹阳 | 教育处 | 大学 | 高级工程师 |
| 许景灿 | 男 | 1935.02 | 河南荥阳 | 甘煤一公司 | 大专 | 高级工程师 |
| 刘双崇 | 男 | 1935.02 | 陕西西安 | 公司机关 | 大学 | 高级工程师 |
| 阮道祥 | 男 | 1935.02 | 江苏建湖 | 公司二中 | 中专 | 中学高级教师 |
| 黄金珠 | 女 | 1935.02 | 上海市 | 技工学校 | 大学 | 高级讲师 |
| 宁一夫 | 男 | 1935.04 | 辽宁辽阳 | 红会一矿 | 大学 | 高级工程师 |
| 戴安舒 | 男 | 1935.04 | 四川郫县 | 培训处 | 大学 | 高级工程师 |
| 鞠 伦 | 男 | 1935.05 | 黑龙江木兰 | 公司机关 | 中专 | 高级工程师 |
| 王远纪 | 男 | 1935.08 | 重庆市 | 科研设计院 | 大学 | 高级工程师 |
| 裴育英 | 女 | 1935.08 | 甘肃天水 | 公司机关 | 大专 | 高级会计师 |
| 于海臣 | 男 | 1935.10 | 上海南汇 | 公司机关 | 大学 | 高级工程师 |
| 李尊爵 | 男 | 1935.11 | 陕西合阳 | 公司机关 | 中专 | 高级工程师 |
| 王雅珍 | 女 | 1935.11 | 上海市 | 公司一中 | 中专 | 中学高级教师 |
| 解鹏博 | 男 | 1936.01 | 陕西周至 | 红会一矿 | 大学 | 高级工程师 |
| 高振峰 | 男 | 1936.02 | 河北廊坊 | 公司机关 | 高中 | 高级政工师 |
| 张安秀 | 男 | 1936.03 | 山西洪桐 | 职工总医院 | 大学 | 副主任医师 |
| 任保君 | 男 | 1936.04 | 河南温县 | 甘煤第五工程处 | 大学 | 高级会计师 |
| 郑宗玉 | 男 | 1936.04 | 河北丰润 | 甘煤一公司 | 中专 | 高级政工师 |
| 杨伯森 | 男 | 1936.0 | 河北抚宁 | 地质队 | 中专 | 高级政工师 |

续表 7-8

| 姓　名 | 性别 | 出生年月 | 籍　贯 | 工作单位 | 学历 | 最高职称 |
|---|---|---|---|---|---|---|
| 何木林 | 男 | 1936.09 | 广东玉华 | 王家山矿 | 大学 | 高级工程师 |
| 何友柱 | 男 | 1936.10 | 湖南衡阳 | 甘煤一公司 | 大专 | 高级工程师 |
| 杨瑞祥 | 男 | 1936.12 | 陕西延川 | 大水头矿 | 中专 | 高级政工师 |
| 马元民 | 男 | 1937.01 | 河南西华 | 公司机关 | 大学 | 高级工程师 |
| 崔秉新 | 男 | 1937.01 | 河南济源 | 培训处 | 大学 | 中专高级讲师 |
| 孙　明 | 男 | 1937.02 | 江苏太仓 | 教育处 | 大学 | 高级工程师 |
| 刘毓康 | 男 | 1937.02 | 山西定襄 | 水电处 | 大学 | 高级工程师 |
| 王用宜 | 男 | 1937.02 | 山东潍坊 | 生活总公司 | 初中 | 高级政工师 |
| 马成良 | 男 | 1937.02 | 甘肃永登 | 救护大队 | 初中 | 高级政工师 |
| 罗贤礼 | 男 | 1937.03 | 四川双流 | 公司机关 | 大学 | 高级工程师 |
| 安振州 | 男 | 1937.03 | 安徽长丰 | 甘煤二公司 | 中专 | 高级工程师 |
| 郑象然 | 男 | 1937.04 | 安徽长丰 | 甘煤二公司 | 中专 | 高级工程师 |
| 李玉成 | 男 | 1937.05 | 辽宁新民 | 公司机关 | 大学 | 高级工程师 |
| 褚满坤 | 女 | 1937.09 | 江苏靖江 | 甘煤一公司 | 大专 | 高级经济师 |
| 王　水 | 男 | 1937.10 | 山东临朐 | 公司机关 | 大学 | 高级工程师 |
| 朱世才 | 男 | 1937.10 | 甘肃临洮 | 培训处 | 中专 | 高级政工师 |
| 展复敏 | 男 | 1937.12 | 甘肃靖远 | 设计院 | 大学 | 高级工程师 |
| 刘东长 | 男 | 1938.01 | 河北冀县 | 甘煤一公司 | 高中 | 高级政工师 |
| 黄国喜 | 男 | 1938.01 | 辽宁法库 | 公司机关 | 中专 | 高级工程师 |
| 王法书 | 男 | 1938.02 | 河南林县 | 培训处 | 大学 | 高级讲师 |
| 顾　怀 | 男 | 1938.02 | 甘肃靖远 | 设备租赁站 | 大学 | 高级工程师 |
| 武爱善 | 男 | 1938.02 | 甘肃靖远 | 教育处 | 初中 | 高级政工师 |
| 刘绪泽 | 男 | 1938.03 | 四川大竹 | 公司机关 | 大学 | 高级工程师 |
| 胡自力 | 男 | 1938.04 | 甘肃静宁 | 公司一中 | 大学 | 中学高级教师 |
| 孙广清 | 男 | 1938.07 | 甘肃泾川 | 劳动服务总公司 | 初中 | 高级政工师 |
| 杨志泰 | 男 | 1938.08 | 甘肃临洮 | 王家山矿 | 中专 | 高级政工师 |
| 陈　辉 | 女 | 1938.08 | 河北保定 | 公司机关 | 初中 | 高级政工师 |
| 王淮泳 | 男 | 1938.10 | 四川青神 | 红会四矿 | 大学 | 高级工程师 |
| 佟常山 | 男 | 1938.10 | 辽宁沈阳 | 甘煤二公司 | 中专 | 高级工程师 |
| 刘振华 | 男 | 1939.02 | 江苏沛县 | 宝积山矿 | 初中 | 高级政工师 |
| 张述满 | 男 | 1939.06 | 陕西咸阳 | 宝积山矿 | 中专 | 高级政工师 |
| 王世文 | 男 | 1939.0 | 山东荷泽 | 红会一矿 | 大学 | 高级工程师 |
| 张金莲 | 女 | 1939.07 | 甘肃永登 | 培训处 | 大专 | 中学高级教师 |
| 葛　新 | 女 | 1939.08 | 北京市 | 职工总医院 | 大学 | 副主任医师 |

续表 7-8

| 姓 名 | 性别 | 出生年月 | 籍 贯 | 工作单位 | 学历 | 最高职称 |
|---|---|---|---|---|---|---|
| 常明祖 | 男 | 1939.08 | 陕西渭南 | 公司机关 | 中专 | 高级工程师 |
| 孔祥民 | 男 | 1939.08 | 山东城武 | 公司机关 | 中专 | 高级工程师 |
| 孟庆吉 | 男 | 1939.10 | 辽宁沈阳 | 劳动服务总公司 | 大学 | 高级工程师 |
| 陈嘉兴 | 男 | 1939.11 | 陕西南郑 | 公司机关 | 大学 | 高级工程师 |
| 王宪绪 | 男 | 1939.11 | 陕西长安 | 公司一中 | 大学 | 中学高级教师 |
| 常玉茂 | 男 | 1939.11 | 甘肃平川 | 局机关 | 初中 | 高级政工师 |
| 杨治强 | 男 | 1939.12 | 陕西宝鸡 | 科研设计院 | 大学 | 高级政工师 |
| 李才仙 | 男 | 1940.01 | 四川广安 | 培训处 | 大学 | 高级工程师 |
| 何 魁 | 男 | 1940.01 | 甘肃靖远 | 公司一中 | 大学 | 中学高级教师 |
| 孙太正 | 男 | 1940.01 | 河南偃师 | 公司机关 | 中专 | 高级工程师 |
| 高师民 | 男 | 1940.02 | 甘肃静宁 | 公司一中 | 大学 | 中学高级教师 |
| 陈振华 | 男 | 1940.08 | 浙江杭州 | 科研设计院 | 大学 | 高级工程师 |
| 李有录 | 男 | 1940.08 | 甘肃靖远 | 公司一中 | 大学 | 中学高级教师 |
| 张 琳 | 女 | 1940.09 | 甘肃靖远 | 公司一中 | 大学 | 中学高级教师 |
| 贺廷贤 | 男 | 1940.09 | 甘肃白银 | 公司机关 | 中专 | 高级政工师 |
| 白振华 | 男 | 1940.09 | 陕西富平 | 技工学校 | 高中 | 高级政工师 |
| 寇效信 | 男 | 1940.09 | 甘肃靖远 | 宝积山矿医院 | 大学 | 副主任医师 |
| 王德泰 | 男 | 1940.10 | 宁夏中卫 | 红会一矿医院 | 大学 | 副主任医师 |
| 王卫邦 | 男 | 1940.10 | 甘肃靖远 | 职工总医院 | 大学 | 副主任医师 |
| 宋道英 | 女 | 1940.10 | 广东兴宁 | 职工总医院 | 大学 | 副主任医师 |
| 李胜文 | 男 | 1940.10 | 河北隆尧 | 甘煤二公司 | 大学 | 高级政工师 |
| 赵 华 | 男 | 1940.11 | 陕西澄城 | 科研设计院 | 大学 | 高级工程师 |
| 马惠清 | 男 | 1940.11 | 北京市 | 公司机关 | 大学 | 高级经济师 |
| 康献忠 | 男 | 1940.11 | 河南巩县 | 公司机关 | 中专 | 高级会计师 |
| 赵宗溪 | 男 | 1940.12 | 河南范县 | 魏家地矿 | 大学 | 高级工程师 |
| 王育安 | 男 | 1941 | 甘肃靖远 | 公司四中 | 大专 | 中学高级教师 |
| 李广田 | 男 | 1941.03 | 河北丰润 | 甘煤第五工程公司 | 中专 | 高级工程师 |
| 黄生杰 | 男 | 1941.04 | 江苏溧阳 | 公司机关 | 大学 | 高级工程师 |
| 李应瑜 | 男 | 1941.06 | 广西北流 | 公司机关 | 中专 | 高级工程师 |
| 王瑞生 | 男 | 1941.06 | 山西高平 | 甘煤一公司 | 大学 | 高级政工师 |
| 毛继翙 | 男 | 1941.07 | 陕西长安 | 大水头矿 | 中专 | 高级工程师 |
| 崔进录 | 男 | 1941.08 | 甘肃靖远 | 红会一矿 | 技校 | 高级政工师 |
| 龚肖龙 | 男 | 1941.08 | 上海市 | 劳动服务总公司 | 大学 | 高级工程师 |
| 王化奎 | 男 | 1941.08 | 甘肃临洮 | 公司一中 | 中专 | 中学高级教师 |

续表 7-8

| 姓　名 | 性别 | 出生年月 | 籍　贯 | 工作单位 | 学历 | 最高职称 |
|---|---|---|---|---|---|---|
| 苏振河 | 男 | 1941.08 | 甘肃靖远 | 教育处 | 高中 | 高级政工师 |
| 方守录 | 男 | 1941.09 | 河南林县 | 甘煤一公司医院 | 大学 | 副主任医师 |
| 安兴中 | 男 | 1941.09 | 陕西耀县 | 红会四矿 | 中专 | 高级工程师 |
| 汉　焕 | 男 | 1941.10 | 甘肃榆中 | 教育处 | 大学 | 中学高级教师 |
| 丁枢栋 | 男 | 1941.10 | 山东益都 | 甘煤一公司 | 大学 | 高级工程师 |
| 江伯盛 | 男 | 1941.12 | 四川盐亭 | 科研设计院 | 大学 | 高级工程师 |
| 张明元 | 男 | 1941.12 | 甘肃通渭 | 职工总医院 | 大学 | 副主任医师 |
| 朱嗣绪 | 男 | 1942.01 | 江苏常熟 | 公司机关 | 大学 | 高级工程师 |
| 马积森 | 男 | 1942.01 | 安徽临泉 | 公司机关 | 中专 | 高级政工师 |
| 张荣亨 | 男 | 1942.04 | 重庆市 | 科研设计院 | 大学 | 高级工程师 |
| 李美玲 | 女 | 1942.04 | 河南虞城 | 供应公司 | 大专 | 高级会计师 |
| 李玉林 | 女 | 1942.06 | 甘肃兰州 | 甘煤一公司医院 | 大学 | 副主任医师 |
| 杨金玉 | 男 | 1942.07 | 陕西富平 | 甘煤第五工程公司 | 中专 | 高级工程师 |
| 张桂芝 | 女 | 1942.08 | 吉林永吉 | 甘煤一公司医院 | 大学 | 副主任医师 |
| 陈继云 | 男 | 1942.08 | 陕西兴平 | 公司机关 | 大学 | 高级工程师 |
| 杜兴理 | 男 | 1942.08 | 甘肃靖远 | 公司三中 | 大学 | 中学高级教师 |
| 贾成安 | 男 | 1942.09 | 甘肃靖远 | 红会四矿 | 大专 | 高级政工师 |
| 王家顺 | 男 | 1942.10 | 山西阳城 | 甘煤二公司 | 大学 | 高级工程师 |
| 吴锡兰 | 男 | 1942.10 | 广西陆川 | 科研设计院 | 高中 | 高级政工师 |
| 任服膺 | 男 | 1942.10 | 四川南充 | 公司工会 | 大专 | 高级政工师 |
| 尹学忠 | 男 | 1942.10 | 甘肃静宁 | 培训处 | 大学 | 高级政工师 |
| 宁振东 | 男 | 1942.11 | 陕西乾县 | 水电处 | 大学 | 高级政工师 |
| 李　苾 | 男 | 1942.11 | 河北张家口 | 职工总医院 | 大学 | 副主任医师 |
| 冯　岩 | 男 | 1942.12 | 甘肃榆中 | 职工总医院 | 大专 | 副主任医师 |
| 赵正宽 | 男 | 1943.01 | 陕西渭南 | 王家山矿 | 大学 | 高级政工师 |
| 赵继祖 | 男 | 1943.01 | 河南巩县 | 公司机关 | 大学 | 高级工程师 |
| 古兴德 | 男 | 1943.01 | 甘肃定西 | 公司机关 | 大学 | 副主任医师 |
| 郇自香 | 男 | 1943.02 | 甘肃永登 | 甘煤一公司医院 | 大学 | 副主任医师 |
| 王宛璞 | 男 | 1943.02 | 河南南阳 | 技工学校 | 大学 | 高级讲师 |
| 朱仰正 | 男 | 1943.04 | 甘肃靖远 | 教育处 | 大学 | 中学高级教师 |
| 田德温 | 男 | 1943.04 | 山东常乐 | 技工学校 | 大学 | 高级讲师 |
| 蔡洪昌 | 男 | 1943.06 | 江苏常熟 | 水电处 | 中专 | 高级工程师 |
| 吴正泰 | 男 | 1943.06 | 甘肃靖远 | 公司一中 | 大学 | 中学高级教师 |
| 王作相 | 男 | 1943.06 | 辽宁黑山 | 培训处 | 大学 | 高级政工师 |

续表 7–8

| 姓 名 | 性别 | 出生年月 | 籍 贯 | 工作单位 | 学历 | 最高职称 |
|---|---|---|---|---|---|---|
| 王世超 | 男 | 1943.07 | 辽宁辽阳 | 职工总医院 | 大学 | 副主任医师 |
| 阎瑞明 | 男 | 1943.07 | 甘肃靖远 | 职工总医院 | 大学 | 副主任医师 |
| 付进寿 | 男 | 1943.07 | 陕西蒲城 | 公司机关 | 中专 | 高级工程师 |
| 王枫林 | 男 | 1943.08 | 黑龙江铁力 | 甘煤一公司 | 中专 | 高级经济师 |
| 魏其晋 | 男 | 1943.10 | 甘肃靖远 | 教育处 | 大学 | 中学高级教师 |
| 杨 杰 | 男 | 1943.10 | 甘肃会宁 | 教育处 | 大学 | 中学高级教师 |
| 程遵碧 | 女 | 1943.10 | 重庆市 | 运销公司 | 大学 | 高级工程师 |
| 张永富 | 男 | 1943.10 | 甘肃临洮 | 职工总医院 | 大学 | 副主任医师 |
| 赵正义 | 男 | 1943.11 | 甘肃临洮 | 公司一中 | 大学 | 中学高级教师 |
| 张祥仁 | 男 | 1943.12 | 山东长清 | 公司机关 | 中专 | 高级经济师 |
| 张盛润 | 男 | 1943.12 | 甘肃白银 | 培训处 | 大学 | 高级讲师 |
| 崔玉明 | 男 | 1943.12 | 安徽砀山 | 公司机关 | 中专 | 高级工程师 |
| 林运韬 | 男 | 1944 | 山东牟平 | 甘煤一公司 | 大学 | 高级工程师 |
| 陈锦湘 | 女 | 1944.01 | 辽宁阜新 | 供应公司 | 大专 | 高级经济师 |
| 何德兴 | 男 | 1944.02 | 陕西渭南 | 公司机关 | 大学 | 高级工程师 |
| 韩伟仁 | 男 | 1944.02 | 甘肃渭源 | 培训处 | 大学 | 高级工程师 |
| 赵宇辉 | 男 | 1944.02 | 山东蓬莱 | 公司机关 | 大学 | 高级工程师 |
| 刘 春 | 男 | 1944.02 | 黑龙江哈尔滨 | 劳动服务总公司 | 大学 | 高级工程师 |
| 李志奎 | 男 | 1944.03 | 陕西大荔 | 公司机关 | 大学 | 高级工程师 |
| 刘菲古 | 男 | 1944.05 | 甘肃靖远 | 公司一中 | 大学 | 中学高级教师 |
| 王成德 | 男 | 1944.05 | 甘肃临洮 | 公司机关 | 高中 | 高级政工师 |
| 何 欣 | 男 | 1944.05 | 甘肃临洮 | 职工总医院 | 大学 | 副主任医师 |
| 何有才 | 男 | 1944.07 | 甘肃靖远 | 职工总医院 | 大学 | 副主任医师 |
| 袁国威 | 男 | 1944.08 | 甘肃张掖 | 公司一中 | 大学 | 中学高级教师 |
| 孙茂礼 | 男 | 1944.10 | 吉林辉南 | 甘煤一公司医院 | 大学 | 副主任医师 |
| 冯秀贤 | 男 | 1944.10 | 黑龙江兰西 | 公司四中 | 大学 | 中学高级教师 |
| 降国良 | 男 | 1944.10 | 山西太原 | 公司机关 | 大学 | 高级工程师 |
| 吴孝全 | 男 | 1944.11 | 河南永城 | 魏家地矿 | 大学 | 高级政工师 |
| 郭丛桂 | 男 | 1944.11 | 山西稷山 | 科研设计院 | 大学 | 高级工程师 |
| 吴德谦 | 男 | 1944.11 | 辽宁单县 | 甘煤一公司 | 中专 | 高级工程师 |
| 阎增贤 | 男 | 1944.12 | 陕西蓝田 | 技工学校 | 大学 | 高级讲师 |
| 王永山 | 男 | 1944.12 | 宁夏银川 | 公安处 | 大学 | 高级政工师 |
| 肖迎斌 | 男 | 1945.01 | 辽宁辽中 | 公司四中 | 大学 | 中学高级教师 |
| 董恕邦 | 男 | 1945.03 | 甘肃靖远 | 王家山矿中学 | 大学 | 中学高级教师 |

续表 7–8

| 姓　名 | 性别 | 出生年月 | 籍 贯 | 工作单位 | 学历 | 最高职称 |
|---|---|---|---|---|---|---|
| 张均发 | 男 | 1945.04 | 甘肃宁县 | 甘煤一公司 | 高中 | 高级政工师 |
| 赵敬文 | 男 | 1945.05 | 山东寿光 | 公司机关 | 大专 | 高级经济师 |
| 魏晋龙 | 男 | 1945.06 | 甘肃榆中 | 教育处 | 大学 | 中学高级教师 |
| 张思明 | 男 | 1945.07 | 甘肃靖远 | 职工总医院 | 大学 | 副主任医师 |
| 朱琴英 | 女 | 1945.07 | 甘肃榆中 | 宝积山矿学校 | 中专 | 中学高级教师 |
| 雷昌发 | 男 | 1945.07 | 甘肃泾川 | 大水头矿 | 大学 | 高级政工师 |
| 韩履明 | 男 | 1945.08 | 辽宁阜新 | 科研设计院 | 中专 | 高级工程师 |
| 展复华 | 男 | 1945.08 | 甘肃靖远 | 职工总医院 | 大学 | 副主任医师 |
| 曲夫祥 | 男 | 1945.10 | 吉林柳河 | 科研设计院 | 大专 | 高级政工师 |
| 王瑞日 | 男 | 1945.11 | 山东威海 | 机械制修厂 | 大学 | 高级工程师 |
| 徐菊梅 | 女 | 1946.02 | 河南获嘉 | 公司一中 | 大学 | 中学高级教师 |
| 马建林 | 男 | 1946.04 | 甘肃临洮 | 技工学校 | 大学 | 高级讲师 |
| 马堪熠 | 男 | 1946.04 | 河北安次 | 公司一中 | 大学 | 中学高级教师 |
| 王振堂 | 男 | 1946.05 | 甘肃白银 | 公司二中 | 大学 | 中学高级教师 |
| 张秀中 | 女 | 1946.08 | 甘肃靖远 | 职工总医院 | 大学 | 副主任医师 |
| 冯应弼 | 男 | 1946.08 | 甘肃临洮 | 教育处 | 大学 | 中学高级教师 |
| 唐旺亮 | 男 | 1946.10 | 河南孟津 | 培训处 | 大学 | 高级政工师 |
| 张双成 | 男 | 1946.10 | 甘肃泾川 | 魏家地矿 | 大学 | 高级政工师 |
| 陈步杰 | 男 | 1946.11 | 陕西商县 | 水电处 | 大学 | 高级政工师 |
| 李保洲 | 男 | 1946.12 | 甘肃白银 | 职工总医院 | 大学 | 副主任医师 |
| 白文虎 | 男 | 1947.01 | 甘肃榆中 | 公司一中 | 大学 | 中学高级教师 |
| 裴永瑛 | 女 | 1947.02 | 甘肃民勤 | 王家山矿 | 大学 | 高级经济师 |
| 贺仲武 | 男 | 1947.05 | 甘肃灵台 | 公司机关 | 大专 | 高级政工师 |
| 安生夫 | 男 | 1947.08 | 甘肃会宁 | 公安处 | 初中 | 高级政工师 |
| 赵庆芬 | 女 | 1947.09 | 江苏徐州 | 培训处 | 大学 | 高级讲师 |
| 王丽雯 | 女 | 1947.11 | 陕西南郑 | 职工总医院 | 大学 | 副主任医师 |
| 郭生成 | 男 | 1947.12 | 甘肃武威 | 生活总公司 | 大专 | 高级经济师 |
| 汤　池 | 男 | 1948.01 | 甘肃武威 | 魏家地矿 | 大专 | 高级政工师 |
| 李小明 | 男 | 1948.01 | 河南温县 | 运销公司 | 大学 | 高级经济师 |
| 杨建伟 | 男 | 1948.01 | 甘肃甘谷 | 公司一中 | 大专 | 中学高级教师 |
| 张学俭 | 男 | 1948.09 | 甘肃靖远 | 水电处 | 大专 | 高级政工师 |
| 张维杰 | 男 | 1948.10 | 甘肃西和 | 王家山矿医院 | 大学 | 副主任医师 |
| 年文忠 | 男 | 1948.10 | 甘肃渭源 | 公司机关 | 大学 | 高级工程师 |
| 程凤娇 | 女 | 1948.12 | 河南开封 | 职工总医院 | 中专 | 副主任护师 |

续表 7–8

| 姓 名 | 性别 | 出生年月 | 籍 贯 | 工作单位 | 学历 | 最高职称 |
|---|---|---|---|---|---|---|
| 万廷勇 | 男 | 1949.01 | 甘肃靖远 | 公司一中 | 大专 | 中学高级教师 |
| 魏孔明 | 男 | 1949.07 | 甘肃靖远 | 职工总医院 | 中专 | 副主任医师 |
| 张玉凤 | 女 | 1949.08 | 河北故城 | 公司机关 | 大专 | 高级政工师 |
| 任万锦 | 男 | 1949.08 | 甘肃西峰 | 公司机关 | 大专 | 高级政工师 |
| 吴轼夫 | 男 | 1949.10 | 甘肃白银 | 培训处 | 大学 | 高级政工师 |
| 陈进雄 | 男 | 1949.12 | 甘肃临洮 | 技工学校 | 大学 | 高级政工师 |
| 张金生 | 男 | 1950.01 | 河南唐河 | 甘煤一公司 | 大专 | 高级经济师 |
| 吴贵敏 | 男 | 1950.01 | 甘肃靖远 | 公司一中 | 大专 | 中学高级教师 |
| 高贵荣 | 男 | 1950.03 | 甘肃靖远 | 公司一中 | 大专 | 高级政工师 |
| 曹应武 | 男 | 1950.04 | 甘肃甘谷 | 公司机关 | 大专 | 高级经济师 |
| 邓解放 | 男 | 1950.05 | 陕西礼泉 | 公司工会 | 大学 | 高级政工师 |
| 李保华 | 男 | 1950.06 | 山东济南 | 机械制修厂 | 大专 | 高级政工师 |
| 鲁振中 | 男 | 1950.06 | 浙江绍兴 | 公司一中 | 大专 | 中学高级教师 |
| 赵 栋 | 男 | 1950.07 | 河南洛阳 | 科研设计院 | 大学 | 高级工程师 |
| 韩彦兵 | 男 | 1950.08 | 甘肃庆阳 | 甘煤一公司 | 大学 | 高级工程师 |
| 吴崇孝 | 男 | 1950.09 | 陕西临潼 | 物资供应公司 | 大专 | 高级经济师 |
| 刘进学 | 男 | 1950.10 | 甘肃西和 | 公司机关 | 大学 | 高级政工师 |
| 冯学勇 | 男 | 1950.10 | 甘肃临夏 | 公司机关 | 大学 | 高级工程师 |
| 王守仁 | 男 | 1950.11 | 甘肃张家川 | 红会一矿 | 大学 | 高级政工师 |
| 张学成 | 男 | 1950.11 | 甘肃靖远 | 职工总医院 | 大专 | 副主任医师 |
| 景瑞元 | 男 | 1950.11 | 甘肃正宁 | 公安处 | 中专 | 高级政工师 |
| 郑渭生 | 男 | 1950.12 | 山西忻州 | 公司机关 | 大学 | 高级经济师 |
| 白全仁 | 男 | 1950.12 | 甘肃静宁 | 王家山矿 | 大学 | 高级政工师 |
| 展爱军 | 女 | 1950.12 | 甘肃靖远 | 科研设计院 | 大学 | 高级会计师 |
| 席永涛 | 男 | 1951.01 | 甘肃宁县 | 红会四矿 | 大专 | 高级政工师 |
| 李 信 | 男 | 1951.01 | 甘肃通渭 | 大水头矿 | 大专 | 高级工程师 |
| 方小龙 | 男 | 1951.04 | 安徽寿县 | 劳动服务总公司 | 大专 | 高级经济师 |
| 李建中 | 男 | 1951.06 | 陕西榆林 | 公司机关 | 大专 | 高级政工师 |
| 王添吉 | 男 | 1951.06 | 甘肃会宁 | 公司二中 | 大专 | 中学高级教师 |
| 冯 兵 | 男 | 1951.06 | 河北邢台 | 培训处 | 中专 | 高级工程师 |
| 朱光远 | 男 | 1951.08 | 甘肃靖远 | 甘煤一公司 | 大学 | 高级经济师 |
| 赵卫东 | 男 | 1951.08 | 甘肃西和 | 公司机关 | 大学 | 高级政工师 |
| 史怀峰 | 男 | 1951.08 | 甘肃泾川 | 水泥厂 | 大专 | 高级经济师 |
| 付彩琴 | 女 | 1951.08 | 甘肃平凉 | 公司一中 | 大学 | 中学高级教师 |
| 张 璞 | 男 | 1951.09 | 甘肃临洮 | 劳动服务总公司 | 大专 | 高级工程师 |

续表 7-8

| 姓 名 | 性别 | 出生年月 | 籍 贯 | 工作单位 | 学历 | 最高职称 |
|---|---|---|---|---|---|---|
| 魏其录 | 男 | 1951.11 | 甘肃靖远 | 职工总医院 | 大专 | 副主任医师 |
| 石克明 | 男 | 1951.11 | 甘肃康乐 | 公司机关 | 大专 | 高级政工师 |
| 冯小民 | 男 | 1951.11 | 甘肃临夏 | 公司机关 | 高中 | 高级经济师 |
| 王学标 | 男 | 1951.11 | 甘肃泾川 | 大水头矿 | 大专 | 高级工程师 |
| 康 秀 | 男 | 1952.01 | 甘肃定西 | 公司机关 | 大专 | 高级工程师、高级经济师 |
| 李自忠 | 男 | 1952.01 | 甘肃天水 | 红煤公司 | 大专 | 高级政工师 |
| 高相德 | 男 | 1952.02 | 甘肃秦安 | 公司机关 | 大专 | 高级经济师 |
| 苏 凯 | 男 | 1952.02 | 甘肃临洮 | 红会一矿 | 中专 | 高级工程师 |
| 李振军 | 男 | 1952.03 | 宁夏中卫 | 红煤公司 | 中专 | 高级工程师 |
| 王淑英 | 女 | 1952.03 | 甘肃临洮 | 教育处 | 大专 | 高级政工师 |
| 张广新 | 男 | 1952.04 | 山东泰安 | 劳动服务总公司 | 大专 | 高级会计师 |
| 闫光辉 | 男 | 1952.05 | 甘肃静宁 | 技工学校 | 大专 | 高级政工师 |
| 潘世杰 | 男 | 1952.05 | 甘肃临洮 | 公司机关 | 大专 | 高级政工师 |
| 陈 伟 | 男 | 1952.07 | 甘肃渭源 | 公司工会 | 高中 | 高级政工师 |
| 窦存新 | 男 | 1952.08 | 甘肃临洮 | 公司机关 | 大学 | 高级工程师 |
| 王 琦 | 男 | 1952.08 | 甘肃和政 | 公司机关 | 大专 | 高级经济师 |
| 司永善 | 男 | 1952.08 | 甘肃秦安 | 公司机关 | 大专 | 高级会计师 |
| 焦顺义 | 男 | 1952.08 | 甘肃秦安 | 王家山矿 | 大学 | 高级会计师 |
| 葛立国 | 男 | 1952.08 | 甘肃正宁 | 劳动服务总公司 | 大专 | 高级政工师 |
| 郑全泽 | 男 | 1952.09 | 河北丰润 | 教育处 | 大学 | 中学高级教师 |
| 陈继英 | 女 | 1952.11 | 甘肃甘谷 | 公司机关 | 大学 | 高级政工师 |
| 唐 执 | 男 | 1953.01 | 甘肃庆阳 | 公司机关 | 中专 | 高级工程师 |
| 欧淑梅 | 女 | 1953.01 | 甘肃靖远 | 职工总医院 | 中专 | 副主任医师 |
| 江 珪 | 男 | 1953.02 | 甘肃静宁 | 红会煤业公司 | 大专 | 高级工程师 |
| 杜启明 | 男 | 1953.04 | 甘肃泾川 | 甘煤一公司 | 中专 | 高级工程师 |
| 张学宽 | 男 | 1953.04 | 甘肃临夏 | 魏家地矿 | 大学 | 高级政工师 |
| 关 信 | 男 | 1953.05 | 甘肃平川 | 公司工会 | 高中 | 高级政工师 |
| 王小林 | 男 | 1953.05 | 甘肃临洮 | 公司机关 | 中专 | 高级工程师 |
| 王学清 | 男 | 1953.08 | 甘肃临洮 | 宝积山矿 | 大学 | 高级政工师 |
| 董仓满 | 男 | 1953.08 | 甘肃静宁 | 水泥厂 | 大学 | 高级会计师 |
| 樊彩南 | 男 | 1953.08 | 陕西子长 | 机械制修厂 | 大专 | 高级政工师 |
| 李 华 | 男 | 1953.08 | 甘肃定西 | 救护大队 | 中专 | 高级工程师 |
| 李宗俊 | 男 | 1953.09 | 甘肃会宁 | 公司一中 | 大学 | 中学高级教师 |
| 马启荣 | 男 | 1953.09 | 甘肃临洮 | 教育处 | 大专 | 中学高级教师 |
| 梅建林 | 男 | 1953.09 | 四川梅柏 | 生活总公司 | 中专 | 高级工程师 |

续表 7-8

| 姓 名 | 性别 | 出生年月 | 籍 贯 | 工作单位 | 学历 | 最高职称 |
|---|---|---|---|---|---|---|
| 张振华 | 男 | 1953.10 | 甘肃西峰 | 公司机关 | 大专 | 高级政工师 |
| 蒋学建 | 男 | 1953.11 | 天津市 | 公司机关 | 中专 | 高级工程师 |
| 刘占栋 | 男 | 1953.11 | 甘肃靖远 | 红会一矿 | 大学 | 高级政工师 |
| 牛辉清 | 男 | 1953.12 | 甘肃通渭 | 职工总医院 | 大学 | 副主任医师 |
| 曹耀祖 | 男 | 1953.12 | 甘肃武都 | 甘煤一公司 | 中专 | 高级工程师 |
| 周 福 | 男 | 1953.12 | 甘肃定西 | 教育处 | 大专 | 高级政工师 |
| 王进梅 | 女 | 1953.12 | 河南荥阳 | 甘煤一公司 | 高中 | 高级工程师 |
| 王更合 | 男 | 1954.01 | 甘肃张家川 | 甘煤一公司 | 大专 | 高级政工师 |
| 李德起 | 男 | 1954.01 | 河北武邑 | 水电管理处 | 大专 | 高级经济师 |
| 张永生 | 男 | 1954.01 | 甘肃兰州 | 劳动服务总公司 | 中专 | 高级工程师 |
| 万治福 | 男 | 1954.02 | 甘肃靖远 | 生活总公司 | 大专 | 高级会计师 |
| 席云召 | 男 | 1954.03 | 河南偃师 | 公司机关 | 大专 | 高级工程师 |
| 陈 俭 | 男 | 1954.03 | 甘肃定西 | 大水头矿 | 大专 | 高级工程师 |
| 古兴福 | 男 | 1954.03 | 甘肃定西 | 科研设计院 | 大专 | 高级工程师 |
| 李永珍 | 女 | 1954.03 | 甘肃会宁 | 红煤公司 | 中专 | 高级工程师 |
| 袁 广 | 男 | 1954.06 | 甘肃通渭 | 红会一矿 | 大专 | 高级政工师 |
| 石振华 | 男 | 1954.06 | 甘肃兰州 | 公司机关 | 大学 | 高级工程师 |
| 杨耀清 | 男 | 1954.06 | 甘肃通渭 | 水电处 | 高中 | 高级工程师 |
| 郑安太 | 男 | 1954.07 | 甘肃古浪 | 科研设计院 | 大学 | 高级工程师 |
| 亢平原 | 男 | 1954.07 | 甘肃通渭 | 公司一中 | 大专 | 中学高级教师 |
| 刘 龙 | 男 | 1954.08 | 甘肃靖远 | 甘煤一公司医院 | 大专 | 副主任医师 |
| 彭小鹏 | 女 | 1954.09 | 甘肃正宁 | 公司四中 | 大专 | 中学高级教师 |
| 史鹏云 | 男 | 1954.10 | 甘肃泾川 | 水泥厂 | 大专 | 高级工程师 |
| 马仁和 | 男 | 1954.10 | 甘肃临洮 | 大水头煤矿 | 大专 | 高级工程师、政工师 |
| 张克刚 | 男 | 1954.10 | 甘肃靖远 | 公司机关 | 大专 | 高级经济师 |
| 徐 斌 | 男 | 1954.11 | 甘肃靖远 | 职工总医院 | 中专 | 副主任医师 |
| 杜立功 | 男 | 1954.12 | 甘肃靖远 | 公司机关 | 大学 | 高级政工师 |
| 张秀文 | 男 | 1954.12 | 甘肃白银 | 培训处 | 大学 | 高级政工师 |
| 吴庭俊 | 男 | 1954.12 | 甘肃通渭 | 劳动服务总公司 | 大专 | 高级会计师 |
| 谭鹏飞 | 男 | 1955.01 | 甘肃甘谷 | 红会一矿 | 大学 | 高级政工师 |
| 梁永琦 | 男 | 1955.01 | 甘肃武威 | 生活总公司 | 大专 | 高级政工师 |
| 展美礼 | 男 | 1955.01 | 甘肃靖远 | 公司一中 | 大学 | 中学高级教师 |
| 李怀录 | 男 | 1955.01 | 甘肃泾川 | 红会四矿 | 中专 | 高级工程师 |
| 何 诚 | 男 | 1955.01 | 甘肃定西 | 公司机关 | 大学 | 高级工程师 |
| 赵进社 | 男 | 1955.01 | 甘肃西和 | 培训处 | 大专 | 高级政工师 |

续表 7-8

| 姓 名 | 性别 | 出生年月 | 籍 贯 | 工作单位 | 学历 | 最高职称 |
|---|---|---|---|---|---|---|
| 包国华 | 男 | 1955.02 | 上海市 | 运销公司 | 大专 | 高级经济师、政工师 |
| 陈晓潮 | 男 | 1955.02 | 四川铜梁 | 公司机关 | 大专 | 高级会计师 |
| 孙永平 | 男 | 1955.03 | 甘肃渭源 | 甘煤一公司 | 高中 | 高级工程师 |
| 丁自善 | 男 | 1955.04 | 甘肃甘谷 | 公司机关 | 大专 | 高级政工师 |
| 马体润 | 男 | 1955.04 | 甘肃会宁 | 职工总医院 | 大专 | 副主任药剂师 |
| 高 芳 | 女 | 1955.04 | 山西洪洞 | 公司机关 | 大专 | 高级统计师 |
| 胡定一 | 男 | 1955.04 | 甘肃靖远 | 教育处 | 大专 | 中学高级教师 |
| 宋兰明 | 男 | 1955.04 | 山西孝义 | 公司机关 | 中专 | 高级工程师 |
| 段 俊 | 男 | 1955.05 | 甘肃武威 | 物资供应公司 | 大专 | 高级会计师 |
| 张存义 | 男 | 1955.05 | 甘肃靖远 | 公安处 | 高中 | 高级政工师 |
| 申占芳 | 女 | 1955.06 | 河北清苑 | 地质队 | 大学 | 高级工程师 |
| 姜建华 | 男 | 1955.07 | 河南 | 劳动服务总公司 | 大学 | 高级政工师 |
| 尹桂凤 | 女 | 1955.07 | 江苏泰兴 | 教育处 | 大专 | 中学高级教师 |
| 魏正荣 | 男 | 1955.08 | 甘肃靖远 | 劳动服务总公司 | 大专 | 高级政工师 |
| 李亚莲 | 女 | 1955.09 | 甘肃靖远 | 公司机关 | 大专 | 高级工程师 |
| 党生辉 | 男 | 1955.10 | 甘肃靖远 | 公司机关 | 大学 | 高级工程师 |
| 康效琦 | 男 | 1955.10 | 甘肃会宁 | 红会煤业公司 | 大专 | 高级工程师 |
| 白红伟 | 男 | 1955.11 | 甘肃庆阳 | 公司机关 | 大专 | 高级政工师 |
| 张效海 | 男 | 1955.11 | 甘肃定西 | 甘煤一公司 | 高中 | 高级工程师 |
| 罗永波 | 男 | 1955.12 | 湖南祁阳 | 科研设计院 | 大学 | 高级工程师 |
| 张幼平 | 男 | 1955.12 | 甘肃天水 | 红会四矿 | 大专 | 高级政工师 |
| 王兴元 | 男 | 1955.12 | 甘肃正宁 | 公司一中 | 大专 | 中学高级教师 |
| 李 信 | 男 | 1956.01 | 甘肃通渭 | 大水头矿 | 中专 | 高级工程师 |
| 刘延寿 | 男 | 1956.02 | 甘肃榆中 | 红会一矿 | 中专 | 高级工程师 |
| 李 瑞 | 女 | 1956.03 | 陕西户县 | 公司一中 | 大专 | 中学高级教师 |
| 何舟平 | 男 | 1956.05 | 甘肃会宁 | 公司二中 | 大专 | 中学高级教师 |
| 刘亮堂 | 男 | 1956.06 | 甘肃定西 | 红会一矿 | 中专 | 高级工程师 |
| 张鸿达 | 男 | 1956.06 | 甘肃景泰 | 科研设计院 | 大学 | 高级工程师 |
| 金佰奎 | 男 | 1956.06 | 河南洛阳 | 魏家地矿 | 大专 | 高级工程师 |
| 金建勋 | 男 | 1956.07 | 甘肃靖远 | 设备租赁站 | 大学 | 高级工程师 |
| 强成宗 | 男 | 1956.07 | 甘肃会宁 | 魏家地矿 | 大学 | 高级工程师 |
| 刘少英 | 男 | 1956.08 | 甘肃泾川 | 公司机关 | 大专 | 高级会计师 |
| 杨晓洲 | 男 | 1956.08 | 甘肃通渭 | 技工学校 | 大专 | 高级讲师 |
| 高矿生 | 男 | 1956.08 | 甘肃榆中 | 公司机关 | 大专 | 高级经济师 |
| 郑春辉 | 女 | 1956.08 | 河北丰润 | 公司机关 | 大专 | 高级经济师 |

续表 7-8

| 姓 名 | 性别 | 出生年月 | 籍 贯 | 工作单位 | 学历 | 最高职称 |
|---|---|---|---|---|---|---|
| 白俊成 | 男 | 1956.09 | 四川巴中 | 公司机关 | 大专 | 高级政工师 |
| 王弘勇 | 男 | 1956.10 | 甘肃靖远 | 红会一矿 | 中专 | 高级工程师 |
| 师崇和 | 男 | 1956.11 | 甘肃临洮 | 公司机关 | 大专 | 高级会计师 |
| 杨友聚 | 男 | 1956.11 | 山西阳城 | 劳动服务总公司 | 大学 | 高级工程师 |
| 吴晓刚 | 男 | 1956.12 | 广西玉林 | 洁能公司 | 大学 | 高级工程师 |
| 张 犁 | 女 | 1956.12 | 新疆伊宁 | 公司一小 | 大专 | 中学高级教师 |
| 廖耀斌 | 男 | 1957.02 | 浙江遂昌 | 机械制修厂 | 大学 | 高级工程师 |
| 张志谦 | 男 | 1957.03 | 甘肃定西 | 红会煤业公司 | 大学 | 高级工程师、政工师 |
| 李明道 | 男 | 1957.04 | 甘肃靖远 | 职工总医院 | 中专 | 副主任医师 |
| 汤 汉 | 男 | 1957.05 | 陕西汉中 | 公司四中 | 大学 | 中学高级教师 |
| 武 喆 | 男 | 1957.07 | 甘肃永登 | 职工总医院 | 大学 | 副主任医师 |
| 李守业 | 男 | 1957.07 | 甘肃会宁 | 公司一中 | 大学 | 中学高级教师 |
| 苗育林 | 男 | 1957.07 | 甘肃华亭 | 公司机关 | 大专 | 高级经济师 |
| 王文凯 | 男 | 1957.07 | 甘肃灵台 | 公司机关 | 大专 | 高级工程师 |
| 郭俊卿 | 男 | 1957.08 | 河南孟津 | 劳动服务总公司 | 大专 | 高级经济师 |
| 魏自杰 | 男 | 1957.09 | 甘肃靖远 | 机械制修厂 | 大学 | 高级工程师 |
| 史新建 | 男 | 1957.09 | 河南郏县 | 公司机关 | 大学 | 高级工程师 |
| 王 悦 | 男 | 1957.09 | 甘肃定西 | 魏家地矿 | 大学 | 高级政工师 |
| 周发堂 | 男 | 1957.09 | 甘肃靖远 | 红会一矿 | 中专 | 高级工程师 |
| 漆会平 | 男 | 1957.09 | 甘肃渭源 | 红会四矿 | 大专 | 高级工程师 |
| 兰明良 | 男 | 1957.10 | 山东长清 | 华能公司 | 大专 | 高级政工师 |
| 岳小军 | 男 | 1957.11 | 山东即墨 | 职工总医院 | 大专 | 高级政工师 |
| 张志贵 | 男 | 1957.11 | 甘肃靖远 | 机械制修厂 | 大学 | 高级工程师 |
| 李 军 | 男 | 1957.11 | 甘肃渭源 | 宝积山矿 | 大专 | 高级工程师 |
| 刘顺斌 | 男 | 1957.12 | 甘肃兰州 | 红会一矿 | 大专 | 高级政工师 |
| 吴晓刚 | 男 | 1957.12 | 广西玉林 | 节能热电公司 | 大专 | 高级政工师 |
| 赵国玉 | 男 | 1958.01 | 甘肃武威 | 机械制修厂 | 大专 | 高级政工师 |
| 丁润明 | 男 | 1958.01 | 山西沁水 | 机械制修厂 | 大学 | 高级会计师 |
| 胥淑兰 | 女 | 1958.01 | 山东莒县 | 公司机关 | 大专 | 高级政工师 |
| 郑鹏昊 | 男 | 1958.01 | 甘肃灵台 | 公司机关 | 大学 | 高级政工师 |
| 王辞源 | 男 | 1958.01 | 甘肃会宁 | 公司三中 | 大专 | 中学高级教师 |
| 刘士琦 | 男 | 1958.01 | 甘肃通渭 | 公司机关 | 大学 | 高级工程师 |
| 任 明 | 男 | 1958.02 | 甘肃镇原 | 公司一中 | 大学 | 中学高级教师 |
| 刘相补 | 男 | 1958.02 | 甘肃西和 | 公司一中 | 大学 | 中学高级教师 |
| 何金祥 | 男 | 1958.02 | 甘肃会宁 | 公司机关 | 中专 | 高级工程师 |

续表 7-8

| 姓　名 | 性别 | 出生年月 | 籍贯 | 工作单位 | 学历 | 最高职称 |
|---|---|---|---|---|---|---|
| 李玉玲 | 女 | 1958.02 | 河北完县 | 职工总医院 | 大专 | 副主任医师 |
| 刘耀华 | 男 | 1958.03 | 山西临崎 | 公司四中 | 中专 | 中学高级教师 |
| 安　敏 | 女 | 1958.04 | 宁夏平罗 | 公司工会 | 大专 | 高级政工师 |
| 展爱民 | 女 | 1958.04 | 甘肃靖远 | 救护大队 | 大学 | 高级会计师 |
| 王建平 | 男 | 1958.04 | 甘肃临洮 | 科研设计院 | 大专 | 高级政工师 |
| 邵国安 | 男 | 1958.05 | 河南扶沟 | 甘煤一公司 | 大专 | 高级工程师 |
| 孟祥玉 | 男 | 1958.05 | 山东齐河 | 甘煤一公司 | 高中 | 高级工程师 |
| 朱德仓 | 男 | 1958.05 | 甘肃会宁 | 教育处 | 大学 | 高级政工师 |
| 袁廷礼 | 男 | 1958.06 | 甘肃会宁 | 红会四矿 | 中专 | 高级工程师 |
| 李守业 | 男 | 1958.07 | 甘肃会宁 | 公司一中 | 大学 | 中学高级教师 |
| 朱炳忠 | 男 | 1958.07 | 甘肃平凉 | 劳动服务总公司 | 大专 | 高级政工师 |
| 周金玉 | 男 | 1958.07 | 安徽颖上 | 水电处 | 大专 | 高级工程师 |
| 杨　忠 | 男 | 1958.07 | 甘肃会宁 | 公司机关 | 中专 | 高级工程师 |
| 李建成 | 男 | 1958.08 | 陕西榆林 | 供应公司 | 大学 | 高级政工师 |
| 李国胜 | 男 | 1958.08 | 甘肃会宁 | 甘煤一公司 | 大学 | 高级会计师 |
| 武进国 | 男 | 1958.08 | 甘肃会宁 | 宝积山矿 | 大专 | 高级工程师 |
| 何　建 | 男 | 1958.09 | 甘肃西和 | 红会煤业公司 | 大专 | 高级政工师 |
| 何益民 | 女 | 1958.09 | 山西洪桐 | 职工总医院 | 大学 | 副主任药剂师 |
| 王智斌 | 男 | 1958.10 | 甘肃静宁 | 甘煤一公司 | 大专 | 高级工程师 |
| 尚思学 | 男 | 1958.10 | 甘肃会宁 | 生活总公司 | 大专 | 高级工程师 |
| 程玉锦 | 男 | 1958.11 | 甘肃通渭 | 技工学校 | 大学 | 高级教师 |
| 罗　萍 | 女 | 1958.11 | 甘肃兰州 | 教育处 | 大专 | 中学高级教师 |
| 张文俊 | 男 | 1959.01 | 甘肃会宁 | 红会一矿 | 中专 | 高级工程师 |
| 孙德勇 | 男 | 1959.03 | 河南获嘉 | 公司工会 | 大专 | 高级政工师 |
| 王　建 | 男 | 1959.04 | 安徽淮南 | 大水头矿 | 大学 | 高级工程师 |
| 王登谭 | 男 | 1959.10 | 甘肃靖远 | 公司二中 | 大学 | 中学高级教师 |
| 张一清 | 女 | 1959.10 | 甘肃兰州 | 公司机关 | 大专 | 高级会计师 |
| 蒲继雄 | 男 | 1959.10 | 甘肃会宁 | 红会四矿 | 中专 | 高级工程师 |
| 郭陈根 | 男 | 1959.10 | 山西省 | 公司四中 | 中专 | 中学高级教师 |
| 张国顺 | 男 | 1959.12 | 甘肃庄浪 | 公司机关 | 大专 | 高级经济师 |
| 江丽萍 | 女 | 1960.01 | 浙江温岭 | 大水头矿 | 大学 | 高级统计师 |
| 周德营 | 男 | 1960.01 | 甘肃西和 | 公司机关 | 大专 | 高级工程师 |
| 张明立 | 男 | 1960.04 | 甘肃靖远 | 公司机关 | 中专 | 高级工程师 |
| 王国强 | 男 | 1960.05 | 甘肃临洮 | 职工总医院 | 大专 | 副主任医师 |
| 刘世义 | 男 | 1960.06 | 甘肃会宁 | 教育处 | 大专 | 高级政工师 |

续表 7-8

| 姓　名 | 性别 | 出生年月 | 籍 贯 | 工作单位 | 学历 | 最高职称 |
|---|---|---|---|---|---|---|
| 朱伯平 | 男 | 1960.06 | 江苏南通 | 甘煤一公司 | 中专 | 高级经济师 |
| 霍治平 | 男 | 1960.08 | 山西朔州 | 水电处 | 大学 | 高级工程师 |
| 马志存 | 男 | 1960.09 | 甘肃靖远 | 科研设计院 | 大学 | 高级工程师 |
| 连世平 | 男 | 1960.09 | 甘肃会宁 | 公司一中 | 大学 | 中学高级教师 |
| 李德胜 | 男 | 1960.09 | 河北武邑 | 公司机关 | 大学 | 高级工程师 |
| 贺国庆 | 男 | 1960.10 | 甘肃靖远 | 公司工会 | 大学 | 高级政工师 |
| 杨宏斌 | 男 | 1960.10 | 甘肃会宁 | 劳动服务总公司 | 大专 | 高级经济师 |
| 张晋高 | 男 | 1961.01 | 山西高平 | 科研设计院 | 大专 | 高级工程师 |
| 刘　萍 | 女 | 1961.01 | 河北昌黎 | 科研设计院 | 大专 | 高级工程师 |
| 王济明 | 男 | 1961.01 | 山东潍坊 | 王家山矿 | 大专 | 高级经济师 |
| 高长平 | 男 | 1961.04 | 甘肃武威 | 魏家地矿 | 大专 | 高级政工师 |
| 马秀兰 | 女 | 1961.05 | 甘肃庄浪 | 甘煤一公司 | 大专 | 高级会计师 |
| 陈俊毅 | 男 | 1961.05 | 浙江台州 | 公司机关 | 大专 | 高级会计师 |
| 孙有谦 | 男 | 1961.06 | 宁夏海原 | 技工学校 | 大学 | 高级工程师 |
| 杜金泉 | 男 | 1961.06 | 甘肃渭源 | 职工总医院 | 大专 | 高级政工师 |
| 王　瑛 | 男 | 1961.06 | 甘肃定西 | 培训处 | 大学 | 高级经济师 |
| 孟　伟 | 男 | 1961.06 | 河南许昌 | 大水头学校 | 大专 | 高级政工师 |
| 程宇虹 | 男 | 1961.06 | 辽宁沈阳 | 公司机关 | 大专 | 副研究馆员 |
| 陈厚祥 | 男 | 1961.08 | 甘肃皋兰 | 红会一矿 | 大专 | 高级工程师 |
| 宋志田 | 男 | 1961.09 | 甘肃会宁 | 公司机关 | 大学 | 副主任医师 |
| 寇明东 | 男 | 1961.09 | 景泰 | 红会煤业公司 | 大学 | 高级工程师 |
| 马学友 | 男 | 1961.09 | 甘肃西和 | 公司机关 | 大专 | 高级经济师 |
| 王文学 | 男 | 1961.09 | 甘肃榆中 | 救护大队 | 中专 | 高级工程师 |
| 锁正壁 | 男 | 1961.09 | 甘肃会宁 | 公司一中 | 大学 | 中学高级教师 |
| 王天平 | 男 | 1961.10 | 山西晋城 | 华能工程建设公司 | 大学 | 高级工程师 |
| 王亚平 | 男 | 1961.10 | 甘肃灵台 | 公司机关 | 大专 | 高级政工师 |
| 李振明 | 男 | 1961.10 | 甘肃靖远 | 红会一矿 | 大学 | 高级工程师 |
| 田得陇 | 男 | 1961.10 | 甘肃兰州 | 甘煤一公司 | 大专 | 高级工程师 |
| 荆亚勤 | 男 | 1961.12 | 河南漯河 | 大水头矿 | 大专 | 高级经济师 |
| 武　冲 | 男 | 1962.01 | 甘肃敦煌 | 公司机关 | 中专 | 高级工程师 |
| 郑念杰 | 男 | 1962.01 | 河北丰润 | 华能公司 | 大专 | 高级工程师 |
| 曹长捷 | 男 | 1962.02 | 山东滕州 | 公司机关 | 大专 | 高级会计师 |
| 乔国裕 | 男 | 1962.03 | 甘肃靖远 | 职工总医院 | 大学 | 副主任医师 |
| 牛梅民 | 女 | 1962.03 | 宁夏盐池 | 职工总医院 | 中专 | 副主任医师 |
| 张春霞 | 女 | 1962.03 | 甘肃武威 | 大水头矿 | 大专 | 高级工程师 |

续表 7-8

| 姓 名 | 性别 | 出生年月 | 籍 贯 | 工作单位 | 学历 | 最高职称 |
|---|---|---|---|---|---|---|
| 薛 韬 | 男 | 1962.04 | 江苏徐州 | 公司机关 | 大学 | 高级工程师 |
| 孙若璟 | 男 | 1962.04 | 甘肃永登 | 甘煤一公司 | 大专 | 高级工程师 |
| 郭鑫晟 | 男 | 1962.04 | 甘肃灵台 | 红会煤业公司 | 大专 | 高级政工师 |
| 高生香 | 女 | 1962.05 | 甘肃白银 | 甘煤一公司 | 中专 | 高级工程师 |
| 邱双来 | 男 | 1962.05 | 甘肃永登 | 公司一中 | 大专 | 中学高级教师 |
| 卫永康 | 男 | 1962.05 | 甘肃庄浪 | 魏家地矿学校 | 大学 | 中学高级教师 |
| 胡 雄 | 男 | 1962.05 | 甘肃会宁 | 公司三中 | 大专 | 中学高级教师 |
| 温丽萍 | 女 | 1962.06 | 陕西岐山 | 公司四中 | 大专 | 中学高级教师 |
| 于爱香 | 女 | 1962.07 | 河南武陟 | 职工总医院 | 大学 | 副主任医师 |
| 蒲 彦 | 男 | 1962.07 | 甘肃永登 | 职工总医院 | 大学 | 副主任医师 |
| 杨占群 | 男 | 1962.07 | 河南济源 | 水电管理处 | 大专 | 高级政工师 |
| 王晓文 | 男 | 1962.07 | 甘肃泾川 | 宝积山矿 | 大学 | 高级工程师 |
| 董 毅 | 男 | 1962.07 | 山西 | 公司四中 | 中专 | 中学高级教师 |
| 马俊生 | 男 | 1962.07 | 甘肃临洮 | 公司一小 | 大专 | 中学高级教师 |
| 王银虎 | 男 | 1962.08 | 甘肃秦安 | 科研设计院 | 大学 | 高级工程师 |
| 王海佳 | 男 | 1962.08 | 甘肃会宁 | 王家山矿 | 大学 | 高级工程师 |
| 翟克明 | 男 | 1962.08 | 甘肃镇原 | 设备租赁站 | 大学 | 高级工程师 |
| 高 翔 | 男 | 1962.08 | 河北廊坊 | 公司机关 | 大专 | 高级工程师 |
| 陈爱斌 | 男 | 1962.09 | 甘肃会宁 | 公司一中 | 大专 | 中学高级教师 |
| 张万宇 | 男 | 1962.10 | 湖北武汉 | 公司机关 | 大学 | 高级工程师 |
| 梁俊芳 | 男 | 1962.10 | 甘肃泾川 | 公司机关 | 大学 | 高级工程师 |
| 苗辅贵 | 男 | 1962.10 | 甘肃景泰 | 职工总医院 | 大学 | 副主任医师 |
| 任宝忠 | 男 | 1962.10 | 甘肃临洮 | 红会一矿 | 大专 | 高级工程师 |
| 张植泽 | 男 | 1962.10 | 河南西峡 | 公司机关 | 大学 | 高级工程师 |
| 王文博 | 男 | 1962.11 | 甘肃宁县 | 红会煤业公司 | 大专 | 高级工程师 |
| 杨 红 | 女 | 1962.11 | 河北省 | 公司一中 | 大专 | 中学高级教师 |
| 刘建新 | 男 | 1962.12 | 河南荥阳 | 公司机关 | 大学 | 高级工程师 |
| 郝永信 | 男 | 1962.12 | 甘肃临洮 | 红会一矿 | 大学 | 高级工程师 |
| 李爱林 | 男 | 1963.01 | 甘肃白银 | 公司机关 | 中专 | 副研究馆员 |
| 陈建鹏 | 男 | 1963.01 | 甘肃景泰 | 王家山矿 | 大学 | 高级工程师 |
| 孙自才 | 男 | 1963.01 | 江苏沛县 | 公司一中 | 大学 | 中学高级教师 |
| 马忠元 | 男 | 1963.01 | 甘肃通渭 | 红会四矿 | 大专 | 高级工程师 |
| 孙永辉 | 男 | 1963.01 | 甘肃通渭 | 生活总公司 | 大专 | 高级会计师 |
| 朱政权 | 男 | 1963.01 | 湖南洪城 | 公司机关 | 大专 | 高级经济师 |
| 张金武 | 男 | 1963.01 | 甘肃武威 | 公司机关 | 大专 | 高级会计师 |

续表 7-8

| 姓 名 | 性别 | 出生年月 | 籍 贯 | 工作单位 | 学历 | 最高职称 |
|---|---|---|---|---|---|---|
| 宋永慧 | 女 | 1963.01 | 河北宁河 | 职工总医院 | 大学 | 副主任医师 |
| 王 伟 | 男 | 1963.02 | 甘肃靖远 | 职工总医院 | 大学 | 副主任医师 |
| 谢利平 | 男 | 1963.02 | 广东焦岭 | 运销公司 | 大学 | 高级经济师、高级政工师 |
| 梁永宝 | 男 | 1963.02 | 甘肃武威 | 职工总医院 | 大学 | 副主任医师 |
| 俞树生 | 男 | 1963.02 | 甘肃永登 | 甘煤一公司 | 中专 | 高级工程师 |
| 梅 静 | 女 | 1963.02 | 四川宜宾 | 公司工会 | 大学 | 高级政工师 |
| 常凤海 | 女 | 1963.03 | 甘肃靖远 | 职工总医院 | 大学 | 副主任医师 |
| 刘爱民 | 男 | 1963.03 | 甘肃靖远 | 公司工会 | 大学 | 高级政工师 |
| 魏晓霞 | 女 | 1963.03 | 甘肃平凉 | 职工总医院 | 大学 | 副主任医师 |
| 袁怀安 | 男 | 1963.04 | 山东菏泽 | 公司机关 | 大专 | 高级政工师 |
| 龚真吉 | 男 | 1963.04 | 甘肃临洮 | 公司机关 | 大专 | 高级政工师 |
| 万红星 | 男 | 1963.04 | 甘肃会宁 | 公司一中 | 大学 | 中学高级教师 |
| 冯志新 | 男 | 1963.04 | 山西长治 | 公司一中 | 大学 | 中学高级教师 |
| 郭聪巧 | 男 | 1963.04 | 山西长治 | 公司四中 | 中专 | 中学高级教师 |
| 朱维祖 | 男 | 1963.04 | 甘肃皋兰 | 魏家地矿 | 中专 | 高级工程师 |
| 黄新芳 | 女 | 1963.05 | 甘肃靖远 | 科研设计院 | 大学 | 高级工程师 |
| 赵 岩 | 女 | 1963.05 | 河北唐山 | 培训处 | 大学 | 高级讲师 |
| 张亨和 | 男 | 1963.05 | 甘肃通渭 | 甘煤一公司 | 大专 | 高级工程师 |
| 王进麒 | 男 | 1963.06 | 河南荥阳 | 公司一中 | 大专 | 中学高级教师 |
| 李渊海 | 男 | 1963.07 | 甘肃陇西 | 王家山矿 | 大学 | 高级工程师 |
| 汪安定 | 男 | 1963.07 | 甘肃张家川 | 公司机关 | 大学 | 高级政工师 |
| 崔宝兰 | 女 | 1963.07 | 河南济源 | 甘煤一公司 | 大专 | 高级经济师 |
| 李寿林 | 男 | 1963.07 | 甘肃靖远 | 公司一中 | 大学 | 中学高级教师 |
| 杨忠宇 | 男 | 1963.07 | 甘肃靖远 | 公司二中 | 大专 | 中学高级教师 |
| 李虎林 | 男 | 1963.08 | 甘肃定西 | 公司机关 | 大学 | 高级工程师 |
| 孙明忠 | 男 | 1963.08 | 甘肃靖远 | 职工总医院 | 大学 | 副主任医师 |
| 田卫东 | 男 | 1963.08 | 甘肃甘谷 | 王家山矿 | 大学 | 高级工程师 |
| 王会功 | 男 | 1963.08 | 甘肃景泰 | 公司机关 | 中专 | 高级工程师 |
| 马海龙 | 男 | 1963.09 | 甘肃定西 | 红会四矿 | 大学 | 高级工程师 |
| 马顺义 | 男 | 1963.09 | 甘肃礼县 | 公司一中 | 大专 | 中学高级教师 |
| 雷复生 | 男 | 1963.09 | 甘肃白银 | 王家山矿中学 | 大专 | 中学高级教师 |
| 廖凯兴 | 男 | 1963.10 | 广东兴宁 | 职工总医院 | 大学 | 副主任医师 |
| 梁得庆 | 男 | 1963.10 | 甘肃临夏 | 运销公司 | 大学 | 高级政工师、 |
| 侯利伟 | 男 | 1963.10 | 河北赵县 | 公安处 | 大专 | 高级政工师 |
| 韩西海 | 男 | 1963.10 | 河南项城 | 运销公司 | 大学 | 高级经济师 |

续表 7-8

| 姓 名 | 性别 | 出生年月 | 籍 贯 | 工作单位 | 学历 | 最高职称 |
|---|---|---|---|---|---|---|
| 张建新 | 男 | 1963.10 | 江苏镇江 | 甘煤一公司 | 大专 | 高级工程师 |
| 裴有智 | 男 | 1963.11 | 甘肃靖远 | 职工总医院 | 大学 | 副主任医师 |
| 续彦生 | 男 | 1963.11 | 甘肃定西 | 华能公司 | 大学 | 高级政工师,高级经济师 |
| 张继宗 | 男 | 1963.11 | 甘肃通渭 | 公司一中 | 大专 | 中学高级教师 |
| 王 虎 | 男 | 1964.01 | 甘肃武威 | 技工学校 | 大专 | 高级政工师 |
| 杨全喜 | 男 | 1964.01 | 甘肃秦安 | 运销公司 | 大专 | 高级工程师 |
| 莫吉宾 | 男 | 1964.01 | 宁夏中卫 | 职工总医院 | 大学 | 副主任医师 |
| 宋怀义 | 男 | 1964.01 | 甘肃会宁 | 公司一中 | 大专 | 中学高级教师 |
| 冉玉江 | 男 | 1964.02 | 甘肃会宁 | 红会四矿 | 大专 | 高级工程师 |
| 张爱萍 | 女 | 1964.02 | 甘肃靖远 | 大水头矿 | 大学 | 高级工程师 |
| 佟永锋 | 男 | 1964.03 | 甘肃镇原 | 公司一中 | 大学 | 中学高级教师 |
| 魏孔霞 | 女 | 1964.04 | 甘肃靖远 | 培训处 | 大专 | 高级会计师 |
| 樊晓锋 | 男 | 1964.04 | 甘肃正宁 | 公司一中 | 大学 | 中学高级教师 |
| 邵国伟 | 男 | 1964.05 | 甘肃临夏 | 甘煤一公司 | 中专 | 高级工程师 |
| 满乐书 | 男 | 1964.05 | 甘肃兰州 | 水泥厂 | 大专 | 高级工程师 |
| 许志杰 | 男 | 1964.05 | 江苏溧阳 | 科研设计院 | 大专 | 高级工程师 |
| 孙成生 | 男 | 1964.06 | 甘肃靖远 | 职工总医院 | 大学 | 副主任医师 |
| 徐保胜 | 男 | 1964.06 | 河北沧州 | 公司工会 | 大专 | 高级政工师 |
| 魏玉林 | 男 | 1964.06 | 甘肃榆中 | 公司机关 | 大专 | 高级经济师 |
| 苟永栋 | 男 | 1964.07 | 甘肃会宁 | 公司机关 | 大学 | 高级政工师 |
| 刘继梅 | 女 | 1964.07 | 甘肃秦安 | 甘煤一公司 | 中专 | 高级会计师 |
| 崔 强 | 男 | 1964.07 | 甘肃榆中 | 教育处 | 大专 | 中学高级教师 |
| 张天太 | 男 | 1964.07 | 甘肃庄浪 | 公司一中 | 大学 | 中学高级教师 |
| 常兴忠 | 男 | 1964.08 | 甘肃靖远 | 职工总医院 | 大学 | 副主任医师 |
| 路有成 | 男 | 1964.08 | 甘肃会宁 | 公司机关 | 大专 | 高级政工师 |
| 杨 富 | 男 | 1964.09 | 甘肃靖远 | 王家山矿 | 大专 | 高级工程师 |
| 路 楷 | 男 | 1964.10 | 甘肃靖远 | 职工总医院 | 大学 | 副主任医师 |
| 王清源 | 男 | 1964.10 | 甘肃会宁 | 大水头矿 | 大专 | 高级工程师 |
| 屈 鹏 | 男 | 1964.10 | 陕西恒山 | 公司机关 | 大专 | 高级工程师 |
| 李风强 | 男 | 1964.11 | 甘肃通渭 | 职工总医院 | 大学 | 副主任医师 |
| 王淑贞 | 女 | 1964.11 | 河南襄城 | 甘煤一公司 | 大专 | 高级经济师 |
| 魏映湖 | 男 | 1964.12 | 甘肃靖远 | 科研设计院 | 大学 | 高级工程师 |
| 剡云子 | 男 | 1964.12 | 甘肃西和 | 水泥厂 | 大专 | 高级政工师 |
| 常 龙 | 男 | 1964.12 | 甘肃会宁 | 公司一中 | 大学 | 中学高级教师 |
| 魏孔明 | 男 | 1965 | 甘肃靖远 | 培训处 | 大学 | 高级讲师 |

续表 7-8

| 姓　名 | 性别 | 出生年月 | 籍 贯 | 工作单位 | 学历 | 最高职称 |
|---|---|---|---|---|---|---|
| 雒喜彪 | 男 | 1965.01 | 甘肃靖远 | 公司一中 | 大学 | 中学高级教师 |
| 张兆贤 | 男 | 1965.01 | 甘肃会宁 | 培训处 | 大学 | 高级讲师 |
| 魏海梅 | 女 | 1965.03 | 内蒙凉城 | 华能工程建设公司 | 大学 | 高级会计师 |
| 张永恭 | 男 | 1965.04 | 甘肃靖远 | 公司一中 | 大学 | 中学高级教师 |
| 王盛平 | 男 | 1965.04 | 陕西西安 | 红会四矿 | 大学 | 高级工程师 |
| 吴芝芳 | 女 | 1965.04 | 甘肃靖远 | 公司一中 | 大学 | 中学高级教师 |
| 朱　勇 | 男 | 1965.05 | 甘肃靖远 | 培训处 | 大学 | 高级政工师 |
| 赵崇军 | 男 | 1965.06 | 甘肃武威 | 红会一矿 | 大学 | 高级经济师 |
| 万承宝 | 男 | 1965.06 | 重庆市 | 公司机关 | 大专 | 高级工程师 |
| 缑书权 | 男 | 1965.07 | 甘肃天水 | 红会煤业公司 | 大学 | 高级会计师 |
| 朱　萍 | 女 | 1965.07 | 陕西宝鸡 | 职工总医院 | 大学 | 副主任医师 |
| 马小平 | 男 | 1965.08 | 甘肃张家川 | 职工总医院 | 大学 | 副主任医师 |
| 丁焕仁 | 男 | 1965.08 | 甘肃榆中 | 王家山矿 | 大学 | 高级经济师 |
| 胡文甫 | 男 | 1965.09 | 甘肃武威 | 华能工程建设公司 | 大专 | 高级工程师 |
| 刘汉邦 | 男 | 1965.10 | 甘肃会宁 | 魏家地矿 | 大学 | 高级工程师 |
| 张　勤 | 男 | 1965.10 | 甘肃会宁 | 职工总医院 | 大学 | 副主任医师 |
| 刘永翀 | 男 | 1965.10 | 甘肃通渭 | 公司机关 | 大专 | 高级会计师 |
| 张彦龙 | 男 | 1965.10 | 甘肃通渭 | 公司机关 | 大专 | 高级工程师 |
| 张治军 | 男 | 1965.12 | 甘肃靖远 | 公司一中 | 大学 | 中学高级教师 |
| 赵海峰 | 男 | 1965.12 | 甘肃会宁 | 职工总医院 | 大学 | 副主任医师 |
| 上官科峰 | 男 | 1966 | 陕西乾县 | 科研设计院 | 大学 | 高级工程师 |
| 张双十 | 男 | 1966.01 | 甘肃静宁 | 公司一中 | 大学 | 中学高级教师 |
| 白有国 | 男 | 1966.01 | 甘肃酒泉 | 公司一中 | 大学 | 中学高级教师 |
| 侯俊勤 | 男 | 1966.01 | 甘肃榆中 | 培训处 | 大学 | 高级讲师 |
| 崔锦霞 | 女 | 1966.02 | 山东青岛 | 公司机关 | 研究生 | 高级经济师,高级政工师 |
| 王增水 | 男 | 1966.02 | 河北深县 | 公司一中 | 大学 | 中学高级教师 |
| 刘震河 | 男 | 1966.03 | 甘肃榆中 | 公司机关 | 大学 | 高级会计师 |
| 杨继祯 | 男 | 1966.04 | 甘肃民勤 | 公司机关 | 大学 | 高级政工师 |
| 庞世臣 | 男 | 1966.06 | 吉林海陇 | 公司机关 | 大学 | 高级工程师 |
| 张进安 | 男 | 1966.06 | 河南孟州 | 公司机关 | 大学 | 高级工程师 |
| 李鸿林 | 男 | 1966.06 | 甘肃会宁 | 职工总医院 | 大学 | 副主任医师 |
| 李金堂 | 男 | 1966.08 | 甘肃会宁 | 公司一中 | 大学 | 中学高级教师 |
| 张兴荣 | 男 | 1966.09 | 甘肃会宁 | 职工总医院 | 大学 | 副主任医师 |
| 李志信 | 男 | 1966.10 | 甘肃会宁 | 教育处 | 大学 | 中学高级教师 |
| 王耘丰 | 男 | 1966.11 | 甘肃会宁 | 公司一中 | 大学 | 中学高级教师 |

续表 7-8

| 姓 名 | 性别 | 出生年月 | 籍 贯 | 工作单位 | 学历 | 最高职称 |
|---|---|---|---|---|---|---|
| 曹　毅 | 男 | 1966.11 | 甘肃靖远 | 职工总医院 | 大学 | 副主任医师 |
| 韩跃愈 | 男 | 1967.03 | 甘肃会宁 | 培训处 | 大学 | 高级讲师 |
| 徐学富 | 男 | 1967.06 | 河南新乡 | 红会四矿 | 大专 | 高级工程师 |
| 宋　萍 | 女 | 1967.07 | 甘肃平凉 | 公司机关 | 大学 | 高级工程师 |
| 陈雄山 | 男 | 1967.07 | 甘肃靖远 | 红会四矿 | 大学 | 高级工程师 |
| 田肃安 | 男 | 1967.07 | 山西高平 | 公司一中 | 大学 | 中学高级教师 |
| 邵惠霞 | 女 | 1967.09 | 河南扶沟 | 职工总医院 | 大学 | 副主任医师 |
| 侯万军 | 男 | 1967.11 | 甘肃通渭 | 红会煤业公司 | 大学 | 高级工程师 |
| 冯顺明 | 男 | 1967.12 | 甘肃通渭 | 公司一中 | 大学 | 中学高级教师 |
| 张　明 | 男 | 1968.02 | 甘肃兰州 | 机械制修厂 | 大学 | 高级工程师 |
| 焦存福 | 男 | 1968.02 | 甘肃泾川 | 魏家地矿 | 大学 | 高级工程师 |
| 赵昆仑 | 男 | 1968.02 | 河南新密 | 公司机关 | 大专 | 高级经济师 |
| 牟海强 | 男 | 1968.04 | 甘肃秦安 | 科研设计院 | 大学 | 高级工程师 |
| 段永春 | 男 | 1968.05 | 甘肃靖远 | 甘煤一公司 | 大学 | 高级工程师 |
| 马义利 | 男 | 1968.06 | 甘肃礼县 | 华能工程建设公司 | 大学 | 高级工程师 |
| 滕玉龙 | 男 | 1968.06 | 甘肃靖远 | 华能工程建设公司 | 大学 | 高级工程师 |
| 高佑蕊 | 女 | 1968.06 | 甘肃白银 | 培训处 | 大学 | 高级讲师 |
| 王亚峰 | 男 | 1968.08 | 江苏泰兴 | 公司机关 | 大学 | 高级工程师 |
| 李金堂 | 男 | 1968.08 | 甘肃会宁 | 公司一中 | 大学 | 中学高级教师 |
| 陈丽莉 | 女 | 1968.08 | 山西晋城 | 公司一中 | 大学 | 中学高级教师 |
| 陈建华 | 男 | 1968.09 | 甘肃陇西 | 科研设计院 | 大学 | 高级工程师 |
| 郑念凯 | 男 | 1968.11 | 河北丰润 | 甘煤一公司 | 大学 | 高级工程师 |
| 郑维强 | 男 | 1968.12 | 四川南部 | 公司机关 | 大学 | 高级工程师 |
| 刘彦新 | 男 | 1969.03 | 甘肃泾川 | 公司二中 | 大学 | 中学高级教师 |
| 付作纪 | 男 | 1969.04 | 河南新乡 | 技工学校 | 大学 | 高级讲师 |
| 陈海燕 | 女 | 1969.04 | 甘肃皋兰 | 公司一中 | 大学 | 中学高级教师 |
| 李怀霞 | 女 | 1969.06 | 甘肃靖远 | 技工学校 | 大学 | 高级讲师 |
| 李　瑞 | 女 | 1969.06 | 陕西户县 | 技工学校 | 大学 | 高级讲师 |
| 王强平 | 男 | 1969.07 | 湖南祁东 | 公司机关 | 大专 | 高级政工师 |
| 王维林 | 男 | 1969.08 | 四川青川 | 技工学校 | 大学 | 高级讲师 |
| 孙全盛 | 男 | 1969.12 | 甘肃通渭 | 甘煤一公司 | 中专 | 高级政工师 |
| 常　青 | 男 | 1969.12 | 甘肃灵台 | 公司机关 | 大学 | 高级政工师 |
| 李　伟 | 男 | 1970.02 | 甘肃通渭 | 运销公司 | 大专 | 高级工程师 |
| 常有刚 | 男 | 1970.02 | 甘肃会宁 | 培训处 | 大学 | 高级讲师 |
| 魏家芸 | 女 | 1970.04 | 甘肃靖远 | 公司一中 | 大学 | 中学高级教师 |

续表 7-8

| 姓 名 | 性别 | 出生年月 | 籍 贯 | 工作单位 | 学历 | 最高职称 |
|---|---|---|---|---|---|---|
| 安 滨 | 男 | 1970.07 | 甘肃镇原 | 公安处 | 大专 | 高级政工师 |
| 朱 锐 | 男 | 1970.08 | 安徽休宁 | 公司机关 | 大专 | 高级会计师 |
| 张治斌 | 男 | 1970.10 | 甘肃靖远 | 公司机关 | 大专 | 高级经济师 |
| 刘昌平 | 男 | 1971.02 | 甘肃白银 | 公司机关 | 大学 | 高级工程师 |
| 张锋刚 | 男 | 1971.05 | 甘肃宁县 | 公司机关 | 大学 | 高级工程师 |
| 罗学明 | 男 | 1972.06 | 甘肃永昌 | 甘煤一公司 | 大学 | 高级工程师 |
| 顾 奇 | 男 | 1972.06 | 浙江兰溪 | 公司一中 | 大学 | 中学高级教师 |
| 石道斌 | 男 | 1972.09 | 甘肃镇原 | 公司机关 | 大学 | 高级政工师 |
| 苏统亨 | 男 | 1973.02 | 甘肃会宁 | 公司机关 | 大学 | 高级政工师 |
| 王文建 | 男 | 1973.04 | 甘肃秦安 | 王家山矿 | 大学 | 高级会计师 |
| 罗建峰 | 男 | 1973.12 | 陕西富平 | 物资供应公司 | 大学 | 高级经济师 |

## 九、甘肃煤炭工业学校高级专业技术人员表

表 7-9

| 姓 名 | 性别 | 民族 | 出生年月 | 籍 贯 | 文化程度 | 专业技术职务名称 | 获奖情况 |
|---|---|---|---|---|---|---|---|
| 王士卿 | 男 | 汉 | 1929.09 | 天津市 | 大学 | 高级讲师 | 1986 年市园丁奖 |
| 季 承 | 男 | 汉 | 1933.07 | 江 苏 | 大专 | 高级讲师 | |
| 方益贵 | 男 | 汉 | 1935.01 | 贵州沿河 | 大专 | 高级工程师 | |
| 赵洪儒 | 男 | 汉 | 1935.02 | 山东东明 | 大专 | 高级讲师 | 1988 年市园丁奖 |
| 陈玉兰 | 女 | 汉 | 1935.05 | 甘肃高台 | 大学 | 高级讲师 | 1988 年省七届人大代表 |
| 王登贵 | 男 | 汉 | 1935.10 | 宁夏平罗 | 大学 | 高级讲师 | |
| 王景盛 | 男 | 汉 | 1936.10 | 甘肃靖远 | 大学 | 高级讲师 | 1982 年省优秀教师 |
| 解廷官 | 男 | 汉 | 1944.08 | 山西山阴 | 大学 | 高级讲师 | |
| 赵书瑜 | 男 | 汉 | 1945.05 | 山西忻县 | 大学 | 高级讲师 | |
| 张 秀 | 男 | 汉 | 1946.06 | 甘肃靖远 | 大学 | 高级讲师 | |
| 魏广忠 | 男 | 汉 | 1948.04 | 甘肃靖远 | 大专 | 高级讲师 | |
| 杨建成 | 男 | 汉 | 1949.07 | 陕西渭南 | 大专 | 高级讲师 | |
| 邱晓玲 | 女 | 汉 | 1949.08 | 北京市 | 大专 | 高级讲师 | |
| 丁向东 | 男 | 汉 | 1951.05 | 甘肃甘谷 | 大学 | 副研究馆员 | |
| 朱正慧 | 男 | 汉 | 1951.12 | 甘肃平凉 | 大学 | 高级讲师 | |
| 曹永福 | 男 | 汉 | 1952.12 | 甘肃灵台 | 大学 | 高级讲师 | |

续表 7-9

| 姓　名 | 性别 | 民族 | 出生年月 | 籍　贯 | 文化程度 | 专业技术职务名称 | 获奖情况 |
|---|---|---|---|---|---|---|---|
| 关书安 | 男 | 汉 | 1953.03 | 吉林辽源 | 大学 | 高级讲师 | 2001 年市园丁奖 |
| 张业胜 | 男 | 汉 | 1953.12 | 山东肥城 | 大专 | 高级讲师 | 2003 年市园丁奖 |
| 张应国 | 男 | 汉 | 1954.01 | 甘肃渭源 | 大学 | 高级讲师 | |
| 李守栋 | 男 | 汉 | 1954.06 | 甘肃靖远 | 大学 | 高级讲师 | |
| 魏光亚 | 男 | 汉 | 1954.09 | 甘肃庄浪 | 大学 | 高级讲师 | |
| 李　环 | 男 | 汉 | 1956.10 | 甘肃靖远 | 大学 | 高级讲师 | 1998 年市园丁奖 |
| 万英盛 | 男 | 汉 | 1957.10 | 甘肃靖远 | 大学 | 高级讲师 | |
| 雷天章 | 男 | 汉 | 1961.01 | 甘肃通渭 | 大学 | 高级讲师 | 1996 年政协市三、四届委员 |
| 张廷刚 | 男 | 汉 | 1963.06 | 甘肃会宁 | 大学 | 高级讲师 | 1999 年省园丁奖 |
| 庞国强 | 男 | 汉 | 1963.09 | 甘肃通渭 | 大学 | 高级讲师 | |
| 梁珠擎 | 男 | 汉 | 1963.11 | 甘肃合水 | 大学 | 高级讲师 | |
| 何乐民 | 男 | 汉 | 1964.05 | 甘肃会宁 | 大学 | 高级讲师 | |
| 魏孔明 | 男 | 汉 | 1965.01 | 甘肃靖远 | 大学 | 高级讲师 | 1999 年市园丁奖 |
| 刘　斌 | 男 | 汉 | 1965.09 | 甘肃会宁 | 大学 | 高级讲师 | |
| 关保国 | 男 | 汉 | 1966.04 | 甘肃秦安 | 大学 | 高级讲师 | |
| 何沛锋 | 男 | 汉 | 1966.11 | 甘肃通渭 | 大学 | 高级讲师 | 2002 年省园丁奖 |
| 王润存 | 女 | 汉 | 1967.01 | 甘肃武威 | 大学 | 高级讲师 | 2001 年市六届人大代表 |

# 附　　录

## 一、勘界资料

### 宁夏海原县<br>甘肃平川区　联合勘界领导小组第一次会议纪要

根据甘、宁两省平凉勘界工作会议精神，宁夏海原县、甘肃平川区联合勘界领导小组第一次会议于一九九〇年六月十八日在宁夏海原县招待所举行。会议由宁夏海原县副县长兼领导小组组长虎彦彪、甘肃白银平川区副区长兼领导小组组长赵瑞霖共同主持，海原县民政科科长马正煜、土地局局长李永奇、林业科科长马生香、畜牧科科长卢崇芳、农业科农艺师王维荣，平川区民政局局长孙文科、副局长王振华、土地管理局局长张茂荣、边办主任刘兴旺参加了这次会议。

会议交换了五万分之一的地形图，互相核对了两县（区）各自标绘的边界线，经过认真的核对，双方本着尊重历史、面对现实、稳定大局、互谅互让的原则，对双方图纸上全线六十九公里中不相一致的十四处进行了反复协商后，对黄家岴三脚架—靖海公路，上川至四道梁，上黄草—井沟梁测绘点三大段中的十一处，长约四十九点三公里，取得了一致意见。并在双方的地形图上用红色进行了标绘，由两县（区）领导签字备查（详见 1∶50000 图）。对双方意见不一致的三处地段，长约十九点七公里，确定下次在实地勘踏的基础上进一步协商确定。同时会议还商定了下一步的工作：

1. 靖海公里—上川段、茴条岔—上套子段，由双方县、乡、村、社派人共同在实地勘踏，时间在六月二十四日前后。

2. 双方商定在九〇年七月十日在甘肃平川区召开第二次联合勘界领导小组会议，并对有争议的地段在双方勘踏的基础上进行磋商、调整和确认，同时对测绘设置界标等有关事宜进行商定。

3. 大平梁段，双方都找原靖远县与海原县当年的处理协议、文件，若找到以文件确定，否则以实际协商确定。

4. 在争议地区，边界还未划定以前，双方都做工作教育群众不准动工修建工程。

宁夏海原县　虎彦彪

甘肃平川区　赵瑞霖

一九九〇年六月十八日

## 宁夏海原县<br>甘肃平川区 联合勘界领导小组第二次会议纪要

根据六月十五日至十八日两县区联合勘界领导小组第一次会议纪要，宁夏海原县、甘肃平川区联合勘界领导小组第二次会议于一九九〇年七月十日至七月十二日在甘肃平川区（矿务局二楼会议室）举行，会议由宁夏海原县副县长兼领导小组组长虎彦彪、甘肃白银平川区副区长兼领导小组组长赵瑞霖共同主持，海原县民政科科长马正煜、土地局局长李永奇、畜牧科科长卢崇芳、农业科农艺师王维荣；平川区民政局局长孙文科、副局长河汉统、体改办主任王振华、土地局副局长马勤、边界办公室主任刘兴旺参加了这次会议。

双方于6月28日、29日对第一次会议未取得一致意见的靖海公路至上川段、茴条岔至上套子段共同进行了实地踏勘，经双方现场商定，本着尊重历史，面对现实、稳定大局、互谅互让的原则进行了协商，现纪要如下：

1. 靖海公路至中咀梁段6.5公里，大平梁段1.3公里，井沟梁测绘点至平、海、会三县区交会点段9公里，双方取得了一致意见，并以红色描绘在1:5万交换图上。

2. 双方商定在已确定的界限内，双方现存在的插花地权属不变，双方都不得再扩大开垦。

3. 双方就界桩的制作问题取得了一致意见，海原县制作八个界桩（桩号41–48），平川区制作九个界桩（桩号49–57）。

4. 双方商定下次会议的时间和地点根据双方工作的进展情况电话联系后另行确定。

5. 关于中咀梁至上川段，本次会议未取得一致意见，双方原则同意：根据目前现状，本着有利于生产，方便生活，互利互惠，促进团结的原则，在双方做好群众工作的基础上，下次会议商定。

海原县：虎彦彪

平川区：赵瑞霖

一九九〇年七月十三日

## 宁夏海原县<br>甘肃平川区 联合勘界领导小组第四次会议纪要

时间：一九九一年三月三日

地点：甘肃省靖远矿务局招待所105房间

参加人员：

海原县：副县长虎彦彪、畜牧科长卢崇芳、民政科长马正煜、土地科长李永齐、农业科农艺师王维荣。

平川区：副区长赵瑞霖、民政局长孙文科、民政局副局长河汉统、土地局副局长马勤、勘界办公室干部祁有忠、强有红。

纪要内容：

1. 双方就边界靖海公路至上川段的剩余部分（2.3公里）经过充分的讨论，取得了一致意见，并标绘在1:5

万图纸上。

2. 此段原属牧地，划界后双方村社均不得在此段内开荒种地，保持原草山面貌。

3. 芝家井泉水的利用，可维持现状，由双方共同利用，除原有管道的正常维修外，双方都不得越界在对方境内再搞续建或新建工程。

海原县：虎彦彪

平川区：赵瑞霖

一九九一年三月三日

## 宁夏海原县人民政府<br>甘肃平川区人民政府 行政区域界线协议书

根据甘、宁两省区平凉勘界会议精神，平川区、海原县经过联合勘界，本着尊重历史、面对现实、稳定大局、互谅互让的原则，达成如下协议：

一、双方经过勘界，形成 1:5 万地形图纸一式两份、共五张，经双方勘界领导小组组长签字、双方政府盖章后各存一份。

二、插花地、飞地。

1. 双方承认对方插花地、飞地的耕种使用权，并保持原状。

2. 双方耕种插花地、飞地的承包者不得擅自扩大面积，开垦对方境内的荒山荒坡；不得蚕食道路、加宽地埂、破坏对方境内的其他设施；同时不得在插花地、飞地上打庄修院，或进行其他工程设施。

3. 双方插花地、飞地的承包者为了便于耕种或其它原因需要和双方兑换土地时，须经双方乡政府同意，并经两县区土地管理部门报两县区人民政府同意后方可兑换。

4. 双方插花地、飞地的位置、面积、所在地以统一的表格登记造册，报两县区主管部门备案。

三、因特别需要，必须在对方境内搞某项工程时，须征求对方主管部门和两县区人民政府同意后方可施工。未经双方同意，除原有工程的正常维修外，任何一方都不得在对方境内搞续建或新建工程。

四、牲畜放牧。为了发展畜牧业生产，双方继续尊重睦邻村社的原有友好关系，新的穿插放牧应征得当地人民政府以及草原承包单位的同意后方可进行，并签写放牧牲畜种类、数量、时间等合同。双方群众都不得把现有荒山开垦、种植。

五、界线勘定后，双方教育群众维护界线的权威性，发现问题及时互相联系，协商解决。

六、界桩是两省区界线的标志，双方要教育群众予以保护，不得移动和损坏。

七、本协议经两县区政府签字盖章后生效，报各自上级有关部门存档备案，印发双方边界有关乡、村，传达到群众，严格遵守。

海原县人民政府：虎彦彪

平川区人民政府：赵瑞霖

一九九一年四月九日

## 宁夏海原县<br>甘肃平川区 联合勘界领导小组第五次会议纪要

时间:一九九一年四月十日

地点:海原县人民政府招待所

参加人员:

海原县:副县长虎彦彪、民政科长马正煜、农业科农艺师王维荣、畜牧科长卢崇芳。

平川区:副区长赵瑞霖、民政局长孙文科、勘界办公室干部祁有忠。

纪要内容:

1. 双方对近一年的勘界工作进行了认真的总结,在友好的气氛中产生了"甘肃省平川区宁夏回族自治区海原县关于宁甘边界平海段勘定工作的总结报告"。

2. 双方根据甘、宁两省平凉勘界会议精神,对在勘界工作中的有关问题共同协商,产生了"海原县人民政府、平川区人民政府行政区域界线协议书"。

3. 双方对"海原县、平川区边界走向文字说明"、"界桩登记表"、1:5 万地形图(一式六份)、1:1 万地形图(一式两份)进行了签字盖章。

4. 双方商定对插花地、飞地的登记丈量工作等上级表到后立即进行。

5. 双方一致认为这次勘界工作进展是顺利的,通过勘界增加了友谊,增强了团结,加深了感情,为进一步的合作打下了坚实的基础。

海原县:虎彦彪

平川区:赵瑞霖

一九九一年四月十日

# 白银市人民政府办公室文件

市政发[1991]51 号

## 白银市人民政府办公室转发关于解决海原县盐池乡团庄村与平川区共和乡焦口村芝家井水源利用问题会议纪要的通知

平川区人民政府:

现将《关于解决海原县盐池乡团庄村与平川区共和乡焦口村芝家井水源利用问题会议纪要》转发给你们,请你们严格遵守双方在勘界期间达成的协议,做好乡村基层干部、群众的思想工作,坚决制止聚众闹事,械斗伤人,抢夺和破坏集体、个人的财产,对于挑动或参与闹事,致使公共财产和人民利益遭受损失的直接责任人和其他肇事者,要给予行政处分或治安管理处罚;情节严重,构成犯罪的,要依法追究刑事责任。

一九九一年九月二日

## 关于解决海原县盐池乡团庄村与平川区共和乡焦口村芝家井水源利用问题会议纪要

八月下旬以来,海原县盐池乡团庄村与平川区共和乡焦口村因使用芝家井水的问题,先后两次发生严重群众械斗,致使双方数十人受伤,经过两县、区及时有效的工作,目前事态得到控制,但双方群众的情绪仍未缓和,处在激荡之中。为了进一步做好工作,彻底清除双方群众的对立情绪,避免事态的再度发生,固原地区民政处、白银市民政局于一九九一年八月三十日邀集两县、区勘界领导小组成员在海原召开了紧急协商会议。

参加会议的有白银市民政局局长张朝仪、边办负责人文有值,固原地区民政处副处长王国雄、干部吕正东,平川区副区长赵瑞霖、民政局局长孙文科、干部祁有忠,海原县副县长虎彦彪、民政局局长马正煜、土地局局长李文齐、畜牧局局长卢崇芳。

会议由张朝仪、王国雄二同志主持。

会议认为,海、平两县区在勘界工作中,团结协商,互谅互让,基本达成了勘界任务,是符合两省区勘界实施方案的。在最近制止双方群众的械斗事件上,指导思想明确,态度端正,方法对头,为防止事态扩大做了积极努力。

但鉴于问题尚未彻底解决,双方群众情绪很难稳定,潜伏着一触即发的严重势态,会议经过充分酝酿讨论,对进一步做好工作提出了如下意见:

一、建议双方县、区政府的主要负责同志在近期内亲自出面做好乡、村干部和群众的思想工作,依靠基层组织和干部,坚决制止群众集结接触。

二、要教育基层干部和群众严格遵守双方在勘界期间形成的协议和纪要,维持现状,维护边界地区的安定团结。

三、对基层干部要在党纪、政纪、法制方面从严要求,不得组织、参与群众械斗,对个别组织参与者应从严处理,造成严重后果者要追究刑事责任。

四、为了避免今后双方因用水再度发生纠纷,会议商定在9月10日由海原、平川双方各派一名县区长、民政局长,在平川区召集双方村、组主要干部会议,共同商定用水的措施和办法,形成协议,共同遵守。

五、根据中央严格制止群众械斗事件的有关要求,为了使有关各级党委、政府对目前已发生的群众械斗事件引起高度重视,并做好今后工作,建议将此纪要由固原地区行署、白银市政府批转相关的县区、乡人民政府贯彻执行。

宁夏固原地区民政处　王国雄

甘肃省白银市民政局　张朝仪

一九九一年八月三十日

# 会宁县与平川区边界线协议书

根据《甘肃省勘定省内行政区域界线规则》、《甘肃省县、乡两级行政区域界线勘定办法》及《白银市勘定市内县级行政区域界线实施方案》精神,会宁县、平川区联合勘界工作组,从六月三日开始,至十月二十一日,历时一百三十八天时间,各自对边界线进行多次踏勘,经过两次会晤,达成如下协议:

1. 全线长32公里。在1:5万地形图上,从靖远、会宁、平川三县区交汇地点开始,沿图上原标县界(以下简称县界)至坐标(x:4029500,y:18524650),向南沿大路至坐标(x:4028300,y:18524900),向东经沟至坐标(x:4028350,y:18526250)到图上县界,沿县界到农路与县界的交叉处,向南沿农路到农路与县界的交叉处,坐标为(x:4025850,y:18527050),沿图上县界到坐标(x:4023400,y:18530100),向正北至坐标(x:4023700,y:18530100),转向正东至公路,顺公路向南至转弯处,沿山梁至坐标(x:4022750,y:18530700),向东进入图上县界,沿线界到坐标(x:4025400,y:18534100),沿农路至碱沟,向东南沿碱沟到坐标(x:4023450,y:18535700),转向东北方向沿沟到图上县界,至坐标(x:4022300,y:18537800)。

2. 正式边界线地形图采用中国人民解放军总参谋部测绘局,1978年版1:5万地形图。图号为10-48-127-丙、丁,10-48-139-乙。双方签字盖章后生效。

3. 沿边界线两侧的插花地仍维持现状,所有权和使用权及其他资源权属不变。双方均不得越界开荒。张大眼睛塬(后中沟梁)所开荒地弃耕还牧。下双寨正南有会宁插入平川区境内耕地,维持其利用现状。

4. 边界线接壤地区双方共用的道路和水资源要共同维护使用,不准独占和变更。

5. 两县区要本着睦邻友好的原则,教育双方群众严格维护本协议确定的内容,保证双方正常的生产、生活秩序。

6. 本协议一式三份。报市一份,两县区各一份。

7. 本协议从签字之日起生效,任何一方不得随意变更和违犯。

8. 本协议底稿由会宁县民政局保存。

平川区人民政府副区长:边凯
会宁县人民政府副县长:王价
一九九二年十月二十一日

# 靖远县、会宁县、平川区三县区边界线交会点协议书

根据《甘肃省县乡两级行政区域界线勘定办法》和《白银市勘定行政区域界线实施方案》精神,平川区、会宁县、靖远县三县区在实地调查、踏勘的基础上,于一九九三年三月二十六日在平川区举行协商会议,就三县区交会点达成如下协议:

一、三县区交会点的位置的平面直角坐标为

x:4033500，　　y:18519550

二、三县区边界线交会点定位图为中国人民解放军总参部测绘局1975年航摄，1977年调绘，1978年第一版，1971年版图式，1:5万地形图，该点用图的图幅编号为:10–48–127–丙。

三、交会点界桩为三面形（按全省统一标准，由靖远县制作），埋设界桩在三县区勘界栽桩测绘工作中进行。

四、经三县区联合勘界工作组代表签署的三县区边界线交会点定位图共五份，具有同等效力，三县区分别保存一份，上报两份。

五、本协议及所附三县区边界线交会点定位图自签字之日起生效。

附:靖远县、会宁县、平川区三县区交会点定位图。

平川区勘界领导小组代表:刘兴旺

靖远县勘界领导小组代表:赵明德

会宁县勘界领导小组代表:锁兴国

一九九三年三月二十六日

# 靖远县、平川区第一次边界会议纪要

靖远县、平川区两县区第一次边界会谈会议于一九九四年十二月一日至二日在靖远县乌兰宾馆举行。参加会议的有靖远县县政府副县长冯瑄同志、县民政局局长张文钰同志、县边界办公室主任王勤同志；平川区民政局局长孙文科同志、区勘界办公室主任刘兴旺同志、勘界办干部强有红同志。市民政局边界办副主任欧强同志、干部张炳新同志也参加了会议。

会议由靖远县民政局局长张文钰、平川区民政局局长孙文科同志共同主持。会上两县区勘界工作组学习了省市有关勘界工作文件，本着实事求是、互谅互让的原则，就双方意见一致的边界线达成共识，现将会议纪要如下:

一、靖远与平川区的边界线勘定，应以甘肃省关于勘定县、乡行政区域界线办法为原则，以两县区土地详查正式接边线为基础，本着有利行政区划管理和边界地区的稳定的目的，充分协商确定。

二、就双方认识一致的边界线，分别标绘在10–48–113–乙、10–48–114–甲、10–48–114–乙、10–48–115–丙四张图上，由两县区勘界工作组组长签字后生效。

三、边界线一经勘定，界线两侧的双方插花地及公共设施，仍按权属所有维持现状。

四、对下次会谈时间由双方联系确定。

靖远县勘界工作组:王　勤

平川区勘界工作组:刘兴旺

一九九四年十二月二日

## 靖远县、平川区第二次边界会议纪要

靖远县、平川区两县区第二次边界会谈会议于一九九五年十二月十二日、十三日在平川区长征宾馆举行。参加会议的有靖远县副县长陆鉴、县民政局局长张文钰、县边界办公室主任王勤；平川区政府区长助理何允滨、区民政局局长孙文科、副局长河汉统、勘界办干部强有红。市民政局副局长刘永堂、边界办副主任欧强、干部张炳新亲临会议指导协调工作。

会议由市民政局副局长刘永堂同志主持。会上两县区勘界工作组本着实事求是、互谅互让的原则，在第一次边界会议的基础上，就双方未定边界线，经过友好协商，达成一致意见。现将会议纪要如下：

一、关于月河湾至靖平公路一段靖远县与平川区边界线，经两县区协商，维持市政发（1993）14 号文件精神。

二、将两县区边界线标绘在 10–48–114–丙、10–48–113–丁、10–48–113–乙、10–48–114–甲、10–48–114–乙、10–48–114–丁、10–48–126–乙、10–48–115–丙、10–48–127–甲、10–48–127–丙等 10 张 1971 年版图式中国人民解放军总参部测绘局 1:5 万地形图上，由两县区人民政府代表签字后生效。

三、边界线一经勘定，界线两侧双方插花地、水利设施、煤矿权属等维持现状。

四、两县区拟定埋设界桩　个，各制作　个，经费由两县区财政分别承担。

五、界桩埋设、内业成果整理等工作由两县区联系确定。

靖远县人民政府代表：陆　鉴
平川区人民政府代表：何允滨
一九九五年十二月十三日

## 共和、水泉、陡城、黄桥、种田、复兴、王家山镇、宝积 7 乡 1 镇勘界会议纪要

平川区共和乡、水泉、种田、复兴、黄桥、陡城、宝积、王家山镇 8 乡镇人民政府勘定行政区域界线于九七年六月二十四日在计生委会议室举行。参加会议的有复兴乡乡长路光耀、种田乡副乡长董志杰、黄桥乡副乡长刘江祖、共和乡乡长韦秉智、宝积乡副乡长崔巧玲、陡城乡副乡长李寿民、水泉乡副乡长王志磊、王家山镇副镇长李雪梅、土地局副局长韦庆文、民政局副局长何汉统 、干部强有红、荆永德，会议由区政府副区长陈振刚主持。

会上八乡镇政府代表本着顾全大局、实事求是、互谅互让的原则，以全国地名普查和土地详查时认可的接边线为基础，通过核对地图 ，充分协商，最后形成一致意见。现将情况纪要如下：

一、乡级界线勘定后，标会在地形图上。将种田、复兴边界线标绘在 10–48–127–丁上，种田、黄桥边界线标绘在 10–48–127–甲上，黄桥、共和边界线标绘在 10–48–115–丙和 10–48–127–甲上，共和、宝积边界线标绘在 10–48–114–丁、10–48–126–乙上，宝积、陡城边界线标绘在 10–48–114–丁上，陡城、水泉边界线标绘在 10–48–114–甲、10–48–114–丙上，水泉、王家山镇边界线标绘在 10–48–114–甲上。其中种、复边界、种黄边界、共宝边界、宝陡边界由相邻两乡代表签字后定位法定界线，共黄边界、陡水边界和水王边界在分设乡镇时已由省边界工作办公室审定为法定边界。

二、会议商定，边界线正式签定后，对在双方境内的插花地，其权属不变，维持现状，任何一方不得侵占，同时要为对方群众的生产和管理提供方便。承包土地的个人不得借耕种插花地之机，擅自在对方境内垦荒，蚕食道路，加宽地埂等。需兑换土地时，经双方村级组织和乡政府土管部门同意后方可兑换，个人私自协商兑换无效。双方边界地区共同管理和使用的道路、水利设施、林木等仍有双方共同管护和使用，任何一方不得擅自变更或无理抢占、砍、伐。

三、本会议纪要经8乡镇政府代表签字后，按照规定报白银市人民政府审批，以批准之日起生效。乡政府要教育边界地区群众，自觉维护边界地带秩序，保持稳定。

共和乡政府代表：韦秉智　　水泉乡政府代表：王志磊

种田乡政府代表：董志杰　　复兴乡政府代表：路光耀

黄峤乡政府代表：刘江祖　　宝积乡政府代表：崔巧玲

陡城乡政府代表：李寿民　　王家山镇政府代表：李雪梅

一九九七年六月二十四日

## 海原县—平川区边界联检工作会议纪要

海原县、平川区边界线全长68.9公里，于1990年6月开始到1991年4月全面勘定结束，共埋设界桩17颗，每颗界桩所经乡村如下：即41号界桩在盐池乡团庄村、黄峤乡玉湾村；42号界桩在盐池乡团庄村、黄峤乡双铺村；43号界桩在盐池乡团庄村、黄峤乡焦口村；44号界桩在盐池乡张寨村、黄峤乡桥山村；45号界桩在盐池乡张寨村、黄峤乡桥山村；46号界桩在盐池乡张寨村、黄峤乡神木头寸；47号界桩在盐池乡张寨村、种田乡北庄村；48号界桩在盐池乡张寨村、种田乡北庄村；49号界桩在树台乡树台村、种田乡五星村；50号界桩在树台乡二百户村、种田乡五星村；51号界桩在树台乡二百户村、种田乡种田村；52号界桩在树台乡二百户村、复兴乡甘涝村；53号界桩在树台乡浪埫(川)村、复兴乡甘涝村；54号界桩在树台乡浪埫(川)村、复兴乡李沟村；55号界桩在树台乡浪埫(川)村、复兴乡李沟村；56号界桩在树台乡浪埫(川)村、复兴乡李沟村；57号在关庄乡西沟村、复兴乡李沟村。具体界线途径两县(区)6个乡、16个村。

今年10月下旬，两县区民政局在接到两省区民政厅《关于开展甘宁边界联检工作的通知》后，两县区民政局领导及时通过电话联系，商谈联检事宜。11月3日开始，正式进行联检，共用三天时间，将全长68.9公里的界线全程跑完。检查结束后，两县区领导商定于11月7日在海原县召开联检座谈会。另需事宜，再根据情况，具体商定。

通过联检，两县区认为，边界线地区基本稳定，边界线无有变动，基本上保持原来的现状，但界桩大多数损坏和偷挖，两县区商定明年进行补栽。会谈中，两县区领导认为，以后要继续加强合作，共同维护边界地区社会稳定，为发展经济创造稳定的环境。

注：原盐池乡行政区划调整后并入西安镇。

海原县民政局：杨正福

平川区民政局：刘兴龙

二〇〇三年十一月七日

# 二、考据文章

## 白银市平川区历史地理沿革考略

张明清

白银市平川区位居丝路古道,这条古道的陕西至宁夏段叫回中道。回中道自陕西宝鸡沿千河达甘肃平凉崆峒山一带,越六盘山到宁夏固原一带,沿清水河直至灵武等地。位在回中道上、号称“襟带西凉,咽喉灵武,北面之险要”的古萧关在今固原东南,是中原经回中道通往西域的重镇。

据《史记》记载,公元前220年,秦始皇曾经此道越过崆峒山到今宁夏境。西汉武帝时出使西域的张骞,先后两次“将万骑,出陇西”“出北地”西征匈奴的骠骑将军霍去病,就是经“襟带西凉”的萧关(时属北地郡辖)向西,经陇西郡地过黄河抵达西域的。汉武帝于元鼎三年(前114年)分北地郡置安定郡,在原属陇西郡的今靖远、平川一带置祖厉、鹑阴两县属安定郡辖。元鼎五年,汉武帝“遂逾陇,登崆峒,西临祖厉河而还”,也是自萧关西行,经今平川境进入靖远境,到达黄河边的祖厉县城。

这条古道,《明会要》记载得最清楚:“宣德七年(1432年)五月,复开平凉府开城县迭烈逊(黄湾)道路”。这条道路,就是从古回中道中萧关附近的开城至今白银市平川区黄湾古渡口的大道,“平坦径直,抵甘州诸卫,近五百余里”。明朝初年,平凉府曾拨军队修了迭烈逊渡口,添造了渡船。这次“复开此路,命陕西布政司造船8艘,每艘11人持之,隶迭烈孙巡检司”。

白银市平川区位居丝绸之路要道,故而历史在平川境内沿着这条古道留下了十余处古城遗址。有西汉鹑阴县城,东汉鹯阴县城,十六国时鲜卑乞伏氏的麦田城、前秦平凉郡郡治,北朝西魏、隋、唐直至北宋会州城,北宋怀戎堡、水泉堡(毛河洛)、通会堡,西夏迭烈逊城,明代陡城堡城和水泉堡城等。

### 西汉鹑阴县城

对于鹑阴县城和祖厉县城,史学界普遍的看法应属秦将蒙恬沿黄河所筑的三十四县城。根据《史记》记载,蒙恬“城河上为塞”,也就是说,鹑阴县故城、祖厉县故城初置时都在黄河边。

《中国历史地名大辞典》:“鹑阴县,西汉置,属安定郡。治所在今甘肃靖远西北。”研究者认为位在平川区黄湾黄河古渡口东岸的北武当山下。黄湾有一处规模较大的汉墓群,先后出土的汉墓有三百余座,就是黄湾有汉代古城的佐证。上世纪70年代给知青建房时推土机推出的一座公之于世的墓葬,有前后墓室,四周至墓室顶全是直径在30多厘米、长3米多的经过处理的方木架砌,墓内文物被收藏在靖远县钟鼓楼,墓室的规格说明墓主人的官职应在县令以上。千百年来,黄湾一带流传着东汉时黄河发大水冲毁了古城,致使县城移置到了旱平川的说法。位在今靖远县城红嘴子的祖厉故县城,应该也是同时受洪水所迫而移置于今会宁境内的。

有学者著文认为西汉鹑阴城位在黄湾北武当山上。北武当山上的玄武殿,是西汉武帝时的一座祠观,不是鹑阴城,鹑阴城在山下。而北武当山上现在能看到的古城遗址是明代迭烈逊巡检司。

### 东汉鹯阴县城

马援平定西羌后,东汉置武威郡,恢复祖厉、鹯阴二县建制,划归武威郡辖。

《甘肃通志》载:“鹯阴古城,在靖远县北。东汉作鹯阴县,属武威郡。晋废。”位在靖远县城北的旱平川新墩有两座古城遗址,东城即东汉鹯阴县城,民间称之为鹯州,有人误写为缠州。鹯阴其名,在史书上屡屡出现。

《后汉书》就记述了这么一件战事:护羌校尉赵冲,在追击叛逃的羌人时,遭到伏击,“于鹯阴河战殁”。《三国志》和《资治通鉴》还记述了另一件战事:三国魏时,凉州卢水胡治元多等反叛朝廷,魏文帝以京兆尹张既为凉州刺史,带上军队前去平叛。当时卢水胡派出了七千多骑兵到鹯阴口迎拒张既,张既扬言大军要从鹯阴口渡河,而暗中由其他渡口渡河直击武威城,武威的卢水胡认为张既大军是神人,便退到显美去了。

**西秦麦田城**

据《晋书》记载,西晋初,鲜卑乞伏氏由东北洮儿河一带迁徙于固原六盘山一带。到十六国时的东晋咸和四年(329年),后赵石勒灭了前赵刘曜,乞伏氏惧怕气势汹汹的石勒,又迁徙于麦田的元孤山。北魏地理学家郦道元把西秦在元孤山所筑的城称为麦田城。

郦道元在《水经注》中记述了黄河过祖厉县故城后,“河水又东北,迳麦田城西。又北,与麦田泉水合。水出城西北,西南流,注于河。河水又东北,迳麦田山西谷,山在安定西北六百四十里。”

我们认真读《水经注》就会看出,郦道元在《水经注》中记述黄河经过某城时,就表述为“迳城西”“迳城南”等,如黄河是从某县境内经过,则表述为“迳其界”“迳县南”等。据此,麦田城应该在黄河边的东岸边。

经当地人指点,笔者在旱平川南沿的月河堡子院,找到了麦田城的遗址。故城西北麦田泉水处依然汩汩出水,流向依旧西南。虽然古沙河已改道,故址危悬于沙河北岸,但其上游不远处有一处名曰“大泉”的古泉泉水依然丰沛,这一切,至少能证明郦道元记述的麦田城的地理特征仍然明显。

《靖远县志》同时列出了法泉水、红柳泉、麦田水、陡城水诸沙河水,并引《乾隆图志》:“麦田水,今名亥拉河,在县北,西流入河”。今人虽无法确定月河沙河是否就是清代人所称的亥拉河,但一一核对靖远县城以下黄河东岸这几条水,月河沙河水无疑就是麦田水。

乞伏氏在麦田城仅居三十六年,因畏惧前秦又移徙于今榆中一带。再四十多年后其首领始称秦王,史称西秦。

**平凉郡郡治与唐凉川县城**

《白银市志》载有兰州大学教授魏晋贤先生的研究结论,认定十六国时前秦设置的平凉郡郡治直到北朝魏时一直都在平川区的旱平川鹯阴境内。魏先生的主要依据是《魏书》中关于平凉郡的记载,我们看看:

《魏书·地形志·泾州》:平凉郡,领县二:鹑阴,郡治。前汉属安定,后汉属武威。晋罢,后复,属。有瓦亭、泾阳、平凉城。阴密,前汉属安定,后汉罢,晋复,后属。

可以看出,北朝魏时的平凉郡管辖鹑阴、阴密两个县,作为郡治的鹑阴县其身世沿革是“前汉属安定,后汉属武威”。

我们再往前看,《后汉书》中记载武威郡辖十四城,特别注明“鹯阴故属安定、祖厉故属安定”。从中可以读出“东汉的鹯阴县,就是西汉的鹑阴县”。那么,《魏书》中平凉郡所辖“前汉属安定,后汉属武威”的鹑阴县,无疑就是西汉的鹑阴县,也即东汉的鹯阴县。

如果无法推翻《魏书》的记载,也无法推翻《后汉书》的记载,那么,魏晋贤先生的研究结论就是正确的。

前秦在置平凉郡的同时还置了一座平凉县城。有人提出,平凉郡治不在平凉城吗?是的,从十六国时到隋代二百七十年间,平凉郡治都不在平凉城。

《魏书》中平凉城仅是鹑阴县辖的曾作过县治的一座城,不是郡治。《隋书·地理志》记载,平凉郡统县五:平高,百泉,平凉,会宁,默亭。按照史书记述惯例,平高(今固原)是平凉郡首县,是郡治,其时的平凉与位在平川的会宁一样只是县治。这种行政体制,从古至今都有。如甘肃省首府就既不在甘州,也不在肃州,而在兰州。

1976年,定西地区组织文物调查时,因旱平川新墩东城鹯阴县城于1972年已被平为田地,仅认定西城为唐代古城。也就是说,西城是唐代开元年间的凉川县城。

凉川县的来历和会州有关系。隋初,会州成了平凉郡的会宁县,后又设为会宁郡,改会宁县为凉川县,凉川县为郡治。唐设西会州后又改凉川县为会宁县作州治,开元年间又另设了凉川县。

笔者曾对新墩西城做过反复考察,发现有很多砖瓦被筑在城墙中,城墙颓圮处也显示这座古城是补修过的。两城对比看,鹯阴城只有一座南门且无瓮城,而西城有东西两座城门,城门外都有瓮城,城墙有马面,规格明显高于鹯阴城。追溯当地历史地理,这座位在汉鹯阴城侧的古城其前身应是前秦至北魏时的平凉郡治,一百五十年后的唐开元年间经修葺又置凉川县于此城,留给后人的就是唐城的遗址了。因口口相传而音转,民间将凉川城称为柳州城。

而初置于旱平川南沿会州城内后置于鹯阴城西的凉川县,其名应该来自于平凉川,也就是说平凉郡治设置在旱平川时,今日的旱平川,当年名叫平凉川。

**西魏至北宋后期之会州**

《元和郡县志》记载,宇文泰为西魏相时,于大统十四年(548 年)奉太子率兵西巡,会师于鹯阴,土人张信罄资飨六军,宇文泰大悦,以会为名置会州。从一些文献所记古会州与固原、干盐池、兰州等地的距离可以得出结论,古会州就在旱平川一带。"会州,本汉鹯阴县地",有学者解其意为"州治即鹯阴城",其实,这句话的意思应该是"州治在汉鹯阴县境内"。

《元和郡县志》在会州条下记述会州有"黄河堰","开元七年(719 年)河水渐逼州城,刺史安敬忠率团练兵起作,拔河水向西北流,遂免淹没"。无疑,会州城在黄河边,而且距离黄河极近,黄河发大水时州城有被淹没的可能。

那会州在黄河边的那个地方?《续资治通鉴长编》在记述元符元年(1098 年)宋军从西夏夺回会州后,是在原址重修会州还是择地重筑,官员们在争论中道出了古会州的一些地理特点:

五一零卷:"元符二年(1099 年)五月甲辰,熙河兰会路经略使孙路言,钤辖王愍踏逐会州西地名巴宁会,地形高爽,土脉坚润,比之古会州更险要。臣欲候青讷讷森等处城寨毕工,躬亲按视进筑。"

会州西有地名巴宁会,地形高,土质坚润,比会州原址更险要。

五一三卷:"戊辰,熙河路经略司言:会州城去大河不远,与兰州事体一般,可系桥于河,外建立关城,实为经久之利。诏:孙路相度事力可为,材料已备,即一面从长施行。"

宋军收复兰州后,在兰州黄河边造了索桥,熙河路官员认为古会州和兰州一样距黄河很近,也应造桥。当时建造索桥,至少河岸有一侧应有高度。

五一四卷:"八月壬申泾原奏:折可适、姚古已领兵马二万,进筑会州城。甲戌泾原奏:苗履已进会州进筑。"

"八月辛巳,是日苗履言:进筑会州城于会州川口,兴工三日,孙路移文于巴宁会进筑,而巴宁会地形险恶枯燥,不可建州,履不敢从。"

主持新筑会州的苗履没有听从孙路的意见,认为巴宁会高地既险恶又枯燥,不能建州,在会州川口择地筑了一座新会州城。这个位于会州川口的宋会州就在今靖远城。

从这些文字即可看出,宋筑新会州前的古会州地理特点是:在黄河边,在上游筑堰可使河水改向西北流;一侧河岸高峻利于扯索造桥;西面有高地可筑城。

笔者对学者们推测的古会州故址如陡城、大坝、鹯阴城等地都做了反复考察比对,只有月河堡子院故麦田城遗址具有这些特点:唐代安敬忠筑堰的地点现在是一道固定的河坝,河东岸的虎头嘴矗立高耸,当年的巴宁会高地上现在是靖电公司的水厂。就是说,鲜卑乞伏氏筑造麦田城220年后,宇文泰把会州设置在了这座古城。

《旧唐书》记载,唐初,突厥一可汗率众内属,遣其弟率领部落牧于会宁川中,有二千余骑,有马三千,后自称可汗并投靠凉州李轨。这段史实告诉我们,自隋以会州为会宁镇至唐以会宁县为会州州治,今月河至靖远红嘴子的这一湾河川名叫会宁川。而从宋"进筑会州城于会州川口"句来看,宋时这一湾河川又名叫会州川了。这也证明宋之前的会州城就在月河的堡子院一带。

位居中原通西域大道要津的会州,唐代是最繁盛的时期,当时的兰州仅是下等州,而会州是唐代的上等州,并曾"以足食故更名粟州"。

**会州的沿革**

西魏所置会州,北周改为会宁防,移会州至今宁夏中宁鸣沙镇。

隋开皇元年(581年)改会宁防为会宁镇,开皇十六年(596年)置会宁县,属平凉郡;大业二年(606年)置会宁郡,改会宁县为凉川县,凉川县为郡治。

唐武德二年(619年)改置西会州,又改凉川县为会宁县,会宁县为西会州州治;贞观八年(634年)改名粟州,同年又改为会州,辖境约为靖远、平川、景泰、会宁、海原等地;开元四年(716年)别置凉川县,九年省;天宝元年(742年)改会州为会宁郡,治会宁县;乾元元年(758年)复为会州。广德二年(764年)陷于吐蕃,废。

北宋初复置,后西夏占据。元符二年(1099年)收复后再置会州时筑城于今靖远县城址。崇宁三年(1104年)置敷川县,为州治。辖境约为靖远、平川、会宁、定西等地。

金占会州后于大定二十二年(1182年)改治所敷川县为保川县。不久会州又为西夏攻占,金侨治会州于会川城(今会宁县郭城驿),改名新会州。

元初复名会州,移治西宁县(今会宁县东),至元七年(1270年)省西宁县入州,辖境即今会宁县,至正十二年(1352年),改名为会宁州。

明洪武十年(1377年)降会宁州为会宁县。明正统二年(1437年)在宋会州故址置靖虏卫,清顺治二年(1645年)改为靖远卫,雍正八年(1730年)改为靖远县。

**其他古城堡**

位在黄湾北武当山上的迭烈逊古城初筑于西夏时,约为公元1030年前后。明代为迭烈逊巡检司,曾数次重修。

打拉池古城与位在黄峤乡杨崖湾村的通会堡筑于宋崇宁二年(1103年),同时"筑水泉、正川二堡通古会",此水泉堡在共和镇毛河洛村。

水泉堡城筑于明万历初年(1573年),万历四十年(1612年)扩筑。要说明的是,《重纂靖远卫志》中误将毛河洛宋水泉堡的历史记入今水泉明代古堡条下。

陡城堡城筑于明万历庚寅年(1590年)。

# 平川野麻黄河岩画

刘再明

野麻黄河岩画位于黄河红山峡谷黄河西岸,米家山脉大浪山东麓,白银市平川区水泉镇野麻村境内,东距水泉镇水泉村(国道109线)15千米,南距红山峡口黄湾下村8千米。岩体为红砂岩,面南背北,势随山坡,与山体间有裂缝。岩面约成平行四边行状,高7.5米,宽约4.4米,为自然断面,平整无裂缝,成立墙状,人畜不可攀,右上角和左下角各有一岩眼,位于同一垂线,上眼口径约17~18厘米,下眼口径为10厘米。岩面久经风雨,呈黑褐色,岩体下方有碱蚀;岩画地处偏僻,行人稀少,画面保存完好。

**1. 野麻黄河岩画的画面解析**

野麻黄河岩画共有图像24幅,其中人体像10幅,人头像5幅,动物像8幅,器物像1幅,另有磨迹1处。整幅画面看似零乱,但析其内容,可分为家庭图、狩猎图、农耕图三部分。

家庭图。该图位于画面的左上方,由6幅人体像组成。图核心为一男性,人体刻画完整,头部硕大,躯体细小,四肢成线,平顶,高竖三根平行头饰,眉鼻连刻成"T"字形,背角眼;躯干敲凿成长三角形,右臂伸张上扬持物或弓或杖,左臂弯向腰或抽箭或插腰,即该男人抽箭搭弓或持杖而立;其身材魁梧,形象威严,呈王者风范,推断此人为家长或族长或部落首领人物。男子右有上下二人,上者体小,磨刻成形,头部浑圆,腹部肥大饱满有坠感,手臂平展,下肢分叉;下者体大,划刻成形,圆头,敲凿嘴眼,两耳成像远,胸腹圆大,下肢分叉;两人应为女性。男人和女人之间有上下两人,划刻,头部均成倒三角形,头面无器官,躯干成线,无上肢,下肢短小,应为俩小孩。男子左上方一人,如线拽气球,圆头,双眼、鼻、嘴磨刻连成"工"字形,头像感观良好。该图计一男性,两女性,三孩童,共六人,好似一夫两妻妾三小孩一家人。

狩猎图。该图位于画面的左下方,共有9幅图像,其中动物像5幅,人体像2幅,人头像2幅。五只动物三左两右,对头,磨刻,左三只动物体型小,似羊只;右上一只动物头有大角,长尾,似鹿类;右下只动物体躯较大,前肢短小,脖颈长伸,似奔跑中的鹿类。动物群的右侧并立俩人,划刻,头大躯小、短四肢,位左者圆头硕大,高竖三根平行头饰,前额有下弧线发际,阴刻双眼,眶大仁小,点状鼻,刻大口嘴,无耳;位右者较小,方头,天际眼,点嘴,两耳平凸,倒八字头饰;两人右手均持物,似弓;方头人上方一头像,圆面、凿眼、嘴、倒八字头饰。动物群左上有一人头像,方形,凿点状眼、嘴,倒八字头饰,饰物顶端凿成球状,似卡通人。该图中,狩猎者对动物群成包围之势,动物已有察觉,右上那只鹿成急走状,右下那只鹿成惊跑状。

农耕图。该图位于画面的右下方,共有9个图像,其中动物像3幅,人体像2幅,人头像3幅,器物像1幅。该图核心是三只动物像,磨刻,位置上下排列,整齐划一,动物头部高扬,四肢蹬劲,尾巴后展有力,阳具硕大,应为忙耕中的骡马体态;骡马其形紧凑,体态矫健,走姿有力。三骡马后紧跟一人,磨刻躯体,右手扬起似持鞭,左手后伸似扶犁。该人上方有一人头像,凿眼嘴,倒八字头饰。三骡马上方有一椭圆人头像,面似瘦猴,两耳位低,眼、鼻、嘴、耳连成"¥"字形,倒八字头饰。该图右上位立一人,阴刻躯体,两臂平伸,左手持物,呈拉弓状,腰系尾饰,阳具明显;该人右下一方头像,直立两根头饰,凿双眼,鼻嘴模糊。三只骡马头部位置下,有凿痕,因碱蚀严重,保留面小,疑为同类骡马头顶部。整个画面的右上有一长柄斧状物。

**2. 野麻黄河岩画的创作特点**

野麻黄河岩画是典型的北方类岩画。一、岩画中有人物、头面、畜、兽、器物等图案,描述了先民生活生产、农耕狩猎等情景。狩猎的方式是设陷引诱、群体围攻、棍石刺打。画中雄性(人、畜)阳具硕大有力,女性胸腹饱满下坠,取生殖崇拜、人畜兴旺之意。二、画面技法分凿、磨、刻三种。八只畜兽及两个女性、一件器物图凿磨而成,雄浑纵劲、厚重敦实,凿磨长于体现女性生殖旺盛、畜兽躯体肥壮。其余人体、头面均刻划而成,如四肢成线,头面或方、圆或猴面、三角,五官或“工、¥”字或缺,躯体比例不协调,意像不统一,简勾躯廓,粗犷古拙。三、画面中有农耕图一幅,农耕图在北方类岩画中未见记录,该图中前三畜并列,后一人持鞭扶犁,是北方地区典型的“二牛抬杠”春耕秋犁图。南方地区常见“二牛(水牛)抬杠”深翻水田,北方地区使役骡马耕犁田地,春耕秋犁,两畜一架,如使役驴力或骡马体弱时,须两头并一头,方可均力,画面所述是之。

艺术创作有时代性,即某一历史时期特定环境下人类社会生产发展、意识形态一侧面的艺术再现。画面中男性位置突出,雄性(人、畜)阳具硕大,表明男性社会地位高,父系氏族社会是其社会形态;狩猎图、农耕图表明狩猎与农耕并举是其经济形式。画面蕴含蛮荒时代,先民们辛勤劳作、战天斗地,祈求物产丰富、家庭(族)长久传承的美好愿望,是先民自身生活、生产情景的真实纪录。这幅岩画可解为早期先民家庭生活生产图,即一农牧结合家庭,一夫两妻妾多个子女,一家人忙时农耕,闲时狩猎,家庭稳定,自给自足,这或许就是先民理想中的小康生活之规划。

**3. 野麻黄河岩画创作年代臆见**

野麻黄河岩画处是先民候牧群、待狩猎的憩息处,岩画为其牧遐所刻。岩画所在地为米家山系大浪山主峰,山高峻险,数十公里外可见,进入大浪山则是广阔的土山丘陵地带。据《靖远新志》载,“寿禄山起伏至黄河之西为米家山,人言山中多野兽可猎食。自西番窑、曾家湾、尾泉、脑泉、大石岘以及野马滩、尾川口皆属米家山脉。”野麻滩原野马滩,即野马出没之地,明以后,黄河两岸种植蒉麻,野马绝迹,野麻丛生,野马转字野麻。出野麻村,逆水南行约 15 千米,河西一弯地,名瞭(音 liáo)马滩,西距大石岘约 35 公里,属靖远县新田村,数十亩地,居二姓三家十数口人。瞭,平川、靖远方言中有探望、管护、处理之意,瞭马滩即探看、狩猎野马之地。可见米家山区早先为多野兽可猎食的牧区。

岩画处河床窄、便道小,上世纪 80 年代仅可通行架子车,90 年代后可通行小货车,且时常断路。可知先民时期,雨水丰沛,河水大,岩画处无有路径,或可行单人及禽兽。自岩画处逆水南行不足千米,西有一河沟名石阶沟,沟口平坦宽大,可出入大浪山。沟口与岩画之间,河床裸露名胀水滩,长五六百米,宽处近百米,皆黄土,西峭壁百米。早期该地人口稀少,先民将牧群驱赶进山,任其游食,人不跟群,仅于牧群出石阶沟饮河水处查点,名“打野”。现时,野麻村牧羊之家仍有这种习惯。再者,石阶沟沟口、胀水滩处,夏季一汪泥潭,冬季冰封一片,常有禽兽嬉戏或饮水身陷其中,只待缚擒。上世纪 90 年代初,笔者曾耳闻当地一村民言其在冰面擒获行走不得的石羊四只。岩画所在岩面上方楔眼,可楔入木棍作横梁,两边八字搭架,覆以枝叶,压以河泥,成人字棚,背风向阳,冬暖夏凉,山高好指认。先民在此候牧群,待狩猎,闲暇作画。

关于野麻黄河岩画的创作时代,本文依其表述的经济形式、社会形态及其历史地理等三方面浅作揣测,确切断代需专家进一步考证。人类社会经历漫长的演变进入到新石器时代,这时人类社会处于氏族公社时期,经济生活从采集、狩猎向农业、畜牧业过渡。西安半坡文化(距今约 6000—7000 年)标志西北地区开始进入原始农耕时代,其后马家窑文化的马家窑类型(公元前 3300 年—前 2900 年)、半山类型(公元前 2650 年—前 2350 年)马厂类型(公元前 2350 年—前 2050 年)及齐家文化(公元前 2000 年左右)的形成,表明原始农耕时代在西北地区的拓开和确立,母系氏族社会向父系氏族社会的过渡及父系氏族社会的确立。马家窑文化的经济形式“以农业为主,兼营狩猎”,社会形态“已经是父系氏族社会”,野麻黄河岩画所述经济形式与之同期或偏早(农业、狩猎并举早于一主一兼),社会形态相同。从历史地理看,马家窑类型文化时期,岩画处位于该文化分布区祖厉河流域边缘(祖厉河口北 40 公里水路处)，半山、马厂类型文化时期，岩画处位于该文化分布区祖厉河、景泰之间，北距半山文化景泰张家台墓地(东距黄河 6 公里)约 70 公里水路；齐家文化时期，岩画处位于其分布区甘肃省内黄河沿岸。可揣得，野麻黄河岩画与马家窑文化同期，估其凿刻于公元前 3300 前—前2050 年，最迟不晚于齐家文化早期即公元前 2000 年。

**4. 野麻黄河岩画的进一步探讨**

国内关于岩画的记载，最早见于公元五世纪北魏地理学家郦道元的《水经注》，其后在一些历史文献和地方志中有零星记载。上世纪初国内学者开始关注岩画，80 年代新疆、宁夏、甘肃陆续发现岩画。至 2007 年，中国已有 20 个省、自治区、特区的 134 个县(市、区、旗)发现岩画，省内已在靖远县、永昌县、玉门市、嘉峪关市、肃北蒙古族自治县、安西县、玛曲县、肃南裕固族自治县等 8 个县市发现岩画，野麻黄河岩画的发现，使平川区成为省内第 9 个、全国第 135 个发现岩画的县(市、区、旗)。其后景泰县也发现岩画。

野麻黄河岩画可与靖远吴家川岩画(兰州大学生物系部分师生于 1976 年发现，刻于 2.2 米×4.8 米，2.45 米×2.75 米两块岩面上)、白杨林黄河岩画(位于野麻村白杨林社黄河边)统命名为“黄河岩画”，细称“野麻黄河岩画”“吴家川黄河岩画”“白杨林黄河岩画”。吴家川黄河岩画东距黄河 15 千米，北距野麻黄河岩画 25 千米，地理位置上同处米家山系黄河之滨，一脉一水。三处岩画冠“黄河”之名，确落虚张之嫌，但随着进一步挖掘，将有更多岩画面世，终成一体(2010 年 9 月靖远党史办杜树泽先生在靖远三滩乡新田村东距黄河 5 千米处发现岩画 1 处。见杜树泽博客)；另之，山脉水系通古不变，以其命名，便于记事，可免行政区划变更之弊端。如甘肃肃北的祁连山岩画，黑龙江省海林县的牡丹江岩画，内蒙古固阳县长城岩画，阿拉善右旗的巴丹吉林沙漠岩画，云南省丽江县的金沙江岩画等皆如此。

野麻黄河岩画的发现，表明最晚在齐家文化早期(公元前 2000 年)平川区内就有先民生息繁衍，时处农耕时代，入父系氏族社会。可以想象，春暖花开，鹯阴谷地(古时黄湾、陡城、三滩之间的黄河称鹯阴水)，先民役畜扶犁，撒播籽粒，农耕农忙。野麻黄河岩画的发现，将平川区内人类活动的年代明确推前至距今 4000 年前，填补区内史前文化点空白之缺憾。与鹯柳边城、西汉古墓、迭烈逊古渡、黄湾摩崖石刻等共同构建平川之黄河古文明，也将丰富白银市和甘肃黄河文明之内涵，提升其品位。

**5. 后记**

上世纪 80 年代中后期，本人工作于平川区水泉乡政府(现水泉镇政府)，多走于乡村山野之间。1987 年驻队野麻村，发现野麻黄河岩画，1998 年隆冬与家人重访，留影取印。2006 年 10 月 25 日，见《白银日报》“黄河上游水电规划(黑山峡河段)环境影响评价信息公告”，岩画距水面十余米，有淹没的可能，遂撰文介绍，一则探讨交流，兼则呼吁普查保护。2007 年 3 月 14 日平川电视台《平川新闻》栏目首家报道“发现野麻黄河岩画”，引起省市报纸、电视等媒体的广泛关注。2007 年 4 月 13 日平川区人民政府公众信息网登载笔者撰写的《野麻黄河岩画》一文。2007 年 4 月 27 日，新华网以《甘肃黄河沿岸发现远古岩画》为题予以报道，光明网、《华语在线广播》等纷纷转报。2007 年 5 月 7 日 19 时中央电视台《新闻联播》栏目以“甘肃黄河沿岸发现远古岩画”为题报道野麻黄河岩画的发现，引起了社会的广泛关注。2008 年 12 月 16 日中共平川区委宣传部、区文联发“刘再明关于野麻(滩)黄河岩画的发现载入平川史话”证书。2010 年“百度百科”(未注明出处)、“互动百科”(注明出处)将本人《野麻黄河岩画》《白杨林黄河岩画考》两文合编成“黄河岩画”词条挂网。野麻黄河岩画的发现，很好地宣传了平川区、白银市。(原文载《陇右文博》2011 年第 2 期)

# 黄河水运

关兴益

滚滚黄河水，悠悠千万年，奔流不息，自白银区水川镇西部大峡的西峡口入白银市境，流经白银区、靖远县、平川区和景泰县，从景泰乌龙漩口流出，全长258千米。沿河道分布着大峡、乌金峡、红山峡、黑山峡等雄伟峡谷险礁。就在这段河道中，却流传着许多有关黄河水运的惊险传奇故事，至今仍在黄河两岸人中流传着。

黄河是古丝绸之路北线往来之要冲，是西北通往华北的水上运输大通道，也是兰州筏运达宁绥德必经之路。凡是在黄河两岸生活的人们，都离不开水路运输，特别在古代陆路交通尚不发达的时候，白银地区交通十分落后，别说是能跑车辆的马路，就是骡马行人走的便道，也是时断时续。从兰州经白银到宁夏、包头，只有一条黄河水路，许多重要物资只能通过水上运输，然后再转运到华北各地。水运从每年的春分前后冰消开河开始，到立冬前后结冰封河结束。

白银黄河水运历史悠久，据《白银市志》记载：远在先秦时期，黄河两岸老百姓就创造出了黄河水上运输工具羊皮筏子，俗称“排子”。

经过千年的不断改进和发展，到明清时代，羊皮筏子制造技术已相当成熟。当时，最小的羊皮筏子可乘6至8人，载重五百公斤以上，用16个羊皮胎系绑而成，叫“排子”。小型筏子载重10吨左右，由27个排子组成，用羊皮胎330个。中型筏子载重15吨，由30个排子组成，用羊皮胎360个。大型筏子载重20吨以上，由40个以上排子组成，用羊皮胎580个。

在明清时代白银黄河水运已相当兴盛，地处黄河边的白银、靖远、平川和景泰建房用的木料和生活用品烟酒糖茶、日用杂货大部分都是从陇南、临夏、甘南及兰州等地通过水路转运来的。尤其在同治九年(1870)反清回军被平定后，遭受兵燹之灾的靖远、平川、景泰已是满目疮痍，人口锐减，大片土地荒芜。此时，身处人稠地狭的榆中县青城、白银区水川(均属条城)的有识之士看中了土地肥沃、物产丰富的靖远、平川和景泰。他们利用黄河水运的便利条件，乘羊皮筏、木筏举家迁徙到这里。那些年，黄河青城至景泰段，一片繁忙景象，河面上顺流而下的羊皮筏、木筏，搏浪击水，一拨接着一拨，情景十分壮观。

白银黄河水运自西峡口至宁夏中卫段，要途经大峡、乌金峡、红山峡和黑山峡一道道险关，真可称得上“三步一险，五步一礁”，水手要看天气变和水情行驶，只能是朝发暮泊。

首先经过的险关是大峡，它是白银水程中最危险的一段。这一段的险境有：将军柱、煮人锅、大撞崖、锅底石、胶泥坝子、棺材石、大照壁、小照壁、月亮石等。尤其是“煮人锅”段的河水，是一个大漩涡，一边的水向下流，一边的水向上旋，水手的桨稍不用力就会被漩进锅里，撞在礁石上，酿成筏毁人亡的大祸。

进入靖远县平堡，西侧是乌金峡，这里两岸青峡石蜿蜒起伏，闪闪发光，似乌金披在峭壁上，所以人称“乌金峡”。乌金峡下面有一处险境叫“大浪天险”，巨大的河水汹涌倾泻，冲击礁石激起巨浪，起伏落差达十多米，十里之外便能听见狂涛咆哮如雷。

出乌金峡，顺流而下一百多里，便进入平川区境红山峡。沿河两岸都是红砂岩大山，起伏不平，因此叫“红山峡”。此段河道变得狭窄，水流湍急，先后要遇到不少惊涛骇浪和险礁，如：洋人招手、观音崖、三道块、双漩、一窝猪、红毛牛、老龙背、黄羊坪等。一道险关，一片险情，一个惊险传说。

洋人招手位于红山峡险要处，一大巨石立于河中，中流激浪，名鹰窝石。传说有一英国人乘筏顺流而下，至鹰窝石,惊恐已极,纵身跃上以避祸,筏似离弦之箭顺流而去。后因浪险筏疾不能相救,每见筏过,便拼命招手,终未得生还。

出了红山峡,黄河两岸,一边是景泰县,一边是靖远县兴隆乡大庙入口的峡谷,河道变得曲折蜿蜒,两岸山多黑色,故称之为黑山峡。

黑山峡险关层出,险象环生,如:龙王炕、五雷旋、三兄弟、七姊妹、老两口、白马浪、拦门虎、娃娃嘴、小观音等都是取河中或河岸的礁石形状而命名的。当地流传着这样的顺口溜:"老两口挂一挂,三兄弟绕不下",以形容险礁之可怕。要通过这些险关,水手须全神贯注,一着不慎,即刻会酿成折桨筏翻、葬身鱼腹的惨祸。

过了黑山峡,便入宁夏界。至此河面宽阔,水天一色,筏排缓缓漂向远方,驶向目的地……

斗转星移,岁月轮回。曾经兴盛辉煌了几百年,乃至上千年的白银黄河水运,随着中华人民共和国的成立,交通的飞速发展,黄河水运逐渐沉寂,到了上世纪50年代末,基本停运,只有遗存下来为数不多的小型羊皮筏子,有时还在奔流不息的河岸边和旅游景点处摆渡过往行人,显得十分稀奇。

# 三、资料辑存

## 白银市平川区国民经济和社会发展第十二个五年规划纲要

(2011年1月22日经区第六届人民代表大会第五次会议审议通过)

### 前 言

"十二五"时期是我区抢抓国家实施新一轮西部大开发战略、甘肃建设"兰白都市经济圈"、白银深入推进资源型城市转型等重大发展机遇,实现经济社会跨越式发展的关键时期,也是我区转变发展方式,调整经济结构,全面建设小康社会的重要时期。科学编制和有效实施《白银市平川区国民经济和社会发展第十二个五年规划纲要》,对于我区贯彻落实科学发展观,理清发展思路,实现跨越式发展具有十分重要的意义。

本《纲要》根据党的十七大、十七届三中、四中、五中全会和中央、省、市经济工作会议精神及编制国民经济和社会发展第十二个五年规划的要求,在贯彻落实中共白银市平川区委《关于制定白银市平川区国民经济和社会发展第十二个五年规划的建议》的基础上,以科学发展观为指导,结合现阶段平川区域经济和社会发展的实际,突出了实现跨越发展的总体战略意图,明确了指导思想、基本原则、主要目标、工作重点和措施,是今后五年平川区国民经济和社会发展的宏伟蓝图,是全区人民为之共同奋斗的行动纲领,与各乡(镇)街道规划、专项综合规划、区域规划、行业专项规划构成全区"十二五"规划体系。

### 第一章 实现跨越式发展的基础

#### 一、"十一五"时期经济社会发展的主要成就

"十一五"时期,在区委的坚强领导下,全区人民以邓小平理论和"三个代表"重要思想为指导,全面贯彻落实科学发展观,紧紧围绕发展第一要务,不断深化对区情的认识,进一步创新和完善发展思路,以资源型城

市经济转型为突破口,以项目建设和民营经济发展为重点,以构建和谐平川为目标,认真落实扩大内需政策,积极推进经济结构调整和发展方式转变,经济和社会发展取得了辉煌的成就,城乡建设和人民群众生活水平不断得到改善,超额完成了"十一五"规划提出的主要目标任务,为"十二五"期间跨越式发展奠定了坚实基础。

(一)综合实力显著增强,结构调整步伐加快。2010年全区实现地区生产总值56.5亿元,增长13.8%。"十一五"期间年均增长12%,比"十五"增幅高近1个百分点,人均生产总值达到26926元。全区大口径财政收入达到13.8亿元,年均增长19.6%,地方财政收入达到2.35亿元,年均增长27.9%。三次产业结构比例由2005年的4.6:73.4:22调整为2010年的3.2:81.4:15.4。农村基础设施建设不断加强,农业综合生产能力和农业新品种新技术推广得到进一步提高和完善,特色种植和规模养殖业进一步发展壮大。形成了番茄、菊芋、大枣等特色种植基地14个,发展得宝养殖、鑫河蛋鸡等各类规模养殖场28个。区属工业增加值达到6.64亿元,年均增长30.4%。外贸出口实现了零的突破,出口创汇620万美元。社会消费品零售总额达到9.96亿元,年均增长17%。市场体系建设逐步完善,在城区形成了商品一条街、电力路、盘旋路、中区四大消费品销售市场,陶瓷、木材、农资、蔬菜等专业市场初具规模。成功举办了全市乡村旅游节,以月河农家乐为代表的乡村旅游规模进一步扩大。

(二)项目建设成绩卓著,基础设施建设不断改善。始终把项目建设摆在首要位置,以重大项目为龙头,集中财力物力大规模推进城乡基础设施建设。全社会固定资产投资五年累计完成124.5亿元,年均增长7.2%。区属固定资产投资五年累计完成44.12亿元,年均增长40.4%。实施了下立交桥、沁川湖、西路大桥改建、集中供热、城市生活垃圾处理、污水处理、亚行贷款城市道路网改扩建等一批城市基础设施项目和区会展中心、平川汽车站、区法院审判综合大楼、计生服务中心等一批社会事业项目,城市面貌发生了巨大变化。实施了以通畅工程和通达工程为主的农村公路"村村通"工程,实现了乡乡通油路的目标,75%的行政村通上了油路和水泥路。制定出台了一系列招商引资的优惠政策,拓宽招商引资渠道,招商引资合同项目107项,签约资金达53.4亿元,落地建成项目75个,完成投资26.86亿元。成功举办了首届中国西部(白银·平川)陶瓷峰会暨平川陶瓷文化节。谋划了大型泵站改造、西格拉滩电力提灌工程、采煤塌陷区综合治理、铁砂矿开采、太阳能发电、风力发电、高科技产业、循环经济等一批事关平川科学发展、长远发展的重大支撑项目和民生改善项目。

(三)园区效应不断增强,发展环境进一步优化。开发区建设成效显著,基础设施建设力度不断加大,配套服务功能日益完善,吸引了一大批投资规模大、科技含量高的项目落户,落户工商企业总数达到280余家,"十一五"期间累计完成各类投资达15.1亿元,形成了以陶瓷、农副产品深加工、高新技术为重点的产业体系。开发区已成为招商引资、集聚产业、承接转型项目、培育经济新增长点的重要平台,呈现出较强的发展潜力和良好的发展势头。坚持不懈地改善生态环境,以打造"生态平川"为目标,实施了以主要城区出入口、高速公路沿线、人民广场、平川公园、恒山公园、沁川湖、城区道路绿化等为主的城市大环境绿化工程,城区绿化总面积达到258.6公顷,绿化覆盖率达到25.39%,城市绿化水平明显提高。综合服务功能不断完善,房地产开发、商贸物流、信息通讯、金融保险、乡村旅游等现代服务业快速发展,人居环境明显改善,经济实力明显增强。积极打造"能源重镇"、"西部陶都"等城市品牌文化,大力发掘平川历史文化资源,提升了平川知名度和影响力。

(四)城市转型稳步推进,多元支柱产业不断壮大。抢抓城市转型政策机遇,按照转型"六大体系"要求,以经济转型为根本,促进社会、生态、文化等全面转型,发展方式取得重大转变。围绕国家产业政策和投资导向,一手抓传统产业改造升级,一手抓新兴产业培育发展。以发展循环经济为方向,引导支持煤电企业加强技改创新,实施节能减排,产能大幅提升,煤炭产量累计达到5269万吨,电力装机容量达到210万千瓦。大力发展新能源产业,捡财塘风力发电一期工程建成并网发电。陶瓷产业快速发展,以新乐雅、华顺、陇烨、泰瑞、山川等为骨干的陶瓷企业发展到15家。赛诺生物、特澳特、熙瑞生物、金坪大枣等龙头企业不断发展壮大,农畜产品深加工企业发展到40家,其中省市级农业产业化龙头企业20家。容和集团防爆电气工程技术研究中心发展为省级工程技术研究中心,铸造装配车间、大功率节能灯项目建成投产。稀土抛光粉、锂电池阳极材料等高新技术项目入驻平川。初步形成了以能源新能源、陶瓷、农畜产品深加工、装备制造、高新技术为主的多元支柱产业,我区已成为西北最大的陶瓷生产基地和甘肃重要的煤电能源基地。

(五)高度关注改善民生,社会事业稳步发展。城乡群众收入水平和生活质量大幅度提高,2010年,城镇居民人均可支配收入达到13165元,年均增长17.4%。农村居民人均纯收入达到3630元,年均增长10.6%。大力开展就业技能培训,实施全民创业工程,城乡就业渠道不断拓宽。加大廉租住房、经济适用房建设和农村危旧房改造力度,多渠道解决低收入家庭住房困难。加大扶贫开发力度,实施整村推进项目20个。社会保障体系不断完善,养老、失业、医疗、工伤、生育保险覆盖面进一步扩大,城乡居民生产生活条件大为改善。成功创建全国科普示范城,不断加大科技创新,积极推进院地、院企合作,实施了一大批产学研项目,企业自主创新能力不断增强,农业新技术、新品种不断增多。深化教育教学改革,民办教育、职业教育发展迅速,教育教学质量不断提高。区乡村三级公共文化服务体系基本形成,文化事业日益繁荣,广播电视村村通工程得到巩固,全区广播电视综合覆盖率达到95%。卫生事业健康发展,新型农村合作医疗全面实施,参合率达到95.18%。人口和计划生育工作得到加强,人口综合治理工作机制初步形成,人口自然增长率预计控制在7‰以内。创建国家计划生育优质服务(县)区顺利通过验收。

(六)各项改革不断深化,社会大局保持和谐稳定。不断完善行政区划,积极推进冯家园村整体接收工作。国有企业改制基本完成,国有资产管理体制改革继续深化。建立了平川区政务大厅,内部管理机制进一步完善。集体林权制度改革顺利实施,创新农村工作机制取得新突破。政府机构改革、投融资体制改革、财税体制改革成效明显。社会事业体制改革全面推进,和谐社会稳定机制得以加强。精神文明和民主法制建设不断加强,一些事关社会和谐稳定的重大事件得到了妥善处置,努力克服国际金融危机带来的不利影响,积极开展防灾救灾和灾后重建,积极推进社会管理创新,扎实开展"五五普法",深入推进平安平川建设,成功创建"平安县区",为完成"十一五"目标任务营造了和谐稳定的社会环境。

"十一五"期间,全区国民经济和社会发展所取得的成就,得益于市委、市政府的坚强领导,得益于营造了一个和谐稳定的发展环境,得益于全区广大干部群众的努力拼搏。五年来,在区委领导下,全区上下齐心协力高举发展的旗、千方百计攻克发展的关、脚踏实地做好发展的事,形成了浓厚的发展氛围;坚定不移地以发展凝聚人心、凝聚智慧、凝聚力量,努力把干部群众的精力集中到加快发展上来,集聚了强大的发展合力;坚定不移地落实加快发展的目标,方向更加明确,行动更加有力,人民群众得到了更多的实惠;坚定不移地实施项目带动战略和招商引资,策划、生成、建设了一批具有战略意义的重大项目,极大地增强了发展的后劲;坚定不移地引导干部群众解放思想、更新观念,扎实推进体制机制改革创新,调动各方面的积极性,进一步优化了发展的环境;坚定不移地落实科学发展观,推进和谐社会建设,各项社会事业发展步伐加快,社会大局稳定,社会主义民主法制和精神文明建设不断加强,全区呈现出风正气顺、人和业兴的良好局面。

**二、"十一五"时期经济社会发展的基本经验**

"十一五"时期,是全区上下贯彻落实科学发展观、探索转型发展道路、丰富发展内涵的五年,也是发展最好、变化最大、人民得到实惠最多的五年。回顾五年的发展,有许多启示和经验值得我们认真总结,归纳起来主要有:

(一)必须坚持深化对区情的认识,不断完善发展思路。五年来,我们认真分析和审视区情,不断加深对区域经济社会发展规律的认识,提出了“发挥资源优势、打造西部陶都、培育新兴产业、加快城市转型”的总体发展思路和“主动融入、做大产业、科学转型、率先发展”的区域发展战略,实现中国西部陶都、甘肃能源新能源基地、甘肃农畜产品深加工区的战略定位,使全区发展思路和发展战略形成了较为完整的体系。

(二)必须坚持把解放思想、开拓创新作为加快发展的动力。思想解放的力度和程度,决定着发展的速度和成效,思想越解放,改革就越深入,发展就会越快。只有不断解放思想,打破思想桎梏,转变思想观念,积极适应新的发展形势,坚持与时俱进,在继承中创新,在创新中发展,才能破解发展难题,才能为推动经济社会发展提供不竭动力。

(三)必须坚持把优先发展工业作为经济发展的重点。工业是平川立区的基础,也是平川发展的希望,工业经济一直在全区经济发展中据主导。只有坚持不懈地发挥资源优势,做大做强工业,努力提升工业化水平,才是平川经济跨越式发展的战略选择,也是推进“兰白都市经济圈”建设的必然选择。

(四)必须坚持把转变发展方式和调整经济结构作为经济工作的主线。在抓好传统产业改造提升的同时,只有立足资源优势、区位优势、特色产业优势,积极调整经济结构,转变发展方式,把发展多元支柱产业作为经济发展的重点,大力发展第三产业,放手推动非公有制经济发展,下功夫提高发展质量,才能实现经济结构优化,推动经济可持续发展。

(五)必须坚持把创造良好的发展环境作为经济发展的基础。营造良好的投资发展环境是经济发展的重要保证,是招商引资的重要前提和基础条件。只有不断加大园区建设力度,拓展城市和园区发展空间,优化政策服务环境,切实改善生态环境和人居环境,积极营造和谐融洽的地企关系,以最优惠的政策、最宽松的环境、最良好的平台、最优美的生态、最特色的文化、最完善的服务,形成洼地效应,才能够不断增强城市的投资吸引力和综合竞争力。

(六)必须坚持把改善民生,维护社会稳定作为构建和谐社会的重要举措。发展必须建立在以人为本的基础上,只有高度关注和改善民生,注重社会建设,完善社会管理,扩大公共服务,健全社会保障体系,促进社会公平正义,维护好、实现好、发展好最广大人民群众的根本利益,切实提高群众生活水平,让人民群众共享改革发展的成果,才能促进社会和谐稳定。

(七)必须把坚持区委领导,不断转变政府职能作为推进经济社会繁荣发展的根本保证。只有坚决维护区委领导,主动接受人大、政协监督,调动一切积极因素和力量,不断推动政府转变职能,转变工作作风,提高行政效能,才能使政府真正成为优质公共产品的提供者、良好经济社会环境的创造者、广大人民利益的维护者,才能在应对复杂局面中推进各项工作,在攻坚克难中提高引领经济社会跨越式发展的水平。

**三、“十二五”时期跨越发展的环境分析**

“十二五”期间是实现跨越式发展的重要时期,省委十一届十次全委扩大会议、市委六届十次全委扩大会议都提出了“十二五”期间实现经济社会跨越式发展的宏伟目标。我区人均国内生产总值将从26926元向50000元跃升,城市经济转型将要有一个突破性的发展,经济社会发展将迎来一个重要关口,既面临加快发展的战略机遇,也面临着严峻挑战和竞争考验。贯彻落实省、市会议精神,就是要坚持以科学发展观为指导,站在新的历史起点上,把握好我区在“兰白都市经济圈”、兰西银经济区中的新定位,抢抓发展机遇,深入实施区域发展战略,积极创造参与区域经济合作和竞争的新优势,全力推动经济社会跨越发展。

(一)跨越式发展的有利条件。从我区的发展历史看,从“九五”末到“十五”末五年时间,全区生产总值由13.9亿元增加到25.4亿元,基本实现了“翻一番”。从“十五”末到“十一五”末五年时间,全区生产总值由25.4亿元增加到56.5亿元,实现了“翻一番”多的目标。“十一五”发展所取得的成就,已形成的良好发展态势和有利条件必将在“十二五”期间得到进一步延伸和体现,从而使平川在全市的跨越式发展中起到支撑、示范和带动作用。

一是跨越式发展具备了坚实基础。1985年建区以来,经过25年的发展,经济社会发生了巨大变化,人均GDP达到3795美元,进入了快速发展期,形成了以能源新能源、陶瓷、农畜产品深加工、高新技术和装备制造业为主的工业体系,全区城镇人口达到了50%以上,城市化水平显著提高,这为实现跨越式发展打下了坚实基础。

二是跨越式发展具备诸多机遇。国家实施新一轮西部大开发,国务院办公厅出台支持甘肃经济社会发展的若干意见,以及国家支持资源型城市转型、循环经济发展、棚户区改造等诸多政策,为我们调整产业结构、加快基础设施建设、增强发展能力,实现跨越式发展提供了难得的历史机遇。

三是跨越式发展思路更加明确。在历届区委、区政府艰苦探索的基础上,区委六届六次全委会议提出的区域发展战略和定位更加准确,阶段性奋斗目标更加符合实际,立足区位优势、资源优势和环境优势的发展思路更加清晰,工作重点更加突出,指导跨越式发展的思路更加科学具体。

四是跨越式发展环境不断优化。经过多年努力,我区已成为西北最大的陶瓷生产基地和甘肃重要的煤电能源基地,经济开发区已发展成为省级开发区,资源丰富,能源充裕,区位优越,交通便捷,基础设施更加完善,出台了一系列优惠政策,为招商引资、创业发展创造了良好的环境。

五是跨越式发展动力更加强劲。全区人民热切期盼改变现状、加快发展的愿望和全区上下想发展、谋发展、促发展的浓厚氛围,为我们实现跨越式发展增添了强大动力。相信经过五年的不懈努力,我区跨越式发展的目标一定能够实现。

(二)“十二五”时期面临的制约因素。我区目前仍处于工业化初期阶段,城乡二元经济特征明显,城镇化水平不高,经济结构单一。面临的主要不利因素是:经济总量小,资源依赖度强,发展基础相对薄弱,内生增长能力不强,重要原材料、土地和资金等资源要素的短缺和空间制约进一步加大,能够支撑经济跨越式发展的大项目不多;园区承载能力不强,配套设施不够完善;实现统筹协调发展任务艰巨,城乡基础设施和城市功能还不够完善,特别是项目建设中的征地拆迁、居民安置等问题比较突出;生态环境脆弱,农业基础薄弱,抵御自然灾害能力不强,农村经济依靠传统农业增收潜力和空间逐渐缩小,采煤塌陷区和干旱山区的部分群众生活依然比较困难,农民增收难度增大;影响发展的体制机制障碍尚未根本消除,人才短缺,劳动者素质较低,就业和再就业矛盾突出,社会保障、义务教育、基本医疗、公益性文化等方面与经济发展之间不尽协调;干部作风不实,工作效率不高,责任心不强等诸多不利因素依然存在。我们必须要正确认识形势,增强紧迫感和责任感,锐意进取,迎难而上,牢牢抓住机遇,进一步夯实发展基础,努力推动我区在“十二五”期间实现跨越式发展。

## 第二章　跨越式发展的总体思路

### 一、跨越式发展的指导思想

“十二五”时期,全区经济社会发展的指导思想是:坚持以邓小平理论和“三个代表”重要思想为指导,以科学发展为主题,紧紧围绕建设“兰白都市经济圈”的目标和“主动融入、做大产业、科学转型、率先发展”的区域发展战略,优化发展环境,激发发展活力,凝聚发展要素,强化发展基础,增强发展实力,提升发展速度,优化提升第一产业,做大做强第二产业,快速壮大第三产业,推动经济发展方式转变和产业结构优化升级,着力打造中国西部陶都、甘肃能源新能源基地和甘肃农畜产品深加工区,把平川建设成为经济相对发达、社会和谐安定、人民生活宽裕、生态环境优美、政治文明清和、文化繁荣昌盛的工业新区，努力实现经济社会跨越式发展。

**二、跨越式发展的基本原则**

“十二五”时期，全区经济社会发展要坚持的原则是：

——坚持把科学发展作为根本要求，转变发展方式，实现城乡统筹发展；

——坚持以建设“兰白都市经济圈”为主线，努力实现工业主导、民营推动、项目带动、循环发展的经济格局；

——坚持把依托资源能源优势作为经济发展的重要支撑，推动产业结构优化升级，壮大区域经济；

——坚持把城市基础设施建设作为经济社会实现跨越式发展的根本依托，实施项目带动战略，持续加大投入力度；

——坚持把改革开放作为强大动力，加大招商引资力度，突破难点重点，开拓创新进取；

——坚持把人民生活质量的持续提高作为全部工作的出发点和落脚点，注重改善民生，维护社会稳定；

——坚持把增加公共服务产品作为全民共享改革成果的核心，协调各项社会事业全面发展；

——坚持把着力改善生态环境作为跨越发展的前提条件，形成人与自然、人与社会和谐相处的良好局面；

——坚持把人民群众的积极性和创造性引导好、维护好、发挥好，依靠群众，推动全区经济社会跨越式发展。

**三、跨越式发展的主要预期目标**

根据上述指导思想和基本原则，按照实现平川率先跨越式发展的需要和提前实现全面建设小康社会的目标要求，充分考虑“十一五”时期经济社会发展的良好态势和未来五年发展环境的不确定因素，科学合理地确定我区“十二五”时期的发展目标，按照“12528”的阶段性目标，努力实现“五翻番、三提升、两降低”，即：地区生产总值、全社会固定资产投资、工业增加值、财政收入和人均收入比“十一五”末翻一番。经过五年的坚持不懈努力，到“十二五”末，努力把我区建设成为“兰白都市经济圈”中的重要工业区、兰西银经济区中的明珠城市，基本实现“西部陶都”的目标。使全区经济实力、综合竞争力、城乡居民收入都有大幅度提升，污染物排放总量和单位生产总值能耗实现双下降。

综合实力目标：确保地区生产总值年均增长15%以上，突破107亿元。其中：第一产业年均增长12%，达到3亿元以上；第二产业年均增长15%以上，达到83亿元以上；第三产业年均增长20%，达到21亿元以上。全社会固定资产投资年均增长15%以上，超过60亿元，区属固定资产投资年均增长18%以上，超过30亿元。社会消费品零售总额达到22.8亿元，年均增长18%。大口径财政收入达到20亿元以上，年均增长15%，地方财政收入达到5亿元以上，年均增长16%。

优化结构目标：农业综合生产能力和抗风险能力不断增强，工业化进程进一步加快，第三产业快速发展，产业结构不断优化，经济增长的质量和效益明显提高。地方工业年均增加30%，达到20亿元以上，力争区属工业增加值占全区工业增加值的比例达到1/4。三次产业结构由2010年的3.2:81.4:15.4调整到2015年的2.8:77.6:19.6。

社会发展目标：科技进步对经济增长的贡献率达到50%以上，农业科技成果转化率达到70%，工业新产品产值率达到20%。初中、小学适龄儿童入学率、义务教育完成率均达到100%，残疾儿童入学率达到96%以上、残疾少年入学率达到90%以上，高中阶段毛入学率达到87%以上。广播电视人口综合覆盖率达到99%以上。城镇新增就业35000人，城镇登记失业率控制在4.0%以内。人均住房面积达到35平方米。

改善民生目标：城镇居民人均可支配收入年均增长15.2%，达到2.6万元。农民人均纯收入年均增长16.9%，达到8000元。基本解决2.7万贫困人口的温饱问题，贫困面下降到15%以下。

可持续发展目标:每万元 GDP 能耗下降 20%以上,工业固体废弃物综合利用率达到 60%,工业用水重复利用率提高到 60%以上,再生资源回收利用率不低于 70%,矿产资源总回收率达到 65%,共伴生矿综合利用率达到 40%,生活垃圾资源化率不低于 20%,生活垃圾无害化率不低于 80%,城市生活污水处理率达到 60%以上。城市绿化面积达到 268.38 公顷,森林覆盖率达到 12%以上,人口自然增长率控制在 7‰以内。

## 第三章 培育特色优势产业,构建跨越式发展新格局

工业是平川立区的基础,也是实现跨越式发展的核心。按照"发挥资源优势、打造西部陶都、培育新兴产业、加快城市转型"的总体思路,大力实施"工业强区"战略,改善发展环境,强化发展基础,转变发展方式,全力推进新型工业化进程。充分发挥资源优势,以延伸产业链为目标、以招商引资为手段,努力提速地方工业发展。充分发挥市场配置资源的基础作用,以多元支柱产业、骨干企业、特色和品牌产品为重点,形成煤炭、电力、陶瓷、装备制造、农畜产品深加工、高新技术产业六大工业体系,使特色优势产业实力显著增强。

### 一、做大做强陶瓷建材产业

(一)全力打造西部陶都。抓住东部地区陶瓷产业转移机遇的同时,依托华顺、陇烨、山川为代表的陶瓷建材企业,成立陶土资源开发公司,进一步规范陶土资源的开发利用,规划建设陶瓷建材工业园,集中培育发展陶瓷建材产业,力争引进 30~50 条现代化陶瓷生产线,生产能力达到 6000 万平方米,产值达到 20 亿元以上,发展省级品牌企业 3 家,国家级企业品牌(中国驰名商标、中国名牌产品)企业达到 1 家,将平川建设成为西北最大的陶瓷建材产业基地。结合平川陶土特色,积极发展紫砂、凹凸棒等特种陶瓷产业和高附加值、可塑陶土加工企业,确立平川西部陶都的地位。

(二)优化产业产品结构。在建筑陶瓷、日用瓷、仿古艺术瓷为产业主导的基础上,通过招商引资等方式,引进陶泥、模具、泥釉、颜料等配套企业,发展中高档规模建筑卫生陶瓷和工业陶瓷,建设一批卫生陶瓷、陶瓷颗粒、石英砂、高岭土、沸石粉生产线,作为陶瓷产业未来发展的储备。

(三)建立技术服务体系。以陶瓷研究院为依托,与唐山、咸阳、佛山陶瓷研究院建立友好结对关系,发挥陶瓷研发、人才、技术支撑平台作用,为企业引进人才和技术。在甘肃煤炭工业技工学校开设陶瓷技术专业课程,专门培训陶瓷行业技术和科技人才。建设陶瓷技术创新中心,为陶瓷产业中的重点企业提供技术开发、信息推广、电子商务、质检认证、知识产权保护、人员培训、区域营销等公共服务。

(四)构筑陶瓷建材市场体系。围绕陶瓷产业链的需要,形成泥釉专业市场、模具中心、烧成中心、包装中心和物流市场。以西北、西南地区市场为导向,规划建设一个现代 陶瓷建材物流中心,根据专业化分工的需要鼓励企业家、经营者成立陶瓷贸易公司、耐火材料公司、陶瓷产品设计创意公司、技术信息咨询公司、陶瓷窑炉改造公司等配套专业化公司,加快陶瓷建材产业专业化市场体系的形成。

(五)发扬平川陶瓷文化。建设国泰陶瓷城"中国陶瓷文化村",提供优质的创业环境和优惠政策,吸引具有陶瓷艺术创意能力的人员和机构到平川创业,吸引国家级艺术大师和知名大学教授到文化村开展陶瓷产品创意设计,实现产学研一体化,为平川陶瓷企业提供技术和创意支持。定期举办陶瓷文化节会,为平川陶瓷产业搭建一个创意设计、艺术展示、交流沟通、成果交易的平台。

### 二、着力发展农畜产品深加工产业

(一)建设农畜产品深加工产业园。规划建设农畜产品深加工园,配套建设农畜产品批发市场,争取大枣深加工、小杂粮综合加工、玉米淀粉生产、沙棘综合开发、胡萝卜深加工、有机肥等一批项目开工建设,增加农

畜产品综合效益。积极引导特色农产品深加工企业加强技术改造,延伸产业链条,开发优质品牌农产品和地理标志著名商标。力争使农畜产品深加工产值达到5亿元以上。

(二)壮大扶持产业龙头,增强辐射带动能力。依托大枣、番茄、菊芋、西甜瓜、玉米制种、生猪、肉牛等特色农畜产品资源,发展壮大特澳特、赛诺、熙瑞、海纳川、枣旺、金坪等农产品深加工龙头企业,扶持博康、得宝、黄河、志合成、鑫河等养殖企业做大做强,辐射带动周边农户。

(三)规范"公司+农户"的运行机制。建立完善农户、农民合作组织、龙头企业之间的利益联结机制,提高农业生产经营的组织化程度,在提高种、养、加质量和效益的同时,提高共同战胜困难和承担风险的能力,避免由于市场波动出现抢收抢购或拒绝收购以及压级压价现象,推动农产品深加工产业与种植业的合理、有序、持续、稳步发展,走上良性循环轨道。

**三、做强能源和新能源产业**

(一)保持煤炭工业持续稳定增长。强化跟踪协调服务,进一步提高企业的生产能力,不断延长煤炭产业链,统筹协调煤炭生产、煤炭转化、综合利用、资源保护、环境保护和安全生产等方面的相互关系,促进煤电、煤化、煤路联营,提高煤炭产业集中度,继续做好煤炭资源勘探工作,整合煤炭资源,建立规范的煤炭开采秩序,力争煤炭年产量稳定在1200万吨,确保全省重要的能源供应基地的地位。支持靖煤集团整体上市,加大魏家地和大水头煤层气收集利用力度,争取建设年产15万吨浓硝酸、25万吨硝基复合肥和煤制气煤化工项目。加强中小型煤矿管理,通过资源整合、单井提升能力改造升级,将现有的40处地方煤矿整合为26处。

(二)争取电力产业发展有新的突破。充分发挥区内丰富的煤炭、风力及太阳能等资源优势,坚持适度超前,优化结构原则,促进火电、风电、太阳能多能并举,做大做强电力产业,争取发电装机容量新增150万千瓦,总量达到350万千瓦以上,努力把平川建设成为西北重要发电基地。在做好节能改造稳定现有火电能力的基础上,抓住国家上大压小的政策机遇,争取上马2×100万千瓦机组,充分利用电厂余热实施热电联产项目。继续做好风能检测和数据采集工作,不断对风能资源进行考察,扩大测风区域,争取捡财塘二期4.95万千瓦和西格拉滩30万千瓦风电场早日开工建设。发挥光热资源优势,在黄峤乡开发10万千瓦的光伏发电工程。同时积极争取黄河黑三峡段水电资源的多级开发利用。

**四、培育发展高新技术产业**

在继续支持服务大企业做大做强的同时,认真研究产业前沿、技术进步关键领域和市场需求趋势,积极争取国家政策投资项目和接续产业发展项目,通过承接引进、重组整合、重奖争创名牌产品企业等多种方式,扶持发展新的接续替代产业,培育发展一批具有自主知识产权、核心竞争力、市场影响力的产品,形成一批创新能力强、科技含量高、辐射带动作用强的大企业、大集团。立足比较优势,加强自主创新,大力引进外来高新技术企业,加强院、地、院企合作,培育一批高科技企业,着力提升高新技术产业对我区经济增长的贡献率。在支持赛诺、熙瑞、海纳川等高新技术企业健康发展的同时,集中目标把电子信息、新材料、生物工程等培育成具有核心竞争力的新兴先导产业,重点抓好德宝稀土抛光粉、高能动力锂离子电池正极材料磷酸铁锂生产线、无极节能灯等项目的建设。争取使高新技术产业增加值占全区工业增加值的比重达到20%以上。

**五、做大做强装备制造业**

积极支持以甘肃容和矿用设备集团为龙头的装备制造业发展,形成带动地方工业经济增长、调整产业结构、科技成果转化、增加就业的重要支柱产业。重点发展重型及超重型刮板输送机、桥式转载机、皮带输送机等大型煤机制造装备,具备年生产重型及超重型刮板输送机700余台,井下皮带输送机800余套的生产能力,实现龙头企业带动,使之成为配套生产能力基本完善、制造技术比较先进,产业形成一定规模,具备承揽和实施重大项目能力的装备制造业基地。积极争取风电整机生产项目落户。规划建设钢铁加工制造工业园。采用连铸连扎的先进精炼精扎工艺，配套完善的生产设备、技术设备、电力设备、供水设备和物流市场，形成年产100万吨的特种钢加工企业入驻平川，覆盖周边地区市场。力争矿用机械、风电设备、钢铁深加工等加工制造业新增产值达到40亿元以上。

## 第四章 加快新农村建设，着力推进城乡一体化进程

把发展现代农业作为转变经济发展方式的重大任务，把建设社会主义新农村和推进城镇化作为保持经济平稳较快发展的持久动力，按照稳粮保供给、增收惠民生、改革促统筹、强基增后劲的农业发展基本思路，紧紧围绕"三业"（种植业、养殖业、农产品深加工业），"三区"（以沿黄灌区为主的高效立体农业，以井灌区为主的生态节水农业，以干旱山区为主的旱作农业），实施"四大科技工程"（良种引进工程、技术推广工程、园区建设工程、科技培训工程），大力普及推广农业先进适用技术，大幅度提高农业科技水平和农民素质，促进农业增效、农民增收，推进农业和农村经济持续协调健康发展。

**一、加快农业产业化步伐**

（一）合理调整优化农业结构。加大对农业的投入力度，在稳定粮食播种面积基础上，大力优化品种结构，着力提高粮食单产和品质。粮播面积稳定在22万亩，其中夏粮8万亩，大豆、玉米等5万亩，粮食综合生产能力达到340万公斤，油料总产达到143万公斤，瓜菜达到6.3万公斤。实现瓜菜生产面积3万亩，其中：1.5万亩无公害蔬菜、1.5万亩无公害西甜瓜，脱毒马铃薯基地达到5万亩。

（二）发展特色农业产业基地。全膜双垄沟播玉米种植规模稳定到5万亩以上，番茄种植面积达到1万亩、大枣2万亩、菊芋1万亩。以博康、德宝、黄河、志合成、鑫河等养殖企业为龙头，辐射周边农户，壮大发展区域内特色养殖产业。以沿黄灌区和井灌区为重点，营建以红枣、苹果、核桃、枸杞等为主的优质特色林果基地1万亩。在东部干旱山区逐步建立1万亩文冠果基地。

**二、加强农村基础设施建设**

（一）加强农田水利建设。建设旱作节水农业示范区2万亩，改造中低产田10万亩，机修梯田5万亩，对煤矿采塌区进行土地开发整理6.2万亩。逐步推进车轮口沙河、响泉沙河、马饮水沙河、黑水沙河四条中小河流治理。争取采煤塌陷区移民搬迁，西格拉滩电力提灌工程和旱平川电灌续建配套和节水改造两个大型骨干灌溉工程，在水泉镇、贾庄、水泉兴电七泵、野马村高林家坝、高枣坪5处新建小型提灌工程，更新改造小型提灌工程24处，以大型灌溉工程为支撑，以小型提灌为链接，形成具有连片的一定规模的黄灌区。在种、复干旱山区充分利用天然降水，大力发展集雨农业，推进小流域综合治理。

（二）完善农村基础设施。坚持投资向农村倾斜的基本原则，不断加强农村水、电、路及公共服务等方面的基础设施建设力度。建立覆盖到全区所有乡镇的客运网络，切实解决农村群众"出行难"问题。建成17处农村饮水安全工程，推进广播电视村村通、文化信息资源共享、乡镇综合文化站和村文化室、农村电影放映、农家书屋等重点文化惠民工程建设和综合利用。加大户用沼气后续管理力度，建设大型沼气工程3处，村级服务网点25个，区级服务网点1个。实施新农村建设乡村清洁工程，逐步改善农村群众生活环境。

**三、推动农村各项事业协调发展**

（一）继续深化农村改革。继续做好土地承包管理工作，健全流转市场，规范土地流转制度。加快农村集体土地所有权、宅基地使用权、集体建设用地使用权、集体林权等确权登记颁证工作，有序开展农村土地整治，

确保城乡建设用地总规模不突破，维护农民利益。推动家庭经营向农户联合与合作转变，形成多元化、多层次、多形式经营服务体系。大力发展农民专业合作社，扶持农民专业合作社自办农产品加工企业。加强“一村一品”强村富民工程和专业示范村建设。

（二）建设完善农村社会化服务体系。加快建立健全为农民提供产前、产中、产后服务的多形式、多层次的农村社会化服务体系，重点建设完善农产品营销服务、农业科技推广服务、信息咨询服务、动植物病虫害防控服务和农业生产资料服务等五大体系。进一步加大家电、汽车、摩托车等下乡力度。加强市场监管，严禁假冒伪劣产品流入农村。加快农业信息网建设，实现部分农产品网上交易。切实把农业科技的重点放在良种引进、培育和改良上，加快农业生物育种创新和推广应用体系建设，提高农业种植、养殖和农产品加工机械化水平。继续实施“科技特派员”工程，壮大农村技术带头人队伍。

**四、加快城乡一体化建设**

加大农村公共事业发展力度，推进城乡公共服务均等化。按照土地向产业大户集中、居住向城镇集中、富余劳动力向城市集中、城市公共服务向农村延伸的思路，加快社会主义新农村建设，推进城乡一体化进程。统筹城乡规划，加快城乡一体的道路交通网、供电网、信息网、商贸流通网建设。统筹城乡管理，推进公共服务一体化。实施以城带乡战略，规划建设一批各具特色的小城镇。全面放宽户口迁移政策，逐步建立以公民住房和生活基础为落户标准的户口迁移制度，加快农村人口向城镇有序转移。从拓展城市空间、完善城市功能、提升城市品位三个方面着手，对周家地、贺家川、墩墩滩和响泉村实施“城中村”、“城郊村”改造，加强与白银城区的协调联动，实现功能互补、一体化发展。加快推进水泉镇省级示范镇建设，争取把水泉镇发展成为平川的一个新城区；利用交通便利和区位优势，把王家山镇发展成为覆盖周边乡村的农产品集散基地；加快推进采煤塌陷区综合治理，大力发展规模养殖，把共和镇、宝积乡打造成农业人口转移和再就业基地。把种田乡、复兴乡建设成为农畜产品加工原料生产基地。

## 第五章　建设现代化基础设施，增强跨越式发展后劲

结合我区在推进城市化进程中着力打造特色魅力城市的设想，加快城市基础设施建设，提升城市精细化管理水平，继续加强城区路网改扩建，加快城市垃圾处理、污水管网改造、沙河治理、大环境绿化、公园、城市生活供水和工业用水等项目的建设，进一步改善人居环境，提升城市承载能力。

**一、加快交通电网基础设施建设**

（一）加快区乡公路升级改造步伐。不断完善农村公路体系，以三级及以上公路为主要建设标准，规划建设农村公路117条，总长110公里，估算投资4.6亿元。规划建设通乡油路5条，规划里程65公里；规划建设联网路、断头路16条，规划里程200公里；规划建设老旧县乡公路升级改造4条，升级里程达48公里；规划建设行政村通达工程28条，规划里程175公里；规划建设自然村通达工程58条，规划里程210公里；规划建设桥梁工程6座，桥梁长度400米；规划建设安保工程3项，处治隐患里程20公里。

（二）着眼长远构筑运输枢纽体系。重点加强客运枢纽中心建设，初步建成层次分明、布局合理、设施完善、能适应运输市场需要的公路客运监管体系。规划建设红会汽车站、陡城客运站、王家山运管站、四矿客运站、黄峤运管站等交通运输枢纽，促进平川物流、人流、资金流体系全面升级。从平川经济社会长远发展角度考虑，积极支持包兰线扩能改造工程的建设，争取合理布设平川火车站和物流园。争取平川—景泰高等级公路建设。打通平川东部通道，争取立项建设平川—海原公路和铁路，形成红会—海原—环县铁路运输连接线。

(三)加快城乡电网升级改造。以110kV电网布局为依托,优化35kV、10kV网络结构,改善0.4kV低压配电网,加强主干电网建设,提高电网供电能力,进一步改造完善城乡电网。电网建设规划主要以35kV及以下的农网改造为重点,实施新农村建设电网完善工程,提高农网覆盖面和到户率。规划建设沁川变输变电工程、唐沁输电线路、双铺变至种田段、宝积段改造、牛屏至双铺段、复兴输变电工程等14项35kV电网建设工程,线路总长210公里。规划建设10kV线路100公里、改造200公里。新建0.4kV线路100公里。

**二、完善城镇基础设施**

进一步加强城市管理,提高城市基础设施系统化、网络化和现代化水平,完善水、电、气、暖供应系统和污水、垃圾处理系统,加大城市绿化、美化、亮化工程的实施力度,形成良好的人文生态景观和优美舒适的城市生活环境。规划新建、改建城区道路10条,总长19.7公里。继续加大力度,完成共和路、地质路、开发路、广场路、平川北路及共和路1号桥、2号桥、一号路桥三座桥梁。争取实施和平路、环城北路、乐雅路延伸段和陶瓷路南延等道路工程,改造大桥东路及化工路,形成较为完善的城市路网。以方便群众出行为出发点,以改善城市交通结构为基础,扩大公交场站规模,进一步促进全区公共交通快速发展,到2015年,城区公交线路开通8条,农村公交线路开通3条,城镇公交线路开通1条,公交车增加到150辆。配套完善城区公厕、垃圾收集站等基础设施,建设平川城区固体废弃物及医疗垃圾处理场。加快热电联产和城区供热管网工程项目,使集中供热面积达到178万平方米。

**三、完善信息网络基础设施**

坚持政府推动和全社会广泛参与相结合,加快信息基础设施建设与信息技术开发应用,推动“数字平川”建设工程,实现电信网、广播电视网、互联网“三网融合”。重点抓好数字电视网、区政府信息网、平川科技信息网、企业信息网、农村信息网建设与管理,大力发展农业信息技术,加强农村信息化“村村通”网络建设,实现“户联网”。加快建设平川应急联动指挥中心系统和综合治安交通监控系统,形成以公共安全为核心的综合管理平台。

## 第六章　加快发展现代服务业,促进产业结构优化升级

现代服务业发达程度是衡量地区综合竞争力和现代化水平的重要标志。“十二五”期间,平川经济进入一个新的发展阶段,既面临着加快发展的难得机遇,又遇到了发展优势弱化的突出挑战。在城市经济转型的进程中,服务业在国民经济中的地位也随着经济水平的提高而不断地上升,成为区域经济发展的加速器和增长点。加快发展现代服务业,拓展生产生活服务领域,为产业技术升级和降低成本提供支撑,促进经济结构优化,推动经济增长方式转变,对平川发展具有重大战略意义。

**一、加快发展现代物流业**

大力发展电子商务、连锁经营、物流配送,加快流通信息化建设,推进市场对内对外开放,构筑商流、物流、人流、信息流和资金流枢纽中心,实现各种经济要素的有效聚合和辐射,促进市场资源的高效流动和配置优化。以国泰陶瓷物流园为基础,建设建筑材料物流中心。整合现有的煤炭物流市场,建设煤炭物流集散中心。依靠经济开发区制造业基础,打造原材料物流、产品销售物流中心,将其打造成为规模大、功能强、信息化程度高、能辐射周边省市乃至全国的大型工业产品物流园区和仓储基地。做大做强物流产业的发展载体,加快专业批发市场建设,新建农畜产品综合批发市场、熟食品集中加工城、鲜活农产品交易市场等专业批发市场,形成现代物流经济全面发展的良好局面。

**二、促进房地产持续健康发展**

实现全区居民较高的小康居住水平，保持房地产经济在全区经济发展中的比重，促进房地产产业的平稳、健康、可持续发展，形成以中低价位、中小套型普通商品房为主的住房结构体系，商品房与保障性住房发展结构合理，保障性住房供应比例不低于30%。规划“313”住房建设内容，即扩建3大片(靖煤公司片区、政府片区、经济开发区)，建设建筑规模100万平方米以上的住宅开发基地，保障性住房3000套。规范住房物业管理，促使住房物业管理向社会化、专业化发展，力争到“十二五”末，住房管理面积达到全社会住房面积的80%，新建住房小区管理面积达到95%以上。

**三、改组改造传统服务业**

加快传统商贸服务业的改造升级步伐，培育一批龙头商贸企业，继续推进国家商务部万村千乡市场工程，完善新型农村商品流通体系，加强商务运行监测，优化消费环境，培育消费热点，确保市场正常运行。批发业重点发展代理制、物资配送，零售业重点推行连锁经营，优先发展一批与人民群众密切相关的便民店、连锁超市和专卖店。重点支持中恒商贸公司发展成为白银中部物流中心，努力引进甘肃百货零售大型企业，规划建设专业市场、商业街，初步构成以中恒、西太华、凯尔亮超市为中心的日用消费品物流板块，以周家地农贸批发市场、长征市场为中心的农副土特产品板块，进一步繁荣城市第三产业。增加商贸流通业的科技含量，广泛推行电子商务、商业POS系统，提高流通效率和电子化水平。

**四、提升金融保险服务水平**

以建成金融市场、金融机构、金融工具的多元化市场体系为首要目标，提升银行、证券、保险服务层次，建立以市场为导向、客户为中心、效益为目标，综合经营与专业化经营有机结合的金融组织体系，促进个人投资理财、网上银行等金融中间业务的创新发展。积极创办村镇银行，更加方便农村居民。及时顺应产业经济集聚、整合、升级趋势变化带来的影响和需求，找寻金融促进经济发展的最佳结合点，加强金融资本和产业资本的融合与协调发展。加快发展保险业，创新营销渠道与营销方式，积极探索开展代理合作新途径，扩大保险品种销路，做强做大保险市场。大力推进银保、银证合作业务发展。加强与银行、证券机构的沟通与协调，促进平川金融市场的稳定健康发展。

**五、积极发展社区服务**

大力发展社区服务业，以长征、兴平、红会、电力四个街道办事处为重点，鼓励社会力量兴办各类便民利民的社区服务企业，大力发展多种形式的家政服务、托老服务、养老服务、医疗卫生、残疾人服务、职业指导、就业培训、社区教育、社区医疗、生活服务等行业。逐步培育一批社区服务龙头企业，加快培养一批专业化、综合型的社区服务队伍。加快建立完善社区服务业运作管理体制，健全社区服务网络，实现运营方式从福利服务为主向经营服务为主转变，服务方式由分散、粗放服务向集约、规范服务转变。积极开展符合社区特点的多种形式的社区建设活动，以群众关心的问题为切入点，不断强化综合服务和管理功能，不断提高服务质量和管理水平，使社区具有实践经验的专职管理人员和服务特长的专业志愿者，服务组织建设得到普遍加强，社区服务走上产业化、实体化和社会化发展道路。

**六、着力发展旅游经济**

把发展旅游经济作为加快发展第三产业的重要内容，立足平川旅游资源优势，积极探索旅游产业发展的新路子，培育、引进旅游人才，加强旅游景点基础设施建设，增加湿地、水面，为我区旅游经济发展增添新的活力，形成特色旅游线路。培育发展黄河文化旅游产业，把月河晚照、北武当、摩崖石刻、黄河岩画等沿黄景点打造成为黄河风情线路上的重点景区。争取将红山寺会师圣地、水泉兵暴纪念馆等列为甘肃省红色旅游线路上的重要景点,与会宁三军会师圣地等景点连成一条红色旅游线路,推动红色文化旅游业快速发展。努力挖掘我区煤矿、电厂、经济开发区等方面的旅游资源,建设陶瓷文化专题博物馆和工业文化馆,与兰州、白银的一些重要工业旅游资源相对接,形成一条工业旅游线。进一步发展月河湾农家乐经营规模,提高服务水平,并辐射周边,完善农家乐的配套服务设施,着力建设月河湾休闲度假山庄。加强吴山、王将军墓旅游资源开发力度,利用打拉池飞机场,建设地方特色的乡村旅游产业。加快宝积乡地热资源开发,建设保龄球馆、商贸大厦、酒店、医疗保健院、日光温室,把红沙浪打造成为兰州周边一小时车程范围内集旅游、度假、娱乐、医疗于一体的休闲旅游胜地。

## 第七章 实施科教兴区战略,促进社会事业全面发展

坚定不移地实施科教兴区战略,强化科技创新能力,坚持教育优先发展,推进教育体制机制的创新。大力发展文化体育事业,建立健全医疗卫生服务体系,加强人口与计划生育工作,统筹兼顾民族宗教和老龄工作,促进各项社会事业全面健康发展,为构建和谐社会奠定坚实的基础。

**一、强化科技创新能力**

加强科技基础条件建设,不断发展壮大科技人才队伍,科技创新的宏观环境显著改善,企业创新主体地位明显提升,自主创新能力显著增强,产业综合技术水平明显提高,逐步建成具有鲜明区域特色的科技创新体系。加强农业技术集成和再创新,重点开发信息、网络、生物技术在现代农业中的推广应用,突出引进和培育农作物、畜禽、水产新品种保健栽培、健康养殖、有害生物控制技术。着重以培育特色产业和高新技术产业企业群为发展目标,紧紧围绕生物创新、装备制造业和传统工业,选择一批产业链长、关联性强的重大项目、关键技术、重点产品,组织协同攻关,加强关键共性技术的开发与应用,大力提高原始创新、集成创新和引进消化吸收再创新能力,提高高新技术产业产值占规模以上工业产值的比重,着力培育具有自主知识产权的高新技术支柱产业,骨干企业和知名品牌,推进产业结构的优化升级,实现重点突破,带动新兴产业发展壮大。继续加强我区与天津大学、兰州商学院、兰州理工大学、江南大学等高等院校和科研院所的合作,作为吸纳先进技术、引进优秀人才、优化科技资源配置、促进科技成果转化、推动经济跨越式发展的重要途径。

**二、坚持教育优先发展**

推进教育体制机制的创新,进一步巩固提高"两基"达标成果,普及九年义务教育。坚持把农村义务教育摆在"重中之重"的地位,加大对农村教育的投入,在师资配备和教学设施建设上重点向农村倾斜,不断改善农村中小学办学条件。合理调整农村中小学布局,整合教育资源,着重抓好全区 88 所学校的校舍改造,加强农村寄宿制中小学条件的改善,对塌陷区所在的 5 所小学和 3 所中学进行搬迁,全面改善塌陷区办学条件。争取平川中学图书馆开工建设。全面推进素质教育,增强学生创新能力和实践能力。重视发展学前教育,在城区新建设 5 所幼儿园,在农村利用布局调整后校舍大力发展学前教育。大力发展职业教育,坚持以就业为目标,优化专业设置,提高质量和效益,着力培养学生职业道德、职业技能和就业创业能力。积极推进校企合作、半工半读的培养模式,争取加大对职业教育的投入力度,扩大中等职业教育规模,建设一批职业院校实训基地,改善办学条件。针对我区支柱产业技能型人才培养,推动专业与职业岗位、教材与岗位技术标准、继续学习与专业引导的对接。继续加强平川职业技术教育培训中心建设,推进重点学科建设,建立具有专业特色、学科优势、结构合理的学科专业体系,成为我区重要的人才培养和劳务培训输出中心。

**三、大力发展文化体育事业**

坚持先进文化的前进方向，进一步繁荣文艺创作，重点在舞蹈、文学、美术、书法、摄影等方面推出一批具有全省、全国影响的文化精品。积极弘扬优秀传统文化和地方特色文化，进一步加大企业文化、会师文化、陶瓷文化、黄河文化等特色地方文化的开发力度，建立以区博物馆、陶瓷历史文化博物馆和民俗博物馆为主的三级文物保护管理网络，以王进宝墓、明长城遗址、福寿山石刻、野麻滩岩画等景点为代表的历史文化观光景区，以瓷窑陶瓷制作工艺、屈吴山道教音乐等非物质文化遗产为代表的民俗文化开发基地。完善图书馆、文化馆基础设施，兴建红山寺革命纪念馆、科技馆和影剧院。广泛开展全民健身运动和群众性体育活动，增强人民体质。争取平川区体育馆建设项目，完善广场、公园、社区等公共活动场所体育健身设施，争取建成20个以上全民健身示范点。进一步完善广电传输网络建设，大力发展数字广播电视，不断完善农村广播电视公共服务体系，推动广播电影电视基础设施建设。

**四、建立健全医疗卫生服务体系**

加强公共卫生服务体系建设，向居民提供基本公共卫生服务项目。积极防治重大传染病、慢性病、职业病、地方病和精神疾病。建立和完善以国家基本药物制度为基础的药品供应保障体系，确保药品质量和安全。加强城乡医疗卫生服务体系建设，大力改善农村医疗卫生条件。加强医学人才特别是全科医生、学科带头人的培养，落实鼓励全科医生长期在基层服务的政策。坚持中西医并重，大力支持中医药事业发展。健全卫生监督执法体系，加强城乡卫生监督机构能力建设，依法严厉打击各种危害人民群众身体健康和生命安全的违法行为。加大财政投入，加强行业监管，促进有序竞争，逐步提高医疗卫生机构的服务质量和效率，进一步提高人民群众的健康水平。重点办好区人民医院和市精神卫生中心，大力支持民营医院的发展。加强妇幼保健工作，孕产妇保健覆盖率达95%以上，住院分娩率保持在99%以上。广泛开展爱国卫生运动，自来水受益人口普及率达到70%以上，卫生厕所普及率达到65%以上，创建卫生乡（镇）1个。大力开展健康促进工作，农村居民基本卫生知识知晓率达70%以上，健康行为形成率达70%以上。居民到社区卫生服务机构首诊就诊率达到50%以上，城区社区卫生服务人口覆盖率达100%。

**五、加强人口与计划生育工作**

继续落实计划生育基本国策，巩固创国优成果，千方百计稳定低生育水平，不断提高出生人口素质，逐步优化人口结构。不断完善人口和计划生育利益导向机制，深入开展优质服务，进一步建立健全适应社会主义市场经济体制的人口与计划生育调控体系和管理机制，基本实现计划生育工作思路和工作方法的"两个转变"。继续把计划生育工作重点放在农村和流动人口上，转变群众生育观念，基本形成新型婚育文化。落实农村计划生育家庭奖励扶助制度，加强基层计生服务站（所）建设，提供优质服务。积极应对人口老龄化问题，加快发展老龄事业，加强老龄人社会公共服务设施建设，鼓励支持民间投资发展老年服务业，建设社区老年人日间照料服务中心和敬老院。

## 第八章　加强生态环境建设，构建生态安全屏障

跨越式发展必须和生态环境保护紧密结合起来，强化生态环境建设、保护、监测和综合整治，建立和完善资源循环利用体系。加快生态城市建设，注重工业污染防治和农村生态环境保护，加强生态自然保护区建设，构筑生态安全屏障，把平川初步建成为生态环境良好的工业城市。

**一、加强生态建设与保护**

（一）加强水资源污染防治与保护。结合资源普查工作，加强水质监测，开展水源地水质监测，准确、及时、

全面地反映水环境质量现状及发展趋势,制定并落实水源保护措施,确保供水和用水安全。完善平川城区的污水处理厂运行管理,保证城区污水进厂率和出水水质达标率100%。

(二)高效利用与保护土地和矿产资源。进一步完善基本农田保护管理的各项制度,加大土地整理力度,结合开展农田标准化省级、市级土地整理项目,多渠道筹措资金,不断扩大土地整理规模,确保土地整理近、中、远期目标的落实。继续强化矿山综合整治,取缔关闭不符合最小开采规模规定的矿山。支持靖煤公司开展深部煤炭资源勘探,尽快完成平川区及周边陶土资源、西格拉滩铁沙矿资源、井尔川金矿的普查工作。

(三)构筑牢固的生态安全屏障。主动对接国办29号文件构建"三屏四区"生态安全屏障的政策,坚持打造"生态平川"的目标,在加快经济社会发展的同时,进一步加大生态环境建设。做好"一区(经济开发区)三园(平川公园、恒山休闲公园、红沙浪温泉生态公园)三河(大水头沙河、黄水沟沙河、响泉沙河)"绿色廊道建设和打造黄河灌区、采煤塌陷区、城区大环境绿化三大生态屏障,打造生态小区、生态园区、生态村镇、生态单位,每年植树3万亩,确保森林覆盖率每年提高一个百分点。积极开展水土保持项目,统筹推进黄河两岸生态环境治理,在黄河两岸的荒山上实施黄河近距离上水滴灌节水造林2万亩。在重点生态脆弱区和重要生态区位,结合扶贫开发和生态移民,适当增加安排退耕还林,规划完成退耕还林10万亩,其中退耕地还林1万亩,荒山造林(灌木)2万亩,封山育林7万亩。延长天然林保护工程实施期限,继续推进三北防护林建设,造林绿化及封山育林8.7万亩,其中人工造林3.7万亩,封山育林5万亩。争取重点公益林补偿面积达到40万亩,使重点公益林区植被覆盖度大幅提高,蓄水保肥能力明显增加。在王家山镇的大营水、于大川、万庙、井尔川等4个村营造乔、灌、草相结合的防风固沙林,切实保护封育区自然生态环境。

**二、强化环境污染整治**

高度重视环境保护和生态建设工作,深化城市环境综合治理,进一步加快国电靖远发电有限公司和靖远第二发电有限公司的脱硫设施加装改造,推进低氮燃烧技术改造,抓好电力、煤炭和陶瓷等行业的大气污染源控制工作,使大气环境质量达到空气环境质量二级标准。按照《饮食业油烟排放标准(试行)》中的相关规定,大力开展油烟污染专项整治,对城区主要街道两侧,居民生活小区内及其他严重扰民、群众反映较大的餐饮单位,列入整治范围,没有安装油烟净化装置的,强制安装油烟净化装置。完善医疗废物的收集、处置体系,提高医疗废物安全处置水平。

**三、加强农村环境综合治理**

实施农村环保行动计划,积极推进环境优美乡镇和文明生态村创建工作,加强饮用水源的保护和饮水管网的建设,逐年提高乡镇及村庄饮用自来水普及率和饮用水卫生合格率;加快筹建乡镇生活污水处理设施,结合农村卫生厕所建设,实施污水管网建设及污水集中处理利用,确保生活污水集中处理率达到40%以上,卫生厕所建设与管理基本达到国家卫生镇标准;逐步建立生活垃圾集中处置机制,实现垃圾定点清运和无害化处理,确保辖区生活垃圾无害化处理率达到75%以上;对乡镇所在地商贸街和商住楼逐步实施集中供热,对分散单位的供热锅炉逐步改用电、气、油等清洁能源,清洁能源普及率达到40%。

**四、积极做好防汛抗旱减灾工作**

加大气象工作对农业生产的指导,牢固树立"抗大旱、防大汛、减大灾"的思想,以农业增产、农民增收和经济社会稳定发展为中心,落实抗旱防汛减灾措施,强化防汛抗旱设施建设,确保黄河、重要山洪沟道、水库、城镇、重要设施防洪安全及人民群众生命财产安全。加强城区洪涝灾害的防御工作,编制城市防洪预案,新建防洪堤8.25公里;抓好沿黄两岸的防洪工作,加大黄河堤防工程的建设力度,做好黄河堤防工程规划,加固玉碗泉、中村、下村及野麻滩段防护堤10公里,修建标准为20年一遇洪水标准。抓好山洪灾害的预防,坚决制止河道内淘金、采砂、采矿和围河造田等行为，积极实施小河流治理防汛设施建设项目。实施蓄水抗旱项目，加强农村淤地坝和机井更新等水利基础设施建设。

## 第九章　加快发展循环经济，促进经济社会可持续发展

发展循环经济，对平川这样一个资源型城市具有特殊重要的意义。“十二五”期间，我们要按照“减量化、再利用、资源化”的原则，以“低消耗、低排放、高效率”为着力点，全面推行清洁生产，积极推广资源节约、替代和循环利用技术，加快淘汰落后产能，积极争取循环经济重点项目、风能、太阳能和地热能等可再生能源开发取得重大突破。

**一、加快淘汰落后产能**

加快淘汰落后产能是转变经济发展方式、调整经济结构、提高经济增长质量和效益的重大举措，是加快节能减排、积极应对全球气候变化的迫切需要，按照《国务院关于进一步加强淘汰落后产能工作的通知》关于“发挥市场作用、坚持依法行政、落实目标责任、优化政策环境、加强协调配合”总体要求，以电力、煤炭、水泥、焦炭等行业为重点，制定范围更宽、标准更高的淘汰落后产能目标任务和实施方案，并将年度目标任务分解落实到各乡镇、区直各部门、驻平各企业。要严格执行相关法律、法规和各项政策措施，组织督促企业按要求淘汰落后产能、拆除落后设施装置，防止落后产能转移，对未按要求淘汰落后产能的企业，要依据有关法律法规责令停产或予以关闭。企业要严格遵守安全、环保、节能、质量等法律法规，认真贯彻国家产业政策，积极履行社会责任，主动淘汰落后产能。

**二、产业循环经济体系建设**

根据全区发展循环经济的基本思路和战略重点，选择对循环经济有显著推动作用、示范意义较大的产业，即在经济发展中总量份额大、资源与能源消耗大、废弃物与污染物排放多的煤炭、电力、陶瓷建材、钢铁、装备制造等产业，构建起全区重点产业循环链，通过鼓励和支持产业生产流程再造，尽快转变传统工业生产“资源—产品—废物排放”的粗放型模式，形成“资源—产品—废物再利用”的节约型模式，形成纵向闭合横向联系的链接循环，实现资源的高效利用。

（一）农业循环经济。以高效生态农业为目标，大力发展沼气工程，对农业废弃物包括植物类废弃物、禽畜粪便废弃物、加工类废弃物和农村生活垃圾以及农作物秸秆等进行再利用，实现其肥料化、燃料化、饲料化和材料化，多业配套，拓展和深化农产品加工产业链，降低自然资源消耗，初步建立高效持续、良性循环的生态农业系统。以农户为基本单元的庭院型生态模式。发展节水农业，提高农业用水的利用效率，推行旱作农业节水技术。因地制宜地推广“农田抗旱节水工程”“农田覆盖节水工程”“集雨农业工程”“保护性耕作工程”等四种技术模式。建设区级“农田覆盖节水示范工程”，配套发展喷滴灌农业。加强对以一池三改为主的农村可再生能源的回收利用率，力争使农作物秸秆综合利用率达到85%以上。

（二）工业循环经济。探索“资源—产品—再生资源—再生产品”的循环经济发展模式，扎实推进以节能、降耗、减污、增效为目标的清洁生产，着力打造煤炭、电力、陶瓷建材、农副产品深加工、钢铁、装备制造等循环经济产业链条，鼓励企业继续推进清洁产生，从源头上减少污染和废物排放，最大限度地降低资源消耗，提高物质材料与能源的循环利用效率。重视陶土资源的高效利用，整顿开发秩序，研究推广节能、节水、废弃物处理及回收利用等关键技术，实现企业生产层面的物料循环和能量梯级利用。

（三）服务业循环经济。积极发展现代物流、节能环保、低资源消耗、再生资源回收利用及与资源节约相关

的第三产业。做好废渣替代、污水处理、余热利用、废气净化等工作,大力开展粉煤灰和煤矸石综合利用,努力形成节能型、环保型、循环型社会服务结构和消费生活方式。

**三、静脉产业循环体系建设**

(一)提高生活垃圾无害化处理能力。以社区为单位,对从家庭收集的生鲜垃圾进行堆肥处理,产生的肥料返回农田。对建筑垃圾要通过严格的分类分拣提高循环利用率。对于混凝土块或陶瓷碎片等不可燃废料,通过粉碎作为骨材使用,对于无法作为资源直接再利用对象的木块、纸屑、废塑料等,采用焚烧回收热能的方式进行再利用。建立集焚烧、堆肥、填埋为一体的大型垃圾综合处理中心,提高垃圾资源化利用率,大幅降低最终填埋处置量。

(二)水资源循环利用。加强我区污水处理厂的中水回用系统建设,包括中小企业和公共建筑的中水回用系统、城市绿地浇灌的中水利用系统,全力提高中水回用能力。推进污水处理后的中水用于城市景观用水、都市农业花卉苗木灌溉、厕所冲洗、道路保洁、洗车和工业冷却用水等。

(三)倡导绿色消费。以产品的销售和消费环节为重点,以政府采购为切入点,大力推广绿色标识产品,规范和鼓励产品的再利用,倡导公众绿色消费,形成有利于节约资源、保护环境的新型消费方式。

## 第十章　以改善民生为重点,推进和谐社会建设

认真贯彻落实党的十七大报告中关于以改善民生为重点来推进和谐社会建设的要求,紧密结合平川实际,始终坚持以人为本的执政理念,高度重视民意、体察民情、关注民生,认真解决损害群众利益的突出问题,维护社会和谐稳定。

**一、把促进就业放在优先位置**

(一)发挥劳动者、市场、政府促进就业的合力。落实各项就业政策,促进就业的基本稳定。要充分发挥市场配置劳动力资源的基础性作用,鼓励劳动者通过自谋就业、弹性就业和自主创业等多种灵活形式实现就业,有针对性地加大劳动技能培训力度,提高劳动者在本地的就业能力。规范就业服务中介机构,加强劳动监察执法和监督力度,切实维护劳动者合法权益,营造和谐稳定的劳动关系。

(二)加强和改善就业公共服务。要加大就业投入,完善和落实财政税收、金融信贷、社会保险补贴等各项就业扶持政策。加强就业援助,通过开发公益性就业岗位和实行岗位补助等措施,帮助高校毕业生、复员转业军人、零就业家庭人员和残疾人实现就业。要进一步加大政府职业培训投入,加大职业培训力度,提高劳动者整体素质和就业能力。

**二、完善社会保障体系**

坚持"广覆盖、保基本、多层次、可持续"的基本方针,加快建立健全与我区经济社会发展水平相适应的社会保障体系,扩大社会保障覆盖面。健全完善企业职工基本养老保险制度和基本医疗保险制度,推进机关事业单位社会保障制度改革。积极探索农村养老保险制度,健全失业、工伤、生育保险制度,提高社保基金征缴率和备付能力,逐步扩大保障范围,提高保障标准。加快制度整合,逐步实现基本社会保障制度的统一和城乡衔接。全面推进以大病统筹为主的新型农村合作医疗制度。建立和完善社会救助体系,完善城乡居民最低生活保障制度,逐步提高城乡低保标准和最低工资标准。加快发展福利事业和慈善事业,增强救灾、救济能力,加大社会救助帮扶力度。积极发展残疾人事业,提高残疾人和孤残儿童等特殊困难群体服务水平。基本完成全区城乡一体化的最低生活保障制度,城镇各类社会保险覆盖面达96%以上,进一步提高农村以大病统筹为

主的新型农村合作医疗制度的覆盖面。

**三、提高城乡居民收入和改革分配制度**

（一）加快调整国民收入分配格局。逐步提高居民收入在国民收入分配中的比重、劳动报酬在初次分配中的比重，让全区人民群众都能够共享改革发展成果。关键是提高城乡居民收入特别是中低收入者的收入水平，逐步提高最低工资标准和社会保障标准，创造条件让更多群众拥有财产性收入。

（二）进一步规范收入分配秩序。逐步形成公开透明、公正合理的收入分配秩序。堵住国企改制、土地出让、矿产开发等领域的漏洞，严厉打击走私贩私、偷税漏税、内幕交易、制假售假、骗贷骗汇等经济犯罪活动，切断违法违规收入渠道。加大党政机关和事业单位"小金库"治理工作力度，并向社会团体和国有企业延伸。推进事业单位工资制度改革，清理和规范工资外的各种津贴补贴、非货币性福利等。严禁企业乱收费、乱罚款、乱摊派、乱涨价。

（三）保障城乡低收入困难群众基本生活。要通过发展生产、完善公共服务体系、健全社会保障制度等途径，让低收入群体有一个基本的收入，同时解决好教育、医疗、住房、就业等民生问题，保证他们的基本生活和基本权益。要保障困难群众平等参与、平等发展的权利，有效发挥和调动他们依靠自己力量改善生活的积极性。完善城乡医疗救助制度，对困难人群参保及其难以负担的医疗费用提供补助，筑牢医疗保障底线。探索建立城乡一体化的基本医疗保障管理制度。

（四）继续抓好扶贫开发工作。因地制宜加大整村推进，争取实施整村推进项目15个，劳动力转移培训达1000人以上，加快贫困地区基础设施建设和社会事业发展。易地扶贫搬迁安置种田、复兴干旱山区2000人，共和、宝积、王家山煤矿塌陷地区6000人，妥善解决移民后续发展问题。

**四、稳步推进保障性住房建设和棚户区改造**

住房问题关系人民安居乐业。加快保障性住房建设和城市棚户区改造，是改善人民群众居住条件、解决中低收入家庭住房困难问题的重要途径，对进一步扩大内需，稳定房地产市场预期，维护社会和谐稳定，改变城市面貌，促进经济平稳较快发展具有重要意义。进一步加大廉租住房实物配租力度，对廉租家庭实现应保尽保，解决3000户廉租家庭住房困难。加强经济适用房建设和管理，解决低收入家庭住房问题。加快推进棚户区改造，解决棚户区居民住房困难。深入实施城区危房保护修缮工程，切实改善居民住房条件，完成房屋保护修缮计划。加大农村优抚社救家庭危房翻建和维修工作力度，完成新建、改建抗震节能农民住宅。要加快配套政策措施的落实，保障群众合法权益，让群众得到更多实惠。加强操作和管理，始终坚持"阳光操作"，做到公开、公平、公正。加强督导和服务，及时发现、解决工作出现的新情况、新问题，努力开创保障性住房建设和城市棚户区改造工作的新局面。

**五、加大采煤塌陷区综合治理力度**

"十二五"期间，把采煤塌陷区综合治理作为改善民生问题的重点来抓，按照"因地制宜、突出重点、分步实施、综合治理"的基本原则，通过建立长效机制，加大采煤塌陷区扶贫搬迁项目实施力度，加快安置点的基础设施建设步伐，对缺乏生存条件的1094户，4618人实施易地安置，其中宝积乡黑水村和广沿沟村470户1931人，共和镇西合村439户1886人，黄峤乡牛摒村185户801人。依据《甘肃省白银市矿山地质环境重点治理工程实施方案》，以生态恢复和塌陷区居民搬迁避险为重点，分年度实施好投资3.6亿元的矿山地质环境治理项目，减少水土流失和塌陷地地质灾害，改善土地质量，增加耕地面积，逐步改善区内矿山地质环境和生态环境，保障人民群众的生命和财产安全，给矿区的乡镇建设和经济可持续发展创造有利条件，为当地人民群众营造一个良好的生存和发展环境。

### 六、加强社会管理体系建设

(一)强化社会管理。形成对全社会进行有效覆盖和全面管理的体系。正确化解新时期人民内部矛盾和纠纷,妥善处置突发性和群体性事件。深入细致地做好工作,整治信访秩序,完善信访工作机制。加强社会矛盾纠纷排查调处工作,建立完善排查调处网络,发挥司法调解与人民调解衔接机制的积极作用,努力把矛盾化解在基层,化解在萌芽状态。重点解决好土地征用、房屋拆迁补偿安置及农民工工资拖欠问题,整顿清理教育乱收费和药品购销、医疗服务中的不正之风。

(二)加快应急和安全体系建设。遵循预防为主、常备不懈的方针,构筑反应快速、指挥顺畅、行动协调、救助有力的社会安全应急救援系统。健全应急预警网络体系,加强社会治安突发事件、自然灾害、环境保护、安全事故、人民防空、地质灾害、消防安全等预警系统建设。加强专业救援队伍建设,完善应急抢险救援体系。加强地震及安全事故等方面的防危知识教育,增强危机防范意识。继续落实安全生产责任制,加强对高危行业安全生产的源头管理,深化工业企业、交通运输、建筑工地等领域的安全专项整治。健全安全生产监管体制,严格安全执法,消除安全隐患。

(三)加快社会信用体系建设。加强诚信教育,增强全社会的诚信意识和责任,营造诚信的社会氛围。以完善信贷、纳税、合同履约、产品质量的信用记录为重点,加快建设以道德为支撑、产权为基础、法律为保障的社会信用体系,健全失信惩戒制度,打造诚信平川。建立政府部门的信用监管和公共服务、市场信用服务机构的商业化运作、行业组织的诚信活动与自律三方面有机结合的运行机制。加快建设信用市场,培育发展一批信用征集、评价、担保、调资咨询等服务机构。

(四)进一步密切军政军民和地企关系。坚持国防建设与经济建设协调发展的方针,进一步形成国防建设与经济建设相互促进的良好局面。继续深入开展国防教育,增强全民国防观念,提高国防动员的能力。探索建立安置就业、扶持就业、经济补偿和自谋职业相结合,多渠道、多形式安置退役士兵的保障体系,加大退役士兵安置经费投入。做好国民经济动员工作,提高应急动员能力和平战转换能力,建设反应快速、保障充分的国防动员机制和体系。深入开展双拥创建活动,协调军地开展具有时代特色的军民共建活动,全面落实抚恤、补助、优待等政策规定,将重点优抚对象优先纳入社会救助体系。

## 第十一章　深化体制改革,提高对内对外开放水平

继续深化体制改革,进一步转变政府职能,加快完善社会主义市场经济体制,充分发挥市场配置资源的基础性作用。按照有利于转变经济增长方式,完善社会主义市场经济体制的要求,紧紧抓住影响经济社会发展的突出矛盾和问题,继续深化关系经济社会发展全局的重大体制改革。加大招商引资力度,鼓励和引导民间投资健康发展,大力发展非公有制经济,促进经济结构调整和优化升级,进一步扩大对外开放水平,扩大开放领域,增强发展活力。

### 一、转变政府职能深化体制改革

(一)加快转变政府职能。不断改进机关作风、优化发展环境、保证政令畅通、推进勤政廉政建设,创新完善工作管理制度和社会评价体系,以制度来考评工作,让服务对象来评价政府效能,用发展的成果来衡量服务水平,促进职能转变,提高工作效能。积极推进政企分开、政资分开、政事分开、政府与中介组织分开,建立行为规范、运转协调、公正透明、廉洁高效的行政管理体制。不断优化政策服务环境,为投资企业提供“零距离、零缺陷、零投诉”和“全过程、全方位、全天候”的“三零三全”服务。稳步推进政府机构改革和事业单位分类

改革。进一步创新政府管理制度。坚持依法行政，建设法治政府。继续下放行政审批权限，减少行政审批手续。深化政务公开，提高行政效能，更好地服务经济发展。继续抓好绩效评估工作，落实"一把手"效能责任追究制、工作纪律和工作作风督察制、服务对象和相关单位评议制、工作指标完成情况考核制，促进机关作风的改进、办事效率的提高。

（二）加快推进体制改革步伐。加快公共财政体系建设，加大乡镇财政改革力度，建立健全与事权相匹配的财税体制。推行国库集中支付改革，继续深化部门预算、政府采购和收支两条线管理制度改革。不断推进事业单位改革，逐步建立起适应市场经济要求的社会事业发展机制。进一步深化教育体制改革，积极鼓励社会力量办学，实现投资主体多元化。改革学校内部管理体制，实行全员聘任制，实现学校后勤服务社会化。深化医药卫生体制改革，调动医务人员积极性，把基本医疗卫生制度作为公共产品向全民提供，优先满足群众基本医疗卫生需求。改革投资管理制度，创新融资方式，拓宽融资渠道，为项目建设和企业发展解决资金来源。

**二、进一步改善非公有制经济发展的环境**

认真贯彻落实《国务院关于鼓励支持和引导个体私营等非公有制经济发展的若干意见》，营造平等竞争的政策和市场环境。放宽市场准入，降低准入门槛，鼓励和支持非公有制资本进入法律法规未禁入的基础设施、公用事业及其他行业和领域，拓宽非公有制经济的发展空间。建立健全中小企业信用担保、项目对接、人才培训、劳务中介、市场开拓等服务体系，帮助非公有制企业解决发展中遇到的难题。大力支持促进非公有制企业加快技术创先、制度创新、品牌创优，实行集约和规模经营。推动非公有制企业向拥有品牌的龙头企业集聚，进入大企业生产体系，建立稳定的分工合作关系。引导非公有制企业依法经营，诚实守信，健康发展。

**三、完善现代市场经济体系**

积极推广现代流通方式，加快流通领域各项设施发展，促进商品和各种要素自由流动和充分竞争。加快发展土地、技术和劳动力等要素市场，强化市场对优化配置资源的基础性作用。全面推行经营性用地使用权的招标拍卖挂牌出让制度，建立非经营性用地公开供地机制，探索工业用地的市场化配置办法，提高土地的配置效益和使用效率。进一步加强土地市场调控，健全土地收购储备制度。规范和发展各种中介组织，提高服务水平。发展行业协会、商会组织，加强行业自律。完善行政执法、行业自律、舆论监督、群众参与相结合的市场监管体系，严厉打击走私贩私、制假售假、商业欺诈、偷税漏税和侵犯知识产权行为，维护市场秩序，切实保护消费者权益。

**四、切实加强园区平台建设**

（一）夯实基础，搭建产业集群发展平台。按照"一区三园的一个详规、两个构思，一个完善"的思路，加快经济开发区基础设施建设和土地整理储备，规划建设好陶瓷工业园、加工制造园、农畜产品深加工园"三个特色工业园"，将开发区扩展到20平方公里，力争到2013年完成拓园任务，并积极争取将经济开发区纳入白银高新技术产业园的分园，推动开发区向国家级开发区发展，为发展打造良好的基础。采取政府投入、园区积累和资本运作等方式，完善开发区的资本运作机制，增强园区的自我积累、自我开发能力，逐步实现良性循环。完善经济开发区路网体系，搭建项目集中、企业集聚、产业集群、发展集约的发展平台。

（二）优化融资环境，破解发展瓶颈。积极搭建融资战略平台，推进产业多元化投融资机制的建立，加快探索促进中小企业发展的投融资机制。建立产业政策与信贷政策间良好、能动的协调配合机制，协调金融机构对重点建设项目和重点产业发展给予重点支持，保证重点项目和重点企业的资金需求。推进强强联合，增强项目运作、市场融资能力，在协作联合中突破资源、资金、技术、人才等瓶颈制约。大力发展小额信用担保贷款公司、村镇银行，拓宽渠道，解决企业融资难的问题。

**五、进一步加大招商引资力度**

（一）不断创新招商引资方式。扩大对外开放和区域协作，紧紧抓住发达地区产业升级的有利时机，以更加积极主动的姿态，承接产业梯度转移，引进一批科技含量高、资源消耗少、附加值高的新兴产业，努力拓展工业门类，实现资源整合、优势互补，提高发展的全面性、协调性和可持续性。利用节会、网站、电视等多种媒介，加强对外宣传力度，扩大平川的知名度，开展对外交流与合作，坚持实行招商小分队工作方案，找准产业转移切入点，大力引进一批大项目、高科技项目、产业链项目，努力实现招商工作的新突破。

（二）鼓励和引导民间投资健康发展。要深刻认识鼓励和引导民间投资的积极意义，按照“创新招商理念、完善招商机制、整合招商资源、搭建招商平台、扩大招商范围、加大引资力度”的招商引资思路，进一步拓宽民间投资的领域和范围，鼓励和引导民间资本进入基础产业和基础设施、市政公用事业和社会事业、金融服务、商贸流通、参与国有企业改革等领域。

（二）为民间投资创造良好环境。支持民营企业的产品和服务进入政府采购目录。各类金融机构要在防范风险的基础上，创新和灵活运用多种金融工具，加大对民间投资的融资支持，加强对民间投资的金融服务。全面清理整合涉及民间投资管理的行政审批事项，简化环节、缩短时限，进一步推动管理内容、标准和程序的公开化、规范化，提高行政服务效率。进一步清理和规范涉企收费，切实减轻民营企业负担。

（三）加强对民间投资的服务、指导和规范管理。加强对民间投资的统计工作，准确反映民间投资的进展和分布情况。建立健全民间投资服务体系。充分发挥商会、行业协会等自律性组织的作用，积极培育和发展为民间投资提供法律、政策、咨询、财务、金融、技术、管理和市场信息等服务的中介组织。在放宽市场准入的同时，切实加强监管。支持和鼓励发展村镇银行，拓宽企业融资渠道，建立联合信用担保体系。营造有利于民间投资健康发展的良好舆论氛围。

## 第十二章　加强民主法制建设，夯实发展保障措施

加强社会主义民主政治建设和精神文明建设，深入开展依法治区，坚定不移地实施项目带动，强化人才战略，为跨越式发展提供强有力的保障。

**一、加强社会主义民主政治建设**

（一）发展社会主义民主。巩固和壮大最广泛的爱国统一战线，支持民主党派和工商联更好发挥的作用；发挥工会、共青团、妇联等人民团体的桥梁和纽带作用，进一步做好民族、宗教和侨务工作。建立健全民主监督，扩大基层民主，健全充满活力的村民自治机制；完善城市居民自治，建设管理有序、文明祥和的新型社区。坚持和完善职工代表大会与其他形式的企事业民主管理制度，保障职工的合法权益。

（二）深入开展依法治区。继续认真贯彻执行《国务院全面推行依法行政实施纲要》，切实抓好“六五”普法，进一步增强政府及其部门的领导干部和工作人员法制观念和法律意识，严格按照法律规定的权限和程序行使权力、履行职责，不断提高依法管理经济和社会事务的能力和水平。做好法律服务和法律援助工作，进一步拓展法律服务领域，推进法律服务机制的专业化、规模化、规范化。进一步加强基层司法所的建设，强化基层普法、依法治理、化解矛盾纠纷、落实安置帮教和社区矫正等方面的职能，不断提高执法队伍的政治业务素质。

**二、加强社会主义精神文明建设**

（一）切实加强思想道德建设。加强理论武装，进一步巩固全区人民团结奋斗的共同思想基础，大力弘扬以爱国主义精神为核心的民族精神和以改革创新为核心的时代精神，发扬“从我做起，从现在做起，从一点一

滴做起，告别一切不文明行为，讲文明、守秩序、除陋习、树新风，争做文明市民，共建文明城市”的精神，争做文明市民。加强正确宣传舆论引导，倡导爱国守法、明礼诚信、团结友善、勤俭自强、敬业奉献的基本道德规范，大力宣传新时代先进典型，激发全区人民创业热情，营造良好的社会和谐氛围。切实为实施“十二五”规划提供强大的精神动力。

（二）*深化群众性精神文明创建活动*。积极开展以提升人的文明素质为核心的精神文明创建活动，大力开展各种形式的城乡精神文明创建活动，健全各类文明规范，提高文明城市创建水平。加强科普宣传，反对封建迷信，大力倡导科学、文明、健康的生活方式，在全社会形成团结互助、诚信友爱、和谐相处的社会氛围和人际关系，显著提高公民整体素质、文化生活水平及城乡文明程度。加强精神文明活动场所和设施建设，提高开展群众性精神文明创建活动的能力。

**三、坚持实施项目带动战略**

加强项目策划开发，建立和完善新项目不断生成、滚动发展的长效机制，充分调动各方面的积极性和创造性，不断策划生成一批重大项目是保障“十二五”期间固定资产投资快速增长的项目支撑。认真研究国家产业政策投向和区域经济特色优势，抢抓机遇，精心组织筛选、包装、论证和储备一批产业链长、见效快的项目和项目组团，不断提高重点项目在固定资产投资总量中的比重，提高工业项目在重点项目总数中的比重，不断增强经济发展后劲。继续实行重点项目目标责任制管理，切实加强领导，创造优良环境，加大项目建设力度，引导社会资金投入，重点实施重大项目。制定完善规划项目工作制度，加大项目前期工作，做深做透规划建设项目的前期工作。对“十二五”规划建设的重大项目进行分类指导、分级负责、分步实施，建立健全项目目标责任制和规划项目动态跟踪管理工作机制，努力争取国家、省、市在项目和资金方面的支持，形成“开工一批、在建一批、投产一批、储备一批”的项目建设格局。

**四、强化人才战略保障**

按照“服务发展、人才优先、以用为本、创新机制、高端引领、整体开发” 的人才发展指导方针，培养和造就结构优化、布局合理、素质优良的人才队伍，确立地区人才竞争比较优势，为“十二五”期间经济社会发展奠定人才基础。通过实施人才战略，使全区高素质人才总量进一步增加，人才结构进一步优化，人才队伍的整体素质明显提高，干部人事制度和人才管理体制改革取得新进展，人才管理的规章制度日趋完善，人尽其才的有效机制逐步建立，人才成长环境进一步优化。到 2015 年，公务员队伍大学专科以上学历人数达到 95%，新增公务员大学本科学历人员达到 85%，专业技术人员中本科学历达到 90%。

## 第十三章　切实加强领导，创新规划实施机制

创新规划实施机制，完善各项配套措施，通过制定实施专项综合规划、区域规划、行业专项规划、年度计划，综合运用经济、法律和行政等手段，动员组织全社会力量为实现“十二五”经济社会发展目标任务而努力奋斗。

**一、加强规划的组织领导协调**

加强对规划实施工作的领导，协调解决各部门、各行业需要统筹的重大问题，监督检查重大事项的进展情况。树立全局、科学的发展观念，按照“十二五”规划的总体要求制定经济发展的措施，制定年度重大事项实施方案并组织落实。各部门要围绕“十二五”规划的要求，结合规划的总体目标和重点建设项目规划，研究制定具体的实施意见加以落实，确保规划的可操作性和时效性，保障规划目标实现。利用书刊、广播、电视、网络

等各种媒体，采取多种形式，向社会广泛宣传“十二五”规划的要求和重点建设项目，在全区各界群众中形成广泛关心规划，自觉参与规划实施和重点项目建设的氛围，使实施规划成为全社会的自觉行动。

**二、分解落实总体规划**

完善规划体系，通过专项综合规划、区域规划、行业规划、各乡镇街道规划、年度计划，使总体规划的各项任务和措施落到实处。做好专项综合规划、区域规划、行业规划、各乡镇街道规划和年度计划与总体规划的衔接，制定相关的实施工作方案，将规划各项目标任务分解到各乡镇，区直各部门，各有关单位。各乡镇，区直各部门，各有关单位，要根据总体规划，针对各个领域的任务，制定具体措施加以落实。

**三、加强对规划实施的监督检查**

实行规划目标责任制，明确部门分工，落实部门责任，并将其列入政府考核内容。跟踪分析规划的执行情况，自觉接受人民代表大会及其常务委员会对规划执行情况的监督检查。密切关注经济形势发展态势的影响，及时跟踪分析经济运行情况，针对可能出现的问题，及早提出操作性强的对策和建议。相关部门负责重点专项规划的跟踪分析，并积极主动地接受区政府主管部门的监督检查。

**四、建立和完善规划评估修订机制**

规划实施是一个动态过程，需要根据新形势和新情况适时进行调整和修订。建立规划中期评估制度，对发展规划的执行情况进行全面检查，客观分析评价发展规划实施的效果，及时发现并纠正规划执行中出现的偏差，加强规划实施过程中的管理与督导，促进规划的顺利实施。根据发展环境的重大变化，及时对“十二五”规划进行调整，使规划的实施更具实效。规划由区政府组织评估，重点专项规划由规划编制部门组织评估，根据评估结果对规划进行调整修订。当经济运行环境发生重大变化或由于其他重要原因使经济运行偏离规划目标太大时，区政府及时提出调整方案，报请区人大常委会审议批准实施。

**五、加强规划衔接**

加强规划衔接工作是保证总体规划得以有效实施的重要措施。一是要加强与各乡镇、各相关部门行业规划、专项规划的衔接，加大规划编制的组织协调工作力度，及时协调解决工作进展中的问题，进一步完善行业规划、专项规划，保证总体规划编制工作顺利完成。二是要加强与新一轮西部大开发战略、兰白都市经济圈建设和国办 29 号文件精神的有效对接，凝练出一批新项目、大项目，为规划提供项目支撑。三是要加强与省上、市上“十二五”规划的衔接，保证省上、市上涉及平川规划的项目顺利实施。四是要加强与省市有关厅局的衔接，保证项目规划及时有效地得到落实。五是要加强县区间的衔接，使涉及县区间的项目在相互协作配合中顺利实施。

加快平川跨越发展的宏伟蓝图已经绘就，平川发展大有作为。全区广大干部群众要在区委、区政府正确领导下，高举邓小平理论伟大旗帜，全面贯彻“三个代表”重要思想，以科学发展观统揽全局，同心同德，开拓创新，振奋精神，扎实工作，为实现国民经济和社会发展“十二五”宏伟目标而努力奋斗！

# 中共白银市平川区委
# 白银市平川区人民政府
# 关于进一步加快非公有制经济发展的意见

（2004 年 5 月 25 日）

党的十一届三中全会以来，非公有制经济在社会主义条件下的存在和作用逐步得到确认。我区非公有制经济正是在党和国家的方针、政策引导下，在优化产业结构、推动经济转型、增加财政收入、扩大社会就业和促进公益事业发展等方面越来越发挥出积极的作用。在新世纪新阶段全面建设小康社会的发展形势下，为了深入贯彻党的十六大和十六届三中全会精神，认真落实市委、市政府《关于进一步加快非公有制经济发展的意见》要求，营造全区非公有制经济发展的良好环境，实现非公有制经济的跨越式发展，特提出如下意见。

**一、指导思想**

1. 以邓小平理论和“三个代表”重要思想为指导，认真贯彻落实党的十六大、十六届三中全会精神，完善社会主义市场经济体制，积极鼓励、支持和引导全区非公有制经济发展。

**二、发展目标**

2. 立足平川实际，突出重点，壮大规模，优化结构，加快发展。重点支持工业发展，争取用 5 年的时间，形成一批企业规模大、技术含量高、经济效益好、税收贡献多的企业，使我区非公有制经济迈上一个新的台阶。在非公有制经济发展速度上，年均达到 25%以上，工业经济的增长速度达到 30%以上。

**三、市场准入和投资领域**

3. 放宽准入条件。凡自然人申请设立有限责任公司、注册资金不足法定出资额的，可分期注入。首期注入资本只要达到法定最低出资额的 10%，工商部门即可登记注册，但 1 年内注入额必须达到 50%，3 年全部到位。

4. 放宽投资领域。凡国家法律法规未禁入的领域，都要允许非公有资本进入。允许非公有制企业投资交通、通讯、水利等基础设施建设和市政公用事业建设；鼓励非公有制经济组织从事农业综合性开发和农业产业化经营；引导非公有制企业投资教育、卫生、体育、文化、旅游等行业；支持非公有制经济参股城市商业银行、股份制银行和保险等行业。

5. 发展混合所有制经济。继续鼓励非公有制资本通过参股、收购、兼并、重组等方式，参与国有企业和集体企业改制，在债务清偿、职工安置、土地使用、税费解缴等方面享受与公有制企业同等的优惠政策。

6. 消除体制性障碍。坚持公平、公正、公开的原则，废除和修订对非公有制经济在申请立项、进出口、投融资、税收、用地、人才引进、职称评定、办理证照、收费等方面存在不公平待遇的一切政策规定。除法律、法规规定外，任何部门和单位对非公有制经济的设立不得自行设置前置审批。凡不需要政府出资、符合国家产业政策的竞争性领域项目，一律由审批制改为登记备案制。

**四、发展重点**

7. 支持非公有制经济组织通过独资、联合、控股、参股等形式，以工业企业为重点，扩大生产规模，突出产品优势、增强扩张能力。重点发展陶瓷、建材工业，把平川建成全省重要的陶瓷建材工业基地，全面带动相关产业发展。

8. 鼓励非公有资本发展养殖业,农副产品加工业和家庭手工业,引导非公有制企业积极参与农业产业化经营,投资兴建加工、酿造企业,延长产业链条,促进农业产业化的发展与升级。

9. 鼓励投资高新技术产业。引导非公有制企业同大专院校、科研院所、国有大中型企业进行经济技术合作,发展高新技术产业。

10. 鼓励非公有制企业投资开发建设平川中区,规划引导工业企业相对集中于中区工业区。

11. 巩固提高商品零售、餐饮娱乐、交通运输、修理、建筑等传统产业。引导、支持非公有制经济进入供水、供暖、家政服务、医疗保健、文化娱乐等社区服务业,大力发展街居经济。

**五、政策措施**

12. 实行税费优惠鼓励政策。

⑴ 实行税收优惠政策。以国家规定的鼓励类产业项目为主营业务,且其当年主营业务收入超过企业总收入70%的非公有制企业,经税务机关审核确认后,减按15%税率缴纳企业所得税。兼并、收购国有、集体企业的非公有制企业,自兼并、收购后开始生产经营之日起,实行1年试生产期优惠政策。非公有制加工制造企业,除享受土地、税收等方面的优惠政策外,自投产之日起,实行1年的试生产期优惠政策。为非公有制经济贷款提供担保的担保机构,担保收费低于同期银行贷款利率50%、担保业务收入超过企业总收入50%的,自营业之日起,3年内免征企业营业税和所得税,免税期满后,减按15%的税率征收企业所得税。非公有制企业通过非营利的国家机关、社会团体向教育、民政等社会公益事业和受灾地区、贫困地区的捐赠,企业所得税在应纳税所得额3%以内的部分或全部,准予在缴纳企业所得税前扣除;个人所得税纳税人在应纳税所得额30%以内的部分或全部,准予在缴纳所得税前扣除。非公有制农产品加工企业研究开发新产品、新技术、新工艺所发生的各项费用,在缴纳所得税前扣除。重点农产品加工骨干企业从事种植业、养殖业和农产品初加工所得,免征3—5年企业所得税。国有荒山、荒地等未利用土地依法出让给非公有制企业、个体工商户进行造林、种草等生态建设的,可以减免土地出让金,实行土地使用权50年不变;达到出让合同约定的投资金额并符合生态建设条件的,土地使用权可以依法转让、出租、抵押。新办交通、水利、电力、邮政、广播电视基础等产业的非公有制企业,且当年主营业务收入超过企业总收入70%的,自生产经营之日起,第一年至第二年免征企业所得税,第三至第五年减半征收企业所得税。下岗失业人员和复转军人从事个体经营的(除建筑业、娱乐业以及广告业、桑拿、按摩、网吧、氧吧外),3年内免征营业税、城市维护建设税、教育费附加和个人所得税。

⑵实行收费优惠政策。非公有制企业享受与国有、集体企业完全相同的收费政策。兼并或收购国有、集体企业的,享受深化国有企业改革的各项收费优惠政策。非公有制经济注册登记,除法律、行政法规规定的收费项目外,一律不得收取其他费用。凡高校毕业生(含大学专科、大学本科、研究生)和下岗失业人员从事个体创业经营的,除国家限制的行业(包括建筑业、娱乐业以及广告业、桑拿、按摩、网吧、氧吧等)外,自工商行政管理机关核准其经营之日起,3年内免收登记类和管理类行政事业性收费,包括个体工商户登记注册费和管理费、集贸市场管理费、经济合同鉴证费、经济合同示范文本工本费。对于在农村从事商业零售和修理服务等活动的流动性小商小贩,对于农民在集贸市场或者地方政府指定区域内销售自产农副产品,除国家法律法规明令禁止的行业以及涉及人身健康、公共安全、环境资源保护等行业外,都允许其经营,并且免于工商登记,免收各项工商管理费用。各类中介机构对个体私营业主进行各种服务性收费,要按照最低标准收取,严禁强制服务和强行收费。

⑶抓好税费优惠政策的落实。国家和省上出台的有关税收优惠政策,税务部门要认真落实。凡符合税收

优惠政策条件的非公有制企业经营者，税务部门要在规定时限内，为其办理减免税手续。对按核定办法征税的个体工商户和私营企业，按照公平、公正原则核定税额。国家和省上制定的政策性收费，原则上按最低限额收取。

13. 加大资金扶持力度。

⑴增加财政扶持资金。区政府用于支持中小企业发展的专项资金，主要采用贴息、以奖代补、提供担保等方式，支持技术创新、支持企业实施清洁生产、鼓励科技成果转化以及高新技术产业化项目等方面。

⑵建立信用担保体系。充分发挥区中小企业担保公司作用，吸纳民间资金，降低筹资成本，提高担保水平。支持工商联、社会团体、行业协会、自然人等牵头出资组建多元化、多层次的民间信用担保机构。鼓励企业开展多种形式的互助性融资担保。完善对企业土地、厂房权属及权属转让的管理政策和制度，切实解决影响企业抵押贷款能力的历史遗留问题。

⑶改善金融服务。金融机构要建立和完善以非公有制企业为主体的中小企业授信制度，合理确定授信额度。加大对产品有市场、有效益、守信用企业的贷款支持，创新促进非公有制企业发展的信贷服务品种，积极试行应收款质押贷款、动产质押担保贷款、非全额担保贷款和专利权质押贷款。对符合条件的非公有制企业，要在办理抵押、担保贷款时，简化手续，降低费用。

⑷扩大直接融资。鼓励非公有制企业通过组建跨所有制、跨地区、跨行业企业集团实现低成本扩张，通过租赁设备、厂房等多种形式进行规范融资。培养有条件的非公有制企业上市筹集发展资金。鼓励民间资本以独资或股份制形式成立各种非金融类投资公司。有关部门要积极协助符合条件的非公有制企业申请国债贴息资金、国家科技计划研发经费和科技型中小企业创新基金。

14. 保障发展用地。

⑴满足用地需求。国土资源、城建和房产部门要把非公有制企业用地统一纳入当地土地开发和年度用地计划，以满足企业发展建设的用地需求。鼓励非公有制企业平等竞投、竞买国有土地使用权和矿业权。支持非公有制经济业主投资农村土地开发整理项目，依法取得法律规定50年，承包规定不能超过30年土地使用权，并在使用期限内可以依法转让、出租、抵押、继承。对投资耕地占补平衡项目的，超数量开发耕地，按超面积的60%的数额提供建设用地。

⑵降低用地成本。非公有制企业取得建设用地，属商品房开发等经营性质的应通过参加招标、拍卖、挂牌等方式取得。属国家和省、市、区鼓励的投资项目，在出让金等方面实行优惠政策。对非公有制企业投资城市基础设施、科技、教育、文化、卫生设施等社会公益性项目的，按《中华人民共和国国土资源划拨供地目录》（国土资发〔2001〕9号）文规定，以划拨方式提供。

⑶简化用地审批。对非公有制企业提交的用地申请和土地使用权处置方案，区国土资源管理部门在3个工作日内答复是否受理；符合法律、法规条件的，在10个工作日内完成审批或报批手续。获得土地使用权，申请办理登记手续，资料齐全的在5个工作日内完成登记发证工作。属历史遗留问题需要补办用地手续的，符合政策规定，无争议纠纷的，一经确定即按规定补办。

**六、发挥政府协调服务职能**

15. 提高办事效率。要建立和健全联合办公制度，简化办事程序，推行"一站式"服务，全面实施工商受理、抄告相关、同步审批、限时办结的联合审批制度。凡新办企业，由非公办负责，组织召集有关部门一次性告知办理程序，限时办结。要提高办事的透明度，应当将法定的行政许可事项、依据、条件、数量、程序、期限、需要提交的全部材料目录、申请书示范文本和法定的收费项目、收费标准予以公示。申请材料不齐全或者不符合法定形式的,应当当场一次告知申请人需要补正的全部内容。除法定的特殊情况外,许可事项原则上应当在3个工作日办结。区纪委、监察局要设立企业权益保障监察室,负责对企业特别是非公有制企业的投诉事项进行立案、调查和处理。企业权益保障监察室要对外公布电话,对企业投诉事项必须自接到投诉之日起10个工作日内作出处理和答复。在限定的工作日未完成的,由相关部门主动上门服务,办理相关手续。

16. 建立和完善社会中介服务体系。加快培育和发展各类民间商会、行业协会和中介机构,突出民办性质和独立地位,强化服务功能、诚信建设和自律协调作用。规范中介机构的服务行为,加快建立执业标准和监督机制。

17. 提高从业人员素质。充分利用各类教育资源,积极开展面向非公有制企业经营管理人员的培训。鼓励各类人才到非公有制企业就业,非公有制企业的管理人员、技术工人可以按照国家规定参加相应的专业技术职称资格评审,取得专业技术任职资格。组织人事部门根据非公有制企业的人才需求,选调相关单位人员按照双向选择的办法到非公有制企业帮助工作,原供给渠道三年不变。三年后如企业仍然需要,且本人愿意,可继续留在企业工作。当企业不再需要或本人不愿意留在企业时,可随时返回原工作单位。在企业工作期间,人事关系长期保留在原单位,考核、职称评审、提拔等不受任何影响。

18. 健全社会保障。把养老、失业、医疗、工伤、生育等社会保障的覆盖面扩大到非公有制经济组织,保证其从业人员享受国家统一的社会保障待遇。从国有企业、城镇集体企业中退出,兴办非公有制经济或到非公有制经济组织就业的人员,社会保障交费年限可连续计算,档案由劳动、人事部门或中介组织托管。

19. 提供进城入驻的相关服务。非公有制经济业主的子女入托、入学,凭营业执照享受与本地居民同等的待遇。非公有制经济组织就业人员子女,凭与业主签订的劳动协议接受义务教育,就业地教育主管部门和有关学校不得拒绝。对投资建设1000万元以上,能照章纳税,对社会公益事业作出贡献的非公有制企业业主,根据业主要求,可安排1名中专学历以上的直系亲属就业,工资由财政供给。公安部门应当及时为外来非公有制经济业主及其家属办理城镇常住户口落户登记及车辆转落户手续。

**七、保护经营者的合法权益**

20. 保护私有财产。政府执法部门和公、检、法等司法机关,要按照《宪法》和有关法律规定,切实保护非公有制经济业主合法的私有财产,对侵犯合法私有财产的行为必须依法查办。

21. 保障合法权益。依法保护非公有制经济组织的知识产权、非专利技术和商业秘密,保障他们的人身安全。要加强对非公有制企业生产经营场所的社会治安管理,严厉打击危害非公有制经营秩序的违法行为。司法部门要积极主动地受理涉及非公有制经济的案件,维护司法公正。

22. 整治"四乱"行为。严禁对非公有制经济乱收费、乱罚款、乱摊派、乱检查。严禁对非公有制企业强行推销产品和摊派报刊、杂志以及开展达标、评比、竞赛活动。严格实行"单位开票、银行收款、财政统管"的票款分离管理方式。

**八、加强组织领导**

23. 健全组织机构。区上成立发展非公有制经济协调领导小组,协调解决非公有制经济发展过程中的重大问题,督促检查有关法律、法规和政策措施的贯彻落实。在区计划发展局设立项目信息中心,为非公有制经济提供项目信息服务。

24. 建立奖惩机制。区、乡两级实行发展非公有制经济目标管理责任制和区领导联系发展企业项目制度,区四大班子领导和部门、乡镇、街道每年要联系新发展1家工业企业或商流企业。年初确定发展目标,平时加强检查、评比、通报和考核,年终进行量化考核,并对工作突出的部门和投资规模大、贡献突出的非公有制经济人士进行重奖。每年评选出全区“十强企业”,分行业评选出“标兵企业”,一并予以表彰。对发展非公有制经济项目和其他项目建设无成效的单位部门,年终在其他方面不得评优评奖,副科级以上干部年终不得评为优秀。区委组织部要把发展非公有制经济的绩效作为干部选拔任用的重要依据。

25. 实行归口管理。改变职能交叉、多头管理的现状,强化区发展非公有制经济办公室职能,履行对非公有制经济的规划、指导、协调、服务职责。

26. 密切同非公有制经济人士的联系。县级领导都要具体联系一户现有的非公有制企业,定期走访,加强沟通,进行重点指导帮扶,每年至少写一篇调研报告,定期在中心组学习会议上交流。人大和政协组织要适当增加非公有制经济代表人士的比例,扩大与非公有制经济人士的联系面。工商联要改进工作方法,及时把党和政府鼓励、支持、引导非公有制经济发展的政策措施贯彻落实到非公有制经济组织。

27. 加强和改进党建工作。具备单独建立党组织条件的非公有制企业应逐步建立党组织。按照有关章程和规定,认真抓好工会、共青团等群团组织的组建工作。做好在非公有制经济组织员工中培养入党积极分子和发展党员的工作。非公有制企业党组织要贯彻党的方针政策,引导和监督企业遵守国家的法律法规,领导工会、共青团等群众组织,团结凝聚职工群众,维护各方的合法权益,促进企业健康发展。

28. 规范经营行为。非公有制经济组织要按照国家有关法律、法规和政策规定开展生产经营活动,自觉遵守市场规则,做到安全生产、诚信经营和依法纳税。有关部门要加大市场经济秩序整治力度,保护合法经营,取缔非法经营,打击制假售假、逃税骗税等违法违章和损害消费者权益行为。

29. 狠抓贯彻落实。各乡镇、街道及有关部门要按照本《意见》精神,结合实际,认真组织实施。区委、区政府督查室负责每年对各乡镇、街道、各部门贯彻落实本《意见》情况进行一次全面检查。宣传部门和新闻媒体要加大宣传力度,发挥舆论宣传的导向作用,积极营造全社会关心、支持非公有制经济发展的良好氛围。

本《意见》适用于非公有控股企业、私营企业、个体工商户和所有区外招商引资企业。

我区已有政策与本《意见》不相符的,以本《意见》为准。

本《意见》由区发展非公有制经济办公室负责解释。

## 白银市平川区独生子女领证户和农村二女节育户优待奖励与社会保障办法

为全面贯彻《中共中央国务院关于全面加强人口和计划生育工作统筹解决人口问题的决定》,进一步促进人口与计划生育工作的稳步健康发展,提升计划生育家庭的发展能力,推动人口与经济、社会、资源、环境的协调发展,根据《中华人民共和国人口与计划生育法》、《甘肃省人口与计划生育条例》和有关政策要求,结合平川区实际,特制定本办法。

**第一条**　各部门在出台相关社会管理和惠民政策时,应就拟出台的涉及人口和计划生育工作的政策与人口计生部门沟通协商,实行会商会签制度。

**第二条**　各项惠民政策按人均落实资金、物资或项目时,农村独生子女领证户按照 2 个子女对待,农村二女结扎户按照 3 个子女对待;按户落实资金、物资或项目时,农村独生子女领证户和农村二女结扎户在户均基础上提高 30%。

**第三条**　实行晚婚、晚育的育龄夫妻双方,享受以下优待:

(一)国家工作人员和企业单位职工实行晚婚的,其婚假为30天;

(二)晚育的,其产假为105天,并给男方护理假15天;

(三)在产假期满前领取独生子女父母光荣证的,在女方应享受产假的基础上再增加50天,并给男方增加护理假5天。

(四)农村居民实行晚婚或者晚育的,免去夫妻双方两年本村内集体生产公益事业所筹劳务。晚婚假、晚育假,增加的产假、护理假等假期应当按照全勤对待,并不得影响提薪和晋级。

(五)育龄夫妻双方自愿终身只生育或者依法只收养一个子女的,可在其子女16周岁以内,到女方工作单位或者其户籍所在地的人口和计划生育管理机构申请领取独生子女父母光荣证。

领取了独生子女父母光荣证的,自领证之月起至独生子女16周岁止,每月给予不低于10元的独生子女父母奖励费(农村为15元)。夫妻双方均系党政机关、事业单位、群团组织或国有企业职工的,由双方所在单位分担;一方系党政机关、事业单位、群团组织或国有企业职工的,全部由所在单位发放;夫妻双方均系农村居民、城镇无业居民或者非公有制企业员工的,由其现居住地或户籍所在地的街道办事处或者镇人民政府发放,所需资金列入财政预算,在计划生育事业费中列支。

(六)职工领取独生子女父母光荣证的,在其退休(职)时给予不低于1000元的一次性奖励;对农村符合生育第二个子女条件且自愿申请放弃再生育或领取独生子女父母光荣证的夫妻给予一次性1000元的奖励。

(七)对农村新增独生子女领证户,由人口计生部门为其办理600元的养老储蓄金。

**第四条** 育龄夫妻双方系本区农村常住居民,依照省条例规定生育了两个女孩的,自夫妻一方实行输卵(精)管结扎手术之月起,可享受下列优惠政策:

(一)由区人民政府给予夫妻双方每人每月60元的区级奖励扶助金,发至60周岁与国家奖励扶助政策接轨。

(二)夫妻双方自愿主动结扎的,由乡镇人民政府一次性给予1000—10000元奖励。

(三)为夫妻一次性办理不低于600元的养老储蓄金。

**第五条** 年满60周岁没有违反计划生育政策规定的农村二女结扎户和独生子女领证户,夫妇双方每人每年享受960元的国家奖励扶助金。

**第六条** 对实行计划生育的"两户"特殊困难家庭,由于子女、父母因伤亡、伤残、患特殊疾病造成家庭生活水平低于当地平均水平的家庭实行救助,具体救助标准按照《甘肃省计划生育特殊困难家庭救助办法》执行。

**第七条** 对持生育保健服务证的待孕农村和流动人口夫妇享受国家免费孕前优生健康检查。

**第八条** 各有关部门要从自身业务出发,认真落实省政府办公厅《关于惠农政策中进一步体现人口和计划生育利益导向的通知》(甘政办发〔2007〕76号)和《关于转发省人口委建设全国人口和计划生育利益导向政策体系示范区方案的通知》(甘政办发〔2011〕108号)文件精神,各司其职,各负其责,落实好对农村独生子女伪证户和二女结扎户(以下简称农村"两户")的优先优惠政策,不断提升计划生育家庭的发展能力。

(一)各部门各单位在"联村联户 为民富民"行动中结对帮扶农村"两户"家庭,每年至少为联系户办理1件以上实事。

(二)区财政局负责落实农村"两户"各种奖励金及养老保险、养老储蓄金足额及时到位,督促检查各项资金落实情况。

(三)区教育局负责为"两户"子女落实在初中升高中时总分增加30分,省内大学录取时总分增加10分的优惠政策;对"两户"子女参加全国普通高等院校招生统一考试被录取后,考入全日制重点本科大学的奖励

2000 元，考入全日制普通本科大学的奖励 1000 元。在落实普通高中国家助学金政策时，优先安排经济困难的农村“两户”子女。

（四）区卫生局在农村合作医疗项目实施工作中，协调解决“两户”家庭的医保自筹资金，并提高报销比例或降低报销起付线、纳入大病医疗救助。每年为农村“两户”父母、子女提供一次健康检查并建立健康档案。

（五）区工商分局开辟“绿色通道”，优先为农村“两户”办理个体营业执照。

（六）区民政局在开展社会保障、救济救灾中，要优先考虑安排农村“两户”中的贫困户；在落实《甘肃省农村居民最低生活保障制度施行办法》时，优先照顾落实贫困计生“两户”家庭，按照农村低保二类户或以上进行保障，对民政部门认定的城乡低保一、二类家庭计划生育户参加城镇居民基本医疗保险或新型农村合作医疗的个人缴费部分，由民政部门负责从城乡医疗救助资金中代缴。

（七）区人力资源和社会保障局在为农村“两户”办理劳务输出时予以照顾，优先提供就业信息，免收职业介绍费，优先安排劳动技能培训，免收培训费；在同等条件下对“两户”子女中的大中专毕业生在安置时优先安排、优先分配和聘用。在推行城乡居民社会养老保险试点中，严格按照《甘肃省城乡居民社会养老保险试点办法》的规定，为农村“两户”家庭夫妇代缴不低于 100 元的养老保险金，并做好原区上农村计划生育家庭养老保险试点政策的衔接。

（八）区扶贫办在整村推进项目实施中，积极实施“少生快富”项目，按实际情况为独女领证户、独男领证户、二女结扎户分别安排 5000 元、4000 元、3000 元的扶贫项目，在没有到户项目的整村推进村中对“两户”优先安排其他扶贫项目；对确定的“示范户”帮扶资金要高于 8000 元，并加大扶贫开发力度，帮助其脱贫致富奔小康。

（九）区发改局在组织实施易地扶贫搬迁等项目工程中，对农村“两户”优先安排。

（十）区农牧局在实施农业科学技术培训、农业产业化带头人培养示范工作、农村户用沼气国债项目等惠农项目中，优先安排农村“两户”，并为“两户”提供更加优惠的政策，减免部分自筹费用。

（十一）区妇联要积极实施“关爱女孩”行动。对符合贷款条件的农村“两户”优先纳入农村妇女小额担保信贷项目中，扶持发展致富项目；在实施“春蕾计划”“巾帼扶贫”等项目中，优先照顾和救助“两户”家庭；在各类评先选优活动中，对“两户”优先授予荣誉称号。

（十二）区水务局在实施安全饮水工程和小水工程等支农项目时，对农村“两户”优先安排，减免自筹资金。

（十三）区住建局在实施危旧房改造中对符合条件的计生“两户”家庭优先安排并给予资助；在城市廉租房分配中优先考虑独生子女领证户、计划生育特殊困难家庭、特别扶助对象家庭。

（十四）国土资源部门在以土地流转、宅基地置换以及征地面积为主要依据计算、分配土地补偿费和安置补助费等涉及个人、家庭利益分配具体政策措施时，对农村两户家庭给予优先优惠和倾斜照顾，适当提高补助标准。制定耕地保护和土地管理等相关政策时，要有利于计划生育政策的落实。在审批个人建房用地、承包荒山荒坡时，在同等条件下，对农村两户优先安排，并减免办证费。

（十五）林业部门在林业产业发展、科技兴林、林业重点项目建设等方面，对计划生育家庭给予优先优惠、重点扶持。优先向实行计划生育的家庭传授林木、花卉栽培技术，帮助种植速生丰产林和经济林木，开发林产品，发展绿色产业。

**第九条**　区上每季度对独生子女领证户和二女结扎户，由区人口计生部门牵头，组织、监察、人社、卫生、公安等部门和各乡镇进行审核认定，并向社会公示。经公示确认无误后，由区人口计生、财政联合下文拨付奖励金，每半年下拨一次。

**第十条** 上述各项优待奖励所需资金，除中央、省市专项补助和乡镇自筹资金外，其余均由区人民政府纳入财政预算，在计划生育事业费中列支。

**第十一条** 为育龄夫妻办理的养老保险金，独生子女父母奖励费，特殊困难家庭救助金，二女结扎户每人每月60元奖励金由区人口和计划生育局负责统一办理。

**第十二条** 实行独生子女领证户和二女结扎户回访慰问制度，每年不少于一次。

**第十三条** 对本办法的贯彻执行情况，每年由区人民政府组织考核，对贯彻执行好的，计入计划生育年度考核结果，并予表彰奖励；对贯彻执行不力或影响了人口与计划生育工作的相关部门和个人，计入计划生育年度考核结果，进行通报批评，并追究有关人员的责任。

**第十四条** 已享受本办法优惠优待奖励后，再生育或再收养子女的，收回光荣证，停止一切奖励，并追回其所享受的全部优待奖励资金。

**第十五条** 凡是违反计划生育政策的农户，各种涉农优惠政策在实施期间暂缓或不享受。

**第十六条** 本办法自发布之日起施行，有效期五年，期满自动失效。

**第十七条** 2009年5月19日，平政办发〔2009〕60号《白银市平川区农村计划生育家庭养老保险试点实施办法》，2007年8月6日，平政发〔2007〕67号《白银市平川区农村独生子女领证户和二女节育户优待奖励与社会保障办法》自行废止。

# 白银市平川区人民政府文件

平政发〔2013〕12 号

## 白银市平川区人民政府
## 关于出版《平川区志》(1996～2005)的
## 请　　示

市地方志编纂编委会:

《平川区志》(1996～2005)续修编纂工作于 2006 年 3 月启动，至 2012 年 12 月，经历了资料收集、分头撰稿、总纂核实、评稿修改、复审精编等程序，先后形成征求意见稿、评审稿、复审稿共 3 个稿本。编纂工作在继承《平川区志》(创修版)的基础上又有新的突破和创新。2012 年 6 月 27 日，平川区政府组织召开《平川区志》(1996-2005)评审会，与会学者、省史志办、市志办的领导及县区修志界同仁对志稿给予高度评价，同时也提出了许多宝贵的意见和建议。根据评审会议提出的意见和建议，经平川区志办工作人员近 7

个多月的再次精心修改，拾遗补漏，现完成终审稿。《平川区志》(1996-2005)终审稿60余万字，设自然地理、行政建制、政治、经济、社会事业、人民生活、人物等，共7编56章198节。篇首有彩页、序言、凡例、概述、大事记，篇末缀附录、后记。志书收录彩色图照143帧、表格72张，收录传记人物19人、简介人物382人、表录人物1265人。

现随文上报市地方志编纂委员会审定。请市地方志编纂委员会办公室组织专家对志稿做再终审，从总体上对志稿的政治观点和史实进行高层次的审查，对志稿是否达到了出版水平予以认定。我们将根据市地方志编纂委员会的审查意见，对志稿做进一步修改完善。之后，再报出版社审查修改后予以出版发行。

以上请示妥否，请批示。

白银市平川区人民政府

2013年2月25日

抄送：区委，区人大，区政协。

白银市平川区人民政府办公室　　2013年2月25日印发

# 白银市地方志编纂委员会文件

市志编委发〔2013〕2 号

## 白银市地方志编纂委员会
## 关于《平川区志（1996～2005）》出版的批复

平川区人民政府：

你区《关于出版〈平川区志（1996～2005）〉的请示》已收悉。经市地方志编纂委员会 2013 年 5 月 8 日主任会议终审，《平川区志（1996～2005）》按终审会议“会议纪要”全面修改完善，同意公开出版发行。

此复。

白银市地方志编纂委员会

2013 年 10 月 14 日

# 《平川区志》(1996-2005)供稿单位人员名录

| 单 位 | 姓 名 | 单 位 | 姓 名 | 单 位 | 姓 名 | 单 位 | 姓 名 | 单 位 | 姓 名 |
|---|---|---|---|---|---|---|---|---|---|
| 复兴乡 | 刘长阔 | 乡镇局 | 张维红 | 武警中队 | 赵松峰 | 水泉镇 | 刘文清 | 供销社 | 蔡永仁 |
| 石油公司 | 翟晓梅 | 宝积乡 | 崔红杰 | 靖煤公司 | 张植泽 | 电力路 | 张守贵 | 文 联 | 李翔凌 |
| 种田乡 | 白仲学 | 卫生局 | 王耐霞 | 靖电一厂 | 朱 斌 | 红会路 | 黄建军 | 编 办 | 王世彪 |
| 林业局 | 胡彩霞 | 广电局 | 李玉宏 | 靖电二厂 | 王钰刚 | 房产局 | 关兴益 | 交警队 | 陈悦贤 |
| 黄峤乡 | 白玉宝 | 安监局 | 冯军辉 | 化工厂 | 段晓天 | 政法委 | 李文杰 | 电器厂 | 岳 忠 |
| 种子公司 | 赵有彦 | 烟草局 | 董利锋 | 国税局 | 韩军刚 | 统战部 | 杨胜本 | 环保局 | 杨思娟 |
| 共和镇 | 胡永昌 | 移动公司 | 陶春宏 | 煤 校 | 靳尚克 | 接待科 | 陈 举 | 检察院 | 张世涛 |
| 兴平路 | 冉永庆 | 扶贫办 | 张恒文 | 133队 | 姬万云 | 党史办 | 刘再明 | 民政局 | 腾爱东 |
| 地税局 | 陈东平 | 质检局 | 李 珍 | 妇 联 | 李新民 | 电力局 | 王节兵 | 工商局 | 陈文俊 |
| 宝积路 | 黄兆帅 | 电信局 | 张 斌 | 团 委 | 李爱琴 | 区委办 | 胡永平 | 酒品局 | 李 钰 |
| 畜牧中心 | 朱 江 | 铁 通 | 芦凤林 | 科 协 | 张耀坤 | 建 行 | 马晨霞 | 中管会 | 李永龙 |
| 盐业公司 | 张同生 | 新华书店 | 王彩娟 | 老干科 | 李 明 | 王家山镇 | 赵 斌 | 农机局 | 卫旭华 |
| 工商联 | 何秀春 | 商务局 | 张 武 | 交通局 | 张世龙 | 地震局 | 李永丽 | 政 协 | 马红卫 |
| 慈善会 | 张维民 | 宣传部 | 吴宏星 | 政府办 | 张立卓 | 统计局 | 吴守宝 | 城建局 | 冯治统 |
| 农业中心 | 胡福平 | 农发行 | 张广智 | 招商局 | 魏佳文 | 民族宗教办 | 张玉锋 | 气象局 | 陈 聃 |
| 工 行 | 刘靖平 | 物价局 | 孙映彩 | 水务局 | 颉倍前 | 教育局 | 张千里 | 人 大 | 马建军 |
| 公安分局 | 杜建军 | 电灌局 | 贺国荣 | 非公办 | 薛 蓉 | 粮食局 | 李寿晔 | 司法局 | 李文林 |
| 寿险公司 | 王士祯 | 文体局 | 郁映辉 | 计生局 | 袁佩林 | 法 院 | 巩学军 | 残 联 | 王兴科 |
| 中 行 | 张学林 | 火车站 | 李 平 | 发改局 | 陈林环 | 农 行 | 陈志斌 | 科技局 | 孙 谦 |
| 二建公司 | 王明中 | 人 行 | 张念博 | 财政局 | 郝永宽 | 党 校 | 裴志强 | 档案局 | 张睿中 |
| 财险公司 | 梁正霞 | 安监局 | 姬意强 | 人事局 | 陈晓霞 | 人武部 | 韩水洲 | 城市信用社 | 何进军 |
| 白银市国土资源局平川分局 | 张思琴 | 白银供电分公司平川分公司 | 贺德葆 | 中区房地产开发公司 | 李依群<br>关振波 | 白银银监局平川办事处 | 吴天明 | 城市资产管理中心 | 何富祥 |
| 市场建设服务局 | 赵国信 | 农村信用联社 | 安正荣 | 白银市城市信用社 | 雷大琦 | 纪委监察局 | 王占强 | 兴电管理处 | 杨志虎 |

# 后　记

《平川区志(1996—2005)》编纂工作2006年3月全面启动。在区委、区政府的正确领导下,在省、市地方史志部门的精心指导下,在各有关部门的大力支持下,区志办高度重视、精心策划、加紧实施,修志人员任劳任怨、加班加点、勤奋工作,历时六年,四易其稿,于2013年10月完成《平川区志(1996—2005)》编纂任务。《平川区志(1996—2005)》由彩页、序言、凡例、概述、大事记、正文、附录和后记组成,正文共7编45章188节,总字数70余万字,彩图148幅,表74个。

2005年,区志办编辑人员在多方借鉴学习省内外先进县(区)志篇目设计的基础上,组织人员完成《〈平川区志(1996—2005)〉编纂方案》和《〈平川区志(1996—2005)〉篇目》讨论稿。2006年3月,区政府组织召开全区地方志工作会议,总结了全区首轮修志工作,全面安排部署了第二轮新方志编修工作。会上,向辖区各部门、各单位印发了《〈平川区志(1996—2005)〉编纂方案》和《〈平川区志(1996—2005)〉篇目》讨论稿,广泛征求意见和建议。10月份,在收集各方面意见和建议的基础上,通过进一步修改,基本确定了《〈平川区志(1996—2005)〉编纂方案》和《〈平川区志(1996—2005)〉篇目》,并下发各部门、各单位执行。

区志编纂工作启动后,区志办超前谋划,精心组织,结合工作实际,制定了分工负责制度,靠实责任,保证质量,落实进度。同时,借鉴首轮修志成功经验,聘请4位有修志经验的人员充实编辑力量,形成督稿、编写任务分工到组、责任到人的良性工作体制。各承编单位抽调熟悉单位情况、热爱修志、写作功底较好的人员,按照各自承担的编写任务,开展专业志组稿工作。区属120多个单位及驻区省、市属单位积极配合,按照要求提供资料,区志编修工作全面展开。至2008年年底,完成80万字的《平川区志(1996—2005)》初稿。2009年10月,形成65万字的《平川区志(1996—2005)》征求意见稿。为更加广泛地征求意见和建议,区志办向120多家单位发送征求意见函,共收回补充内容80余条、修改内容600多处,收到图片近300幅。2010年6月,召开《平川区志(1995—2005)》征求意见座谈会议,区志办编修人员和聘请人员参加了会议。会后,根据征求到的意见对志稿进行修改补充,11月,完成《平川区志(1996—2005)》复审稿。之后,在复审稿基础上,又经过反复研磨修改,2011年5月底,完成《平川区志(1996—2005)》评审稿。

2012年6月27日,区政府主持召开《平川区志(1996—2005)》稿评审会议。参加会议的省、市领导及专家有省地方史志办公室副主任钱旭、县志指导处处长贺红梅、科长陈谦,市志办主任王平、副主任张美泉、县区志指导科科长陈启刚、年鉴编辑部主任冉彩霞、市志编纂科副科长王亚琴等,兄弟县区志办主任闫晋平、杜树泽、姚学礼、王树吉也参加会议。区委、区人大、区政府、区政协更是高度重视,区委书记贾汝昌,区委副书记、区长、区志编委会主任高云翔,区委常委、副区长、区志编委会副主任秦俊山,区人大常委会副主任、区志编委会副主任王连忠,副区长吴丽,区人武部部长杨忠诚参加会议。区志编委会委员、聘请修志人员和区志办全体修志人员也参加了会议。评审会后,在广泛吸收各方面意见建议的基础上,再次对志稿进行认真修改,确定图片内容,最终形成包括图片、概述、大事记、附录与正文自然地理、行政建置、政治、经济、社会事业、人民生活、人物六大部分的《平川区志(1996—2005)》终审稿,于2013年2月报市志编委会终审。

2013年5月28日,市地方志编纂委员会主持召开《平川区志(1996—2005)》终审会议。副市长、市志编委会常务副主任吕林邦,市政协副主席、市志编委会副主任李得秾,市政府副秘书长张国荣出席会议,市志办主任王平、副主任张美泉、副县级调研员冉彩霞,西北师范大学文学院教授、语言学研究所所长雒鹏,甘肃省靖远师范学校副校长陈启刚,白银区志办主任王树吉参加了会议。区委常委、副区长、区志编委会副主任秦俊山,区人大常委会副主任、区志编委会副主任王连忠,区政协副主席、区志编委会副主任张侃参加会议。会后,区志办组织力量,聘请修志专家,对终审稿进行了修改完善,并邀请雒鹏教授重新撰写了方言部分的内容。10月,市志编委会批准《平川区志(1996—2005)》出版,公开发行。2014年5月,通过公开招标,交付郑州方志印务有限公司印刷。

由于资料征集、编辑水平等种种因素的制约,志书在内容、体例、语言等方面可能存在缺陷和不足,志书中的遗漏、舛误在所难免,恳请社会各界人士、各位读者谅解,欢迎批评指正。

对在志书编纂过程中给予高度重视、指导帮助、大力支持的诸位领导、专家、修志同仁和各界人士致以诚挚的感谢!

白银市平川区地方志编纂委员会办公室

二〇一四年六月